HISTOIRE

DE LA VIE ET DE L'ADMINISTRATION

DE COLBERT.

Corbeil, Impr. de Crété.

HISTOIRE

DE LA VIE ET DE L'ADMINISTRATION

DE COLBERT

CONTRÔLEUR GÉNÉRAL DES FINANCES,

MINISTRE SECRÉTAIRE D'ÉTAT DE LA MARINE, DES MANUFACTURES ET DU COMMERCE,

SURINTENDANT DES BÂTIMENTS;

PRÉCÉDÉE D'UNE ÉTUDE HISTORIQUE

SUR NICOLAS FOUQUET,

Surintendant des Finances;

SUIVIE DE PIÈCES JUSTIFICATIVES, LETTRES ET DOCUMENTS INÉDITS;

PAR

PIERRE CLÉMENT.

PARIS,

GUILLAUMIN, LIBRAIRE,

Éditeur du Journal des Économistes, de la Collection des principaux Économistes,
du Dictionnaire du commerce et des marchandises, etc.
RUE RICHELIEU, 14.

1846

AVERTISSEMENT.

J'avais entrepris une série d'études historiques sur l'administration des surintendants, contrôleurs généraux et ministres des finances célèbres. Arrivé à l'administration de Colbert, je me suis aperçu que ce sujet, infiniment plus vaste que je n'avais cru à un premier examen, m'entraînerait bien au delà des limites que je m'étais d'abord imposées, et, au lieu de quelques articles, j'ai fait un livre. C'est celui que j'offre au public [1].

Il existe de nombreux et excellents travaux sur Colbert. Forbonnais, de Montyon, Lemontey, et plus récemment, MM. Villenave, Bailly, Blanqui, de Villeneuve-Bargemont, d'Audiffret, de Serviez, semblaient avoir épuisé ce sujet [2]. Cependant, en re-

---

[1] Une partie de ce travail a été publiée dans un de nos recueils périodiques, le *Correspondant*. J'y ai fait depuis des additions et des changements importants.

[2] Voici l'indication des ouvrages dont je veux parler :

1o *Recherches et considérations sur les finances de France*, par Forbonnais. — L'examen seul de l'administration de Colbert remplit la moitié d'un fort volume in-4o.

2o *Vies des Surintendants des finances et des Contrôleurs généraux*, 3 vol. in-12. — *Particularités sur les ministres des finances célèbres*, par M. de Montyon, 1 vol. in-8o.

3o *Œuvres complètes de Lemontey*, t. V. *Notice sur Colbert*.

4o *Biographie universelle de Michaud*, article *Colbert*, par M. Villenave.

5o *Histoire financière de la France*, par M. Bailly; t. I. *Administration de Colbert*.

6o *Histoire de l'économie politique en Europe, depuis les anciens jusqu'à nos jours*; par M. Blanqui; t. I et II; chap. XXVI et XXVII; *Administration de Colbert*.

7o *Histoire de l'économie politique, ou études historiques, philosophiques et religieuses sur l'économie politique des peuples anciens et modernes*, par M. le Vte Alban de Villeneuve-Bargemont; t. I, chap. XV. *Administration de Colbert*.

8o *Système financier de la France*, par M. d'Audiffret, t. II. *Notice historique sur la vie de Colbert*.

9o *Histoire de Colbert*, par M. A. de Serviez; 1 vol. in-18.

Il y a encore plusieurs éloges de ce ministre, entre autres celui de Necker, couronné, en 1773, par l'Académie Française; le *tableau du ministère de Colbert*, 1774, par M. Brunet; l'*Éloge politique de Colbert*, par M. de Pelissery, 1775, etc.

montant aux documents originaux et contemporains, soit manuscrits, soit imprimés, j'ai reconnu qu'il y avait là une mine des plus riches à peine entamée, et j'ai essayé, grâce à eux, de sortir du vague et des généralités à l'égard d'un certain nombre de questions importantes que la connaissance de ces documents pouvait seule permettre d'approfondir.

Aucun ministre n'a laissé plus de matériaux à l'histoire que Colbert. Non-seulement il enrichit la Bibliothèque royale des magnifiques collections manuscrites de *Béthune*, de *Brienne*, de *Gaston duc d'Orléans*, de *Mazarin*, mais il fit copier dans toute la France, sous la direction des hommes les plus érudits, les titres et autres monuments historiques conservés dans les archives des provinces. En même temps, son bibliothécaire, Etienne Baluze, dont les bibliophiles ne prononcent le nom qu'avec respect, recueillait par ses ordres une quantité prodigieuse de documents politiques concernant tous les points de l'administration. « Marine, commerce, bâtiments, finances, police, affaires étrangères, correspondances diplomatiques, en un mot, dit M. Paulin Paris dans son *Catalogue raisonné des manuscrits françois de la Bibliothèque du Roi*, tous les rouages du gouvernement françois sous le règne de Louis XIV semblent réunis dans cette collection de plus de six cents volumes presque tous in-folio. » Après avoir appartenu d'abord à la famille de Colbert, cette riche collection fut, en 1732, proposée à Louis XV qui en dota la France, moyennant cent mille écus [1].

Dans le nombre des manuscrits originaux de Colbert que possède la Bibliothèque royale, il en est quelques-uns qui ont surtout une grande valeur.

Je citerai d'abord un volume de lettres de Colbert à Mazarin avec les réponses de ce dernier en marge [2]. Ces lettres sont inédites et j'y ai fait de nombreux emprunts.

Une autre collection de *pièces originales* désignée sous ce titre : *Colbert et Seignelay*, renferme les documents historiques les plus précieux [3]. Ces pièces au nombre de 403 sont presque toutes émanées de Colbert même; aussi ce n'est pas une médio-

---

[1] *Catalogue raisonné des manuscrits françois de la Bibliothèque du Roi*, par M. Paulin Paris; t. I, p. 7 et suiv.

[2] Bibliothèque royale, Mss. *Lettres de Mazarin*, Baluze, Arm. VI.

[3] *Colbert et Seignelay*, Mss. — 1669 à 1677. — Collection de pièces originales sur la marine émanées de Colbert et du marquis de Seignelay, de 1669 à 1677. 6 vol. in-folio. Cette collection composée de 403 pièces est divisée en vingt-deux cotes où chaque pièce est classée selon la matière principale qu'elle traite ou l'année à laquelle elle appartient.

ere difficulté d'en pénétrer le sens, car le grand ministre avait l'écriture la plus difficile à lire qui se puisse voir. La collection dont il s'agit, spéciale à la marine, paraît avoir été détachée de la grande collection de Colbert, en 1732, époque où celle-ci fut cédée au roi, et elle n'a été acquise par la Bibliothèque royale que depuis sept à huit ans. Restée en cartons et par pièces détachées jusqu'à ces derniers temps, elle a été récemment disposée en volumes avec tout le soin qu'elle réclamait, et ce n'est que depuis peu de mois qu'il a été possible de la consulter dans son ensemble. Cette collection est précédée d'un catalogue où l'on trouve l'analyse sommaire de chaque pièce, travail important, ingrat, en raison de la difficulté dont je parlais tout à l'heure, et qui a été exécuté avec beaucoup de discernement.

Enfin, la Bibliothèque royale possède les originaux d'un nombre considérable de lettres adressées à Colbert pendant toute la durée de son administration, depuis 1660, *moins les six dernières années* (de 1678 à 1683) *qui manquent*. On ne saurait se figurer, à moins de l'avoir parcourue, l'importance de cette collection qui renferme près de vingt mille lettres écrites par les personnages les plus considérables de l'époque, princes, amiraux, archevêques, gouverneurs, intendants, etc., etc., et qui remplit de deux à quatre volumes par année. La collection de ces lettres où j'ai puisé un grand nombre de matériaux inédits, est désignée habituellement sous le titre de *Collection verte,* à cause de sa reliure en parchemin vert. Ces lettres sont celles que Baluze fut chargé de recueillir et de classer. Seulement, il paraît constant qu'en faisant ce travail, Baluze mettait à part les lettres traitant les affaires secrètes, réservées, et celles-là n'ont pas été retrouvées. Il en est de même de la correspondance adressée à Colbert pendant les six dernières années qui précédèrent sa mort, correspondance dont la perte fait dans cette précieuse collection un vide très-regrettable et très-fâcheux.

Je ne parle pas d'un grand nombre d'autres manuscrits *originaux* que M. Champollion-Figeac, conservateur du département des Manuscrits à la Bibliothèque royale, a bien voulu me désigner et mettre à ma disposition avec une bienveillance dont je suis heureux de lui exprimer ici ma vive gratitude. On les trouvera mentionnés, soit dans les divers chapitres de ce livre, soit à la fin même du volume où j'ai indiqué, dans une sorte d'appendice bibliographique, tous les manuscrits et ouvrages imprimés que j'ai consultés tant pour l'histoire de Colbert que pour l'étude sur Fouquet [1].

On me permettra de mentionner encore le riche dépôt national des *Archives du royaume* où j'ai trouvé, dans les sections de Législation et d'Histoire, de précieux documents sur l'administration de Colbert, notamment sur quelques-unes de ses réformes financières et sur une réduction des rentes qui eut lieu en 1661.

Il est encore d'autres documents manuscrits qui m'ont été d'un grand secours, et au sujet desquels il est nécessaire de donner quelques explications : ce sont les *Registres des despesches concernant le commerce* pendant plusieurs années du ministère de Colbert, registres que l'on verra cités très-souvent, et qui jettent beaucoup de jour sur cette partie si importante de son administration. Ces registres qui ne sont autre chose que la *copie des lettres* de Colbert sur le commerce remplissent huit volumes in-folio, et la collection, on va le voir, est bien loin d'être complète.

Le premier volume, comprenant l'année 1669, appartient à la Bibliothèque royale et porte le n° 204 du fonds d'environ six cents volumes dit *Petit fonds Colbert*. Il est relié en maroquin rouge, marqué aux armes de Colbert, et a pour titre : *Registre des despesches concernant le commerce tant dedans que dehors le royaume; année* 1669.

Les sept autres volumes appartiennent aux Archives de la marine dont il m'a été permis de consulter les trésors, grâce aux bienveillantes dispositions de M. le baron de Mackau, ministre de la marine, et à l'extrême obligeance de M. d'Avezac, à qui la garde de ces riches Archives est confiée. Les premier et deuxième volumes de la collection de la marine sont intitulés : *Expéditions concernant le commerce de* 1669 *à* 1683. Ces deux volumes ne sont ni de la même copie, ni de la même reliure, ni marqués aux mêmes armes que le volume de la Bi-

---

[1] Pièces justificatives ; pièce no XV; p. 503. — Cet ouvrage était en grande partie imprimé, lorsque M. Champollion-Figeac a eu la bonté de me communiquer un manuscrit original de Colbert, manuscrit très-considérable, d'une grande importance historique, et resté entièrement inconnu jusqu'à ce jour. Il est intitulé : *Mémoires sur les affaires des finances de France pour servir à l'histoire*. Ces mémoires renferment de curieux détails sur l'administration des finances depuis Henri IV, mais principalement à partir de 1648, époque où Colbert a été attaché à Mazarin, jusqu'en 1663. L'administration de Fouquet y est surtout jugée avec une sévérité extrême où l'on croit voir même percer de la passion. Sous ce rapport, les mémoires dont il s'agit présentent donc le plus vif intérêt. J'ai reproduit à la fin du volume, (pièce justificative no II, p. 427) les parties les plus importantes de ce travail, où l'on trouvera l'appréciation faite par Colbert lui-même de l'administration de Fouquet, pendant que celui-ci était en prison et que la Chambre de justice instruisait son procès.

bliothèque royale. Tout porte à croire qu'ils sont postérieurs à Colbert et qu'ils ont été copiés d'après les ordres d'un de ses successeurs, pour remplir quelques lacunes. Le premier de ces volumes renferme, entre autres documents, un certain nombre de pièces envoyées à Colbert par le savant Godefroy, archiviste de la Chambre des comptes de Lille, sur le commerce de cette ville et des possessions espagnoles qui venaient d'être incorporées à la France.

Les cinq autres volumes de la collection de la marine ressemblent exactement pour la copie, la reliure, les armes, à celui de la Bibliothèque royale dont ils sont évidemment la continuation, et comme lui, portent pour titre : *Registre des despesches concernant le commerce, année....*

Deux de ces volumes renferment la correspondance de 1670, les deux suivants, celle de 1671, le cinquième celle de 1672.

La collection des registres spéciaux concernant le commerce s'arrête là.

Il manque donc, pour apprécier dans son ensemble l'administration de Colbert, en ce qui regarde la direction des affaires commerciales, les volumes renfermant sa correspondance sur ces affaires, de 1661 à 1669, et de 1673 à 1683.

Son administration comprend vingt-deux années, et l'on ne possède en entier sa propre correspondance touchant les affaires du commerce que pendant quatre années seulement.

Cependant, pour ceux qui connaissent le soin excessif avec lequel Colbert conservait les documents relatifs à son administration et l'attention qu'il avait de viser lui-même en marge la copie de toutes ses lettres, il est évident que les registres qui manquent ont existé. Mais toutes mes recherches pour les retrouver ont été infructueuses, et j'ai dû me borner à faire des vœux pour que cette lacune si regrettable soit comblée un jour par de plus heureux que moi [1].

---

[1] Vers 1785, à l'époque des négociations auxquelles donna lieu le traité de commerce entre la France et l'Angleterre signé en 1786, le secrétaire de M. de Vergennes, alors ministre des affaires étrangères, M. le comte Mollien, qui a été depuis ministre du Trésor sous l'Empire, eut à sa disposition plusieurs volumes contenant la correspondance commerciale de Colbert et prit copie des lettres les plus importantes. Plus tard, après la Révolution, M. le comte Mollien chercha cette correspondance et la copie qu'il en avait faite; mais l'une et l'autre avaient été égarées. Il est probable que ces volumes étaient précisément du nombre de ceux qui manquent aujourd'hui, et voici une particularité qui paraît confirmer cette hypothèse. M. Hippolyte Passy, qui a bien voulu me donner ces détails, se rappelle avoir entendu dire à M. le comte Mollien que, dans une de ses lettres, Colbert engageait les échevins de Lyon à

En attendant, la collection des lettres originales adressées à Colbert, de 1660 à 1677, que possède la Bibliothèque royale (*Collection verte*), m'a servi, à défaut des lettres mêmes de Colbert, à éclaircir bien des points importants. Enfin, j'ai encore trouvé, aux Archives de la Marine, plusieurs lettres relatives au commerce, dans un volume manuscrit grand in-folio de 700 pages, ayant pour titre : *Extraits des despesches et ordres du Roy, concernant la marine sous le ministère de M. Colbert, depuis l'année 1667, jusques et y compris l'année 1683.*

Qu'il me soit permis d'ajouter que l'auteur des *Recherches et considérations sur les finances*, Forbonnais, à qui l'on doit l'étude la plus complète qui ait été faite jusqu'à présent, sur l'administration de Colbert, n'a connu que le *Registre des despesches de 1669.* Quant aux écrivains qui ont traité le même sujet après lui, je crois pouvoir dire ici, dans le seul but de constater l'exactitude de mes recherches, qu'ils n'ont remonté ni aux sept volumes des Archives de la marine, ni à la collection des 403 pièces relatives à la marine, désignée sous le titre de *Colbert et Seignelay*, ni enfin aux volumineux documents de la *Collection verte* [1].

Je pourrais faire la même observation au sujet de l'étude sur Fouquet, qui renferme, entre autres pièces inédites : 1° des lettres de ce ministre sur les dépenses qu'il faisait à Vaux et dont il cherchait à dissimuler l'importance à Louis XIV, à Mazarin, à Colbert ; 2° la copie textuelle d'un projet de révolte écrit de sa main, dans le cas qu'il avait prévu, où l'on voudrait lui faire son procès ; projet qui devint le chef principal de l'accusation ; 3° la traduction d'un psaume de David, écrite aussi en entier par lui pendant sa captivité, avec des réflexions sur sa position, des notes marginales, et le texte latin en regard [2].

---

considérer les faveurs dont leur industrie était l'objet comme des *béquilles* à l'aide desquelles ils devaient se mettre en mesure d'apprendre à marcher le plus tôt possible et qu'il leur retirerait ensuite. Cette restriction était, en effet, toute logique. Malheureusement, les registres de correspondance de Colbert, ses manuscrits, les dépêches qui lui ont été adressées, sont muets à ce sujet. La perte des registres dont il s'agit est donc des plus fâcheuses, et force m'a été, dans l'absence de ces précieux documents, de m'appuyer, en ce qui touche cette partie si importante de l'administration de Colbert, sur les pièces, très-nombreuses et parfaitement concordantes, du reste, qui m'ont été communiquées.

[1] M. Eugène Sue a publié dans son *Histoire de la marine au XVIIe siècle* (1re édition, 5 vol. in-8o), un grand nombre de pièces très-curieuses sur cette époque et sur Colbert. J'ai indiqué, d'ailleurs, dans le courant de l'ouvrage, les pièces que j'ai reproduites après lui, et celles qui sont entièrement inédites.

[2] Je dois faire remarquer, au sujet de ces pièces et des nombreuses citations éparses dans l'ouvrage, que j'ai reproduit très-fidèlement l'orthographe de tous les *documents originaux*

Il me reste à ajouter quelques mots pour aller au-devant d'un reproche qu'on fera peut-être à cette histoire, malgré le soin extrême que j'ai mis à ne pas le mériter. Partisan de la liberté commerciale, persuadé qu'un des premiers devoirs des gouvernements est de ménager leur entier développement aux aptitudes naturelles dont la Providence semble avoir doué chaque pays, dans des vues de confraternité et de bien-être, malheureusement trop méconnues jusqu'à ce jour, je me suis attaché, néanmoins, dans l'appréciation des actes de Colbert qui se rapportent à ces graves questions, à me tenir en garde contre tout ce qui aurait pu ressembler à un esprit de système, à un parti pris. En un mot, j'ai recherché les faits avec une entière bonne foi, je n'en ai omis aucun de quelque importance, je les ai exposés avec une impartialité rigoureuse ; puis, toutes les fois que cette impartialité, mon unique engagement, m'a imposé l'obligation de signaler ce qui me paraissait faire tache dans la brillante et laborieuse carrière de l'illustre ministre dont j'écrivais l'histoire, j'ai voulu que le blâme découlât, non pas seulement des assertions souvent erronées ou passionnées des contemporains, mais encore des faits et des pièces les plus authentiques. Le système industriel de Colbert, désigné plus tard sous le nom de *Colbertisme*, de *système mercantile* ou *protecteur*, a puissamment contribué sans doute à mettre la France au premier rang des nations manufacturières du globe. Quant à l'influence qu'il exerça sur la classe agricole et sur le développement de la richesse nationale, l'examen attentif et approfondi des faits démontrera, je crois, qu'elle fut loin d'être aussi heureuse que Colbert l'avait espéré et qu'on le pense encore communément.

La France entrera bientôt, je l'espère, avec mesure, mais aussi avec fermeté, dans la période décroissante du système protecteur. Un des hommes qui ont été chargés, au commencement de ce siècle, de lui communiquer une nouvelle impulsion, et qui, plus tard, s'est rendu compte de ses effets avec la double autorité que donnent l'intelligence et la pratique des affaires, M. le comte Chaptal, ancien ministre de l'intérieur sous l'Empire, a fait, à ce

---

auxquels j'ai pu remonter. Quant aux copies ou aux pièces déjà imprimées, dans l'impossibilité de recourir à tous les documents originaux, je les ai reproduites comme elles ont été copiées ou imprimées. Cela est cause, plus d'une fois, que des documents de la même époque, cités dans la même page, ont une orthographe différente. C'est, je l'avoue, une anomalie; mais il était impossible de l'éviter, et il aura suffi d'en donner l'explication.

sujet, en 1819, quelques observations très-judicieuses qu'il ne sera pas inutile de rappeler ici.

« Si cette lutte entre les nations était trop prolongée, a dit l'ancien ministre de Napoléon, si cette tendance à se replier, à se concentrer, à s'isoler, pouvait se maintenir, les relations commerciales, qui ne consistent que dans l'échange des produits respectifs, cesseraient, le commerce ne serait plus qu'un déplacement de marchandises sur la portion de territoire qu'occupe une nation, et l'industrie aurait pour bornes les seuls besoins de la consommation locale.

« Ce système d'isolement, qui menace d'envahir toute l'Europe, est également contraire au progrès des arts et à la marche de la civilisation ; il rompt tous les liens qui, unissant les nations entre elles, en faisaient une grande famille dont chaque membre concourait au bien général..... [1] »

Tout en faisant ressortir les fâcheux effets du système prohibitif, dès son origine même, je n'ai eu garde, on en trouvera la preuve à chaque page de ce livre, de méconnaître les immenses services rendus à la France par Colbert, et je crois avoir toujours montré, au contraire, pour cette grande figure historique, tout le respect qu'elle commande à tant de titres. Colbert a été, d'ailleurs, un ministre presque universel, et s'il a commis quelques erreurs graves, erreurs qui furent en partie le fruit des préventions et de l'inexpérience du temps où il a vécu, l'époque qu'il a remplie de son influence n'en sera pas moins, dans la durée des siècles, une des plus brillantes de nos annales. En effet, de 1661 à 1683, la France présente un admirable spectacle. Aux tiraillements et aux désordres nés de cette singulière révolte, démocratique par la base, féodale au sommet, qu'on nomme la Fronde, succède tout à coup l'autorité la mieux assise, la plus respectée. L'unité du pouvoir, demeurée jusqu'alors, on peut le dire, à l'état d'abstraction, passe dans les faits ; la centralisation s'organise. Les finances, cette difficulté incessante de l'ancienne monarchie, sont administrées avec une probité et une intelligence inconnues depuis Sully ; les lois civiles, criminelles, commerciales, sont refondues et mises en harmonie avec l'esprit du temps. Comme une autre Minerve, la marine sort toute armée, en quelque sorte, du cerveau de Colbert, et c'est là, sans contredit, le plus beau titre de ce ministre à la reconnaissance nationale. En

---

[1] *De l'Industrie française,* par M. le comte Chaptal, t. I ; *Discours préliminaire,* p. XLVII.

même temps, Molière et La Fontaine, Bossuet et Racine, Claude Perrault, Mansard, Lebrun, rivalisent de chefs-d'œuvre; les merveilles improvisées de Versailles étonnent l'Europe, et le canal de Languedoc, entreprise alors gigantesque, dont l'ancienne Rome elle-même eût été fière, unit la Méditerranée à l'Océan. Comment le siècle qui peut s'enorgueillir d'avoir produit de tels hommes et qui a vu s'accomplir ces grandes choses, ne serait-il pas toujours un grand siècle? Et pourtant, celui qui secondant avec le plus d'intelligence l'esprit d'autorité et les vues de Louis XIV, marcha à la tête de ce mouvement, excita, encouragea ces hommes, et coopéra le plus puissamment à l'œuvre commune; celui-là a été poursuivi jusque dans la tombe par la haine du peuple qu'il aimait, qu'il fut impuissant à protéger contre les terribles suites de la guerre, et qui troubla ses funérailles. Car, il faut bien le dire, puisque c'est la vérité, peu de ministres ont été aussi impopulaires que Colbert, et cette impopularité fut telle, qu'un de ses successeurs, M. de Maurepas, a dit de lui, « *que le peuple de Paris l'auroit déchiré en pièces, si l'on n'eût eu la précaution d'assembler tous les archers de la ville pour garder son corps.* » Triste et à jamais déplorable témoignage des égarements de la multitude et de l'injustice des contemporains!

NICOLAS FOUQUET,

SURINTENDANT DES FINANCES.

NICOLAS FOUQUET,

SURINTENDANT DES FINANCES (1).

Le 17 août 1661, des milliers de carrosses armoiriés encombraient la route de Paris à Vaux-le-Vicomte, situé à quelques lieues de Melun. Vaux-le-Vicomte appartenait, depuis quelques années au surintendant des finances, qui, ce jour-là, y donnait au roi Louis XIV une fête à laquelle la reine mère, Madame et Monsieur assistaient aussi. Six mille invitations avaient été distribuées, non-seulement dans la France entière, mais dans l'Europe, et l'on s'y était rendu avec un empressement qu'expliquaient et justifiaient de reste la magnificence bien connue de Fouquet, les merveilles de Vaux et le bruit partout répandu que le roi avait promis d'assister à cette fête, honneur insigne où tout le monde voyait en quelque sorte le gage de la nomination prochaine du surintendant au grade de premier ministre. A aucune époque, en France, la passion pour les constructions monumentales n'a été poussée aussi loin qu'au XVIIe siècle, et cette passion, dont Louis XIV hérita de Fouquet, celui-ci la possédait à un degré qui, chez un particulier, touchait à la folie. Trois villages démolis et rasés pour arrondir le domaine de Vaux et le rendre digne des bâtiments de Le Vau, des jardins de Lenôtre, des peintures de

---

1 Dans tous les manuscrits du temps et dans le plus grand nombre des pièces imprimées à l'occasion de son procès, le nom du surintendant est écrit comme il suit : *Foucquet*. J'ai cru néanmoins devoir adopter l'orthographe qui a prévalu.

Lebrun, disent assez quelle devait être son importance. Il est vrai que 9 millions de livres, monnaie du temps, avaient à peine suffi à cette œuvre vraiment royale; mais au moins le but avait été atteint, et ni le Palais-Royal, ni le Luxembourg, ni les châteaux de Saint-Cloud et de Fontainebleau ne pouvaient, pour la grandeur des bâtiments, le nombre et la décoration des appartements, être comparés à Vaux. Mademoiselle de Scudéry raconte qu'on découvrait du perron « tant de fontaines jaillissantes et tant de beaux objets se confondant par leur éloignement, que l'œil était ébloui. Devant soi c'étaient de grands parterres avec des fontaines et un rond d'eau au milieu; puis, à droite et à gauche, dans les carrés les plus rapprochés, d'autres fontaines qui, par des artifices d'eau, divertissaient agréablement les yeux. » Mademoiselle de Scudéry ajoute que « les innombrables figures des bassins jetaient de l'eau de toutes parts et faisaient un très-bel objet, sans compter que toute cette immense étendue d'eau était couverte de petites barques peintes et dorées par où l'on entrait dans le grand canal. » Terminons cette description d'un narrateur quelque peu enthousiaste, et sur lequel les largesses du surintendant exerçaient sans doute leur magique influence, par un renseignement plus significatif. Cent ans après la fête donnée par Fouquet, le duc de Villars, alors propriétaire du château de Vaux, songea à tirer parti des tuyaux de plomb, enfouis sous terre, qui distribuaient l'eau aux différentes pièces depuis longtemps dégradées et hors de service. Combien pense-t-on qu'il les vendit? 490,000 livres; environ 1 million d'aujourd'hui.

Cependant le roi était arrivé. Sur sa prière, Fouquet lui fit d'abord visiter les parties principales du château. A chaque pas, Louis XIV voyait sur les panneaux, aux plafonds, un écusson au milieu duquel étaient dessinées les armes de Fouquet, représentant un écureuil à la poursuite d'une couleuvre, avec cette orgueilleuse devise qui lui fut depuis si funeste : *Quò non ascendet?* En même temps, les courtisans répétaient entre eux, à voix basse, que la couleuvre était là pour Colbert, dans les armes duquel elle figurait en effet. A mesure que le luxe de ces somptueux appartements se déroulait devant lui, le roi sentait naître en son cœur le désir de faire arrêter le surintendant au milieu même de ces merveilles de l'architecture et des arts, preuves parlantes de ses folles dépenses. Ce n'est pas tout : au milieu d'une allégorie peinte par Lebrun, le roi vit, dit-on, le portrait de mademoiselle de La Vallière, à laquelle on prétend que Fouquet avait eu l'audace de faire faire d'insolentes propositions par une madame Duplessis-Bellière, sa confidente. Louis XIV avait alors vingt-trois ans et il aimait passionnément mademoiselle de La Vallière. Sans l'intervention d'Anne d'Autriche, il aurait immédiatement donné cours à son ressentiment. Quelques sages raisons de la reine mère calmèrent cet orage, et la fête n'en fut pas visiblement troublée. Depuis quelque temps, les italiens avaient importé en France la mode des loteries. Les objets que Fouquet offrit de la sorte à ses invités avaient tous une grande valeur; c'étaient des bijoux, des costumes et des armes de prix; il y avait jusqu'à des chevaux. Dans l'après-midi, à un signal donné par le roi, les eaux jouèrent, les bassins se remplirent, des milliers de gerbes liquides s'épanouirent dans l'air aux feux du soleil, qui en faisait autant d'arcs-en-ciel, et ce fut une admiration générale, sincère. Cette multitude d'acteurs de bronze fut applaudie comme auraient pu l'être des acteurs vivants. Vint ensuite le dîner, dont la dépense fut plus tard évaluée à 120,000 livres, dîner fastueux, vraiment royal, qui n'a peut-être jamais eu son pareil; car, je l'ai déjà dit, six mille personnes y assistèrent, et il avait été dirigé par Vatel. C'est de ce splendide dîner que le scrupuleux et impassible marquis de Dangeau a dit dans son journal : « Au dîner du sieur Fouquet, le 17 août 1661, il y avait une superbe montagne de confiture. » Le dîner fini, la comédie eut son tour. On avait dressé au bas de l'allée des Sapins un théâtre sur lequel on joua pour la première fois *les Fâcheux*, de Molière. Pélisson, le secrétaire particulier, l'homme de confiance, l'ami intime de Fouquet, qui, de simple poëte et homme de lettres, en avait fait en peu de temps un conseiller à la cour des aides, Pélisson avait composé un prologue pour la circonstance. Écoutons La Fontaine : « Au milieu de vingt jets d'eau naturels s'ouvrit cette coquille que tout le monde a vue. L'agréable naïade (*c'était la Béjart*) qui parut dedans s'avança au bord du théâtre, et, d'un air héroïque, prononça les vers que Pélisson avait faits. »

> Pour voir en ces beaux lieux le plus grand roi du monde,
> Mortels, je viens à vous de ma grotte profonde....
> Jeune, victorieux, sage, vaillant, auguste,
> Aussi doux que sévère, aussi puissant que juste....
> Vous le verrez demain, d'une force nouvelle,
> Sous le fardeau pénible où votre voix l'appelle,
> Faire obéir les lois....

Tels étaient les éloges que le poëte de Fouquet prodiguait à Louis XIV, au roi *juste, mais sévère;* et le roi de sourire, et toute la cour d'applaudir. Où était en ce moment la comédie la plus piquante, la plus curieuse ? Cependant Fouquet avait été prévenu par madame Duplessis-Bellière du projet que le roi avait eu un moment de le faire arrêter au milieu même de la fête. Mais comment croire à un pareil dessein ? Le roi ne lui avait-il pas répété peu de temps auparavant, qu'il lui pardonnait toutes les irrégularités que la difficulté des temps l'avait pu obliger de commettre. A quoi bon s'effrayer ? Évidemment, tous ces bruits étaient semés par des envieux, ses ennemis, les créatures de Le Tellier et de Colbert. Fouquet s'endormit dans ces illusions.

Nicolas Fouquet était né à Paris en 1615. Son père, François Fouquet, négociant renommé, riche armateur de la Bretagne, avait fait longtemps le commerce avec les colonies. Ses connaissances spéciales le mirent en relation avec le cardinal de Richelieu, qui le fit entrer dans le conseil de marine et du commerce. Il fut le seul juge du maréchal de Marillac qui n'opina point à la mort, et, contre toute attente, le cardinal de Richelieu lui sut gré, dit-on, de sa probité et de son courage [1]. Quand Fouquet eut vingt ans, son père lui acheta une charge de maître des requêtes au Parlement. Puis, quinze ans après, celle de procureur général étant devenue vacante, l'abbé Fouquet, fort avant dans les bonnes grâces du cardinal Mazarin, obtint de lui que son frère en fût investi. Dans le Parlement, Fouquet rendit de bons services au cardinal. On raconte, en outre, qu'il était fort exact à poursuivre tous ceux qui écrivaient contre ce ministre, et qu'il fut chargé, pendant quelques années, de la police de Paris. Au mois de février 1653, le duc de la Vieuville, surintendant des finances, étant mort, sa charge fut partagée entre Fouquet et Servien. Ce dernier mourut au mois de février 1659. Le préambule de l'ordonnance du roi, en date du 21 février 1659, qui conféra à Fouquet la pleine et entière possession de la surintendance, mérite d'être reproduit :

« La confiance que nous avons en votre personne, éprouvée pendant six années en fonction, la prudence et le zèle que vous avez fait connaître, l'assiduité et la vigilance que vous avez apportées en votre place, l'expérience que vous y avez acquise, et l'épreuve que nous avons faite de votre conduite

---

[1] *Abrégé chronologique* du président Hénault, année 1661.

en cet emploi et en plusieurs autres occasions pour notre service nous donnent toutes les assurances que non-seulement il n'est pas nécessaire de partager les soins de cette charge et de vous en soulager par la jonction d'un collègue, mais aussi qu'il importe au bien de notre État et de notre service, pour la facilité des affaires et la promptitude des expéditions, que l'administration de nos finances ne soit pas divisée, et que, vous étant entièrement commise et à vous seul, Nous en serions mieux servis et le public avec Nous [1]. »

Il n'était pas possible, on le voit, de recevoir des lettres d'investiture plus flatteuses et plus brillantes. Au surplus, bien avant la mort de son collègue, Fouquet était déjà chargé des fonctions les plus importantes de la surintendance, c'est-à-dire du recouvrement des fonds. Servien n'avait dans ses attributions que la dépense. Or, le recouvrement des fonds présentait souvent, à cette époque, des difficultés inouïes; car, les revenus de l'État étant d'ordinaire dépensés deux ou trois ans à l'avance, il s'agissait de décider les financiers, traitants et partisans, à prêter des sommes considérables sans garantie bien certaine et sous la menace incessante d'une banqueroute. Il y en avait eu une très-fâcheuse en 1648, le cardinal Mazarin ayant fait donner aux créanciers de l'État des billets payables sur des fonds depuis longtemps épuisés, ce qui était une véritable dérision et le plus sûr moyen de rendre les financiers encore plus exigeants, lorsqu'on aurait de nouveau besoin d'eux. Par malheur, grâce aux dépenses de la guerre, à l'insatiable avidité de Mazarin, à l'impéritie et à la cupidité des surintendants ou de leurs commis, enfin à la disproportion constante entre les recettes et les dépenses, les financiers, auxquels de temps en temps on faisait rendre gorge, que l'on emprisonnait, que l'on pendait parfois, étaient les hommes les plus nécessaires, les plus recherchés du pays. Ils avaient en quelque sorte entre leurs mains les résultats de la guerre, le triomphe ou la défaite ; ils le savaient, en abusaient, et, on ne saurait trop le redire, les abus engendrant les abus, tous ceux qui avaient affaire aux financiers, s'inspirant le mieux possible de leurs exemples, dilapidaient, gaspillaient, s'enrichissaient comme eux, à qui mieux mieux.

En 1653, époque à laquelle Fouquet fut appelé à la surintendance des finances conjointement avec Servien, sa fortune personnelle s'élevait, d'après sa propre estimation, à 1,600,000 livres, y

---

[1] *Défenses de M. Fouquet sur tous les points de son procès.* 15 vol. in-18. Edition à la Sphère, 1665; t. II, p. 356.

compris la valeur de sa charge de procureur général, sur laquelle il devait encore plus de 400,000 liv. De 1653 à 1661, son emploi de surintendant lui rapporta, d'après son aveu, 3,150,000 liv., à peu près 400,000 liv. par an. En outre, il fut reconnu, au moment de sa disgrâce, qu'il avait emprunté environ 12 millions, et il disait lui-même à ce sujet : « Que mes ennemis se chargent de tous mes biens, à condition de payer mes dettes; je leur laisse le reste. » D'un autre côté, il résulta du dépouillement de ses comptes que Vaux seulement lui avait coûté plus de 9 millions en achats de terrain, constructions, meubles et embellissements. Il avait aussi fait des dépenses considérables à sa maison de plaisance de Saint-Mandé, à sa maison de ville, située à l'extrémité de la rue des Petits-Champs, et aux fortifications de Belle-Isle-sur-Mer, dont il avait acheté le gouvernement de la duchesse de Retz; de plus, il possédait un grand nombre de terres d'une moindre valeur. Les dépenses de sa maison, exagérées sans aucun doute, étaient estimées à 4 millions par an. Enfin, ses ennemis allaient partout répétant qu'il avait des émissaires, des ambassadeurs particuliers dans les principales villes de l'Europe, et qu'il payait de sa propre cassette plusieurs millions de pension à ses amis de la cour et des provinces, et aux personnages les plus puissants du royaume, pour s'en faire des créatures dévouées dans l'occasion. Que ces accusations fussent envenimées, grossies par la malveillance et la calomnie, on n'en saurait douter. Mais, même à voir les choses sans passion, il était évident que Fouquet dépensait des sommes exorbitantes, sans proportion avec la fortune d'un particulier, et que, ni le revenu de ses charges, ni son bien, ni celui de sa femme, n'y pouvaient suffire. D'où venaient-elles donc?

C'est ici le lieu d'expliquer le curieux mécanisme des opérations financières de cette époque, mécanisme plein de complications, machine confuse, surchargée de rouages, mais dont la description est indispensable pour l'intelligence du procès de Fouquet, et sur lesquels on possède, du reste, les renseignements les plus détaillés [1].

Les surintendants des finances n'étaient pas, comme on pourrait le croire, des fonctionnaires comptables recevant et dépen-

---

[1] Pélisson, dans son second discours au roi pour Fouquet, et celui-ci dans ses *Défenses*, t. II, donnent à ce sujet les plus grands détails. Dans ses *Mémoires sur la vie et les écrits de madame de Sévigné*, M. le baron Walckenaer les a analysés avec beaucoup de clarté, et je n'ai eu en quelque sorte qu'à résumer cette partie de son travail.

sant les deniers de l'État; ils étaient seulement des agents ordonnateurs. Quant à la recette et à la dépense, elles se faisaient chez les trésoriers de l'épargne, seuls agents comptables, seuls justiciables de la Cour des comptes. Le surintendant n'était justiciable que du roi. C'est ce que Fouquet rappelle souvent dans sa défense, et il cite à ce sujet ses lettres de nomination, où il est dit « *qu'il ne sera* « *tenu de rendre raison en la Chambre des comptes, ni ailleurs* « *qu'à la personne du roi, dont celui-ci l'a, de sa grâce spéciale,* « *pleine puissance et autorité royale, relevé et dispensé.* »

Il ne faudrait pas conclure de là que l'administration des finances du royaume et la gestion du surintendant fussent pour cela exemptes de tout contrôle. Les comptes des trésoriers de l'épargne et le registre des fonds dépensés permettaient de suivre l'ensemble et le détail des opérations. D'abord, l'un des trois trésoriers de l'épargne gérait, à tour de rôle, pendant un an, et rendait les comptes séparément, par exercice. Aucune somme ne pouvait être reçue ou payée pour l'État sans qu'elle fût ordonnancée par le surintendant et portée sur les registres de l'épargne, lesquels ne mentionnaient, il est vrai, que la date des ordonnances et les fonds sur lesquels elles étaient assignées. Mais, en même temps et près du trésorier en exercice, on tenait un autre registre appelé *registre des fonds*, sur lequel étaient inscrites jour par jour toutes les sommes versées à l'épargne ou payées par elle, avec l'origine et les motifs de la recette ou de la dépense, et les noms des parties. Le registre des fonds n'était pas produit à la Cour des comptes; il demeurait secret entre le roi et le surintendant. Les trésoriers de l'épargne se bornaient à fournir les ordonnances de celui-ci à l'appui de leurs comptes. Quant au registre des fonds, il servait en même temps à contrôler leur gestion et celle du surintendant. En outre, l'agent chargé de ce registre et les trésoriers de l'épargne, étant nommés par le roi, se trouvaient complétement indépendants du surintendant.

Voilà quels étaient les principes et les règles. Il semble, au premier abord, qu'ils devaient prévenir toute malversation, tant de la part du surintendant que des trésoriers et des financiers. On va voir combien cet ordre si bien entendu, si rigoureux en apparence, pouvait comporter d'abus.

Pour qu'une ordonnance fût payable à l'épargne, il ne suffisait pas qu'elle fût signée par le surintendant; il fallait encore, au bas de l'ordonnance, un ordre particulier émané de lui, indiquant le fonds spécial sur lequel elle devait être payée. Le trésorier de l'épargne ne pouvait et ne devait payer qu'autant qu'il avait des valeurs appartenant au fonds sur lequel l'ordonnance était assignée; mais, comme il n'en avait presque jamais, attendu que les revenus étaient, à cette époque, toujours dépensés deux ou trois ans à l'avance, il donnait, en échange de l'ordonnance, un billet de l'épargne, soit un mandat sur le fermier de l'impôt sur lequel elle était assignée. Ajoutons que, pour la facilité des affaires et des paiements, on subdivisait souvent le montant d'une même ordonnance en plusieurs billets de l'épargne. Il y avait en outre des fonds intacts ou dont les rentrées étaient assurées et prochaines au moment de l'émission des billets qui les concernaient, tandis que les rentrées d'autres fonds étaient éloignées ou même très-hypothétiques. De là résultaient souvent des différences considérables dans la valeur des billets de l'épargne. Les uns étaient au pair, d'autres, plus ou moins au-dessous du pair; d'autres, absolument sans valeur. Cependant, ils émanaient tous de la même source et portaient tous les mêmes signatures. Mais ce qui paraîtra surtout extraordinaire, incroyable, c'est que souvent des billets, complétement dépréciés tant qu'ils étaient entre les mains de quelque pauvre diable, acquéraient leur plus haute valeur en passant dans le portefeuille d'un fermier ou d'un courtisan en faveur, et c'est ici que se faisait le plus odieux, le plus abominable trafic.

En effet, Fouquet et Pélisson conviennent qu'on délivrait souvent, par erreur ou sciemment, des ordonnances trois ou quatre fois supérieures au fonds qui devait les acquitter. On faisait alors ce qui s'appelait une réassignation, c'est-à-dire un nouvel ordre de paiement sur un autre fonds, et quelquefois sur un autre exercice. La même opération se pratiquait pour tous les billets d'une date déjà un peu ancienne qui n'avaient pu être payés sur les fonds primitivement désignés; car plus un billet était vieux, plus il était difficile d'en obtenir le paiement, et il y en avait qui étaient ainsi réassignés cinq ou six fois, toujours sur de mauvais fonds. Mais, je l'ai déjà dit, cela n'arrivait qu'aux gens de rien, aux simples rentiers, aux modestes fournisseurs. Les autres, les traitants, les partisans, les fermiers, ceux qui étaient en état de faire de grandes avances, stipulaient que leurs anciens billets seraient réassignés sur de bons fonds, et l'on acceptait même au pair dans leurs versements de grandes quantités de ces billets qu'ils s'étaient procurés à vil prix.

Mais voici un bien autre abus : les lois du royaume ne permettant pas d'emprunter au-dessus du denier 18, c'est-à-dire à 5 5/9 pour 100, la Cour des comptes ne pouvait admettre ostensiblement un intérêt plus élevé. Cependant, le malheur des temps, la guerre, mais surtout le défaut d'ordre et de probité chez les administrateurs des finances publiques, faisaient qu'on ne pouvait emprunter les moindres sommes à moins de 15 à 18 pour 100, très-souvent davantage. Il fallait donc, pour légaliser l'opération, augmenter artificiellement le titre du prêteur dans la proportion de l'intérêt légal à l'intérêt réel, et établir l'équilibre sur les registres de l'épargne, en délivrant sous des noms en blanc, des ordonnances de paiement *qui ne devaient pas être payées*. Ces ordonnances étaient nécessaires en outre pour mettre plus tard les traitants à l'abri des recherches qu'on ne leur épargnait pas, sous prétexte d'usure. Quoique fictives, elles étaient néanmoins, comme les autres, scindées et converties en billets de l'épargne pour la commodité du service et la régularisation des écritures. Or, quelquefois, le traité qui avait donné lieu à une ordonnance de ce genre était révoqué, et c'est ce qui arriva, sous l'administration de Servien et Fouquet, pour un emprunt de 6 millions. En pareil cas, les billets de l'épargne faits et signés en vertu de cette ordonnance devaient être rapportés et biffés. Cette fois, bien que l'emprunt n'eût pas eu lieu, on négligea de les biffer et de les annuler. Qu'arriva-t-il ? Comme ces billets pouvaient être séparés des ordonnances qui les avaient autorisés, on parvint, au moyen d'assignations et réassignations sur de bons fonds, à déguiser leur origine et à convertir en valeurs réelles des valeurs essentiellement fictives. En un mot, grâce à ce brigandage qui fut avéré, mais dont tout le monde déclina la responsabilité, l'Etat se trouva finalement obligé de payer un emprunt qui n'avait pas même été effectué. C'est ce même grief qui devint plus tard, sous le nom de l'affaire des 6 millions, un des principaux chefs de l'accusation de péculat dirigée contre Fouquet.

Telle était donc, sans compter les pots-de-vin, qui jouaient, on le verra plus loin, un très-grand rôle dans toutes les transactions du temps, la nature des principaux abus pratiqués plus ou moins ouvertement dans l'administration des finances, lorsque ce surintendant fut appelé à la diriger. Soyons juste à son égard : à l'époque où il parvint aux affaires, la situation était peu rassurante, et de moins habiles, de moins hardis que lui n'eussent pas triomphé à coup sûr des difficultés qu'il rencontra tout d'abord. Non-seulement il n'y avait rien à l'épargne, on y était habitué depuis le ministère du cardinal de Mazarin, mais les revenus de deux années étaient à peu près dévorés, et, malgré ses plus captieuses promesses, le premier ministre n'inspirait plus aucune confiance aux traitants. La banqueroute de 1648 pesait toujours sur le gouvernement, effrayant les esprits et les capitaux. Grâce à l'importance que lui donnait sa charge de procureur général, grâce à sa fortune, à sa réputation d'habileté et à la délicatesse avec laquelle il remplit ses premiers engagements, Fouquet parvint bientôt à procurer à Mazarin tout l'argent que celui-ci lui demandait, et certes il lui en demandait beaucoup. Je n'ai point à m'occuper ici de la politique du cardinal Mazarin, politique patiente, rusée, mais pleine de ressources, petite et mesquine dans les moyens, mais grande par ses résultats, et couronnée enfin par deux succès qui ont fait époque dans l'histoire de nos relations internationales : le traité de Munster et le mariage du roi avec Marie-Thérèse. Mais il faut bien qu'il soit permis de blâmer, comme elle le mérite, l'avidité de ce ministre, de cet étranger, qui, au milieu de la détresse de la France, trouva le moyen de thésauriser, d'entasser sans cesse, prenant de toutes mains, du roi, des traitants, des fermiers, se faisant lui-même l'entrepreneur des fournitures de la guerre, et laissant, en fin de compte, une fortune de 50 millions à ses héritiers. Voilà l'homme que Fouquet contracta l'obligation de satisfaire en arrivant aux finances, et il faut lui rendre cette justice de dire que jamais ni les intérêts de la guerre, ni le soin des négociations diplomatiques ne périclitèrent un instant faute d'argent. Un trait particulier de l'histoire du temps, c'est que les financiers voulaient bien avancer des sommes considérables à Fouquet, mais non à Mazarin, au gouvernement. L'homme privé inspirait plus de confiance que le premier ministre, que l'État. Que faisait alors le surintendant? Il prêtait à l'État des sommes empruntées par lui aux particuliers, et on l'accusa plus tard d'avoir retiré de ces prêts, qu'il avouait, dont il se glorifiait même, des intérêts usuraires. Il se délivrait ensuite des ordonnances de remboursement qui étaient payées au moyen de billets de l'épargne, au fur et à mesure de la rentrée des impôts. Il avait même imaginé, pour simplifier ses opérations et éviter les retards, de faire verser le produit des impôts dans sa caisse, de sorte que l'*Épargne se faisait chez lui*, comme on disait alors. Ainsi, les deniers de l'État étaient confondus avec ses propres deniers, et il était tout à la fois ordonnateur, receveur et payeur.

Si l'on pouvait avoir le moindre doute sur les résultats d'un pareil désordre, il suffirait, pour le dissiper, de lire les mémoires d'un financier du temps, de Gourville, mémoires curieux par leur franchise et par l'espèce de naïveté impudente avec laquelle l'auteur avoue la part qu'il a prise à tous les trafics que Fouquet tolérait, encourageait. Ce Gourville, qui avait d'abord appartenu à M. de La Rochefoucauld, s'était mêlé d'une manière très-active aux intrigues de la Fronde et était arrivé à la cour par l'intermédiaire de la maison de Condé, à laquelle il avait rendu quelques services. Actif, plein de résolution, spirituel, adroit à prendre le vent, il parvint à s'insinuer auprès de Fouquet, et le premier conseil qu'il lui donna fut d'amortir l'opposition du Parlement au moyen de quelques gratifications de 500 écus habilement distribués aux meneurs. Le conseil fut trouvé excellent, et Gourville se chargea des négociations qui réussirent à merveille. Bientôt son crédit fit du bruit parmi les gens d'affaires, qui s'adressèrent à lui toutes les fois qu'ils avaient quelque chose à proposer au surintendant. « M. Fouquet, dit-il lui-même, trouva que je m'étais fort stylé ; il était aussi bien aise que je lui fisse venir de l'argent. » Quant aux billets de 1648 dont il a été question plus haut, voici comment Gourville en parle. Ce passage de ses mémoires est on ne peut plus significatif :

« Le désordre était grand dans les finances. La banqueroute générale, qui se fit lorsque M. le maréchal de La Meilleraye fut surintendant des finances, remplit tout Paris de billets de l'épargne, que chacun avait pour l'argent qui lui était dû. En faisant des affaires avec le roi on mettait dans les conventions que M. Fouquet renouvellerait de ces billets pour une certaine somme. On les achetait communément au denier 10 (10 pour 100) ; mais après que M. le surintendant les avait assignés sur d'autres fonds, ils étaient bons pour la somme entière. MM. les trésoriers de l'épargne s'avisèrent entre eux d'en faire passer d'une épargne à l'autre pour en faire leurs profits. Ce qui en ôtait la connaissance, c'est que M. Fouquet en rétablissait beaucoup, et ces messieurs s'accommodaient avec ceux qui avaient les fonds entre les mains. *Cela fit beaucoup de personnes extrêmement riches.* Cependant, parmi ce grand nombre, le roi ne manquait point d'argent, et ayant tous ces exemples devant moi, *je profitai beaucoup*[1]. »

[1] *Mémoires de Gourville* (t. LII de la collection Petitot).

Ainsi, le surintendant, ses commis et ses amis, les trésoriers de l'épargne et les financiers battaient monnaie avec des billets achetés à 10 pour 100 de leur valeur primitive ; et tout le monde ayant intérêt à la fraude, il ne se trouvait personne pour la démasquer. Cependant, comme il arrive souvent, l'excès même du désordre en amena la fin. Il y avait alors à la cour, près du cardinal Mazarin, un homme qui observait avec une indignation souvent mal contenue à quel gaspillage l'administration des finances publiques était livrée, attendant le moment favorable pour réformer les abus dont il gémissait. Cet homme, autrefois attaché au ministre Le Tellier, qui l'avait plus tard donné au cardinal Mazarin, dont il était devenu l'homme de confiance, l'intendant, c'était Colbert. La surveillance de Colbert était-elle désintéressée ? N'avait-il pas déjà lui-même, à cette époque, l'espoir de remplacer un jour le surintendant ? Cela paraît hors de doute ; mais ce n'est pas ce qu'il s'agit d'examiner ici. Bien que le cardinal Mazarin n'eût qu'à se louer habituellement de l'exactitude avec laquelle Fouquet fournissait à toutes ses dépenses, il ne laissait pas que de prêter volontiers l'oreille aux mauvais rapports qu'on lui faisait sur le compte du surintendant. Or, celui-ci le savait ; et, toujours inquiet, troublé, se croyant chaque jour à la veille d'un caprice du premier ministre, d'une disgrâce, il cherchait à s'attacher, en redoublant de largesses, les personnages les plus considérables de la cour, pour se faire un parti en cas de besoin. Après Colbert, un des ennemis les plus dangereux du surintendant, c'était un de ses frères, l'abbé Fouquet, qui l'avait autrefois mis en relation avec Mazarin, mais avec qui il s'était brouillé depuis, et qui le desservait avec une vivacité dont le cardinal paraissait s'amuser beaucoup [1]. Au mois de mars 1659, Mazarin partit pour Saint-Jean-

---

[1] *Mémoires pour servir à l'histoire de Louis XIV,* par l'abbé Choisy. « On croit, dit l'abbé de Choisy, qu'une des choses qui gâta autant Fouquet dans l'esprit du roi, fut une querelle qu'il eut dans l'antichambre du cardinal deux mois avant sa mort, avec l'abbé Fouquet, son frère. Cet abbé était fort insolent de son naturel, et prétendait que son frère lui devait sa fortune. Ils s'étaient brouillés, et se dirent publiquement tout ce que leurs ennemis pensaient dans le cœur. L'abbé, entre autres choses, reprocha à son frère, qu'il avait dépensé quinze millions à Vaux, qu'il donnait plus de pensions que le roi, et qu'il avait envoyé tantôt trois, tantôt quatre mille pistoles à des dames qu'il nomma tout haut. Le surintendant, piqué au vif, reprocha à l'abbé les dépenses excessives qu'il avait faites pour faire l'agréable auprès de madame de Châtillon, et fort inutilement » (Liv. II, p. 135 et 136). Voir aussi, au sujet des profusions de Fouquet, un document contemporain intitulé : *Portraits de la cour* qui a été publié dans *les Archives curieuses de l'histoire de France*, par MM. Cimber et Danjou, IIe série, t. VIII, p. 415. Il y est dit entre autres choses, que, d'après Fouquet, il n'y avait

de-Luz, où le traité des Pyrénées devait être signé. Colbert resta à Paris. Peu de temps après, le surintendant se dirigea vers Toulouse, où il devait trouver le cardinal de retour. Le financier Gourville était avec lui. On a prétendu que Fouquet entretenait des ambassadeurs particuliers dans les principales cours. Il avait mis aussi dans ses intérêts le surintendant des postes du royaume, M. de Nouveau, un de ses pensionnaires, et celui-ci avait ordre, apparemment, de lui adresser directement la correspondance de Colbert pour le cardinal de Mazarin. Arrivé à Bordeaux, Fouquet reçut et communiqua à Gourville un projet de restauration des finances que Colbert soumettait au cardinal. D'après ce projet, on aurait établi une chambre de justice composée d'un certain nombre de membres de tous les parlements du royaume, avec M. Talon pour procureur général. C'était la perte de Fouquet, dont M. Talon était l'ennemi déclaré. Gourville dit qu'après avoir lu ce projet, dont la lecture avait fort abattu Fouquet, ils se mirent à le copier tous les deux très à la hâte, afin de le rendre sans retard à l'émissaire qui l'avait apporté.

La circonstance était critique. Le financier vint en aide au surintendant, et le tira de ce danger avec une habileté consommée. Il alla trouver le cardinal et lui dit qu'il courait à Paris des bruits sur une cabale organisée contre Fouquet, cabale très-fâcheuse, en ce qu'il ne serait plus possible à celui-ci, son crédit étant ruiné par tous ces méchants propos, de trouver l'argent dont le roi avait besoin. Gourville ajouta qu'au surplus il n'était pas étonnant de voir la calomnie s'acharner contre le surintendant, bien des gens se croyant aptes à gérer sa charge, et ne négligeant rien pour réussir à s'en emparer [1]. Ces raisons, adroitement développées par un homme qui était censé n'avoir aucune connaissance du projet de Colbert, frappèrent le cardinal, qui pour rien au monde n'aurait voulu s'exposer à trouver les coffres de l'épargne vides au moment où il était sur le point d'atteindre le but de ses efforts diplomatiques, et non-seulement Fouquet ne fut pas disgracié, mais Colbert reçut du cardinal l'ordre de continuer à le voir.

Les extraits suivants de la lettre de Mazarin montrent bien, au surplus, l'effet qu'avait produit sur son esprit la lecture du projet de Colbert.

aucune fidélité à l'épreuve de *cinquante mille écus*, et que *la collation de Vaux* avait coûté, au dire de tout le monde, *quarante mille écus*.

[1] *Mémoires de Gourville*, etc.

« J'ay reçeu le mémoire et achevé de le lire un moment auparavant que M. le surintendant feust arrivé. J'ay esté bien ayse des lumières que j'en ay tiré, et j'en proffitteray autant que la constitution des affaires présentes le peut permettre.

« Je vous diray seulement que M. le surintendant me faisoit des plaintes des discours que Hervart tenoit à son préjudice, disant à ses plus grands confidents que luy surintendant sortiroit bientôt des finances, que c'estoit une chose résolue, qu'il agissoit en cela de concert avec vous [1].

« Il m'a adjouté que vous ayant pratiqué longtemps, il avait eu le moyen de vous connoistre un peu, et que il ne doutoit pas que vous n'aviez pas pour luy la même affection que par le passé, s'estant apperçeu que depuis quelque temps vous luy parliez frédement, quoy qu'il ne vous eust pas donné sujet à cela, ayant pour vous la dernière estime, et ayant toujours souhété avec la dernière passion d'avoir vostre amitié, sachant d'ailleurs l'affection et la confiance que j'avais en vous. Sur quoy s'est fort estendu, ne luy estant pas échappé une parole qui ne feust à votre advantage, et se plaignant seulement de la liaison dans laquelle vous estiez entré avec Hervart et l'avocat-général Tallon, à son préjudice, et d'autant plus que vous ne pouviez pas douter que sous tous ses préparatifs je n'avois que à dire un mot pour le retirer, et me remettre non pas seulement la surintendance, mais la charge de procureur général.

« Je me suis desmêlé ensuite de tout cela que le surintendant est demeuré persuadé que vous ne m'aviez rien mandé à son préjudice, mais non pas que ce qui s'est passé à Paris n'est autrement de ce qu'il m'a dit. Tout ce que je vous puis dire, c'est que je mettray touttes pièses en œuvre pour renvoyer le surintendant persuadé que vous ne m'avez rien mandé, et vous pouvez parler et vous éclaircir avec luy en cette conformité, car je reconnois qu'il souhéte furieusement de bien vivre avec vous et proffitter de vos conseils, m'ayant dit que d'autres fois vous les lui donniez avec liberté, ce que vous ne faites pas depuis quelque temps.

« Hervart n'a jamais esté secret, et par le motif d'une certaine vanité qui n'est bonne à rien, dit à plusieurs personnes tout ce qu'il sçait, et ainsy je ne doute pas que ces discours n'aient donné lieu au surintendant de pénétrer les choses qu'il m'a dit [2]. »

Colbert reçut cette dépêche à Nevers, le 27 octobre 1659. Le lendemain il répondit au cardinal une longue lettre qu'il importe de reproduire en entier, parce qu'elle contient de curieux détails sur ses relations avec Fouquet et Mazarin. On est heureux, quand il s'agit de personnages historiques si considérables, de

---

[1] M. Hervart était intendant des finances et l'un des plus intrépides joueurs de l'époque, avec Fouquet, Gourville et le marquis de Clérambault (*Mémoires de Gourville*).

[2] Bibliothèque royale, manuscrit. *Lettres de Mazarin*. Cette lettre et la réponse de Colbert ont été publiées par M. Champollion-Figeac : *Documents inédits sur l'histoire de France*, t. II, p. 501 et suiv. — On voit par la réponse de Colbert, publiée également dans les *Documents inédits*, que la lettre du cardinal, qui ne porte point de date, était du 20 octobre 1659.

pouvoir s'appuyer sur des documents authentiques qui fixent aussi nettement les positions.

A Nevers, ce 28 octobre 1659.

« Je receus hier, à Desize, les dépesches de Vostre Eminence, du 20 de ce mois, aus quelles je feray double réponse. Celle-cy servira, s'il luy plaist, pour ce qui concerne le discours fait par M. le procureur général et le mémoire que j'ay envoyé à Vostre Eminence. Il est vray, Monseigneur, que j'ay entretenu une amitié assez étroite avec lui, depuis les voyages que je fis en 1650 avec Vostre Eminence, et que je l'ay continué depuis, ayant toujours eu beaucoup d'estime pour luy, et l'ayant trouvé un des hommes du monde le plus capable de bien servir Vostre Eminence et de la soulager dans les grandes affaires dont elle est surchargée. Cette amitié a continué pentout le temps que M. de Servien eut la principale autorité dans les finances, et souvent j'ay expliqué à Vostre Eminence même la différence que je faisois de l'un à l'autre. Mais déslors que, par le partage que Vostre Eminence fist en 1655, toute l'autorité des finances fust tombée entre les mains du dit sieur procureur général, et que par succession du temps je vins à connoistre que sa principalle maxime n'estoit pas de fournir par économie et par mesnage beaucoup de moyens à Vostre Eminence pour estendre la gloire de l'Etat, et qu'au contraire il n'employoit les moyens que cette grande charge lui donnoit qu'à acquérir des amis de toute sorte et à amasser pour ainsi dire des matières pour faire réussir, à ce qu'il prétendoit, tout ce qu'il auroit voulu entreprendre, et mesme, pour se rendre nécessaire, et en un mot qu'il a administré les finances avec une profusion qui n'a point d'exemple, à mesure que je me suis apperceu de cette conduitte, à mesure nostre amitié a diminué, mais il a eu raison de dire à Vostre Eminence que je me suis souvent ouvert à luy et que je luy ay mesme donné quelques conseils, parce que pendant tout ce temps-là je n'ay laissé passer aucune occasion de lui faire connoistre autant que cette matière le pouvoit permettre, combien la conduitte qu'il tenoit étoit éloignée de ses propres advantages, qu'en administrant les finances avec profusion, il pouvoit peut-estre amasser des amis et de l'argent, mais que cela ne se pouvoit faire qu'en diminuant notablement l'estime et l'amitié que Vostre Eminence avoit pour luy, au lieu qu'en suivant ses ordres, agisant avec mesnage et économie, lui rendant compte exactement, il pouvoit multiplier a l'infini l'amitié, l'estime et la confiance qu'elle avoit en luy, et que sur ce fondement, il n'y avoit rien de grand dans l'Etat et pour luy et pour ses amis à quoi il ne pust parvenir. Quoique j'eusse travaillé inutilement jusqu'en 1657, lorsqu'il chassa Delorme, je crus que c'estoit une occasion très-favorable pour le faire changer de conduitte ; aussi redoublay-je de diligence et de persuations, luy faisant connoistre qu'il pouvoit rejeter toutes les profusions passées sur le dit Delorme, pourvu qu'il changeast de conduitte, luy exagérant fortement tous les advantages qu'il pourroit tirer de cette favorable conjoncture. Je ne me contentay pas de faire toutes ces diligences, je sollicitay encore M. Chanut pour lequel je sçay qu'il a estime et respect, de se joindre à moy, l'ayant trouvé dans les mesmes sentiments. Je fus persuadé quelque temps qu'il suivoit mon avis, et pendant tout ce temps nostre amitié fust fort réchauffée, mais depuis l'ayant vu retomber plus fortement que jamais dans les mesmes désordres, insensiblement je me suis retiré, et il est vray qu'il y a quelque temps que je ne luy parle plus que des affaires de Vostre Eminence, parce que je suis persuadé qu'il n'y a rien qui le puisse faire changer. Mais il est vray qu'il n'y a rien que j'aye tant souhaité et que je souhaite tant que le dit sieur procureur général pust quitter ses deux mauvaises qualités, l'une de l'intrigue et l'autre de l'horrible corruption dans laquelle il s'est plongé, parce que si ses grands talents étaient séparés de ces grands défauts, j'estime qu'il seroit très-capable de bien servir Vostre Eminence.

« Quant à ma liaison avec M. Hervart et M. Talon, dont il a parlé à Vostre Eminence ; je ne saurais lui désirer un plus grand avantage que d'estre éloigné de toutes liaisons *des deux parts* autant que je le suis, estant fortement persuadé et par inclination naturelle et par toute sorte de raisonnement que la seule liaison que l'on puisse et que l'on doibve avoir ne consiste qu'à bien servir son maistre et que toutes les autres ne font qu'embarrasser. Mais quand je serois d'esprit à chercher ces liaisons, la dernière personne avec qui j'en voudrois faire, ce seroit avec M. Hervart, pour lequel je n'ay conservé aucune estime. Pour M. Talon, il est vray que j'ay beaucoup d'estime pour lui et que je l'ay vu trois fois cet esté à Vincennes, chez luy et en mon logis. Mais aussi il est vray que j'ay creu qu'il estoit peut-être bon pour le service du Roy et pour la satisfaction de Vostre Eminence de garder avec luy quelque mesures pour le faire souvenir, dans les occasions qui se peuvent présenter, des protestations qu'il m'a souvent faites de bien servir le Roy et Vostre Eminence, pourveu qu'on luy fasse sçavoir dans les occasions ce que l'on désire de luy, avouant luy-mesme qu'il peut quelquefois se tromper.

« Pour ce qui est de la connoissance que le dit sieur procureur général a tesmoigné avoir du mémoire que j'ay envoyé à Vostre Eminence, je puis bien dire avec assurance que s'il le sçait il a été bien servy par les officiers de la poste, avec les quels je scay qu'il a de particulières habitudes, n'y ayant que Vostre Eminence, celuy qui l'a transcrit et moi qui en ayent eu connaissance et ne pouvant douter du tout de celui qui l'a transcrit, y ayant 16 ans qu'il me sert avec fidélité en une infinité de rencontres plus importantes que celle-ci.

« Ce mémoire n'a esté fait sur aucun qui m'aye esté donné par le sieur Hervart, duquel je n'en ay jamais voulu recevoir, ne l'estimant pas assez habile homme pour bien pénétrer une affaire et pour dire la vérité. Ce que Vostre Eminence trouvera de bon dans cette affaire vient d'elle mesme, n'ayant fait autre chose que de rédiger par escrit une petite parties des belles choses que je luy ay entendu dire sur le sujet de l'esconomie des finances. Pour ce qui est rapporté du fait de la conduitte du surintendant, Vostre Eminence scait tout ce que j'en ai pu dire, et je suis bien assuré qu'il n'y a personne en France qui souhaite plus que moy que sa conduite soit réglée en sorte qu'elle plaise à Vostre Eminence et qu'elle puisse se servir de luy. Quant à tous ces discours que le sieur Hervart a fait et que le sieur procureur général m'attribue en commun et qu'il dit scavoir de la source, je crois bien qu'il le sçait du dit sieur Hervart, parce qu'il a des espions chez lui, mais je ne suis pas garant de l'imprudence de cet homme là avec lequel j'ay toujours agi avec beaucoup de retenue, m'estant apperceu en une infinité de rencontres qu'il se laisse souvent emporter à dire mesme tout ce qu'il avoit appris de Vostre Eminence.

« Sy, dans ce discours et dans le mémoire que j'ay envoyé à Vostre Eminence, la vérité n'y paroist sans aucun fard, déguisement, envie de nuire, ni autre fin indirecte de quelque nature que ce soit, je ne demande pas que Vostre Eminence aye jamais aucune creance en moy, et il est mesme impossible qu'elle la puisse avoir, parceque je suis asseuré que je ne puis jamais lui exposer toute la vérité plus à découvert et plus dégagée de toutes passions. Et outre que Vostre Eminence le découvre assez par le discours mesme, sy elle considère que je ne souhaitte la place de personne, que je n'ay jamais temoigné d'impatience de monter plus haut que mon employ, lequel j'ay toujours estimé et estime infiniment plus que tout autre, puisqu'il me donne plus d'occasions de servir personnellement Vostre Eminence et que d'ailleurs sy j'avois dessein de tirer des advantages d'un surintendant je ne pourrois en trouver un plus commode que celui-là, ce qui paroist assez clairement à Vostre Eminence par l'envie qu'il luy a fait paroistre de vouloir bien vivre avec moy : Vostre Eminence jugera, dis-je, assez facilement qu'il n'y a aucun motif que la vérité et ses ordres qui m'ont obligé de dire ce qui est porté par ledit mémoire, et que les discours du sieur Hervart n'ont aucun rapport avec ce qui me regarde en cela.

« Quant à l'envie qu'il a fait paroistre à Vostre Eminence mesme de vouloir bien vivre avec moy, il n'y aura pas grand peine, parce que ou il changera de conduitte ou Vostre Eminence agréera celle qu'il tient, ou Vostre Eminence l'excusera par la raison de la disposition présente des affaires, et trouvera peut-estre que ses bonnes qualités doivent balancer, et mesme emporter ses mauvaises ; en quelque cas que ce soit, je n'auray pas de peine à me renfermer entièrement à ce que je reconnoistray estre des intentions de Vostre Eminence, luy pouvant protester devant Dieu qu'elles ont toujours esté et seront toujours les règles des mouvements de mon esprit. »

COLBERT.

Certes, il était difficile de distiller la flatterie avec plus d'adresse, et, en même temps, de perdre plus sûrement Fouquet dans l'esprit du cardinal que ne le fit Colbert dans cette circonstance. Ses insinuations et ses louanges devaient produire inévitablement l'effet qu'il en espérait, et dès ce jour sans doute, la disgrâce de Fouquet fut arrêtée. Ce n'était plus qu'une question de temps. Il est même probable que sans l'hésitation et la timidité naturelles de Mazarin, elle n'eût pas été aussi longtemps différée, à moins que celui-ci, riche à 50 millions ramassés de toutes mains et par tous les moyens, n'eût éprouvé quelque embarras à faire poursuivre le surintendant pour crime de péculat [1].

---

[1] On lit ce qui suit au sujet de la fortune du cardinal Mazarin dans les *Remontrances du parlement de Paris au roi et à la reine régente*, en date du 21 janvier 1649. « Quant à l'abus et à la déprédation des finances, le cardinal Mazarin oserait-il dire qu'il y ait eu quelques limites à sa convoitise ?..... Il suffit de dire qu'il est le maître, qu'il prend tout ce qu'il peut

Toutefois, docile aux recommandations du cardinal, Colbert alla voir le surintendant dès que celui-ci fut de retour à Paris, et il y eut entre eux une apparence de réconciliation; mais les intérêts étaient dorénavant trop distincts pour que cette paix fût sérieuse. Colbert ne modifia pas ses sentiments sur les opérations de Fouquet. Quant à ce dernier, il garda toutes ses craintes, toutes ses inquiétudes sur les dispositions du cardinal, et ses soupçons lui firent sans doute conserver, quoi qu'il ait pu dire, un projet de révolte qu'il avait ébauché en 1657, et dont le manuscrit, des plus compromettants, fut trouvé plus tard dans ses papiers.

Telle était donc la position du surintendant vers la fin de 1659. Deux ans après, au mois de mars 1661, le cardinal Mazarin mourut. On sait comment il recommanda Colbert au roi. « Sire, je vous dois tout, dit-il à Louis XIV, mais je crois m'acquitter en quelque sorte avec Votre Majesté en lui donnant Colbert. » Le cardinal ne pouvait rendre à la France un plus grand service, ni porter à Fouquet un coup plus terrible. Cependant, le poste de premier ministre était vacant, et la vanité, la présomption du surintendant n'ayant point de bornes, il ne crut pas que le roi pût jeter les yeux sur un autre que lui. Jusqu'au jour même de la mort du cardinal, et par déférence pour les services qu'il en avait reçus, Louis XIV lui avait laissé tout le soin du gouvernement. L'étonnement fut général lorsque, au premier conseil qui suivit la mort de Mazarin, il prévint ses ministres qu'à l'avenir ils eussent à lui parler directement de toutes les affaires, ses intentions étant qu'il ne fût donné aucune signature, aucun ordre, aucun passe-port, sans son commandement. On espérait, il est vrai, que ce beau zèle ne durerait pas, et que le roi retournerait bientôt aux chasses, aux ballets, aux plaisirs. C'était surtout l'opinion et le désir de Fouquet. Depuis la mort du cardinal, Fouquet se croyait plus en faveur que jamais.

---

toucher comme s'il était sien; qu'il a conservé et augmenté le nombre des partisans et gens d'affaires, qui sont les sangsues qui lui facilitent les moyens pour avoir de l'argent comptant, et qu'on ne trouve presque plus d'or ni de bonne monnaie en France. *Jugez de là, sire, où il est.* » Le parlement ajoute que, grâce à ces concussions, le royaume est si fort épuisé qu'il y a peu de personnes à la campagne auxquelles il reste un lit pour se coucher, moins encore qui aient du pain pour se nourrir en travaillant, et qu'il n'y en a point du tout qui puissent vivre sans incommodité. (*Collection des anciennes lois françaises*, etc., par MM. Isambert, Decrusy et Taillandier, t. XVII, année 1649). Enfin, on cite un mot très-naïvement plaisant du duc de Mazarin, héritier des biens immenses du cardinal. « *Je suis bien aise*, disait-il, *qu'on me fasse des procès sur tous les biens que j'ai eus de M. le cardinal. Je les crois tous mal acquis, et du moins quand j'ai un arrêt en ma faveur, c'est un titre, et ma conscience est en repos* » (*Mémoires* de l'abbé de Choisy, liv. II).

Vainement ses amis l'engageaient à se défier des apparences, et surtout à ne rien déguiser au roi de la véritable situation des finances. Il avait cru se mettre en règle en priant un jour le roi de lui pardonner ce qui avait pu se faire d'irrégulier dans le passé à cause de la difficulté des temps, et le roi lui avait en effet répondu qu'il lui pardonnait. C'était pour Fouquet une occasion admirable de se conformer dorénavant aux règles de comptabilité qui ont été expliquées plus haut, et qu'on avait impunément violées depuis longtemps; mais il lui eût fallu pour cela modérer sa dépense, et supprimer les pensions qu'il faisait à tous les courtisans de sa prospérité. Fouquet n'en eut sans doute pas la force. Sans tenir aucun compte des avis que Pélisson, Gourville et d'autres amis lui donnaient sur les menées de Colbert et de madame de Chevreuse, qui avait détaché la reine mère de son parti, il persista à fournir des états dont Colbert, nommé intendant des finances depuis la mort de Mazarin, démontrait chaque jour la fausseté au roi[1]. En même temps, Louis XIV désirant pousser jusqu'à ses plus extrêmes limites l'expérience qu'il avait commencée, le recevait toutes les fois qu'il le désirait, et lui témoignait une bienveillance marquée. Ainsi, pendant que quelques-uns, les mieux avisés, mais le plus petit nombre, ne doutaient pas de l'imminence de sa chute, d'autres le croyaient destiné à hériter de la faveur et de la toute-puissance du cardinal. Naturellement, Fouquet ajoutait foi aux pronostics de ces derniers, et déjà ses collègues remarquaient un changement insupportable dans son humeur. D'un autre côté, tout le monde se plaignait des airs de plus en plus altiers et hautains, des manières orgueilleuses de sa femme. Sa mère seule avait la réputation d'une bonne et sainte femme, et l'on racontait qu'elle gémissait de ses dissipations au point de souhaiter un terme à la faveur dont il jouissait. On a vu plus haut que Fouquet était en même temps surintendant des finances et procureur général du parlement de Paris. Cette dernière charge, la plus considérable du royaume après celles de chancelier et de premier président, lui donnait une consistance immense auprès de sa compagnie, de tout temps fort jalouse, comme on sait, des priviléges dont jouissaient ses membres, et, en cas de procès,

---

[1] *Mémoires de madame de Motteville, de l'abbé de Choisy, de Gourville, de Brienne,* etc. Madame de Motteville, si calme et si circonspecte d'ordinaire, appelle Fouquet *un grand voleur.* Dans un autre passage de ses mémoires, on lit ce qui suit : « On a dit qu'on avait trouvé du poison chez lui et on a quelque soupçon qu'il avait empoisonné le cardinal. »

le rendait justiciable d'elle seule, ce qui présageait un acquittement certain. Comment éviter un pareil résultat? On a prétendu que, dans cette occasion, Colbert prêta les mains à une intrigue où l'on regretterait beaucoup, pour l'honneur de son caractère, qu'il se fût véritablement trouvé mêlé. Le roi avait déclaré qu'il ne nommerait jamais chevalier de ses ordres un homme, quelque notable qu'il fût, s'il était *de robe* ou *de plume*, c'est-à-dire magistrat ou financier. Colbert persuada, dit-on, à Fouquet que l'intention du roi était de le nommer chevalier de ses ordres, mais que la charge de procureur général dont il était investi mettait un obstacle invincible à ce dessein. Entraîné, comme toujours, par sa vanité, Fouquet vendit sa charge 1,400,000 livres à M. de Harlay, et, sur une nouvelle insinuation de Colbert, offrit généreusement de faire déposer dans la citadelle de Vincennes, à la disposition du roi, qui avait paru le désirer, 1 million que M. de Harlay lui donnait comptant. Telle est, du moins, la version de l'abbé de Choisy, que tous les biographes de Fouquet et de Colbert ont adoptée. Or, voici ce que Fouquet lui-même écrivit à ce sujet, pendant le cours de son procès :

« Le Roy me témoigna qu'il voudroit avoir un million d'argent comptant, sans faire tort à ses autres affaires, pour mettre en réserve à Vincennes; je luy dis que si je voulois vendre ma charge j'en tirerois un million, outre ce que j'estois obligé de donner à mon fils pour sa survivance; et que s'il luy plaisoit de l'accepter, je le lui donnois en pur don de bon cœur, en reconnoissance de la bonté que Sa Majesté me témoignoit, et des biens qui me venoient d'elle. Le roy l'accepta, me remercia, fit porter le million secrètement à Vincennes, où je le mis, et où il est peut-estre encore aussi bien que moy [1]. »

Quoi qu'il en soit, une fois ces précautions prises, le roi, fatigué de la comédie que Fouquet le forçait de jouer depuis quatre mois, eut hâte d'en finir, et sans la reine mère, il l'eût fait arrêter à Vaux même. Heureusement, l'avis de celle-ci prévalut, et Louis XIV n'eut pas plus tard à se reprocher cette déloyauté.

---

[1] *Défenses de M. Fouquet*, t. II, p. 98. Il est à remarquer que, dans tout le cours de ses *défenses*, Fouquet parle de Colbert dans les termes les plus méprisants, l'accuse à son tour de concussion, de vol, l'appelle le *domestique de Mazarin*, qui avait sa bourse et son cœur. Il semble donc que si Colbert était perfidement intervenu auprès de Fouquet pour l'engager à vendre sa charge de procureur général, celui-ci n'eût pas manqué de le lui reprocher. Cependant, car il faut tout dire, on lit dans le *premier discours au roi* de Pélisson en faveur de Fouquet, que Louis XIV avait insinué au surintendant *de loin, et comme en passant*, que peut-être il ne ferait pas mal de quitter sa charge de procureur général, étant obligé désormais d'employer tout son temps à autre chose. C'est alors que, suivant Pélisson, fermant l'oreille aux conseils de ses amis alarmés, Fouquet se serait défait sans hésitation de *la chose du monde qu'il avoit toujours tenue pour la plus précieuse.*

D'ailleurs, il fut décidé, au retour de Vaux, qu'on retarderait l'affaire le moins possible. Le roi organisa donc pour les premiers jours du mois suivant, à l'occasion de la tenue des États de Bretagne, un voyage à Nantes, et le surintendant fut désigné pour l'y accompagner. Toutes les dispositions nécessaires furent combinées longtemps d'avance avec un soin minutieux, et l'on prit patience jusqu'au moment tout à la fois tant désiré et tant redouté.

En effet, la cour n'était pas sans inquiétude sur les résultats que pouvait entraîner l'arrestation de Fouquet. On savait que, grâce aux pensions qu'il répandait de tous côtés, il avait de nombreuses créatures qu'on supposait dévouées à sa fortune. En outre, les troubles de la Fronde n'étaient pas déjà si anciens qu'on ne pût craindre d'en voir tenter un nouvel essai par un homme puissant, ayant à sa disposition, au moyen de sa famille, plusieurs places de guerre fort importantes, et possédant en propre un point très-fortifié, Belle-Isle-sur-Mer, où l'on croyait qu'il avait fait cacher des trésors considérables, à l'aide desquels, favorisé par sa proximité de deux provinces très-surchargées d'impôts et mécontentes, la Normandie et la Bretagne, il lui serait facile de fomenter une guerre civile.

Enfin, le nouveau gouvernement n'ayant encore donné aucune preuve de sa force, de sa puissance, doutait en quelque sorte de lui-même et s'exagérait les difficultés. On comprend donc ses craintes, ses hésitations, ses précautions. Louis XIV a dit, dans ses *Instructions au Dauphin*, que, « de toutes les affaires qu'il avait eues à traiter, l'arrestation et le procès du surintendant était celle qui lui avait fait le plus de peine et causé le plus d'embarras [1]. » Le voyage à Nantes avait un double avantage : il isolait Fouquet de ses amis, et permettait de s'emparer presque en même temps de sa personne et de Belle-Isle avant qu'il lui eût été possible de mettre cette place en état de défense, et d'en faire enlever les trésors qu'on y supposait en dépôt.

La cour partit pour Nantes vers les derniers jours du mois d'août. Cependant, le secret de ses projets n'avait pas été si bien gardé qu'il n'en eût rien transpiré au dehors. Au contraire, tout le monde paraissait s'attendre à ce que le voyage de Nantes serait marqué par quelque grand événement ; seulement, on croyait qu'il s'agissait d'une simple lutte d'influence entre Fouquet et Colbert,

---

[1] *Œuvres de Louis XIV*. T. I. *Instructions au Dauphin*.

dont l'inimitié était devenue alors manifeste, et quelques personnes supposaient que ce dernier allait être définitivement éclipsé par l'étoile de jour en jour plus resplendissante du surintendant. Malgré le danger qu'il avait couru à Vaux, malgré les avis qui lui venaient de tous côtés, Fouquet lui-même partagea ces illusions jusqu'au dernier instant. Cela paraît incroyable, mais tous les mémoires du temps sont unanimes à ce sujet, et un tel excès d'imprévoyance ne fait que mieux éclater son inconcevable légèreté. Pourtant, dans une conversation avec Loménie de Brienne, la veille de son départ de Paris, il dit à celui-ci, d'un air triste et abattu, que plusieurs personnes l'informaient d'un méchant projet qui se tramait contre lui, que la reine mère elle-même l'en avait fait avertir, que sa fortune était fort compromise à cause des grandes dettes qu'il avait contractées pour le service de l'État; mais qu'il était résigné à tout, ne croyant pas cependant que le roi voulût le perdre. Puis il ajouta : « Pourquoi le roi va-t-il en Bretagne, et précisément à Nantes? Ne serait-ce point pour s'assurer de Belle-Isle? — A votre place, répondit de Brienne, j'aurais cette crainte, et je la croirais fondée. — Nantes ! Belle-Isle ! Nantes ! Belle-Isle ! répéta Fouquet à plusieurs reprises. M'enfuirai-je? Mais où me donnerait-on protection, si ce n'est à Venise? — Je l'embrassai les larmes aux yeux, dit de Brienne, et je ne pus m'empêcher de pleurer; il me faisait compassion et il en était digne [1]. »

Mais ce n'était là qu'un éclair de prudence, et, bien que malade, Fouquet se décida à partir. Il arriva à Nantes avec la fièvre tierce. Trois ou quatre fois dans la journée le roi envoyait savoir de ses nouvelles. Le 4 septembre, de Brienne alla deux fois chez lui pour s'informer si le roi pourrait le voir le lendemain de bonne heure, ayant le projet de partir pour la chasse dans la matinée. Il le trouva dans sa robe de chambre, couché sur son lit, le dos appuyé contre une pile de carreaux. De Brienne lui dit qu'il venait de la part du roi savoir comment il se portait. « Fort bien, à ma fièvre près, qui ne sera rien. J'ai l'esprit en repos, et je serai demain hors de mes inquiétudes. Que dit-on au château et à la cour? — Que vous allez être arrêté. — Puyguilhem vous l'a-t-il dit? En tout cas, il est mal informé et vous aussi; c'est Colbert qui sera arrêté, et non moi. — En êtes-vous bien assuré? lui dit

---

[1] *Mémoires inédits de Brienne*, publiés par M. F. Barrière; t. II, p. 180.

de Brienne. — On ne peut l'être mieux. J'ai moi-même donné les ordres pour le faire conduire au château d'Angers, et c'est Pélisson qui a payé les ouvriers qui ont mis la prison hors d'état d'être insultée. — Je le souhaite, répondit de Brienne; mais on vous trompe; vos amis craignent fort pour vous. Toutes les manigances qui se font au château ne me plaisent guère, et les précautions qu'on a prises de condamner les portes de la salle, la table du roi couverte de papiers et de lettres de cachet qu'on apporte par douzaines de chez M. Le Tellier, Saint-Aignan et Rose toujours en sentinelle dans le petit corridor, tout cela ne vous présage rien de bon. — C'est moi, dit Fouquet d'un air fort gai, qui ai donné au roi tous ces avis, afin de mieux couvrir notre jeu. — Dieu le veuille, mais je n'en crois rien. Que dirai-je au roi de votre part? — Que j'entrais dans mon accès quand vous êtes arrivé; mais qu'il ne sera pas long, je pense, et que cela n'empêchera pas que je ne sois demain d'assez bonne heure à son lever[1]. »

Or, voici ce qui se passa le lendemain. Mais, auparavant, il importe de constater, d'après une narration émanée de Louis XIV même, les motifs qui déterminèrent ce prince à faire arrêter le surintendant. Le document qu'on va lire est extrait de ses *Instructions au Dauphin*.

« Ce fut alors que je crus devoir mettre sérieusement la main au rétablissement des finances, et la première chose que je jugeai nécessaire, fut de déposer de leurs emplois les principaux officiers par qui le désordre avoit été introduit; car depuis le temps que je prenois soin de mes affaires, j'avois de jour en jour découvert de nouvelles marques de leurs dissipations, et principalement du surintendant.

« La vue des vastes établissemens que cet homme avoit projetés, et les insolentes acquisitions qu'il avoit faites, ne pouvoient qu'elles ne convainquissent mon esprit du dérèglement de son ambition; et la calamité générale de mes peuples sollicitoit sans cesse contre lui. Mais ce qui le rendoit plus coupable envers moi, étoit que bien loin de profiter de la bonté que je lui avois témoignée, en le retenant dans mes conseils, il en avoit pris une nouvelle espérance de me tromper, et bien loin d'en devenir plus sage, tâchoit seulement d'être plus adroit.

« Mais quelque artifice qu'il pût pratiquer, je ne fus pas longtemps sans reconnoître sa mauvaise foi. Car il ne pouvoit s'empêcher de continuer ses dépenses excessives, de fortifier des places, d'orner des palais, de former des cabales, et de mettre sous le nom de ses amis des charges importantes qu'il leur achetoit à mes dépens, dans l'espoir de se rendre bientôt l'arbitre souverain de l'État.

---

[1] *Mémoires inédits de Brienne*, t. II, p. 200.

« Quoique ce procédé fût assurément fort criminel, je ne m'étois d'abord proposé que de l'éloigner des affaires ; mais ayant depuis considéré que de l'humeur inquiète dont il étoit, il ne supporteroit point ce changement de fortune sans tenter quelque chose de nouveau, je pensai qu'il étoit plus sûr de l'arrêter.

« Je différai néanmoins l'exécution de ce projet, et ce dessein me donna une peine incroyable ; car, non seulement je voyois que pendant ce temps là il pratiquoit de nouvelles subtilités pour me voler, mais ce qui m'incommodoit davantage, étoit que pour augmenter la réputation de son crédit, il affectoit de me demander des audiences particulières ; et que pour ne lui pas donner de défiance, j'étois contraint de les lui accorder, et de souffrir qu'il m'entretînt de discours inutiles, pendant que je connoissois à fond toute son infidélité....

« Toute la France, persuadée aussi bien que moi de la mauvaise conduite du surintendant, applaudit à son arrestation, et loua particulièrement le secret dans lequel j'avois tenu, durant trois ou quatre mois, une résolution de cette nature, principalement auprès d'un homme qui avoit des entrées si particulières auprès de moi, qui entretenoit commerce avec tous ceux qui m'approchoient, qui recevoit des avis du dedans et du dehors de l'État, et qui de soi-même devoit tout appréhender par le seul témoignage de sa conscience[1]. »

Enfin, la lettre suivante, que Louis XIV écrivit à sa mère, après l'arrestation de Fouquet, donne sur cet événement les détails les plus authentiques. C'est une des pièces les plus curieuses de cette curieuse affaire, et il importe de la reproduire en entier.

« Nantes, 5 septembre 1661.

« Madame ma mère, je vous ai déjà écrit ce matin l'exécution des ordres que j'avais donnés pour arrêter le surintendant ; mais je suis bien aise de vous mander le détail de cette affaire. Vous savez qu'il y a longtemps que je l'avais sur le cœur, mais il m'a été impossible de le faire plus tôt, parce que je voulais qu'il fît payer auparavant 30,000 écus pour la marine, et que d'ailleurs il fallait ajuster diverses choses qui ne se pouvaient faire en un jour, et vous ne sauriez imaginer la peine que j'ai eue seulement à trouver le moyen de parler en particulier à d'Artagnan ; car je suis accablé tous les jours par une infinité de gens fort alertes, et qui, à la moindre apparence, auraient pu pénétrer bien avant. Néanmoins, il y avait deux jours que je lui avais re-

---

[1] *Œuvres de Louis XIV*, t. I, p. 101. Les *Instructions au Dauphin* ont été dictées par Louis XIV à Pélisson et rédigées par ce dernier. C'est un document historique des plus intéressants et dont l'authenticité a été établie d'une manière irréfutable par les éditeurs des *Œuvres de Louis XIV*. Comment Pélisson, qui avait publié des plaidoyers si touchants en faveur de Fouquet, eut-il le triste courage d'écrire les accusations que l'on vient de lire? C'est ce que l'on a peine à comprendre. Lors de la révocation de l'édit de Nantes, Pélisson, protestant converti, fut chargé de diriger les conversions de ses anciens coreligionnaires, et reçut, en raison des services qu'il rendit alors, des gratifications considérables (V. *Histoire de Colbert*, chap. III). C'est de lui que Voltaire a dit : « Il eut le bonheur d'être éclairé et de changer de religion dans un temps où ce changement pouvait le mener aux dignités et à la fortune » (*Siècle de Louis XIV*, chap. XXVI).

commandé de se tenir prêt... J'avais la plus grande impatience que cela fût achevé. Enfin, ce matin, le surintendant étant venu travailler avec moi à l'accoutumée, je l'ai entretenu tantôt d'une manière, tantôt d'une autre, et fait semblant de chercher des papiers jusqu'à ce que j'aie aperçu, par la fenêtre de mon cabinet, Artagnan dans la cour du château, et alors j'ai laissé aller le surintendant, qui, après avoir causé un peu au bas de l'escalier avec La Feuillade, a disparu dans le temps qu'il saluait le sieur Letellier ; de sorte que le pauvre Artagnan croyait l'avoir manqué, et m'a envoyé dire par Maupertuis qu'il soupçonnait que quelqu'un lui avait dit de se sauver ; mais il le rattrapa dans la place de la Grande-Église, et l'a arrêté de ma part environ sur le midi. Il lui a demandé les papiers qu'il avait sur lui, dans lesquels on m'a dit que je trouverais l'état au vrai de Belle-Isle ; mais j'ai tant d'autres affaires que je n'ai pu les voir encore. Cependant, j'ai commandé au sieur Boucherat d'aller sceller chez le surintendant, et au sieur Allot, chez Pélisson, que j'ai fait arrêter aussi... J'ai discouru ensuite sur cet accident avec des messieurs qui sont ici avec moi ; je leur ai dit qu'il y avait quatre mois que j'avais formé mon projet, qu'il n'y avait que vous seule qui en aviez connaissance, et que je ne l'avais communiqué au sieur Letellier que depuis deux jours pour faire expédier les ordres ; je leur ai déclaré aussi que je ne voulais plus de surintendant, mais travailler moi-même aux finances avec des personnes fidèles qui n'agiront pas sans moi, connaissant que c'est le vrai moyen de me mettre dans l'abondance et soulager mon peuple. Vous n'aurez pas de peine à croire qu'il y en a eu de bien penauts ; mais je suis bien aise qu'ils voient que je ne suis pas si dupe qu'ils se l'étaient imaginé, et que le meilleur parti est de s'attacher à moi. J'oubliais de vous dire que j'ai dépêché de nos mousquetaires partout sur les grands chemins et même jusqu'à Saumur, afin d'arrêter tous les courriers qu'ils rencontreront allant à Paris, et d'empêcher qu'il n'y en arrive aucun devant celui que je vous ai envoyé [1]. »

On se figure sans peine la stupeur qu'un événement aussi extraordinaire dut causer à la cour. On ne tombe pas de si haut sans un grand éclat. De Brienne raconte qu'étant allé chez Fouquet dans la matinée de l'arrestation, il trouva sa demeure gardée par des mousquetaires pendant qu'on mettait les scellés sur ses papiers. En retournant au château où résidait le roi, il rencontra une voiture dont la portière était fermée par un grillage en fer, et il put voir, dans l'intérieur, le surintendant que d'Artagnan conduisait au château d'Angers. On sut plus tard que sur la route, partout où le bruit de l'arrestation de Fouquet avait transpiré, la foule s'était ameutée autour de sa voiture en poussant des imprécations. A Angers, l'exaspération contre le prisonnier fut surtout très-vive, et d'Artagnan craignit de ne pouvoir le sauver, malgré l'appui de ses cent mousquetaires. Pendant toute cette journée

[1] *Œuvres de Louis XIV*, t. V.

du 5 septembre, une espèce de terreur régna à la cour, et de là se répandit à Paris et dans les provinces. De Lionne, l'ami intime de Fouquet, était devenu pâle et interdit en apprenant son arrestation; mais Louis XIV le rassura en lui disant que les fautes étaient personnelles. Le capitaine des gardes de service, de Gesvres, était aussi une des créatures du surintendant. Comme on s'était défié de lui, il se plaignait très-haut, de manière à être entendu du roi, et allait répétant partout qu'il aurait arrêté non-seulement son meilleur ami, mais son père, si le roi le lui eût commandé. C'est ainsi que Fouquet était récompensé des pensions secrètes qu'il faisait aux courtisans dans le but de se les attacher. En même temps on apprenait que Pélisson venait d'être arrêté, et que madame Fouquet avait reçu l'ordre de partir immédiatement pour Limoges. Comment faire? Dans cette maison où, hier encore, il se dépensait des millions, on n'avait plus le moyen d'entreprendre un voyage d'une centaine de lieues. Ami dévoué, Gourville fit demander la permission, qu'on lui accorda, de prêter 2,000 louis à la femme du surintendant, qui put alors partir pour Limoges, tandis que tous les autres membres de sa famille recevaient différentes destinations [1].

Cependant, outre le courrier que Louis XIV avait adressé à la reine mère pour l'informer de l'arrestation de Fouquet, il avait expédié également un de ses gentilshommes ordinaires, de Vouldi, pour faire mettre les scellés dans les maisons du surintendant, à Paris, à Saint-Mandé et à Vaux. Un des chroniqueurs contemporains, qui a fourni le plus de particularités sur l'affaire de Fouquet, l'abbé de Choisy, raconte dans ses Mémoires que de Vouldi arriva à Paris seulement douze heures après un valet de chambre du surintendant. Voici, d'après lui, comment le fait se serait passé : toutes les fois que Fouquet voyageait avec la cour, il établissait des relais de sept en sept lieues, à droite ou à gauche de la grande route; par ce moyen, dit l'abbé de Choisy, il avait toujours les nouvelles avant le roi et le cardinal. Aussitôt après l'arres-

---

[1] *Mémoires de Brienne, de Gourville*, etc. Voici un quatrain que l'on fit sur cette arrestation. On sait que Fouquet avait dans ses armoiries un écureuil et Colbert une couleuvre; Le Tellier avait trois lézards dans les siennes.

> Le petit écureuil est pour longtemps en cage;
> Le lézard plus adroit fait mieux son personnage;
> Mais le plus fin des trois est un vilain serpent,
> Qui, s'abaissant, s'élève et s'avance en rampant.

tation de son maître, ce valet de chambre quitta Nantes sans rien dire à personne, rejoignit à pied le premier relais, creva les chevaux et porta le premier la fatale nouvelle à madame Duplessis-Bellière. Celle-ci envoya chercher immédiatement l'abbé Fouquet, qui depuis quelque temps vivait en bonne intelligence avec son frère, et un des commis du surintendant, qui avait le secret de toutes ses affaires, Bruant des Carrières. On tint conseil. L'abbé Fouquet ne proposa rien moins que de mettre le feu à la maison de Saint-Mandé, afin de détruire tous les papiers qui pouvaient compromettre son frère. Madame Duplessis-Bellière trouva, dit-on, ce parti trop dangereux, et fit observer que c'était perdre le surintendant, qu'on ne le condamnerait pas sans l'entendre, qu'on n'avait rien à lui reprocher depuis que le roi gouvernait par lui-même, et que, pour les temps antérieurs, il n'avait rien fait que par ordre du cardinal. On se sépara sans rien décider. Bruant des Carrières courut chez lui pour mettre ordre à ses papiers, ramasser quelque argent, et il se hâta de passer à l'étranger, où Fouquet, le sachant en sûreté, ne se fit pas faute, plus tard, de le charger, afin de dégager sa propre responsabilité. Il n'est pas jusqu'à Vatel, son intendant, qui, craignant d'être aussi inquiété, quitta furtivement Paris et passa en Angleterre, où il demeura quelques années avant de devenir le maître-d'hôtel du roi. Enfin, Gourville lui-même, qui, de son côté, avait pris depuis quelque temps toutes les précautions nécessaires, en faisant une exacte revue de ses papiers, se trouva compromis par ceux qu'on trouva chez le surintendant, et fut obligé de s'exiler. Quelques années après le procès de Fouquet, et grâce à des services diplomatiques qu'il avait pu rendre au roi, des amis puissants obtinrent pour lui la permission de rentrer en France, après avoir toutefois restitué à l'épargne une somme de 500,000 livres, à laquelle il avait été taxé par Colbert, qui, malgré les sollicitations les plus pressantes, ne voulut jamais consentir à l'en décharger.

On mit donc simultanément les scellés sur tous les papiers du surintendant et l'on en fit l'inventaire. Les commissaires ne trouvèrent rien à Vaux, sinon une immense quantité de vaisselle, de beaux tableaux, de magnifiques tapisseries, des meubles du plus grand prix. La maison de Paris ne contenait rien d'important, ni en meubles ni en papiers. C'est à Fontainebleau, dans l'appartement qu'il occupait au château, mais principalement à Saint-Mandé, qu'on fit les plus fâcheuses, les plus étranges découvertes. L'histoire de la mystérieuse cassette de Saint-Mandé eut alors le plus grand retentissement. Cette cassette, dans laquelle Fouquet renfermait ses papiers les plus secrets, fut portée au roi, et il en résulta, dit-on, la justification complète de ce vers, tant de fois cité, dans lequel La Fontaine avait dit que *jamais surintendant ne trouva de cruelles*. Les noms les plus illustres, les plus respectés jusqu'alors, furent compromis. Il n'est pas jusqu'à madame de Sévigné elle-même dont on ne trouva des lettres dans la terrible cassette, mais cette correspondance avait pour unique objet un de ses parents pour qui elle sollicitait quelque grâce. Ce qu'elle a écrit à ce sujet à M. de Pomponne et à Ménage, mais surtout la vivacité des démarches qu'elle fit plus tard, authentiquement et hautement, en faveur du surintendant, suffirait au besoin pour la justifier. Une demoiselle d'honneur de la reine figurait dans les papiers de la cassette pour une promesse à elle faite d'un cadeau de 50,000 écus. C'était le chiffre auquel les ennemis de Fouquet l'accusaient d'avoir taxé les résistances les plus rebelles. Plusieurs autres dames le remerciaient, celle-ci d'une maison qu'elle venait d'acquérir avec ses bienfaits, celle-là d'un don de 30,000 livres, ajoutant toutefois qu'elle n'avait pas de perles et qu'il mettrait le comble à ses bontés en lui en envoyant. En même temps, la cassette donnait la note des présents immenses faits par Fouquet aux personnages les plus puissants de la cour. C'étaient 600,000 livres au duc de Brancas, 200,000 au duc de Richelieu, 100,000 au marquis de Créquy. La première femme de chambre de la reine mère, la Beauvais, y figurait pour 100,000 livres, et le poëte Scarron pour 12,000 livres de gages. Malgré le secret que le roi recommanda sur le contenu de la fatale cassette, des noms et des chiffres transpirèrent. Le scandale fut immense. Toute la cour était dans des transes terribles, les uns parce qu'ils se trouvaient réellement compromis, les autres dans la crainte qu'on ne les soupçonnât de l'être. Ajoutez à cela que les libellistes et les pamphlétaires du temps se mirent à fabriquer et à faire imprimer en cachette une multitude de prétendues lettres trouvées dans la cassette de Saint-Mandé. Recherchées avec une avidité extrême, ces lettres coururent tout Paris, la France, l'étranger, au grand désespoir des familles qui y étaient nommées et de Fouquet, qui protesta plusieurs fois à ce sujet pendant le procès contre ce qu'il appelait la déloyauté de ses ennemis.

Les procès-verbaux des commissaires chargés de l'inventaire

fournissent de curieux détails sur cette habitation que le surintendant avait à Saint-Mandé [1]. On n'y trouva ni or, ni argent, ni pierreries, que très-peu de vaisselle, « le surplus ayant été porté à Vaux, lors du grand festin; » mais il y avait une serre contenant plus de deux cents orangers, « plus force plantes inconnues et barbares. » Les commissaires remarquèrent aussi que le jardinier en chef, celui qu'on appelait le fleuriste, et dont Fouquet faisait le plus grand cas, était allemand et luthérien, qu'il avait appelé de son pays trois ou quatre autres luthériens et perverti un catholique qui travaillait sous ses ordres, « sans compter, ajoute le procès-verbal, que le sieur Pélisson, principal commis du sieur Fouquet pour les affaires d'importance, est calviniste. » Quant à la bibliothèque de Saint-Mandé, elle était sans contredit une des plus riches et des plus curieuses qu'il y eût alors en France. Deux cordeliers d'Espagne, admis par faveur à la visiter avec les commissaires, s'arrêtèrent principalement dans une pièce où étaient les Alcorans, les Talmuds, les Bibles, et remarquèrent un livre précieux d'un auteur espagnol, dont le roi d'Espagne lui-même n'avait pas le pareil. On peut voir à la Bibliothèque royale le catalogue des livres du surintendant et le procès-verbal de la vente qui en fut faite au mois de septembre 1665 par les soins de trois libraires de Paris [2]. Cette bibliothèque contenait environ six mille volumes. Il y avait plus de cinquante Bibles, tous les Pères, tous les historiens de l'Église, toutes les vies des saints, beaucoup d'ouvrages de géographie et sur les antiquités, tous les historiens grecs, latins et contemporains, plus de deux cents ouvrages de médecine, d'autres, et en grand nombre, sur les mathématiques, l'histoire naturelle, le droit civil, le droit canon, etc., enfin plus de trois cents manuscrits. Je ne parle pas de certain livre obscène que les commissaires eurent le bon esprit de brûler, « le trouvant si impudique et si infâme, dit la relation, qu'il ne pouvait servir de rien qu'à corrompre l'esprit de ceux ou de celles entre les mains de qui il serait tombé [3]. » A côté de la bibliothèque, il y avait le cabinet des antiques, tout rempli de statues, d'amulettes, de tables de marbre et de bronze, et où l'on remarquait principalement deux momies égyp-

---

[1] Biblioth. roy. Mss. *Discours sommaire de ce qui s'est passé, et a été inventorié à Saint-Mandé.* A la suite du *Journal d'Ormesson.* Suppl. Franç. 1096.

[2] Biblioth. roy. Mss. *Inventaire et estimation de la bibliothèque de Saint-Mandé.* 2611.

[3] Biblioth. roy. Mss. *Discours sommaire, etc.* Ce livre était intitulé : *L'École des Filles.*

tiennes parfaitement conservées, ce qui fit dire aux commissaires que « le maître de la maison était *omnium curiositatum explorator.* » L'inventaire constate enfin que l'on trouva dans un cabinet trois grands barils pleins de grenades de fer et de fonte, environ cinquante pots de grès pleins de poudre, plus six mousquets et deux pistolets si bien travaillés que les amateurs de curiosités ne pouvaient se lasser de les admirer.

Mais ce qui dut surtout nuire à Fouquet dans l'esprit de Louis XIV, ce fut la découverte que l'on fit à Vaux d'un grand nombre de lettres où le nom de ce prince se trouvait très-maladroitement mêlé. Le contenu de la plupart de ces lettres a été conservé dans un procès-verbal dont l'original est heureusement venu jusqu'à nous. La lecture de celles qui suivent suffira pour prouver toute l'importance de ce document que la Bibliothèque royale possède depuis très-peu de temps, et dont, jusqu'à ce jour, aucune des biographies de Fouquet n'avait fait mention[1].

Du 16 mai, sans indication de l'année, sans signature ni adresse, mais de la main de Fouquet :

« Je suis bien ayse que vos affaires soient en estat d'advancer ; faites toutes les diligences que vous pourrez avant la Pentecoste pour oster ce qui paroist trop, pour ce qu'après les festes le Roy doit aller en ces quartiers-là, et peut-estre iroit-il bien voir Vaux. »

Du 8 février 1657, lettre de Fouquet à Courtois, un de ses hommes de confiance :

« Un gentilhomme du voisinage qui s'appelle Villevessin a dit à la Reyne qu'il a esté ces jours-cy à Vaux et qu'il a compté à l'attellier neufcens hommes. Il faudroit pour empescher cela autant qu'il se pourra exécuter le dessein qu'on avoit fait de mettre des portiers et tenir les portes fermées. Je serois bien ayse que vous advanciez tous les ouvrages le plus que vous pourrez avant la saison que tout le monde va à la campagne et qu'il y ayt en veue le moins de gens qu'il se pourra ensemble. »

Du 27 octobre 1657, de la main de Fouquet, mais sans signature ni adresse :

« Je souhaiterois encor que la grosse terrasse fut faite dans tout le mois de

---

[1] Biblioth. roy. Mss. R. B., n. 5,184. Ce manuscrit a été acquis récemment par la Bibliothèque royale. En voici le titre exact : « *Procez verbal de la levée du sellé apposé par MM. Payet et Dalbertas, conseillers du Roy en ses conseils sur un coffre trouvé dans la maison de Vaux, avec l'inventaire et description faicte des papiers trouvez en icelui par MM. Poncet et Delafosse, commissaires à ce depputez.* » C'est, je le répète, le procès-verbal original, signé par MM. Poncet et Delafosse. L'inventaire des papiers dont il s'agit fut fait par liasses et non par ordre de dates. J'ai reproduit les fragments de lettres qu'on va lire dans l'ordre adopté par le procès-verbal.

novembre. Ne laissez point aller Talot s'il ne peut sans cela, parcequ'on rempliroit tout de terre, et il n'y paroistroit plus quand le roy repassera auparavant le mois de may, autrement il paroistra encore un grand cahos. Je vous répète encore de ne rien espargner pour aller viste et prendre tout le monde qui se pourra. Je donneray ordre pour l'argent. »

Du 21 novembre 1660, de la main de Fouquet, sans signature ni adresse :

« J'ay apppris que le Roy doit aller et toute la cour à Fontainebleau dès le printemps, et que dans ce temps-là le grand nombre d'ouvriers et les gros ouvrages du transport des terres ne peuvent pas paroistre sans me faire bien de la peine, et que je veux maintenant les finir, je vous prie en cette saison que peu de gens vont à Vaux de doubler le nombre de vos ouvriers. Je vous envoyeray autant d'argent qu'il vous en faudra. »

Du 30 mai, sans indication de l'année, lettre signée Watel, adressée à Courtois :

« J'oubliois à vous mander que Monseigneur a tesmoigné qu'il seroit bien ayse de sçavoir quand M. Colbert a esté à Vaux qui fut un jour ou deux après qu'il en fut party, en quels endroits il a esté et qui l'a accompagné et entretenu pendant sa promenade, et mesme ce qu'il a dit ; ce qu'il faut tascher de sçavoir sans affectation et mesme les personnes à qui il a parlé. »

Du 22 juin 1658, lettre de Watel à Courtois :

« J'ay fait charger aussy dans le charriot vingt-quatre fuzils, douze mousquetons et des moulles à faire du plomb. J'ay donné charge audit Robert de prendre à Saint-Mandé quarante ou cinquante grenades de fer au cas qu'il les puisse trouver où je les ay mises. »

Du 13 juin 1659, à Courtois, sans signature, mais de la main de Fouquet :

« Après le pont de la Rendue achevé, comme ce sera un des lieux où l'on ira le plus souvent, il ne faut pas que cette monstrueuse hauteur de murs et d'arcboutans qui fait cognoistre ce que l'on a dessein de faire demeure toujours en cet estat. »

Du 8 juin 1659, sans adresse ni signature, mais de la main de Fouquet :

« Le Roy doit aller dans peu de temps à Fontainebleau à environ le dix huict ou vingt; j'auray grande compagnie à Vaux, mais il n'en fault point parler, et desbarrasser pendant ce temps toutes choses, pour qu'il y paroisse moins qu'il se pourra d'ouvrages à faire. »

A Courtois, de la main de Fouquet, sans date ni signature :

« Le Roy va dans huict ou dix jours à Fontainebleau pour y faire quelque séjour. Je vous prie entre icy et ce temps là sans en parler à personne qu'à M. Roussel d'apporter tous vos soins pour advancer les grands ouvrages qui sont imparfaits comme est la terrasse, affin qu'estant remplis il n'y paroisse plus rien... Si quelqu'un va à Vaux, faites en sorte de les accompagner et leur montrer peu de chose, ne les pas mesner du côté du nouveau canal, ny aux lieux où il paroist beaucoup d'ouvrages; si l'on pouvoit se clore en sorte que l'on n'entrast pas partout, cela seroit bon; mandez moy vostre advis. »

Sans date, signature ni adresse, de la main de Fouquet :

« Son Éminence ira mercredi coucher à Vaux; faudra congédier les journaliers et massons du grand Canal, en sorte qu'il y en ayt peu; faut les employer pendant ce temps là dans les Frumes et à Maincy. »

Ainsi, Fouquet cherchait à cacher non-seulement au roi, mais encore à Mazarin et à Colbert, les énormes dépenses qu'il faisait à Vaux. On se figure aisément la colère de Louis XIV quand il sut que sa personne avait été l'objet de pareilles précautions, en voyant son nom compromis de la sorte auprès des agents subalternes du surintendant. Cependant, afin de ne pas commettre le nom du roi dans le procès, ces lettres demeurèrent secrètes, et les réquisitoires n'en firent pas mention; mais, tout en admettant la gravité des autres griefs, il est permis de croire qu'elles exercèrent une influence considérable sur la destinée de Fouquet.

On se souvient qu'immédiatement après son arrestation, il avait été dirigé sur le château d'Angers, sous l'escorte de cent mousquetaires commandés par d'Artagnan. Dès ce moment, l'animosité de ses accusateurs se trahit maladroitement par une série non interrompue de fausses mesures et de fautes qui éternisèrent le procès et aboutirent à un résultat tout différent de celui qu'ils avaient espéré. Les inventaires furent faits de la manière la plus irrégulière par les créatures de Colbert, qui, c'était le bruit public, travaillaient depuis longtemps à renvoyer le surintendant, et lui avait porté dans l'ombre les plus terribles coups. Lui-même s'arrangea de manière à assister, bien qu'il n'en eût pas le droit et que les convenances le lui interdissent, au dépouillement des papiers de Saint-Mandé; et ce fut plus tard une opinion généralement accréditée qu'il avait soustrait ou fait soustraire des lettres qui auraient gravement compromis le cardinal, tout en atténuant les torts de Fouquet. Conformément à l'ancien projet de Colbert, on avait organisé une Chambre de justice composée de vingt-sept membres et instituée spécialement pour la recherche des malversations imputées aux financiers. C'est devant elle que Fouquet eut à répondre, malgré ses énergiques protestations, fondées sur les termes mêmes de sa commission, d'après lesquels il n'était justiciable que du roi, et tout au moins sur sa qualité de *vétéran* qui, d'après les anciens usages et les précédents, lui conférait le droit de ne pouvoir être jugé que par le parlement de Paris. Au lieu de cela, on lui donna un tribunal spécial, exceptionnel. Assimilé à un simple financier, doublement déchu, il aurait à répondre devant une Chambre de justice dont les membres avaient été choisis après coup parmi tous les Parlements du royaume. Enfin, le chancelier Séguier, président de la Chambre de justice, le procureur général Talon, le conseiller Pussort, et Foucault, greffier, maître, en cette qualité, de toutes les pièces du procès, étaient formellement récusés par Fouquet; messieurs Séguier et Talon comme ses ennemis personnels, le conseiller Pussort, comme oncle même de Colbert, *sa partie*, et Foucault, comme un des serviteurs les plus dévoués. On savait de plus que, derrière le président, le procureur général et le greffier, il y avait un autre agent de Colbert, nommé Berryer, qui dirigeait le procès avec une passion extraordinaire et tellement manifeste qu'il en résulta bientôt une réaction marquée en faveur de Fouquet, non-seulement dans le public, mais dans la Chambre de justice elle-même.

C'est une observation déjà ancienne que la plupart des hommes savent mieux supporter les coups du sort, quelque terribles et inattendus qu'ils soient, que les faveurs les plus éclatantes de la fortune. Voyez ce qui arrive à Fouquet. Cet homme, qui, hier encore, marchait après le roi et dont le roi lui-même redoutait la puissance; qui dépensait 9 millions pour se bâtir un palais digne de sa grandeur; qui avait à son service les talents des premiers poëtes et des premiers peintres de la France, La Fontaine et Molière, Corneille et Lebrun; cet ambitieux, plein à la fois de vanité et d'orgueil; ce joueur qui mettait 10,000 pistoles sur une carte; ce débauché qui ne craignait pas de gaspiller 50,000 écus; 50,000 écus arrachés, volés au peuple! pour la satisfaction d'un caprice, le voilà tout à coup précipité du faîte de sa fortune et de ses emplois. Un mousquetaire lui a demandé son épée de la part du roi, et en un instant sa toute-puissance s'est évanouie comme une ombre; le vide s'est fait autour de lui. Tout à l'heure il se disait: « Où ne monterai-je point? » *Quò non ascendam?* Il est tombé au fond d'un cachot, et non-seulement lui, mais ses amis et tous ceux qui sont soupçonnés de l'être. Quelques-uns ont échappé aux lettres de cachet: ce sont ceux qui, prévenus à temps, ont pu passer en Belgique et en Angleterre. Quant à sa famille, on la dissémine dans les provinces; on l'exile de la cour, afin qu'elle ne puisse pas même solliciter en sa faveur. Eh bien ! à peine arrêté, l'ambitieux, le joueur, le débauché redevient homme. Il semble qu'un bandeau soit soudainement tombé de ses yeux. Il reconnaît que le présent n'est pas toute la vie, qu'au delà de l'homme il y a Dieu, et il pense à sa mère que ses scandales ont tant affligée. Cependant, à Angers, il tomba malade, et son état sembla de nature à inspirer quelque inquiétude ; alors il demande un prêtre et un médecin. On lui accorde le médecin ; on lui refuse le prêtre. Il insiste, mais d'Artagnan est inflexible ; ses ordres portent qu'il ne doit lui donner un prêtre qu'à la dernière extrémité, et c'est à grand'peine qu'il peut lui fournir un lit [1]. Bientôt pourtant sa santé se rétablit, et on le conduisit d'Angers à Amboise, d'où on le fit partir pour Vincennes le jour même de Noël, malgré sa prière de remettre au lendemain. On se souvient que, sur toute la route, il avait été escorté par les injures du peuple. Voici comment Fouquet explique ces manifestations. « Un homme qui a été surintendant pendant neuf ans, dans un temps de misères, après des banqueroutes, après des guerres civiles, après le crédit du roi entièrement perdu, après M. le cardinal enrichi de 50 millions partagés entre lui et les siens, sans omettre le sieur Colbert qui ne s'est pas oublié, l'administration d'un tel temps, dit Fouquet, fait d'ordinaire assez d'ennemis et donne assez d'aversion.» Sans doute ; mais cela excuse-t-il les folles dépenses, les prodigalités inouïes, les largesses scandaleuses, le jeu effréné, les projets de révolte ? Trois mois après, le 4 mars 1662, deux des conseillers faisant partie de la Chambre de justice allèrent l'interroger à Vincennes, où il était toujours enfermé. D'abord, Fouquet déclina la compétence de ses juges ; on passa outre. Plus tard, il voulut exercer des récusations ; elles furent rejetées par un arrêt. Ensuite, comme il refusait de répondre, on lui signifia, ce sont les propres termes d'un réquisitoire de M. Talon, qu'on lui ferait son procès *comme à un muet*. Désespéré de ce qui lui paraissait une horrible injustice, mais puisant chaque jour dans les enseignements de la religion et dans la lecture des livres sacrés une force nouvelle, il se soumit, tout en faisant cependant ses réserves, et l'instruction du procès put enfin commencer.

---

[1] On lit dans une lettre d'Artagnan à Colbert, datée d'Angers, du 17 septembre 1661 : « J'ay esté obligé de luy acheter un peu de vaisselle et je suis après luy chercher un lit, celuy où il couche n'estant pas des plus honnestes et c'est un lit qu'il a loué » (Biblioth. roy. Mss. *Lettres adressées à Colbert*).

Je n'ai pas besoin de dire l'émotion, l'anxiété de ses amis à chacune des phases que ce procès célèbre eut à traverser, ni la curiosité avec laquelle tout le monde recherchait et accueillait les moindres nouvelles qui s'y rattachaient. Jamais, en France, aucune affaire criminelle ne préoccupa à ce point les esprits. Il suffit, pour s'en convaincre, de relire les lettres que madame de Sévigné écrivit à ce sujet à M. de Pomponne. Peu à peu, je l'ai déjà dit, l'opinion publique, d'abord très-hostile à Fouquet, s'était retournée contre ses accusateurs, à qui l'on reprochait, avec raison, la violation de toutes les formes usitées, et dont quelques-uns faisaient preuve d'une passion au moins maladroite. A l'époque de son arrestation, on croyait n'avoir à poursuivre le surintendant que pour crime de péculat. Or, le bruit s'était bientôt répandu qu'on avait trouvé, dans ses papiers de Saint-Mandé, un projet de rébellion écrit, corrigé par lui à plusieurs reprises, et dans lequel il donnait à ses amis les plus grands détails sur la marche qu'ils auraient à suivre dans le cas, disait-il, *où l'on aurait voulu l'opprimer*. Ce papier, véritable plan de guerre civile, compromettait, assurait-on, les personnes les plus considérables du royaume, et l'on avait trouvé, comme pièces accessoires du projet de révolte, deux engagements signés, l'un par un président au Parlement, le sieur Maridor, l'autre par le sieur Deslandes, commandant la citadelle de Concarneau au nom de Fouquet, à qui elle appartenait, engagements conçus tous les deux en termes au moins singuliers, et qui ajoutaient encore à la gravité du plan de guerre civile écrit de sa main.

L'acte d'accusation parut enfin. Il se réduisait à deux chefs principaux : crime d'État et malversations dans l'administration des finances. Au premier chef, Fouquet était accusé :

1º D'avoir écrit un projet de ce qui serait à faire par ses parents et amis, dans le cas où on l'aurait arrêté ;

2º D'avoir fortifié Belle-Isle et d'y avoir mis du canon dedans ;

3º D'avoir eu le gouvernement de Concarneau ;

4º D'avoir pris des écrits de diverses personnes portant engagement de se dévouer d'une manière absolue à ses intérêts.

Les griefs relatifs aux malversations dans les finances étaient beaucoup plus nombreux. On accusait Fouquet :

1º D'avoir fait faire des prêts supposés et sans nécessité, afin de se créer un titre pour prendre des intérêts ;

2° D'avoir fait des avances au roi de ses deniers, ce qui était contre les règles, étant lui-même ordonnateur ;

3° D'avoir confondu les deniers du roi avec les siens propres et de les avoir employés à ses affaires domestiques ;

4° De s'être intéressé dans les fermes et traités, sous des noms supposés, et d'avoir acquis à vil prix des droits et biens du roi ;

5° D'avoir pris des pensions et gratifications des fermiers et traitants, pour leur faire avoir leurs fermes et traités à meilleur marché ;

6° D'avoir fait revivre de vieux billets surannés, achetés au denier 30, et de les avoir, pour cet effet, employés dans des ordonnances de comptant, pour en tirer profit[1] ;

8° Enfin, on alléguait contre lui que son administration avait été ruineuse, qu'il avait fait des traités désavantageux au roi et qu'il en avait consommé les fonds sans profit pour l'État.

Maintenant, si l'on veut descendre aux détails, on trouve l'affaire des 6 millions dont j'ai déjà parlé, celle dite du marc d'or, « où la chambre verra, assurait M. Talon dans un réquisitoire, que, moyennant 5,625 livres, le sieur Fouquet s'est approprié 90,000 livres de rente ; » celles des sucres et cires de Rouen, où il avait eu aussi une rente de 75,000 livres. Enfin, on l'accusait subsidiairement de s'être fait donner des pensions sur toutes les fermes, savoir :

120,000 livres sur les gabelles ;
140,000 livres sur les aides ;
25,000 livres sur le sel de Charente ;
7,000 livres sur le Pied-Fourché[2] ;
20,000 livres sur les gabelles du Lyonnais ;
40,000 livres sur le convoi de Bordeaux[3] ;
10,000 livres sur les gabelles du Dauphiné[4].

Il serait au moins téméraire d'entrer aujourd'hui dans la discus-

---

[1] C'étaient des ordonnances que la Cour des comptes était obligée d'admettre, bien qu'elles ne fissent pas mention des motifs de la dépense. Il en sera parlé avec détail dans l'*Histoire de Colbert* ; chap. III.

[2] Droit établi sur les bestiaux à pied fourché. *Encyclopédie méthodique*. Finances.

[3] Droit spécial établi à Bordeaux sur le sel et plusieurs autres marchandises. Dans l'origine, après la conquête de la Guyenne par Charles VII, le produit de ce droit fut appliqué à l'entretien de plusieurs navires dont la destination était de *convoyer* les bâtiments marchands qui naviguaient le long des côtes, et pour les protéger contre les incursions des Anglais auxquels la Guyenne venait d'être enlevée. *Encyclopédie Méthodique*.

[4] Biblioth. roy., Mss. *Procès Fouquet*, collection des pièces, ordres, inventaires, rapports, significations, relatifs à cette affaire. 8 vol. in-fol. Il y a dans le nombre quelques pièces imprimées à l'époque du procès.

sion de cette partie du procès. Le surintendant d'Effiat comparait, avec raison, les financiers, trésoriers et receveurs généraux de son temps à la seiche, « qui a cette industrie, disait-il, de troubler l'eau pour tromper les yeux du pêcheur qui l'épie. » Plus que personne, Fouquet a complétement justifié cette bizarre comparaison d'un de ses prédécesseurs. Il faut que, même à l'époque de son procès, et pour ceux qui étaient obligés de le soutenir, la matière fût singulièrement embrouillée, pour que M. Talon ait parlé de tous les griefs relatifs aux finances sans porter aucune clarté dans les esprits. On croit voir, en le lisant, qu'il les a étudiés et se les est fait expliquer; mais, à coup sûr, il ne les discute pas de manière à les faire comprendre et à convaincre. Cela est si vrai que, dans ses défenses, Fouquet, discutant lui-même l'acte d'accusation, paragraphe par paragraphe, oppose à chaque grief les dénégations les plus positives, les plus formelles, accompagnées d'interminables raisonnements. Une chose est faite du reste pour confondre quand on a lu les quinze volumes qui contiennent ses défenses : c'est qu'il ne passe condamnation sur aucun fait. A l'entendre, et il prouve ceci de la manière la plus péremptoire, quelquefois même avec un accent d'indignation qui va jusqu'à l'éloquence, le cardinal a volé le royaume de 50 millions; Colbert, « *son domestique, qui avait sa bourse et son cœur,* » Berryer et Foucault, agents de Colbert, *ne se sont pas oubliés* et possèdent tous de grands biens. Lui seul n'a jamais abusé de sa charge, ni pour son propre compte, ni pour le compte de ses amis, pas même pour Gourville. Son unique souci a toujours été de procurer au cardinal les 24 ou 25 millions que celui-ci lui demandait tous les ans et dépensait sans contrôle. Sans aucun doute, il a quelquefois négligé les formalités, mais fallait-il compromettre le succès de la guerre, laisser prendre Lens et Arras? Ainsi, pendant que les fortunes les plus insolentes s'étaient élevées à ses côtés, grâce aux trafics les plus scandaleux, seul parmi tous, il était resté pur de tout trafic, malgré les facilités que lui donnait sa charge. Vainement M. Talon lui objectait ses folies de Vaux, sa dépense annuelle, ses royales largesses, constatées par les comptes de ses commis [1]. A cela Fouquet répondait que les

---

[1] Voici de curieux extraits de ces comptes. En dix mois, Vatel avait reçu, en sa qualité de maître d'hôtel, 336,212 livres ; en 1660 la dépense pour les domestiques seulement s'élève à 371,407 livres; de 1653 à 1656, il est dépensé à Saint-Mandé, pour divers ouvrages, 327,607 livres ; argent donné à madame Duplessis-Bellière, 204,498 livres; à la même, 31,260 livres;

appointements de sa charge, le bien de sa femme, ses dettes présentes, expliquaient les dépenses exorbitantes qu'il avait pu faire, dépenses exagérées du reste par ses accusateurs, mais pour lesquelles on ne pouvait, au surplus, le mettre en cause. Or, le revenu de sa charge, du bien de sa femme, les gratifications du roi, pouvaient être estimés à 600,000 livres, et il dépensait plusieurs millions! Quant aux dettes, elles s'expliquaient par l'achat de Belle-Isle et d'autres propriétés considérables non encore payées. Comment croire ensuite que Fouquet aurait, après la mort de Mazarin, demandé pardon au roi pour ce qui avait pu se passer d'irrégulier antérieurement, s'il n'avait eu à se reprocher que de simples omissions de formalités? Évidemment, sa cause était mauvaise, insoutenable; et, sans entrer dans le détail des faits, on peut assurer hardiment qu'il y avait eu de sa part gaspillage, abus, malversations. Maintenant, pourquoi le cardinal, beaucoup plus coupable sous ce rapport, après être mort entouré de gloire et d'honneurs, laissant à d'ineptes héritiers la plus grande fortune qu'un particulier eût jamais possédée, recevait-il les éloges les plus pompeux dans les réquisitoires de M. Talon, tandis que Fouquet, ruiné, en prison, était sous le poids d'une accusation où il y allait de sa vie? voilà ce que ce dernier ne pouvait comprendre, ce qui lui paraissait une épouvantable injustice, et ce qui en eût été une bien grande en effet, s'il n'y avait eu contre lui un autre grief que celui du péculat; je veux parler du crime d'État, sur lequel on ne comptait d'abord que vaguement, et qui devint plus tard, grâce aux découvertes faites à Saint-Mandé, la ressource principale de l'accusation.

Jusqu'à présent, on a généralement regardé Fouquet comme la victime d'une intrigue de cour, et l'on répète même encore de très-bonne foi que Louis XIV ne fut animé dans sa conduite, durant toute cette affaire, que par un lâche ressentiment personnel; enfin, on veut toujours voir l'amant derrière le roi. Cette opinion, on a déjà pu s'en convaincre, n'est pas entièrement d'accord avec les faits. La lecture de la pièce qui motiva la condamnation de Fouquet achèvera de le démontrer. Cette pièce n'a encore été reproduite textuellement par aucun biographe, et cependant elle

---

sommes payées à des dames, 32,506 livres; au sieur de Graves, pour *affaires secrètes et particulières*, 152,800 livres; à Jarnay, pour *idem*, 66,300 livres; à Gargot, pour *idem*, 13,500 livres, etc., etc. (*Extrait du réquisitoire de M. Talon*). Il faut ajouter que Bruant des Carrières, le principal commis de Fouquet, avait eu le temps de brûler tous ses registres.

forme un curieux appendice à l'histoire des premières années du règne de Louis XIV. L'écrit original, tracé en entier de la main du surintendant, fut découvert à Saint-Mandé, derrière une glace. On trouva également parmi les papiers du surintendant deux engagements conçus dans une forme des plus étranges et tous les deux fort suspects, l'un du capitaine Deslandes, l'autre du président Maridor. Il n'est pas sans intérêt de les transcrire ici, bien que leur importance s'efface devant celle du projet de révolte. Ils donneront au moins une idée de la légèreté de l'homme qui les acceptait et qui les oubliait dans ses papiers, après tous les propos que ses amis lui avaient rapportés depuis la fête de Vaux. Voici d'abord l'engagement du capitaine Deslandes :

« Je promets et donne ma foi à monseigneur le procureur général surintendant des finances et ministre d'État de n'estre jamais à autre personne qu'à lui, auquel je me donne et m'attache du dernier attachement que je puis avoir, et je lui promets de le servir généralement contre toute personne sans exception, et de n'obéir à personne qu'à lui, ni mesme d'avoir aucun commerce avec ceux qu'il me défendra, et de lui remettre la place de Concarneau qu'il m'a confiée toutes les fois qu'il l'ordonnera ; je lui promets de sacrifier ma vie contre tous ceux qu'il lui plaira, de quelque qualité et condition qu'ils puissent estre, sans en excepter dans le monde un seul, et pour assurance de quoi je donne le présent billet escrit et signé de ma main, de ma propre volonté, sans qu'il l'ait mesme désiré, ayant la bonté de se fier à ma parole qui lui est assurée, comme le doit un bon serviteur à son maistre. Fait à Paris, le 2 juin 1658.   *Signé* DESLANDES. »

L'engagement du président Maridor était conçu dans les termes suivants :

« Je promets à monseigneur le procureur général, quoiqu'il puisse arriver, de demeurer en tout temps parfaitement attaché à ses intérêts, et sans aucune réserve ny distinction de personnes et de quelque qualité et condition qu'elles puissent estre, estant dans la résolution d'exécuter aveuglément ses ordres dans toutes les affaires qui se présenteront et le concerneront personnellement. Faict ce vingtiesme octobre 1658 [1].   *Signé* MARIDOR. »

De bonne foi, que pouvaient signifier de pareils écrits? Comprend-on qu'un homme occupant une position aussi élevée que Fouquet, qui aurait dû savoir au juste le prix de la fidélité, comment on l'acquiert et comment on la conserve, ait pu garder un seul instant des pièces semblables, bonnes uniquement à le perdre? Car, supposez que le capitaine Deslandes et le président Ma-

---

[1] Biblioth. roy., Mss. *Procès Fouquet.— Réquisitoire de M. Talon.*

ridor se fussent tournés contre lui, quel usage aurait-il pu faire de leurs billets? Devant quel tribunal aurait-il attaqué leur manquement? Aurait-il seulement osé en parler? Une pareille imprévoyance est sans exemple. A ce sujet, Fouquet prétendit que le capitaine Deslandes lui avait été donné par son frère l'abbé pour commander à Concarneau; que, depuis, s'étant brouillé avec son frère, Deslandes avait craint de ne lui plus inspirer assez de confiance, et lui avait, de son propre chef, comme il le dit lui-même, envoyé l'engagement dont il s'agit; mais que, malgré cela, ayant eu à s'en plaindre, il l'avait renvoyé depuis trois ans sans gratification, ce qui prouve qu'il n'en avait jamais rien attendu de blâmable. Il en était de même pour l'engagement du président de Maridor, avec lequel il n'avait jamais eu de relations, et qui, dans tous les cas, ne pouvait lui rendre aucun service. Une note sans signature, intercalée dans les lettres de Colbert, explique en outre de la manière suivante l'origine de cet engagement [1]. M. de Maridor venait d'acheter sa charge. Lorsque les lettres de nomination furent présentées au roi pour être scellées, l'affaire éprouva quelques retards. Cependant, le roi allait partir pour un voyage assez long. On dit alors à M. de Maridor que, s'il voulait que ses lettres fussent scellées pendant le voyage, il fallait qu'il donnât au surintendant, comme il avait fait au cardinal Mazarin, un engagement de lui être dévoué en toute occasion. C'est ce qui provoqua l'engagement incriminé. Les lettres furent expédiées de Lyon; et la suite, ajoute la note remise à Colbert, a justifié les intentions de M. de Maridor, qui ne s'est jamais écarté de la fidélité qu'il doit au roi. Quoi qu'il en soit, M. Talon reprochait à Fouquet d'avoir soigneusement conservé ces deux engagements dans une cassette où se trouvaient ses papiers les plus précieux, et, pour preuve de l'importance qu'il y attachait, de les avoir fait figurer sur un inventaire écrit de sa main.

Mais cela n'était rien encore comparé à la pièce principale, au projet de révolte. Ce projet se composait de vingt-six pages d'écriture, de la main même de Fouquet, et surchargées par lui à diverses reprises. Ecrit en 1657, il avait été modifié sensiblement en 1658, après l'acquisition de Belle-Isle et aussi par suite de la mésintelligence qui, à cette époque, régnait entre lui et son frère l'abbé. On n'a connu jusqu'à présent ce projet que par l'analyse

---

[1] Biblioth. roy., Mss. *Collection des lettres adressées à Colbert.* 11662.

qu'en a faite M. Talon dans son réquisitoire ; mais cette analyse laisse dans l'ombre beaucoup de particularités curieuses et ne donne le nom d'aucune des personnes sur lesquelles Fouquet comptait pour faire réussir son plan. J'ai vu la représentation exacte du manuscrit original, avec toutes ses ratures et surcharges ; c'est une copie unique peut-être aujourd'hui, car il n'en fut gravé que quatorze exemplaires pour le procès, et je l'ai moi-même copiée très-exactement[1]. Je la reproduis ici. Les procédés typographiques ne permettant pas de figurer les mots interlignés ni les ratures, je me bornerai à indiquer en note les différences les plus considérables existant entre la première et la dernière rédaction de Fouquet.

« L'esprit de Son Éminence, susceptible naturellement de toute mauvaise impression contre qui que ce soit[2], et particulièrement contre ceux qui sont en un poste considérable et en quelque estime dans le monde ; son naturel deffiant et jaloux, les dissensions et inimitiés qu'il a semées avec un soin et un artifice incroïable dans l'esprit de tous ceux qui ont quelque part dans les affaires de l'Estat, et le peu de reconnaissance qu'il a des services receus quand il ne croit plus avoir besoin de ceux qui les lui ont rendus, donnant lieu à chacun de l'appréhender, à quoi ont donné plus de lieu en mon particulier le plaisir qu'il tesmoigne trop souvent et trop ouvertement prendre à escouter ceux qui lui ont parlé contre moi, auxquels il donne tout accès et toute créance, sans considérer la qualité des gens, l'intérest qui les pousse et le tort qu'il se fait à lui-mesme de décréditer un sur-intendant qui a toujours une infinité d'ennemis[3], que lui attire inévitablement un employ qui ne consiste qu'à prendre le bien des particuliers pour le service du Roi, outre la haine et l'envie qui suivent ordinairement les finances ; d'ailleurs, les commissions qu'il a données à mon frère l'abbé, qui s'est engagé trop légèrement, puisqu'il n'a pas de titre pour cela, contre M. le Prince et les siens, à l'exécution de tous ses ordres, contre ceux qu'il a voulu persécuter, ne pouvant qu'il ne nous ait attiré un nombre d'ennemis considérables qui confondent toute la famille, attendent l'occasion de nous perdre, et travaillent sans discontinuer près de Son Éminence mesme, connoissant son foible, à luy mettre dans l'esprit des deffiances et des soubçons mal fondez ; ces choses, dis-je, et les connoissances particulières qu'il a données à un grand nombre de personnes de sa mauvaise volonté, m'en faisant craindre avec raison les effets, puisque le pouvoir absolu qu'il a sur l'esprit du Roy et de la Reyne lui ren-

[1] Biblioth. roy., Mss. *Registres de la Chambre de justice*, aux armes de Colbert. *Procès Fouquet*. 3 vol. in-fol., n. 235, 236, 237. T. I.

[2] Fouquet s'était d'abord servi de chiffres pour désigner les noms propres ; plus tard, en corrigeant son projet, il fit usage de caractères ordinaires. Voici quel était primitivement le début du projet : *La foiblesse de l'esprit de* 1032 (*le cardinal*), *le pouvoir absolu qu'il a sur* 2000 *et sur* 1500 (*le roi et la reine*), *et par conséquent l'autorité souveraine dans* 1600 (*le royaume*), *etc., etc.*

[3] Le projet portait d'abord : « *Dont le crédit seul fait subsister l'État et qui ne peut qu'il n'ait une infinité d'ennemis.* »

dent facile tout ce qu'il veut entreprendre, et considérant que la timidité naturelle qui prédomine en luy ne lui permettra jamais d'entreprendre de m'esloigner seulement, ce qu'il auroit exécuté déjà, s'il n'avoit pas été retenu par l'appréhension de quelque vigueur qu'il a reconnu en mes frères et en moi, un bon nombre d'amis que l'on a servis en toutes occasions, quelque intelligence que l'expérience m'a donnée dans les affaires, une charge considérable dans le Parlement, des places fortes occupées par nous ou nos amis, et des alliances assez avantageuses, outre la dignité de mes deux frères dans l'Église ; ces considérations, qui paraissent fortes d'un costé à me retenir dans le poste où je suis, d'un autre ne peuvent permettre que j'en sorte sans que l'on tente tout d'un coup de nous accabler et de nous perdre, parce que, par la connoissance que j'ay de ses pensées, et dont je l'ay ouy parler en d'autres occasions, il ne se résoudra jamais de nous pousser, s'il peut croire que nous en reviendrions, et qu'il pourroit estre exposé au ressentiment de gens qu'il estime hardis et courageux.

« Il faut donc craindre tout et le prévoir ; afin que, si je me trouvois hors de la liberté de m'en pouvoir expliquer, lors on eust recours à ce papier pour m'y chercher les remèdes qu'on ne pourroit trouver ailleurs, et que ceux de mes amis qui auront été advertis d'y avoir recours sachent qui sont ceux auxquels ils peuvent prendre confiance.

« Premièrement, si j'estois mis en prison et que mon frère l'abbé, qui s'est divisé dans les derniers temps d'avec moi mal-a-propos, n'y fust pas et qu'on le laissast en liberté, il faudroit doubter qu'il eust été gagné contre moi, et il seroit plus à craindre en cela qu'aucun autre [1]. C'est pourquoi le premier ordre seroit d'en avertir un chacun estre sur ses gardes à observer sa conduite. Si j'estois donc prisonnier et que l'on eust la liberté de me parler, je donnerois les ordres de là tels qu'il faudroit les suivre, et ainsi cette instruction demeureroit inutile et ne peut servir qu'en cas que je fusse resserré et ne peusse avoir commerce libre avec mes véritables amis.

« La première chose donc qu'il faudroit tenter seroit que ma mère, ma femme, ceux de mes frères qui seroient en liberté, le marquis de Charrost et mes autres parents proches, fissent, par prières et sollicitations, tout ce qu'ils pourroient, premièrement pour me faire avoir un valet avec moi, et ce valet, s'ils en avoient le choix, seroit Vatel ; si on ne pouvoit l'obtenir, on tenteroit pour Long-Champs, sinon pour Courtois ou Lavallée.

« Quelques jours après l'avoir obtenu on feroit instance pour mon cuisinier, et on laisseroit entendre que je ne mange pas, que l'on ne doit pas refuser cette satisfaction à moins d'avoir quelque mauvais dessein. »

Fouquet recommande ensuite qu'on tâche de lui envoyer aussi Bruant, son commis, et Pecquet, son médecin.

« On feroit tous les efforts d'avoir commerce par le moyen d'autres prisonniers, s'il y en avoit au mesme lieu, ou en gagnant les gardes, ce qui se fait toujours avec un peu de temps, d'argent et d'application...

« Cependant, il faudroit sous main voir tous ceux que l'alliance, l'amitié et

---

[1] Il y avait d'abord : « *Si j'estois mis en prison et que mon frère l'abbé n'y fust pas, il faudroit suivre son avis et le laisser faire, s'il estoit en estat d'agir et qu'il conservast pour moi l'amitié qu'il est obligé et dont je ne puis doubter.* »

la reconnoissance obligent d'estre dans nos interests, pour s'en assurer, et les engager de plus en plus à sçavoir d'eux jusques où ils voudroient aller.

« Madame du Plessis-Bellière, à qui je me fie de tout et pour qui je n'ai jamais eu aucun secret ni aucune réserve, seroit celle qu'il faudroit consulter sur toutes choses, et suivre ses ordres, si elle estoit en liberté, mesme la prier de se mettre en lieu seur.

« Elle connoît mes véritables amis, et peut-estre qu'il y en a qui auroient honte de manquer aux choses qui seroient proposées pour moy de sa part.

« Quand on auroit bien pris ses mesures, qu'il se fust passé environ ce temps de trois mois à obtenir de petits soulagements dans ma prison, le premier pas seroit de faire que M. le comte de Charrost allast à Calais, qu'il mist sa garnison en bon estat, qu'il fist réparer sa place et s'y tinst sans en partir pour quoy que ce fust. Si le marquis de Charrost n'estoit point en quartier de sa charge de capitaine des gardes, il se retireroit aussi à Calais avec M. son père, et y meneroit ma fille, laquelle il faudroit que madame du Plessis-Bellière fist souvenir en cette occasion de toutes les obligations qu'elle m'a, de l'honneur qu'elle peut acquérir en tenant par ses caresses, par ses prières et par sa conduite, M. son beau-père et son mari dans mes intérests, sans qu'il entrast en aucun tempéramment là-dessus.

« Si M. de Bar, qui est homme de grand mérite, qui a beaucoup d'honneur et de fidélité, qui a eu autrefois la même protection que nous, et qui m'a donné des parolles formelles de son amitié, vouloit aussi se tenir dans la citadelle d'Amiens, et y mettre un peu de monde extraordinaire et de munitions, sans rien faire néantmoins que de confirmer M. le comte de Charrost de s'asseurer encore de ses amis et du crédit qu'il [1] a au Havre, et sur M. de Montdejeu, gouverneur d'Arras.

« Je ne doute point que madame du Plessis-Bellière n'obtint de M. de Bar tout ce que dessus, au moins pour l'extérieur, et à plus forte raison de M. le marquis de Créqui, que je souhaiterois de faire le mesme personnage et se tenir dans sa place. Je suis assuré que M. de Feuquières feroit de mesme au moindre mot qu'on lui en diroit.

« M. le marquis de Créqui pourroit faire souvenir M. Fabert des parolles formelles qu'il m'a données et à luy par escrit [2] d'estre dans mes intérests, et la marque qu'il faudroit lui en demander, s'il persistoit en cette volonté, seroit que luy et M. de Fabert escrivissent à Son Éminence en ma faveur fort pressamment, pour obtenir ma liberté, qu'il promist d'estre ma caution de rien entreprendre, et, s'il ne pouvoit rien obtenir, qu'il insinuast que tous les gouverneurs cy-dessus nommez donneroient aussi leur parolle pour moi; et en cas que M. Fabert ne voulust pas pousser l'affaire et s'engager si avant, M. le marquis de Créqui pourroit agir et faire des efforts en son nom, et de tous lesdits gouverneurs, par lettres et se tenans dans leurs places.

« Peut-estre M. d'Estrades ne refuseroit pas aussi une première tentative.

« Je n'ay point dit cy-dessus la première chose de toutes par où il faudroit commencer, mais fort secrettement, qui seroit d'envoyer, au moment de nostre détention, les gentilshommes de nos amis, et qui sont asseurez, dans

---

[1] « M'a dit avoir sur M. de Bellebrune, gouverneur de Hesdin. » Mots effacés et remplacés par ceux qui suivent.

[2] Par écrit. Toujours le même système pour s'assurer les gens !

Belle-Isle; M. de Brancas, auquel je me confie entièrement, aurcit la conduite de tout avec madame du Plessis.

M. le chevalier Meaupoue pourroit donner des sergents asseurez et y faire filer quelques soldats[1].

« Et, comme il y a grande apparence que le premier effort seroit contre Belle-Isle et Concarnau, que l'on tascheroit de surprendre, et que M. le maréchal de La Meilleraye, quoy qu'il m'ait donné parolle d'estre dans mes intérests envers et contre tous, en présence de M. de Brancas et de madame du Plessis, n'en useroit peut-estre pas trop bien, il faudroit avertir Deslandes de prendre des hommes le plus qu'il pourroit, sans faire néanmoins rien de mal à propos.

« Que Devaux y mist des cavaliers; en un mot, que la place fust munie de tout.

« Il faudroit, pour cet effet, envoyer un homme en diligence à Concarnau trouver Deslandes, dont je connois le cœur, l'expérience et la fidélité, pour lui donner advis de mon emprisonnement, et ordre de ne rien faire d'esclat en sa province, ne point parler et se tenir en repos, crainte que d'en user autrement ne donnast occasion de nous pousser; mais il pourroit, sans dire mot, fortifier sa place d'hommes, de munitions de toutes sortes, retirer les vaisseaux qu'il auroit à la mer, et tenir toutes les affaires en bon estat, achepter des chevaux et autres choses pour s'en servir quand il en seroit temps.

« Il faudroit aussi dépescher un courrier à madame la marquise d'Asserac et la prier de donner les ordres à l'Isle-Dieu qu'elle jugeroit à propos, pour exécuter ce qu'elle manderoit de Paris, où elle viendroit conférer avec madame du Plessis.

« Ce qu'elle pourroit faire seroit de faire venir quelques vaisseaux à l'Isle-Dieu pour porter des hommes et des munitions où il seroit besoin, faire accommoder Saint-Michel-Tombelaine, et faire les choses qui lui seroient dites et qu'elle pourroit mieux exécuter que d'autres, parce qu'elle a du cœur, de l'affection, du pouvoir, et que l'on doit entièrement s'y fier. Il faudroit qu'elle observast une grande modération dans ses parolles.

« Il seroit important que celui qui commande dans Saint-Michel-Tombelaine soit adverty de s'y tenir, y mettre le nombre d'hommes d'armes, de munitions et vivres nécessaires, ledit lieu de Tombelaine pouvant estre de grande utilité, comme il sera dit cy-après.

« Si madame du Plessis se trouvoit obligée de sortir de Paris, il faudroit qu'elle allast s'enfermer quelque temps dans la citadelle d'Amiens ou de Verdun, pour y conférer et donner les ordres aux gens dont on se voudroit servir.

« Prendre garde surtout à ne point escrire aucune chose importante par la poste, mais envoyer partout des hommes exprès, soit cavaliers, ou gens de pied, ou religieux.

« M. de Brancas, MM. de Langlade et de Gourville m'ont beaucoup d'obligation, et, leur ayant confié le secret de toutes mes affaires, sont plus capables d'agir que d'autres hommes et de s'asseurer des amis qu'ils connoissent obligez à ne me pas abandonner.

---

[1] « *Tant de sa compagnie que de celles de ses amis.* » Mots effacés.

Ici quatre paragraphes consacrés à MM. de La Rochefoucault, de Marsillac et de Bournonville. Suivent trois paragraphes indiquant les démarches que MM. de Harlay, Meaupeou, Miron, Chanut et Jannart devraient faire près du Parlement.

« Une chose est d'advertir mes amis, qui commandent à Belle-Isle, Concarnau et Tombelaine, que les ordres de madame du Plessis doivent estre exécutés comme les miens.

« M. Chanut me feroit un singulier plaisir de venir prendre une chambre au logis où sera ma femme, pour lui donner conseil en toute sa conduite, et qu'elle y prenne créance entière et ne fasse rien sans son advis.

« Une des choses les plus nécessaires à observer est [1] que M. de Langlade, M. de Gourville sortent de Paris, se mettent en seureté, fassent savoir de leurs nouvelles à madame du Plessis, au marquis de Créqui, à M. de Brancas et aux autres, et qu'ils laissent à Paris quelque homme de connoissance capable d'exécuter une entreprise considérable, s'il étoit besoin.

« Il est bon que mes amis soient advertis que M. le commandant de Neuf-Chaise me doibt le rétablissement de sa fortune; que sa charge de vice-admiral a esté payée des deniers que je lui ai donnés par la main de madame du Plessis, et que jamais un homme n'a donné des parolles plus formelles que lui d'estre dans mes intérests en tout temps, sans distinction et sans réserve, envers et contre tous.

« Qu'il est important que quelqu'un d'entr'eux lui parle et voye la situation de son esprit, non pas qu'il fust à propos qu'il se déclarast pour moy; car, de ce moment, il seroit tout à fait incapable de me servir; mais, comme les principaux establissements sur lesquels je me fonde sont maritimes, comme Belle-Isle, Concarnau, Le Havre et Calais, il est bien assuré que, le commandement des vaisseaux tombant en ses mains, il pourroit nous servir bien utilement en ne faisant rien, et lorsqu'il seroit en mer trouvant des difficultés qui ne manquent jamais quand on veut.

« Il faudroit que M. de Guinaut, lequel [2] a beaucoup de connoissance de la mer et auquel je me fie, contribuast à munir toutes nos places de choses nécessaires, et d'hommes qui seroient levez par les ordres de Gourville, ou des gens cy-dessus nommez; c'est pourquoi il seroit important qu'il fust adverti en diligence de se mettre en bon estat et de se rendre à Belle-Isle [3].

« Comme l'argent seroit nécessaire pour toutes ces dépenses, je laisseray ordre au commandant de Belle-Isle d'en donner autant qu'il en aura, sur les ordres de madame du Plessis, de M. de Brancas, de M. d'Agde ou de M. de Gourville; mais il faut mesnager, et que mes amis en empruntent partout pour n'en pas manquer...

---

[1] Il y avait d'abord : « *est de savoir s'il n'est pas meilleur que M. de Gourville ne tesmoigne pas trop estre dans mes intérests, au contraire, à l'extérieur assez d'indifférence quelques jours, afin qu'il se conserve en estat d'exécuter quelque entreprise considérable s'il en estoit besoin.* »

[2] Il y avait primitivement : « *Lequel à mon advis se trouvera lors à la teste des vaisseaux, au convoy de Bordeaux, qui sont à moi, acheptez de mes deniers, sous son nom.* »

[3] Il y avait à la suite de ces mots : « *ou au Havre, mais ce dernier seroit le meilleur.* » Effacés.

« M. d'Agde, par sous-main, conduira de grandes négociations dans le parlement sur d'autres sujets que le mien, et mesme par mes amis asseurez dans les autres parlements, où il ne manque jamais de matière, à l'occasion des levées, de donner des arrests et troubler les receptes, ce qui fait qu'on n'est pas si hardy dans ces temps-là à pousser une violence, et on ne veut pas avoir tant d'affaires à la fois [1].

« Le clergé peut encore, par son moyen et M. de Narbonne, fournir des occasions d'affaires en si grand nombre que l'on voudra, en demandant des estats généraux avec la noblesse, ou des conciles nationaux qu'ils pourroient convoquer d'eux-mêmes en lieux éloignez des troupes, et y proposer mille matières délicates.

« M. de La Salle, qui doibt avoir cognoissance de tous les secours qu'on peut tirer par nos correspondances des autres royaumes et Estats, y peut aussi estre employé et donner des assistances à nos places. Voilà l'estat où il faut mettre les choses sans faire d'autres pas, si on se contentoit de me tenir prisonnier; mais si on passoit outre et que l'on voulust faire mon procez, il faudroit faire d'autres pas; et, après que tous les gouverneurs auroient écrit à Son Éminence pour demander ma liberté avec termes pressants comme mes amis, s'ils n'obtenoient promptement l'effet de leur demande et que l'on continuast à faire la moindre procédure, il faudroit en ce cas montrer leur bonne volonté et commencer tout d'un coup, sous divers prétextes de ce qui leur est deub, par arrester tous les deniers des recettes, non-seulement de leurs places, mais des lieux où leurs garnisons pourroient courre; faire faire de nouveau serment à tous leurs officiers et soldats, mettre dehors tous les habitants et soldats suspects, peu à peu, et publier un manifeste contre l'oppression du gouvernement.

« C'est en cas où Guynaut pourroit, avec quelques vaisseaux de guerre, s'asseurant en diligence du plus grand nombre d'hommes qu'il pourroit, matelots et soldats, principalement étrangers, prendre tous les vaisseaux qu'il rencontreroit dans la rivière du Havre à Rouen, et par toute la coste, et mettre les uns pour brulots, et des autres en faire des vaisseaux de guerre; en sorte qu'il auroit une petite armée assez considérable, retraite en de bons ports, et y meneroit toutes les marchandises dont on pourroit faire argent...

« Il est impossible, ces choses estant bien conduites, se joignant à tous les mal-contants par d'autres intérests, que l'on ne fist une affaire assez forte pour tenir les choses longtemps en balance, et en venir à une bonne composition, d'autant plus que l'on ne demanderoit que la liberté d'un homme, qui donneroit des cautions de ne faire aucun mal.

« Je ne dis point qu'il faudroit oster tous mes papiers, mon argent, ma vaisselle et mes meubles les plus considérables de mes maisons de Paris, de Saint-Mandé, de chez M. Bruant, et les mettre dès le premier jour à couvert dans une ou plusieurs maisons religieuses et chez M. Bournonville, et s'asseurer d'un procureur au parlement, fidèle et zélé, qui pourroit estre donné par M. de Meaupeou, le président de la première...

« Une chose qu'il ne faudroit pas manquer de tenter seroit d'enlever des plus considérables hommes du conseil, au mesme moment de la rupture,

---

[1] L'Évêque d'Agde était un frère de Fouquet.

comme M. Le Tellier, et quelques autres de nos ennemis les plus considérables, et bien faire sa partie pour la retraite, ce qui n'est pas impossible.

« Si on avoit des gens dans Paris assez hardis pour un coup considérable, et quelqu'un de teste à les conduire, si les choses venoient à cette extrémité et que le procez fust bien advancé, ce seroit un coup embarrassant de prendre de force le rapporteur et les papiers, ce que M. Jannart ou autre de cette qualité pourroit bien indiquer par le moyen de petits greffiers que l'on peut gaigner, et c'est une chose qui a peu estre pratiquée au procez de M. de Chenaille, le plus aisément du monde, où, si les minutes avoient été prises, il n'y avoit plus de preuve de rien.

« M. Pellisson est un homme d'esprit et de fidélité connue, auquel on pourroit prendre créance, et qui pourroit servir utilement à composer les manifestes et autres ouvrages dont on auroit besoin, et porter des parolles secrettes des uns aux autres.

« Il faudroit, sous mille noms différenz et divers intéressez, recommencer à faire des imprimez de toutes sortes dans les grandes villes du royaume, d'en envoyer par les postes et semer par les maisons.

« Pour cet effet encore, mettre les imprimeries en lieu seur ; il y en a une à Belle-Isle.

« M. le premier président La Moignon, qui m'a l'obligation toute entière du poste qu'il occupe, auquel il ne seroit jamais parvenu, quelque mérite qu'il ait, si je ne lui en avois donné le dessein, si je ne l'avois cultivé et pris la conduite de tout avec des soins et des applications incroïables, m'a donné tant de parolles de reconnoissance et d'amitié que je ne puis douter qu'il ne fist les derniers efforts pour moi, ce qu'il peut faire en plusieurs façons, en demandant luy-mesme personnellement ma liberté, en se rendant caution et en faisant cognoistre qu'il ne cessera point d'en parler tous les jours qu'il ne l'aye obtenue ; que c'est son affaire ; qu'il quitteroit plustost sa charge que se départir de cette sollicitation, et faisant avec amitié et avec courage tout ce qu'il faut... »

Suivent neuf autres paragraphes renfermant des recommandations à plusieurs autres personnes moins connues, à M. Amproux, conseiller au Parlement ; à une sœur de madame du Plessis-Bellière ; à M. Cargret, maître des requêtes, et à M. Fouquet, conseiller en Bretagne, parent du surintendant.

Tel était ce projet que, les uns après les autres, les historiens d'abord, le public ensuite, sur la foi des historiens, ont cru vague et inoffensif, faute de le connaître. En le lisant, les réflexions viennent en foule, et l'on ne sait ce qui doit le plus étonner ou de la légèreté excessive de celui qui l'a écrit et de la naïveté avec laquelle il comptait sur le dévouement des hommes qu'il avait gorgés d'argent pendant sa prospérité, ou des folles idées qu'il se faisait sur son importance politique dans l'Etat. C'était, en effet, une étrange illusion de Fouquet de croire qu'il pourrait engager, soutenir une lutte avec le cardinal de Mazarin, et de ne pas s'apercevoir, au contraire, qu'il ne s'était avancé, ne se maintenait que par lui; car, de son aveu même, au moment où la faveur du cardinal semblait l'abandonner, le terrain manquait aussitôt sous ses pieds. Son influence reposant uniquement sur ses largesses, tout son crédit ne devait-il pas tomber dès qu'on lui retirerait le moyen de les continuer? Quant aux promesses formelles qu'on lui avait données, de vive voix ou par écrit, de lui être dévoué envers et contre tous, elles n'auraient eu, pour un esprit sérieux, aucune signification. Mazarin, au contraire, disposait du pouvoir en maître absolu, car le roi et la reine mère n'avaient d'autre volonté que la sienne. Vers la fin de sa carrière surtout, son ascendant moral était immense, et aussi solidement établi qu'il avait été précaire dans les commencements. Les esprits les plus hardis, les plus résolus avaient fini par plier devant sa timidité apparente, et tous les princes du sang, les uns après les autres, s'étaient soumis à ses conditions. Voilà les deux hommes qui se seraient trouvés en présence, si Mazarin eût donné suite au projet que Fouquet lui supposa à plusieurs reprises de se défaire de lui. Renversé, emprisonné, en face de Mazarin tout-puissant et singulièrement grandi depuis quelque temps par ses succès diplomatiques et par le résultat des négociations avec l'Espagne, quelle figure Fouquet eût-il faite? Combien de dévouements eussent-ils éclaté en sa faveur? Combien de gouverneurs eussent-ils compromis leur position et leur tête? Tout le monde peut résoudre ces questions. Mais, pour paraître incroyable, le projet qu'on vient de lire n'en était pas moins très-réel. Il semble aujourd'hui que cette pièce seule eût dû suffire pour justifier un procès dont l'issue ne pouvait être douteuse. En effet, malversations, abus des deniers publics pour s'attacher des créatures au préjudice de l'Etat, plan de guerre civile, ces trois griefs y sont écrits à chaque ligne. Au lieu de s'en tenir au dernier, on insista outre mesure sur les faits particuliers de péculat, dans le détail desquels personne, en définitive, ne voyait clair. Au point de vue de l'accusation, ce fut une faute immense, et le ministre Le Tellier avait raison de dire, en parlant du procès de Fouquet, que, *pour avoir voulu faire la corde trop grosse, on ne pourrait plus la serrer assez pour l'étrangler*. Le mot était cruel; heureusement pour Fouquet il fut vrai. Dans tous les procès politiques, le point essentiel c'est de gagner du temps, et, sous ce rapport, Fouquet n'avait pas lieu de se plaindre. Le réquisitoire du procureur général, véritable amplification de rhétorique, parsemée à chaque page de grands mouvements passablement déclamatoires, lui avait été signifié seulement dix-huit mois après son arrestation. Sa captivité datait du 5 septembre 1661 et son procès ne fut jugé qu'en décembre 1664. Pendant cet intervalle, les éloquents plaidoyers de Pélisson, les touchantes élégies de La Fontaine, les doléances de Ménage, de Scarron, de mademoiselle de Scudéry, les fureurs de Hénault, et les vœux de tous les artistes de l'époque, encouragés et pensionnés par Fouquet, avaient peu à peu ramené l'opinion [1]. Ajoutez à cela, les sollicitations de quelques amis puissants et dévoués, au nombre desquels le dévouement de madame de Sévigné se fait surtout remarquer, les nombreuses irrégularités du procès, les soustractions, les falsifications de pièces, l'animosité évidente des accusateurs. Il n'est pas jusqu'à l'administration rigide et sans pitié de Colbert, dont les réductions sur les rentes faisaient alors crier tout Paris, qui ne gagnât des partisans à l'accusé. Enfin, le gouvernement tenait essentiellement, on le comprend de reste, après la publicité qu'il avait donnée au projet de guerre civile, à obtenir la condamnation la plus rigoureuse, et la situation des esprits était telle que, malgré les précautions prises lors de la formation de la Chambre de justice, malgré la ressource des promesses et de l'intimidation, il en était réduit au point de craindre le scandale d'un acquittement.

Outre le procès-verbal officiel des opérations de la Chambre de justice pendant le procès de Fouquet [2], on possède encore une relation intime et très-circonstanciée sur la marche de cette affaire ; c'est le journal de M. d'Ormesson [3], un des deux conseillers du

---

[1] Hénault était un littérateur contemporain, connu seulement aujourd'hui par un sonnet plein de fiel qu'il fit contre Colbert à l'occasion du procès de Fouquet. Ce sonnet débute ainsi : « *Ministre avare et lâche.* » J'en citerai seulement les derniers vers :

« Sa chûte quelque jour te peut être commune ;
« Crains ton poste, ton rang, la cour et la fortune :
« Nul ne tombe innocent d'où l'on te voit monté.
« Cesse donc d'animer ton prince à son supplice,
« Et, près d'avoir besoin de toute sa bonté,
« Ne le fais pas user de toute sa justice. »

[2] Biblioth. roy., Mss. 3 vol. in-fol. déjà cités.

[3] Biblioth. roy., Mss. *Journal de M. d'Ormesson*. 1 vol. in-fol. n° 216. A la fin du volume il y a quelques autres pièces relatives au procès de Fouquet, et une lettre écrite par lui à sa femme plusieurs années après sa translation à Pignerol. M. de Lamoignon avait aussi laissé, sur les opérations de la Chambre de justice, un journal dont l'auteur de sa vie a eu connaissance. Ce journal n'est pas à la Bibliothèque royale; peut-être appartient-il à quelque collection par-

parlement de Paris que le roi avait nommés rapporteurs du procès. A l'époque où cette nomination eut lieu, la famille de Fouquet, croyant que M. d'Ormesson lui serait hostile, avait eu le projet de le récuser; ce fut lui, au contraire, qui sauva Fouquet de la mort. Issu d'une ancienne famille de robe, très-attaché aux prérogatives de la compagnie, esclave de la règle et des formes, M. d'Ormesson n'avait pu se plier à cette violation des prérogatives, à cet oubli de toutes les formes accoutumées dont se plaignait l'accusé; sa conscience de magistrat s'en était révoltée, et, longtemps avant la fin du procès, il avait passé du côté de la clémence. Son journal, qu'aucun des biographes de Fouquet n'avait encore consulté, renferme les particularités les plus curieuses. C'est la relation secrète, intime, et jour par jour, des diverses phases du procès. Seulement, il est bon de ne pas oublier en la lisant, et son auteur le rappelle assez lui-même, qu'il est tout à fait contraire au parti du gouvernement, c'est-à-dire en hostilité avec Colbert, avec le chancelier Séguier, avec Pussort, oncle de Colbert, Foucault et Berryer, ses créatures. A propos de ce dernier, à qui Colbert venait, pour prix de ses services, de faire accorder une charge de conseiller d'État ordinaire et une abbaye de 6,000 livres, M. d'Ormesson fait observer qu'on avait commis une grande faute en lui confiant toute la conduite secrète, mais réelle, du procès; car, pour se rendre nécessaire et indispensable plus longtemps, il avait traîné les choses en longueur, en ayant soin toutefois de rejeter les retards, tantôt sur les rapporteurs, tantôt sur M. Talon, qu'il avait fini par faire renvoyer et remplacer par M. de Chamillart. M. d'Ormesson ajoute que ce Berryer était l'homme le plus décrié de tout Paris, ayant fait en dix-huit mois seulement pour 1,800,000 livres d'acquisition. En un mot, dit-il, « c'était un frippon hardi et capable de toutes choses.» Vers la fin du procès, Berryer eut des accès de folie. Se voyant renié, abandonné par tous, sa tête s'était troublée, affaiblie. Un jour, il était à l'église des Petits-Pères; tout à coup on fit un grand bruit dans la rue; il crut qu'on venait l'arrêter, et sa frayeur fut telle qu'il fallut le saigner deux fois aux pieds pour le faire revenir. Ecoutons le plus spirituel chroniqueur de l'époque. « Ber-

---

ticulière. Les fragments qu'on en trouve dans la *vie de M. de Lamoignon* permettent d'affirmer que la publication de ce journal, si toutefois il existe encore, offrirait un vif intérêt. Voir les *Arrêtés du président de Lamoignon*; édition de 1783, 2. vol. in-4o. T. I. *Vie de M. de Lamoignon*.—La 1re édition n'a qu'un volume et ne renferme pas la vie de M. de Lamoignon.

ryer est devenu fou, mais au pied de la lettre ; c'est-à-dire qu'après avoir été saigné excessivement, il ne laisse pas d'être en fureur ; il parle de potences, de roues ; il choisit des arbres exprès ; il dit qu'on le veut pendre, et fait un bruit si épouvantable qu'il le faut tenir et lier. Voilà une punition de Dieu assez visible et assez à point nommé. » A ces coups de pinceau on a reconnu madame de Sévigné[1]. Tel était aussi l'avis de M. d'Ormesson, qui, du reste, il faut bien le dire, se préoccupe dans son journal, un peu plus qu'il ne conviendrait à un homme grave, des constellations, des comètes et des remèdes de bonne femme envoyés à la reine par la mère de Fouquet[2].

Tout cela faisait qu'on s'intéressait à l'accusé. Cependant, les sollicitations étaient pressantes du côté de la cour. Deux mois après l'arrestation du surintendant, en novembre 1661, M. de Lamoignon était allé à Fontainebleau pour complimenter Louis XIV sur la naissance du Dauphin. Le roi lui parla de Fouquet. « Il se vouloit faire duc de Bretagne et roi des îles adjacentes, dit Louis XIV ; il gagnoit tout le monde par ses profusions ; je n'avois plus personne en qui je pusse prendre confiance. » M. de Lamoignon fait observer que le roi étoit si plein de ce sujet que, « pendant plus d'une heure d'entretien, il y revenoit toujours[3]. »

Malheureusement, les preuves de l'influence que Louis XIV et Colbert exercèrent dans cette affaire abondent. Au mois d'août 1663, un conseiller du Parlement, Lecamus, écrivait à Colbert :

« On a su dans la compagnie que j'avois eu l'honneur de voir le Roy. Je n'ay pas pu m'empêcher de dire à quelques-uns de Messieurs la manière dont le Roy m'avoit parlé et le mécontentement qu'il m'avoit témoigné de la conduite de la compagnie, que je l'avois justifiée autant qu'il m'avoit été possible, mais qu'il estoit important d'oster au Roy les mauvaises impressions dont je l'avois trouvé prévenu. Cela a touché, et j'espère que Sa Majesté, dans la suite, n'aura pas sujet de se plaindre[4]. »

Aussitôt que le rapporteur d'Ormesson eut manifesté son opinion sur le procès, Colbert lui retira une charge qu'il avait à Soissons. En outre, le roi continuait à stimuler personnellement le zèle des membres de la Chambre de justice. Un jour, entre autres, à Fontainebleau, où la Chambre avait dû se transporter,

---

[1] Lettre du 17 décembre 1664.
[2] On publia en 1675 un *Recueil de recettes choisies*, attribué à la mère de Fouquet. Ce recueil eut cinq éditions.
[3] *Arrêtés du président de Lamoignon et vie de M. de Lamoignon.*
[4] Biblioth. roy., Mss. *Lettres adressées à Colbert.*

MM. d'Ormesson et de Sainte-Hélène, les deux rapporteurs, furent mandés au château. Ils trouvèrent le roi dans son cabinet avec Colbert et de Lionne. Le roi leur dit alors qu'il fallait que le procès eût une fin; qu'il y allait de sa réputation, surtout dans les pays étrangers, où l'on ne voudrait pas croire à sa puissance, s'il ne pouvait venir à bout de ce qu'il considérait comme une affaire de rien « *contre un misérable.* » Pourtant, il ne demandait que la justice, ne voulant pas, disait-il, comme il s'agissait de la vie d'un homme, prononcer une parole de trop, et souhaitant avant tout de voir la fin de l'affaire, de quelque manière que ce fût [1]. Voilà comment le roi recommandait l'impartialité aux juges. Une autre fois, il leur disait qu'il était au courant de tout ce qui se passait dans la Chambre, ce dont personne ne doutait. Enfin, Colbert lui-même se rendit un jour chez le père de M. d'Ormesson, pour se plaindre à son tour et au nom du roi de la longueur du procès. M. d'Ormesson demanda pourquoi on l'avait allongé par trente ou quarante chefs d'accusation sans importance, au lieu de s'en tenir à deux ou trois; il ajouta qu'au surplus son fils ne se plaignait pas qu'on lui eût ôté l'intendance de Soissons, et qu'il n'en rendrait pas moins bonne justice [2].

En même temps qu'elle s'occupait du procès de Fouquet, la Chambre de justice jugeait aussi d'autres affaires, et se montrait parfois d'une sévérité peu rassurante pour la famille de l'accusé. Déjà deux sergents des tailles d'Orléans avaient été condamnés à être pendus, et exécutés; d'autres avaient été envoyés aux galères. Gourville, l'ami intime, le confident et le faiseur de Fouquet, avait été condamné à mort « pour crime d'abus, malversations et vols par lui commis ès-finances du roi, sans compter les violentes présomptions de crime de lèse-majesté pour sa participation à cet écrit fameux qui contient un projet de moyens pour rallumer la sédition dans le royaume. » Tels sont les termes de l'arrêt. Mais Gourville était déjà à l'étranger. Un financier de moindre importance, nommé Dumont, ne fut pas aussi heureux. Condamné à mort pour crime de péculat par douze voix contre huit, il fut pendu, le 15 juin 1664, devant la porte même de la Bastille, où Fouquet était alors renfermé [3].

On a vu que la Chambre de justice avait siégé à Fontainebleau

---

[1] Biblioth. roy., Mss. *Journal d'Ormesson.*
[2] *Ibidem.*
[3] *Ibidem.*

pendant le séjour qu'y fit la cour. La comparution de Fouquet pouvant être nécessaire d'un moment à l'autre, il avait été, avec une foule d'autres prisonniers, pour fait de concussion, transféré à Moret, à la suite de la Chambre. Ainsi, celui qui avait disposé pendant neuf ans en maître absolu des finances du royaume suivait maintenant ses juges de cachot en cachot ! D'après le *Journal d'Ormesson*, le retour du surintendant à la Bastille fut marqué par une scène des plus attendrissantes. La femme et les enfants de Fouquet attendaient la voiture sur le pont de Charenton où elle devait passer. Arrivé sur le pont, d'Artagnan, qui fut toujours plein d'humanité pour son prisonnier, malgré la rigueur des précautions qu'il lui était commandé de prendre, permit à la voiture de marcher au pas, et Fouquet put embrasser sa femme et ses enfants qu'il n'avait pas vus depuis trois ans. Entrevue cruelle et déchirante, malgré ses douceurs ; car, peu de temps auparavant, le roi avait vu, sans s'arrêter, la femme et la fille de Fouquet agenouillées sur son passage, et les récents arrêts de la Chambre de justice n'étaient que trop faits pour jeter l'épouvante dans tous les cœurs !

Enfin, M. de Chamillart fit connaître ses conclusions, par lesquelles il requérait que Fouquet, *atteint et convaincu du crime de péculat et autres cas mentionnés au procez, fust condamné à estre pendu et estranglé, tant que mort s'en suive*[1].

Trente-huit mois s'étaient alors écoulés depuis l'arrestation de Fouquet. Le 14 novembre 1664, il parut devant la Chambre de justice. Avant de le laisser entrer, le chancelier crut de son devoir de faire connaître les justes plaintes de l'accusé au sujet de quelques lettres scandaleuses qu'on lui avait attribuées. Le chancelier ajouta qu'aucune des lettres trouvées dans ses papiers n'avait été publiée, *le roi n'ayant pas voulu commettre la réputation de quelques dames de qualité*[2]. Après ce préambule, on fit entrer

---

[1] La pièce originale existe aux archives du royaume, *section historique, carton K, n° 127*. Voir l'*Histoire de la détention des philosophes, des gens de lettres, etc., etc.* Par M. Delort, t. I, p. 22.

[2] Voici un fragment d'une de ces publications dont se plaignait Fouquet. Si l'on n'était suffisamment averti par ce qui précède, le ton même de cette lettre prouverait jusqu'à l'évidence qu'elle est l'œuvre d'un pamphlétaire de l'époque. C'est madame du Plessis-Bellière qui écrivait au surintendant. « Je ne sais plus ce que je dis ni ce que je fais lorsqu'on résiste à vos intentions. Je ne puis sortir de colère lorsque je songe que cette demoiselle de la Vallière a fait la capable avec moy. Pour captiver sa bienveillance, je l'ay encensée par sa beauté, qui n'est pourtant pas grande ; et puis, luy ayant fait connoistre que vous empescheriez qu'il ne luy manquast jamais de rien, et que vous aviez vingt mille pistolles pour elle, elle se gendarma

Fouquet. Il était vêtu, dit M. d'Ormesson, d'un habit court de drap tout uni, avec un petit collet uni et un manteau. Il salua la compagnie, sans que personne lui rendît le salut. Le chancelier lui ayant dit de s'asseoir, il se mit sur la sellette sans faire aucune observation; mais, invité à lever la main pour prêter serment, il pria qu'on ne trouvât point mauvais s'il s'y refusait, ne voulant pas déroger à son privilége. En même temps, il renouvela ses protestations et fit des excuses sur ce qu'il s'était présenté en habit court, mais depuis plus d'un an il avait demandé une soutane et une robe qu'on n'avait pas voulu lui donner; au surplus, il ne croyait pas que son privilége dépendît de son habit. Après en avoir délibéré, la Chambre décida, ainsi que cela avait déjà eu lieu lors des interrogatoires, que, s'il ne voulait pas prêter serment, on le jugerait comme s'il était muet, sauf à faire mention de ses protestations au procès-verbal. Là-dessus, Fouquet se soumit et répondit à toutes les questions qu'on lui posa. Cependant, il n'en protesta pas moins contre la violation de ses priviléges toutes les fois qu'il comparut devant la Chambre de justice, et réclama jusqu'à la fin ses *juges naturels*.

Les premiers interrogatoires portèrent sur les faits relatifs au péculat, tels que le marc d'or, les sucres et les cires de Rouen, les 6 millions de billets réassignés, les octrois, les dépenses personnelles. Suivant madame de Sévigné, le *cher et malheureux ami* parlait d'ordinaire si habilement, que plusieurs de *Messieurs* ne pouvaient s'empêcher de l'admirer. Elle cite, entre autres, M. Renard, un des vingt-deux juges, qui avait dit : « Il faut avouer que cet homme est incomparable; il n'a jamais si bien parlé dans le Parlement; il se possède mieux qu'il n'avait jamais fait. » Deux ou trois fois cependant la patience avait échappé à l'accusé, et il s'était défendu avec une chaleur qui lui était nuisible. Vint enfin la lecture du projet de rébellion. Pendant tout le temps qu'elle dura, Fouquet eut les yeux attachés sur un crucifix qui était dans la chambre. Invité à s'expliquer à ce sujet,

contre moy, disant que vingt-cinq mille n'étoient pas capables de luy faire faire un faux pas; et elle le répéta avec tant de fierté que, quoique je n'aye rien oublié pour la radoucir avant de me séparer d'elle, je crains fort qu'elle n'en parle au Roy, de sorte qu'il faudra prendre le devant. Pour cela ne trouvez-vous pas à propos de dire, pour la prévenir, qu'elle vous a demandé de l'argent, et que vous luy en avez refusé? » (*La Bastille dévoilée*, t. 1.) La publication de ce livre eut lieu dans les premières années de la Révolution. La plupart des pièces qu'il contient, sont évidemment apocryphes. (Cité dans l'*Histoire de la détention des philosophes*, etc.)

il répondit que c'était là *une pièce extravagante, un effet de vapeurs fantastiques et chimériques*, et que si le but de ses ennemis avait été de le couvrir de confusion en le forçant d'en ouïr la lecture, ils y avaient pleinement réussi. « Comment, lui dit alors le chancelier, accordez-vous le zèle et l'affection pour l'État, dont vous avez parlé si souvent, avec le dessein que vous aviez projeté de le troubler et bouleverser de fond en comble, pour l'unique but de conserver votre charge? Vous ne pouvez pas dire que ce ne soit là un crime d'État? — Non, répondit Fouquet; on ne saurait être accusé d'un crime d'État pour avoir eu une folle pensée qui n'est pas sortie du cabinet, qui n'a reçu aucun commencement d'exécution, qu'on a si bien oubliée depuis plus de deux ans que l'on en croyait toute trace disparue. Un crime d'État, poursuivit-il, c'est quand on est dans une charge principale, qu'on a le secret du prince et que tout d'un coup on se met du côté de ses ennemis, qu'on fait ouvrir les portes d'une ville dont on est le gouverneur à l'armée des ennemis, et qu'on les ferme à son véritable maître, qu'on porte dans le parti tous les secrets de l'État [1]. » Le chancelier, que tout le monde reconnut à ce portrait, garda prudemment le silence; et madame de Sévigné de s'écrier avec son air le plus triomphant : « Voilà au vrai comme la chose se passa. Vous m'avouerez qu'il n'y a rien de plus spirituel, de plus délicat, et même de plus plaisant. » Ensuite, Fouquet continua sa défense et rappela les services qu'il avait rendus au cardinal, les remerciements qu'il en avait reçus et dont les preuves se seraient trouvées dans ses papiers, si on ne les eût soustraites; puis enfin, la noire ingratitude qu'il en avait recueillie. Mais de ce que la conduite du chancelier n'avait pas été exempte de reproches dans les troubles de la Fronde, de ce que le cardinal Mazarin n'avait pas eu pour Fouquet toute la reconnaissance à laquelle celui-ci s'attendait, s'ensuivait-il que l'accusation n'eût aucun fondement? L'amitié la plus vive pouvait seule se faire illusion à ce point; et, loin que les troubles encore récents de la Fronde dussent servir d'excuse à Fouquet, la raison d'État voulait, au contraire, qu'il fût puni d'autant plus sévèrement qu'on était plus rapproché des temps où l'exécution d'un pareil projet aurait pu être tentée avec quelque chance de succès.

---

[1] *Lettre de madame de Sévigné, à M. de Pomponne*, du 9 décembre 1664.—Le *Journal d'Ormesson* raconte le même incident en termes presque identiques.

D'après le témoignage même de ses amis, Fouquet était vulnérable sur la plupart des griefs concernant le péculat. Madame de Sévigné reconnaît elle-même, et sans doute c'était l'opinion de sa société, que dans bien des endroits on aurait pu *l'embarrasser et le pousser* [1]. On vient de voir ce qu'il répondait relativement au projet de révolte. Quant à l'achat et aux fortifications de Belle-Isle, Fouquet objectait qu'il avait acheté cette terre sur l'invitation du cardinal Mazarin, bien aise de la voir sortir des maisons de Retz et de Brissac à qui elle appartenait, et qui lui étaient suspectes; que le cardinal devait s'en charger plus tard, ou, à défaut, de celle de Vaux; mais que, dans la suite, pressé de remplir cette promesse, il avait répondu, au bout de six à sept mois, « car il ne prenait pas ses résolutions sans y avoir pensé bien longtemps » qu'il ne pouvait s'accommoder ni de Vaux ni de Belle-Isle, ayant fait de grandes acquisitions du côté de Nevers. Fouquet ajoutait « que se trouvant possesseur de Belle-Isle, il avait dû naturellement mettre en bon état les fortifications et le port, espérant ainsi quadrupler le revenu ordinaire; » que, d'ailleurs, le cardinal lui ayant commandé de donner tous ses soins au commerce maritime, il avait acheté des vaisseaux marchands et les avait envoyés à Terre-Neuve, aux Indes-Orientales, en Amérique, à la pêche de la baleine, tâchant de s'instruire en toutes choses; « en sorte qu'il pouvait dire, sans vanité, qu'aucun autre n'était plus en état de servir, et qu'il avait des lumières pour procurer au roi des revenus immenses au soulagement de ses peuples [2]. » Suivant Fouquet, les arrêts qu'il avait fait rendre, les lettres circulaires qu'il avait adressées aux intendants de justice et aux principaux marchands du royaume pour les consulter, étaient des preuves évidentes qu'il était chargé de tout ce qui concer-

---

[1] *Lettre à M. de Pomponne*, du 26 novembre 1664.

[2] Le 27 septembre 1661, un sieur Lazare Belin, capitaine d'un des navires appartenant à Fouquet, écrivait d'Amsterdam à Colbert pour lui rendre compte des achats qu'il était chargé de faire quand son navire fut saisi, et proposait « *de lui envoyer des mémoires qu'il avait fournis à M. le surintendant pour pouvoir former, en peu de temps, une flotte considérable en France sans qu'il en coûtât rien à S. M.* » (Biblioth. roy., Mss. *Lettres adressées à Colbert*). On trouve dans la même collection, à la date du 8 juin 1663, une lettre de Bordeaux, dans laquelle il est dit que le jour de l'arrestation de Fouquet un navire lui appartenant, bien que n'étant pas sous son nom, et qu'on n'avait pu visiter à cause de cela, avait été expédié à la Martinique où le surintendant possédait des habitations, et l'on croyait que ce navire renfermait plus de dix millions. « *La quantité fait peur*, ajoutait la lettre, *mais l'apparence est véritable.* » Écrivait-on cela pour flatter les passions du jour? Cela n'aurait rien d'étonnant.

naît le commerce et les affaires de mer, et la propriété de Belle-Isle lui fournissait le moyen de faire quelques spéculations commerciales, utiles tout à la fois aux intérêts du roi et aux siens propres. « Pourquoi, ajoutait-il, le cardinal m'a-t-il engagé à toutes ces choses, s'il vouloit laisser des mémoires pour y trouver à redire ? Étoit-ce un piége à cause de ma facilité et de ma déférence que j'avois à tout ce qu'il proposoit ? ou le sieur Colbert a-t-il fait depuis, à la fin de ses jours, du poison de tout ce qui estoit simple et innocent ? Henry-le-Grand a-t-il trouvé quelque chose à dire que M. de Sully eust fait bâtir non-seulement un superbe château, mais une ville entière ? qu'il eust des biens si considérables, dont jouit encore sa maison ? Qu'auroient-ils dit, mes ennemis, si dans le cœur du royaume j'avois établi une souveraineté et fait battre monnoie, comme a fait le sieur de Sully ? C'étoit Henry-le-Grand néanmoins qui l'a veu et l'a souffert. » Revenant au projet de révolte, Fouquet ajoutait : Ou il estoit vray qu'on vouloit m'opprimer injustement, comme on fait, ou non. Si on le vouloit, n'est-il pas excusable d'avoir seulement pensé aux moyens de faire peur à celuy qui avoit le dessein de me perdre, et faire diversion dans son esprit pour l'en détourner ? Si on ne le vouloit pas, ma pensée, qui n'estoit que pour ce seul cas, estoit une chimère. » Certes, voilà des moyens de défense auxquels il y avait beaucoup à répondre. « Mais, poursuivait Fouquet, on vouloit me perdre ; on vouloit ma place. Si j'eusse laissé périr des armées faute d'argent, et que le Roy et tout le royaume eussent sceu qu'il ne tenoit qu'à moy d'empescher le mal, que n'eust-on point dit de moy ? Que n'en diroit-on point encore ? On m'eust crû, on me voudroit croire aujourd'huy d'intelligence avec les ennemis, ou du moins mal affectionné à l'Estat, et partant criminel.... Mais qu'ils fassent ce qu'il leur plaira, puisqu'ils le peuvent, ils ne serviront jamais l'Estat aussi utilement que j'ay fait. On peut se flatter aisément soy-même d'une vaine opinion d'habileté, quand les choses rient, et que le vent souffle à pleines voiles ; mais quand je considère qu'ils creusent des précipices autour d'un poste qu'ils occupent, qu'ils me persécutent, moy sans biens, pendant qu'ils en possèdent d'immenses de toutes sortes ; qu'ils sont obligez, dans ma disgrâce, de corrompre des témoins et supposer des dénonciateurs, qui ne se nomment point, pendant qu'il s'en présente contre eux, malgré leur faveur, qui se nomment, qui sont connus et intelligents, à qui la seule autorité souveraine ferme la bouche; que cependant ils ne laissent pas de me pousser jusqu'aux dernières bornes de l'inhumanité, sans considérer ni Dieu, ni les hommes, ni le présent, ni l'avenir; je doute souvent s'ils sont aussi habiles qu'ils se sont imaginez [1]. »

C'est ainsi que Fouquet se justifiait, et ses défenses, je l'ai déjà dit, remplissent quinze volumes. On ne saurait se figurer la variété de tons qui y règne et l'intérêt qu'il eut le talent d'y répandre. Vainement, c'est le prisonnier lui-même qui nous l'apprend, *la lecture de l'Évangile était sa principale lecture et sa sa seule consolation;* par intervalles, des accents pleins d'amertume, de véhémence, d'indignation, éclatent malgré lui. Imprimées clandestinement dans un très-petit format, ses défenses étaient avidement recherchées et servaient d'arme à l'opposition du temps contre l'administration réparatrice, mais inexorable, de Colbert. En examinant avec impartialité ces plaidoyers, une réflexion se présente souvent à l'esprit. Inattaquable toutes les fois qu'il met en lumière les dilapidations de Mazarin et les immenses services qu'il a rendus à ce ministre en lui procurant de l'argent dans un temps où l'État n'avait ni ressources ni crédit, Fouquet se laisse aller aux plus étranges illusions en ce qui concerne ses dilapidations personnelles et le projet de révolte dont on lui faisait si justement un crime. Il est vrai que, pressé de plus près, il répliquait par un argument qui lui paraissait irréfutable. Suivant lui, quelques mois avant son arrestation, il avait dit au roi qu'il s'était passé, du vivant du cardinal, plusieurs choses contraires aux règles, et qu'il le suppliait, pour rassurer sa conscience et ôter tout prétexte à ses ennemis, de lui pardonner tout ce qu'il pouvait avoir fait de mal jusqu'alors, et de lui donner tout ce qu'il avait reçu et distribué, sans avoir des ordres en forme; à quoi le roi aurait répondu : « *Ouy, je vous pardonne tout le passé, et vous donne ce que vous demandez* [2]. »

Spirituelles, hardies, pleines de fiel et d'ironie, éloquentes parfois, les justifications de Fouquet, on a pu le voir, ne brillaient ni par leur modération, ni par leur prudence. Sous ce rapport, les deux discours que Pélisson adressa au roi en faveur du surintendant auraient bien mieux servi l'accusé, si sa perte n'eût été arrêtée depuis longtemps. Ces discours que Voltaire compare aux belles harangues de Cicéron, et dont La Harpe a fait le plus

---

[1] *Défenses*, etc., t. II, p. 335 et suivantes.
[2] *Défenses*, etc., t. II, p. 95.

magnifique et le plus juste éloge, furent aussi écrits sous les verroux [1]. Le premier discours surtout est ordonné avec un art extrême, qui n'exclut ni la vigueur, ni la logique, ni l'éloquence. Style, idées, enchaînement des preuves, tout concourt à l'effet qui est vraiment irrésistible pour quiconque n'a pas étudié l'affaire à fond. Le but principal de Pélisson était de réclamer pour Fouquet ses juges naturels, c'est-à-dire le parlement de Paris, et l'on comprend que, ce point gagné, l'accusé était sauvé. Pélisson soutient cette thèse avec une abondance de raisons et une chaleur qui durent ébranler bien des convictions; il fait un admirable portrait de Henri IV, qui avait, dit-il, le *cœur d'un lion avec la bonté d'un ange*, a grand soin d'exalter Mazarin, au lieu de le déprécier, comme Fouquet y était peut-être obligé; puis, s'adressant à Louis XIV, il termine ainsi :

« Votre Majesté voit combien il est digne de sa bonté et de sa grandeur de ne point faire juger M. Fouquet par une chambre de justice, dont même plusieurs membres sont remplacés; qu'on ne saurait prouver les malversations dont on l'accuse, ni par son bien (car il n'en a point), ni par ses dépenses non plus, car il y a fourni par ses dettes et par plusieurs avantages légitimes; qu'un compte du détail des finances ne se demande jamais à un surintendant; qu'il n'a point failli depuis que Votre Majesté lui a donné ses ordres elle-même; que la mort de S. E. dont il les recevait auparavant, peut-être même que la soustraction de ses lettres lui ôte tout moyen de se justifier; qu'en plusieurs choses, comme on ne peut le nier, son administration a été grande, noble, glorieuse, utile à l'État et à Votre Majesté; que son ambition, quand elle passera pour excessive, a mille sortes d'excuses, et ne doit être suspecte d'aucun mauvais dessein; que ses services, ou du moins son zèle en mille rencontres, surtout dans les temps fâcheux et au milieu de l'orage, méritent quelque considération... C'en est assez, Sire, pour espérer toutes choses de Votre Majesté. Qu'elle n'écoute plus rien qu'elle-même et les mouvements généreux de son cœur, et que l'histoire marque un jour dans ses monuments éternels : Louis XIV, véritablement donné de Dieu pour la restauration de la France, fut grand en la guerre, grand en la paix. Il effaça par son application et par sa conduite la gloire de tous ses prédécesseurs. Il n'aima à répandre que le sang de ses ennemis, et épargna celui de ses sujets. Il sut connaître les fautes de ses ministres, les corriger et les pardonner. Il eut autant de bonté et de douceur que de fermeté et de courage, et ne crut pas bien représenter en terre le pouvoir de Dieu, s'il n'imitait aussi sa clémence [2]. »

Cependant, les interrogatoires de Fouquet avaient été terminés le 4 décembre, et les rapporteurs résumèrent l'affaire. M. D'Or-

---

[1] *Œuvres choisies de Pélisson*; notice par Desessarts.
[2] *Œuvres choisies de Pélisson*, etc., péroraison du *premier discours au roi*.

messon parla le premier. On a déjà vu de quel côté il était. « M. D'Ormesson m'a priée de ne plus le voir que l'affaire ne soit jugée, dit madame de Sévigné; il est dans le conclave et ne veut plus avoir de commerce avec le monde. Il affecte une grande réserve; il ne parle point, mais il écoute; et j'ai eu le plaisir, en lui disant adieu, de lui dire tout ce que je pense [1]. » Son résumé dura sept jours. Il eut à examiner quatre-vingt-seize chefs d'accusation. Il reconnut vrais la plupart des griefs concernant le péculat, « trouvant inconcevable, dit-il, que le surintendant ait pu voler en quatre mois plus de 4 millions. À l'égard des dépenses faites par l'accusé, elles étaient au delà de toute raison. Il est vrai qu'on l'avait vu garder assez de mesure dans l'adversité, mais il n'en avait gardé aucune dans sa prospérité; l'on voulait prétendre que la dissipation n'était pas un crime, mais, quant à lui, il n'était pas de cet avis, les fortunes subites lui paraissant suspectes. Pour ce qui était du crime d'État, le projet en était fort méchant, absolument inexcusable, et on ne saurait trouver une bonne raison pour le défendre; ce projet était l'effet d'une ambition déréglée, d'un esprit blessé de la maladie du temps de se rendre considérable; c'était l'œuvre d'un homme enivré de sa fortune, dont les pensées étaient vagues et se portaient partout; pour en finir, c'était une méchante pensée, indigne d'un homme d'honneur [2]? »

Voici quelles furent les conclusions de M. d'Ormesson :

« Par toutes ces considérations, il y a lieu de déclarer l'accusé duement atteint et convaincu d'abus et malversations par lui commises au faict des finances; pour réparation de quoy, ensemble pour les autres cas résultant du procès, d'ordonner qu'il sera banny à perpétuité hors du royaume, enjoint à lui de garder son ban à peine de la vie, ses biens confisqués. »

Veut-on savoir maintenant les motifs réels qui déterminèrent M. d'Ormesson et l'effet que ses conclusions produisirent dans Paris ? Son journal nous l'apprend.

« Il me semble que l'on fut satisfait de moi et j'en remercie Dieu. Jamais il ne s'est fait tant de prières que pour cette affaire. *La conjoncture des rentes et autres affaires publiques, où tout le monde s'est trouvé blessé, fait qu'il n'y a personne qui ne souhaite le salut de M. Fouquet, autant par haine pour ses ennemis que par amitié pour lui.* »

---

[1] *Lettre du 5 décembre.*
[2] Biblioth. roy., Mss. *Registres de la Chambre de justice, Procès Fouquet.* T. III, pages 168 et 169.

Et un peu plus loin :

« Je ne puis omettre que l'approbation de mon opinion est si publique, si grande et si générale, qu'il n'y a personne qui ne m'en fasse compliment, et que j'en reçois de toute part des lettres de conjouissance. Dieu en soit loué ! »

Les amis de Fouquet trouvèrent les conclusions de M. d'Ormesson *un peu sévères;* néanmoins ils firent des vœux pour qu'elles fussent adoptées par la majorité des juges, et l'on savait, au surplus, que les espérances de la famille n'allaient pas au delà. Après M. d'Ormesson, c'était à M. de Sainte-Hélène, son *camarade très-indigne,* à reprendre l'affaire. On devine de quelle plume lui vient cette qualification, et il est inutile d'ajouter que, d'après la même autorité, il le fit *pauvrement, misérablement,* sans s'appuyer sur rien. M. de Sainte-Hélène conclut à ce que l'accusé eût la tête tranchée. Pussort, l'oncle de Colbert, le trouva digne de la corde et du gibet ; mais, eu égard aux charges que Fouquet avait exercées, il se rangea à l'avis de M. de Sainte-Hélène. Et madame de Sévigné de s'écrier, non sans raison : « Que dites-vous de cette modération ? C'est à cause qu'il est oncle de M. Colbert et qu'il a été récusé qu'il a voulu en user si honnêtement. Pour moi, je saute aux nues quand je pense à cette infamie [2]. » Cependant, le jour du jugement approchait, et de part et d'autre, l'intrigue redoublait d'efforts. D'un côté, on répétait que le roi avait dit, en parlant de Fouquet : C'est un homme dangereux. « Quant à Colbert, il est tellement enragé, écrivait encore madame de Sévigné, qu'on attend quelque chose d'atroce et d'injuste qui nous remettra au désespoir. » En même temps, on offrait aux juges de leur rembourser ce qu'ils perdraient à la suppression

---

[1] Biblioth. roy., Mss. *Journal d'Ormesson.*

[2] Voici le portrait que M. de Lamoignon fait de ce conseiller. « C'était assurément un homme de beaucoup d'intégrité et de capacité, mais si féroce, d'un naturel si peu sociable, si emporté dans ses préventions, et si éloigné de l'honnêteté et de la déférence qu'on doit avoir dans une compagnie, et d'ailleurs si prévenu de son bon sens et si persuadé qu'il n'y avait que lui seul qui eût bonne intention, qu'il était toujours prêt à perdre le respect dû à la compagnie et à la place que j'y tenais » (*Arrêtés du pr. de Lamoignon,* etc. t. I. *Vie de M. de Lamoignon*). J'ai dit que M. de Lamoignon avait tenu aussi un journal sur les opérations de la Chambre de justice. L'auteur de sa vie, (sans doute M. de Malesherbes), avait ce journal en sa possession, car il en donne plusieurs extraits. M. de Lamoignon y raconte, en outre, que dans les dernières années de son ministère, Fouquet avait voulu l'obliger à lui céder *d'avance* la place de chancelier, que le roi la lui offrait. M. de Lamoignon s'y refusa, trouvant, dit-il, qu'il y aurait eu du ridicule à disposer ainsi d'une place à laquelle il lui convenait encore moins de renoncer. Ces prétentions de Fouquet, amenèrent entre eux une rupture presque ouverte, et depuis, le surintendant avait cherché tous les moyens de lui nuire. M. de Lamoignon appelle Fouquet *le plus vigoureux acteur qui fût à la cour.*

des rentes et on leur donnait quittance de ce qu'ils auraient eu à payer pour le droit annuel de leurs charges [1]. Mais si le roi avait des cordes puissantes à sa disposition, les amis et la famille de Fouquet ne négligeaient rien pour mettre les chances de leur côté. Le bruit courait qu'on avait fait gagner M. de Roxante, un des juges, par une dame à qui l'on avait donné de l'argent. Selon M. d'Ormesson, le fils de M. Pontchartrain avait dit à son père, en se jetant à ses genoux : « Ne nous déshonorez pas en votant la mort, sinon je quitte la robe. » Qui n'a lu en outre dans madame de Sévigné ce dévouement héroïque d'un autre juge, de M. de Mazenau? Malade à mourir, souffrant des douleurs horribles, il se faisait porter à l'audience pour ne pas perdre son droit de voter, et il y rendit un jour deux pierres d'une grosseur considérable. M. le prince de Condé, Turenne sollicitaient aussi, et l'on cite un mot de ce dernier qui peint bien l'état des esprits. Quelqu'un blâmait devant lui l'emportement de Colbert et louait la modération de Le Tellier : « Oui, dit Turenne, je crois que M. Colbert a plus d'envie qu'il soit pendu, et que M. Le Tellier a plus de peur qu'il ne le soit pas. » Enfin, faut-il le dire ? vers le 13 décembre, on annonça qu'une comète d'une grandeur considérable, dont la queue se dirigeait du côté de la Bastille, avait paru à l'horizon. D'abord, on n'y avait pas cru : on s'en était moqué. Mais bientôt, il n'en fallut plus douter. N'était-ce pas d'un heureux présage en faveur de l'accusé? « La comète me fait beaucoup d'honneur, » aurait dit Fouquet à ce sujet. Mais enfin, le jour fatal arriva. « Depuis quelque temps (je demande pardon de faire des emprunts si fréquents à des lettres que tout le monde sait par cœur), depuis quelque temps, dit madame de Sévigné, on ne parle d'autre chose ; on raisonne, on tire des conséquences, on compte sur ses doigts, on s'attendrit, on craint, on souhaite, on hait, on admire, on est triste, on est accablé. » Cet accablement, du reste, n'était que trop naturel. Chacun des juges opinait ouvertement en faisant connaître ses motifs, et déjà, si l'on en excepte M. d'Ormesson, les six premiers avaient voté pour la mort. On se figure les angoisses de la famille et des amis de Fouquet. Heureusement, dans la journée du 19 décembre, les chances tournèrent; et les avis favorables se succédèrent les uns aux autres. Le lendemain, le sort de

---

[1] D'après une loi de Henry IV, les fonctionnaires pouvaient se réserver le droit de disposer de leurs charges ou de les léguer à leurs héritiers, en payant tous les ans au Trésor la *soixantième partie* de leur traitement. C'est ce qu'on appelait le *droit annuel*.

l'accusé était fixé : à la majorité de *treize* voix contre *neuf*, la Chambre de justice avait rendu l'arrêt suivant :

« La chambre a déclaré et déclare ledit sieur Fouquet duement atteint et convaincu d'abus et malversations par lui commises au faict des finances; pour réparation de quoy, ensemble pour les autres cas résultant du procès, l'a banny et bannit à perpétuité hors du royaume, enjoint à lui de garder son ban sous peine de la vie, a déclaré tous ses biens confisquez au Roy, sur iceux préalablement pris la somme de 100,000 livres applicables moitié au Roy et l'autre moitié en œuvres pies. »

On a conservé les noms des juges qui siégèrent dans le procès de Fouquet. MM. D'Ormesson, le Feron, Moussy, Brillac, Renard, Bernard, Roxante, la Toison, la Baume, Verdier, Mazenau, Catinat, Pontchartrain, votèrent pour le bannissement; MM. Sainte-Hélène, Pussort, Gisaucourt, Fériol, Noguès, Héraut, Poncet, le chancelier Séguier, pour la mort. Ce dernier opina pour la mort, bien que, lorsque son tour vint, la majorité en faveur du bannissement fût déjà acquise à l'accusé. Quelle que fût la conséquence de son vote, il ne pouvait, dit-il, aller contre sa conscience. Un des juges, au contraire, tellement la passion était grande contre Colbert ! n'avait voté qu'à cinq ans de prison et à l'amende [1].

On sait comment le roi modifia l'arrêt. Par une rigueur sans exemple et qui n'a pas eu d'imitateurs, il aggrava la peine, et le bannissement fut converti en une détention perpétuelle. Au point de vue de la morale, une pareille décision est inexcusable ; c'est le comble de l'arbitraire, de l'injustice, et jamais on ne vit, dans un gouvernement civilisé, un abus de pouvoir plus audacieux. Pour tout dire en un mot, cette décision, inspirée par la politique, par la raison d'État, fut un véritable coup d'État. Pour quiconque aura lu avec quelque attention le projet de Fouquet, il est évident que ce projet constituait le crime d'État le plus caracté-

---

[1] Les chansonniers du temps ne laissèrent pas échapper cette occasion de donner carrière à leur verve. Dans une espèce de complainte *en vingt-deux couplets*, un d'eux loua ou critiqua chacun des vingt-deux juges, suivant qu'il avait voté pour ou contre Fouquet. Voici deux de ces couplets; ils suffiront pour donner une idée des autres :

Monsieur Pussort
Harangua fort,
Mais par malheur il prit l'essor,
Et sa sotte harangue
Fit bien voir au barreau
Qu'il a beaucoup de langue
Et fort peu de cerveau.

Ne finissons
Cette chanson
Sans bien exalter d'Ormesson,
Et que Dieu le bénisse,
Avecque tous les gens de bien
Qui rendent la justice
Et qui ne craignent rien.

risé. On objectait vainement qu'il n'avait pas reçu un commencement d'exécution. Il y avait d'abord les séductions à prix d'argent ; ensuite, cette exécution n'avait pas eu lieu par des motifs indépendants de Fouquet, et par cela seul que le cardinal n'effectua jamais les projets qu'il lui supposait. Dieu nous garde de vouloir porter atteinte au respect que méritent les formes judiciaires ! Il faut plutôt se féliciter, quel que soit le résultat de la leçon, lorsque des tribunaux rappellent à la stricte observation des formes les gouvernements qui s'en sont écartés. Mais cela dit, on ne saurait disconvenir que la Chambre de justice n'ait vu que le petit côté de l'affaire de Fouquet, et qu'en inclinant à l'indulgence elle ne préparât, si le gouvernement l'avait suivie dans cette voie, le retour des troubles dont on était à peine sorti et de ces prétentions qu'avaient certains hommes, suivant l'expression de M. d'Ormesson, à se rendre *considérables* dans l'État. La politique que le roi adopta dans cette mémorable circonstance se rattachait à la politique violente, révolutionnaire en quelque sorte, mais ferme et prévoyante, du cardinal de Richelieu. Supposez que Fouquet fût passé à l'étranger et qu'il s'y fût mêlé à quelques intrigues, comme son caractère léger devait le faire craindre naturellement ; quel échec moral, quelle déconsidération pour le gouvernement ! Non-seulement, la détention perpétuelle prévenait de telles conséquences, mais elle inspirait une frayeur salutaire aux ambitieux aux brouillons, quel que fût leur rang ; elle donnait du gouvernement, aux autres puissances, une opinion que l'on avait le plus grand intérêt à accréditer, à savoir qu'il n'était plus dominé par les partis, qu'il était maître de ses mouvements, libre dans ses desseins. Il ne faut pas oublier enfin, en appréciant le parti adopté par Louis XIV, que Fouquet fut surtout un prétexte pour l'opposition du temps, et que la haine pour les manières austères de Colbert, le mécontentement causé par ses mesures financières, l'animosité de ses créatures, mais principalement l'oubli des formes, déterminèrent les juges dont le vote sauva la vie à l'accusé.

L'arrêt fut signifié à Fouquet le 22 décembre 1664, mais déjà il l'avait appris par des signaux. Lorsque Foucault, le greffier de la Chambre de justice, vint à la Bastille pour lui en faire la lecture, suivant l'usage, il lui demanda son nom. « Ne savez-vous pas qui je suis? dit Fouquet. Quant à mon nom, je ne le dirai pas plus ici que je ne l'ai fait à la Chambre. » Et il renouvela une dernière fois sa protestation touchant l'incompétence de ses juges. Quelques moments après, on le sépara de Pecquet, son médecin, de Lavallée, son domestique, qui pleuraient tous deux, et il partit en carrosse pour Pignerol, accompagné de d'Artagnan, sous l'escorte de cent mousquetaires. Il paraissait heureux et gai, dit le journal de M. d'Ormesson. Partout, sur son passage, il recevait les bénédictions de la foule. Trois ans auparavant, elle lui prodiguait mille injures dans le trajet de Nantes à Paris. En même temps, toute sa famille fut de nouveau exilée, ceux-ci en Bretagne, ceux-là en Auvergne, d'autres en Champagne. Cependant, les frayeurs étaient vives à Paris au sujet du *cher et malheureux ami*. On apprit qu'il était tombé malade en route, et, comme des bruits d'empoisonnement avaient circulé, madame de Sévigné de s'écrier : « Quoi! déjà?... » Inutile de dire que ces craintes ne se réalisèrent pas [1].

Arrivé à Pignerol, d'Artagnan remit la garde de son prisonnier au capitaine Saint-Mars. Les ordres donnés à celui-ci étaient des plus sévères. D'abord, Fouquet ne devait avoir de communication avec personne, sous quelque prétexte que ce pût être, ni de vive voix, ni par écrit. Il n'était permis de lui fournir ni encre, ni papier. On pouvait lui donner un confesseur, en observant néanmoins la précaution d'en changer de temps en temps, et de ne prévenir ce confesseur qu'au moment même où il serait appelé. Enfin, un chapelain devait lui dire la messe tous les jours, et il était alloué pour son entretien une somme de 4,000 livres par an, plus 500 louis une fois donnés pour achat d'ornements et de divers autres objets. En résumé, une somme annuelle de 9 à 10,000 livres fut affectée aux dépenses qui concernaient personnellement le prisonnier [2].

Il était impossible qu'un homme doué d'une activité d'esprit aussi prodigieuse que Fouquet, qui, depuis l'âge de vingt ans, avait eu la conduite de tant d'affaires considérables, et dont l'aptitude pour le travail était telle que, pendant la durée de son procès, il écrivit quinze volumes de justifications, acceptât sans arrière-pensée cet avenir de réclusion perpétuelle que la volonté du roi lui avait fait. Comme il arrive à tous les prisonniers, sa première idée, en entrant dans la citadelle de Pignerol, fut d'a-

---

[1] Voir, à la fin du volume, la pièce justificative intitulée *le Cid enragé*; pièce n. 2.
[2] La pièce originale, signée Louis et contresignée Le Tellier, existe aux archives du royaume; carton K, 129.

viser aux moyens d'en sortir. La correspondance du capitaine Saint-Mars avec Louvois fournit à ce sujet des détails pleins d'intérêt et fixe toutes les incertitudes qui pouvaient exister encore, il y a quelques années, sur l'époque et le lieu de la mort de Fouquet [1]. D'abord, Fouquet essaya d'intéresser à son sort le confesseur qu'on lui donnait, et l'on crut devoir limiter à cinq par an, à moins de maladie, le nombre de fois qu'il lui serait permis de se confesser [2]. Au mois de juin 1665, la foudre tomba sur la citadelle de Pignerol. Plusieurs personnes périrent; Saint-Mars crut même un instant que Fouquet avait été écrasé sous les décombres de son appartement avec le domestique qui le servait : heureusement, ils avaient pu se sauver tous les deux dans une corniche. Malgré la surveillance dont il était l'objet, Fouquet avait trouvé le moyen de tracer quelques lignes sur un mouchoir, sur des rubans de couleur; il se servait pour plume d'*os de chapon*, et faisait de l'encre *avec du vin et de la suie*. Il avait composé en outre une encre sympathique, et l'on voit Louvois se préoccuper beaucoup dans sa correspondance de la découverte d'un pareil procédé. Il est plus probable que Fouquet le connaissait déjà depuis long-

---

[1] Cette correspondance des plus curieuses a été recueillie aux archives du royaume, section historique, carton K, 129. M. Delort l'a publiée le premier dans son ouvrage intitulé : *Histoire de la détention des philosophes et des gens de lettres, précédée de celle de Fouquet, de Pélisson et de Lauzun*. Postérieurement à cette publication, le bibliophile Jacob a cru pouvoir soutenir que le masque de fer n'était autre que Fouquet. Il y a pourtant, dans le volume de M. Delort, vingt lettres qui prouvent positivement, catégoriquement, le contraire; celle, entre autres, où Louvois parle de la permission accordée à madame Fouquet et à ses enfants de demeurer avec le prisonnier, celle où le même ministre répond à l'avis que Saint-Mars lui a donné de la mort de l'ancien surintendant, une autre enfin où il autorise la famille à emporter le corps partout où bon lui semblera. Les originaux de ces lettres existent, et tout le monde peut les voir aux archives du royaume. L'objection que la date *a pu en être* falsifiée dans le but de mieux masquer le redoublement de cruauté de Louis XIV à l'égard de son malheureux ministre n'est pas admissible, car il faudrait prouver cette altération. Je ne parle pas d'un extrait des registres mortuaires de l'église du couvent *des Dames de Sainte-Marie*, grande rue Saint-Antoine, à Paris, extrait conçu en ces termes : « Le 20 mars 1681 fut inhumé dans notre église, en la chapelle de Saint-François de Sales, messire Nicolas Fouquet, qui fut élevé à tous les degrés d'honneur de la magistrature, conseiller du Parlement, maître des requêtes, procureur général, surintendant des finances et ministre d'État. » D'ailleurs, les recherches faites aussi par M. Delort, et les pièces qu'il a publiées à l'appui, ne laissent plus aucun doute sur la qualité du mystérieux personnage qui, depuis Voltaire, a tant préoccupé les esprits sous le nom de l'homme au masque de fer. Ce prisonnier était une espèce de diplomate piémontais, nommé Marchiali, que le gouvernement français fit enlever par surprise pour le punir d'avoir ébruité une négociation importante qu'il avait provoquée (il s'agissait d'une place de guerre qu'il proposait de livrer à la France), négociation dans laquelle le nom du roi se trouvait compromis.

[2] Arch. du roy. *Lettre de Louvois du 24 avril 1675.*—Voir l'*Histoire de la détention des philosophes*, etc., t. I.

temps, et s'en était servi étant au pouvoir. Mais si l'imagination du prisonnier était féconde en expédients, Saint-Mars faisait bonne garde et le surveillait de près. Pendant quelques années, on ne lui donna que des rubans noirs, on compta exactement son linge avec lequel il était parvenu à faire du papier ; enfin on le fouilla plusieurs fois par jour, et des grilles furent placées aux fenêtres de son appartement, de manière qu'il ne voyait plus que le ciel. Que faire dans la solitude de ces journées sans fin ? Il avait demandé des livres. Le Tellier répondit à Saint-Mars : « Vous pouvez lui faire achepter les *Œuvres de Clavius* et de *saint Bonnaventure* et le *Dictionnaire nouveau des Rimes françoises*, mais non pas les *Œuvres de saint Hiérosme* et de *saint Augustin*[1]. » Comprend-on les motifs d'une pareille exclusion? Cependant, un projet d'évasion avait été comploté, mais il fut découvert, et un soldat de la citadelle, qui avait reçu 6 pistoles pour y prendre part, fut jugé militairement et exécuté. S'il faut en croire Guy-Patin, vers la même époque, Fouquet avait encore des amis particuliers qui auraient bien voulu le servir. En attendant, ils travaillaient à faire un recueil de diverses pièces pour sa justification en 4 volumes in-f°, pièces dans lesquelles, ajoute le spirituel docteur, *le cardinal Mazarin ne trouverait pas sans doute de quoi être canonisé*[2]. Quelques années s'écoulèrent ainsi. Au mois de novembre 1671, le roi donna pour compagnon à Fouquet ce même Puyguilhem, duc de Lauzun, avec qui il avait eu un entretien à Nantes, la veille de son arrestation. Les deux prisonniers occupaient un appartement voisin, et parvinrent, au bout de quelque temps, à établir une communication secrète d'un appartement à l'autre. Toutefois, la rigueur du roi avait fini par s'apaiser. On permit d'abord à Fouquet et à Puyguilhem de se promener ensemble dans la citadelle, de dîner avec le capitaine Saint-Mars, et l'on autorisa celui-ci à inviter quelquefois à sa table les personnes de Pignerol dont il pouvait répondre. Enfin, au mois de mai 1679, le roi accorda à madame Fouquet et à ses enfants l'autorisation d'aller à Pignerol et de demeurer dans la citadelle. Il y avait alors dix-neuf ans qu'ils étaient séparés. Sans doute, cette faveur en présageait une plus grande : malheureusement, la santé de Fouquet était depuis longtemps altérée, et il mourut, vers la fin du mois de mars 1680, à l'âge de soixante-cinq ans.

---

[1] Arch. du roy. *Lettre de Le Tellier du 26 octobre* 1666.
[2] *Lettre de Guy Patin du 16 mars* 1666.

Quelques jours après, le 3 avril 1680, l'amie fidèle et dévouée qui avait sollicité si vivement auprès de M. d'Ormesson, et à qui l'on doit de si curieux détails sur le procès du surintendant, madame de Sévigné, écrivait à sa fille :

« Ma chère enfant, le pauvre M. Fouquet est mort, j'en suis touchée. Je n'ai jamais vu perdre tant d'amis ; cela donne de la tristesse de voir tant de morts autour de soi...... Mademoiselle de Scudéry est très-affligée ; enfin, voilà cette vie qui a donné tant de peine à conserver. Il y aurait beaucoup à dire là-dessus ; sa maladie a été des convulsions et des maux de cœur sans pouvoir vomir. »

Puis, deux jours plus tard, le 5 avril, madame de Sévigné trouvait au fond de son cœur cette mélancolique pensée :

« Si j'étais du conseil de famille de M. Fouquet, je me garderais bien de faire voyager son pauvre corps, comme on dit qu'ils vont faire. Je le ferais enterrer là ; il serait à Pignerol, et après dix-neuf ans, ce ne serait pas de cette sorte que je voudrais le faire sortir de prison. »

La correspondance de Louvois avec le capitaine Saint-Mars constate qu'un fils de Fouquet, le vicomte de Vaux, emporta tous les papiers qui avaient appartenu à son père. Louvois trouva qu'ils auraient dû être envoyés au roi, et réprimanda sévèrement le commandant de Pignerol [1]. Il y avait parmi ces papiers, quelques poésies [2]. Il s'y trouvait peut-être aussi un livre qui fut publié en 1682 sous le titre de *Conseils de la sagesse*, et qu'on a attribué à Fouquet. M. d'Ormesson dit également que Fouquet avait écrit et fait imprimer, pendant l'instruction de son procès, un livre de piété ayant pour titre : *Heures de la Conception de Notre-Dame*. On cherche inutilement ces deux ouvrages dans les bibliothèques.

Telle fut cette vie avec sa magnificence et ses revers. Il est fâcheux pour Fouquet que sa célébrité et l'intérêt qui s'attache à son nom, lui soient venus, non pas des actes de son administration, mais de la grandeur, du retentissement de sa chute. On peut dire de tous les ministres, même les plus mauvais, qu'ils ont fait un peu de bien et rendu quelques services que l'on oublie trop. C'est ce qui arriva à Fouquet. Au mérite d'avoir, grâce à ses ressources personnelles, fourni au cardinal Mazarin toutes les

---

[1] Arch. du roy. *Lettre de Louvois du 8 avril* 1680.
[2] La bibliothèque royale possède une pièce extrêmement curieuse, c'est le 118e psaume de David, traduit par Fouquet dans sa prison, *et écrit en entier de sa main*, avec des notes relatives à sa position. On le trouvera à la fin de ce volume ; pièce justificative, n. 3.

sommes qui lui étaient nécessaires pour ses projets, à l'époque où Mazarin et l'État n'avaient plus aucun crédit, Fouquet joignit celui d'encourager le grand commerce extérieur et la navigation, qu'il essaya de relever en établissant un droit de cinquante sous par tonneau sur les navires étrangers, résolution importante, expédient indispensable pour que la France pût un jour posséder une marine, et qui donna lieu, de la part de la Hollande, à des réclamations énergiques dont le résultat sera exposé avec quelque détail dans l'histoire de l'administration de Colbert, sous lequel ces réclamations se prolongèrent longtemps encore. Parmi les édits et règlements concernant le commerce et l'administration, qui ont paru sous le ministère de Fouquet, ceux dont les titres suivent sont les seuls qui méritent d'être rappelés :

Janvier 1655. *Édit portant établissement d'une marque sur le papier et parchemin pour valider tous les actes qui s'expédient dans le royaume* (papier timbré).

Janvier 1656. *Édit portant règlement pour l'établissement des manufactures de bas de soie.*

Mars 1656. *Établissement de la halle aux vins.*

22 avril 1656. *Déclaration portant que les compagnons qui épouseront des orphelines de la Miséricorde seront reçus maîtres de leurs métiers à Paris.*

Mai 1656 et avril 1657. *Lettres patentes portant établissement d'une colonie dans l'Amérique méridionale.*

Juillet 1656. *Déclaration pour le desséchement des marais*[1].

Voilà quels furent les principaux actes administratifs de Fouquet.

Et maintenant, qu'on se figure les angoisses de dix-neuf ans passés dans la plus dure prison, pour celui qui, au temps de sa prospérité, domptait, amollissait toutes les volontés et tous les cœurs, qui avait une cour de grands seigneurs et de grandes dames, de poëtes et d'artistes, dont un désir enfantait des chefs-d'œuvre, et qui, à Vaux, à Saint-Mandé, élevait des montagnes, creusait des vallées. Quelle expiation ! Enfin, par une réaction des plus heureuses, les prodigalités et le désordre de l'administration de Fouquet valurent à la France la sévère économie, l'ordre,

---

[1] *Collection des anciennes lois françaises*, par MM. Isambert, Taillandier et Decrusy. — De 1599 à 1641 il avait déjà été publié plusieurs édits concernant le desséchement des marais.

la probité que Colbert chercha toujours à faire régner dans les immenses affaires dont il fut chargé. J'ai essayé de faire voir le rôle que ce dernier avait joué dans l'affaire de Fouquet. Cette époque de sa vie dut être pour Colbert très-difficile et très-critique. Laisser aller les choses, n'opposer aucun effort aux efforts des amis de l'accusé, rester calme et sans passion autour de mille passions, cela eût été beau, sans doute, mais c'était s'exposer à voir absoudre les faits les plus graves, les malversations les plus criantes. Quoi qu'il en soit, si le but que Colbert voulait atteindre était louable, on n'en peut dire autant des moyens qu'il se crut obligé d'employer. Plus adroit, plus insinuant, plus maître de lui, d'un côté, il aurait retardé ses mesures sur les rentes; de l'autre, en circonscrivant l'accusation sur quelques chefs principaux, il aurait évité les lenteurs et les défauts de forme qui faillirent tout perdre. Telle n'était pas sa nature. Indigné des dilapidations qu'il avait vues; s'inquiétant peu de l'accusation, assez vraie au fond, qui lui était faite de se montrer inexorable envers celui dont il avait pris la place; d'humeur austère, inflexible, Colbert le poussa sans pitié jusqu'à ce qu'il fût tombé. Encore une fois, on peut ne pas approuver l'homme, mais à coup sûr le ministre méritait des éloges. Les malversations de Fouquet étant avérées, le crime d'État manifeste, patent, constaté de sa main, un exemple était nécessaire. Supposez que le gouvernement eût reculé, et que Colbert, doublement compromis dans cette affaire, et par la position qu'il avait prise, et par les accusations que lui renvoyait l'accusé, eût été dans la nécessité de se retirer, qui donc eût été capable de rétablir l'ordre dans les finances? Quelle confiance eût inspirée une nouvelle administration inaugurée sous de pareils auspices? Quel bien eût-elle pu opérer? Qu'on examine, au contraire, ce qui fut fait. Mais ici je m'arrête. L'administration de Colbert demande à être étudiée attentivement dans son ensemble et dans ses détails, et il est indispensable de lui consacrer un cadre beaucoup plus étendu.

HISTOIRE

DE LA VIE ET DE L'ADMINISTRATION

DE COLBERT.

HISTOIRE
DE LA VIE ET DE L'ADMINISTRATION DE COLBERT.

CHAPITRE PREMIER.

Causes de l'élévation de Colbert et de l'influence qu'il a exercée pendant son ministère. — Origine plébéienne de ce ministre (1619). — Il est employé successivement dans une maison de commerce de Lyon, chez un trésorier des parties casuelles à Paris, et chez le ministre Le Tellier d'où il entre chez Mazarin (1648). — Sa correspondance avec ce ministre. — Lettre de remercîments qu'il lui adresse et qu'il fait imprimer (1655). — Il est envoyé en mission en Italie (1659). — Conseil qu'il donne à Mazarin au sujet de sa fortune. — Résolution de Louis XIV de gouverner par lui-même.

Lorsqu'on examine attentivement l'ensemble de notre histoire, on demeure convaincu que jamais ministre n'a exercé une plus grande autorité dans des circonstances aussi propices pour la réforme des abus que Colbert pendant les dix ou douze premières années de son administration. Grâce à une adresse infinie, persévérante, le ministre entre les mains duquel le pouvoir a été le plus insulté, avili, le cardinal Mazarin, avait laissé en mourant le gouvernement plus fort que jamais. Cependant, bien que formé à son école, Colbert eut toujours une prédilection marquée pour les formes sévères, absolues de Richelieu, et il se gouvernait volontiers d'après ses maximes, tant l'empreinte du caractère est puissante chez les hommes. Souvent, quand une affaire importante devait être traitée dans le conseil, Louis XIV disait d'un ton railleur : Voilà Colbert qui va nous répéter : *Sire, ce grand cardinal de Richelieu, etc., etc.*,[1]. Pendant la première moitié de son minis-

---

[1] *Mémoires du marquis de Villette,* page lij. 1 vol in-8. Ce volume renferme en outre un intéressant mémoire sur la marine, de M. de Valincourt, secrétaire général de la marine en

tère, tout seconda l'ardeur infatigable, l'honnêteté de Colbert, et sembla concourir pour assurer les résultats dont le règne de Louis XIV a tiré son plus grand éclat. C'était d'abord un roi de vingt-deux ans, voulant sincèrement l'ordre et la justice, systématiquement éloigné jusqu'alors des affaires par Mazarin, et très-facile à diriger, à cause de cela même, par un homme tout à la fois très-habile et connaissant à fond le détail des finances ; c'étaient ensuite des Parlements découragés par le mauvais succès de leurs dernières tentatives et résignés désormais à tout subir ; un peuple désabusé en même temps de la tutelle des princes et des Parlements ; mais, par-dessus tout cela, un désordre si grand, un gaspillage si effronté dans l'administration des finances, que, de tous côtés, on demandait un homme probe, doué d'assez d'énergie pour y mettre un terme. Telle était la situation, en 1661, lorsque Fouquet fut renversé. Il est facile de se figurer l'irritation que dut éprouver Louis XIV à l'idée d'avoir été la dupe de son surintendant. Habilement exploité par Colbert, ennemi personnel, remplaçant de Fouquet, ce sentiment donna immédiatement au nouveau ministre une influence immense. Ses intérêts se trouvèrent en quelque sorte liés à ceux du roi lui-même, et il arriva que l'un et l'autre désirèrent presque aussi vivement, quoique pour des motifs divers, de perdre le surintendant sans retour. On a vu à quels moyens ils furent obligés d'avoir recours. Ce n'est pas que, même à la mort de Mazarin, Colbert n'eût déjà une grande importance personnelle. A cette occasion, des personnages très-éminents lui avaient écrit pour lui exprimer leurs regrets et l'assurer de leur dévouement[1]. Peu de temps après, le 16 mars 1661, le roi l'avait nommé intendant des finances[2]. Mais c'est surtout la direction du procès de Fouquet qui

---

1715, et un autre mémoire des plus curieux sur l'état de la marine française au commencement du XVIIIe siècle, par le comte de Toulouse, grand-maître de la marine.

[1] Biblioth. roy. Mss. *Lettres adressées à Colbert*, année 1661.

[2] Biblioth. roy., *Journal des bienfaits du Roy*, suppl. français, n. 576. — C'est un journal tenu par Dangeau de toutes les nominations et gratifications faites par le roi dans le cercle de la cour. Ce journal qu'il ne faut pas confondre avec les *Mémoires de Dangeau*, n'a pas été publié ; malheureusement les registres de 1670 à 1691 manquent.

valut tout d'abord à Colbert la confiance entière de Louis XIV. En peu de temps, sa faveur fut toute-puissante et il devint véritablement le ministre dirigeant. Seulement, il eut grand soin, et Louvois en fit autant après lui, de laisser au roi l'apparence et les honneurs de l'initiative. Une autre règle de conduite de Colbert fut de dissimuler toujours son influence, même aux yeux des siens, au lieu d'en faire parade. « Surtout, écrivait-il à son frère, ambassadeur en Angleterre, ne croyez pas que je peux tout. » Une autre fois, le 7 août 1671, il lui mandait : « Le roy a donné l'évesché d'Auxerre à M. de Luçon (c'était leur frère), et j'ay eu assez de peine à luy faire accepter cette grâce [1]. » Était-ce modestie ou désir de tempérer l'ardeur des demandes? Pourtant, de 1661 à 1672, on peut dire que la puissance et le crédit de Colbert furent sans bornes. Codes, règlements, ordonnances, tout porte son empreinte et dérive de lui. Gouvernements, ambassades, présidences, évêchés, intendances, les plus hautes positions enfin ne sont données qu'à sa recommandation ou avec son agrément. Après l'élévation de Richelieu et de Mazarin, qui, eux aussi, avaient dû leur fortune à eux-mêmes, à leur propre mérite, la haute faveur à laquelle parvint Colbert a sans doute moins droit d'étonner. C'était un des plus sûrs instincts du pouvoir royal, dans sa lutte avec la féodalité, de s'appuyer sur des hommes intelligents, mais nouveaux, et par cela même tout à fait dévoués et désintéressés dans le débat. Sous l'influence des souvenirs de son orageuse minorité, Louis XIV devait, plus que tout autre, rester fidèle à ce système, et l'un des premiers éléments de la fortune de Colbert fut peut-être d'avoir été l'homme d'affaires, le *domestique* de Mazarin, comme disait insolemment Fouquet. Avant d'entrer dans l'examen détaillé des principaux actes qui ont signalé l'administration de Colbert, il ne sera donc pas sans intérêt de le suivre, autant que l'incertitude et la rareté des indications biographiques pourront le permettre, dans les commencements assez obscurs et peu connus de sa carrière. A défaut d'autres preuves, la supé-

---

[1] Archives de la marine. *Registre des despesches concernant le commerce*, année 1671.

riorité de certains hommes pourrait se mesurer au besoin par l'espace qu'ils ont dû parcourir pour arriver au poste où ils sont devenus célèbres. Sous ce rapport encore, il convient de marquer avec plus de précision qu'on ne l'a fait jusqu'à présent le point de départ de Colbert et les circonstances de son entrée dans cette cour qu'il devait remplir de son nom, à l'époque même où Louis XIV, à l'apogée de sa grandeur, semblait justifier en quelque sorte l'orgueil de ses devises et les louanges de ses adulateurs.

Jean-Baptiste Colbert est né à Reims, le 29 août 1619, de Nicolas Colbert et de Marie Pussort. Le *Dictionnaire de la Noblesse* qualifie le père de Colbert du titre de seigneur de Vandières ; d'un autre côté, les descendants de Colbert assurent qu'il n'y a rien dans son acte de naissance, qui est à leur disposition, d'où l'on puisse inférer « que le père du grand Colbert, ni aucune des personnes nommées dans cet acte, fussent des marchands [1]. » Quoi qu'il en soit, non-seulement les contemporains de Colbert, mais Colbert lui-même, on va le voir bientôt, ne croyaient pas à la noblesse de sa famille. L'un de ses contemporains, l'abbé de Choisy, fournit même sur ce sujet de curieux détails.

« Colbert, dit-il, se piquoit d'une grande naissance et avoit là-dessus un furieux foible... Il fit enlever la nuit, dans l'église des Cordeliers de Reims, une tombe de pierre où était l'épitaphe de son grand-père, marchand de laine, demeurant à l'enseigne du Long-Vêtu, et en fit mettre une autre d'une vieille pierre où l'on avoit gravé en vieux langage les hauts faits du preux chevalier Kolbert, originaire d'Ecosse. »

Un peu plus loin, l'abbé de Choisy ajoute :

« Un ministre m'a pourtant rapporté que M. Colbert, en frappant son fils aîné avec les pincettes de son feu (ce qui lui étoit arrivé plus d'une

---

[1] Dans son *Histoire de la marine française*, M. Eugène Sue, s'appuyant sur une *Instruction de Colbert à son fils*, dont il va être question, avait adopté, relativement à la naissance de Colbert, l'opinion des contemporains et celle que Colbert paraissait en avoir lui-même. A ce sujet, la famille de Colbert a adressé à M. Eugène Sue une note de laquelle il résulte qu'elle possède les trois pièces suivantes : 1o l'acte de naissance de Colbert, du 29 août 1619 ; 2o les preuves de noblesse pour l'ordre de Malte de Gabriel Colbert de Saint-Pouange, du 18 septembre 1647, antérieurement au crédit de Colbert ; 3o les preuves pour le même ordre du propre fils de Colbert, du 1er août 1667. — Voir la note dont il s'agit, aux pièces justificatives, pièce n. 4.

fois), lui disoit en colère : « *Coquin, tu n'es qu'un petit bourgeois, et si* « *nous trompons le public, je veux du moins que tu saches qui tu es* [1]. »

On croira peut-être cette scène inventée à plaisir par la malignité envieuse des contemporains, et, si l'on veut même, d'un des collègues de Colbert; mais la phrase suivante, extraite d'une instruction de ce ministre au marquis de Seignelay son fils, et écrite en entier de sa main, montre sans réplique l'opinion qu'il avait lui-même de ses titres de noblesse [2]. Après avoir tracé au jeune marquis de Seignelay la ligne de conduite qu'il doit suivre, Colbert ajoute : « *Pour cet effet, mon fils doibt bien penser et faire souvent réflection sur ce que sa naissance l'auroit fait estre sy Dieu n'avoit pas bény mon travail, et sy ce travail n'avoit pas esté extrême.* » Un autre indice semble confirmer la scène racontée par l'abbé de Choisy. La Bibliothèque du Roi possède quelques manuscrits du marquis de Seignelay. Dans le nombre se trouve la copie de l'instruction que son père avait faite pour lui. Or, dans cette copie, entièrement de l'écriture du fils de Colbert, la phrase même qu'on vient de lire a été biffée après coup, et c'est la seule. N'est-on pas en droit d'en conclure que Colbert ne se faisait pas illusion sur l'ancienneté de sa famille, et que le marquis de Seignelay rougissait du souvenir que lui avait rappelé son père? On objectera, il est vrai, les preuves de noblesse faites en 1646 et en 1667. Mais l'instruction de Colbert à son fils est postérieure de quatre ans à la dernière de ces pièces, et il est évident qu'il n'eût pas dit à celui-ci, en 1671, d'examiner *ce que sa naissance l'auroit fait estre*, si déjà en 1667, sa famille avait pu prouver trois quartiers de noblesse. Le malin abbé de Choisy fait à ce sujet l'observation suivante:

« M. Colbert dit à MM. de Malthe qu'il les prioit d'examiner les preu-

---

[1] *Mémoires pour servir à l'histoire de Louis XIV*, par l'abbé de Choisy, de l'Académie française. Liv. II.

[2] Biblioth. du Roi, Mss. *Instruction pour mon fils pour bien faire la première commission de ma charge.* C'est une pièce de douze pages d'écriture. Elle ne porte pas de date, mais, selon toutes les apparences, elle est de 1671, époque à laquelle le marquis de Seignelay revint d'Italie et où le roi lui accorda la survivance de la charge de secrétaire d'État de la marine, en l'autorisant à travailler, dès ce moment, avec son père. — Voir aux pièces justificatives, pièce n. 12.

ves de son fils le chevalier avec la dernière rigueur. Ils le firent aussi et trouvèrent les parchemins de trois cents ans *plus moisis* qu'il ne falloit. »

La complaisance proverbiale des généalogistes n'y était-elle pour rien? Voilà ce qu'il est permis de se demander. Quant aux autres témoignages contemporains, ils s'accordent tous pour assigner à la famille de Colbert l'origine qui faisait le désespoir du marquis de Seignelay, et il est évident qu'on n'eût pas accusé Colbert d'être le fils *d'un courtaut de boutique* [1] si son père n'eût été commerçant. Un de ses plus anciens biographes [2] dit aussi que celui-ci avait été marchand de

---

[1] Epitaphe faite à la mort de Colbert. Elle commence ainsi :

J'ai vu Colbert sur son lit de parade..........

L'auteur de l'épitaphe est surpris de voir tant de *draps* entourer ce lit; alors, un *Badaud* lui dit :

Cesse de t'étonner; ce fameux politique
Était le fils d'un courtaut de boutique.

(*Vie de Jean-Baptiste Colbert*, etc. Voir la note suivante).

[2] *Vie de Jean-Baptiste Colbert, ministre d'Etat sous Louis XIV, roy de France*. Cologne, 1695. L'exemplaire de la Bibliothèque du Roi porte en note, à la main : *Cette vie est un libelle plein d'injures et de faussetés*, etc. Cet exemplaire est curieux par deux gravures, à peu près semblables du reste, représentant Colbert occupé à compter de l'argent dont il remplit un coffre. La gravure est intitulée : *la Surprise de la mort*. Au-dessus de Colbert, une espèce d'ange déploie cette inscription sur deux lignes : *Memorare novissima et in æternum non peccabis*, et au-dessous : *Pense, plustost qu'à compter tes thrésors, qu'il faut entrer dans le nombre des morts*. Derrière Colbert, un squelette debout tient un sablier ailé autour duquel on lit ces mots : *Les heures s'envollent sans qu'on y pense*. Au-dessous de Colbert sont quatre autres inscriptions, dont deux en latin et deux en français. Voici les dernières : *Le fil de ma vie a esté coupé comme la trame d'une toile, lorsque je commençois à faire ma fortune*. Puis, tout au bas, ce mauvais quatrain :

Eh! que vous serviront, avare insatiable,
Ces grands biens amassez avec tant de sueurs?
Car une prompte mort, par les ruses du diable,
Vous plonge en un instant dans un gouffre de pleurs.

J'oubliais de mentionner un diable cornu qui, placé derrière le bureau de Colbert, tranche la trame de sa vie et le précipite dans le GOUFFRE D'ENFER.

Telles étaient les caricatures politiques du temps, plus brutales que spirituelles. Il faut ajouter qu'on lit dans la marge de la gravure ces mots écrits à la main : *L'on fit cette estampe à la mort de M. Colbert, dont cette figure a quelque air. On la deffendit aussitost et l'on en saisit les exemplaires*. Cette vie de J.-B. Colbert, attribuée dans quelques catalogues au marquis D....., est du plus fécond pamphlétaire de l'époque, Gatien de Courtilz, sieur de Sandras, plus communément désigné sous le nom de Sandras de Courtilz. « Né à Paris en 1644, de Courtilz passa en Hollande en 1683, y publia un grand nombre d'ouvrages remplis de mensonges et d'impostures, revint en France en 1702, fut enfermé à la Bastille pendant neuf ans, en sortit en 1711 et mourut le 6 mai 1712 » (Gabriel Peignot, *Choix de testaments remarquables*, t. II, p. 297). Sandras de Courtilz est aussi l'auteur du *Testament*

vin comme son aïeul, puis marchand de draps, et ensuite de soie. » Enfin, un historien tout à fait désintéressé a eu en sa possession, vers la fin du siècle dernier, des lettres nombreuses écrites de 1590 à 1635, à un négociant de Troyes, nommé Odart Colbert, frère des Colbert de Reims[1]. Toutes ces lettres concernaient le commerce de la draperie, des étamines, des toiles, des vins, des blés, en France, en Flandre et en Italie, où Odart Colbert avait des associés. Ceux de Lyon et de Paris s'appelaient *Paolo Mascranni e Gio-Andrea Lumagna*. Les lettres de Lumagna constataient qu'il était banquier de la cour. A l'époque du meurtre du maréchal d'Ancre, qu'on soupçonnait d'avoir, par son intermédiaire, fait passer des fonds considérables en Italie, il vit sa caisse scellée et ses livres enlevés. Plus tard, Lumagna devint le banquier du cardinal Mazarin, et plusieurs historiens pensent que ce fut lui qui donna Jean-Baptiste Colbert au cardinal. Parmi les lettres dont il s'agit, il s'en trouvait un grand nombre de Marie Bachelier, veuve de Jean Colbert, frère d'Odart, et marraine de Jean-Baptiste Colbert. Marie Bachelier faisait à Reims, pour le compte d'Odart, des achats considérables d'étamines. Quant à ce dernier, son commerce ayant prospéré, il acheta plusieurs terres, et traita vers 1612 d'une charge de secrétaire du roi. Il mourut en 1640, et cette inscription fut gravée sur sa tombe : *Cy gist Odart Colbert, seigneur de Villacerf, Saint-Pouange et Turgis, conseiller-secrétaire du Roy*, etc., etc. Le

---

politique de J.-B. Colbert, où l'on voit ce qui s'est passé sous le règne de Louis le Grand jusqu'en 1683. La Haye, 1694, et 1711, in-12. Ce livre est évidemment apocryphe, et il est à regretter que plusieurs écrivains sérieux aient pris les élucubrations de l'auteur pour les propres vues de Colbert. On lui attribue également le *Testament politique du marquis de Louvois*, les *Mémoires de d'Artagnan*, et près de quarante autres ouvrages ou pamphlets dont la *Biographie universelle* donne les titres. Sandras de Courtilz aurait fait les *Testaments politiques de Romulus* ou *de Gengis-Kan*, si les libraires de la Hollande les lui eussent commandés. Il est inutile de dire que je n'ai consulté la *Vie de Colbert* dont il s'agit qu'avec la plus grande circonspection. Cependant, il faut se garder de croire qu'elle soit systématiquement hostile à ce ministre, qui s'y trouve franchement loué en plusieurs endroits. De plus, ayant été écrite peu après sa mort, elle contient quelques faits curieux, quelques anecdotes intéressantes, et c'est le seul profit que j'en aie tiré. La *Vie de Jean-Baptiste Colbert* a été reproduite en entier dans les *Archives curieuses de l'histoire de France*, par MM. Cimber et Danjou, IIe série.

[1] *Œuvres inédites de P.-J. Grosley, de Troyes*, 2 vol. in-8o, t. 1, p. 25 et suiv., article *Colbert*. — Voir aux pièces justificatives, la pièce n. 5.

marchand, on le voit, avait déjà tout à fait disparu. Grâce aux bons offices du banquier Lumagna, dont le crédit était considérable à Paris, un de ses fils épousa une sœur de Michel Le Tellier, alors conseiller au Parlement et depuis chancelier de France. Il y avait en outre les Colbert de Troyes et ceux de Paris. Un de ces derniers, Girard Colbert, était établi à Paris, rue des Arcis, *à la Clef d'argent*, et c'est chez lui que descendaient, dans leurs voyages à Paris, les Colbert de Troyes et ceux de Reims [1].

Certes, Colbert ne perd aucun de ses titres à la reconnaissance de la France pour être issu d'un père commerçant. Il est même probable que les souvenirs de famille exercèrent une très-heureuse influence sur la direction de ses idées. Au lieu de compléter son éducation et de lui apprendre le latin, ce qu'il n'eût sûrement pas manqué de faire dans une position différente, son père l'avait envoyé fort jeune encore, à Paris d'abord, et de Paris à Lyon, « pour y apprendre la marchandise, » dit son premier historien [2]. Mais Colbert ne resta pas longtemps dans cette dernière ville. Il se brouilla, dit-on, avec son maître, revint à Paris, où il entra chez un notaire, puis chez un procureur au Châtelet, du nom de Biterne, qu'il quitta bientôt pour passer,

---

[1] Un savant très-distingué, l'abbé Le Laboureur, s'est aussi rangé à l'opinion des contemporains au sujet de l'origine toute plébéienne de J.-B. Colbert, en lui appliquant ces vers de Fortunat à la louange de Covido, que son mérite avait élevé au ministère sous les rois Théodebert et Clotaire.

> Mens generosa tibi pretioso lumine fulget,
> Quæ meritis propriis amplificavit avos.
> Nam si præfertur generis qui servat honorem,
> Quanto laus magis est nobilitare genus.
> A parvo existens, existis semper in altum,
> Perque gradus omnes culmina summa tenes.

L'abbé Le Laboureur est mort en 1675. Il fut d'abord gentilhomme, ensuite aumônier de Louis XIV, et on le voit inscrit pour 1500 livres sur la liste des pensions données aux gens de lettres par Colbert. Son opinion a donc le plus grand poids dans la question. — Enfin, voici ce qu'on lit dans les *Soupirs de la France esclave qui aspire après sa liberté*, pamphlet contemporain dont il sera question plus loin : « On n'admet au gouvernement que des gens propres à faire des esclaves, des hommes d'une naissance au-dessous de la médiocre ; tel est un monsieur Louvoy, petit-fils d'un bourgeois de Paris, en son temps occupant une charge de judicature au Chastelet ; tel est un monsieur Colbert, *fils d'un marchand de Reims.* »

[2] *Vie de J.-B. Colbert*, etc.

en qualité de commis, au service d'un trésorier des parties casuelles nommé Sabatier [1]. C'est à cette époque qu'il aurait été présenté à Colbert de Saint-Pouange, intendant de Lorraine et beau-frère du ministre Le Tellier, qui possédait alors toute la confiance du cardinal Mazarin. « D'abord commis de Le Tellier, dit une autre publication contemporaine, pendant l'exil du cardinal, il fut chargé de remettre toute sa correspondance. A son retour, le cardinal le demanda à M. Le Tellier et le fit intendant de sa maison [2]. »

Mais cette version est inexacte, Colbert, on en aura bientôt la preuve, ayant fait partie de la maison du cardinal dès 1649. Il avait alors trente ans. « M. le cardinal, dit Gourville, s'en trouva bien, car il était né pour le travail au-dessus de tout ce qu'on peut imaginer. » De son côté, Colbert s'attacha fortement, exclusivement, aux intérêts de Mazarin. Suivant l'auteur de sa vie, il seconda à merveille les penchants du cardinal en retranchant toutes les dépenses inutiles, et celui-ci « se servit de lui pour trafiquer les bénéfices et les gouvernements, dont il retirait de grandes sommes. » Un expédient que Colbert suggéra au cardinal fut aussi très-goûté par lui : il consista à forcer les gouverneurs

---

[1] C'étaient les trésoriers des droits payés au roi pour obtenir un office resté ou dévolu au fisc, par quelque cause que ce soit, pour acquérir une maîtrise, ou pour être admis à exercer une profession quelconque (*Encyclopédie méthodique*, Finances). — *Vie de J.-B. Colbert*, etc. — *Mémoires de Charles Perrault*, livre IV. — Perrault raconte qu'un de ses frères avait travaillé longtemps chez ce M. Sabatier comme premier commis, *en même temps que Colbert qui était son subalterne*.

[2] *Archives curieuses*, etc., par MM. Cimber et Danjou, IIe série, t. VIII, *Portraits de la Cour*, p. 411. — *Mémoires de Gourville*, etc. L'auteur de la *Vie de J.-B. Colbert* raconte d'une manière beaucoup plus romanesque la première rencontre de Colbert avec le cardinal Mazarin. Voici l'aventure en quelques mots. Le cardinal avait été exilé *à perpétuité* par le Parlement. Néanmoins, de Sedan il gouvernait le royaume, tant bien que mal, il est vrai, car son autorité n'était pas grande, mais personne n'en avait autant que lui, pas même ceux qui l'avaient forcé de quitter Paris. Pendant cet exil, dit Sandras de Courtilz, Le Tellier envoya Colbert porter à Son Éminence une lettre de la reine qu'il était très-expressément chargé de rapporter quoi qu'on pût faire pour l'en empêcher. Colbert remit d'abord la lettre, puis le lendemain il se présenta au cardinal qui lui donna une dépêche en lui disant qu'il pouvait partir et que tout était dedans. Colbert se douta qu'on le trompait ; mais comment s'en assurer ? Il alla droit à la difficulté et rompit le cachet de la dépêche en présence du cardinal, qui le traita d'insolent et la lui reprit des mains. Colbert, sans s'émouvoir, lui répondit que, le paquet n'ayant pas été fermé par lui, son secrétaire pouvait fort bien avoir oublié d'y insérer la lettre de la reine. Mazarin le remit à quelques jours et finit par lui donner cette lettre. Peu de temps après, le cardinal, de retour à Paris, demanda un employé de confiance à Le Tellier

des places frontières d'entretenir leurs garnisons avec le produit des contributions qu'on les chargea de percevoir, le gouvernement n'ayant plus l'autorité nécessaire pour cela. Une lettre du cardinal Mazarin lui-même, adressée le 3 octobre 1651 à la princesse Palatine, marque d'une manière certaine la confiance dont Colbert jouissait déjà à cette époque. C'est la première pièce authentique où le nom du futur contrôleur général soit prononcé [1].

« Si j'étois capable, écrivait Mazarin, après le coup mortel que j'ai reçu, de ressentir les autres effets de ma mauvaise fortune, je vous avoue qu'il m'eût été impossible de voir que la bonne volonté de XIV (le marquis de La Vieuville, surintendant des finances en 1651) pour XLIV (Mazarin) rencontrât d'abord des difficultés pour lui en donner des marques : car comment est-ce que XLIV (Mazarin) les pouvoit espérer sans entendre celui qui sait toutes choses et les expédients pour les mettre en bon état. Colbert, qui n'est pas une grue [2] et ne sait pas comprendre tous les mystères qu'on lui a faits, croit que la Mer (Mazarin) se méfie de lui et la conjure de se servir d'un autre, ne voulant pas préjudicier à ses intérêts, lesquels, je vous assure, seroient perdus sans ressource s'ils sortoient de ses mains, en ayant une connoissance parfaite, étant très-capable et homme d'honneur, et de plus fort contraire à tous les Postillons (le président de Maisons). Ce que je sais de certaine science, m'en ayant écrit diverses fois en termes qui le faisoient assez connoître, et en même temps grande estime et opinion pour l'Abondance (le marquis de La Vieuville). »

Tel était le crédit de Colbert en 1651. Une fois, au surplus, Colbert avait failli payer cher son dévouement au cardinal. Malgré un sauf-conduit du Parlement, la garde des barrières avait voulu l'arrêter aux cris de : « *Mort aux Mazarins !* » Heureusement, la garde bourgeoise arriva fort à propos pour

qui lui présenta Colbert. Au lieu de nuire à celui-ci, le souvenir de la scène de Sedan le servit au contraire, et Mazarin, le reconnaissant, le prit à son service en lui disant qu'il attendait de lui le même zèle et la même fidélité dont il avait fait preuve à l'égard de son premier maître. — Telle est l'anecdote ; mais, elle est tout simplement impossible, Colbert ayant été attaché au cardinal, on le verra tout à l'heure, au moins deux ans avant l'exil de celui-ci. Suivant d'autres historiens, Colbert aurait d'abord travaillé chez Lumagna depuis longtemps lié d'affaires avec sa famille et banquier du cardinal Mazarin, auquel il se serait fait un plaisir de le recommander.

[1] *Lettres du cardinal Mazarin à la reine, à la princesse Palatine, etc., etc., écrites pendant sa retraite hors de France en* 1651 *et* 1652, publiées par M. Ravenel, Lettre LVII, p. 514.

[2] Qui n'est pas un *sot*, un *niais*.

le sauver. C'était dans les troubles qui remplirent l'année 1651 [1]. Cependant, tout en participant aux libéralités du cardinal, Colbert les trouvait, à ce qu'il paraît, insuffisantes, et il n'oubliait pas ses intérêts. En 1654, pendant que la cour était à Stenay, il adressa à Mazarin plusieurs lettres où l'on trouve à ce sujet de précieuses indications. Le 19 juin 1654, il écrivit au cardinal :

« Il a couru ici un bruit de la mort de M. l'évèque de Nantes, qui a deux petites abbayes, dont l'une dépend de Cluny, qui vaut 4,000 livres de rentes. Je supplie très-humblement Vostre Éminence, si ce bruit se trouvoit vray, ou en pareil cas, de me gratifier de quelque bénéfice à peu près de cette valeur [2]. »

Dans les lettres suivantes, Colbert revient à plusieurs reprises sur le même sujet, mais le cardinal reste muet. Quelques passages de cette correspondance de Colbert initient à ses pensées intimes et le montrent déjà tel qu'il doit être un jour lorsqu'il exercera le pouvoir. Le 1er juillet 1654, il écrit que « *les compagnies souveraines agissent d'une manière insupportable.* » On voit poindre dans ces mots le caractère du ministre qui, servant en cela l'orgueil et les rancunes de Louis XIV, fit essuyer le plus d'humiliations aux Parlements [3]. Et Mazarin répond en marge : *Il n'y a pas moyen de souffrir les procédés de ces gens-là.* » Au mois d'août 1654, après la prise de Stenay,

---

[1] *Histoire de Colbert*, par M. A. de Serviez ; chap. III.

[2] Biblioth. roy. Mss. *Lettres de Mazarin*, Baluze, Arm. VI, p. 2, no 1. Ce sont les lettres originales. Colbert écrivait au cardinal à mi-marge et celui-ci expliquait ses intentions en regard, tantôt les développant, tantôt se bornant à approuver par un mot ; puis il renvoyait la dépêche à Colbert. Ces lettres n'ont pas encore été publiées. Celles de Colbert ne sont pas de sa main : il se bornait à écrire le mot *Monseigneur*, soit en tête, soit dans le corps de la lettre, et le protocole. Les réponses du cardinal, quelquefois assez longues, sont toutes de sa main. Colbert avait une des écritures les plus difficiles à déchiffrer qu'on puisse voir ; mais il attachait une très-grande importance à s'entourer de bons copistes. Dans une de ses lettres il envoie deux modèles d'écriture au cardinal, qui lui répond brièvement, en marge, de faire là-dessus ce qu'il voudra, donnant même à entendre que cela lui était fort égal, pourvu que ses affaires se fissent bien. Les nombreux registres où sont transcrites ses lettres sont de véritables merveilles calligraphiques, et bien supérieurs, pour la netteté et la simplicité, à toutes les écritures de fantaisie d'aujourd'hui.

[3] D'après l'abbé de Choisy (*Mémoires*, liv. II), l'animosité de Colbert contre le Parlement serait venue de ce que, ayant voulu acheter une charge de président des comptes, il apprit que toute la chambre en avait murmuré et menaçait de lui faire cent difficultés à sa réception. — On peut voir par là combien il faut se méfier des jugements contemporains sur le mobile qui guide les ministres dans la plupart de leurs actes.

Colbert écrit au cardinal les lignes suivantes, dans lesquelles son caractère et celui de Mazarin se dessinent également :

« Les grandes actions, comme celle que l'armée du Roy vient d'exécuter par les soins et vigilance de Vostre Éminence, donnent des sentiments de joie incomparables aux véritables serviteurs du Roy et de Vostre Éminence, reschauffent les tièdes et estonnent extraordinairement les méchants ; mais le principe du mal demeure toujours en leur esprit : il n'y a que l'occasion qui leur manque, laquelle Vostre Éminence voit bien par expérience qu'ils ne laisseront jamais s'eschapper. Au nom de Dieu, qu'elle demeure ferme dans la résolution qu'elle a prise de chastier, et qu'elle ne se laisse pas aller aux sentiments de beaucoup de personnes qui ne voudroient pas que l'autorité du roy demeurast libre et sans estre contre-balancée par des autorités illégitimes, comme celle du Parlement et autres. Je supplie Vostre Éminence de pardonner ce petit discours à mon zèle[1]. »

Évidemment, Colbert trouvait le cardinal débonnaire à l'excès, manquant de fermeté, et surtout trop éloigné des grands moyens, des coups d'État. « *Je suis très-aise*, répondit Mazarin en marge, *des bons sentimens que vous avez.* » Voilà tout. Quant à ses projets et à la vigueur qu'on lui recommande, pas un mot. A quoi bon, en effet ? N'était-il pas déjà venu à bout de difficultés bien autrement grandes avec de la ruse, de la patience, et sans verser une seule goutte de sang ?

Ce n'étaient pas là les idées et la politique de Colbert. Dans une longue lettre du 23 novembre 1655, par laquelle il proposait à Mazarin, qui approuva son projet, d'établir un comité de surveillance pour procéder à la réformation de l'ordre de Cluny, dont l'ancienne réputation était depuis quelque temps compromise par l'inconduite de *quinze cents moines déréglés*, Colbert parle avec une sorte de respect de *la main puissante* du cardinal de Richelieu. On a vu déjà comment il s'exprimait toujours sur son compte. En même temps, l'intendant de Mazarin portait très-loin le soin des détails. Souvent, après avoir parlé des plus graves affaires, il entretient le cardinal d'objets de la plus minime importance, et lui annonce des envois de vins, de melons, etc.

---

[1] Biblioth. roy. Mss. *Lettres de Mazarin*, etc.

« On économiserait au moins 40 écus, écrivoit-il le 17 juillet 1655, à vous envoyer les dindonneaux, faisandeaux, gros poulets, si Vostre Éminence les faisoit prendre par une charrette, ne sachant d'ici où il faudroit les adresser [1]. »

Dans une autre lettre, en date du 20 août 1656, la sollicitude de Colbert pour les intérêts du commerce se manifeste déjà clairement, et il se plaint que « Messieurs des finances travaillent à établir de nouveaux droits à La Rochelle, ce qui ruinerait entièrement son commerce, à quoi il est nécessaire que le cardinal interpose son autorité. » Enfin, dans plusieurs lettres, on le voit chargé en quelque sorte de la police, faire épier les personnes dont les démarches étaient suspectes à Mazarin, travailler avec l'abbé Fouquet à découvrir ceux qui apposaient des placards séditieux sur les murs de Paris, ou qui en jetaient sous les portes, jusque dans les maisons, et en même temps investi des pleins pouvoirs du cardinal, dirigeant et faisant prospérer son immense fortune, le conseillant souvent avec succès, ayant, par suite de cette position beaucoup de crédit, et, de plus, toute l'affection de Mazarin, qui écrit en marge d'une très-longue lettre de Colbert, relative à un démêlé que celui-ci avait eu avec M. de Lionne : « *Je prends part à tout ce qui vous regarde comme si c'estoit mon propre intérest.* »

C'est à peu près à cette époque de sa vie que se rapporte une démarche très-singulière de Colbert. Sa position était devenue dès lors assez brillante et attirait sur lui l'attention. Déjà, en 1649, il avait été nommé conseiller d'État. Vers 1650, il avait épousé Marie Charon, fille de Jacques Charon, sieur de Menars, qui, « de tonnelier et courtier de vin, était devenu trésorier de l'extraordinaire des guerres [2]. » Jacques Charon, estimant que sa fille était un des plus riches partis de la capitale, à cause des grosses successions qu'elle attendait, aurait eu, dit-on, des vues plus élevées; mais, menacé d'une taxe considérable dont Colbert le fit exempter, il consentit à ce mariage, qui, à tout événement, assurait à son gendre

---

[1] Biblioth. roy. Mss. *Lettres de Mazarin*, etc.
[2] *Vie de J.-B. Colbert*, etc.

une position indépendante [1]. Enfin, les témoignages des bontés du cardinal ne s'étaient pas bornés à Colbert, et déjà, en 1655, grâce à l'influence de celui-ci, toute sa famille se trouvait établie dans des postes très-avantageux. C'est dans ces circonstances que Colbert écrivit, fit imprimer et rendit publique la curieuse lettre qu'on va lire. Si la reconnaissance seule le fit parler ainsi, rien n'était plus louable sans doute, bien qu'un peu moins d'éclat dans l'expression de ce sentiment eût été plus convenable. On jugera d'ailleurs, à la lecture de cette lettre, si une manifestation aussi inusitée n'entrait pas pour quelque chose dans la politique de Mazarin, si elle n'avait pas été concertée entre lui et Colbert, et si enfin elle n'était pas pour ce ministre un moyen indirect de répondre par des faits au reproche d'ingratitude que ses ennemis affectaient de lui adresser.

« *Lettre du sieur Colbert, intendant de la maison de Monseigneur le cardinal, à son Éminence* [2].

« Monseigneur,

« Bien que j'aie reconnu en mille occasions, par l'honneur que j'ai d'approcher à toute heure de Votre Éminence, qu'elle ne cherche point d'autre récompense de ses vertueuses actions que ses actions vertueuses mêmes, et que sa magnanimité oublie aussi facilement ses bienfaits qu'elle a de dispositions à pardonner les injures, je la supplie de trouver bon que je ne paroisse pas insensible à tant de faveurs qu'elle a répandues sur moi et sur ma famille, et qu'au moins en les publiant je leur donne la seule sorte de paiement que je suis capable de leur donner. Si elle a de la peine à souffrir que je la fasse souvenir des obligations infinies que je lui ai, qu'elle ne m'envie pas la joie de les apprendre à tout le monde, et qu'elle me permette de lui enquérir pour serviteurs tous ceux qui sont touchés de la beauté de la vertu, en leur faisant voir de quelle manière elle traite les siens, et quel avantage il y a de lui être fidèle.

« Je ne veux pas, Monseigneur, entrer dans le vaste champ de tous les bienfaits et de toutes les grâces qui sont sortis des mains de Votre Éminence; je me renfermerai dans les choses qui me regardent, et ne

---

[1] *Vie de J.-B. Colbert*, etc.
[2] Cette lettre a été réimprimée pour la première fois par M. Eugène Sue dans son *Histoire de la Marine française* (1re édition en cinq volumes), d'après un exemplaire que possède la Bibliothèque royale.

lasserai ni sa modestie ni sa patience, n'employant que peu de paroles pour ce grand nombre de bienfaits dont il lui a plu de me combler. Quelles paroles aussi bien pourroient exprimer ses libéralités, puisque l'étendue de ma gratitude même ne sauroit les égaler ?

« Je dirai seulement qu'après quelques épreuves de mon zèle, dans la campagne de 1649 et 1650, où Votre Éminence me commanda de la suivre en Normandie, en Bourgogne, en Picardie, en Guyenne et en Champagne, m'ayant dès lors confié le soin de toutes les dépenses qu'elle faisoit faire dans ce voyage pour le service du roi, après avoir donné des marques publiques d'en être satisfaite, par une chanoinie de Saint-Quentin qu'elle fit obtenir à mon frère, nonobstant les instances que quelques personnes considérables en avoient faites. Dans ce grand orage qui s'éleva en 1651, et qui obligea Votre Éminence à céder pour un temps à sa furie, elle ne fut pas hors du royaume qu'elle jette les yeux sur moi pour me commettre la direction de toutes ses affaires, et j'avoue qu'encore que je mette à un très-haut prix toutes les bontés qu'elle m'a témoignées, il n'y en a pourtant aucune que je fasse entrer en comparaison avec celle-là ; soit que je la considère du côté du jugement avantageux qu'elle faisoit de moi, soit que je la considère de l'exemple qui est en soi très-honorable, et que l'exemple de feu M. le cardinal de Richelieu [1] fait voir digne de l'ambition des personnes de la condition la plus haute dans l'Église, dans l'épée ou dans la robe, lesquelles ne l'eussent pas moins recherchée pour voir Votre Éminence éloignée, sachant qu'elle ne l'étoit pas du cœur de Leurs Majestés, et qu'en s'attachant à ses intérêts leurs services n'en auroient pas été moins reconnus ; soit, enfin que je la considère du côté de l'utile, puisqu'elle me servoit comme d'assurance de tous les biens auxquels je pouvois prétendre en bien servant, et que j'ai reçus depuis au-delà de mes prétentions et de mes espérances. Votre Éminence voulut encore ajouter à la grâce d'un si grand bienfait celle de donner des marques d'une confiance tout entière et même d'une très-grande fermeté à maintenir le choix qu'elle avoit fait, lorsque ceux qui s'étoient élevés, à sa recommandation, aux premières charges de l'État, ayant déclaré par diverses pratiques ne vouloir aucune sorte de confiance avec moi, dans la vue de se rendre maîtres de ses affaires, elle leur écrivit dans des termes si pressants et si positifs qu'ils furent contraints d'en perdre la pensée et de s'accommoder à ses intentions [2]. Ces termes mêmes étoient accompagnés de tant de marques de bonté pour moi qu'une princesse, qui avoit eu part à ce démêlé, ne fit pas difficulté de me dire qu'elle se tiendroit pour bien récompensée si, après avoir servi Votre Éminence

---

[1] Le cardinal de Richelieu avait été pendant quelque temps aumônier-intendant de la reine mère, position que Colbert considérait sans doute comme analogue à la sienne près de Mazarin.

[2] Voir ci-dessus, page 82, la lettre du cardinal Mazarin à la princesse Palatine.

pendant dix ans le plus utilement, elle recevoit quatre lignes de sa main, de la manière dont Votre Éminence avoit écrit quatre pages sur mon sujet. Une faveur en toutes façons si importante fut suivie de plusieurs autres presque en même temps. Votre Éminence me donna un bénéfice de 10,000 livres de rente pour ce même frère à qui elle avoit procuré une chanoinie de Saint-Quentin, et à un autre qui venoit d'être blessé sur la brèche de Chastel en Lorraine, elle fit accorder une lieutenance au régiment de Navarre, et pour un troisième elle obtint de la reine la direction des droits de tiers des prises faites par les vaisseaux du roi sur les ennemis de cette couronne. Mais, comme si Votre Éminence eût résolu de ne point laisser passer d'année sans la signaler par de nouveaux bienfaits, la suivante ne fut pas commencée que je me vis honorer de la charge d'intendant de la maison de Monseigneur le duc d'Anjou, et que je vis ce même frère gratifié d'un autre bénéfice de 800 livres de rente. Votre Éminence couronna tant de bienfaits par un dernier prix inestimable, je veux dire par les témoignages avantageux qu'elle voulut bien rendre en diverses rencontres au roi et à la reine, comme si elle eût voulu justifier ses grâces par mon mérite, quoiqu'elles n'eussent autre principe ni autre fondement que sa bonté et sa munificence. Votre Éminence me les continua encore, en 1653, par la permission que j'eus de tirer 40,000 livres de récompenses de la charge d'intendant de Monseigneur le duc d'Anjou, et par le dessein qu'elle forma de me faire avoir celle de secrétaire des commandements de la reine à venir. Dans le cours de la même année, elle fit donner une compagnie, au régiment de Navarre, à celui de mes frères[1] à qui elle avoit fait donner une lieutenance ; elle fit agréer mon autre frère[2] pour la direction des préparatifs et pour l'intendance de l'armée de terre destinée à l'entreprise de Naples, et nomma un de mes cousins germains[3] à l'intendance de l'armée de Catalogne, qui depuis fut convertie en celle de toutes les affaires de ses gouvernements de La Rochelle et de Brouage.

« Enfin, au commencement de l'année 1654, elle exécuta le dessein qu'elle avait conçu pour la charge de secrétaire des commandements de la reine à venir, de laquelle elle me fit revêtir, refusant ses offices pour la même charge à une personne à qui, sans cette excessive bonté qu'elle a pour moi, une infinité de raisons les devoient faire accorder[4].

[1] Colbert de Maulevrier.
[2] Colbert de Croissy.
[3] Colbert du Terron.
[4] Ainsi l'on organisait la maison de la *reine à venir* cinq ans avant le mariage de Louis XIV! L'abbé de Choisy raconte que le cardinal vendit toutes les charges de la maison de la reine, à l'exception de celle dont il gratifia Colbert. Au commencement de 1661, celui-ci jugea à propos de s'en défaire. « Brisacier, à qui on venoit de rembourser la moitié de sa charge d'intendant des finances, la lui acheta 500,000 livres et 20,000 livres de pot-de-vin à madame Colbert, croyant faire sa cour au cardinal et à Colbert, qui bientôt après lui en témoigna

Dans la même année elle mit le comble à ses faveurs par une abbaye de 6,000 livres de rente qu'elle impétra de Sa Majesté pour mon frère. Je dois encore à l'efficacité de ses bons témoignages la bonté que la reine a eue d'acheter pour moi une charge considérable de la maison du roi, avec ces paroles si avantageuses *qu'elle ne l'achèteroit pas pour me faire plaisir, mais pour le service du roi son fils*; et je ne puis taire que Votre Éminence, avec quelque résistance de ma part au torrent de ses libéralités [1], a pensé cette année encore à les accroître par un bénéfice de 8,000 livres de rente.

« Voilà, Monseigneur, en abrégé, ce qui se peut exprimer et connoistre des bienfaits dont je suis comblé par la bonté immense de Votre Éminence : étant infiniment au-dessus de mes forces d'exprimer la manière avec laquelle vous en avez su rehausser la valeur; car comme il n'y a que Votre Éminence qui puisse concevoir et produire toutes ces grâces dont vous les accompagnez, qui surpassent infiniment les bienfaits mêmes, et que vous imprimez si puissamment dans les cœurs, il n'y a qu'elle seule qui les puisse dignement apprécier. Je ne lui en dis autre chose, sinon qu'elle surpasse autant mon mérite que mes souhaits; que leur grandeur et leur nombre m'ôtent le moyen et le loisir de les goûter comme il faudroit, et que plus sa bonté veut même relever le peu que je vaux, pour leur donner quelque apparence de justice, et plus j'en rapporte les motifs à cette bonté, sans que je prétende jamais en demeurer quitte envers elle, quelques services que je lui puisse rendre, quand je lui en rendrois des siècles entiers.

« Toutes ces grâces, Monseigneur, et une infinité d'autres que Votre Éminence a répandues sur toutes sortes de sujets, à proportion de leur mérite et même beaucoup au delà, devroient étouffer la malice de ceux qui ont osé publier que les grâces et les bienfaits ne sortoient qu'avec peine de vos mains, et quelques-uns de ceux qui en ont été comblés ont été de ce nombre, comme si, dans le même temps qu'ils recevoient des bienfaits, ils cherchoient des couleurs pour les diminuer, afin de se décharger du blâme de l'ingratitude qu'ils méditoient. C'est une matière dont personne ne peut guère mieux parler que moi; la meilleure partie de ces grâces a passé devant mes yeux, et je n'en ai vu aucune, pour peu de mérite qu'ait eu la personne qui les a reçues, qui n'ait été redoublée par la manière obligeante de la faire. Il est vrai que souvent ces grâces ont été fort ménagées, parce qu'elles étoient faites pour de très puis-

---

sa profonde reconnaissance en lui ôtant, d'un trait de plume, plus de 50,000 livres de rente qu'il avait en bon bien sur le roi, et trouva le moyen, en ne lui faisant payer que 100,000 écus, de le rembourser pleinement par ses imputations (*Mémoires de l'abbé de Choisy*, liv. II).

[1] Cette résistance est une pure fiction. Voir ci-dessus la lettre du 19 juin 1654 par laquelle Colbert sollicite du cardinal une abbaye de quatre mille livres de rente. Il y a dans le recueil des lettres originales de Mazarin plusieurs demandes de ce genre, postérieures à celle du 19 juin.

santes considérations d'État, et non pour celles des personnes qui les recevoient, qui souvent en étoient très-indignes. Je dois ce témoignage à la vérité, et c'est pour cela que je supplie Votre Éminence de souffrir que je fasse connoître à chacun ce que j'en ai éprouvé moi-même, afin que si quelques particuliers lui dérobent la gloire des bonnes actions qui lui ont été profitables, le public lui rende justice et ne dénie pas à ses actions la louange qui leur est due.

« J'avoue, Monseigneur, que Votre Éminence trouveroit facilement une infinité de sujets plus dignes que moi de sa munificence, et toutefois si un cœur, bien persuadé de ses obligations, et brûlant du désir d'y bien répondre, pouvoit tenir lieu de mérite, je croirois que le mien a toute la disposition dont il est capable, et que Votre Éminence peut justement désirer pour les grandes choses qu'elle a faites pour moi. Et du moins je ne lui laisserai pas le déplaisir de les avoir semées en une terre ingrate.

Ce n'est pas, Monseigneur, que, pour m'être entièrement dévoué au service de Votre Éminence et de sa maison, et en avoir montré l'exemple à mes frères et à mes proches, et pour élever mes enfants dans la religion où Dieu les a fait naître, avec le même zèle et la même constance que moi; ce n'est pas que je prétende satisfaire à ce que je dois à ses bontés; mes soins et mes travaux quelque grands et quelque utiles qu'ils puissent être, demeureront toujours au-dessous de ce qu'elle a droit d'attendre de moi en toute l'étendue de ses intérêts et de ses commandements. Mes paroles mêmes, quelque puissantes qu'elles fussent, ne lui sauroient faire connoître qu'imparfaitement ma gratitude en voulant lui en exprimer la grandeur. Je me trouve réduit à me servir de termes trop foibles et trop ordinaires d'une protestation très-véritable d'être éternellement, avec toute sorte de respect et de dévotion.

« Monseigneur,

« De Votre Éminence,

« Le très-humble, très-obéissant et très-fidèle serviteur,

Paris, le 9 avril 1655.   « Colbert. »

Une telle manifestation est au moins étrange, et il n'est guère possible de supposer qu'elle ait été spontanée. Ce fut là comme un manifeste de Mazarin dont le but principal était de prouver l'avantage qu'il y avait à s'attacher fortement à lui. Telle dut être au fond sa tactique, et elle lui réussit à merveille. En effet, à partir de cette époque, toute velléité de résistance disparut, et l'on peut dire que l'exercice du pouvoir royal ne rencontra plus dès-lors d'opposition sérieuse, même dans les Parlements.

On a déjà vu, par les récriminations de Fouquet, que Mazarin, au mépris de toutes les règles administratives et de toutes les convenances, se chargeait de la fourniture des vivres de l'armée. Une lettre de Colbert, du 8 juin 1657, constate ce fait d'une manière péremptoire. Colbert n'ose pas dire au cardinal que ces opérations sont déloyales, mais il insiste fortement pour lui faire comprendre jusqu'à quel point elles le compromettent.

« Le surintendant, écrit-il, ne pouvant rembourser Vostre Éminence que par des assignations sur divers, il s'ensuivra que ceux-ci auront connoissance de ces fournitures, ou bien il faudra prendre toute sorte de faussetés pour les leur cacher [1]. »

Quatre ans plus tard cependant, à l'époque du procès de Fouquet, il fallut que Colbert et tous ceux qui avaient épousé sa cause défendissent la probité du cardinal obstinément attaquée par le surintendant, qui prétendait se justifier surtout par cette raison que le premier ministre avait amassé illégalement vingt fois plus de bien que lui.

J'ai essayé précédemment de caractériser les rapports qui avaient existé entre Colbert et Fouquet avant l'arrestation de ce dernier, et l'influence que Colbert exerça sur la destinée du surintendant. Qu'on me permette de revenir un instant sur cette partie de leur biographie commune. La lettre suivante, du 16 juin 1657, ne justifie pas complétement Colbert, il est vrai, du reproche qui lui a été fait d'avoir fortement travaillé à renverser Fouquet pour le supplanter; cependant, elle est favorable au surintendant, pour lequel il paraît évident qu'à cette époque Mazarin éprouvait déjà de l'éloignement.

« Le sieur procureur général, écrit Colbert, ayant toujours bien servi Vostre Éminence en toute occasion, mérite assurément de recevoir quelque grâce particulière, et si Vostre Éminence est résolue de luy accorder ce qu'il demande, je suis obligé de luy dire qu'ayant tous les jours besoin dudit sieur procureur général pour ses affaires, il scroit assez nécessaire que je luy en portasse la nouvelle, et mesme que Vostre Éminence fist connoistre à tous ceux qui lui en parleront pour luy que je luy ai rendu témoignage en toute occasion du zèle qu'il fait paroistre pour le service de Vostre Éminence [2]. »

[1] Biblioth. roy. Mss. *Lettres de Mazarin*, Baluze, arm. XI.
[2] *Ibidem.*

Ainsi, au mois de juin 1657, Colbert recommandait en quelque sorte Fouquet au cardinal et ne songeait pas évidemment à le remplacer. L'année suivante, Fouquet écrivit son fameux projet qu'il modifia ensuite à deux reprises, principalement après s'être brouillé avec son frère l'abbé. Ce ne fut que deux ans après, le 1er octobre 1659, pendant le voyage du cardinal aux Pyrénées, que Colbert lui adressa, sur le désordre des finances, ce mémoire dont Gourville et Fouquet prirent copie, grâce à l'infidélité du surintendant des postes, de Nouveau, inscrit comme tant d'autres sur la liste des pensionnaires de Fouquet.

Vers le même temps, Colbert reçut une nouvelle marque de la faveur de Mazarin, qui le chargea d'une mission difficile auprès du pape Alexandre VII. Il s'agissait de décider le pape à restituer au duc de Parme le duché de Castro dont il l'avait dépouillé, et, en second lieu, de le déterminer à porter du secours aux Vénitiens, afin de les aider à repousser de Candie les Turcs qui l'assiégeaient. Cette mission ne réussit pas. D'abord, Alexandre VII était animé de dispositions très-peu bienveillantes à l'égard du cardinal Mazarin; et, quant au duché de Castro, une invitation diplomatique pure et simple était peu propre à décider le pape à le remettre entre les mains du duc de Parme. Après quatre mois d'un inutile séjour à Rome, Colbert se rendit à Florence, à Gênes, à Turin pour solliciter des secours en faveur des Vénitiens, mais toujours sans succès. Le duc de Savoie seul promit de joindre mille fantassins aux troupes de l'expédition que la France projetait alors [1].

Mais la place de Colbert n'était pas dans les cours étrangères, et ce n'est point par la diplomatie, il est permis de le croire, qu'il se serait frayé un chemin au premier rang. Il

---

[1] *Tableau du ministère de Colbert*, note 7, page 119. Cet ouvrage, sans nom d'auteur, porte ces mots pour épigraphe : *Mens agitat molem*. Il est attribué à M. de Bruny, directeur de la Compagnie des Indes, en 1774. Il concourut avec celui de Necker, qui remporta le prix de l'Académie française, en 1773. Après les savantes recherches de Forbonnais sur l'administration de Colbert, à laquelle cet écrivain a consacré près d'un volume in-4°, le modeste ouvrage de M. de Bruny suivi de notes étendues, précieuses, est un de ceux qui, malgré les erreurs économiques qu'on pourrait y relever, donnent l'idée la plus complète des travaux de ce ministre.

revint donc à Paris et y trouva le cardinal Mazarin souffrant déjà de la maladie dont il mourut un an après [1]. Pour calmer ses tardifs scrupules, Colbert lui conseilla de faire une donation de tous ses biens au roi, lui garantissant d'avance, pour le rassurer, que Louis XIV ne les accepterait pas. C'est alors que le cardinal fit ce fameux testament par lequel il léguait au roi, et, en cas de non-acceptation de sa part, à diverses personnes, notamment au duc de La Meilleraie, mari de sa nièce Hortense, à condition qu'il prendrait le titre de duc de Mazarin, plus de 50 millions du temps. « *Ah! ma famille,* « *ma pauvre famille!* s'écriait le cardinal en attendant la « réponse du roi, *elle n'aura pas de pain.* » Enfin, Louis XIV le tira d'inquiétude en lui permettant de disposer de tous ses biens. Peu de jours après, le cardinal mourut. L'abbé de Choisy raconte qu'aussitôt Colbert alla trouver le roi et lui dit que le cardinal avait en divers endroits près de 15 millions d'argent comptant; qu'apparemment son intention n'était pas de les laisser au duc de Mazarin, bien qu'il l'eût déclaré son légataire universel; qu'il y aurait à prendre sur cet argent 400,000 écus qu'il donnait à chacune de ses nièces, mais que le surplus servirait à remplir les coffres de l'épargne entièrement vides, ce qui fut fait [2].

Tel fut, suivant l'abbé de Choisy, le commencement de la fortune de Colbert, mais cette faveur eut évidemment une autre cause. On a vu quelles étaient les dispositions du cardinal à l'égard du surintendant en 1659, et il est facile de deviner que, tout en faisant au roi le plus grand éloge de la probité, de l'exactitude, de la vigilance de Colbert, il blâma chez Fouquet tous les défauts opposés. Quand Mazarin mourut, laissant la France en paix au dehors, délivrée de l'esprit de faction au dedans, mais épuisée, sans ressources, et scandaleusement exploitée par tout homme qui avait une centaine de

---

[1] Colbert fut de retour probablement vers les premiers mois de 1660. Je n'ai pu découvrir aucune pièce authentique sur cette mission, et on ne la voit mentionnée que dans les notes de M. de Bruny, qui ne cite pas son autorité.

[2] Le *Testament du cardinal Mazarin*, se trouve dans les *Œuvres de Louis XIV*, t. VI, pièces justificatives. — *Mémoires pour servir à l'histoire de Louis XIV*, par l'abbé de Choisy, liv. II.

mille écus à prêter au trésor à 50 pour 100 d'intérêt ; Colbert qui, depuis longtemps, suivait avec soin les progrès de la corruption, qui en savait toutes les ruses et toutes les faiblesses, et qui les dévoilait à Louis XIV ; Colbert que le roi consultait d'abord en secret, tant était grand le besoin qu'il avait de lui, devait nécessairement, et au bout de peu de temps, obtenir ses entrées publiques au Conseil et y occuper la première place. Ses travaux spéciaux, ses antécédents, son caractère, son ardeur pour le travail, cette colossale fortune de Mazarin si habilement administrée pendant près de quinze ans, mais surtout la modestie des fonctions qu'il avait remplies auprès du cardinal, tout le désignait à Louis XIV, qui, sans doute, crut prendre en lui non un ministre, mais un premier commis. Fatigué d'obéir au cardinal Mazarin, qu'il ménageait tout en désirant se soustraire à son joug, Louis XIV éprouvait alors une extrême impatience d'exercer personnellement toutes les prérogatives de la royauté. « Sire, lui avait dit l'archevêque de Rouen, le lendemain de la mort du cardinal, j'ai l'honneur de présider l'assemblée du clergé de votre royaume. Votre Majesté m'avait ordonné de m'adresser à M. le cardinal pour toutes les affaires ; le voilà mort, à qui le roi veut-il que je m'adresse à l'avenir ? — *A moi, Monsieur l'archevêque,* » répondit Louis XIV [1]. En même temps, il dit au chancelier Séguier et aux secrétaires d'État qu'*il avait résolu d'être son premier ministre.* Quant à Colbert, un des hommes qui avaient pris le plus de part aux dilapidations du surintendant, le financier Gourville, a dit : « J'ai toujours pensé qu'il n'y avait que lui au monde qui eût pu mettre un si grand ordre dans le gouvernement des finances en si peu de temps [2]. » Après la mort de Mazarin, Colbert fut donc nommé successivement intendant des finances, surintendant des bâtiments, contrôleur général, secrétaire d'État ayant dans son département la marine, le commerce et les manufactures. Malheureusement, dans la conduite des affaires générales d'un grand pays, les bonnes intentions ne suffisent

---

[1] *Histoire de Louis XIV*, par l'abbé de Choisy.
[2] *Mémoires de Gourville*, LII, p. 529.

pas toujours ; et, si cela est encore vrai de nos jours, quelles ne devaient pas être les difficultés il y a environ deux siècles. L'examen approfondi de l'administration de Colbert fera voir jusqu'à quel point ce ministre a partagé certaines erreurs de ses contemporains, l'influence qu'il a exercée sur le développement de la richesse et de la puissance du royaume, enfin s'il a été aussi utile qu'il eut toujours le vif désir de l'être à la classe la plus nombreuse et la plus intéressante de la nation. Cette administration touche à bien des points divers et importants : finances, commerce, manufactures, agriculture, marine, législation, négociations diplomatiques, police, approvisionnements, beaux-arts, constructions, elle embrasse tout. Je n'ai pas la prétention de la juger sous chacun de ces rapports. Je me contenterai, le plus souvent, d'exposer les faits avec une rigoureuse impartialité, en les éclairant au moyen des documents nouveaux que j'ai recueillis sur un très-grand nombre d'entre eux incomplétement connus jusqu'à ce jour.

CHAPITRE II.

Premières réformes de Colbert. — Diminution des tailles (1661). — Création et composition d'une Chambre de justice. — Des invitations de dénoncer les concussionnaires sont lues dans toutes les églises du royaume. — Amendes prononcées par la Chambre de justice. — Réduction des rentes. — Fermentation que cette mesure cause dans Paris. — Remontrances faites au roi par le conseil de l'Hôtel de Ville (1662). — Comment elles furent accueillies. — Résultats financiers des opérations de la Chambre de justice.

La première pensée de Colbert fut pour le peuple; sa première réforme porta sur l'impôt le plus onéreux au peuple parce qu'il le payait seul alors, sur les tailles.

Dans l'année même qui précéda sa disgrâce, Fouquet avait fait l'abandon de 20 millions restant dus sur celles de 1647 à 1656, et, par conséquent, irrécouvrables [1]. Il se proposait même de diminuer successivement cet impôt, principalement odieux aux habitants des campagnes, qu'il enchaînait, en outre, à leur bourgade, par des dispositions d'une inconcevable rigueur [2]. En même temps, Fouquet avait supprimé des péages nombreux établis sur la Seine et les rivières affluentes, péages particulièrement nuisibles au commerce et dont les propriétaires furent remboursés au prix de leurs acquisitions. Enfin, deux ordres du Conseil, en date du mois d'avril 1661, prouvent que Fouquet avait le projet, ainsi qu'il l'a dit plus tard pour sa justification, de réduire les dépenses abusives, telles que l'étaient un grand nombre de rentes

---

[1] *Recherches sur les finances*, par Forbonnais, années 1660 et 1661.
[2] « Un malheureux journalier qui ne possède aucun bien-fonds dans une paroisse, qui y manque de travail, ne peut aller dans une autre où il trouve une existence, sans payer la taille en deux endroits pendant deux ans, et pendant trois, s'il passe dans une autre élection » (*Recherches sur les finances*, année 1664).

émises dans les moments de détresse. Ces mesures étaient trop conformes aux idées de Colbert pour qu'il ne s'empressât pas d'y donner suite. En 1661, la France payait environ 90 millions d'impôts, sur lesquels il en restait près de 35 à l'État, prélèvement fait des frais de perception et des rentes à servir. En outre, deux années du revenu étaient toujours consommées d'avance. Dès son entrée au Conseil et pendant toute la durée de son administration, Colbert s'attacha à diminuer l'impôt de la taille, qu'il trouva à 53 millions et laissa à 32 millions de livres. Ne pouvant y soumettre tous ceux qui possédaient, il voulut au moins le rendre aussi léger que possible, et préféra toujours demander aux impôts de consommation, qui pèsent sur tous, bien que dans des proportions inégales, les sommes nécessaires à l'entretien de l'État.

Mais, si le premier projet de la réduction des rentes date de l'administration de Fouquet, Colbert, qui l'avait peut-être inspiré, conduisit cette opération avec une vigueur dont son prédécesseur, compromis comme il l'était, n'eût certes pas été capable. Soixante ans auparavant, Sully ayant voulu réduire les rentes sur l'Hôtel de ville, les bourgeois de Paris, François Miron à leur tête, menacèrent de se révolter, et Henri IV jugea convenable de donner satisfaction à ces vieux ligueurs, déjà prêts à s'armer pour défendre leur magistrat et leurs rentes. En 1648, le cardinal Mazarin, à bout de ressources, avait fait une véritable banqueroute, et cette faute, un des nombreux prétextes de la Fronde, rendit plus tard les transactions des surintendants avec les financiers plus difficiles et surtout plus onéreuses que jamais. Ces précédents n'arrêtèrent pas Colbert. Imbu des principes du cardinal de Richelieu, porté par goût vers les mesures extrêmes, il reprit ce projet d'établir une Chambre de justice, dont il avait parlé au cardinal Mazarin dans le mémoire que Fouquet surprit en 1659, et n'eut pas de peine à le faire adopter par le roi. Il courait à cette époque parmi le peuple un proverbe très-expressif : *L'argent du prince est sujet à la pince*[1]. Colbert n'était pas

---

[1] *La Chasse aux larrons*, par I. Bourgoin. Paris, 1616. C'est un pamphlet in-8° de quatre-vingt-seize pages pleines de lamentations et déclamations sur les *pilleries, voleries* et

homme à se mettre en quête des applaudissements populaires, mais fallait-il les fuir, si une occasion se présentait d'effrayer les concussionnaires par un rigoureux exemple, de réduire les rentes à un chiffre en rapport avec leur valeur réelle, de dégager le Trésor, et cela tout en satisfaisant les rancunes du peuple, toujours mal disposé, non sans motifs, contre les financiers, traitants et partisans [1]? Un édit du mois de novembre 1661 institua donc une Chambre de justice. Les considérants de cet édit sont des plus instructifs, et quelques-uns méritent d'être cités.

« Un petit nombre de personnes, y est-il dit au nom du roi, profitant de la mauvaise administration de nos finances, ont, par des voyes illégitimes, élevé des fortunes subites et prodigieuses, fait des acquisitions immenses, et donné dans le public un exemple scandaleux par leur faste et leur opulence, et par un luxe capable de corrompre les mœurs et toutes les maximes de l'honnesteté publique. La nécessité du temps et la durée de la guerre nous avoient empeschés d'apporter les remèdes à un mal si dangereux : mais à présent que nos soins ne sont point divertis comme ils l'estoient durant la guerre, pressez par la connoissance particulière que nous avons prise des grands dommages que ces désordres ont apportez à notre Estat et à nos subjets, et excitez d'une juste indignation contre ceux qui les ont causez, nous avons résolu, tant pour satisfaire à la justice, et pour marquer à nos peuples combien nous avons en horreur ceux qui ont exercé sur eux tant d'injustice et de violence, que pour en empescher à l'avenir la continuation de faire punir exemplairement et avec sévérité tous ceux qui se trouveront prévenus d'avoir malversé dans nos finances et délinqué à l'occasion d'icelles, ou d'avoir esté les auteurs ou complices de la déprédation qui s'y est commise depuis plusieurs années, et des crimes énormes de péculat qui ont épuisé nos finances et appauvry nos provinces [2]. »

forceneries des financiers. Il y a sur le frontispice un dessin assez caractéristique. Sur le premier plan on voit trois juges auxquels l'auteur présente sa demande d'établissement d'une Chambre de justice; au-dessus, Louis XIII, enfant, est assis sur un nuage d'où il lance des foudres; en face de lui deux financiers pendus à un gibet complètent cet agréable tableau. *La Chasse aux larrons* fait partie d'un volume appartenant à la Bibliothèque royale et indiqué sous ce titre : *Chambre de justice de 1661*, F. 2,953—2 sous chiffre. Ce volume renferme une grande partie des arrêts de la Chambre de justice et quelques manuscrits dont j'aurai occasion de parler plus loin, entre autres la liste de toutes les personnes qui ont été taxées par la Chambre, avec le montant de leur taxe, et un monologue, parodie du Cid, intitulé *le Cid enragé*. Le Cid n'est autre que Colbert. Voir aux pièces justificatives, pièce n. 5.

[1] C'est le nom que l'on donnait à ceux qui prenaient *en parti*, c'est-à-dire affermaient les *traites* ou douanes de l'Etat.

[2] Bibliot. roy. *Chambre de justice* 1661, F. 2,953-1 sous chiffre. Il y a à la Bibliot. roy. deux volumes renfermant des pièces relatives à la Chambre de justice de 1661. On trouve

CHAPITRE II.

L'édit stipule ensuite des encouragements aux dénonciateurs et délateurs, à qui le roi promet au moins le sixième des amendes prononcées contre les personnes qu'ils auront signalées au procureur général de la Chambre de justice [1].

Il n'était pas possible, on le voit, d'engager la guerre d'une manière plus vigoureuse, et l'on reconnaît le style de Colbert dans ces expressions véhémentes, dans ces accusations empreintes d'une légitime colère. Quelques jours après, le 2 décembre 1661, un arrêt régla la procédure et les attributions de la Chambre de justice. Une disposition de cet arrêt est surtout étrange et donne une singulière idée des mœurs du temps : elle ordonnait à tous les officiers comptables ayant exercé depuis 1635, soit en leur nom, soit sous le nom de leurs commis, ainsi qu'à tous les fermiers du roi, leurs cautions, associés ou intéressés, de fournir un état justifié des biens dont ils avaient hérité, des acquisitions faites par eux ou sous des noms supposés, des sommes données à leurs enfants, soit par mariage, soit par acquisition de charges.

« Et faute de ce faire, disait l'arrêt, le délay de huit jours passé, seront tous leurs biens saisis, et commis à l'exercice de leurs charges, et procédé extraordinairement contre eux comme coupables de péculat. Et en cas qu'après ladite saisie ils ne satisfassent pas dans un second délay d'un mois, tous les biens par eux acquis depuis qu'ils sont officiers comptables, et qu'ils ont traité avec nous, nous demeureront incommutablement acquis et confisquez, sans espérance de restitution [2]. »

Et les moyens de coercition ne s'arrêtèrent pas là. Les in-

---

dans celui-ci plusieurs pièces qui ne sont pas dans celui dont j'ai déjà parlé, notamment deux curieux *Monitoires publiés dans les paroisses de Paris* relativement aux opérations de la Chambre. *Voir plus loin.*

[1] La Chambre de justice fut composée comme il suit : MM. Lamoignon, premier président du Parlement de Paris; de Nesmond, second président; Phelipeaux Pontchartrain, président à la Chambre des comptes; Poncet, d'Ormesson, Voisin et Bernard de Rézé, maîtres des requêtes ordinaires; Renard, Catinat, de Brillac et Fayet, conseillers au Parlement de Paris; Mazenau, conseiller au Parlement de Toulouse; Francon, conseiller à Grenoble; du Verdier, conseiller à Bordeaux; de la Thoison, conseiller à Dijon; Sainte-Hélène, conseiller à Rouen; Roquesaute, conseiller à Aix; Ayrault, conseiller à Rennes; Noguez, conseiller à Pau; de Fériol, conseiller à Metz; de Gisancourt, conseiller au grand-conseil; de Moussy et de Bossu-le-Iau, maîtres en la Chambre des comptes; le Ferron et de Bausson, conseillers à la cour des aides; Denis Talon, procureur général, et Joseph Foucault, secrétaire et greffier. En tout, vingt-sept personnes (COMMISSION DU ROY, *contenant les noms des juges et officiers qui composent la Chambre de justice*).

[2] *Chambre de justice de 1661*, F. 2,593-1.

fluences matérielles n'étant pas estimées suffisantes, on jugea à propos de faire servir la religion même à l'intimidation des consciences. Le 11 décembre 1661, un dimanche, on lut dans toutes les églises de Paris un premier *monitoire*, approuvé et collationné par le greffier de la Chambre de justice. Ce monitoire, curieux monument des mœurs et des passions de l'époque, enjoignait à tous les curés et vicaires d'inviter formellement, pendant trois dimanches consécutifs, leurs paroissiens et fidèles ayant connaissance de délits commis depuis 1635 sur le fait des finances, de gratifications, pensions ou pots-de-vin, de sommes surimposées ou levées au nom du roi, de vexations exercées par les receveurs des tailles, d'abus dans le commerce des billets de l'épargne et dans les ordonnances de comptant, etc., etc., d'en donner immédiatement avis à M. le procureur général Talon, sous peine d'excommunication, en ayant soin de lui faire connaître la retraite de ceux qui avaient disparu et dans quels lieux d'autres avaient caché leurs effets les plus précieux. Puis, comme si ce n'était pas assez d'avoir compromis la religion une fois dans des affaires où l'on n'eût jamais dû la faire intervenir, deux ans après, le 2 octobre 1663, un nouveau monitoire beaucoup plus détaillé fut lu, « *à la requête de M. le procureur général,* » dans les églises de Paris. Comme le premier, il portait obligation de dénoncer tous les *quidans* qui avaient et retenaient des sommes appartenant au roi, « qui s'étaient fait donner des charretées de paille, foin et avoine, tant de gibier et de poisson que, leurs maisons fournies, ils en faisaient revendre pour beaucoup d'argent, le tout par les contribuables, pour en estre taxez favorablement et soulagez ; avaient fait usage de fausses balances pour peser les escus d'or, dressé de faux procès-verbaux, etc. » Enfin, le monitoire du 2 octobre 1663 passait en revue tous les cas, et ils étaient nombreux, pour lesquels les financiers, fermiers, receveurs des tailles, collecteurs, huissiers, sergents, leurs parents et adhérents, étaient justiciables du nouveau tribunal. Dans la passion qui les animait, les meneurs de la Chambre de justice ne dispensaient personne, de quelque qualité ou condition que l'on pût être, « mesmes religieux ou religieuses, » des dénonciations commandées par le monitoire, et faisaient prononcer les peines de conscience les plus sévères contre ceux qui auraient hésité à remplir ce rôle de délateur [1].

Cependant, les premières opérations de la Chambre de justice avaient répandu la terreur dans une foule de familles, et de tous côtés on prenait des précautions pour échapper à l'orage. Parmi les plus compromis, les uns s'étaient cachés; d'autres avaient soustrait aux recherches leurs bijoux, leur vaisselle plate; ceux-là avaient fait des substitutions de biens; les plus effrayés, parmi lesquels il faut citer, dans le seul entourage de Fouquet, Vatel, Bruant, Gourville, s'étaient empressés de passer à l'étranger. Quant aux substitutions, la Chambre de justice y mit bon ordre, en annulant toutes les transactions faites par des personnes qui, depuis 1635, avaient pris part, directement ou indirectement, à la gestion des finances du roi. Bientôt, l'incarcération de quelques financiers notables acheva de faire comprendre que le gouvernement, contrairement à ce qui s'était toujours pratiqué en pareille occasion, maintiendrait la mesure qu'il avait prise, et qu'il était bien décidé à en tirer tout le parti possible. Parmi les financiers enfermés à la Bastille, on citait, entre autres, MM. Duplessis-Guénégaud et de La Bazinière, tous les deux trésoriers de l'épargne et ayant dans Paris de grandes relations [2]. Un intendant des finances nommé Boylesve était parvenu à se cacher; on saisit

---

[1] *Chambre de justice de* 1661, F. 2,953-1. Ce monitoire se termine par une exhortation en latin; en voici la partie principale : « UT IPSI et eorum quilibet infra novem dies proxime venturos, postquam hæ nostræ præsentes litteræ ad eorum notitiam devenerint, et quidquid de præmissis viderint, fecerint, vel dici audiverint, dicant, declarent, revelent et notificent dicto domino conquerenti (*le procureur général*) aut præsentium publicatori, seu coram notario publico et testibus fide dignis, ita ut dictus dominus conquerens, si de hujusmodi revelationibus juvare possit et valeat in judicio et extra. Alioquin dictis novem diebus elapsis, illos omnes et singulos malefactores, præmissa scientes et non revelantes, eorumque adjutores et fautores, his inscriptis, auctoritate apostolica, qua fungimur in hac parte, EXCOMMUNICAVIMUS. Quam excommunicationis sententiam si per alios novem dies sustinuerint ipsos AGGRAVAMUS. Si vero præfatas excommunicationis et aggravationis sententias per alios novem dies præfatos octodecim immediate sequentes corde et animo induratis, sustinuerint (quod absit), ipsos REAGGRAVAMUS, etc. » Des monitoires de ce genre furent lus dans toutes les paroisses du royaume. (*Arrests de la Chambre de justice du 11 août* 1662.)

[2] On lit dans le journal de M. d'Ormesson, mois d'avril 1664, que ces messieurs se plaignaient vivement de ne pouvoir boire à la glace dans leur prison.

provisoirement, sur dénonciation, un magnifique service en vermeil qu'il avait confié à la garde d'un ami [1]. Mais, parmi les traitants dont on avait à cœur d'obtenir la condamnation, il n'y en avait pas de plus riches que les nommés Hamel et Datin, fermiers des gabelles. Aussi l'accusation leur consacra un factum spécial de soixante-seize pages [2]. Suivant le procureur général, parmi tous ceux qui avaient pris un intérêt dans les fermes de l'État, personne n'avait fait une fortune plus étonnante et plus rapide. On lit à ce sujet dans le préambule de son réquisitoire :

« Cette grande et fière compagnie, avoit éblouy tout le monde par l'abondance et par l'éclat de ses richesses. Les particuliers qui la composoient avoient surpassé en magnificence les plus grands de l'Estat. Le mesme luxe paroissoit encore dans les maisons de ceux de ce puissant corps qui restoient vivants; et les autres, après des profusions immenses, avoient laissé des successions plus opulentes que celles de plusieurs souverains. On voyoit bien que ces prodigieuses eslévations n'estoient pas innocentes, et que tant de millions ne pouvoient estre légitimement acquis; mais peu de gens estoient capables de comprendre les moyens particuliers et mystérieux qu'ils avoient employez pour y parvenir. Ceux qui en avoient quelque connoissance, ou estoient leurs complices, ou craignoient leur pouvoir. Et si quelques-uns ont eu assez de cœur et de lumières pour en porter les plaintes au conseil, et pour offrir de les justifier, ils avoient esté aussitôt accablés par le crédit des intéressez, puissants par leurs alliances

---

[1] *Arrest de la Chambre de justice qui déclare un service de vermeil doré, appartenant au sieur Boylesve, accusé défaillant, acquis et confisqué au profit du Roy* (Chambre de justice de 1661, F. 2,953-1). Il y a dans le volume (Chambre de justice de 1661, F. 2,953-2) une justification de M. de Boylesve, intitulée : *Défenses pour Monsieur de Boylesve, cy-devant intendant des finances*. Cet intendant cherche à établir que, dans un grand nombre de circonstances pressantes dont il donne le détail, il a prêté des sommes considérables du roi sur les vives instances du cardinal et du surintendant. Il est vrai, dit-il, qu'il possède environ 4 millions, mais il a plus de 3 millions de dettes, et ses biens mêmes ne pourront suffire à tout payer, car déjà la justice y a établi des garnisaires, on a saisi les effets, les terres, les baux; enfin, les procureurs y vont mettre les mains et la misère s'ensuivra. Le Mémoire de M. de Boylesve est surtout curieux en ce qu'il donne une idée des embarras et de l'inconcevable pénurie d'argent où se trouva le gouvernement de 1650 à 1660. Sous ce rapport, on peut dire que les financiers lui avaient rendu d'immenses services, et il y avait au moins de l'ingratitude à profiter du moment où leurs avances n'étaient plus nécessaires, pour les poursuivre en raison des intérêts usuraires qu'ils avaient exigés au jour du besoin et du danger.

[2] *Mémoire pour l'éclaircissement des demandes formées par M. le procureur général en la Chambre de justice contre les intéressez aux fermes générales des gabelles de France, sous les noms de Philippe Hamel et Jacques Datin* (Chambre de justice de 1661).

et par leurs liaisons de parenté avec les premières familles de la robe, et si redoutables qu'ils dictoient eux-mesmes les arrêts de leurs décharges... Cependant, ces grands trésors qu'ils ont amassez, les superbes palais qu'ils ont élevés à la vue de toute la France, la somptuosité de leurs trains et de leurs meubles, la délicatesse et la superfluité de leurs tables, tous les autres monuments de leur orgueil, et le pompeux appareil de leurs délices, sont des témoins plus que suffisants pour les convaincre de malversations, *et surgant in judicio cum generatione istâ, et condemnent eam,* comme parle l'Escriture. »

Le procureur général développait ensuite seize griefs principaux sur lesquels était fondée la demande en restitution, basée principalement sur les 40 millions de fortune dont les membres vivants de la compagnie jouissaient encore, malgré leurs prodigieuses dépenses.

« Il y a certaines véritez, disait le procureur général en terminant, qui n'ont besoin d'autre preuve que de leur propre évidence. Qui voudra sçavoir quelle a esté la conduite des interessez aux gabelles de France, dans l'administration de leurs fermes, qu'il jette les yeux sur leurs établissemens dans le monde. On ne parvient point par des voies innocentes à cette opulence qui paroist en leurs maisons, et qui est trop esclatante pour sortir d'ailleurs que des trésors d'un grand roy. »

Tels étaient donc les hommes auxquels la Chambre de justice avait pour mission de *faire rendre gorge,* suivant une expression populaire de tous les temps, qu'elle traquait de mille manières, leur interdisant tout déplacement de leurs papiers, de leurs meubles, toute vente ou substitution, lançant des décrets de prise de corps contre les plus riches ou les plus compromis, tels que Pélisson, Gourville, Bruant, Boylesve, et « faisant deffenses aux gouverneurs des places frontières, et capitaines de navires et vaisseaux, de les laisser sortir hors du royaume, à peine d'en respondre en leurs propres et privez noms [1]. » Il y en avait un dans le nombre qui s'était particulièrement désigné lui-même aux recherches de la Chambre de justice et qui ne pouvait en être oublié : c'était M. de Nou-

---

[1] *Arrest de la Chambre de justice du 9 décembre 1661, leu et publié à son de trompe et cry public en tous les carrefours ordinaires et extraordinaires de cette ville et fauxbourgs de Paris.*

veau, ce surintendant des postes, autrefois créature dévouée à Fouquet, et qui lui avait communiqué le fameux mémoire par lequel Colbert dévoilait au cardinal Mazarin, dans le voyage que celui-ci fit en 1659 à Saint-Jean-de-Luz, les malversations du surintendant. La Chambre de justice n'eut garde, comme on pense bien, de négliger une proie si agréable aux puissants du jour, et, par un arrêt du 22 décembre 1662, elle ordonna qu'il serait informé sur les exactions commises par le sieur de Nouveau.

On a déjà vu avec quelle sévérité la Chambre sévissait contre les personnes. Gourville et Bruant avaient été condamnés à mort; il est vrai qu'ils s'étaient prudemment retirés hors du royaume avec un grand nombre d'autres. Peu de temps avant la condamnation de Fouquet, un financier, nommé Dumon, fut pendu devant la Bastille. Des sergents et receveurs des tailles eurent le même sort à Orléans [1]; car, la Chambre de justice n'exerçait pas seulement à Paris. Elle s'était adjoint des subdélégués dans les provinces et leur avait donné des instructions très-rigoureuses, leur recommandant sur toutes choses de rassurer les révélateurs contre les rancunes des traitants, receveurs, huissiers, sergents des tailles, et de leur promettre en outre une diminution sur les tailles au moins égale au total des sommes que les poursuites commencées feraient rentrer dans les coffres du roi. On peut se faire une idée, l'intérêt général étant ainsi mis en jeu, du nombre des dénonciations et de l'importance des restitutions qui en furent la conséquence. J'ai sous les yeux deux listes manuscrites des *taxes des gens d'affaires vivants, ou de la succession des morts, faites par Sa Majesté dans la Chambre de justice*

---

[1] *Arrest de la Chambre de justice de condamnation de mort contre Pierre Sergent et Jean Chailly de la ville d'Orléans, portant règlement général contre les sergents, huissiers et porteurs de contraintes, du 26 février 1661, exécuté à Orléans, le mardy gras, 26 du mois de février* (Chambre de justice de 1661, F. 2,953-1). Cet arrêt fut rendu par appel *a minima* devant la Chambre de justice de Paris. Le subdélégué d'Orléans avait condamné l'un des accusés à faire amende honorable, « nud, en chemise, avec une torche ardente du poids de trois livres, et l'autre à être battu et fustigé de verges, à nud, par l'exécuteur de la haute justice, sur la place du Martroy. » Comme, à la suite des exactions qui leur étaient reprochées, les accusés avaient commis un meurtre sur une pauvre femme de campagne, il y eut appel, et la Chambre de justice les condamna à mort.

es-années 1662 *et* 1663 [1]. Ces listes contiennent près de cinq cents noms, et il en est dans le nombre qui y figurent pour des sommes très-considérables. J'en citerai seulement quelques-uns :

Boylesve	1,473,000 liv.	Gruin	2,547,718 liv.
Biton	554,218	Gourville [2]	399,746
Bruant	135,305	Jacquin	3,747,313
De La Bazinière	962,198	Janin de Castille	894,224
Béchameil	1,127,158	Languet	657,565
Bossuet	969,614	Lafond	804,242
Bourdeaun	569,672	Lacroix de Paris	391,744
Bonneau	2,212,032	Lacroix de Moulins	124,290
Belant	556,844	Monnerot (L.)	5,803,606
Catelan	1,501,155	Monnerot (L.-G.)	5,053,000
Coquille	2,054,776	Moreton	878,382
Chastelain	1,069,151	Messat	835,674
De Chalus	1,458,605	De Nouveau	13,666
Daganry	1,380,643	Pélisson	21,652
De Mons	1,098,455	Richebourg	837,504
De Guénégaud	573,450	Tabouret	1,202,132

Ces deux listes seules s'élèvent à plus de 70 millions, et elles ne se rapportent qu'aux deux années 1662 et 1663. Or, la Chambre continua de siéger jusqu'en 1665, et ne fut dissoute officiellement qu'en 1669 [3].

Mais ce n'était rien d'avoir repris aux financiers une partie de ce qu'ils avaient extorqué au trésor, grâce aux embarras inouïs où il s'était trouvé depuis une vingtaine d'années et à la coupable connivence des surintendants. Dans cette opération, quel que fût le nombre des parties intéressées et froissées, Colbert avait eu pour lui et derrière lui la classe moyenne et surtout le peuple, de tout temps porté, avec raison, à suspec-

---

[1] *Chambre de justice de* 1661, F. 2,955-2.

[2] Grâce à la précaution qu'il avait prise de brûler, avant le voyage de Nantes, tous les papiers qui auraient pu le compromettre, Gourville ne fut inquiété qu'environ un an après la disgrâce de Fouquet. Il raconte même que, peu de jours après cet événement, Colbert lui ayant demandé 500,000 livres à emprunter, il les lui prêta volontiers dans l'espoir de se le rendre favorable; mais il ne fut remboursé que du tiers de cette somme. C'est ce qui explique sans doute pourquoi il ne fut pas taxé à une somme plus élevée.

[3] Chambre de justice de 1661 : *Edict du Roy portant révocation de la Chambre de justice, vérifié en Parlement le 13 août* 1669.

ter l'honnêteté des grandes fortunes trop rapidement acquises. L'opération de la réduction des rentes devait rencontrer bien d'autres obstacles, car les rentes, à Paris surtout, et notamment celles sur l'Hôtel de ville, se trouvaient, comme au temps de Sully, entre les mains de la classe moyenne, et il était aisé de prévoir qu'on n'y toucherait pas sans causer immédiatement une émotion extraordinaire parmi les bourgeois. Ce qui était arrivé à toutes les époques à l'occasion de tentatives semblables arriva encore une fois. Dans sa satire troisième, publiée en 1665, Boileau a constaté l'effet des mesures prises par Colbert à l'égard des rentes sur l'Hôtel de ville :

« Quel sujet inconnu vous trouble et vous altère ?
D'où vous vient aujourd'hui cet air sombre et sévère,
Et ce visage enfin plus pâle qu'un rentier,
A l'aspect d'un arrêt qui retranche un quartier [1]. »

Il faut renoncer à peindre la confusion dans laquelle Colbert trouva les rentes sur l'État. Il est difficile aujourd'hui de se faire une juste idée d'un semblable chaos. Autant il existait de natures de recettes, autant de variétés de rentes. Les unes étaient constituées sur les tailles, d'autres sur les gabelles, celles-ci sur les fermes, celles-là sur l'Hôtel de ville, dont les revenus patrimoniaux en répondaient, ce qui leur donnait plus de solidité, plus de valeur qu'aux autres, et les faisait particulièrement rechercher de la classe bourgeoise de Paris et des familles de robe. Si les fonds sur lesquels on avait constitué ces rentes n'eussent pas été détournés de leur destination, cette diversité de titres n'aurait pas eu sans doute en réalité de fâcheux résultats ; mais le contraire avait lieu tous

---

[1] Le roi, en ce temps-là, avoit supprimé un quartier des rentes. *Note de Despréaux.* — En 1664, le roi supprima un quartier des rentes constituées sur l'Hôtel-de-ville. Le chevalier de Cailly fit alors cette épigramme dont M. Despréaux faisait cas :

De nos rentes, pour nos péchés,
Si les quartiers sont retranchés,
Pourquoi s'en émouvoir la bile ?
Nous n'aurons qu'à changer de lieu ;
Nous allions à l'Hôtel-de-Ville,
Et nous irons à l'Hôtel-Dieu.   (*Note de Brossette.*)

les ans, et, par suite, le désordre allait chaque année en augmentant. Ainsi, un arrêt du conseil, du 4 décembre 1658, fit les fonds nécessaires pour achever de payer aux rentiers leurs quartiers de janvier 1641 et 1643 [1]. Souvent, on le croira sans peine, ces rentes éprouvaient des dépressions considérables; puis, au moindre signe d'abondance, on les remboursait, et ceux qui les avaient achetées à vil prix décuplaient leur argent. Une des opérations de la Chambre de justice qui fit le plus crier fut celle qui, revenant sur ces anciens remboursements, obligea toutes les personnes en ayant profité, soit directement, soit par leurs domestiques, à restituer l'excédant qu'elles avaient touché, augmenté des intérêts de la somme perçue en trop; et quelques-uns de ces remboursements remontaient à l'année 1630 [2]. En même temps, le gouvernement faisait soutenir les thèses les plus étranges et, en réalité, les plus funestes à son crédit. « Il est nécessaire, disait-il, de détruire une erreur très-grossière qui s'est aisément emparée de l'esprit des rentiers, parce qu'on croit volontiers ce qu'on désire, savoir que le roi doive payer les quatre quartiers des rentes constituées sur l'Hôtel de ville de Paris, et notamment sur les 8 millions de tailles, vu qu'il n'en a presque jamais reçu le montant effectif [3]. » Une économie de 8 millions sur les rentes fut le résultat de ces diverses mesures. Cependant, une grande agitation régnait dans Paris. Le 10 juin 1662, elle gagna le conseil de l'Hôtel de ville, et il fut convenu que le prévôt des marchands et les conseillers iraient dans un bref délai « supplier très-humblement Sa Majesté de faire justice aux rentiers. » On renvoya la démarche à trois jours de là. Puis, le 13 juin 1662, le prévôt et ses conseillers se rendi-

[1] Biblioth. roy., *Recueil de déclarations, édits et arrêts du Conseil sur les rentes*, 1 vol. in-4o, F. 2,752-2.
[2] *Déclaration du Roy du 4 décembre 1664, portant réduction et modération des restitutions dues à Sa Majesté, à cause des remboursements de rentes, offices, droits et de debtes, remboursez par sadite Majesté depuis le 1er janvier 1650 ; avec confirmation desdits remboursements et décharge de toutes recherches pour raisons d'iceux.* (Recueil de déclarations, édits et arrêts du Conseil sur les rentes). — *Estat de l'évaluation des restitutions dues à Sa Majesté*, etc., etc. (Même Recueil.)
[3] *Instruction sommaire du droit qu'a le Roy pour faire restituer les quartiers non ouverts sur les tailles* (Recueil sur les rentes).

rent à la cour pour présenter leurs observations au roi. Après un discours du prévôt, « très-fort et très-éloquent, » le roi, avant de répondre, passa dans une autre pièce où il fut suivi par le chancelier Séguier. Mais laissons parler les registres mêmes de l'Hôtel de ville :

« Quelque temps après, le Roy rentra, assisté de mondit sieur chancelier, qui dit que Sa Majesté ne trouvait pas à propos l'arrest dudit jour 13 juin, de se pourvoir aux cours au subject dudit arrest de la Chambre de justice, concernant lesdites nouvelles rentes, qu'il deffendait à la ville de suivre ladite délibération ; lesquels motifs furent une seconde fois répétés par M. le chancelier, qui y augmenta les deux mots suivants de *peyne et d'indignation*[1]. »

Les premières tentatives essayées en faveur des rentiers de Paris par les magistrats de la cité échouèrent donc complétement. Sans doute, dans l'intervalle du jour où cette manifestation avait été arrêtée à celui où les conseillers de l'Hôtel de ville furent reçus par le roi, Colbert, plus puissant alors qu'il ne le fut jamais, avait parlé à Louis XIV de manière à ne laisser aucune chance de réussite à ceux qui osaient traverser ses plans. Pourtant, les intéressés ne se tinrent pas pour battus. L'année suivante, à propos de nouveaux édits de remboursement, de nouvelles sollicitations très-pressantes furent faites par le prévôt des marchands, qui obtint à la vérité, pour toute faveur, qu'une partie des rentes serait réduite des deux tiers seulement et assignée sur les fermes[2]. C'est tout ce que les plus puissantes considérations purent faire à une époque pourtant où les interminables longueurs du procès de Fouquet, et l'intérêt qui se manifestait pour lui de toutes parts, préoccupaient singulièrement le gouvernement. Malgré ces entraves inattendues, l'opération concernant la réduction des rentes dé-

---

[1] Arch. du Roy. *Registres de l'Hôtel-de-Ville de Paris.* 13 juin 1661, p. 517. — On ne sait pas généralement combien cette importante collection, qui remonte à la fin du XVe siècle, est riche en précieux documents historiques. Quant à l'histoire de Paris, il ne paraît pas possible qu'on puisse l'écrire comme elle doit l'être jusqu'au jour où tous les volumineux registres de l'Hôtel-de-Ville auront été consciencieusement explorés. Ce serait là, au surplus, un beau et curieux travail, bien digne, sous tous les rapports, des encouragements du gouvernement.

[2] Edit de décembre 1663, arrêts des 22 mai et 11 juin 1664, déclaration du 9 décembre 1664 et du 30 janvier 1665. — *Histoire financière de la France*, par M. Bailly, année 1661,

passa les espérances de Colbert. D'un autre côté, la Chambre de justice fit rentrer au trésor plus de 110 millions [1]. En même temps, elle remit l'État en possession d'une multitude de droits et de riches domaines qui avaient été aliénés à vil prix, d'îles, d'îlots, d'atterrissements, de péages que des particuliers avaient usurpés au milieu du trouble des vingt dernières années [2]. En 1657, Fouquet avait aliéné à plusieurs compagnies l'exploitation de l'octroi dans un grand nombre de villes importantes, parmi lesquelles se trouvaient La Rochelle, Moulins, Troyes, Langres, Angers, Saumur, Limoges, Vitry-le-Français, etc., etc. Un arrêt du 6 juin 1662 cassa ces traités [3]. Était-ce de la justice? Qu'on eût sévèrement puni les comptables qui avaient commis des exactions et surchargé le peuple de leur propre autorité; qu'on eût obligé à restitution les fermiers qui avaient payé l'État avec des billets dépréciés, rien de mieux; mais réduire à rien des rentes acquises peut-être de bonne foi par des particuliers, annuler des marchés, reprendre un bénéfice, exagéré sans doute, à ceux que l'on avait implorés aux jours de crise, cela était, il faut bien en convenir, passablement arbitraire et draconien. Cependant, jamais tribunal exceptionnel ne fut établi dans des intentions plus honnêtes et plus droites que la Chambre de justice de 1661. Gardons-nous, d'ailleurs, de juger avec nos idées une époque dont deux siècles déjà nous séparent. Les Chambres de justice étaient une institution révolutionnaire, contraire à toute idée de justice, funeste à l'État et au peuple même, à qui l'on se proposait de donner satisfaction; mais elles étaient dans les mœurs du temps. En 1661, grâce à la fermeté et à l'intégrité de Colbert, contrairement à ce qui s'était toujours vu jusqu'alors, les plus haut placés et les plus riches furent les

---

[1] Biblioth. roy. Mss. *Journal de M. d'Ormesson.* « Les traitants furent taxés à 110 millions. On les imposait approximativement, eu égard à leurs biens présumés. Leurs créanciers furent en partie ruinés par cette mesure, l'hypothèque du roi ayant été déclarée en première ligne. »

[2] Arrêts du Conseil des 12 mars 1663, 6 novembre 1664, 31 octobre et décembre 1665. *Histoire financière de la France*, par M. Bailly, année 1661.

[3] *Arrest de la Chambre de justice qui ordonne que le Roy rentrera dans la propriété des octroys aliénez*, Chambre de justice de 1661, F. 2,953-1.

plus taxés. Si le scandale avait été immense, la punition fut exemplaire et produisit les plus heureux effets, moins encore par les 110 millions qu'elle fit rentrer à l'État, par la réduction de ses charges, par les droits et les domaines qu'elle lui rendit, que par l'effet moral qui en résulta.

CHAPITRE III.

Disette de 1662. — Fausses mesures contre les marchands de grains prises par Fouquet et approuvées par Colbert. — Détails sur la création de l'Hôpital général de Paris (1656). — Difficultés que rencontra l'exécution des dispositions relatives à la mendicité. — Création d'un *Bureau des pauvres* ou maison de travail à Beauvais (1652). — Misère des campagnes constatée par les documents contemporains (1662). — Colbert fait venir des blés à Paris malgré l'opposition des provinces. — Réformes financières de ce ministre (1662). — *Ordonnances de comptant.* — Pots de vin, reçus et distribués par Louis XIV. — Gratifications données à Vauban, Pélisson, Despréaux, Racine, madame de Montespan, etc. — Traitement et gratifications de Colbert.

Pendant que Colbert dirigeait, avec la passion qu'il portait en toutes choses, les opérations fort compliquées et très-diverses de la Chambre de justice, d'autres soucis le préoccupaient gravement, et des embarras d'une nature fâcheuse compromettaient la popularité de la nouvelle administration, principalement dans les campagnes en proie à une famine si horrible qu'il lui était de toute impossibilité de la soulager. Déjà, vers la fin de l'année 1661, la disette avait été grande dans les provinces. Une mauvaise récolte, de fausses mesures concernant le commerce des grains portèrent le mal à son comble. Au nombre de ces dernières, il faut signaler un arrêt du Parlement, du 19 août 1661, par lequel il était *défendu aux marchands de contracter aucune société pour le commerce du blé et de faire aucun amas de grains*, comme si le meilleur moyen de remédier à la disette n'eût pas été, au contraire, d'encourager, par tous les moyens possibles, le commerce des grains. Cet arrêt est antérieur, il est vrai, de quinze jours à l'avènement de Colbert au pouvoir; mais par malheur celui-ci épousa, en les exagérant, les préjugés de son prédécesseur, qui étaient aussi ceux de ses contemporains, et la plus cruelle famine fut la conséquence de ces erreurs. Comme toujours, grâce aux sacrifices faits par la cité, ses effets furent moindres à Paris qu'ailleurs. Au mois de mai 1661, le prévôt des marchands avait pris un arrêté pour empêcher que les grains ne sortissent de Paris [1]. Au mois de juillet suivant, la Ville obtint un arrêt contre le lieutenant du roi de Vitry-le-Français, qui défendait d'en enlever les grains [2]. A partir de cette époque, les arrêtés pour faire acheter les grains se succèdent. Le 15 février 1662, une déclaration du roi « permet à toutes les personnes de faire venir des bleds en France, avec descharge, pour les bleds seulement, du droit de 50 sous par tonneau payé par les navires estrangers. » Mais il était trop tard, et cette mesure ne ramena pas l'abondance dans le royaume. Au mois de mai, les magistrats de Paris durent recourir à des distributions publiques où le peuple ne portait pas, à ce qu'il paraît, toute la reconnaissance désirable, car un arrêté fut pris pour punir tous ceux qui *proféreraient des injures contre les personnes chargées de la distribution gratuite du pain* [3]. Cependant, à Paris, la création récente de l'Hôpital général, auquel le roi avait concédé des avantages considérables, permettait de remédier plus facilement aux funestes effets de la disette. En outre, le cardinal et le duc de Mazarin avaient donné à l'Hôpital général, pour l'agrandissement des bâtiments, 260,000 livres, qui furent employées en achats de blés. Ce bel établissement, dont la ville de Lyon avait depuis longtemps fourni le modèle, datait du mois d'avril 1656 [4]. Le préambule de l'édit rendu à ce sujet porte que le roi agissait,

---

[1] Arch. du Roy. *Registres de l'Hôtel de ville de Paris*, 20 mai 1661.

[2] *Registres de l'Hôtel de ville*, juin 1662. — De son côté, Colbert fit venir à Paris, de la Guyenne, vingt-cinq mille sacs de blé, mais ce ne fut pas sans difficulté. Le parlement de Bordeaux s'y opposait et il fallut que l'intendant sévît contre quelques communes récalcitrantes. Biblioth. roy. Mss. *Lettre de M. Hotman à Colbert*, du 25 *février* 1662.

[3] Arch. du Roy. *Registres de l'Hôtel de ville de Paris*, 11 mai 1662.—*Lettres de Guy-Patin*, 1662, p. 294 et 503 ; « La moisson n'a pas été bonne ; le blé sera encore cher toute l'année.... Le pain est si cher qu'on craint une sédition. »

[4] *Edict du Roy portant establissement de l'hôpital général pour le renfermement des pauvres mendians de la ville et faux-bourgs de Paris*, donné à Paris au mois d'avril 1656 *vérifié en Parlement le* 1er *septembre ensuivant*. Bibliothèque de l'Arsenal, *Recueil de pièces*, n, 9675 *bis*.

« dans la conduite d'un si grand œuvre, non par ordre de police, mais par le seul motif de charité. » Dans l'intention des fondateurs, l'Hôpital général devait être aussi une maison de travail, car l'article 1ᵉʳ portait que « les pauvres mendiants et invalides des deux sexes y seraient enfermés pour estre employez aux manufactures et aultres travaux selon leur pouvoir. » A cet effet, les diverses corporations eurent à fournir des ouvriers pour y enseigner leur état. De plus, les notaires qui recevaient des testaments étaient tenus d'avertir les testateurs de faire un legs à l'Hôpital général, et il leur fut enjoint de mentionner cet avertissement dans l'acte, sous peine de 4 livres parisis d'amende.

« L'article 9 de l'édit faisoit très-expresses inhibitions et défenses à toutes personnes de tout sexe, lieux et âge, de quelque qualité et naissance, et en quelque estat qu'ils pussent estre, valides ou invalides, malades ou convalescents, curables ou incurables, de mendier dans la ville et faux-bourgs de Paris, ni dans les églises, ni aux portes d'icelles, aux portes des maisons, ni dans les rues, ni ailleurs, publiquement, ni en secret, de jour ou de nuit, sans aucune exception des festes solennelles, pardons ou jubilez, ni d'assemblées, foires ou marchez, ni pour quelque autre cause ou prétexte que ce fût. »

Puis, comme il faut que l'esprit d'une époque se retrouve partout, l'édit punissait les hommes et garçons qui y contreviendraient, du fouet d'abord, et des galères en cas de récidive. Quant aux femmes et aux filles, un nouvel édit rendu au mois d'août 1669, les condamna également au fouet et à être bannies pour dix ans de la prévôté de Paris, le tout sans aucune forme de procès[1].

On ne saurait se faire une idée des résistances que rencontra l'exécution d'un édit tout à la fois si charitable et si dur. Troublés dans leurs habitudes de vagabondage et de paresse, tous les Bohémiens de Paris se révoltèrent, et il fallut employer la force pour les obliger d'entrer à l'hôpital[2]. La police ordi-

---

[1] *Collection des anciennes lois françaises*, etc.
[2] Voici une naïve peinture de leurs mœurs d'après une brochure publiée en 1657, dans le but de réchauffer le zèle des Parisiens en faveur de l'Hôpital général : « Peut-on, doit-on souffrir des gens qui vivent en païens dans le christianisme, qui sont toujours en adultère, en concubinage, en meslange et communauté de sexes ? qui n'ont point de baptesme ny au-

naire n'y suffisant pas, on créa une milice spéciale, qui prit le nom d'*Archers de l'Hôpital*. Malgré ce renfort, le corps des mendiants persista dans son opposition à l'édit qui lui ôtait sa liberté, son industrie, et de nombreuses rixes eurent lieu. Voici un arrêt du 20 août 1659 qui en fait foi.

« Le Parlement condamne Michel Truffault, soldat estropié, à estre battu et fustigé nud de verges, tant au devant de la Conciergerie, sur le pont Saint-Michel, place Maubert, qu'autres carrefours du bailliage de la Barre-du-Chapitre, à son de tambour, et à l'un d'iceux marqué d'une fleur de lys de fer chaud sur l'épaule dextre, ayant deux escriteaux pendants au col, devant et derrière, contenant ces mots : *Séditieux coustumier contre les archers de l'Hospital général*. Ce fait, l'a banny et bannit pour neuf ans de la ville, prévosté et vicomté de Paris, luy enjoint garder son ban, luy fait deffense de récidiver à peine de la hart[1]. »

A la vérité, les Parisiens eux-mêmes secondaient les vagabonds et mendiants dans leur résistance aux archers de l'Hôpital général. En effet, un arrêt du Parlement, du 26 novembre 1659, renouvelle très-expressément la défense de leur donner l'aumône, et se plaint « de ce que les archers préposés pour la capture des pauvres qui mendient, non-seulement ne sont point secourus et protégés dans leurs fonctions, mais même y sont troublés par les fréquentes rébellions qui leur sont faites par des personnes de toutes qualités. » Quoi qu'il en soit, l'Hôpital général de Paris rendit en 1662 d'immenses services et soulagea bien des misères. Les chiffres suivants donneront une idée de ses ressources, bien restreintes encore à cette époque, et du bien qu'il lui fut possible de faire au milieu de la détresse générale.

cune participation des sacremens, qui puisent l'abomination avec le laict, ont le larcin par habitude et l'impiété par nature ? qui font commerce des pauvres enfans et font sur ces âmes innocentes des violences et des contorsions pour exciter la compassion des plus faibles et fléchir la dureté des autres ? Les magistrats de police ont mesmes appris depuis peu de temps que parmy eux il n'y a plus d'intégrité du sexe, après l'âge de cinq à six ans, pensée qui donne de l'horreur et qui seule doit porter les âmes qui ont crainte de Dieu à soutenir cet œuvre » (Bibliothèque de l'Arsenal, *Recueil de pièces*, n. 1,675 bis). Ne croirait-on pas, en lisant ces lignes, assister à la vie privée des Truands, dans la Cour des Miracles, au XIIe siècle ? Et cela se passait en 1657 ! Je doute que les détracteurs du temps présent puissent reprocher à une classe entière d'hommes, même en descendant jusqu'à la population la plus infime de nos grandes villes manufacturières, des mœurs qui ressemblent à celles-là.

[1] Bibliothèque de l'Arsenal, *Recueil de pièces*, n. 1,675 bis.

Année.	Recette.	Dépense.
1657	589,536 liv	586,966 liv.
1660	722,917	765,083
1662	766,869	895,922

A la même époque, les dépenses pour les gages des
employés s'élevaient à....... 40,000
pour le blé[1]................. 350,300
pour la viande.............. 83,658
pour le bois, vin, charbon, paille.. 68,344
pour habits, étoffes, ustensiles.. 60,383

C'est avec ces modiques sommes qu'il fallait fournir aux besoins de six mille deux cent soixante-deux pauvres, et, bien qu'on en fît coucher trois et souvent quatre dans le même lit, les recettes étaient forcément dépassées. Aussi, ceux qui avaient accepté la direction de cet établissement, constataient avec amertume, au commencement de 1663, que le produit des quêtes, troncs et autres charités, ayant diminué d'un tiers au moment où le nombre des malheureux allait sans cesse en augmentant, il était devenu impossible de recevoir tous ceux qui se présentaient pour y être admis[2].

Tandis que cela se passait à Paris, où la bienfaisance particulière et la prévoyance du pouvoir central se combinant avec les précautions prises par les magistrats de la cité, assuraient au moins du pain aux plus nécessiteux, une misère affreuse, inouïe, désolait les provinces. Il faut en lire les témoignages dans quelques publications contemporaines aujourd'hui perdues dans les combles des grandes bibliothèques, et négligées à tort par les historiens, trop exclusivement préoccupés jusqu'ici des actions des princes, des batailles fameuses et des événements à grand fracas. Les pauvres des communes et des provinces les plus voisines de la capitale n'avaient pas manqué, dès le commencement de la famine, de se porter en foule à Paris, dans l'espoir d'y trouver plus facilement de quoi vivre, soit en mendiant, soit en se

[1] Au mois de février 1659, le prix du muid de blé était de 158 liv. Dans l'année 1662, il se vendit, au mois de mars, 283 liv.; au mois de juin, 346 liv.; au mois de septembre, 330 liv. et au mois de décembre, 294 liv. Le muid de blé, mesure de Paris, pesant 800 liv. équivaut à 18-72 hectol. — 12 setiers composaient un muid. — Contenance du setier 1-56 hectol.

[2] Bibliothèque de l'Arsenal, *Recueil de pièces*, n. 1,675 bis. *Procès-verbal sur les urgentes nécessités de l'Hôpital général*, le 22 janvier 1663.

présentant, pour dernière ressource, à l'Hôpital général, qui fut bientôt forcé de les refuser; mais à quelque distance de Paris et dans tout le royaume, principalement dans les campagnes, la misère était arrivée à un tel point qu'il faudra, pour y croire, entendre ceux-là mêmes qui en ont été les témoins. Ce n'est pas que, antérieurement à la famine de 1662, la position des classes pauvres n'eût déjà bien des fois inspiré une profonde pitié. Il importe d'établir ce fait, afin de tranquilliser les esprits portés à voir sous des couleurs trop sombres les événements contemporains, et persuadés, bien à tort, que la condition de certains ouvriers de nos grandes villes n'a jamais eu d'équivalent dans les siècles précédents. Cette condition est parfois bien assez triste; n'accréditons pas l'idée qu'elle est toute nouvelle; croyons plutôt au progrès dans le bien. C'est à ce titre, et non pour le vain plaisir d'étaler les plaies de l'ancien état social, qu'on me permettra de faire connaître, d'après des témoignages irrécusables, la situation de la classe ouvrière de Beauvais en 1652 [1].

A l'époque dont il s'agit, quelques personnes considérables de Beauvais songèrent à mettre un terme aux importunités et aux scandales de toute sorte causés par le nombre excessif des mendiants et gens sans ouvrage. Voici, d'après le récit de l'une d'elles, ce qui motiva leur résolution :

« Cette ville, qui est une des plus chrestiennes et des plus anciennes du royaume, ne subsistant que par le commerce et le lanifice, s'est toujours trouvée accablée d'un plus grand nombre de mendiants qu'aucune autre de son étendue; car, comme la manufacture des draps et serges demande un très-grand nombre d'artisans qui ne gaignent pas beaucoup et pour l'ordinaire ne sont pas fort assidus au travail, la fertilité des bonnes années n'a presque jamais diminué la multitude des pauvres, puisqu'il est souvent arrivé, ou que l'abondance des bleds n'a pas esté suivie de l'heureux succès du commerce, ou que les chefs de ces petites familles, qui n'ont presque rien de commun avec la prévoyance de la fourmy, sont tombez ordinairement d'un excez de con-

---

[1] *Discours chrétien sur l'establissement du bureau des pauvres de Beauvais.* — Il existe au moins deux éditions de cette brochure extrêmement curieuse; l'une a été imprimée à Paris en 1655. Elle se trouve dans le Recueil de pièces de la Bibliothèque de l'Arsenal, n. 1,675 bis. L'autre, imprimée à Rouen en 1676, fait partie des numéros 576-577 du *Portefeuille de Fontanieu*, Biblioth. roy., Mss.

fiance dans un excez d'oysiveté, ou dans la desbauche qui en est la suite ordinaire.

« Et parce qu'après cette mauvaise conduite, la nécessité extrême à laquelle ils se sont réduits par leur faute leur est devenue un fardeau insupportable, le désespoir les a souvent portés à se séparer de leurs femmes par une fuite précipitée et abandonner leurs enfants... Et comme un désordre en attire plusieurs autres, ces enfants se trouvant tout à la fois privez de pain, et demeurant sans éducation et sans employ, ont choisi la mendicité comme l'unique métier de ceux qui n'en savent point d'autre...

« Et certainement le nombre s'en estoit accru d'une manière si prodigieuse qu'il remplissoit tout de confusion et de tumulte, et l'importunité des pauvres ne troubloit pas seulement le repos des riches, mais aussi ils interrompoient les plus saints mystères avec beaucoup d'irrévérence. Le bruit confus qu'ils faisoient dans les églises pendant le service divin causoit de l'inquiétude et apportoit de la distraction aux prestres... Ainsi, la maison de Dieu estoit moins une maison de paix, d'oraison et de silence, qu'un lieu plein de bruit, de querelles et de désordre [1]. »

C'est dans ces circonstances que fut établi le *Bureau des pauvres de Beauvais*. Supprimer la mendicité était déjà une grande entreprise; c'en était une bien plus difficile encore de faire travailler des pauvres depuis longtemps habitués à l'oisiveté. Aussi, ce ne fut pas sans beaucoup de vigilance et de peine qu'on en vint à bout. Les femmes, les filles et les petits garçons filèrent de la laine. Les garçons les plus âgés apprirent à faire des serges sous les yeux d'un maître. Une partie des serges servait à vêtir les personnes de la maison; le reste se vendait assez bien. On donnait aux travailleurs un tiers de leur gain, avec faculté d'en disposer comme ils voudraient. Il ne paraît pas, d'ailleurs, que les fabricants de la localité eussent élevé des plaintes touchant la concurrence que leur faisait la maison de travail; car le bureau des pauvres de Beauvais n'était pas autre chose, et l'époque actuelle, en créant des établissements de ce genre, aujourd'hui discrédités par l'expérience, n'a fait qu'imiter ce qui se pratiquait il y a bientôt deux cents ans.

[1] *Discours chrétien*, etc., etc., chap. II. Cette citation n'est pas tout à fait textuelle. Je me suis borné toutefois à resserrer certaines phrases et à supprimer quelques passages sans intérêt.

Dans une ville où la charité privée avait pris de telles précautions, on conçoit que la famine de 1662 ne dut pas faire des ravages bien considérables. Mais, je le répète, les bureaux des pauvres étaient une institution toute nouvelle alors, et dans presque toutes les autres villes du royaume, particulièrement parmi les habitants des communes rurales ou des campagnes, la misère dépassa tout ce que l'on pourrait imaginer. Ici encore, il faut laisser parler dans leur naïve éloquence les documents contemporains; y toucher serait s'exposer à être taxé d'exagération. Qui voudrait croire en effet aux misères dont on va voir le tableau, si elles n'étaient attestées par des témoins oculaires et garanties par les noms les plus dignes de foi?

ADVIS IMPORTANT [1].

« La supérieure des Carmélites de Blois écrit à une dame de Paris:

« Nous sçavons certainement que la misère présente fait un si grand nombre de pauvres que l'on en compte trois mille dans la ville et dans les faux-bourgs. Toutes les rues résonnent de leurs cris lamentables; leurs lamentations pénètrent nos murailles, et leurs souffrances nos âmes de pitié.

« Le bled, mesure de Paris, a esté vendu ici 200 escus le muid, et tous les jours il renchérit [2].

« Les pauvres des champs semblent des carcasses déterrées; la pasture des loups est aujourd'huy la nourriture des chrestiens; car, quand ils tiennent des chevaux, des asnes et d'autres bestes mortes et estouffées ils se repaissent de cette chair corrompue qui les fait plustost mourir que vivre.

« Les pauvres de la ville mangent comme des pourceaux un peu de son destrempé dans de l'eau pure, et s'estimeroient heureux d'en avoir leur saoul. Ils ramassent dans les ruisseaux et dans la boue des tronçons de choux à demy pourris, et, pour les faire cuire avec du son, ils demandent avec instance l'eau de morrue sallée qu'on respand; mais elle leur est refusée.

« Quantité d'honnestes familles souffrent la faim et ont honte de le dire. Deux damoiselles de qui la nécessité n'estoit point connue ont

---

[1] Cette pièce et la suivante font partie du volume de la Bibliothèque de l'Arsenal, intitulé *Recueil de pièces*, n. 1,675 *bis* et renfermant les arrêtés et procès-verbaux sur l'Hôpital général de Paris, dont j'ai parlé plus haut.

[2] Soit 650 livres le muid; l'écu valait alors environ 3 livres 5 sols. On a vu plus haut qu'à Paris, au plus fort de la disette, le blé se paya 346 livres. Le muid de blé coûtait donc 304 livres de plus à Blois qu'à Paris.

esté trouvées mangeant du son destrempé dans du laict; la personne qui les surprit en fut si touchée qu'elle se mit à pleurer avec elles.

« Considérez, je vous prie, quelques tristes effets de cette pauvreté qui se peut dire générale. Un homme, après avoir esté plusieurs jours sans manger, a trouvé un charitable laboureur qui l'a fait disner ; mais, comme il avoit l'estomac trop foible et les entrailles retrécies, il en mourut subitement.

« Un autre homme se donna hier un coup de cousteau, par désespoir de ce qu'il mouroit de faim.

« Un autre a esté rencontré sur le pavé, agonisant de faim, et, luy ayant porté le Saint-Sacrement de l'autel au mesme endroit, le prestre a esté contraint de le reposer sur une pierre pendant qu'il parloit au malade, et, l'ayant fait transporter sous un hautvent à couvert de la pluie, il luy donna le viatique, et le pauvre expira quelque temps après, n'ayant sur soy que des habits pourris.

« L'on a trouvé une femme morte de faim ayant son enfant à la mamelle, qui la tettoit encore après sa mort, et qui mourut aussi trois heures après.

« Un misérable homme, à qui trois de ses enfants demandoient du pain les larmes aux yeux, les tua tous trois, et ensuite se tua luy-mesme. Il a esté jugé et traisné sur la claye.

« Un autre, à qui sa femme avoit pris un peu de pain qu'il se réservoit, il luy donna six coups de hache, et la tua à ses pieds, et s'enfuit.

« Bref, il n'y a point de jour où l'on ne trouve des pauvres morts de faim dans les maisons, dans les rues et dans les champs ; nostre meusnier vient d'en rencontrer un qu'on enterroit dans le chemin.

« Enfin, la misère et la disette se rendent si universelles, qu'on assure que dans les lieux circonvoisins, la moitié des paysans est réduite à paistre l'herbe, et qu'il y a peu de chemins qui ne soient bordés de corps morts.

« Le missionnaire qui, depuis dix ans, assiste continuellement les pauvres des frontières ruinées, en allant à Sedan a passé à Donchery, Mézières, Charleville, Rocroy et Maubert, d'où il escrit qu'il n'a jamais veu une telle pauvreté que celle de ces lieux-là et des villages des environs. Voici ce qu'il mande :

« J'ai trouvé partout un grand nombre de pauvres mesnages qui meurent de faim. Si quelques-uns mangent une fois le jour un peu de pain de son, d'autres sont deux et trois jours sans en manger un seul morceau. Ils ont vendu jusqu'à leurs habits et sont couchés sur un peu de paille sans couverture : ce sont les meilleurs gens du monde, et si honteux de leur estat pitoyable qu'ils se couvrent le visage quand on va les voir.

« J'ai trouvé une famille à Charleville composée de huit personnes, qui a passé quatre jours sans manger. La pauvre femme a voulu vendre la dernière chemise de son mary, et n'a jamais pu trouver 5 sols dessus, toute la ville le sait. Mon Dieu! quelle angoisse!'

« J'ai rencontré d'autres mesnages de six personnes qui ne mangent de pain que pour un sol marqué. Jugez ce que c'est qu'un petit pain partagé en six parts, et s'il ne faut pas que ces gens-là meurent.

« La plupart sont malades, secs et abattus de famine et d'affliction; ceux qui sont moins résignés à Dieu ont l'esprit à moitié perdu et presque au désespoir. S'ils sortent pour aller mendier, ils trouvent les autres villages aussi pauvres qu'eux. Les laboureurs n'ont pas seulement de l'avoine pour se nourrir ni d'autre grain pour semer, et, de quelque costé que les uns et les autres se tournent, ils ne voient que langueur et que mort...

« Riches! courage, voici une belle occasion pour vous ouvrir le ciel!.... Dieu donne suffisamment les biens pour tous les hommes, si les uns en manquent, c'est que les autres en ont trop, et ce trop appartient aux pauvres dans leur extrême nécessité. Et ne doutez pas, Messieurs et Mesdames, que, si vous les abandonnez, Dieu ne vous chastie comme des larrons et des meurtriers qui ont desrobé la subsistance de tant de pauvres, et qui les ont fait cruellement mourir.

« *Ceux qui tout de bon se voudront garantir de ce malheur sont priez d'escouter Dieu, et de mettre entre les mains de MM. leurs curez ce qu'il leur inspirera de donner, ou de l'envoyer à Mesdames les présidentes Fouquet, rue de Richelieu; de Herse, rue Pavée ou Traverse-Saint-Martin, ou bien à Mesdemoiselles de Lamoignon, en la cour du palais, ou Viole, en la rue de La Harpe.*

Mais la famine continuant à sévir, il fallut faire un nouvel appel à la charité publique. L'avis suivant, qui fut publié quelque temps après, renferme sur la détresse des campagnes de nouveaux détails dont la lecture seule soulève et fait saigner le cœur.

« SUITE DE L'ADVIS IMPORTANT DE L'ÉTAT DÉPLORABLE DES PAUVRES DU BLAISOIS ET DE QUELQUES AUTRES PROVINCES.

« .... Si vous estiez réduits à la faim extreme pendant que d'autres personnes mangent à souhait, vous diriez avec justice qu'ils sont impitoyables de vous laisser cruellement mourir, pouvant vous soulager.

« Pardonnez à plus de trente mille pauvres, qui, mourant de nécessité, vous font le même reproche avec justice.

« Car il n'y a rien de plus véritable que, dans le Blaisois, la Sologne, le Vendomois, le Perche, le Chartrain, le Maine, la Touraine, le Berry, partie de la Champagne et autres lieux où le bled et l'argent manquent,

CHAPITRE III.

il y a plus de trente mille pauvres dans la dernière extrémité, et dont la plus grande part meurent de faim.

« Hastez-vous donc, s'il vous plaist, de les secourir, car il en meurt tous les jours un grand nombre ; vous avez pu voir, par la dernière relation, la rage, le désespoir, la mortalité et les autres accidents sinistres arrivés du costé de Blois.

« L'on escrit encore de ce lieu-là, et on le prouve par lettres et bonnes attestations de MM. les curez et d'autres personnes dignes de foy, et dont nous avons les originaux, que seulement dans cinq ou six paroisses il est mort deux cent soixante-sept personnes de faim, qu'il y en meurt encore tous les jours et que cela est de mesme aux autres lieux du Blaisois.

« On certifie qu'à Uzain il y avoit vingt personnes prestes à rendre l'ame, ne pouvant ni marcher ni quasi plus parler ;

« Que, de neuf personnes mortes de faim à Coulanges, un pauvre homme fut trouvé dans les champs, qui, portant une partie d'un asne à moitié pourry pour s'en repaistre, tomba sous la charge de foiblesse et y rendit l'esprit ;

« Qu'en soixante-trois familles de la paroisse de Chambon on n'a pas trouvé un morceau de pain ; il y avoit seulement dans une un peu de paste de son que l'on mit cuire sous la cendre ; et, dans une autre, des morceaux de chair d'un cheval mort depuis trois semaines, dont la senteur estoit espouvantable.

« Un homme est mort dans la cour du chasteau de Blois, tout ensanglanté pour s'estre débattu pendant la nuict par une faim enragée.

« Les pauvres sont sans licts, sans habits, sans linges, sans meubles, enfin dénués de tout ; ils sont noirs comme des Mores, la plupart tous défigurés comme des squelettes, et les enfants sont enflés.

« Plusieurs femmes et enfants ont esté trouvés morts sur les chemins et dans les bleds, la bouche pleine d'herbes.

« M. de Saint-Denis, qui est seigneur d'une des grandes paroisses du Blaisois, asseure que plus de huict-vingts de sa paroisse sont morts manque de nourriture, et qu'il en reste cinq à six cents dans le mesme danger. Ils sont, dit-il, réduits à pasturer l'herbe et les racines de nos prés, tout ainsi que les bestes ; ils dévorent les charognes, et, si Dieu n'a pitié d'eux ils se mangeront bientost les uns les autres. Depuis cinq cents ans il ne s'est pas vu une pareille misère à celle de ce pays. Il reste encore quatre mois à souffrir pour ces pauvres gens.

« M. le prieur, curé de Saint-Soleine de Blois, qui travaille avec grande charité à l'assistance de ces pauvres, escrit que l'on a trouvé à Chiverny, dans un lit, le mary, la femme et quelques enfants morts de faim, la pluspart de ces pauvres gens n'ayant pas la force de se lever, ne se nourrissant plus que d'orties bouillies dans de l'eau, puisqu'ils ont mangé toutes les racines et qu'il n'en reste plus de mangeables.

« MM. les curez de Villebaron, de Chailly et de Marolles attestent qu'ils ont deux ou trois cents familles qui non-seulement sont contraintes à manger de l'herbe, mais d'autres choses qui font horreur.

« M. Rouillon, vicaire à Saint-Sauveur de Blois, atteste qu'il a veu des enfants manger des ordures; mais, ce qui est plus estrange, qu'il en a veu deux dans le cimetière succer les os des trespassez, comme on les tirait d'une fosse pour y enterrer un corps. M. le curé escrit aussi qu'il a oüy dire la mesme chose à plusieurs de ses chapelains, tesmoins de ce spectacle inoüy.

« M. Blanchet, sieur de Bonneval, prévost de la maréchaussée de Blois et de Vendosme, atteste que les chemins ne sont plus libres en ces quartiers-là; qu'il s'y fait quantité de vols de nuit et de jour, non par des vagabonds, mais par quelques habitants des paroisses, qui avouent hautement leurs larcins et disent qu'ils aiment mieux mourir à la potence que de faim en leurs maisons.

« Il atteste de plus avoir trouvé devant l'église de Chiverny un jeune garçon transi de froid, ayant sa main gauche dans la bouche, qui mangeait ses doigts desjà ensanglantez, et l'ayant fait porter dans une maison, et luy ayant donné du vin, du bouillon et d'autre nourriture, il ne la put avaler et mourut dès le soir.

« Une dame revenant de Bretagne par le Perche et le Maine, a passé par deux villes qu'on n'ose nommer par respect aux seigneurs, où les habitants sont dans une prodigieuse nécessité; ils tombent morts de faim par les rues : on en trouve le matin jusques à trois ou quatre morts dans leurs chambres, et de pauvres petits innocents, poussez par la faim, qui meurent dans les champs où ils vont paistre l'herbe comme les bestes.

« Un curé du diocèse de Bourges escrit qu'en allant porter le saint Viatique à un malade il a trouvé cinq corps morts sur le chemin, et qu'on a trouvé dans le mesme canton une femme morte de faim, et son enfant âgé de sept ans auprès d'elle qui luy avoit mangé une partie du bras.

« On escrit du Mans que, se faisant une aumosne publique de quatre deniers à chaque pauvre pour le décedz de feu M. le lieutenant général, il s'y trouva une si grande affluence de pauvres que dix-sept furent estouffez dans la presse, et portez dans un chariot au cimetière, et qu'aux distributions faites par les abbayes de Saint-Vincent et de la Cousture on a compté pour l'ordinaire douze mille pauvres, dont la pluspart mourront, s'ils ne sont assistez promptement.

« On a trouvé dans les roches qui sont proches de Tours grand nombre de personnes mortes de faim et desjà mangées des vers. Dans la ville, les pauvres courent les rues la nuit comme des loups affamez. Dans le reste de la Touraine, les misères sont inconcevables; les paysans n'y mangent plus de pain, mais des racines.

« Enfin, Messieurs, enfin, Mesdames, la désolation incomparable des villes et des villages dont nous venons de parler suffira pour vous persuader le pressant besoin des autres lieux de ces provinces, dont nous ne pouvons pas vous raconter par le menu les extremes misères dans si peu d'espace.

« Un très-digne curé de Blois, nommé M. Guilly, après une longue narration des souffrances publiques, des personnes mortes de nécessité, dit qu'il y a des femmes qui portent des jupons de taffetas qui passent des journées entières sans manger de pain, et que les chrestiens mangent des charognes corrompues, et conclud par ces paroles : Il est impossible que la plus grande part des villageois ne meurent de faim, il faut que les terres demeurent sans semer, si le bourgeois ne conduit lui-mesme sa charruë. Je pardonne à ceux qui ne croient pas nos misères, parce que nos maux sont au-dessus de toutes les pensées....

« *Ceux qui voudront estre des besnits de Dieu envoyeront leurs aumosnes à MM. les curez ou à Mesdames...* (Suivent les noms des dames désignées à la fin du premier avis [1].)

On se figure maintenant quelle dut être la détresse des provinces dans l'année qui suivit l'avénement de Colbert au pouvoir. Les deux pièces qui précèdent, bien que non datées, se rapportent positivement à cette époque. Un troisième avis, du 8 mai 1664, ajoute encore quelques détails à ce qu'on vient de lire, et fait connaître que, dans la Beauce, dans le Poitou, la misère n'était pas moins grande. Comment le gouvernement y eût-il remédié? Dans l'état de pénurie où se trouvait l'épargne, une intervention efficace de la royauté en faveur des campagnes était impossible : on ne donne pas du pain à toute une nation. La seule chose que Colbert put faire, ce fut d'attirer des blés à grands frais dans la capitale. Par ce moyen, il maintint les prix à 346 livres le muid au lieu de 650 livres qu'on le payait dans les provinces. C'est ainsi qu'il fournit à l'Hôtel de ville la possibilité de faire des distributions gratuites, et à l'Hôpital général celle de nourrir les six à sept mille pauvres qu'on pouvait y loger. En même temps, il fit rendre un édit portant qu'il serait établi dans chaque ville et bourg du royaume un hôpital pour les pauvres malades, mendiants et orphelins [2]. En effet, le soulagement des provinces ne pouvait être que le fait de la charité locale; mais comme celle-ci était

---

[1] *Recueil de pièces*, n. 1,675 *bis*.
[2] Edit du mois de juin 1662. *Collection des anciennes lois françaises*, etc., par MM. Isambert, etc.

insuffisante, probablement faute de ressources, elle fut obligée
de recourir aux personnes riches et généreuses de Paris. On
vient de voir par quels accents touchants, par quelles pressantes exhortations ceux à qui elle s'adressa lui servirent d'interprètes. A ce cri parti du cœur : *Riches, courage !* sans doute
d'abondantes aumônes répondirent. Là où le gouvernement
était impuissant, la charité chrétienne intervint, et, si elle ne
soulagea pas toutes les misères, elle en diminua du moins sur
bien des points la durée et l'intensité.

Ce qui avait fait surtout la fortune de Colbert, c'étaient ses
connaissances spéciales en matière de finances. Colbert ne l'avait
pas oublié, et, à peine investi de l'autorité, il prit une série de
mesures propres à ramener l'ordre et la probité dans cette partie
si importante de l'administration, où, depuis Sully, on ne vivait
au contraire que de désordre et d'expédients. Déjà, au mois de
septembre 1661, peu de jours après la chute de Fouquet, on
avait créé un Conseil royal des finances dont Colbert fit partie.
Les décisions de ce Conseil, rédigées en forme d'ordonnance,
devaient être signées par le roi, qui le présidait lui-même
toutes les semaines[1]. Ce fut pour les financiers et les comptables le signal et le point de départ d'un nouvel ordre de
choses. Les manœuvres des financiers ont déjà été suffisamment indiquées. Celles des nombreux comptables qui prenaient
part au maniement des finances publiques n'étaient pas moins
contraires à l'intérêt général. Sully avait exigé qu'ils fissent connaître régulièrement le résultat de leurs opérations au moyen
d'un état qu'il avait dressé pour cet objet. Mais, après lui, ils
trouvèrent bientôt le moyen de s'en dispenser, gardèrent les
fonds en leur pouvoir le plus longtemps possible, afin de les utiliser, et poussèrent la rapacité jusqu'à ne payer les dépenses
publiques que moyennant un escompte. Ce dut être une vive
satisfaction pour Colbert de faire cesser d'aussi criants abus.
Impatient de mettre un frein à l'insatiable avidité des comptables, il s'empressa de révoquer l'hérédité et la survivance de
tous les offices de finances, afin de pouvoir supprimer ceux

---

[1] *Collection des anciennes lois françaises*, etc.

qui lui paraîtraient inutiles, exigea un cautionnement des titulaires et les força de tenir un journal détaillé de leurs opérations, les obligea à la résidence, sous peine de destitution, sauf le cas d'une autorisation expresse du Conseil, assura à l'État, d'après une ancienne loi qu'il remit en vigueur, la première hypothèque sur les biens meubles et immeubles des comptables, et fixa à 9 deniers seulement, au lieu de 5 sous pour livre, leurs frais de recouvrement. En même temps, Colbert imagina de se procurer d'avance le montant des tailles en faisant souscrire aux receveurs généraux des obligations à quinze mois qui se négocièrent à un taux modéré, expédient très-naturel, très-licite, abandonné plus tard, mais auquel le premier Consul s'empressa de revenir en 1801, avec sa sagacité accoutumée, à la suite d'une crise financière plus terrible que celle dont Colbert avait à réparer les désastres, et que le gouvernement emploie encore aujourd'hui[1]. Enfin, les gabelles, les octrois et les autres droits récemment rachetés furent affermés aux enchères publiques, après trois publications, précaution indispensable pour empêcher les ignobles trafics et les pots-de-vin, dans un temps surtout où ces sortes de compositions, ruineuses pour le peuple, étaient pour ainsi dire passées dans les mœurs[2].

---

[1] *Histoire du Consulat et de l'Empire*, par M. Thiers, t. I, liv. Ier, p. 39.

[2] Edit de mai et arrêt du Conseil du 16 août 1661. — Edit du 13 août 1669. — Arrêt du 4 février 1664, renouvelé plusieurs fois, notamment le 18 septembre 1683. — Déclaration des 6 mai et 22 septembre 1662. — *Comptes de Mallet.* — *Recherches sur les finances*, par Forbonnais. — *Histoire financière de la France*, par M. Bailly.

J'ai dit que les pots-de-vin étaient regardés alors comme une chose naturelle et tout à fait permise. Voici qui lèvera tous les doutes que l'on pourrait avoir à ce sujet. On lit à la date du 16 mars 1661, dans le *Journal des bienfaits du Roy*, par M. Dangeau, Biblioth. roy. Mss. supplément français, 579.

« Le Roy, aiant receu 600,000 livres de pot-de-vin sur la ferme des Gabelles en donne :

A la reine mère............................. 10 m. pistolles *
A Monsieur.................................. 5 m. pistolles
A Madame.................................... 5 m. pistolles
A la demoiselle de Fouilloux pour se marier. 50 m. escus
A la reine, le reste de la somme de 600 m. livres. »

Mademoiselle de Fouilloux, si magnifiquement traitée dans le journal officiel de M. Dangeau, était une fille d'honneur de la reine. Elle figure, ainsi que mademoiselle de La Vallière et madame de Montespan, sur une liste de trente-six dames de la cour, pour lesquelles Louis XIV donna, en 1664, une loterie de bijoux. Voir *Œuvres de Louis XIV*, t. V, p. 181; *Lettre du Roi à Colbert.*

* La pistole était une monnaie apportée d'Espagne en France après le mariage de Louis XIV et valant 10 livres. Plus tard, quand cette monnaie eut disparu, le mot resta et signifia toujours la même valeur.

Tout en travaillant à régler la quotité des revenus, Colbert s'occupait donc du soin d'en assurer exactement la rentrée au Trésor, et d'en surveiller la dépense. A cet effet, on tint d'abord trois registres. Sur l'un, intitulé *Journal*, on portait toutes les ordonnances de dépense à mesure qu'elles étaient signées au Conseil, ainsi que la recette effectuée mois par mois au trésor royal; le second était appelé *Registre des fonds*, et devait toujours indiquer les fonds disponibles sur chaque nature de recettes; le troisième était le *Registre des dépenses*, et mentionnait toutes les ordonnances de paiement délivrées par le Conseil, suivant la nature de la dépense.

En 1667, on ne tint plus que deux registres.

Les ordonnances de dépense étaient d'abord signées par le secrétaire d'État dans le département duquel la dépense était faite; celui-ci les remettait à la partie prenante, qui les rendait au contrôleur général. Ce dernier les signait après avoir indiqué sur quels fonds elles seraient payées, et les donnait à signer au roi. Quand la somme dépassait 300 livres, le roi mettait le mot *bon* au-dessus de sa signature. Enfin, lorsqu'une ordonnance était payable au porteur pour affaires secrètes, le roi ajoutait de sa main en marge : *Je sçai l'emploi de cette somme*; c'est ce qu'on appelait *ordonnance de comptant*. A la fin de chaque mois, Colbert présentait le registre-journal au roi, qui arrêtait lui-même le montant de la dépense [1].

Il a déjà été plus d'une fois question des ordonnances de comptant; c'est un sujet qui comporte quelques détails, et sur lequel on vient de voir que l'attention de Colbert s'était portée tout d'abord. Si la crise financière de 1789 n'avait pas été le prétexte plutôt que la cause de la révolution française; si cette révolution n'était pas sortie en quelque sorte des entrailles

---

[1] Arch. du Roy., K. 123. *Estat par abrégé des receptes, dépenses et maniment des finances pendant que MM. Colbert, Le Peletier et Pontchartrain ont esté contrôleurs généraux des finances.* — C'est un magnifique registre qui paraît avoir appartenu à M. de Pontchartrain et où l'on a copié, avec une patience et un art admirables, mais certainement fort coûteux, tous les budgets depuis 1661 jusqu'en 1693. J'ai remarqué que ces budgets différaient souvent de plusieurs millions avec ceux donnés par Forbonnais, qui a malheureusement négligé d'indiquer les sources où il a puisé la plupart des nombreux documents dont il s'est servi dans ses *Recherches et considérations sur les finances*.

mêmes de l'ancienne organisation sociale, on pourrait dire que les ordonnances de comptant y ont puissamment contribué en agrandissant sans cesse le déficit, grâce à la facilité qu'elles donnaient au pouvoir de dérober à tout contrôle, tantôt les plus ruineuses opérations, tantôt les plus folles dépenses. On lit dans un édit de 1669 : « Ces ordonnances, établies pour les dépenses secrètes de l'État, les prests et affaires extraordinaires tolérez, et pour suppléer dans les besoins pressants aux revenus ordinaires, ont donné lieu à une infinité de pièces fausses et simulées, et il en a été délivré, de 1655 à 1660, pour 385 millions, qui ont servi à consommer criminellement tous les revenus [1]. » Cent vingt ans plus tard, en 1779, Necker trouva le budget chargé pour 116 millions d'ordonnances de comptant, et les réduisit d'une année à l'autre à 12 millions [2]. On se figure les abus que devait engendrer cette faculté laissée à un pouvoir absolu de cacher à tous les yeux les motifs de dépenses aussi considérables. Colbert fit bien adopter à ce sujet certaines précautions; mais il ne détruisit pas le mal, parce que le mal était inhérent à la forme même du gouvernement. En effet comment obtenir de Louis XIV, qu'il soumît à la vérification de la Chambre des comptes les états constatant toutes ses dépenses personnelles, ou les sommes énormes annuellement employées pendant un certain temps à soudoyer le roi d'Angleterre et les princes allemands? Colbert fit sans doute tout ce qui était possible en obtenant que les ordonnances de comptant fussent signées par le roi, après examen des motifs réels de la dépense. Une fois acquittées, ces ordonnances devaient être brûlées tous les ans en présence du roi lui-même, et remplacées par un *état de certification collectif*, que la Chambre des comptes était autorisée à recevoir, comme pièce de dépense, du garde du trésor royal. Tel est le mécanisme qui fut adopté. Il ne sera pas sans intérêt maintenant de faire passer sous les yeux du lecteur les pièces justificatives de cette

---

[1] *Edict du Roy portant révocation de la Chambre de justice de* 1661, du 13 août 1669.
[2] *Observations de M. Necker sur l'avant-propos du Livre rouge.* Brochure de trente et une pages. Imprimerie royale, 1790.

curieuse organisation financière. Les archives du royaume possèdent à ce sujet des documents encore inédits auxquels, outre leur importance historique, le nom même des personnages qui y figurent donne un nouveau prix.

L'état général des ordonnances de comptant pour l'année 1676 fut arrêté par le roi à la somme de 2,232,200 livres, à Saint-Germain en Laye, le 20 décembre 1678.

D'après cet état, les appointements de Colbert s'élevaient à 55,500 livres, dont voici le détail [1].

Pour ses appointements comme membre du Conseil royal.		4,500 liv.
—	comme intendant du trésor royal.	10,000
—	comme contrôleur général.....	14,000
—	comme secrétaire d'Estat et des commandements de Sa Majesté.	7,000
—	pour gratification extraordinaire à raison de ses services......	20,000
	Total......	55,500

Au premier commis du sieur Colbert pour son cahier de frais à cause dudit trésor royal........................ 6,000
Au sieur Berrier, secrétaire du Conseil et des finances. 20,000
Au sieur Desmarets, pour gratification [2].............. 10,000
Au comte de Saint-Aignan, pour gratification en considération de ses services........................... 56,000

On ne s'explique pas pourquoi les appointements des membres du conseil, des divers ministres, des présidents du Parlement et autres grands fonctionnaires étaient portés sur les états du *comptant*. Au contraire, les gratifications suivantes réclamaient impérieusement ce mode de paiement. On les

---

[1] Arch. du Roy., carton K, 119.

[2] Desmarets était le premier commis et le neveu de Colbert. Après la mort de son oncle, il fut soupçonné de concussion et tomba en disgrâce. En 1708, M. de Chamillart ayant demandé instamment à quitter la direction des finances qu'il laissa dans la situation la plus déplorable, Desmarets, dont l'habileté était connue, fut appelé à le remplacer. La crise était affreuse. Il la traversa avec plus de bonheur qu'on n'en pouvait attendre, et fit preuve d'une grande fermeté en se résignant franchement, de prime abord, à des sacrifices reconnus indispensables, c'est-à-dire en annulant momentanément toutes les assignations données sur les revenus de l'année courante, en suspendant le paiement de tous les intérêts dus aux rentiers, et en convertissant les obligations de la Caisse des emprunts en rentes à 4 pour 100 non remboursables. C'était encore une fois la banqueroute, mais elle sauva l'État. On a de lui un rapport très-estimé sur la situation des finances depuis 1660 jusqu'au moment où il rendit compte lui-même de ses opérations comme contrôleur général.

trouve inscrites, à divers chapitres, dans l'état du comptant de 1677[1] :

« Au sieur *de Vauban*, maréchal de camp aux armées du Roy, en considération de ses services et pour luy donner moïen de les continuer. .... 75,000 liv.

« Au sieur *Berrier*, en considération de ses services, etc. 50,000

« Au sieur *Lebrun*, premier peintre de Sa Majesté.... 22,000

« Aux sieurs *Despréaux* et *Racine*, en considération de divers ouvrages auxquels ils travaillent, par ordre de Sa Majesté, à raison de 6,000 livres chacun[2]............ 12,000

« A Mme la marquise *de Montespan*, pour l'entretenement et nourriture des ducs de Mayenne et comte de Vexin, et des demoiselles de Nantes et de Tours, ensemble de leurs domestiques, train, suite, équipages, et ce pendant les six premiers mois de 1677.................. 75,000

« A *la même*, pendant les six derniers mois........ 75,000

« Au sieur *Pélisson*, maistre des requestes, en considération de ses services. 75,000

« Au sieur COLBERT, pour gratification, en considération de ses services et pour luy donner moïen de me les continuer[3] 400,000

Voici maintenant la forme dans laquelle les ordonnances de comptant parvenaient généralement au garde du trésor royal.

---

[1] Archives du Royaume, carton K, 119.

[2] Les reçus de Racine et de Boileau sont demeurés joints à cet état du comptant, ce qui prouve que toutes les ordonnances du comptant n'étaient pas brûlées exactement. L'ordonnance délivrée au nom de *Despréaux* est signée *Boileau*.

[3] Ainsi, outre son traitement et sa gratification annuelle qui étaient de 55,500 liv., Colbert touchait des gratifications extraordinaires très-considérables, mais plus rares sans doute. Les archives du royaume ne possèdent les *états du comptant* que pour trois ou quatre années, et cette gratification de 400,000 livres n'y figure qu'une fois. Colbert touchait auss 12,000 livres à la marine et 3,000 livres comme secrétaire des commandements de la reine (Voir à la Bibliot. roy., Mss., l'*Inventaire fait après le décedz de monseigneur Colbert*, suite de Mortemart, 34). Il est dit dans le même inventaire que Colbert avait acheté sa charge de secrétaire d'État 730,000 livres et celle de surintendant des bâtiments, 242,500 livres. Enfin, il résulte du budget des États de Bourgogne qu'il était alloué à Colbert 6,000 livres par triennalité, en *raison des services qu'il pouvoit rendre à la province*. Le vote des États de 1691 est ainsi conçu : «*Sur lesquelles 26,000 livres il sera donné 6,000 livres à M. de Pontchartrain, ainsi qu'elles ont été payées à MM. Colbert et Lepelletier.*» (Voir *Une province sous Louis XIV, situation politique et administrative de la Bourgogne de 1661 à 1715, d'après les manuscrits et les documents inédits du temps*, 1 vol. in-8, par M. Alexandre Thomas, p. 202). Tous les pays d'États, la Bretagne, le Languedoc, la Provence, etc., etc., faisaient-ils de même ? Dans ce cas, Colbert devait toucher plus de 200,000 liv. par an ; il faut bien, au surplus, que ses appointements fussent considérables, car, à sa mort, après vingt-deux ans d'administration, il évalua lui-même sa fortune à dix millions. On a vu que Fouquet avait estimé le produit de ses deux charges à 350,000 livres par an.

Quelquefois, l'ordonnance mentionnait le nom de la partie prenante et le motif de la dette [1]; mais c'était l'exception. D'ordinaire, ni le nom ni le motif n'y figuraient.

« Garde de mon trésor royal, M. Gédéon du Metz, payez comptant au porteur de la présente, pour affaires secrètes concernant mon service, dont je ne veux ici estre fait mention, la somme de... qui sera employée au premier acquit de comptant qui s'expédiera par certification à votre descharge.

« Fait à   , le
« Sur la recepte générale des finances   (*De la main du roi*),   Bon.
  De Tours. Paiement des six   Louis.
  premiers mois.   *Au bas de la page :* Colbert. »

D'autres fois enfin, mais très-rarement, l'ordonnance de comptant était accompagnée de pièces justificatives. En voici une de ce genre fidèlement copiée sur l'original [2] :

« Duveau, vous me ferez plaisir de donner à celuy qui vous randra ce billet deux cent louis d'or d'une debte que j'ay promis de payer, dans le commencement de ce mois y si ce quatriesme novembre 1681 [3].

Signé : Marie Terese.

« *Et, au-dessous, de la main de la reine :*

« Faites cella toute a l'heure. »

Voilà quelle fut, depuis l'administration de Colbert jusqu'en 1789, l'organisation de la comptabilité relative aux ordonnances de comptant. On se figure les étranges abus que ces ordonnances devaient couvrir avant lui, puisque l'ordre qu'il y introduisit n'était encore que du désordre. Mais comment en eût-il été autrement ? Les favoris, les maîtresses du roi, et Colbert lui-même, trouvaient leur compte à ce que le voile jeté sur une foule de dépenses ne pût être soulevé. Qu'on ajoute à cela le besoin de cacher à tous les yeux où passaient les sommes énormes affectées à l'achat des consciences. Or,

---

[1] Arch. du Roy., K, 120. *Ordonnance de 107,000 livres au nom de M. du Vau, trésorier de la reyne*, du 18 septembre 1683.

[2] Arch. du Roy., K, 120. Le corps de cet ordre, à peine grand comme la moitié d'un billet de banque, n'est pas de la même écriture que la signature et le post-scriptum.

[3] Le *louis d'or* ne valait, à cette époque, que 11 livres. Voyez *Traité des monnaies*, par Leblanc.

dans le nombre des ordonnances de comptant conservées aux archives du royaume, il en est beaucoup qui ont eu évidemment cette destination, principalement à l'étranger, en Angleterre, en Allemagne, dans les Etats de Hollande. Tout en faisant la part des exigences de la politique, on est forcé de convenir que les formes de comptabilité de l'ancien gouvernement encourageaient et provoquaient de pareils abus. Le développement immodéré que prirent les ordonnances de comptant aux deux époques que j'ai citées en est une preuve. Mais il est des réformes qu'il n'est pas donné à un seul homme d'accomplir, cet homme fût-il doué d'un désintéressement inaccessible à toutes les influences de la famille, et armé d'un pouvoir sans bornes. Chaque forme de gouvernement a, d'ailleurs, des vices qui lui sont inhérents. Les ordonnances de comptant, corollaire fatal, mais obligé, d'une monarchie absolue, ne pouvaient disparaître qu'avec elle, et ce ne fut pas trop d'une nation entière de réformateurs pour prévenir le retour des gaspillages auxquels un des ministres les plus intègres de cette monarchie avait essayé de porter remède dans la mesure et avec les tempéraments qu'on vient de voir.

CHAPITRE IV.

Négociations avec la Hollande, au sujet du droit de 50 sous par tonneau, établi en France sur les navires étrangers. — Causes de la prospérité commerciale de la Hollande vers le milieu du XVII° siècle. — Bénéfices de la compagnie des Indes-Orientales de ce pays. — Motifs qu'avait eus Fouquet en rétablissant le droit de tonnage. — L'ambassadeur Van Beuningen vient à Paris pour diriger les négociations. — Ses prétentions sont combattues par Colbert. — Il obtient des concessions importantes. — Une compagnie du Nord, formée par Fouquet et soutenue par Colbert, est obligée de liquider. — Le droit de tonnage et *l'acte de navigation*. — Opinions d'Adam Smith et de Buchanan sur les mesures de ce genre. — Sans le droit de tonnage, la création d'une marine en France eût été impossible. — Premiers efforts de Colbert à ce sujet. — Il travaille seize heures par jour pendant toute la durée de son administration.

Cependant, la réforme des abus dont il vient d'être question n'empêchait pas Colbert de suivre une négociation très-importante avec l'ambassadeur extraordinaire des États de Hollande, Van Beuningen, diplomate très-distingué, très-habile, dont le nom acquit plus tard une grande célébrité. Il s'agissait pour les États de conclure un traité d'alliance offensive et défensive avec la France, en prévision des éventualités de leurs démêlés avec l'Angleterre; mais, en même temps, les Hollandais demandaient expressément que la France rapportât cet édit de 1659, par lequel il était interdit aux navires étrangers de faire le commerce international et de cabotage dans ses ports, à moins de payer un droit de 50 sous par tonneau, dont les nationaux étaient exempts, et la France n'était nullement disposée à faire une pareille concession. Cette négociation dura quatre ans, et l'on ne saurait se figurer la rare patience et l'obstination imperturbable des ambassadeurs hol'andais Van Beuningen et Boreel, qui furent tour à tour chargés de la diriger. L'histoire de leurs efforts, consignée en entier dans la correspondance qu'ils entretinrent à ce sujet avec le grand-pensionnaire Jean de Witt, est très-curieuse à étudier, et renferme d'excellentes leçons, même pour les négociateurs de notre temps[1]. Avant d'en signaler les phases principales, examinons rapidement quelle était alors la situation commerciale de la Hollande. Cet aperçu aura, au surplus, son opportunité, car l'établissement en France d'un droit de 50 sous par tonneau sur les navires étrangers eut principalement pour cause l'excessive prospérité à laquelle la Hollande était parvenue à cette époque, et sa tendance à absorber le commerce de l'Europe, dont elle fit seule, pendant longtemps tous les approvisionnements.

La situation des Provinces-Unies était en effet des plus brillantes vers le milieu du dix-septième siècle; mais il ne faudrait pas croire, ainsi qu'on l'a dit souvent, que leur prospérité ait commencé seulement en 1579, époque où elles secouèrent le joug de l'Espagne. En 1477, Philippe de Bourgogne écrivait au Pape « que la Hollande et la Zélande étaient des îles riches, habitées de peuples braves et guerriers, qui n'avaient jamais pu être vaincus par leurs voisins et faisaient actuellement le commerce sur toutes les mers[2]. » Il y avait antérieurement, à Leyde, à Amsterdam, des manufactures de laine renommées, et l'on voit, par un édit de 1464, que le roi d'Angleterre, Édouard IV, interdit l'entrée de ses États à toutes les productions, étoffes et manufactures de la Hollande, de la Zélande et de la Frise[3]. La pêche du hareng et de la morue, dont elle eut longtemps le monopole, procura à la Hollande des gains immenses et donna à sa marine un essor prodigieux. Nés en quelque sorte au milieu des mers, habitués dès l'enfance à toutes ses fatigues, y vivant à moins de frais que les matelots des autres nations,

---

[1] *Lettres et négociations entre M. Jean de Witt, conseiller pensionnaire et garde des sceaux des provinces de Hollande et de West-Frise, et messieurs les plénipotentiaires des provinces unies des Pays-Bas aux cours de France, d'Angleterre, de Suède, de Danemarck, de Pologne, etc., depuis l'année 1652 jusqu'à l'an 1669 inclus.* Amsterdam 1625, 4 vol. 12.

[2] *La richesse de la Hollande*, 2 vol. in-8o sans nom d'auteur; Londres, 1778. Ouvrage plein de documents historiques très-précieux sur le développement et la décadence du commerce de la Hollande, t. I, p. 37.

[3] *La Richesse de la Hollande*, t. I, p. 42.

les Hollandais purent fixer leur fret à des conditions plus avantageuses, et accaparèrent peu à peu tout le commerce de transport. Une lettre de Colbert lui-même fournit, au sujet de l'importance de la marine marchande hollandaise, à cette époque, un renseignement concluant. Le 21 mars 1669, ce ministre écrivit à M. de Pomponne, ambassadeur en Hollande, que le commerce par mer se faisait en Europe avec vingt-cinq mille vaisseaux environ ; que, dans l'ordre naturel, chaque nation devrait en posséder sa part suivant sa puissance, sa population et l'étendue de ses côtes ; mais que les Hollandais en ayant quinze à seize mille, et les Français cinq ou six cents au plus, le roi employait toutes sortes de moyens pour s'approcher un peu plus du nombre de vaisseaux que ses sujets devraient avoir [1]. Quant aux bénéfices que faisaient les Compagnies hollandaises dans leur commerce des Indes, ils étaient considérables, et, suivant l'habitude, les étrangers les grossissaient en raison du désir qu'ils avaient d'y participer. Le commerce des Indes avait d'abord appartenu aux Portugais. A la fin du XVI° siècle, les Hollandais et les Zélandais, qui jusqu'alors s'étaient bornés à acheter de seconde main aux Portugais les marchandises des Indes, résolurent d'aller les y chercher eux-mêmes. Les fils d'un brasseur organisèrent cette expédition. En 1602, après quelques mauvaises chances courageusement supportées, la Compagnie des Indes-Orientales s'organisa au capital de 6,600,000 florins [2]. Vingt ans après, en 1622, la Compagnie des Indes-Occidentales se forma au capital de 7 millions de florins, divisé en actions de 6,000 florins. Entre autres priviléges,

---

[1] Bibliot. roy., Mss. *Lettres concernant le commerce pendant l'année* 1669, n° 204. Les originaux des lettres adressées par Colbert à M. de Pomponne pendant les années 1669 et 1670 se trouvent à la bibliothèque de l'Arsenal. Quelques-unes de ces lettres ont subi, après avoir été copiées, des corrections de la main même de Colbert.

Il résulte pourtant d'une pièce faisant partie des manuscrits de Colbert, pièce citée par M. Eugène Sue dans son *Histoire de la Marine*, sans indication du registre, que la marine marchande française possédait, en 1664, deux mille trois cent soixante-huit navires. Dans l'incertitude, et bien que ce chiffre soit plus vraisemblable que l'autre, j'ai dû adopter celui de la lettre du 21 mars 1669, qui a un caractère officiel. Il est probable pourtant que Colbert diminuait dans cette lettre l'importance de notre marine, afin de donner plus de hardiesse à M. de Pomponne. C'est une tactique diplomatique qui lui était familière, et toujours usitée.

[2] Valeur du florin ; environ 2 livres 5 sous.

les États de Hollande lui accordèrent un droit de commerce exclusif sur la côte d'Afrique, dans toutes les îles situées entre la mer du Nord et la mer du Sud, ainsi que dans les Terres-Australes. La Compagnie avait en outre, comme celle des Indes-Orientales, le droit de construire des forts, de faire des alliances et d'établir des colonies. Environ quarante ans plus tard, les Hollandais étaient les maîtres exclusifs du commerce des épiceries, ils avaient de nombreux comptoirs dans les Indes, possédaient Java, les Moluques, et le traité de Munster leur garantit la propriété de ces avantages au préjudice des Espagnols et des Portugais, qui en avaient joui avant eux [1]. Cependant, la fortune financière des deux Compagnies éprouva des destins bien différents. La dernière créée, celle des Indes-Occidentales, ne s'était soutenue pendant quelque temps que grâce aux ressources qu'elle tirait du Brésil. Dépossédée de cette contrée, ses affaires déclinèrent, et elle se trouva obligée, en 1665, de liquider à des conditions désastreuses pour ses actionnaires et ses créanciers. Mais il n'en fut pas de même de la Compagnie des Indes-Orientales. De 1605 à 1648, son dividende annuel s'éleva une fois à 62 1/2 pour 100, et fut en moyenne de 22 pour 100. Dans la période de 1649 à 1684, qui comprend l'administration de Colbert, la moyenne descendit, à cause de la guerre, à 17 1/2 pour 100 [2]. Quoi qu'il en soit, c'était là un magnifique résultat, qui procurait ensuite des profits considérables à la Hollande entière par l'exportation qu'elle faisait des produits des Indes. Il était donc très-naturel que la France, avec l'immense développement de ses côtes maritimes, avec sa population dix fois plus forte, se trouvant d'ailleurs dans des conditions de climat plus heureuses et dans une position plus centrale que la Hollande, lui enviât sa prospérité, ses riches Compagnies, ses possessions lointaines, mais surtout sa marine, à laquelle la Hollande devait tout cela [3].

---

[1] Articles V, VI, VIII, XIV, XV et XVI du traité de Munster. Voyez *Corps diplomatique*, par Dumont.

[2] De 1684 à 1720, la moyenne fut de 27 1/2 pour 100 : de 1720 à 1756, de 20 1/2 ; de 1757 à 1784, de 16 pour 100.

[3] *La Richesse de la Hollande*, t. I, *passim*.

L'établissement du droit de 50 sous par tonneau n'eut pas d'autre cause, mais elle suffisait pour que la France, une fois entrée dans cette voie, y persévérât résolument. Ce droit, on l'a déjà vu, avait été établi par Fouquet, qui s'était borné, du reste, à remettre en vigueur d'anciens règlements publiés par Henri IV et tombés depuis en désuétude [2]. C'était en 1659. Frappé de plus en plus des envahissements de la marine hollandaise, le gouvernement français rendit, à la date du 15 mars, un arrêt par lequel il était défendu d'importer les marchandises sur des navires étrangers, sauf des permissions provisoires qui seraient retirées dès que les nationaux posséderaient un nombre de navires suffisant pour les besoins du commerce extérieur et du cabotage. Un arrêt du 31 mars fixa le prix de ces permissions à 50 sous par tonneau. Enfin, un nouvel arrêt, daté du 20 juin, compléta les précédents, en supprimant la formalité des permissions et en assujettissant au droit de 50 sous tous les navires étrangers qui aborderaient dans les ports de France pour y faire le commerce d'importation, d'exportation ou de cabotage [2].

A ce coup qui l'atteignait dans ses intérêts les plus chers, la Hollande s'alarma, et résolut d'envoyer son diplomate le plus habile, Conrard Van Beuningen, à la cour de France en qualité de ministre extraordinaire, pour y négocier le traité d'alliance offensive et défensive, avec ordre de ne rien négliger dans le but de faire révoquer l'édit relatif au nouveau droit. Cet ambassadeur arriva à Paris au mois de novembre 1660. La situation dans laquelle il allait se trouver était des plus délicates. Depuis 1648, époque du traité de Munster, une grande froideur régnait entre les deux cours. Le gouvernement français surtout n'avait pas oublié les obstacles qu'avaient apportés à la conclusion

---

1 *Histoire financière de la France*, par M. Bailly, année 1659.

2 Les édits concernant ce droit ne sont pas dans la *Collection des lois anciennes*, par M. Isambert. J'ai trouvé les dates et les détails qui s'y rattachent dans un manuscrit de la Bibliothèque royale, intitulé : *Mémoires sur le commerce et les finances de la France, des colonies, de l'Angleterre et de l'Espagne*, 1 vol. in-fol., supplément français, 1792. Ces Mémoires paraissent avoir été écrits de 1706 à 1710, en vue des négociations que l'on prévoyait devoir s'établir prochainement pour le rétablissement de la paix, et pour être mis sous les yeux d'un ministre. Quelques annotations à la main confirment cette hypothèse.

de ce traité les États de Hollande, jaloux, non sans motifs, de son agrandissement, craignant toujours de voir la France s'établir à leurs portes, et il en avait gardé une rancune qu'on ne se donnait pas même la peine de déguiser. D'un autre côté, l'ambassadeur de Hollande venait avec le plus vif désir de faire annuler une mesure très-populaire à la cour, où l'on était tellement honteux de la faiblesse de notre marine, comparativement à celles de la Hollande et de l'Angleterre, qu'on songeait dès lors à la relever par tous les moyens. Cependant, il y avait de part et d'autre des motifs puissants pour s'entendre. A cette époque, et dans la situation politique des deux pays, un traité d'alliance offensive et défensive leur était également avantageux, mais il l'était principalement pour la Hollande, dont le grand-pensionnaire, Jean de Witt, avait d'autant plus à redouter l'animosité de l'Angleterre qu'il existait déjà, au sein même des États, un parti puissant prêt à profiter de ses moindres embarras pour le compromettre et le renverser du pouvoir.

Les négociations s'ouvrirent sur ces dispositions réciproques. Dès le début de la correspondance à laquelle elles donnèrent lieu entre Jean de Witt et Van Beuningen, celui-ci constate les retards qu'éprouvait sa présentation au cardinal Mazarin, encore vivant à cette époque, et les mauvais souvenirs laissés à la cour de France par la conduite de la Hollande au congrès de Munster. Malgré les réclamations des provinces de Guyenne et de Bretagne, dont le droit de 50 sous diminuait sensiblement les bénéfices en éloignant les Hollandais de leurs ports, Van Beuningen mandait que l'édit s'exécutait partout, et que le surintendant lui avait paru très-décidé à le maintenir [1]. Il faisait connaître en même temps qu'à Dieppe, à la suite d'une émotion populaire, on avait pillé la maison d'un receveur du droit de tonneau. Le soulèvement était arrivé à l'occasion de deux bâtiments hollandais chargés de grains qui, après avoir essayé de décharger sans payer le droit, avaient passé outre dès qu'on le leur eut refusé; mais le roi avait

---

[1] *Lettres et négociations*, etc. Lettres de Van-Beuningen des 19 novembre et 31 décembre 1660; des 4 janvier, 4 juin et 21 juin 1661.

donné ordre d'instruire contre les coupables, et quelques-uns avaient été punis de mort [1]. Les États de Hollande s'étaient d'abord flattés d'obtenir l'abolition entière du droit; mais, quand leur ambassadeur connut mieux les dispositions de la cour de France, quand il vit ce qui s'était passé à Dieppe, et que les sollicitations des députés de la Bretagne et de la Guyenne n'avaient pu obtenir même une simple diminution, il comprit toutes les difficultés de sa mission, et informa son gouvernement que les obstacles et les retards qu'éprouverait la conclusion du traité viendraient principalement des prétentions relatives au droit de 50 sous par tonneau. Quoi qu'il en soit, il ne laissa pas de faire valoir avec force et à diverses reprises les motifs par lesquels il prétendait justifier les réclamations des États. Ces motifs étaient de plusieurs natures. Le ministre plénipotentiaire de Hollande faisait d'abord observer que l'édit sur les droits de navigation constituait une innovation tellement ruineuse pour les habitants des Provinces-Unies que, si l'on y persévérait, son gouvernement ne pourrait s'empêcher d'adopter des mesures rétorsionnelles au préjudice des Français; que déjà l'Angleterre avait pris ce parti [2], et que certainement les États de Hollande ne manqueraient pas de la suivre dans cette voie, si toutefois ils ne jugeaient pas plus à propos d'augmenter considérablement les droits sur les vins, les fruits, le sel, et généralement sur tous les objets importés de France; qu'au surplus l'impôt de 50 sous par tonneau allait directement contre le but qu'on s'était proposé, puisqu'il avait donné lieu aux remontrances de toutes les villes de France, qui se plaignaient évidemment dans leur propre intérêt et non pour être agréables à la Hollande; et enfin, qu'à supposer qu'il en résultât quelque avantage pour la France, le mauvais effet qu'il produisait dans les esprits des deux peuples devait être pris en sérieuse considération au moment où il était question de signer un nouveau traité d'étroite alliance. Van-Beuningen ajoutait que la France avait grand tort d'envier aux sujets des

---

[1] *Lettres et négociations*, etc. Lettre du 9 juillet 1661.
[2] Allusion à l'*Acte pour encourager et augmenter la marine et la navigation, passé en Parlement le 23 septembre 1660*, autrement dit l'*acte de Navigation*.

Provinces-Unies le commerce de transport dont ils étaient en possession ; qu'à la vérité ce commerce était considérable, mais que les bénéfices n'en pouvaient être comparés à ceux que les Français faisaient sur leurs fruits et leurs denrées, le fret étant descendu à si bas prix que les armateurs ne tiraient pas de leurs navires l'intérêt de l'argent qu'ils y avaient dépensé. Mais un point sur lequel il insistait principalement, c'était la menace de représailles, et il allait jusqu'à dire en finissant que les États, dans le légitime désir qu'ils avaient de voir les relations commerciales des deux peuples rétablies sur leurs anciennes bases, ne se contenteraient pas de prohiber les manufactures et les fruits de France, mais qu'ils engageraient les princes allemands à leur expédier des vins du Rhin qu'on pourrait avoir, en diminuant quelque peu les droits d'entrée, au même prix que ceux de France, ce qui ferait pour notre nation une perte réelle de 8 millions tous les ans [1].

Telles étaient les raisons que les États de Hollande faisaient valoir avec instance, par l'intermédiaire de leur représentant, pour obtenir la suppression du droit de 50 sous par tonneau, sans que ni les conférences que celui-ci avait avec les commissaires du gouvernement français, ni les notes et les mémoires qu'il leur fournissait, lui eussent donné le moindre espoir de réussir, lorsque la disgrâce du surintendant éclata. Peu de jours après, Van Beuningen écrivait que « cette disgrâce lui donnait quelque espoir par rapport au droit de tonneau [2]. » Mais son illusion ne fut pas de longue durée. A quelque temps de là, il vit bien, au contraire, que les chances étaient devenues moins favorables que jamais. Colbert avait succédé à Fouquet dans la direction des négociations, et, parmi les moyens qui lui semblèrent le plus propres à donner à la France une marine proportionnée à son importance territoriale et politique, l'impôt de 50 sous par tonneau sur tous les navires étrangers qui fréquenteraient nos ports lui parut un des plus efficaces. On vient de voir les arguments un peu spécieux de la

---

[1] *Lettres et négociations*, etc., Lettre à Jean de Witt, du 4 janvier 1661.
[2] Lettre à Jean de Witt du 15 septembre 1661.

Hollande. A cela, Colbert objectait, avec beaucoup de sens, qu'il ne fallait pas faire trop d'attention à tous ces beaux raisonnements, par le motif que l'intention du roi étant d'engager ses sujets à se livrer à la navigation, l'impôt établi sur les bâtiments étrangers y contribuerait fortement ; que déjà plusieurs bâtiments français avaient été construits ; qu'au surplus, il convenait au moins d'attendre quelque temps pour savoir si le droit de tonneau causerait au commerce et à la navigation des Hollandais tout le préjudice dont se plaignaient d'avance les commissaires des États ; que, dans tout état de cause, on devait laisser au roi la faculté de faire l'essai d'un projet ne tendant à rien moins qu'à rétablir la navigation ruinée de son royaume ; et qu'enfin, comme dans les règlements concernant le commerce des États, LL. HH. PP. [1] ne consultaient que l'intérêt de leurs peuples, sans se soucier de celui des autres, il était naturel que le roi de France eût une égale liberté [2]. Il semble, d'après cette réponse de Colbert, que les prétentions des commissaires hollandais auraient dû être complétement repoussées. Mais il n'en fut pas tout à fait ainsi. Comme il arrive souvent dans les négociations de ce genre, l'intérêt politique du moment l'emporta. Dans le *Traité d'amitié, de confédération, de commerce et de navigation,* qui fut signé le 27 avril 1662, à Paris, entre la France et les Provinces-Unies des Pays-Bas, celles-ci furent autorisées, par article séparé, à ne payer le droit de 50 sous qu'une fois par chaque voyage, en sortant des ports du royaume, et non en y entrant. En outre, le droit fut réduit de moitié pour les navires qui sortiraient chargés de sel ; et il fut convenu que, si les États trouvaient à propos de mettre une semblable imposition sur les navires étrangers, elle ne pourrait excéder, à l'égard des Français, celle que les sujets de la Hollande paieraient dans nos ports [3].

En réalité, le traité de 1662 consacrait, pour les Hollandais,

---

[1] *Leurs hautes puissances ;* c'est ainsi qu'on désignait l'assemblée des représentants des Provinces-Unies.

[2] Lettre à Jean de Witt du 9 novembre 1661.

[3] *Recueil des traités de commerce et de navigation de la France avec les puissances étrangères depuis la paix de Westphalie,* par MM. d'Hauterive et de Cussy, 1re partie, t. II, p. 276.

une réduction de moitié dans tous les cas, parce qu'ils ne voyageaient jamais sur lest, et des trois quarts du droit pour les navires qui chargeraient du sel français, beaucoup plus estimé que celui de Portugal, le seul pays qui en fournît alors des quantités un peu considérables. Cependant, tout en s'applaudissant du traité, les Hollandais n'étaient qu'à moitié satisfaits, et ce qu'il laissait subsister du droit de tonnage leur était un grand sujet de déplaisir. L'article séparé portait, il est vrai, qu'un jour peut-être le roi pourrait, sur les remontrances des États, abolir entièrement le droit. Mais c'était là un engagement sans importance, admis dans l'article par la France uniquement pour sauver l'amour-propre du ministre plénipotentiaire de la Hollande. Doué comme il l'était d'une clairvoyance et d'une expérience consommées, celui-ci ne le prit que pour ce qu'il valait. On peut s'en convaincre par ce passage de la lettre qu'il écrivit au grand-pensionnaire, le jour même de la signature du traité.

« Il faudra bien du temps et bien de la prudence pour désabuser et convaincre M. Colbert, qui est un vrai financier, et tout rempli du projet d'accroître la navigation des sujets de ce royaume, s'il est possible, outre qu'il est le seul à qui on s'en rapporte sur cet article [1]. »

Une fois le traité signé, Van Beuningen retourna en Hollande, laissant à Paris l'ambassadeur Boreel. Celui-ci avait alors pour mission expresse de hâter le plus possible l'échange des ratifications du nouveau traité, et de poursuivre l'abolition intégrale du droit sur les navires étrangers. En même temps, il devait mettre tout en œuvre pour faire lever l'interdiction qui fermait, depuis quelques années, la France aux huiles de baleine étrangères, par suite du privilége exclusif concédé à une Compagnie du Nord, œuvre de Fouquet, la seule qui lui eût survécu avec le droit de 50 sous par tonneau. L'ambassadeur Boreel n'épargna ni soins ni démarches pour atteindre ce triple but; mais, à peine le traité signé, les dispositions du gouvernement français vis-à-vis de l'Angleterre parurent changer, et dix-huit mois se passèrent sans que la Hollande pût

---

[1] Lettre à Jean de Witt du 27 avril 1662.

obtenir l'échange des ratifications. Quant au droit de 50 sous par tonneau, Colbert resta inébranlable. Bien plus, au lieu de revenir sur ce qui était, il songeait de plus en plus à en tirer parti, dans l'intérêt du commerce, et l'ambassadeur de Hollande se plaignait amèrement de ce que les sujets des États étaient partout exposés à toute sorte de difficultés et de vexations, dans la vue de les rebuter et de les obliger ainsi, indirectement, à ne plus fréquenter les ports de France [1]. Une autre fois, il écrivait :

« On remue ciel et terre ici pour ôter aux étrangers la navigation et le commerce, et faire passer l'une et l'autre aux sujets du roi. Ainsi chacun doit veiller à ses propres intérêts. Il n'y a pas de sujet de chagrin et de peine qu'on ne fasse aux sujets de LL. HH. PP. sous prétexte de ce droit de tonneau ; cependant, tant que le traité ne sera pas ratifié, toutes mes plaintes seront inutiles [2]. »

Une de ces difficultés provenait du jaugeage des navires. Souvent, des contestations avaient lieu à ce sujet, et les Hollandais se plaignaient avec raison d'être obligés d'aller plaider à cinquante ou soixante lieues de leur navire. De là des observations sans cesse renaissantes de la part de l'ambassadeur ; mais, ajoute-t-il, « pour toute conclusion, on me renvoye toujours auprès de M. Colbert, auprès duquel il est assez difficile de réussir dans toutes les affaires qui intéressent les finances [3]. » Pourtant, la France n'était pas guidée dans cette affaire par un intérêt fiscal, car le droit de 50 sous ne rapportait guère que 600,000 livres ; mais, suivant l'ambassadeur, il avait porté un coup mortel au commerce et à la navigation de la Hollande [4].

« Ce malheureux droit de tonneau, écrit-il encore le 18 mai 1663, est de l'invention d'un homme dont on condamne presque toutes les actions ; mais il paraît que celle-ci est profitable : c'est pourquoi on la maintient. »

Quant à la Compagnie du Nord, l'ambassadeur de Hollande eut la satisfaction de la voir se dissoudre d'elle-même et tout na-

---

[1] Lettre de Jean de Witt du 6 octobre 1662.
[2] Lettre au même du 5 janvier 1663.
[3] Lettre au même du 4 mai 1663.
[4] Lettre au même du 26 avril 1663.

turellement. « Elle va *à reculons*, » dit-il avec un plaisir visible dans une de ses lettres. Il est vrai que la Compagnie faisait tout ce qu'il fallait pour cela, car, malgré le privilége dont elle jouissait, ou plutôt à cause de ce privilége même, l'huile et les fanons de baleine se vendaient beaucoup plus cher en France qu'avant sa création. Bientôt, la moitié de son capital fut englouti, et elle sollicita pour toute faveur de renoncer au privilége qu'on lui avait concédé, à condition qu'on mettrait une imposition à son profit sur les huiles et fanons de baleine jusqu'à l'entier recouvrement des pertes qu'elle avait faites. C'était un exemple frappant et curieux à étudier des abus que traînent presque toujours à leur suite les priviléges et les protections. Malheureusement, il passa inaperçu, et la même faute amena bien souvent encore, sous l'administration de Colbert, d'aussi fâcheux résultats.

Telle fut la première négociation importante à laquelle Colbert eut à prendre part. Un acte qui a une grande analogie avec l'édit de Fouquet concernant les navires étrangers, le fameux *Acte de Navigation* du Long-Parlement, a été diversement apprécié par deux hommes fort compétents, et professant tous deux les principes économiques les plus libéraux, Adam Smith et Buchanan. Adam Smith a dit à ce sujet que, les moyens de défense de la Grande-Bretagne dépendant surtout du nombre de ses vaisseaux et de ses matelots, c'est avec raison que l'Acte de Navigation avait cherché à donner aux vaisseaux et aux matelots anglais le monopole de la navigation de leur pays par des prohibitions absolues en certains cas, et par de fortes charges dans d'autres, sur la navigation étrangère. Il est vrai, dit-il, qu'en diminuant le nombre des vendeurs, auxquels il fermait expressément tous les ports de la Grande-Bretagne, l'Acte de Navigation diminuait nécessairement celui des acheteurs, ce qui exposait les Anglais, non-seulement à acheter plus cher les marchandises étrangères, mais encore à vendre celles du pays meilleur marché que s'il y avait une parfaite liberté de commerce. Néanmoins, la sûreté de l'État étant d'une plus grande importance que sa richesse, l'Acte de Navigation paraît au célèbre économiste, le plus sage peut-être de tous les règlements de commerce de l'Angleterre [1]. D'un autre côté, un des plus célèbres commentateurs de Smith, Buchanan, a fait observer à ce sujet, qu'il y avait de grands motifs de mettre en doute la sagesse d'une mesure qui portait une aussi grave atteinte à la liberté naturelle du commerce; que d'autres États pourraient avoir recours aux mêmes moyens, et, se trouvant exclus de la navigation de la Grande-Bretagne, l'exclure à leur tour de leur navigation; qu'avec un système de liberté universelle, toutes les nations prendraient part à la navigation de la Grande-Bretagne, qui participerait à son tour à la navigation générale du monde. Il y avait donc lieu de se demander si les chances d'acquérir une grande puissance navale ne seraient pas aussi favorables avec le principe de la liberté de la navigation qu'avec un système de restriction [2].

Tout en admettant avec Buchanan que l'Acte de Navigation portait en effet atteinte à la liberté naturelle du commerce, il est permis d'examiner si l'économiste écossais n'a pas jugé cette question plus nettement et d'un point de vue plus pratique que son commentateur. Ce qui est certain, c'est qu'à l'époque où l'Acte de Navigation fut adopté par le Long-Parlement, la Hollande faisait presque tout le commerce de l'Angleterre, et que, par le fait seul de la publication de l'Acte, ce commerce passa forcément aux mains des Anglais. On objecte que toutes les nations pourraient prendre de pareilles mesures; mais la preuve que cela ne se peut pas, c'est que cela n'a pas été fait. Il y avait là d'ailleurs une raison dominante : c'est que ni l'Angleterre, ni la France ne pouvaient consentir à rester sans marine à côté de la Hollande qui comptait alors près de vingt mille navires. Les raisons alléguées par Adam Smith en faveur de l'Acte de Navigation s'appliquent donc aussi à l'édit dont Colbert combattit la révocation, et s'y appliquent avec d'autant plus de force que la marine française était alors, comparative-

---

[1] *Recherches sur la nature et les causes de la richesse des nations*, par Adam Smith, avec les commentaires de Buchanan, Mac Culloch, Malthus, Blanqui, etc., édit. Guillaumin, t. II, liv. IV, chap. 2.

[2] *Ibidem*, t. II, liv. IV, chap. 2, p. 48, *commentaire*.

ment à celle de l'Angleterre, dans le plus triste état [1]. Au surplus, l'édit concernant les navires étrangers était loin de procéder d'une manière aussi exclusive que l'Acte de Navigation. Celui-ci défendait à tous les bâtiments dont les propriétaires et les trois quarts de l'équipage ne seraient pas sujets de la Grande-Bretagne, de commercer dans les établissements et colonies de cette nation, ou de faire le cabotage sur ses côtes, sous peine de confiscation du bâtiment et de la cargaison. D'autres articles défendaient l'importation d'un très-grand nombre de marchandises encombrantes autrement que par des navires appartenant à des sujets de la Grande-Bretagne, et l'un de ces articles spécialement dirigé contre la Hollande, qui était alors l'entrepôt général de l'Europe, portait qu'un certain nombre d'objets encombrants ne pourraient être importés, même par les bâtiments de la Grande-Bretagne, de tout autre pays que de celui qui les produisait, et cela sous peine de confiscation. Enfin, le poisson salé de toute espèce, les fanons, l'huile et la graisse de baleine, quand la pêche et la préparation n'en avaient pas été faites à bord des bâtiments de la Grande-Bretagne, ne pouvaient être importés sans payer un double droit de douane. En France, au contraire, rien d'aussi absolu, d'aussi exclusif : notre marine était dans l'enfance, nos ports n'étaient fermés à personne, et les Hollandais, après les diminutions de tarif que la France leur avait accordées par le traité du 27 avril 1662, pouvaient fort bien, grâce à l'économie de leur navigation, continuer à fréquenter nos ports. Mais on ne se résigne pas à partager ce que l'on a possédé exclusivement pendant longtemps. Faute de comprendre les justes exigences du gouvernement français et les nécessités de sa position, les Hollandais traversèrent ses projets de tout leur pouvoir. De là, aigreur dans les

---

[1] Voici le préambule de l'*Acte de Navigation* : « Le Seigneur ayant voulu, par une bonté particulière pour l'Angleterre, que sa richesse, sa sûreté et ses forces consistassent dans sa marine, le Roi, les seigneurs et les communes assemblées en Parlement ont ordonné que, pour l'augmentation de la marine et de la navigation, l'on observera dans tout le royaume les règlements suivants, à partir des premiers jours de décembre 1660, etc. » (L'Acte de Navigation se trouve en entier dans la *Théorie et pratique du Commerce et de la Marine* de G. Ustariz, traduction de Forbonnais. 1 vol. in-4º, chap. 30.)

relations diplomatiques, représailles de tarif, guerres fatales pour la France et la Hollande, qu'elles finirent par épuiser. Après avoir vécu dans une paix parfaite avec la Hollande depuis 1579 jusqu'à 1659, époque de l'établissement du droit de 50 sous par tonneau, la France, dit-on, a été ensuite en guerre avec elle pendant cinquante ans [1]. La guerre de 1672, je le prouverai plus loin par des textes officiels, eut une cause plus immédiate; mais, le droit de tonnage y eût-il aussi contribué, la France pouvait-elle rester toujours stationnaire et sans marine, entourée, comme elle l'était, de voisins dont la marine tendait à devenir plus puissante d'année en année? Dans la position géographique qu'elle occupe, sous le charme des idées de conquête et d'agrandissement qui fermentaient alors dans toutes les têtes, commandée par un roi jeune, ambitieux de renommée, et entouré de ministres qui ne cherchaient que des occasions d'acquérir de la gloire à lui fournir, enfin, avec ce mirage continuel des colonies, où d'immenses richesses semblaient alors réservées à quiconque voulait seulement aller les prendre, une pareille infériorité était intolérable pour la France, et l'on conçoit fort bien que Colbert *remuât ciel et terre* pour en sortir au plus tôt et à tout prix. Ce fut le malheur de Jean de Witt et de la Hollande de n'avoir pas fait la part de cet entraînement et de ces besoins. Erreur funeste qui fit répandre bien du sang et des larmes! Mais alors, à l'issue des négociations du traité de 1662, ou plutôt à l'échange des ratifications de ce traité, vers la fin de l'année 1663, on était loin de prévoir tant de désastres. De plus en plus indisposés contre l'Angleterre, dont l'Acte de navigation avait porté un coup fatal à leur commerce, les Hollandais entrevoyaient bien dans un avenir peu éloigné la possibilité d'une guerre avec cette puissance; toutefois, ils l'attendaient sans crainte, comptant sincèrement sur le concours de la France. Quant à Louis XIV, après avoir signé le traité d'alliance offensive et défensive avec la Hollande, il se retournait secrètement vers l'Angleterre, et le but principal de sa politique semble avoir été, dans cette

[1] Bibliot. roy., Mss. *Mémoires sur le commerce et les finances de la France, de la Hollande, des Colonies*, etc., Suppl. franç. 1792.

période de son règne, de mettre les marines des deux nations aux prises, et de les faire battre l'une par l'autre au profit de la marine française, au rétablissement de laquelle il apportait déjà tous ses soins [1].

En attendant, Colbert travaillait, avec cette ardeur infatigable qui a été l'un des traits les plus distinctifs de son caractère, à réformer toutes les parties vicieuses de l'administration. *Labor improbus omnia vincit*, a dit le poëte; cela a surtout été vrai pour ce ministre. En effet, une volonté ferme, énergique, de faire le bien, une tendance très-prononcée vers l'unité et l'égalité, autant que l'unité et l'égalité étaient possibles au dix-septième siècle, une exactitude irréprochable dans ses engagements, enfin seize heures par jour d'un travail assidu pendant tout le temps qu'il a été ministre, voilà peut-être ses principaux titres aux honneurs et au pouvoir pendant sa vie, à la gloire qui entoure son nom depuis qu'il est mort. Sévère comme il l'était pour lui-même, on conçoit qu'il fût exigeant envers ses commis. Été et hiver, son neveu Desmarets travaillait avec lui dès sept heures du matin. Un jour, il n'arriva qu'à sept heures un quart, et Colbert, sans lui parler, le mena vers la pendule. « Mon oncle, lui dit Desmarets, il y a eu hier au château un bal qui a duré fort tard, et les Suisses m'ont fait attendre un quart d'heure. — Il fallait vous présenter un quart d'heure plus tôt, » répondit Colbert, et tout fut dit; mais il est probable que la leçon ne fut pas perdue [2]. On vient de voir les mesures qu'il adopta pour la restauration des finances et pour doter la France d'une marine en rapport avec son rang et sa population. Mais, avec lui, chaque journée apportait sa tâche, et nous allons assister à d'autres réformes tout aussi importantes, parmi lesquelles figureront en première ligne, celles du tarif

---

[1] Dans son *Histoire de la Marine française*, 1re édit., 5 vol. in-8o, M. Eugène Sue a publié un grand nombre de pièces justificatives qui donnent beaucoup de force à cette opinion.

[2] *Particularités sur les ministres des finances célèbres*, 1 vol. in-8o par M. de Montyon, article *Colbert*. M. de Montyon a fait deux fois le même ouvrage; la première fois en 3 vol. in-12, sous le titre de *Vies des Surintendants et ministres des finances*; la seconde fois en 1 vol. in-8o beaucoup plus curieux, plus spécial, et riche en anecdotes. Il est fâcheux qu'il n'en indique pas la source, ce qui est cause qu'on ne sait quel degré de confiance on peut leur accorder.

des douanes, tant intérieures qu'extérieures, des codes, des règlements sur les eaux et forêts. En même temps, l'ouverture du canal de Languedoc, la création des Compagnies des Indes orientales et occidentales, d'une nouvelle Compagnie du Nord, la réorganisation des consulats, les encouragements donnés aux manufactures, au commerce, à la marine, aux lettres, aux beaux-arts, les constructions de Versailles, réclameront ses soins; et si des objections peuvent être faites au système qu'il crut devoir adopter relativement aux compagnies privilégiées, à l'amélioration des manufactures et au commerce des grains, jamais, depuis cette époque, il est permis de le dire, ni la marine, ni les lettres, ni les beaux-arts n'ont brillé en France d'un plus vif éclat.

CHAPITRE V.

Portrait et caractère de Colbert d'après Guy-Patin, Mme de Sévigné, M. de Lamoignon, etc., etc.— Il devient, le confident intime de Louis XIV (1663). — Lettre de ce roi à Colbert au sujet de M. de Montespan. — Colbert poursuit ses réformes. — Réduction des dettes communales. — Abus commis par les maires et échevins. — Troubles en Bourgogne au sujet de la réduction des dettes (1664). — Usurpation et vente des titres de noblesse. — Mesures prises par Colbert pour réprimer ces abus. — Modification du tarif des douanes (1664). — Colbert aurait voulu soumettre la France entière à un tarif uniforme. — Résistances qu'il éprouve. — La *douane de Valence*. — Promulgation du *tarif de 1664*. — Organisation douanière du royaume par suite de l'adoption de ce tarif.

Tous les portraits de Colbert le représentent avec des sourcils épais, un regard austère, des plis de front redoutables. Son accueil froid et silencieux était l'effroi des solliciteurs les plus intrépides[1]. C'était un homme de marbre, *vir marmoreus*, selon Guy-Patin. Un autre contemporain a dit de lui : « Il est

[1] On lit dans les *Mémoires* de l'abbé de Choisy, liv. II : « Jean-Baptiste Colbert avait le visage naturellement renfrogné. Ses yeux creux, ses sourcils épais et noirs lui faisaient une mine austère et lui rendaient le premier abord sauvage et négatif; mais dans la suite, en l'apprivoisant, on le trouvait assez facile, expéditif et d'une sûreté inébranlable. Il était persuadé que la bonne foi dans les affaires en était le fondement solide. Une application infinie et un désir insatiable d'apprendre lui tenaient lieu de science. Plus il était ignorant, plus il affectait de paraître savant, citant quelquefois hors de propos des passages latins qu'il avait appris par cœur et que ses docteurs à gages lui avaient expliqués. Nulle passion *depuis qu'il avait quitté le vin;* fidèle dans la surintendance où, avant lui, on prenait sans compter et sans rendre compte... »

Enfin, Sandras de Courtilz donne sur les mœurs privées de Colbert d'autres détails encore plus intimes et dont je lui laisse l'entière responsabilité. Suivant lui, « bien que Colbert déférât beaucoup à sa femme, il ne laissa pas de donner quelque chose à son inclination et il se laissa toucher par les charmes de Françoise de Godet, veuve de Jean Gravay, sieur de Launay. Cette dame avait la taille avantageuse, le port majestueux, etc., etc. Colbert l'introduisit chez la reine et chez le cardinal Mazarin, avec qui il la faisait jouer, et il lui fit épouser Antoine de Brouilly, marquis de Pierre, chevalier des ordres et gouverneur de Pignerol... Colbert rendit aussi ses soins à Marguerite Vanel, femme de Jean Coiffier, maître des comptes, jeune personne, petite, mais toute mignonne, et de qui l'esprit était enjoué et brillant. Il allait souvent souper chez elle, parce qu'il était l'ami particulier de son beau-père et qu'il prenait des leçons de politique du mari au sujet du traité de Munster, dont il savait parfaitement toutes les négociations, ayant été secrétaire de l'ambassade sous Abel de Servien. Mais la coquetterie de cette dame le rebuta bientôt, etc., etc. » (*Vie de J.-B. Colbert.*)

homme sans *fastidie*, sans luxe, d'une médiocre dépense, qui sacrifie volontiers tous ses plaisirs et divertissements aux intérests de l'Estat et aux soins des affaires. Il est actif, vigilant, ferme et inviolable du côté de son devoir, qui témoigne n'avoir pas grande avidité pour les richesses, mais une forte passion d'amasser et de conserver les biens du roi [1]. » Un jour, cette Mme Cornuel, qui s'était fait une réputation par son esprit au milieu de la société la plus spirituelle, entretenait Colbert de ses affaires sans pouvoir obtenir une réponse. « *Monseigneur*, s'écria-t-elle enfin, piquée au vif de ce silence, *faites-moi au moins signe que vous m'entendez* [2]. Mme de Sévigné appelait Colbert le *Nord*, et tremblait à la seule idée de lui demander une audience [3]. Pourtant, elle s'y résignait quelquefois, et un jour que, bravant son abord glacial, elle vint lui recommander son fils avec cette chaleur un peu verbeuse sans doute qu'elle apportait dans ses affections de famille, elle sortit à moitié satisfaite de n'avoir obtenu de lui que ces mots: *Madame, j'en aurai soin* [4]. Une autre fois, Mme de Sévigné invitait spirituellement Mme de Coulange, qui sollicitait une intendance pour son mari, à prier le roi, si elle voulait réussir, *de la faire parler à M. Colbert*. Dans l'appréciation qu'il a laissée du caractère de ce ministre, un de ses plus illustres contemporains, le premier président de Lamoignon, a dit que c'était un des esprits du monde les plus difficiles pour ceux qui n'étaient ni d'humeur ni d'état à lui être entièrement soumis.

---

[1] *Arch. curieuses de l'hist. de France*, IIe série, t. VIII; *Portraits de la Cour*, p. 411.

[2] En 1675, après la mort de Turenne, on nomma huit maréchaux de France parmi lesquels figuraient MM. d'Estrades, de Navailles, de Duras, de Lafeuillade, etc., etc. Madame Cornuel dit de cette promotion que *c'était la monnaie de M. de Turenne*. (*Abrégé chronologique du président Hénault*, année 1675).

[3] Lettre du 24 décembre 1673.

[4] Lettre du 18 novembre 1676. — On trouve l'aventure suivante dans la *Vie de J.-B. Colbert*, par Sandras de Courtilz. « Le grand accablement des affaires dont il (Colbert) était chargé lui fatiguait tellement l'esprit que, tout sérieux qu'il était, il fit un jour une turlupinade pour se délivrer des importunités d'une femme de grande qualité qui le pressait de lui accorder une chose qu'il ne jugeait pas faisable. Cette dame, voyant qu'elle ne pouvait rien obtenir, se jeta à ses pieds dans la salle d'audience en présence de plus de cent personnes, et comme elle lui disait, fondant en larmes : *Je prie Votre Grandeur au nom de Dieu de ne me refuser pas cette grâce*, il se mit en même temps à genoux devant elle et lui dit sur le même ton plaintif: *Je vous conjure au nom de Dieu, Madame, de me laisser en repos.* »

« Cela vient, dit M. de Lamoignon, plutôt de son humeur que d'aucune mauvaise volonté; mais cette humeur est capable de produire de bien mauvais effets; car il la suit entièrement et il se fortifie dans ses défauts par ses bonnes qualités, et, comme il est plein de la connoissance des services qu'il rend, lesquels sont en effet très-grands, et tels que je crois qu'il n'y a personne qui pût travailler avec plus d'application, avec plus de fidélité et de capacité, et même avec plus de succès, pour dégager les finances du roi, pour en ôter les abus et y établir un ordre excellent, cette connoissance lui fait croire que tout ce qui ne suit pas ses sentiments est mauvais, qu'on ne peut le contredire sans ignorance ou sans malignité, et il est si persuadé que toute la bonne intention est chez lui qu'il ne peut pas croire qu'il s'en puisse trouver chez les autres, à moins qu'ils ne se rangent entièrement de son avis. C'est ce qui le porte à vouloir trop fortement ce qu'il veut, et à employer toute sorte de moyens pour parvenir à la fin qu'il s'est proposée, sans considérer que bien souvent les moyens sont tels qu'ils peuvent rendre mauvaise la meilleure fin du monde. Son humeur et son habileté le portent aussi à conduire toutes choses despotiquement, et, comme il n'a pas été dans les compagnies réglées, où on apprend à déférer aux sentiments des autres et à régler sa conduite et son propre jugement sur le secours de ceux avec lesquels on travaille, il veut tout décider et tout emporter par sa seule autorité, sans se concerter avec ceux qui ont titre et caractère pour juger des objets dont il s'agit; au contraire, ce sont ceux-là dont il est le plus éloigné de prendre conseil, parce que ce seroit comme un partage d'autorité qu'il ne peut souffrir; et cette même disposition le jette dans une autre extrémité qui paroît d'abord bien opposée, mais qui procède du même principe et que j'ai retrouvée dans plusieurs personnes du même caractère : c'est d'être très-susceptible des différentes impressions que ses valets et ceux qui sont entièrement soumis à ses ordres lui veulent donner. La défiance et les soupçons suivent presque toujours ces dispositions-là; aussi, je n'ai vu personne qui en soit plus susceptible [1]. »

Cependant, cet homme si difficile et si rude, à l'abord glacial, aux manières austères et dures, avait été obligé, pour se raffermir au pouvoir, où il s'étonnait sans doute encore lui-même d'être arrivé, de se prêter aux plus intimes confidences du roi, de servir, de favoriser ses amours. Au mois d'août 1663, Louis XIV était l'amant heureux, mais discret, de Mlle de La Vallière. Dans un voyage qu'il fit alors en Lorraine, il écrivit à Colbert le billet suivant.

[1] *Recueil des arrêtés M. le premier président de Lamoignon*, t. I, p. xxviii de la vie de M. de Lamoignon.

« .... Rendés les lettres que je vous envoie et particulièrement celle où il n'i a rien dessus, qui s'adresse à la personne que je vous ai recommandée en partant ; vous m'entendés bien [1]. »

Plus tard, chaque fois que Mlle de La Vallière voulait cacher les résultats de cette faiblesse qui faisait tout à la fois son bonheur et sa honte, il fallait que le ministre de Louis XIV intervînt. Puis, quand les jours du remords et du désespoir arrivèrent, et que, désolée, inconsolable de la faveur chaque jour plus évidente de sa rivale, Mlle de La Vallière se retira pour la première fois dans un couvent de Chaillot, ce fut Colbert, Mme de Sévigné nous l'apprend, que le roi chargea de la ramener à Versailles [2]. Enfin, voici une autre lettre de Louis XIV à Colbert, qui fait voir quel rôle indigne d'eux les mauvaises passions du roi imposaient parfois à ses ministres.

« Saint-Germain-en-Laye, le 15 juin 1678.

« Monsieur Colbert, il me revient que Montespan se permet des propos indiscrets. C'est un fou que vous me ferez le plaisir de suivre de près, et, pour qu'il n'ait plus de prétexte de rester à Paris, voyez Novion, afin qu'il se hâte au Parlement.

« Je sais que Montespan a menacé de voir sa femme, et, comme il en est capable et que les suites seroient à craindre, je me repose encore sur vous pour qu'il ne parle pas. N'oubliez pas les détails de cette affaire, et surtout qu'il sorte de Paris au plus tôt.

« Louis [3]. »

Et Colbert fit sans doute ce que Louis XIV demandait. Ne blâmons pas trop néanmoins cette condescendance d'un des ministres les plus austères qui aient occupé le pouvoir, pour les faiblesses du roi ; ne la jugeons pas surtout avec les idées du XIXe siècle. Pour que Louis XIV se soit montré dans un

---

[1] *Documents inédits sur l'histoire de France*, par M. de Champollion-Figeac, t. III. — Les éditeurs des *Œuvres de Louis XIV* avaient classé cette lettre à l'année 1673.

[2] Lettre du 12 février 1671.

[3] *Œuvres de Louis XIV*, t. V. p. 576. La différence entre l'orthographe de cette lettre et de la précédente s'explique par la raison que j'ai donnée dans l'avertissement. — M. de Montespan avait un procès à Paris, et l'on voit par un billet de Colbert au roi, du 24 mai 1678, que le ministre n'avait pas osé prendre sur lui de recommander ce procès à M. de Novion avant d'y être autorisé par Louis XIV. — Enfin, on lit dans les *Œuvres de Louis XIV*, t. V, p. 535 et 536, des lettres du roi à Colbert dans lesquelles il est dit . « *Madame de Montespan m'a mandé que vous lui demandez toujours ce qu'elle désire ; continuez à faire ce que je vous ai ordonné là-dessus, comme vous avez fait jusqu'à cette heure*, etc., etc.

carrosse où se trouvaient avec lui Marie-Thérèse, Mlle de La Vallière et Mme de Montespan, pendant que le peuple disait tout bas en les voyant passer : *Voilà les trois reines*[1] ; pour qu'il ait fait légitimer tous ses enfants naturels par le Parlement, il faut qu'il ait eu, jusqu'à un certain point pour complices les idées et les mœurs de son temps. On ne passe pas, d'ailleurs, sans périls d'une situation précaire, comme l'avait été celle de la royauté sous la Fronde, à une souveraineté sans limite et sans contrôle. Qu'on se rappelle en outre que Henri IV avait légitimé treize de ses bâtards ; qu'on songe enfin à l'espèce de culte que les personnages les plus considérables, non-seulement de la France, mais de l'Europe, par leur position et par leur intelligence, professèrent pour Louis XIV pendant les trente premières années de son règne, à l'ivresse de Mme de Sévigné lorsqu'elle en avait obtenu un compliment, au malheur de Racine pour lui avoir déplu, et l'on sera sans doute indulgent pour celui qui, vivant dans sa sphère et sous son influence immédiate, a servi dans quelques circonstances, il est vrai fâcheuses, d'instrument docile à ses caprices et à ses passions.

Mais ces services d'intérieur occupaient heureusement fort peu de place dans la vie de Colbert, et jamais peut-être ministre n'a été moins absorbé que lui par les petites intrigues, par le soin de faire sa cour et de déjouer les influences rivales. On a vu la série de mesures réparatrices qu'il avait fait adopter dans les trois premières années de son administration. Sûr de l'appui du roi, Colbert poursuivait le cours de ses réformes avec une ardeur que le succès ne faisait qu'augmenter. Déjà les tailles avaient été réduites de 50 à 36 millions. Concédées en adjudication publique, les fermes rapportaient moitié plus ; la révision des rentes avait procuré une économie de 8 millions ; enfin, l'ordre introduit depuis peu dans les comptes des receveurs commençait à porter ses fruits. Mais ce n'était pas tout, et si d'excellents résultats avaient été obtenus, il restait beaucoup à faire encore, principalement dans les provinces, où, par suite

---

[1] *Mémoires de Saint-Simon*, t. XIII, p. 92.

des dettes énormes qu'avaient contractées les communes et des exemptions à la taille usurpées sous prétexte de noblesse, le menu peuple des villes et des campagnes se trouvait écrasé d'impôts. Ces deux objets attirèrent l'attention de Colbert dès 1663, et il résolut d'y porter remède immédiatement.

En ce qui concernait les dettes des communes et l'intervention du pouvoir royal dans la gestion des finances municipales, la chose n'était rien moins que facile et demandait en même temps beaucoup de vigueur et d'adresse. Ces dettes, on en aura la preuve tout à l'heure, s'élevaient à des chiffres vraiment excessifs, sans rapport avec l'importance des villes. Cependant, la plupart des emprunts ne remontaient qu'à l'année 1647. A cette époque, le cardinal Mazarin, toujours aux expédients, avait fait rendre un édit portant que tous les droits d'*octroi* et autres, qui se levaient au profit des villes et communautés, seraient portés à l'épargne, et autorisant les maires et échevins à lever, par doublement, les mêmes droits et octrois[1]. Au lieu de doubler l'octroi, les communes préférèrent emprunter, espérant sans doute que l'édit serait bientôt rapporté, et, comme rien n'est plus glissant que la voie des emprunts, quinze ans après, le mal était tellement considérable que des moyens énergiques pouvaient seuls y mettre ordre. Ainsi, dans la province de Bourgogne, la ville de Beaune, dont les revenus patrimoniaux et les octrois n'atteignaient pas 17,000 livres, devait 560,000 livres; dans la même province, Arnay-le-Duc, petite ville de quelques mille âmes, ne devait pas moins de 317,000 livres [2]. Le mal eût été moindre encore si ces sommes eussent été employées en dépenses utiles, mais il s'en fallait de beaucoup, et les comptes annuels d'Arnay-le-Duc établissaient, par exemple, qu'à cette époque la meilleure partie des deniers de la ville s'employait en frais de voyage alloués aux magistrats qui se rendaient à Dijon sous prétexte de réclamer des exemptions de

---

[1] *Encyclopédie méthodique*. Finances, art. *Octroi*. Édit du 21 décembre 1647.
[2] *Une Province sous Louis XIV*, etc.; *les Communes*. — Ce livre, auquel j'ai déjà fait plusieurs emprunts, est un excellent travail historique, plein de recherches très-consciencieuses et très-intéressantes. Il serait bien à désirer que les archives de chaque province fussent étudiées avec cette intelligence. Ce seraient là de précieux matériaux pour l'histoire générale de cette grande époque si imparfaitement connue jusqu'à ce jour.

CHAPITRE V. 155

logements militaires, ou pour suivre des procès qu'ils traînaient exprès en longueur. Et ce n'était pas là un abus local, car, quelques années après, Louis XIV rendit, pour le réformer, un édit très-significatif qui mérite d'être rapporté.

« Le roy ayant esté informé que les dettes des villes et communautés procèdent en partie des frais de voyage et desputation des maires, eschevins, consuls et autres qui ont l'administration des affaires publiques, lesquels ayant des procès en leurs mains ou autres affaires particulières en la ville de Paris, ou à la suitte de la cour ou ailleurs, font naistre ou supposent des affaires auxdites villes et communautés, et soubs ce prétexte, se font nommer députez pour les solliciter et poursuivre, et ensuite payer des frais de leurs voyages et des longs séjours qu'ils font pour leurs propres affaires ; à quoy estant nécessaire de pourvoir, Sa Majesté, en son conseil, a ordonné et ordonne qu'il ne sera faict à l'advenir aucune députation par les villes et les communautés que préalablement les maires, eschevins ou consuls, n'en aient faict connoistre les raisons et le besoin aux commissaires despartis par Sa Majesté dans les provinces, et pris sur ce leur advis ; et, en cas qu'ils estiment lesdites desputations nécessaires, lesdites villes et communautés pourront desputer ceux qu'elles jugeront propres à cet effet, *autres, toutefois, que les maires, eschevins ou consuls en charge, auxquels Sa Majesté deffend très-expressément d'accepter lesdites députations, si ce n'est en déclarant sur le registre du greffe qu'ils ne prétendent aucune chose pour leur voyage et séjour; sinon seront condamnés à restituer le quadruple*[1]. »

On peut voir par là quelle espèce de garantie trouvaient les communes dans leurs anciennes franchises municipales. Il fallait que les gaspillages eussent été bien fréquents, bien avérés, pour que la couronne mît ainsi en suspicion tout un ordre de magistrats. Mais les dettes n'en existaient pas moins, et pour les villes comme pour l'État, dans l'impossibilité de les payer sans embarrasser l'avenir pour longtemps, il fallait les liquider et les réduire. Colbert fit d'abord annuler par la Chambre de justice les baux par lesquels les octrois des villes avaient été affermés à vil prix sous l'administration précédente. Ensuite il fit rendre un édit qui accordait au roi la moitié seulement du revenu des villes, sans y comprendre leurs deniers patrimoniaux, au lieu du revenu total que lui attribuait la dé-

---

[1] *Une Province sous Louis XIV*, etc., p. 246. Edit du 18 juin 1668.

claration de 1647 [1]. Intéressées de nouveau à la perception de leurs revenus, les villes y apportèrent la plus grande surveillance, et, en peu d'années, la part seule du roi s'éleva au même chiffre qu'avant l'édit qui semblait devoir la diminuer de moitié. Comme toute réforme, cette mesure, on le pense bien, souleva de vives réclamations.

« Ceux dont elle arrêtait les pillages, a dit Forbonnais, ne manquèrent pas d'accuser le ministre d'enfreindre les priviléges des villes, toujours respectables, sans doute, lorsqu'ils sont utiles au peuple, mais dont le prince, qui est le père du peuple, ne doit jamais souffrir que les intérêts particuliers puissent se prévaloir. [2] »

Quant à la vérification des dettes, on voit, par ce qui se passa en Bourgogne, qu'elle dut présenter dans les provinces d'extrêmes difficultés. Si l'on s'en était rapporté au Parlement, cette vérification n'eût pas rencontré de graves obstacles; mais les Parlements n'étaient pas en faveur, et Colbert voulait, au contraire, qu'elle fût faite par l'intendant de la province. Le Parlement de Bourgogne se fâcha et prépara des remontrances. Nicolas Brûlart, fils et petit-fils de premier président, était alors à sa tête. Il y avait, disait-on, dans cette famille, des écritoires *d'où il sortait des boulets.* A peine entré en fonctions, Nicolas Brûlart osa résister au cardinal Mazarin, qui l'exila à Perpignan. C'était jouer de malheur. Rentré en grâce, il reconnut, dans un discours d'ouverture de 1661, que le seul maître de la chose publique était le roi, et que celui-ci *n'avait point de supérieur en terre.* Pourtant, à plusieurs reprises, Nicolas Brûlart avait déjà tenu tête aux ministres, et, lorsque la question des rentes se présenta, le levain de l'esprit de corps et de l'esprit de famille reprit un instant le dessus. Préparé à cette lutte par celle qu'il soutenait victorieusement avec le Parlement de Paris, Colbert réprima vigoureusement les velléités d'indépendance des parlementaires de Dijon. D'ailleurs, il travaillait pour le peuple, et, contre son habitude, le peuple semblait le comprendre. A Beaune, en 1664, la ville fut troublée par deux partis considérables, causés, dit Nicolas Brûlart, par

---

[1] *Encyclopédie méthodique.* Finances, art. *Octroi.* Edit de décembre 1663.
[2] *Recherches sur les finances,* etc.

la vérification des dettes que « la populace regardait comme un grand bien et soulagement, mais avec tant de licence et d'emportement qu'elle insultait aux magistrats et aux principaux bourgeois, et qu'il se voyait clairement que le dessein des factions était d'opprimer les plus puissants. » On juge par là que ces derniers, possesseurs des rentes qu'il s'agissait de réduire, s'opposaient à la vérification. L'année suivante, au mois de janvier 1665, les mêmes causes amenèrent les mêmes désordres. Écoutons encore le premier président.

« Partout la canaille est fort animée contre les meilleurs et principaux habitants ; ce mal, qui s'augmente tous les jours, est une suite de la vérification des debtes ; il va maintenant jusqu'à la sédition, jusqu'aux attroupements et aux pillages publics des maisons[1]. »

La province de Dijon avait alors pour gouverneur le grand Condé, dont le soin principal paraissait être, en expiation du bruit qu'il avait fait lui-même, d'empêcher que le moindre retentissement de ces dissensions n'arrivât jusqu'aux oreilles du roi. Il écrivit à Nicolas Brûlart « que Messieurs de Bourgogne commençaient fort à se remuer, à faire parler d'eux, et que, pour lui, il trouvait depuis quelque temps leurs esprits fort portés à la sédition, ce qui ne pouvait produire que de méchants effets. » Mais Colbert fit distraire les auteurs des troubles de la justice du Parlement, et les envoya pour la forme devant l'intendant. Enfin, un édit du mois de mars 1665 régla que les dettes des villes seraient vérifiées et liquidées par la Chambre des Comptes de Dijon, d'après le travail des commissaires. Plus tard, en 1671, on invita les États à éteindre les dettes des communautés villageoises, s'élevant à près de 3 millions. Pour des gens qui avaient eu tant de mal à se prêter à la liquidation de leurs propres dettes, la proposition de payer de leurs deniers celles des villages était cruelle et mal sonnante. Il fallut pourtant s'y conformer. Dès ce jour, l'opération de la liquidation des dettes fut terminée en Bourgogne, et cette province put satisfaire plus aisément aux demandes d'argent toujours croissantes que

---

[1] *Une Province sous Louis XIV*, etc., *les Communes* ; p. 257.

les nécessités de la guerre obligeaient le roi de lui adresser.

Les recherches concernant l'usurpation des titres de noblesse pour s'exempter de la taille, n'éprouvèrent pas, il est vrai, les mêmes obstacles que la vérification des dettes, mais elles n'en causèrent pas moins, parmi ceux qu'elles atteignirent, la plus vive agitation. Il est inutile d'insister sur la nature des conséquences qui résultaient de ces usurpations souvent réprimées et toujours renaissantes, grâce au trafic honteux que les rois faisaient des titres de noblesse, dans leurs fréquents besoins d'argent. Et comme si, dans ce trafic, tout devait être matière à scandale, on vit souvent des princes, même les plus populaires, éteindre, pour les faire revivre ensuite en exigeant une nouvelle taxe, les titres de noblesse qu'ils avaient vendus. Ainsi, Henri IV lui-même, après avoir, par édit du mois de mai 1593, anobli plusieurs personnes, moyennant finance, annula, au mois de janvier 1598, tous les titres de noblesse accordés ou vendus depuis vingt ans. On lit ce qui suit dans ce dernier édit :

« D'autant plus les charges et impositions ont été augmentées, d'autant plus les riches et personnes aisées contribuables à nos tailles se sont efforcés de s'en exempter ; les uns, moyennant quelque légère somme de deniers, ont acheté le privilège de noblesse ; autres, pour avoir porté l'épée durant les troubles, l'ont indûment usurpé et s'y conservent par force et violence. De là, foule, oppression et totale ruine des sujets qui payoient la taille. »

Et pourtant, en 1606, Henri IV vendit de nouvelles lettres de noblesse. Trente-deux ans après, pour signaler la naissance de son premier fils, Louis XIII accorda la noblesse à un certain nombre de personnes dans chaque généralité, moyennant finance, pour elles et leur postérité, tant mâles que femelles, nées et à naître ; puis, en 1640, un édit du mois de novembre révoqua tous les anoblissements accordés depuis trente ans. A l'avènement de Louis XIV, deux personnes de chaque généralité purent acheter la noblesse pour 4,000 livres. Deux ans après, on créa cinquante nobles à prix d'argent, dans les villes franches de Normandie. Enfin, par déclaration du 8 février 1661, les titres de noblesse, obtenus en 1606, révoqués en 1640, furent de nouveau confirmés, au prix de 1500 livres. Le même édit stipulait, il est vrai, que, vu l'oppression des sujets taillables, conséquence des exemptions dont jouissaient les usurpateurs de noblesse, qui, n'étant point gentilshommes, prenaient néanmoins les qualités de chevalier et d'écuyer, portaient armes timbrées, et se dispensaient ainsi du paiement des tailles et des autres charges auxquelles les roturiers étaient sujets, *lesdits usurpateurs seraient condamnés à payer 2,000 livres, outre l'arriéré de leur contribution* [1]. Mais il paraît évident que l'édit de 1661 avait principalement pour but, en effrayant les usurpateurs des titres de noblesse, de forcer ceux dont les titres avaient été révoqués antérieurement à les acheter une seconde ou troisième fois.

Colbert trouva les choses en cet état, et, comme on était en train de tout vérifier, de tout refaire, au mois de septembre 1664, une nouvelle révocation des lettres de noblesse fut ajoutée par lui à celles qui avaient précédé. Il eût mieux valu, sans doute, répudier entièrement le déplorable système des révocations, véritable banqueroute périodique, doublement dégradante pour le pouvoir, déclarer qu'il ne serait plus vendu de titres de noblesse, et chercher un moyen pour empêcher ce trafic; mais cela n'eût paré qu'aux désordres de l'avenir, et l'on était impatient d'améliorer le présent. A ce point de vue, l'édit que fit rendre Colbert dut produire d'excellents résultats, surtout dans les campagnes. Il se fondait sur ce que, « pendant les guerres et troubles de sa minorité, le roi avait été obligé, pour certaines considérations, d'accorder un grand nombre de lettres de noblesse et d'en tirer quelque légère finance, au grand préjudice de plusieurs paroisses incapables depuis lors de payer leur taille, à cause du grand nombre d'exempts qui recueillaient les principaux fruits de la terre sans contribuer aux impositions dont ils devraient porter la meilleure partie au soulagement des pauvres. » L'édit révoquait donc toutes les lettres ou confirmations de noblesse accordées depuis 1634, et, pour toute faveur, accordait aux nobles dé-

---

[1] *Encyclopédie méthodique*. Finances, art. *Noblesse.* — *Collection des anciennes lois françaises*, etc.

possédés l'exemption des tailles pendant l'année 1665 [1]. En même temps les États recevaient l'ordre de seconder la recherche des usurpateurs de noblesse, et ils s'associaient franchement à Colbert pour la répression d'un autre abus bien plus grave encore que celui dont il vient d'être fait mention. En effet, outre ceux qui avaient acheté leurs titres, inattaquables en droit, il y avait, principalement dans les provinces, un très-grand nombre de faux nobles qui s'étaient attribué cette qualité, sous prétexte d'avoir exercé la moindre charge ; par exemple, d'avoir été employés dans les fermes ou dans les gabelles du roi. En 1665, les États de Bourgogne délibérèrent que les règlements faits pour la recherche des privilèges seraient exécutés, attendu, porte le décret, « que plusieurs gens riches et aysés, se prestendant commensaux de la maison royalle et des princes du sang, sur des certificats mandiés et sans rendre aucuns services, s'exemptent du payement des tailles et autres charges publiques, à la foulle et oppression des pauvres et misérables [2]. » Les recherches pour usurpation des titres de noblesse se poursuivirent sévèrement pendant plusieurs années. On voit, dans une lettre écrite le 13 novembre 1670 par Colbert à l'intendant de Bretagne, que, dans cette province, les amendes encourues par les usurpateurs de noblesse s'étaient élevées à 8,000 écus. Cependant, Colbert recommande à l'intendant d'activer ses recherches, afin de pouvoir vivre bientôt des revenus ordinaires [3]. Dans d'autres provinces, le montant des amendes fut bien plus considérable. En Provence seulement, douze cent cinquante-sept usurpations furent signalées, et produisirent, à 50 livres par famille, près de 63,000 livres [4]. Le total des amendes pour tout le royaume, atteignit le chiffre de 2 millions. C'était peu

---

[1] *Collection des anciennes lois françaises*, etc., édit de septembre 1664. — Il aurait fallu, après cet édit, ne plus faire de nobles moyennant finance ; c'est ce qui n'eut pas lieu, et l'on en créa huit cents nouveaux de 1696 à 1711. Il est vrai qu'un édit de 1715 supprima tous les anoblissements accordés depuis 1699. Excellents moyens, comme on voit, pour relever la noblesse et le pouvoir !

[2] *Une Province sous Louis XIV*, 1re partie ; *les États généraux*, p. 120.

[3] Arch. de la mar. *Registre des despesches*, etc., année 1670.

[4] Les noms de tous les usurpateurs de la noblesse en Provence se trouvent à la suite de quelques exemplaires de la *Critique du nobiliaire de Provence*. Mss. in-fol. de 600 pages.

sans doute pour le bruit qu'avaient fait ces recherches, pour les clameurs qu'elles avaient soulevées; mais, si l'on songe que tous les usurpateurs de noblesse contribuèrent par suite au paiement de la taille, et que la taille elle-même se trouva réduite de près de 20 millions, on comprendra la portée de la mesure ordonnée par Colbert et le soulagement que le peuple des campagnes dut en éprouver [1].

Jusqu'à cette époque, on l'aura remarqué sans doute, l'action de Colbert avait été presque uniquement répressive. En effet, si l'on en excepte la négociation avec la Hollande, relative au droit de 50 sous par tonneau, il n'avait eu jusqu'alors que des infractions aux règlements à constater et à punir. Il lui avait fallu d'abord réprimer les abus des trésoriers et receveurs en matière de comptabilité, les exactions des huissiers et sergents des tailles, les concussions des financiers, et, en dernier lieu, les usurpations de noblesse. Rien n'était d'ailleurs plus logique. Avant d'organiser et de construire, il était nécessaire de régler avec le passé et de déblayer le terrain. Cela fait, et

[1] Voici comment cette réforme de Colbert fut appréciée dans une série de mémoires imprimés en 1689 et 1690, à Amsterdam, sous ce titre : *Soupirs de la France esclave qui aspire après sa liberté.* « M. Colbert a fait un projet de réformation des finances et l'a fait exécuter à la rigueur. Mais en quoi consiste cette réformation ? Ce n'est pas à diminuer les impôts pour le soulagement du peuple; c'est à les augmenter de beaucoup en les répandant sur tous ceux qui s'en mettaient à couvert par leur crédit et par celui de leurs amis. Le gentilhomme n'a plus de crédit pour obtenir la diminution de la taille à sa paroisse; ses fermiers paient comme les autres, et plus. Les officiers de justice, les seigneurs et autres gens de caractère n'ont plus aujourd'hui de crédit au préjudice des deniers du roi. *Tout paie. Voilà un grand air de justice*; mais qu'est-ce que cette belle justice a produit ? Elle a ruiné tout le monde..... Ceux qui avaient de la protection n'en ayant plus, ils portent le fardeau à leur tour, et, par cette voie, tout est ruiné sans exception. Voilà à quoi en revient cette habileté qu'on a tant vantée dans feu M. Colbert. » (XIe mémoire.) L'auteur convient bien qu'auparavant les gens sans protection et sans amis étaient tout à fait misérables, mais au moins il restait dans le royaume des gens à leur aise et qui *faisaient honneur à l'État.*

Ces pamphlets, naïve expression des rancunes féodales et parlementaires contre l'envahissement du pouvoir royal, sont très-curieux à consulter, et j'aurai occasion d'y revenir, toutes réserves faites sur l'esprit qui les a dictés. Ils sont attribués à Jurieu ou à Levassor par Barbier dans son *Dictionnaire des Anonymes*. La Bibliothèque royale les a catalogués à l'article *Jurieu.* Lemontey raconte qu'avant la révolution le gouvernement faisait rechercher et détruire tous les exemplaires de cet ouvrage. C'est évidemment le premier cri de révolte qui ait été nettement formulé contre l'organisation despotique de l'ancien gouvernement, et ces précautions du pouvoir étaient d'autant plus fondées que le pamphlet dont il s'agit n'était pas seulement d'une extrême violence, mais qu'il s'étayait de preuves historiques bien capables de faire impression sur les esprits. L'auteur proposait pour remède au despotisme de Louis XIV de revenir à l'ancienne forme du gouvernement français, ou de constituer le pouvoir comme il l'était en Angleterre et en Hollande. On peut dire que le germe de la révolution de 1789 est là.

Colbert n'avait pu atteindre ce but qu'après trois ans d'efforts, le moment était enfin venu pour lui de mettre à exécution quelques-uns des projets qu'il méditait depuis longtemps. Le premier, et sans contredit le plus important et le plus urgent de tous, eut pour objet la révision du tarif des douanes intérieures et extérieures. Pour bien faire comprendre la nécessité et les difficultés d'un pareil travail, il faudrait pouvoir donner une juste idée de la complication de ce tarif, fatigante nomenclature de mille droits bizarres et barbares. Comme les fermiers qui exploitaient ces droits profitaient de l'ignorance générale pour augmenter les tarifs à volonté, sûrs, en cas de contestation, de gagner leur cause devant des juges qui leur étaient vendus, toutes les fois qu'il avait été question de mettre un peu d'ordre dans ce chaos, d'un côté les fermiers et ceux qu'ils soudoyaient à la cour, de l'autre les provinces les mieux traitées qui craignaient de perdre quelque avantage à l'adoption d'un nouveau tarif, ne négligeaient rien pour y mettre obstacle. Cependant, jamais réforme plus indispensable. Non-seulement les productions naturelles et manufacturières du royaume étaient frappées à leur sortie de droits considérables et sans fixité, mais chaque province avait ses douanes, ses barrières, ses employés. En 1614, les députés aux États généraux avaient formulé à ce sujet des vœux pleins de logique et de bon sens. Les députés disaient là-dessus au roi que, bien que les droits de douane ou *traiste foraine* dussent être levés, comme leur titre même l'indiquait, sur les seules marchandises transportées hors du royaume, néanmoins ces droits étaient perçus de province à province, comme si les marchandises passaient en pays étranger, *au grand préjudice de ses sujets, entre lesquels cela conservoit des marques de division qu'il estoit nécessaire d'oster, puisque toutes les provinces de son royaume estoient conjointement et inséparablement unies à la couronne pour ne faire qu'un mesme corps sous la domination d'un mesme roy* [1]. Mais qui ne sait la difficulté de déraciner un abus; surtout quand il est profitable à des par-

---

[1] Cahier du tiers-état en 1614; *Recherches sur les finances*, par Forbonnais, années 1614 et 1615.

ticuliers riches et puissants? Qu'on ajoute à cela toutes les fausses mesures prises de temps immémorial par le gouvernement, presque toujours dans un but fiscal, souvent aussi avec bonne foi. Sans remonter plus haut que Philippe-le-Bel, les ouvriers en laine du royaume s'étant plaints en 1304 que la faculté de transporter au dehors les laines et les autres matières propres à l'apprêt et à la teinture était préjudiciable au progrès des manufactures, ce prince profita de l'occasion qui lui était offerte pour prohiber expressément, *sauf les permissions qu'il jugerait à propos d'accorder*, l'exportation de l'argent, du blé, des bestiaux, du vin, de l'huile, du miel, de l'acier, des cuirs, de la soie, de la laine, du lin, des toiles, etc., etc. Depuis cette époque jusqu'en 1664, les défenses, les permissions, les modifications de tarifs se succèdent de règne en règne, d'année en année. En 1621, Louis XIII créa de nouveaux bureaux de douanes dans quelques provinces frontières qui en avaient été exemptes jusque-là, et il laissa ces provinces libres de les établir à leur choix, ou du côté des frontières, ou du côté de l'intérieur. La Bourgogne ayant préféré son commerce avec l'intérieur, les bureaux y furent placés du côté de la Franche-Comté, qui appartenait alors à l'Espagne. Au contraire, le Dauphiné, la Saintonge, le pays d'Aunis, la Guyenne, la Bretagne et le Maine laissèrent établir leurs bureaux du côté du Poitou et de la Normandie, afin de conserver la liberté du commerce avec l'étranger. La Provence trouvant qu'elle aurait avantage à ne commercer librement ni avec l'intérieur du royaume ni avec l'étranger, demanda à s'entourer d'une enceinte continue de bureaux, et elle obtint aisément pleine satisfaction.

Les principaux droits établis sur les marchandises à la sortie s'appelaient droits de *haut-passage*, de *rêve* ou recette, *imposition foraine, domaine forain, traite domaniale*. Quant aux droits de douane intérieure, on les comptait par centaines : c'étaient *la traite foraine et la nouvelle imposition d'Anjou, le trépas de Loire, la patente de Languedoc, la traite d'Arsac, les deux pour cent d'Arles et le liard du baron, le denier Saint-André, la table de mer, le droit de Massicault, le convoi et la comptablie de Bordeaux, la traite de Charente, la branche de cyprès, le droit de coutume*, etc., etc., etc. Je ne parle pas des célèbres douanes de Lyon et de Valence, véritables coupe-gorges commerciaux, la dernière surtout, établie en 1621, en remplacement de la douane de Vienne, par le maréchal de Lesdiguières, pour quelques années seulement, comme toujours en pareil cas, et soigneusement maintenue jusqu'en 1790. Cette douane, dont la ferme n'excédait pas 400,000 livres en 1626, faisait perdre tous les ans des millions au commerce, qui étourdissait la cour de ses doléances sans en obtenir le moindre soulagement. « Les marchands se plaignent toujours, disaient les douaniers à ce sujet ; il ne faut pas écouter ces gens-là. Peut-on croire que le commerce tombe quand on voit des marchands riches? » Et la cour n'eut garde en effet d'écouter les marchands. La douane de Valence prélevait un droit de 3 à 5 pour 100 sur toutes les marchandises du Levant, d'Espagne, de Provence et de Languedoc, transportées à Lyon par terre ou par eau, ainsi que sur toutes les denrées du Dauphiné, Lyonnais, Beaujolais, de la Bresse, de la Bourgogne et autres provinces, transportées en Languedoc, en Provence, en Piémont, par terre ou par eau, avec obligation de passer *là et non ailleurs* pour y acquitter le droit. En 1640, le commerce, rebuté par toutes ces entraves, ayant changé de cours, les fermiers demandèrent un dégrèvement. Qu'arriva-t-il? on tripla une partie des droits. En même temps, pour empêcher les marchandises de leur échapper, les fermiers établirent un vaste réseau de bureaux qui couvrit onze provinces. Cependant, les produits continuaient à diminuer. D'un autre côté, les réclamations devenaient plus vives. La ville de Lyon surtout adressait requêtes sur requêtes et se plaignait amèrement des rigueurs de la douane de Valence, qui ruinaient son commerce [1].

[1] Voici ce qu'on lit dans une de ces requêtes adressée en 1659 au cardinal Mazarin : « La douane de Valence, tant de fois reconnue pour être la ruine du commerce de nos provinces, s'est accrue de telle manière qu'il y a telle marchandise qui la paye jusqu'à trois fois. *Une balle de soye venant d'Italie la paye au pont de Beauvoisin; la même balle allant de Lyon à Nantua pour être ouvrée paye une seconde fois au bureau de Montluel; et pour la troisième fois, en revenant à Lyon pour être manufacturée.* Aussi, de vingt mille balles de soye qui venaient à notre douane, année commune, il n'en arrive plus *trois mille*..... Avant 1620, une balle de soye du Levant ne payoit que *seize livres*..... aujourd'hui elle paye en tout *cent douze livres*..., avant que de pouvoir être employée en ouvrages. Les soyes grèges d'Italie

Plaintes inutiles! Celle-ci résista à toutes ces attaques. Non-seulement elle ne fut pas supprimée, mais son tarif fut augmenté à plusieurs reprises. Colbert lui-même n'osa pas toucher à cette invention fatale d'un homme de guerre aux abois, et la douane de Valence, plusieurs fois amendée et améliorée, il est vrai, dans le cours du XVIIIe siècle, subsistait encore lorsque la Révolution éclata [1].

Telle était, autant qu'il est possible d'en donner une idée par un rapide aperçu, l'organisation douanière de la France au moment où Colbert s'occupa de la révision des tarifs. Le plan conçu par ce ministre était admirable, eu égard aux idées de son époque, et digne des plus grands éloges. Frappé du tort immense que la multitude et la diversité des droits de douanes portaient au commerce, il aurait voulu abattre toutes les barrières qui séparaient, isolaient les provinces, et les rendaient plus étrangères les unes aux autres que ne l'étaient quelques-unes d'entre elles pour les pays limitrophes. Malheureusement, un pareil système ne pouvait être inauguré sans troubler bien des habitudes et froisser de nombreux intérêts. On craignit une opposition compacte, redoutable. Parmi les pays d'États surtout, un grand nombre se montraient systématiquement hostiles à toute réforme qui les eût assimilés aux autres provinces. Incorporés à la monarchie sous la condition de certains privilèges dont celles-ci ne jouissaient pas, ils attachaient une extrême importance à conserver intacte leur individualité, et

---

ne payoient que *dix-huit livres* et les ouvrées que *vingt-six*; les unes payent actuellement *cent vingt-six* et les autres *cent quarante-trois livres*.....» (*Recherches sur les finances*, par Forbonnais, année 1661.) Le même auteur cite deux curieux exemples de la fiscalité de la douane de Valence. Les Provençaux envoyaient les moutons en Dauphiné pendant l'été. Au retour, les commis de la douane exigeaient un droit à raison de deux livres de laine par mouton tondu en Dauphiné, sans déduction pour les moutons qui étaient morts ou que les loups avaient dévorés. Pour échapper à ces absurdes prétentions, les Provençaux prirent le parti de tondre leurs moutons au moment du départ pour le Dauphiné, c'est-à-dire avant que la laine eût atteint sa maturité. L'autre fait est plus étrange. Les commis de la douane voulaient faire payer au clergé de Vienne la dîme des vignes situées sur le territoire de Sainte-Colombe. Pour se soustraire à ce droit, dit Forbonnais, les ecclésiastiques allèrent processionnellement avec croix et bannière chercher leur vendange, qui depuis a toujours passé librement. (*Recherches*, année 1621.)

[2] *Mémoires concernant les impositions et droits*, par Moreau de Beaumont. 4 vol. in-4, 1769. Le premier traite des impositions chez les diverses nations de l'Europe, les trois autres de celles de la France. — *Recherches sur les finances*, par Forbonnais, années 1621 et 1661. — *Encyclopédie méthodique*. Finances : articles *Douane, Droits, Tarifs*.

tenaient, les uns par un intérêt réel, les autres aveuglément et sans motifs, à leurs barrières et à leurs tarifs particuliers. Vaincre par la persuasion et par la fermeté ces résistances déplacées ou irréfléchies était une œuvre digne de Colbert, et il semble véritablement que le gouvernement de Louis XIV avait alors toute la force, tout le prestige nécessaires pour l'entreprendre. Colbert ne l'osa pas. Après avoir fait preuve de tant d'énergie dans sa lutte avec les financiers concussionnaires, avec les Parlements qui les soutenaient, avec les faux nobles et les Communes, il craignit sans doute d'aller plus loin et de mécontenter les États généraux. Ce fut un grand malheur. Une fois résigné à sacrifier une partie du but qu'il avait d'abord espéré atteindre, Colbert proposa aux différentes provinces du royaume l'adoption d'un tarif uniforme. Un certain nombre y souscrivirent : ce sont celles qui furent désignées sous le nom de *provinces des cinq grosses fermes*[1]. C'était peu sans doute, comparativement à ce qu'il eût été possible d'obtenir; mais, dès l'instant où, renonçant au plus important de ses droits, le gouvernement subordonnait sa décision au caprice des intérêts particuliers, ce résultat devenait inévitable. Quoi qu'il en soit, douze grandes provinces profitèrent des bonnes dispositions de Colbert, et le tarif de 1664 fut publié [2].

Ce tarif n'en était pas moins, au surplus, une œuvre considérable, et le préambule qui le précède constate de la manière la plus formelle les préoccupations de Colbert en faveur du commerce. Rien n'est plus instructif, en général, que ces exposés des motifs des anciens édits, et l'on y trouve d'ordinaire, sur la situation du pays, sur les causes et les effets des grands événements publics, les plus curieux renseignements. Celui-ci faisait d'abord connaître les diminutions opérées sur les impôts depuis 1661 et les soins pris pour le rétablissement des ponts et des routes « dont le mauvais état empêchait notablement le transport des marchandises. » L'édit constatait en

---

[1] Cette dénomination avait été adoptée dès 1598, pour certaines provinces, attendu que les droits qui s'y levaient composaient alors cinq fermes particulières (Encyclopédie méthodique, *Finances*, art. *Cinq grosses Fermes*).

[2] *Mémoires sur les impositions*, par Moreau de Beaumont, t. III, p. 504 et suiv.

outre que beaucoup de péages onéreux avaient été supprimés et les grands chemins débarrassés des voleurs qui les infestaient. Arrivant aux conséquences particulières résultant du grand nombre et de la diversité des droits de douanes, il reconnaissait que le roi avait été « aisément persuadé de la justice des plaintes de ses sujets et des étrangers à cet égard, vu qu'il était presque impossible qu'un si grand nombre d'impositions ne causât beaucoup de désordres et que les marchands pussent en avoir assez de connaissance pour en démêler la confusion, et beaucoup moins leurs facteurs, correspondants et voituriers, toujours obligés de s'en remettre à *la bonne foi des commis des fermiers, qui étaient fort suspects* [1]. » Quant à l'ordonnance, elle se composait de quatorze titres qui réglaient, entre autres objets, les droits d'entrée et de sortie, les lieux affectés à l'entrée de diverses marchandises, la forme des acquits-à-caution, la juridiction et la police générale de la nouvelle ferme. Enfin, à l'ordonnance était annexé le tarif des droits d'entrée et de sortie.

Tel était l'*édit du mois de septembre 1664, portant réduction et diminution des droits des sorties et des entrées, avec la suppression de plusieurs droits.*

Cet édit, dont les dispositions principales sont restées longtemps en vigueur, sauf les modifications que Colbert lui-même y apporta en 1667, et sur lesquelles il fut obligé de revenir, en 1678, à la paix de Nimègue, constitua, quant à l'organisation des douanes intérieures dans le royaume, une situation singulière dont il est essentiel de dire quelques mots, ne fût-ce que pour donner l'explication de certaines expressions qui reviennent souvent dans l'histoire financière de l'ancienne monarchie.

---

[1] *Histoire du tarif de* 1664. 2 vol. in-4, par Dufresne de Francheville, t. I. Ces deux volumes font partie de l'*Histoire générale des finances* par le même auteur. Cette histoire, qui devait avoir environ quarante volumes in-4, a été malheureusement suspendue au troisième. Les précieux documents recueillis par Dufresne de Francheville dans son *Histoire du tarif de* 1664 et dans l'*Histoire de la Compagnie des Indes* (3e volume de l'*Histoire générale*) font regretter vivement que ce grand ouvrage ait été si tôt interrompu. C'est sous le nom de Dufresne de Francheville, dont il était l'ami, que Voltaire fit paraître la première édition du *Siècle de Louis XIV*.

On vient de voir que les provinces qui avaient accepté le tarif de 1664 furent appelées *provinces des cinq grosses fermes* : c'étaient la Normandie, la Picardie, la Champagne, la Bourgogne, la Bresse, le Bugey, le Bourbonnais, le Poitou, le pays d'Aunis, l'Anjou et le Maine, sans compter les provinces qui y étaient renfermées, comme le Soissonnais, l'Ile-de-France, la Beauce, la Touraine, le Perche, etc. Deux lignes de bureaux placés, les uns sur les frontières de ces provinces, les autres à quelque distance dans l'intérieur, suffisaient à la surveillance et formaient, pour ainsi dire, deux chaînes concentriques non interrompues.

Parmi les provinces qui préférèrent conserver leurs anciens tarifs, il s'établit deux divisions.

Les unes prirent le nom de *provinces étrangères*, relativement au tarif de 1664 dont elles n'avaient pas voulu : c'étaient la Bretagne, l'Angoumois, la Marche, le Périgord, l'Auvergne, la Guyenne, le Languedoc, la Provence, le Dauphiné, la Flandre, l'Artois, le Hainaut et la Franche-Comté.

Les autres, telles que l'Alsace, la Lorraine, les Trois-Evêchés (Metz, Toul et Verdun), le pays de Gex, les villes de Marseille, Dunkerque, Bayonne et Lorient, en raison de la franchise de leur port, reçurent la qualification de *provinces traitées comme pays étrangers*. Ces provinces et ces villes étaient, en effet, complétement assimilées aux pays étrangers, avec lesquels elles commerçaient avec une liberté entière. Par la même raison, les marchandises qu'elles exportaient dans les autres provinces étaient considérées comme venant de l'étranger, et celles qu'elles y achetaient acquittaient, en entrant sur leur territoire, le même droit qu'eussent payé, par exemple, les Espagnols ou les Hollandais [1].

C'est ainsi qu'en reculant devant l'application du principe d'unité dont son esprit avait pénétré toute la justesse, Colbert en sacrifia les plus beaux résultats. Cependant, il faut le reconnaître, bien que quelques articles précédemment exempts de droits y fussent compris et que plusieurs autres eussent été augmentés,

---

[1] *Mémoires sur les impositions*, par Moreau de Beaumont, t. III.

le tarif de septembre 1664 était un progrès. D'abord, la moitié de la France environ fut soumise au même tarif et débarrassée des anciennes entraves. En second lieu, le nouveau tarif était, sous bien des rapports, beaucoup plus libéral que l'ancien, notamment pour l'exportation des vins et eaux-de-vie, bien qu'on eût fait la faute, c'est Forbonnais qui l'a remarqué, de ne pas proportionner les droits à la qualité des produits ; anomalie bien ancienne, on le voit, et à laquelle il semble que l'on n'ait pas encore cherché sérieusement un remède. Un autre bienfait de l'édit de 1664 fut de régulariser l'emploi des acquits-à-caution, expédient depuis longtemps connu, mais mal défini et sujet jusqu'alors à beaucoup d'entraves. Dans l'ancienne organisation des douanes, en effet, même après l'adoption du tarif de 1664, les acquits-à-caution étaient pour le commerce un besoin de tous les instants. On sait quelle nature de facilités celui-ci y trouve. L'exemption de payer des droits à la rigueur exigibles, en s'obligeant, moyennant caution, à fournir la preuve, dans un délai donné, que telle marchandise a reçu une destination finale qui la dispensait de tout droit; une telle exemption était surtout précieuse à une époque où mille barrières artificielles élevées par le triste génie du fisc couvraient le royaume, et ce n'est pas un des moindres mérites de Colbert d'avoir simplifié, comme il fit, dans le règlement annexé l'édit de 1664, les formalités qui rendaient l'emploi des acquits-à-caution si incommode et si compliqué avant lui.

CHAPITRE VI.

Colbert organise les Compagnies des Indes occidentales et orientales (1664). — Soins qu'il apporte à leur formation. — Appel au public rédigé par un académicien. — Les Parlements et les Villes sont invités à souscrire. — Devise de la Compagnie. — Sacrifices faits en sa faveur par le gouvernement. — Causes du peu de succès qu'elle obtient. — Curieux mémoire de Colbert concernant la Compagnie des Indes occidentales. — Huit ans après sa formation, cette Compagnie est forcée de liquider. — Les Compagnies du Sénégal, du Levant, des Pyrénées et une nouvelle Compagnie du Nord ne réussissent pas davantage. — La Compagnie des Indes orientales est obligée de demander que les particuliers puissent faire le commerce dans tous les pays de sa concession.

Quatre années s'étaient à peine écoulées depuis le jour où Colbert occupait le pouvoir, et déjà l'ensemble de son système commençait à se dessiner. Ces grands encouragements au commerce et aux manufactures, qui ont fait de son nom un drapeau autour duquel deux écoles célèbres ont engagé des discussions dont la seconde moitié du XVIIIe siècle a retenti, datent de l'année 1664. Le tarif des douanes était établi, il est vrai, sur des bases libérales qui n'excluaient pas la concurrence étrangère ; mais quelques articles jusqu'alors exempts de droits, notamment le drap, y avaient été compris. Toutefois, rien n'y faisait prévoir encore l'exagération des moyens auxquels Colbert devait plus tard se laisser entraîner. Ce ministre avait même paru adopter d'abord, relativement aux effets du luxe, les principes de ses prédécesseurs, et, le 18 juin 1663, le roi avait rendu une ordonnance faisant de nouveau défense de porter des passements d'or et d'argent, vrais ou faux[1]. Cependant, quelques mois avant l'époque où parut le tarif de 1664, les

---

[1] *Collection des anciennes lois françaises*, etc. — Un grand nombre d'ordonnances contre le luxe avaient été publiées à diverses époques et presque sous tous les règnes ; la dernière était du 27 novembre 1660. Outre la défense de porter des aiguillettes ou broderies, d'or vrai ou faux, elle prohibait la vente des passements, dentelles, points de Gênes, broderies de fil, découpures et autres ouvrages de fils quelconques faits aux pays étrangers, ni autres passe-

Compagnies des Indes orientales et occidentales avaient été réorganisées sur des bases nouvelles, où le privilége occupait une trop grande place pour qu'il fût possible de supposer que cette tendance ne dût pas se manifester énergiquement sur d'autres points. Les vicissitudes des Compagnies des Indes orientales et occidentales ont vivement préoccupé Colbert pendant toute la durée de son administration. On se souvient des magnifiques dividendes que la Compagnie des Indes orientales de Hollande donnait à ses actionnaires. Stimulé par ces résultats, jaloux des bénéfices de la Hollande, Colbert, dans tous les actes de son ministère qui se rattachent au commerce ou à la marine, se proposa toujours pour but de mettre la France en position d'y participer ; mais ses efforts furent surtout extrêmes en ce qui concernait le commerce des Indes, auquel il prodigua toutes les faveurs du privilége et de la protection.

L'entreprise tentée par Colbert était chanceuse, et les Hollandais, parfaitement tranquilles de ce côté, regardaient avec indifférence le mouvement qu'il se donnait pour arriver à ses fins [1]. Déjà plusieurs fois, en effet, la France avait accordé des priviléges et des encouragements considérables à des Compagnies qui n'avaient pas réussi, tandis que les Espagnols, les Portugais, les Anglais, mais principalement les Hollandais, retiraient sous ses yeux, de leurs colonies, d'immenses avantages.

Dans un édit du 28 mai 1664, Colbert s'occupa d'abord de constituer une nouvelle Compagnie pour l'exploitation du commerce dans les Indes occidentales. Cet édit rappelle les erreurs commises par les Compagnies établies en 1628 et en 1642, qui avaient succombé faute de fonds, et pour avoir voulu vendre en détail à des particuliers les terrains de leurs concessions, au lieu de s'y établir solidement en vue de l'avenir. Dans le but de former un établissement puissant et fécond, Colbert racheta toutes les terres ainsi cédées, et accorda à une Compagnie, qui existait déjà sous le titre de *Compagnie de la terre*

---

ments ou dentelles de France, que de la hauteur d'un pouce au plus sous peine de confiscation et de 1,500 livres d'amende. Il est à remarquer que, postérieurement à la déclaration de juin 1663, il ne fut plus pris de mesure contre le luxe pendant l'administration de Colbert.

1 *Lettres et négociations de Jean de Witt*, etc., etc., année 1664, *passim*.

ferme de l'Amérique la faculté exclusive de faire le commerce dans toutes les Indes occidentales, à Cayenne et sur toute la terre ferme de l'Amérique, depuis la rivière des Amazones jusqu'à l'Orénoque, au Canada, dans l'Acadie, aux îles de Terre-Neuve et autres îles et terres fermes, depuis le nord du Canada jusqu'à la Virginie et la Floride, en y comprenant toute la côte d'Afrique, du cap Vert au cap de Bonne-Espérance. Comme la nouvelle Compagnie des Indes occidentales était la continuation d'une société déjà constituée, qui comptait de nombreux intéressés et possédait un certain nombre de navires, on espérait, grâce à l'étendue de son privilège, que sa prospérité ne serait pas douteuse, et l'on s'attendait à la voir bientôt en mesure de faire une concurrence heureuse aux établissements voisins [1].

Restait à organiser une Compagnie des Indes orientales ; mais ici rien n'existait, trois Compagnies s'étant déjà complètement ruinées. Tous les efforts du gouvernement se tournèrent donc de ce côté.

Quoi qu'en puissent dire les documents officiels, ces échecs successifs avaient singulièrement refroidi les esprits, et ce qui le prouve, c'est que Colbert crut devoir charger un académicien de l'époque, M. Charpentier, d'expliquer au public, dans une brochure, la cause des mécomptes précédents. M. Charpentier soutint cette thèse avec beaucoup d'habileté et de succès. Répondant d'abord à cette question : Pourquoi trois Compagnies ont-elles déjà échoué ? il attribua ce résultat aux fausses mesures prises par leurs directeurs, mais surtout au manque de fonds, inconvénient grave, disait-il, qui ne pouvait plus se présenter, puisque, le roi s'intéressant dans la nouvelle Compagnie avec la moitié du royaume, elle aurait plus de fonds à sa disposition que n'en avait eu à ses débuts la Compagnie des Indes orientales de Hollande. Ce n'était pas la première fois, au surplus, ajoutait la brochure, qu'une entreprise de ce genre ne réussissait pas à son premier essai. Les Espagnols et les Anglais en avaient fait l'expérience. Les Hol-

---

[1] Edit portant établissement de la Compagnie des Indes occidentales, en quarante-trois articles, du 28 mai 1664 (*Collection des anciennes lois françaises*, etc.).

landais eux-mêmes n'avaient réussi qu'à une quatrième tentative. D'ailleurs, le succès était désormais d'autant plus certain que l'île de Madagascar, où la flotte se proposait d'aborder pour y établir le centre des opérations de la nouvelle Compagnie, présentait bien plus de ressources que la résidence de Batavia, soit pour la facilité du trafic, soit pour l'agrément du climat, soit pour la sûreté des colons ; car les habitants de Madagascar étaient *fort bonaces*, et faisaient paraître beaucoup de dispositions à recevoir l'Evangile, tandis que l'île de Java était remplie de nations vaillantes, aguerries, très-attachées au mahométisme et pleines de mépris pour les chrétiens, sans compter que les Hollandais confinaient d'un côté avec le roi de Mataran qui était déjà venu les assiéger plus d'une fois à la tête de cent mille hommes. Quant aux avantages géographiques de Madagascar, ils étaient, poursuivait-on, de la dernière évidence. En effet, la position très-avancée de Batavia dans les Indes obligeait les Hollandais à faire beaucoup de chemin inutilement. Une fois arrivés dans leur entrepôt, ils devaient revenir sur leurs pas, avec les mêmes vents qui les ramenaient en Europe, afin d'aller trafiquer dans le golfe du Bengale, sur les côtes de Coromandel et de Malabar, à Ceylan, à Surate, dans le golfe Persique et sur les côtes d'Ethiopie ; puis, il leur fallait retourner à Batavia pour y assortir leur cargaison. De là, obligation pour eux de faire deux ou trois fois le même chemin. En établissant son principal magasin à Madagascar, la Compagnie française évitait cet inconvénient, puisque, quelque part qu'elle voulût aller, vers la mer Rouge, dans le golfe de Bengale, à la Chine, au Japon ou aux îles les plus reculées de la mer des Indes, ses navires ne feraient jamais du chemin mal à propos, et qu'en rapportant leurs marchandises à Madagascar ils se rapprocheraient en même temps de la France. Enfin, la Compagnie française aurait encore un avantage considérable sur celle de Hollande, attendu que, par suite de leurs démêlés avec l'Angleterre, précisément pour les possessions de l'Inde, les Hollandais étaient obligés de faire route vers le nord en doublant l'Irlande et l'Ecosse, ce qui augmentait leur navigation de quatre ou cinq cents lieues, la rendait en outre beaucoup plus périlleuse, et les entraînait dans des dépenses auxquelles la Compagnie française ne serait pas assujettie, dépenses considérables qui s'accroissaient d'une gratification de trois mois de solde aux matelots en raison même des difficultés de la navigation, et dont le prix de leurs marchandises devait nécessairement se ressentir [1].

C'est ainsi que Colbert essayait d'agir sur l'opinion publique et de lui faire partager ses espérances. A la suite de ce plaidoyer, l'académicien Charpentier abordait la question d'exécution. Il prétendait qu'un fonds de 6 millions serait suffisant pour construire et équiper quatorze navires de huit cents à quatorze cents tonneaux, destinés à transporter un grand nombre de personnes à Madagascar pour en prendre possession *de la bonne sorte*; que le roi pourrait être supplié d'y contribuer pour un dixième et qu'on ne doutait point qu'il ne le fît volontiers, mais qu'au surplus plusieurs grands seigneurs étaient disposés à y participer pour plus de 3 millions, si cela était nécessaire.

Cet appel au public fut accompagné de lettres du roi aux syndics, maires et échevins des grandes villes, et de recommandations pressantes aux grands fonctionnaires de Paris et des provinces. Il n'y eut pas d'injonction formelle de demander des actions dans la nouvelle Compagnie des Indes, mais on sut bientôt que c'était le meilleur moyen de faire sa cour. Parmi les financiers soumis à la taxe par la Chambre de justice, quelques-uns furent autorisés, par faveur spéciale, à convertir en actions le montant de leur amende. On vient de voir que 6 millions avaient d'abord paru suffisants à Colbert; mais neuf des principaux négociants et manufacturiers du royaume, consultés par lui à ce sujet, furent d'avis qu'il ne faudrait pas moins de 15 millions pour organiser la Compagnie sur une base durable. Alors les recommandations et les instances redoublèrent. Un jour, le chancelier Séguier invita, d'après les ordres du roi, toute la Chambre de justice à prendre des actions dans la Com-

---

[1] *Discours d'un fidèle sujet pour l'établissement de la nouvelle Compagnie des Indes orientales*, par M. Charpentier, de l'Académie française; cité dans l'*Histoire de la Compagnies des Indes*, par Dufresne de Francheville.

pagnie des Indes orientales; et comme quelques membres de la Chambre y étaient peu disposés ou faisaient des observations, il les *regarda de travers*, dit le malin rapporteur du procès de Fouquet. Bien plus, un conseiller ayant signé pour 1000 livres seulement, « Colbert s'en moqua, et dit que cela ne se faisait pas pour la considération de l'argent; de sorte qu'il mit 3000 livres, mais avec peine [1]. »

Grâce à de pareils moyens d'influence, la nouvelle Compagnie des Indes orientales devait être et fut bientôt en état de se constituer. L'édit qui l'organisa date du mois d'août 1664. En voici les dispositions principales. Le fonds social était de 15 millions, divisé en actions de 1000 livres payables par tiers. Le roi souscrivit pour 3 millions qui ne devaient pas porter intérêt, et sur lesquels, s'il y avait lieu, les pertes essuyées pendant les dix premières années par la Compagnie seraient d'abord imputées. La Compagnie était autorisée à naviguer et négocier seule, à l'exclusion de tous autres, depuis le cap de Bonne-Espérance jusque dans toutes les Indes et mers orientales, et dans toutes les mers du Sud, pendant cinquante années. L'édit lui donnait *à perpétuité, en toute propriété, justice et seigneurie*, toutes les terres, places et îles qu'elle pourrait conquérir sur les ennemis ou sur les indigènes, avec tous droits de seigneurie sur les mines d'or et d'argent, cuivre et plomb, droit d'esclavage et autres impliquant la souveraineté. En outre, l'État s'engageait à lui fournir, à prix de marchand, tout le sel dont elle aurait besoin, et à lui payer 50 livres par tonneau pour toutes les marchandises expédiées de France et la moitié pour celles en retour. Pour toutes charges, la Compagnie devait établir des églises à Madagascar et dans tous les lieux soumis à sa domination, y attacher un nombre suffisant d'ecclésiastiques payés par elle, et instituer des tribunaux où la justice serait rendue gratuitement au nom du roi, en se conformant aux lois du royaume et à la *Coutume de Paris*. Enfin, après avoir déterminé la manière de procéder à la nomination des divers agents de la Compagnie, et l'intérêt pécuniaire que cha-

[1] Biblioth. roy., Mss. *Journal de M. d'Ormesson*, année 1664.

cun d'eux devait y avoir, plein d'une sollicitude en quelque sorte puérile et qui démontre bien le goût de l'époque pour les devises, inscriptions et médailles, l'édit autorise la Compagnie à prendre un écusson de forme ronde, au fond d'azur, chargé d'une fleur de lis d'or, enfermé de deux branches, l'une de palme et l'autre d'olivier, ayant pour support les figures de la Paix et de l'Abondance; le tout complété par cette devise passablement présomptueuse qui fut si mal justifiée par les événements : *Florebo quocumque ferar* [1].

Telle fut l'organisation de cette célèbre Compagnie. Par malheur, elle avait affaire à des rivaux habiles, persévérants, économes, et auxquels une excellente position, prise depuis longtemps, donnait de très-grands avantages; d'un autre côté, pour une société nouvelle forcément composée d'éléments très-difficiles à discipliner, le joug de la *Coutume de Paris*, à trois ou quatre mille lieues de Paris, devait être intolérable. Y importer la religion, les lois, les mœurs de la métropole eût été chose très-désirable et très-morale sans doute; mais était-elle possible [2]? Les règlements particuliers adoptés par les directeurs de la Compagnie pour assurer l'exécution de l'édit constitutif de Madagascar ne firent qu'ajouter à ces difficultés. Un de ces règlements portait que le fait d'avoir blasphémé serait puni, en récidive, de six heures de carcan; que nul Français ne pourrait se marier à une femme originaire de l'île, si elle n'était instruite en la religion chrétienne, catholique, apostolique et romaine; que le duel serait puni de mort sans espérance de rémission, le cadavre du mort mis au gibet pour servir d'exemple, les biens de l'un et de l'autre confisqués au profit de la Compagnie. Enfin, ce règlement statuait que toutes les ordonnances de France seraient ponctuellement observées dans l'île de Madagascar et autres lieux par tous les habitants, chacun selon sa condition, sous les peines y por-

---

[1] *Histoire de la Compagnie des Indes,* par Dufresne de Francheville; pièces justificatives; édit du mois d'août 1664.

[2] *De la Puissance américaine,* par Guillaume-Tell Poussin. M. le major Poussin attribue le succès des colonies hollandaises et américaines à l'adoption d'un système tout contraire et à la faculté laissée aux colons de se gouverner d'après des lois spéciales appropriées à leur état social et se modifiant avec lui, t. I.

tées[1]. En même temps, il est vrai, la Compagnie faisait couvrir les murs de Paris et des autres grandes villes du royaume d'affiches où l'on promettait aux colons autant de terres qu'ils en pourraient labourer avec leur famille et leurs serviteurs. Ces affiches faisaient le plus riant tableau de l'avenir qui leur était réservé à Madagascar. On y lisait, ce qui était vrai au surplus, que le climat de cette île était fort tempéré, les deux tiers de l'année étant semblables à notre printemps, l'autre tiers moins chaud que l'été en France, et qu'on y vivait jusqu'à cent et cent vingt ans; que les fruits y étaient très-bons et abondants; que la vigne y étant cultivée produirait de fort bon vin; qu'il y avait grande quantité de bœufs, vaches, moutons, chèvres, cochons et autre bétail, de la volaille privée pareille à la nôtre, beaucoup de venaison et gibier de toutes sortes, et de très-bon poisson, tant de mer que d'eau douce; que les vers à soie y étaient communs sur les arbres et produisaient de la soie fine et facile à filer; qu'il y avait des mines d'or, de fer et de plomb; du coton, de la cire, du sucre, du poivre blanc et noir, du tabac, de l'indigo, de l'ébène et toutes sortes de teintures et de bonnes marchandises; qu'il n'y manquait enfin que des hommes assez adroits pour faire travailler les indigènes qui étaient dociles, obéissants et soumis. Entre autres facilités, la Compagnie faisait l'avance des frais de passage, de la nourriture des colons, des marchandises, outils et habits qui leur seraient nécessaires à leur arrivée dans l'île, et elle ne demandait à être remboursée qu'un an après, en trois termes, du produit des marchandises par eux récoltées sur les terres dont il leur aurait été fait concession, moyennant une redevance annuelle de 9 sous par arpent. Dans quelques cas, et en faveur de ceux qui se chargeraient d'emmener avec eux un certain nombre de colons, la Compagnie avançait 30 livres par personne. Enfin, les affiches de la Compagnie ne manquaient pas de rappeler, comme un stimulant sur lequel elle comptait beaucoup, que tous les Français qui seraient allés aux Indes et y auraient demeuré huit ans seraient reçus maîtres de leurs arts et métiers

---

[1] Règlement du 6 octobre 1664. Voyez *Histoire de la Compagnie des Indes.*

dans toutes les villes du royaume, sans faire aucun chef-d'œuvre, conformément à l'article 38 de la déclaration du roi du mois d'août 1664 [1].

Toutefois, ces encouragements ne produisirent pas l'effet qu'on en espérait, et le nombre des colons fut toujours insuffisant. Qu'on ajoute à ce motif et à ceux que j'ai indiqués plus haut l'inexpérience et la division des chefs envoyés dans les Indes, et l'on aura l'explication du peu de succès de la Compagnie.

« Les infortunes de la Compagnie, a dit Raynal, commencèrent à Madagascar même. Ceux qui y conduisaient ses affaires manquèrent généralement d'application, d'intelligence et de probité. Le libertinage, l'oisiveté et l'insolence des premiers colons ne lui causèrent guère moins de dommage que la mauvaise conduite de ses agents... [2] »

Le roi avait d'abord avancé 2 millions; allant plus loin que ses engagements, peu d'années après il en donna deux autres. Mais, loin de suivre cet exemple, les particuliers hésitaient à compléter les sommes pour lesquelles ils s'étaient engagés, et il fallut que l'influence du gouvernement y décidât ceux qui dépendaient de lui à quelque degré. Cependant, Colbert faisait des efforts désespérés pour soutenir son œuvre. Les registres de sa correspondance en fournissent la preuve à chaque page. Le 26 décembre 1670, il écrit à l'intendant de Bretagne qu'il a été bien aise d'apprendre que le Parlement se soit décidé à payer les 10,000 écus restant pour le dernier tiers de son engagement dans le commerce des Indes orientales, et il ajoute que cette Compagnie ayant donné son consentement avec répugnance, si ce paiement lui était trop à charge *et qu'elle aimât mieux renoncer aux deux premiers que de faire le troisième, il y avoit des gens à Paris qui traitoient tous les jours à cette condition.* Tantôt, écrivant à l'archevêque de Lyon pour lui témoigner sa surprise de ce que cette ville devait encore 80,000 livres sur le deuxième tiers de l'engagement qu'elle avait pris dans la Compagnie des Indes orientales, il

---

[1] *Histoire de la Compagnie des Indes*, etc.
[2] *Histoire philosophique et politique des établissements et du commerce des Européens dans les deux Indes*, liv. IV.

l'invitait à presser ce paiement et à faire en sorte que le troisième tiers n'éprouvât pas le même retard[1]. Au mois d'août 1670, M. de Pomponne, ambassadeur en Hollande, l'avait informé que la Compagnie des Indes orientales de Hollande donnerait cette année-là 40 pour 100 d'intérêt à ses actionnaires. Au milieu des embarras que lui occasionnait la Compagnie française, c'était là pour Colbert un cruel crève-cœur. Aussi répond-il à M. de Pomponne « que la prodigieuse abondance de marchandises que les Hollandais ont reçue des Indes serait plus difficile à débiter qu'ils ne croyaient, et qu'ils ne seraient peut-être pas en état de faire une aussi grande distribution[2]. » Dans la même année, le roi avait envoyé aux Indes un commissaire extraordinaire chargé de rétablir l'harmonie entre les directeurs. Le 27 décembre il écrivit à ce commissaire une lettre contre-signée par Colbert, dans laquelle on lit ce qui suit :

« J'apprends que ceux de Perse qui sont établis à Surate et particulièrement le supérieur des Capucins a fort appuyé les Français qui se sont portez contre le sieur Caron, en quoi sa religion les a pu porter ; je désire que vous leur fassiez connoître que je leur saurai beaucoup de gré s'ils peuvent le convertir, mais que je veux que, sans considérer sa mauvaise religion, ils suivent entièrement ses sentiments sur les matières du commerce, et lui donnent toutes les assistances qui pourront dépendre d'eux, et qu'il leur demandera[3]. »

Dans une autre circonstance, le 23 mai 1671, le roi écrivait au directeur de la Compagnie à la Martinique que les Juifs qui s'y étaient établis ayant fait des dépenses considérables pour la culture des terres, il lui ordonnait de tenir la main à ce qu'ils jouissent des mêmes privilèges que les autres habitants, et qu'on leur laissât une entière liberté de conscience,

---

[1] Arch. de la mar., *Registre des dépêches*, années 1670 et 1671.
[2] *Ibidem*, année 1670.
[3] *Ibidem.*, *Registre des ordres du roy*. — Cette lettre se trouve également dans l'*Histoire de la Compagnie des Indes*, p. 560 et suiv. Ce Caron était un Hollandais qui avait longtemps séjourné aux Indes, et dont Colbert s'était engoué lorsqu'il vint lui offrir son expérience et ses services. Forbonnais dit qu'il fit échouer l'entreprise dont on lui avait confié la direction, parce que le succès de la compagnie française aurait porté un coup funeste à la Hollande. C'est aussi l'opinion de Raynal, qui, dans son langage un peu pompeux, appelle ce Hollandais *le perfide Caron*. *Histoire philosophique*, etc., liv. IV.

en prenant néanmoins les précautions nécessaires pour empêcher que l'exercice de leur religion ne causât du scandale aux catholiques[1]. Puis, aucun détail ne lui paraissant indigne de ses soins, au mois de mai 1671, Colbert écrit aux directeurs de la Martinique pour les informer qu'une dame de La Charuelle venant de s'embarquer sans avoir appris la mort de son mari, « il est bon qu'ils fassent non-seulement tout ce qui dépendra d'eux pour la consoler, mais aussi pour l'engager à continuer sa résidence aux isles; et comme elle a en ce pays des habitations et qu'elle est encore jeune, il est nécessaire qu'ils pratiquent adroitement les moyens de la porter à se remarier, estant important d'affermir par ce lien les colonies françaises dans les isles[2]. » Le 13 mars 1671, Colbert presse le directeur de la Compagnie à La Rochelle de faire tout ce qu'il pourra pour fortifier le commerce des Indes, « n'y ayant rien de raisonnable qu'il ne veuille mettre en usage pour exciter tous les marchands du royaume à s'y appliquer et pour empescher qu'aucun estranger n'aborde aux isles[3]. » Pourtant, malgré tant de sacrifices et tant d'efforts, la Compagnie est loin de prospérer. Alors Colbert lui-même semble se laisser gagner par le découragement général, et en répondant, le 23 octobre 1671, au plus intelligent, au plus dévoué de ses agents, au conseiller Berryer, l'un des douze directeurs généraux de la Compagnie, qu'il avait envoyé au Havre pour diriger la vente d'un chargement, il lui fait connaître « qu'il est très-fâché d'apprendre que la vente des marchandises de la Compagnie des Indes orientales ne se fasse pas bien; qu'il faut avoir beaucoup de force pour résister au malheur de cette Compagnie; mais qu'on doit néanmoins s'armer de fermeté et de constance pour la soutenir, jusqu'à ce que son commerce devienne plus avantageux[4]. »

---

[1] Arch. de la mar., *Registre des despesches*, année 1671.
[2] *Ibidem*. Lettre du 7 mai. — [3] *Ibidem*.
[4] *Ibidem*. — La première assemblée générale, dit Raynal, eut lieu en 1675. Toutes les ventes effectuées jusqu'alors par la Compagnie ne s'élevèrent qu'à 4,700,000 livres. Des 5 millions versés par les actionnaires et des 4 millions prêtés par le gouvernement, il ne restait plus que 2,500,000 livres. C'étaient 6,500,000 livres de perte en neuf ans Pour rassurer les esprits, le roi fit don de tout ce qu'il avait avancé. (*Hist. philosoph.*, liv. IV.)

Or, ce commerce ne fut avantageux un instant qu'environ un siècle après, et la Compagnie du Sénégal, que Colbert fonda en 1673 en lui accordant la faculté exclusive du commerce des nègres sur la côte du Sénégal, au cap Vert et dans la rivière de Gambie, avec une gratification de 13 livres par tête de nègre, cette Compagnie fut alors d'un médiocre secours à celle des Indes orientales, et n'eut elle-même que vingt ans d'existence, malgré le triste et cruel privilége que Colbert avait cru devoir lui donner [1].

Quant à la Compagnie des Indes occidentales, il sut bientôt à quoi s'en tenir au sujet des espérances qu'on avait fondées sur elle. Le 5 avril 1668, comme les premiers résultats laissaient déjà beaucoup à désirer, il examina lui-même dans un mémoire, dont l'original a été conservé, *les principaux points auxquels l'intendant du roy au Canada devoit s'appliquer* [2]. Dans ce mémoire, Colbert recommandait d'abord à l'intendant d'apporter tous ses soins à ce qui concernait *la conservation et multiplication des habitants, la culture des terres, le commerce, les manufactures, les bois de construction pour la marine, etc.* L'infatigable ministre exposait ensuite ses idées sur la direction des affaires spirituelles de la colonie. On lira avec intérêt l'extrait suivant de son mémoire :

POUR LE SPIRITUEL.

« Les jésuites y établissent trop fortement leur autorité par la crainte des excommunications.

« Faire en sorte qu'ils adoucissent un peu leur sévérité. Les considérer comme gens d'une piété exemplaire et que jamais ils ne s'aperçoivent qu'on blâme leur conduite, car l'intendant deviendrait dans ce cas presque inutile au service du roy.

« Les jésuites préfèrent tenir les sauvages éloignés des Français et ne point donner d'éducation à leurs enfants sous prétexte de maintenir plus purement parmi eux la religion.

---

[1] *Recherches sur les finances,* par Forbonnais, année 1679. Colbert avait d'abord donné 10 livres par tête de nègre à tous ceux qui voudraient faire la traite; mais, dit Forbonnais, il revint bientôt aux idées d'*exclusif* qui dominaient alors dans les têtes et fonda la Compagnie du Sénégal. En 1675, nouveau privilège pour la côte de la Guinée, depuis la rivière de Gambie, à condition de porter tous les ans huit cents nègres aux colonies. L'inexécution du contrat le fit casser, et le privilège passa à la Compagnie du Sénégal, qui eut dès lors deux mille nègres à transporter tous les ans avec la même prime de 13 livres.

[2] Biblioth. roy., Mss. *Colbert et Seignelay,* t. V, cote 14, pièce 3.

« C'est une maxime fausse et qu'il faut s'attacher à combattre en attirant les sauvages par commerce, mariages et éducation de leurs enfants.

« Les jésuites prétendent que les boissons vendues aux sauvages les rendent paresseux à la chasse en les enivrant.

« Les commerçants disent qu'au contraire le désir d'en avoir les rend plus vigilants à se procurer par la chasse les moyens d'en acheter.

« Examiner avec attention ce point.

« Ne pas trop multiplier les prestres, les religieux et les religieuses.

« Favoriser les mariages.

« Le séminaire de Saint-Sulpice ayant une habitation au Canada, il faut prendre garde que la bonne intelligence se maintienne entre l'évesque, les jésuites et eux. »

Mais tous les efforts de Colbert en faveur de la Compagnie des Indes occidentales échouèrent. En 1671, il prit des mesures pour faire payer un intérêt de 5 pour 100 aux actionnaires, à l'exception de ceux dont les fonds provenaient des taxes de la Chambre de justice; mais bientôt il fut constant que la Compagnie ne pouvait pas se soutenir, et il fallut liquider. Déjà, en 1670, il avait été question de procéder à cette opération au moyen de 2 millions de livres de sucre qu'elle avait en magasin et qu'il s'agissait de partager entre les actionnaires à raison de 30 livres pour 100, ce qui portait le sucre à 3 livres 6 sous la livre, avec promesse d'une gratification pour ceux qui l'exporteraient à l'étranger. On revint un peu plus tard à cette idée, et l'on voit par une lettre de Colbert, du 29 septembre 1672, aux directeurs de la Compagnie d'Occident, que les marchandises n'ayant pas suffi pour le remboursement de ce qu'on appelait les actions volontaires, en opposition à celles provenant des amendes de la Chambre de justice, le roi autorisait la Compagnie à percevoir, au profit des intéressés, le droit de 50 sous qui se levait à Rouen sur les sucres et les cires. En résumé, la Compagnie avait perdu en dix ans 3,523,000 livres. Au moment de sa liquidation, le roi lui donna près de 1,300,000 livres, et devint propriétaire de tous les établissements qu'elle avait fondés [1].

Ainsi, aucune des nombreuses compagnies fondées par Col-

---

[1] Arch. de la mar., *Registre des despesches*, années 1670 et 1671. — *Recherches sur les finances*, année 1679.

bert ne prospéra. Tous les grands établissements qu'il créa, a dit Forbonnais, disparurent après lui. On vient de voir ce que devinrent les compagnies des Indes orientales, des Indes occidentales et du Sénégal. Les Compagnies du Nord, du Levant et des Pyrénées n'eurent pas un meilleur sort. La première, qui avait succédé à celle du même nom établie par Fouquet, était particulièrement dirigée contre les Hollandais, qui s'en émurent et firent des observations sur ce qu'elle jouissait de priviléges contraires aux traités. Colbert répondit à ce sujet à M. de Pomponne, que le roi donnait, il est vrai, à la Compagnie du Nord des sommes assez considérables, mais qu'il pouvait le faire sans contrevenir aux traités ; qu'au surplus c'était un objet dont il fallait parler le moins possible ; que la peine causée aux États par ces nouveaux établissements les préoccupait bien pendant quelque temps, mais que bientôt ce bruit s'amortissait et qu'en attendant on avançait toujours[1]. Quant aux faveurs concédées à la Compagnie du Nord, elles étaient du même genre que celles dont jouissait la Compagnie des Indes orientales. Le roi y contribuait pour le tiers des fonds, sur lesquels les pertes éprouvées pendant les dix premières années seraient imputables ; il lui accordait une prime de 3 livres par chaque barrique d'eau-de-vie transportée hors du royaume, et de 4 livres par tonneau pour les autres marchandises également transportées hors de France ou comprises dans les retours. Enfin *le roi s'engageait*, disait l'édit, *afin d'éviter que la Compagnie se trouvât surchargée faute du prompt débit des marchandises, de faire prendre et recevoir dans les magasins de la marine toutes les marchandises propres à la construction, radoub, armement et équipement des vaisseaux, fournitures et provisions des armées navales, par les intendants et commissaires généraux, qui en feraient les marchés avec un profit raisonnable dont il serait convenu entre lesdits intendants et directeurs de la Compagnie*. Ne nous arrêtons pas aux innombrables inconvénients d'une telle clause. Il semble qu'une

---

[1] Bibliot. roy. *Registre des despesches*, année 1669. — Voir, à la fin du volume, l'*Édit de nomination de la Compagnie du Nord*; pièce justificative, n. VII.

Compagnie ainsi favorisée eût dû réaliser sur-le-champ d'immenses bénéfices. Cependant, deux ans après son organisation, elle harcelait Colbert de ses demandes d'argent, et celui-ci était obligé d'écrire aux directeurs, le 27 mars 1671, qu'il leur était dû seulement, d'après leur propre compte, 549,088 livres, qu'il leur en a fait payer 686,000, et que, par conséquent, le roi était en avance de 140,000 livres [1]. La Compagnie des Pyrénées jeta encore moins d'éclat et eut moins de succès que celle du Nord. Dans une lettre du 30 septembre 1672, au premier président du Parlement de Toulouse, Colbert dit que cette Compagnie, dont le roi attendait beaucoup de secours pour sa marine, languissait faute d'une protection suffisante et par suite des procès qu'on lui suscitait de tous côtés, procès qui traînaient en longueurs affectées à cause d'un *trop grand attachement aux formes du palais*. Ainsi, les protections représentées par des primes et des souscriptions ne suffisaient plus ; il fallait encore protéger les compagnies contre la justice. Quant à la Compagnie du Levant, elle ne fit pas plus de bruit que celle des Pyrénées, et l'on saurait à peine si elle a existé sans une lettre de Colbert, du 9 décembre 1672, par laquelle il manifeste au directeur la surprise qu'il a éprouvée en apprenant que la Compagnie avait transporté en Portugal des brocards d'or et d'argent faux. « Si la Compagnie, ajoutait Colbert, joue de pareils tours aux Turcs, elle court risque de souffrir les plus cruelles avanies qu'ils fassent supporter aux chrétiens [2]. »

C'étaient là autant d'exemples des fâcheuses conséquences du privilège et du monopole. Mais, comme l'a dit Forbonnais, à cette époque, l'amour de l'*exclusif* dominait toutes les têtes, même les plus saines, et les plus éclatantes expériences ne

---

[1] Biblioth. roy., *Registre des despesches,* etc., année 1669. — Arch. de la mar., *Registre des despeches,* etc., année 1671.

[2] Arch. de la mar., *Registre de 1672.* — Cette compagnie fut bientôt obligée de se dissoudre. Ce n'était pourtant pas une compagnie privilégiée, c'est-à-dire jouissant d'un privilège exclusif; mais entre autres avantages qui lui furent faits, Colbert lui avait prêté 200,000 livres pendant deux ans sans intérêt, et il lui était accordé une prime de 10 livres par pièce de drap qu'elle transporterait dans le Levant. Malgré cela, elle ne put soutenir la concurrence particulière et liquida en perte. (*De la balance du commerce et des relations commerciales de la France dans toutes les parties du globe, particulièrement à la fin du règne de Louis XIV et au moment de la Révolution;* par Arnould, sous-directeur du bureau de la balance du commerce; 3 vol., dont un de tableaux. Paris, 1791, t. I, p. 247.)

servaient de rien. Au lieu de s'en tenir au système des primes, nécessaire peut-être alors dans un petit nombre de cas, vu l'imperfection de notre marine, Colbert poussa à l'extrême les idées de son siècle. Toutes les fois qu'une compagnie liquidait, c'était à qui inventerait un nouveau mode, une nouvelle forme de protection pour celle qui lui succéderait. On a vu les conséquences de ce système. Non-seulement on organisait des compagnies sans solidité, égoïstes, ne songeant qu'à s'enrichir en peu de temps et manquant le but faute de vouloir trop tôt l'atteindre ; mais ces compagnies elles-mêmes faisaient la contrebande et transportaient des marchandises en matières de rebut, au mépris des plus sévères règlements. Triste résultat de la tendance qu'avait alors le gouvernement à tout régler, à tout diriger ! On étouffait l'activité particulière, on tuait la concurrence dont le peuple aurait certainement tiré plus d'avantage que du monopole, et c'était, en définitive, le peuple qui payait les expériences qu'on faisait à ses dépens. Ne peut-on, sans injustice, reconnaître que Colbert aurait rendu un grand service à la France en adoptant un système tout différent ? Il semble même que la puissance des faits, vers la fin de sa carrière, lui ait démontré cette vérité ; car, le 6 janvier 1682, un arrêt du conseil autorisa le libre commerce aux Indes orientales, à condition que les particuliers se serviraient, pour leur passage et pour le transport de leurs marchandises, des navires de la Compagnie, et que les marchandises rapportées par eux seraient débarquées et vendues à l'encan dans les magasins lui appartenant [1]. Cette faculté, très-utile quoique un peu tardive, fut sollicitée par plusieurs particuliers et par la Compagnie elle-même. Ainsi, la vérité se faisait jour peu à peu, et l'expérience venait en aide à la raison.

[1] *Histoire de la Compagnie des Indes ;* pièces justificat. — *Hist. phil.*, etc., liv. IV.

CHAPITRE VII.

Pensions accordées aux gens de lettres français et étrangers (1663). — Lettre de Colbert à un savant étranger. — But politique de ces pensions. — La Fontaine ne reçut jamais aucune faveur de Colbert. — Création des Académies des Inscriptions et Belles-Lettres, des Sciences, de Sculpture et de Peinture (1663, 1665, 1666). — Colbert est reçu membre de l'Académie Française et prononce un discours de réception (1667). — Il institue les jetons de présence. — Dépenses de Louis XIV en bâtiments. — Colonnade du Louvre. — Le Bernin à Paris (1665). — Observations de Colbert à Louis XIV au sujet des dépenses faites à Versailles. — Total des dépenses pour constructions sous le règne de Louis XIV.

Il est nécessaire, avant d'aller plus loin, de revenir un instant sur nos pas, et de jeter un coup d'œil sur l'une des parties de l'administration de Colbert dont les résultats ont jeté le plus de lustre sur le règne de Louis XIV; il s'agit des pensions accordées aux hommes de lettres français et étrangers, de la création des académies et de la surintendance des bâtiments royaux. Déjà sous le cardinal Mazarin, il existait une liste de pensions faites par l'État aux hommes de lettres, et l'historien Mézerai figurait sur cette liste pour 4,000 livres, qui lui furent conservées jusqu'en 1672[1]. Plus généreux en apparence, Fouquet ouvrit aux littérateurs et aux savants de son temps sa cassette particulière, et parmi ses pensionnaires, on remarque Corneille, La Fontaine, Mlle Scudéry. Était-ce de sa part ostentation, générosité naturelle, moyen de s'attacher des créatures? Peut-être tout cela à la fois. Colbert était trop habile à flatter les goûts du roi, il avait trop bien deviné que ses penchants l'entraînaient vers tout ce qui avait des airs de grandeur et de magnificence, pour ne pas suivre un exemple qui s'accordait

[1] *Documents authentiques et détails curieux sur les dépenses de Louis XIV*, par Gabriel Peignot. — Il y dans ce volume deux lettres très-curieuses et très-humbles de Mézerai à Colbert, au sujet de la réduction de sa Pension.

d'ailleurs avec ses inclinations personnelles. A peine arrivé au pouvoir, il s'occupa donc de la position des littérateurs, et il demanda à deux d'entre eux, Chapelain et Costar, une liste des gens de lettres auxquels le roi pourrait accorder des pensions, avec l'indication sommaire de leurs titres à cette faveur. Les deux listes furent remises à Colbert, et c'est sur ce double travail que l'état des pensions de 1663 fut arrêté[1]. En voici la copie :

« Au sieur La Chambre, médecin ordinaire du roi, excellent homme pour la physique et la connoissance des passions et des sens, dont il a fait divers ouvrages fort estimés. . . . . 2,000 liv.

« Au sieur Conrard, lequel, sans connoissance d'aucune autre langue que sa maternelle, est admirable pour juger toutes les productions de l'esprit. 1,500

« Au sieur Leclerc, excellent poëte françois. 600

« Au sieur Pierre Corneille, premier poëte dramatique du monde (*expression de Costar*). 2,000

« Au sieur Desmaretz, le plus fertile auteur et doué de la plus belle imagination qui ait jamais été[2]. 1,200

« Au sieur Ménage, excellent pour la critique des pièces. 2,000

« Au sieur abbé de Pure, qui écrit l'histoire en latin pur et élégant[3]. 1,000

« Au sieur Boyer, excellent poëte françois. 800

---

[1] Chapelain ne s'oublia pas dans la sienne; il y dit de lui que, « s'il ne s'était point renfermé dans le dessein du poëme héroïque de *la Pucelle*, qui occupe toute sa vie, il ne ferait peut-être pas mal l'histoire de laquelle il sait assez bien les conditions » (*Documents authentiques*, etc., etc.). Dans la première satire de Boileau, qui parut en 1667, il y avait d'abord huit vers concernant la mission donnée par Colbert à Chapelain. Ils commençaient ainsi :

> Enfin je ne saurais, pour faire un juste gain,
> Aller, bas et rampant, fléchir sous Chapelain...

Ces vers furent supprimés dans l'édition de 1674, année où Boileau obtint une pension. Le satirique s'humanisait.

[2] Desmaretz était auteur de deux poëmes ayant pour titre *Clovis, Magdelaine*, etc. Costar l'appelait aussi *le plus ingénieux des poëtes français, l'Ovide de son temps*. La camaraderie littéraire date de loin.

[3] Boileau a dit de lui, dans sa onzième satire :

> Si je veux d'un galant dépeindre la figure,
> Ma plume pour rimer trouve l'abbé de Pure.

Sans être ni propre ni galant, dit Brossette, l'abbé de Pure affectait un air de propreté et de galanterie. Suivant ce commentateur, l'abbé de Pure distribuait une *espèce de parodie où Boileau était convaincu par Colbert d'avoir fait des libelles contre le gouvernement*. C'est ce qui lui valut les vers qu'on vient de lire.

« Au sieur Corneille le jeune, bon poëte françois et dramatique 1,000
« Au sieur Molière, excellent poëte comique. 1,000
« Au sieur Benserade, poëte françois fort agréable. ... 1,500
« Au P. Le Cointe, de l'Oratoire, habile pour l'histoire . 1,500
« Au sieur Godefroi, historiographe du roi. 3,600
« Au sieur Huet de Caen, grand personnage qui a traduit Origène. 1,500
« Au sieur Charpentier, poëte et orateur françois. ... 1,200
« Au sieur abbé Cotlin, poëte et orateur françois [1]. ... 1,200
« Au sieur Sorbière, savant ès lettres humaines. 1,000
« Au sieur Dauvrier, id. 3,000
« Au sieur Ogier, consommé dans la théologie et les belles-lettres. 1,500
« Au sieur Vallier, professant parfaitement la langue arabe. 600
« Au sieur Le Vayer, savant ès belles-lettres. 1,000
« Au sieur Le Laboureur, habile pour l'histoire [2]. 1,200
« Au sieur de Sainte-Marthe, habile pour l'histoire. ... 1,200
« Au sieur Du Perrier, poëte latin. 800
« Au sieur Fléchier, poëte françois et latin. 800
« Aux sieurs de Vallois, frères qui écrivent l'histoire en latin 2,400
« Au sieur Maury, poëte latin. 600
« Au sieur Racine, poëte françois [3]. 600
« Au sieur abbé de Bourzeis, consommé dans la théologie positive, dans l'histoire, les lettres humaines et les langues orientales. 3,000
« Au sieur Chapelain, le plus grand poëte françois qui ait jamais été et du plus solide jugement. 3,000

[1] On se rappelle les vers de Boileau contre les abbés Cottin et Cassagne dans la satire du *Repas* :

> Moi qui compte pour rien ni le vin ni la chère,
> Si l'on n'est plus au large assis en un festin
> Qu'aux sermons de Cassagne et de l'abbé Cottin.

Les abbés Cassagne et Cottin étaient tous deux de l'Académie Française. L'abbé Cassagne, dit Brossette dans ses notes sur Boileau, était d'une humeur très-mélancolique. Nommé pour prêcher à la cour, la crainte du ridicule l'empêcha de s'y produire. Alors il redoubla d'ardeur pour le travail; mais sa raison y succomba, et il fallut le faire renfermer à Saint-Lazare.

[2] C'est le même dont il a été question dans la partie de cette histoire relative à la naissance de Colbert, et qui lui a appliqué l'épitaphe : *A parvo existens*, etc.

[3] Racine n'avait alors que vingt-quatre ans, et il n'avait encore composé que l'ode *la Nymphe de la Seine*, à l'occasion du mariage du roi. C'est cette ode qui lui valut la pension de 600 livres pour laquelle il figure sur cette première liste. Plus tard, elle fut portée à 2,000 livres, sans compter les autres faveurs et la gratification comme historiographe.

« Au sieur abbé Cassaigne, poëte, orateur et savant en théologie. 1,500
« Au sieur Perrault, habile en poésie et belles-lettres. . 1,500
« Au sieur Mézerai, historiographe 4,000

Quelques étrangers, auxquels il était accordé des pensions de 1,200 à 1,500 livres, complétaient cette première liste. C'étaient Huyghens, Heinsius, Bœklerus, Wasengeil, Isaac Vossius et quelques autres. Vossius était un célèbre géographe hollandais. La lettre suivante, que Colbert lui écrivit pour le prévenir de la faveur dont il était l'objet, laisse percer suffisamment le motif secret et réel que l'on avait en donnant de pareilles pensions à des étrangers.

« Quoique le roi ne soit pas votre souverain, il veut néanmoins être votre bienfaiteur, et m'a commandé de vous envoyer la lettre de change ci-jointe, comme une marque de son estime et un gage de sa protection : chacun sait que vous suivez dignement l'exemple du fameux Vossius, votre père, et qu'ayant reçu de lui un nom qu'il a rendu illustre par ses écrits, vous en conserverez la gloire par les vôtres. Ces choses étant connues de Sa Majesté, elle se porte avec plaisir à gratifier votre mérite, et j'ai d'autant plus de joie qu'elle m'ait donné ordre de vous le faire savoir que je puis me servir de cette occasion pour vous assurer, que je suis, Monsieur, votre très-humble et très-affectionné serviteur.

« COLBERT.

« A Paris ce 21 juin 1663 [1]. »

Evidemment, l'amour des sciences et des lettres fut un motif secondaire dans cette détermination de Colbert, qui voulait, avant tout, produire de l'effet à l'étranger. Une lettre que Chapelain lui écrivit le 17 mai 1663 ne laisse, à ce sujet, aucun doute. En lui transmettant la correspondance d'un gentilhomme allemand, Wasengeil, qui figurait sur la liste des pensions, et que Colbert avait envoyé en Espagne pour observer l'état du pays, Chapelain lui faisait connaître que ce Wasengeil ne se lassait pas de publier en tous lieux, surtout en Espagne, la libéralité du roi envers les gens de lettres, sans distinction

---

[1] *Abrégé chronologique du président Hénault*, année 1663.

de nationalité, et que les Espagnols avaient peine à y ajouter foi, tant cela leur semblait au-dessus de ce qui s'était jamais fait.

« J'ai considéré, Monsieur, disait Chapelain en terminant, comme un bonheur d'avoir rencontré un sçavant homme désintéressé et non suspect de partialité, qui d'office voulut estre, en des pays où nous ne sommes pas aimés, la trompette et la gloire de Sa Majesté et de vos si justes louanges. Il parcourra toute l'Espagne et les y répandra avec courage et fidélité, et au moins à son retour, nous rendra conte (sic) du succès qu'elles y auront eu [1]. »

Enfin, l'on a trouvé récemment, dans les papiers d'Hermann Conring, homme d'Etat et écrivain allemand célèbre au XVII° siècle, une lettre originale de Colbert du 27 août 1665, qui annonçait l'envoi d'une lettre de change de 1,700 livres. Il y avait aussi, dans les mêmes papiers, le brouillon d'une lettre d'Hermann Conring à Colbert. Or, il résulte de cette lettre, datée du 2 mai 1672, que Conring était chargé par la cour de France de gagner des voix à Louis XIV, qui songeait alors à se faire nommer empereur d'Allemagne [2].

Les pensions accordées aux littérateurs et savants étrangers par Colbert avaient donc un double but politique qu'on ne saurait dissimuler ; car en même temps qu'elles agissaient sur l'opinion et donnaient au dehors une haute idée de la grandeur et de la générosité de la France, elles disposaient ceux qui en étaient l'objet à rendre, dans certains cas, au gouvernement des services particuliers, peu compatibles sans doute avec la dignité des lettres, mais d'autant mieux récompensés.

Au surplus, ces services coûtaient peu à l'Etat, et l'effet

---

[1] *Mes voyages aux environs de Paris*, par J. Delort. 2 vol. in-8°. t. II, p. 193 et suiv. — Cité par M. Peignot.

[2] *Le Spectateur*, t. III, p. 87 et suiv., article de M. Depping.—Voir, au sujet de ce projet de Louis XIV, des pièces justificatives très-curieuses publiées dans la première édition de l'*Histoire de la Marine*, par M. Eugène Sue.—Hermann Conring est désigné sous le nom de Conringius dans une lettre circulaire adressée par Colbert, le 20 février 1671, à MM. le comte Graziani, Carlodati et Viviani à Florence, Heinsius à Stockholm, Conringius à Helmstadt, Gronovius à Leyde, Ottavio Ferrari à Padoue, et Hevelius à Dantzig. La lettre est ainsi conçue : « Monsieur, l'application que vous continuez de donner aux belles-lettres, et les advantages que le public recevra de vos veilles, conviant le Roy de vous continuer ses graces, Sa Majesté m'a ordonné de vous faire tenir la gratification qu'elle a accoustumé de vous donner tous les ans; c'est de quoy je m'acquitte, vous assurant que je suis toujours, etc., etc. » (Arch. de la mar., *Registre des despesches*, année 1671.)

produit n'était nullement en rapport avec la somme affectée aux gratifications. Le chiffre des pensions aux gens de lettres français et étrangers ne dépassa jamais 100,000 livres, et descendit, en moyenne, à 75,000 livres, à partir de 1672, époque à laquelle les pensions aux étrangers paraissent avoir été supprimées. On a remarqué que, tant que Colbert vécut, La Fontaine ne fut pas porté sur la liste des pensions [1]. Etait-ce rancune pour la fidélité éclatante que l'immortel fabuliste avait vouée à Fouquet, ou bien le poëte n'avait-il voulu faire aucune démarche auprès du ministre ou de Chapelain pour obtenir la faveur que l'on accordait au sieur Leclerc et au sieur Boyer? Si le fait est bien exact, et tout porte à le croire, il y a une charmante épigramme au fond de l'éloge suivant, qu'on lit dans un poëme de La Fontaine sur le quinquina.

> « Et toi que le quina guérit si promptement,
> Colbert, je ne dois point te taire...
> D'autres que moi diront ton zèle et ta conduite,
> Monument éternel aux ministres suivants :
> Ce sujet est trop vaste et la muse est réduite
> *A dire les faveurs que tu fais aux savants.* »

Mais en même temps qu'il encourageait les savants par des pensions, Colbert proposait un plus noble but à leur ambition en créant plusieurs académies. La France lui doit l'Académie des Inscriptions et Belles-Lettres, celle des Sciences, celles de Peinture et de Sculpture. C'est ainsi qu'il imitait encore le cardinal de Richelieu, son modèle de prédilection. L'établissement de l'Académie des Inscriptions et Belles-Lettres date du mois de décembre 1663 [2]. Formée d'abord d'un petit nombre de membres de l'Académie Française, elle s'assemblait dans la bibliothèque de Colbert, afin d'y travailler aux inscriptions et devises dont on faisait déjà un fréquent usage pour les médailles, les écussons; et c'est de là que sortit, sans

---

[1] *Histoire de la vie et des ouvrages de La Fontaine*, par M. Walckenaër, liv. IV.
[2] *Collection des anciennes lois françaises*, etc. — L'Académie de Peinture et de Sculpture de Paris avait été fondée en 1648; celle de Rome fut fondée par Colbert en 1665; cependant les médailles pour les deux académies portent la date de 1667.

doute, l'orgueilleuse devise de la Compagnie des Indes orientales : *Florebo quocumque ferar.* A cette époque, l'Académie des Inscriptions et Belles-Lettres n'était encore que la *petite académie*, car elle ne se composait que de quatre membres : Chapelain, Charpentier, et les abbés Cassagne et Bourzeis. Mais peu à peu le nombre des académiciens qui prirent part à ses travaux augmenta. En leur qualité d'historiographes, Racine et Boileau y concoururent. D'ailleurs, le goût pour les médailles, qui allait toujours croissant, lui donnait chaque jour plus d'importance, et les événements fournissaient à ses membres de nombreuses occasions de faire graver sur le bronze ou sur le marbre les louanges du roi dans ce style parfois un peu trop hyperbolique, dont la célèbre devise : *Nec pluribus impar*, est la plus haute expression [1]. L'Académie des Sciences fut fondée en 1666 pour perfectionner la géométrie, l'astronomie, la physique, la mécanique, l'anatomie et la chimie. On frappa à ce sujet une médaille représentant d'un côté le portrait du roi, et de l'autre Minerve ayant autour d'elle une sphère, un squelette, un alambic. Les mots de la légende étaient : *Naturæ investigandæ et perficiendis artibus*, et ceux de l'exergue : *Regia scientiarum academia instituta M. DC. LXV* [2]. Reconnaissante de la protection qu'il accordait aux lettres, l'Académie Française reçut Colbert parmi ses membres, en 1667. On a souvent répété, sur la foi d'un

---

[1] Voici ce que Louis XIV lui-même dit de cette devise dans ses *Instructions pour le Dauphin*, année 1662 : « Ceux qui me voyoient gouverner avec assez de facilité, et sans être embarrassé de rien, dans ce nombre de soins que la royauté exige, me persuadèrent d'ajouter le globe de la terre, et pour âme *nec pluribus impar*; par où ils entendoient, ce qui flattoit agréablement l'ambition d'un jeune roi, que, suffisant seul à tant de choses, il suffiroit sans doute à gouverner d'autres empires, comme le soleil à éclairer d'autres mondes, s'ils étoient également exposés à ses rayons. Je sais qu'on a trouvé quelque obscurité à ces paroles, et je ne doute pas que l'Académie n'en eût pu fournir de meilleures; mais celles-là étant déjà employées dans les bâtiments à une infinité d'autres choses, je n'ai pas cru à propos de les changer. » *Œuvres de Louis XIV*, t. II. Il est certain que cette devise était non-seulement très-ambitieuse, mais très-obscure, et qu'elle ne signifiait nullement ce qu'elle avait la prétention d'exprimer. C'est l'opinion de Voltaire, *Siècle de Louis XIV*, chap. xxv.

[2] *Documents authentiques*, etc., p. 133, en *note*. — Les premiers membres de l'Académie des Sciences furent MM Carcavi, Roberval, Huyghens, Frenicle, Picard, Duclos, Bourdelin, de La Chambre, Cl. Perrault, Auzout, Pecquet, Buot, Gayant, Mariotte et Marchand. Peu de temps après, Cassini fut appelé de Bologne où il était professeur, et il en fit aussi partie. — (*Mémoires de Charles Perrault*, liv. Ier.)

historien de l'Académie, l'abbé d'Olivet, qu'en nommant Colbert, celle-ci l'avait dispensé du discours de réception obligé, et que cette faveur n'avait été accordée qu'à lui seul. D'abord, il est à croire que Colbert eût été peu flatté d'un semblable privilège. Mais un passage de la *Gazette de France* détruit formellement l'assertion de l'abbé d'Olivet, et lève tous les doutes à ce sujet. Le passage est curieux.

« De Paris, le 30 avril 1667. — Le 21 du courant, le duc de Saint-Aignan, ayant été prendre le sieur Colbert en son logis, le conduisit en l'Académie Françoise, établie chez le chancelier de France, laquelle l'avoit depuis longtemps invité à lui faire l'honneur d'être un de ses membres; et après y avoir été reçu avec les cérémonies ordinaires, il fit un discours à la louange du roi avec tant de grâce et de succès qu'il en fut admiré de toute cette savante compagnie [1]. »

On le voit donc, Colbert subit la loi commune, et paya son tribut au discours de réception. Quelque temps après, frappé de la lenteur avec laquelle l'Académie travaillait au dictionnaire de la langue dont elle s'occupait alors depuis plus de quarante ans, il régla les heures de ses séances et lui fit donner, ajoute-t-on, une pendule, « avec ordre au sieur Thuret, horloger, de la conduire et de l'entretenir. » En même temps, pour hâter la publication du dictionnaire et stimuler le zèle des académiciens, Colbert leur accorda des jetons de présence, et, depuis cette époque, a dit un académicien, « on travailla mieux et dix fois plus qu'on n'avait fait jusqu'alors [2]. »

Cependant, les pensions aux gens de lettres et la création des académies ne formaient que la moindre partie des encouragements que ce ministre accordait aux beaux-arts. Le 2 janvier 1664, Louis XIV lui avait donné la charge de surintendant des bâtiments en remplacement d'un sieur Ratabon [3]. Tant qu'elle avait été occupée par ce dernier, la charge de surintendant des bâtiments n'avait eu, faute d'argent sans doute, aucune importance; mais dès que l'ordre fut rétabli dans les

---

[1] *Gazette de France* de l'année 1667, n° 52, citée dans la notice sur Colbert, par Lemontey.
[2] *Mémoires de Charles Perrault*, livre III.
[3] Biblioth. roy. Mss. *Journal des bienfaits du roy.* Suppl. français. 579.

finances, et que Colbert eut les bâtiments dans ses attributions, les choses changèrent de face. Les dépenses de Louis XIV en bâtiments, ont été énormes. On ne couvre pas impunément le sol de palais, de statues, d'arcs de triomphe, de monuments de toute sorte ; mais la passion et l'esprit de parti ont quelquefois grossi ces dépenses dans des proportions fabuleuses. Après Voltaire, qui les évalua à 500 millions, Mirabeau avait dit qu'elles atteignirent le chiffre de 1,200 millions[1]. Volney alla beaucoup plus loin, et il les porta à 4,600,000,000[2]. En même temps, on ajoutait que, pour anéantir la preuve de ces profusions, Louis XIV avait brûlé tous les registres où elles étaient constatées. Or, ces registres ont été retrouvés ; ils existent en plusieurs copies, appartenant les unes à la Bibliothèque royale, d'autres à des particuliers. De savants et zélés bibliophiles, véritables pionniers de l'histoire, les ont compulsés avec soin, ont constaté leur authenticité, les ont contrôlés les uns par les autres, et il en résulte que toutes les dépenses de Louis XIV, en bâtiments, ne se sont élevées qu'à CENT SOIXANTE-CINQ MILLIONS, monnaie de son temps[3].

Toutefois, il ne faut pas se le dissimuler, cette somme de 165 millions représentait alors une valeur énorme. A l'époque où la plupart des travaux auxquels elle fut affectée s'exécutèrent, le chiffre moyen du budget était de 90 millions, et il s'en fallait de beaucoup que la France le payât aussi aisément qu'elle paye actuellement un budget de 1400 millions. Si l'on a égard au chiffre de la population, qui n'excédait guère alors 20 millions d'habitants, au grand nombre de privilégiés que leur

---

[1] *Neuvième lettre à mes commettants,* par Mirabeau.

[2] *Leçons d'histoire prononcées à l'École normale en l'an III* (1795), p. 141. Paris, 1799, in-8o.—L'erreur de Volney vint, en partie sans doute, d'avoir calculé le prix du marc d'argent, sous Louis XIV, à 16 livres, tandis qu'il valut 26 livres 10 sous de 1641 à 1679; 29 livres 6 sous de 1679 à 1690, et 30 livres de 1670 à 1675. Le marc d'argent (8 onces) vaut aujourd'hui 54 francs.

[3] Voir pour les détails : 1o *Documents authentiques sur les dépenses de Louis XIV*, par M. Peignot; 2o l'ouvrage intitulé : *États au vrai de toutes les sommes employées par Louis XIV à Versailles, Marly et dépendances; au Louvre, Tuileries, canal du Languedoc, secours aux manufactures, pensions aux gens de lettres, depuis 1661 jusqu'en 1710,* par M. Eckard; Versailles, 1836. L'ouvrage de M. Eckard, postérieur de quelques années à celui de M. Peignot, éclaircit complètement cette intéressante question. Il y a, entre les calculs de ces deux écrivains, une différence de 10 millions; j'ai adopté ceux de M. Eckard, qui paraissent plus complets.

naissance ou leurs fonctions exemptaient de l'impôt, on demeurera convaincu que cette somme de 165 millions dut être, comparativement, très-onéreuse aux populations. C'était donc là une magnifique dotation. Pendant vingt ans, Colbert fut le dispensateur tout-puissant de ce budget dépensé presque en entier sous son administration. Il avait pour les beaux-arts un goût naturel que son voyage en Italie n'avait fait qu'accroître ; il savait en outre qu'un des plus sûrs moyens de plaire au roi, de l'occuper agréablement, était de l'entourer des merveilles de l'architecture, de la peinture et de la sculpture. Il appela donc à lui tous les artistes de talent, leur communiqua un peu de son activité, examina, discuta leurs plans, les soumit à l'épreuve du concours public, et bientôt se produisit cette série de chefs-d'œuvre en tous genres, dont, avec raison, la France est aujourd'hui si fière, et auxquels, de toutes les parties du monde, les étrangers viennent incessamment payer le tribut de leur admiration.

Un des premiers projets dont Colbert eut à s'occuper fut la construction de la principale façade du Louvre. Ce fut là une affaire, et même une grande affaire qui comporte quelques détails. On avait commencé cette façade sur les dessins de Le Vau, premier architecte du roi, lorsque Colbert suspendit les travaux et demanda un nouveau plan aux architectes de Paris. Parmi ceux-ci, un d'entre eux exposa, sans se nommer, un plan admirable : c'était Claude Perrault qui était en même temps médecin du roi. Pourtant, Colbert hésitait encore. Il y avait alors à Rome un artiste célèbre, tout à la fois peintre, sculpteur, architecte, comme avait été Michel-Ange ; il s'appelait *Bernini*. Colbert voulut d'abord avoir son avis, son plan; puis, il résolut de le faire venir à Paris. Voici la lettre que Louis XIV lui écrivit pour l'y appeler :

Seigneur cavalier Bernin, je fais une estime si particulière de votre mérite que j'ai un grand désir de voir et de connaître une personne aussi illustre, pourvu que ce que je souhaite se puisse accorder avec le service que vous devez à notre Saint-Père le Pape et avec votre commodité particulière. Je vous envoie en conséquence un courrier exprès, par lequel je vous prie de me donner cette satisfaction, et de vouloir entreprendre le voyage de France, prenant l'occasion favorable qui se présente du retour de mon cousin le duc de Créqui, ambassadeur extraordinaire, qui vous fera savoir plus particulièrement le sujet qui me fait désirer de vous voir et de vous entretenir des beaux dessins que vous m'avez envoyés pour le bâtiment du Louvre; et du reste me rapportant à ce que mondit cousin vous fera entendre de mes bonnes intentions, je prie Dieu qu'il vous tienne en sa sainte garde, seigneur cavalier Bernin.

« Louis.

« Contre-signé : DE LIONNE[1].

« A Paris, ce 11 avril 1665. »

Quel artiste ne se fût empressé de répondre à une aussi flatteuse invitation, accompagnée, pour prévoir et lever tous les obstacles, d'un premier présent de 30,000 livres ? Le Bernin partit donc, emmenant avec lui un de ses fils, deux de ses élèves, une nombreuse suite, et il reçut pendant tout son voyage des honneurs inusités. D'après les ordres du roi, les magistrats de toutes les villes qu'il traversa le complimentèrent et lui offrirent les vins d'honneur, hommage réservé aux seuls princes du sang. Sur sa route, des officiers de la cour lui apprêtaient à manger, et, quand il approcha de Paris, un maître d'hôtel du roi vint à sa rencontre pour le recevoir et l'accompagner partout. A peine fut-il arrivé, que Colbert lui rendit visite de la part du roi, qui, à son tour, lui fit l'accueil le plus distingué. Le Bernin n'était pas seulement un artiste de mérite, c'était aussi un habile courtisan. Dans sa première entrevue avec Louis XIV, il lui proposa de faire son buste. Quelque temps après, comme le roi posait devant lui, ayant écarté une boucle de cheveux qui recouvrait le front de son modèle : « *Votre Majesté,* lui dit-il, *peut montrer son front à toute la terre.* » Le mot fit fortune, et bientôt tous les courtisans adoptèrent la coiffure à la Bernin. Quant au plan du Louvre, il réussit moins bien. Ce plan avait d'abord été adopté, et les fondations en furent posées avec éclat le 17 octobre 1665; mais, comme il exigeait que tous les anciens bâtiments fussent détruits, contrairement aux vues du roi et de Colbert, on y renonça après le départ du Bernin, et l'on revint à celui de

---

[1] *Mémoires de Charles Perrault*, livre II.

Claude Perrault. Louis XIV aurait voulu retenir Le Bernin à Paris, et il lui promettait 3,000 louis d'or par an. Le Bernin, dont la vanité excessive s'était encore accrue par suite des honneurs exagérés qu'on lui avait rendus, persista à quitter la France, sous prétexte que l'hiver y était trop rigoureux pour sa santé, mais plutôt dit-on, parce qu'il supposait Lebrun, Perrault et d'autres artistes jaloux de son talent. Magnifique à l'excès jusqu'au bout, Louis XIV lui fit remettre, la veille de son départ, 3,000 louis d'or (33,000 livres) en trois sacs avec un brevet de 6,000 livres de pension annuelle et un de 1,200 livres pour son fils. En même temps, l'Académie des Inscriptions et Belles-Lettres fut invitée à faire la devise d'une médaille destinée à immortaliser ce voyage sans résultat. Cette médaille fut en effet frappée. Elle représente d'un côté le portrait du Bernin, et, au revers, les muses de l'art, avec cet exergue : *Singularis in singulis, in omnibus unicus.* Le voyage seul du Bernin, sans compter la pension de 6,000 livres qu'il toucha jusqu'en 1680, coûta 103,000 livres[1]. On a vu ce qu'il produisit : un buste du roi. Plus tard, il est vrai, le Bernin envoya de Rome une statue équestre de Louis XIV; mais la tête en fut trouvée tellement disgracieuse qu'il fallut la remplacer par une tête copiée sur l'antique par Girardon. C'est la statue que l'on voit encore à Versailles, au bout de la pièce des Suisses. Heureusement, son plan du Louvre avait été rejeté, grâce à Colbert, auprès duquel ni le plan ni son auteur n'eurent le don de réussir, et la colonnade du Louvre fut exécutée, d'après le plan de Claude Perrault.

Cependant, Colbert s'aperçut bientôt qu'il avait flatté dans Louis XIV une passion terrible, insatiable, et que les dépenses, chaque jour croissantes, affectées aux bâtiments, tendaient sans cesse à détruire l'équilibre qu'il avait eu tant de peine à

---

[1] *Documents authentiques sur les dépenses de Louis XIV*, par Gabriel Peignot.—*Essais sur Paris*, par Sainte-Foix. — *Mémoires de Charles Perrault*; livre II : voici le portrait que fait Perrault du cavalier Bernin. « Il avait une taille un peu au-dessous de la médiocre, bonne mine, un air hardi; son âge avancé et sa grande réputation lui donnaient encore beaucoup de confiance. Il avait l'esprit vif et brillant et un grand talent pour se faire valoir ; beau parleur, tout plein de sentences, de paraboles, d'historiettes et de bons mots dont il assaisonnait la plupart de ses récits. »

rétablir dans les finances. Dès 1667, ses craintes devinrent très-vives, et il les exprima à Louis XIV dans un mémoire [1]. Ce mémoire porte en substance que, si le roi veut bien chercher dans Versailles où sont plus de 1,500,000 écus qui y ont été dépensés depuis deux ans, il aura bien de la peine à les trouver ; que ses divertissements sont tellement mêlés avec la guerre de terre qu'il est bien difficile de les diviser ; que, s'il examine combien de dépenses inutiles il a faites, il verra que, si elles étaient toutes retranchées, il ne serait pas réduit à la nécessité où il est.

« En mon particulier, ajoute Colbert saisi d'un noble patriotisme, je déclare à Votre Majesté qu'un repas inutile de 1,000 écus me fait une peine incroyable, et lorsqu'il est question de millions d'or pour la Pologne, je vendrais tout mon bien, j'engagerais ma femme et mes enfants, et j'irais à pied toute ma vie pour y fournir, si c'était nécessaire. Votre Majesté excusera, s'il lui plaît, ce petit transport... Votre Majesté doit considérer qu'elle a triplé les dépenses de ses écuries... Si Votre Majesté examine bien, elle trouvera que cette augmentation en livrées, en nourritures d'hommes et de chevaux, en achats, en gages, va à plus de 200,000 livres tous les ans... Si Votre Majesté considère son jeu, celui de la reine, toutes les fêtes, repas, festins extraordinaires, elle trouvera que cet article monte environ à plus de 500,000 livres, et que les rois, ses prédécesseurs, n'ont jamais fait cette dépense, et qu'elle n'est pas du tout nécessaire. »

Colbert s'excuse ensuite d'avoir tant tardé de présenter ces observations au roi :

« La première raison, dit-il, c'est que j'avais à contredire ce que Votre Majesté aime le plus fortement ; la seconde, que, encore que Votre

---

[1] M. Montyon, dans ses *Particularités sur les ministres des finances*, et M. Dupont, dans son introduction aux *Fastes de la Révolution française*, donnent quelques extraits de ce mémoire, mais sans en indiquer l'origine. Bien que je n'en aie pas trouvé de trace dans mes recherches, je n'ai pas cru devoir négliger ce document très-important en raison des remontrances qu'il contient et qui font le plus grand honneur à Colbert. D'après M. Montyon, ce mémoire commence ainsi : « Voici, Sire, un métier fort difficile que je vais entreprendre ; il y a près de six mois que je balance à dire à Votre Majesté les choses fortes que je lui dis hier et celles que je vais encore lui dire. Je fais, auprès de Votre Majesté, le métier sans comparaison le plus difficile de tous ; il faut, de nécessité, que je me charge des choses les plus difficiles et de quelque nature qu'elles soient. Je me confie en la bonté de Votre Majesté, en sa haute vertu, en l'ordre qu'elle nous a souvent donné et réitéré de l'avertir au cas qu'elle allât trop vite, et en la liberté qu'elle m'a souvent donnée de lui dire mes sentiments..... » M. Dupont paraît avoir réuni deux mémoires en un seul ; le dernier serait d'une date postérieure et se rapporterait plutôt à l'année 1670.

CHAPITRE VII. 199

Majesté agréât tout ce que je lui dis touchant les exils, les rappels et les emprisonnements de ses sujets, je ne vois pas que Votre Majesté y ait fait aucune réflexion, et j'ai commencé de douter si la liberté que j'avais prise était agréable à Votre Majesté; la troisième, qu'il m'a semblé que Votre Majesté commençait de préférer ses plaisirs, ses divertissements à toute chose, et cela, fondé sur deux rencontres considérables : la première, ayant fait voir à Saint-Germain que Votre Majesté devait fortifier son armée navale dans le même temps que Votre Majesté disait qu'il fallait se tirer le morceau de la bouche pour y fournir, dans ce moment-là, Votre Majesté dépense 200,000 livres comptant pour un voyage de Versailles, savoir, 13,000 pistoles pour son jeu et celui de la reine et 50,000 livres en repas extraordinaires : la seconde que, encore que Votre Majesté voie dans ce moment-ci l'état de ses affaires prêtes à tomber, *par l'excès de toutes sortes de dépenses,* dans un abyme de nécessités qui produit toute sorte de désordres, Votre Majesté, dis-je, fait faire une dépense de 100,000 livres à chacune de ses compagnies de mousquetaires. Quand un mousquetaire à la basse paie aura consommé la solde de 360 livres en ornements inutiles, de quoi veut-on qu'il vive pendant cette année? Il faut que, par douceur ou par force, il vive aux dépens de son hôte; les lieux où il demeure ne paient plus la taille, et tout tombe dans la confusion. Ah! plût à Dieu que Votre Majesté eût une fois bien examiné cette matière! Elle trouverait que sa gloire souffre de ces fanfares, de ces ornements inutiles, dont la dépense, outre cela, ruine et les officiers et les cavaliers. »

En terminant, Colbert blâme sévèrement les mouvements de troupes, « *à qui on fait jouer la navette par des marches perpétuelles, ruineuses,* » et dit en parlant des revues qu'il n'avait jamais compris qu'elles dussent *venir chercher le roi, ni que la marche et l'assemblée des armées au dedans du royaume, qui en attire la ruine, pût devenir un amusement de dames* [1].

« J'avais vu auparavant, dit-il enfin, le secrétaire d'État de la guerre, avec celui qui avait le soin des finances, chercher ensemble de n'être point à charge aux peuples; on écoutait les habitants des villes quand

---

[1] Ces revues donnaient lieu à des caricatures et à des libelles qu'on affichait dans Paris. Un de ces derniers portait pour titre, au sujet d'une revue qui devait avoir lieu à Moret, près de Fontainebleau : « *Louis XIV donnera les marionnettes dans les plaines de Moret.* » Colbert ne craint pas d'en parler au roi dans son mémoire. Un autre libelle, distribué dans les maisons, portait ces mots : *Parallèle des siéges de La Rochelle et de Moret, faits par les rois Louis XIII et Louis XIV.* « Je sais bien, dit Colbert à ce sujet, que ces sortes d'écrits ne doivent entrer pour rien dans les résolutions des grands princes; mais *je crois qu'ils doivent être considérés dans les actions indifférentes qui requièrent l'approbation publique.* » Que de raison dans ce peu de mots!

ils venaient se plaindre ; on leur rendait justice sévère sur les officiers et les troupes ; à présent, aucun n'ose se plaindre, car tous ceux qui sont venus ont été traités de *coquins*, de *séditieux*, et les peuples ont appris ces mauvais traitements, qui ont été prononcés par celui qui parle au nom de Votre Majesté [1]. »

Remontrances sévères, mais justes et courageuses ! Malheureusement, elles demeurèrent sans effet. On a vu plus haut que les sommes employées par Louis XIV en bâtiments et encouragements aux beaux-arts et manufactures, s'élevèrent de 1661 à 1710, à 165 millions. Il ne sera pas sans intérêt de faire connaître quelle somme fut affectée à chaque objet en particulier [2].

Dépense totale de Versailles, églises, Trianon, Clagny, Saint-Cyr, la machine de Marly, la rivière d'Eure, Noisy et les Moulineaux............................	81,151,414 liv.
Tableaux, étoffes, argenterie, antiques.......	6,586,774
Meubles et autres dépenses...............	13,000,000
Chapelle (*construite de* 1699 *à* 1710)........	3,260,241
Autres dépenses de tout genre............	13,000,000
Total pour Versailles et dépendances.....	116,798,229
Saint-Germain........................	6,455,561
Marly (*non compris la machine qui figure à l'article Versailles* [3])......................	4,501,279
Fontainebleau........................	2,773,746
Chambord...........................	1,225,701
Louvre et Tuileries....................	10,608,969
Arc de triomphe de Saint-Antoine [4]........	513,755
A reporter.....	142,877,240 liv.

[1] Louvois, secrétaire d'État de la guerre.

[2] *États au vrai*, par M. Eckard, d'après un manuscrit de la Bibliothèque royale, intitulé : *Comptes des bastiments du Roy* : Fonds Saint-Martin, 92, in-4o de 54 feuilles. Le livre de M. Eckard donne séparément la dépense de la maçonnerie, plomberie, menuiserie, etc., etc.

[3] Avec son exagération habituelle, le duc de Saint-Simon estime que, *pour Marly seul, en y ajoutant la dépense des voyages, on ne dira point trop en parlant par milliards*. (*Mémoires*, etc., t. XIII, ch. IV.) A ce compte, Volney aurait pu porter le total de la dépense pour bâtiments à 30 ou 40 milliards.

[4] Ce monument était situé à l'extrémité du faubourg Saint-Antoine, sur la place dite depuis du Trône, parce qu'on y dressa un trône magnifique pour Louis XIV et Marie-Thérèse, lorsqu'ils firent leur entrée dans la capitale, le 26 août 1660. Dix ans après, la ville de Paris résolut d'y faire élever un arc de triomphe. Perrault en donna les dessins. Construit en pierre jusqu'à la hauteur des piédestaux des colonnes, l'arc fut achevé en plâtre pour former un modèle de ce qu'il devait être. Comme il menaçait ruine, on le démolit en 1716. Il n'en reste plus que la gravure de Sébastien Leclerc. (*Note de M. Eckard*.)

Report.	142,877,240 liv.
Observatoire de Paris (*construit de* 1667 *à* 1672).	725,174
Hôtel royal et église des Invalides [1].	1,710,352
Place royale de l'hôtel Vendosme.	2,062,699
Le Val-de-Grâce [2].	3,000,000
Annonciades de Meulan.	88,412
Canal des deux mers (*non compris ce qui a été fourni par les États du Languedoc*).	7,736,585
Manufactures des Gobelins et de la Savonnerie. . .	3,645,945
Manufactures établies en plusieurs villes.	1,707,990
Pensions et gratifications aux gens de lettres. . . .	1,979,970
Total général des dépenses.	165,534,315 liv.

Si l'on cherche à se rendre compte approximativement de la valeur actuelle de cette somme, et qu'on se contente de prendre pour base la moyenne du prix du marc d'argent sous Louis XIV et en 1846, on trouve que les dépenses de ce roi, en bâtiments, encouragements et gratifications, représenteraient, de nos jours, 350 millions environ. Mais que l'on évoque un instant devant son imagination les seules merveilles de Versailles, et que l'on se demande ensuite si, exécutées de notre temps, toutes les constructions de Louis XIV ne coûteraient pas près d'un milliard [3].

---

[1] On me saura gré de reproduire à ce sujet une note très-judicieuse de M. Montyon. « L'Hôtel des Invalides devait-il être un palais? Etait-il plus convenable qu'il ne fût qu'un hospice bien approvisionné? Tous les invalides devaient-ils être rassemblés? N'aurait-il pas été plus utile qu'ils fussent dispersés dans les provinces, où ils auraient pu être de quelque utilité, où leur entretien eût été moins dispendieux, où la dépense de leur entretien eût versé des fonds dans des cantons qui en manquaient? C'est M. de Louvois qui a dû peser ces questions, puisque c'est lui qui a fondé cet établissement; il n'est pas sans vraisemblance qu'il a sacrifié à une vanité que trop souvent Louis XIV prit pour de la grandeur » (*Particularités sur les ministres des finances*).

[2] Ce chiffre est approximatif. Les *États au vrai*, publiés par M. Eckard, ne donnent pas le chiffre exact de la dépense faite au Val-de-Grâce; seulement M. Eckard la porte à 3 millions, d'après d'autres documents.

[3] Le canal du Languedoc, qui a 64 lieues de longueur, coûta 17 millions (voir au chap. suiv). Aujourd'hui, une lieue de canal coûte environ 600,000 francs. D'après cela, il suffirait de doubler la somme dépensée par Louis XIV pour avoir sa représentation actuelle. Au surplus, une évaluation exacte, mathématique, me parait impossible, et je ne prétends donner, à ce sujet, que des indications. L'essentiel était de rétablir le chiffre de la dépense effective, *en monnaie du temps*.

CHAPITRE VIII.

Canal de Languedoc. — Motifs qui en faisaient solliciter l'ouverture. — Proposition faite à Colbert par Riquet (1663). — Difficultés à surmonter. — Le gouvernement discute la question de savoir si le canal doit être fait par l'État ou par un particulier. — Raisons qui font adopter ce dernier parti. — Riquet est en butte à l'envie et au dénigrement de ses concitoyens. — Colbert lui témoigne une véritable amitié. — Dépense totale du canal. — Vers de Corneille à ce sujet. — Canal d'Orléans.

Parmi les travaux dont les *Comptes des bastiments du roy* font connaître la dépense, il en est un que Colbert prit sous sa protection spéciale et auquel il tint à honneur d'associer son nom; c'est le canal de Languedoc, travail gigantesque dont Charlemagne lui-même semble avoir entrevu les admirables résultats, et qui avait déjà donné lieu, sous François Ier, Charles IX, Henri IV et Louis XIII, à des projets discutés en Conseil. Plusieurs motifs d'une grande importance étaient cause que l'on souhaitait vivement l'exécution de ce canal. Tous ceux qui en avaient étudié le projet faisaient observer avec raison que, par ce moyen, les marchandises de l'Océan et de la Méditerranée pourraient être transportées de l'une à l'autre mer en évitant de passer par le détroit de Gibraltar, où les navires couraient beaucoup de danger; qu'en cas de disette en Languedoc ou dans la Guyenne, il serait très-aisé de faire arriver les grains dans celle de ces contrées qui en manquerait; que le Haut-Languedoc où les blés abondaient en verserait presque sans frais dans le Bas-Languedoc, beaucoup moins favorisé, sous ce rapport, et que celui-ci enverrait en échange, par la même voie, ses vins et tout ce qu'il tirait de son commerce avec la province de Lyon. On ajoutait encore, et c'était une raison déterminante dans les idées du temps, que les étrangers qui feraient le commerce de transport de l'une à l'autre mer laisseraient des sommes considérables à la province. Enfin, à toutes ces considérations où les intérêts matériels étaient seuls en jeu, s'en joignait une dernière d'une autre nature, mais qui n'exerçait pas une moindre influence sur les esprits. On disait que les Romains eux-mêmes, si vantés pour leurs travaux, n'avaient rien fait de comparable au canal qu'il s'agissait d'exécuter, et qu'il en reviendrait non-seulement beaucoup de profit, mais aussi beaucoup d'honneur à la nation qui les aurait surpassés près des lieux mêmes où ils avaient laissé la plus forte empreinte de leur passage et de leur grandeur [1].

Jamais, en effet, entreprise plus magnifique et plus séduisante n'avait été proposée à un ministre ami des grandes choses. Quatorze lieues seulement séparent l'Aude et la Garonne, dont l'une se jette, comme on sait, dans la Méditerranée, l'autre dans l'Océan, et il semblait au premier abord que la jonction de ces rivières au moyen d'un canal ne présentait pas des obstacles insurmontables. Bien plus, toutes les fois que le projet avait été étudié, soit par les États, soit à la requête du gouverneur, on l'avait déclaré exécutable; mais cette possibilité de le mener à bonne fin laissait probablement beaucoup de doute dans les esprits; car, malgré les avantages qu'on espérait en retirer, le canal de Languedoc était encore à l'état de projet au commencement de l'année 1662.

Il y avait alors dans les gabelles de cette province un homme que la nature avait fait un grand géomètre. Possesseur de quelques terres au pied d'une montagne, principal empêchement à l'ouverture du canal de jonction des deux mers, il cherchait depuis plusieurs années le moyen de surmonter cet obstacle. Après plusieurs essais faits en petit dans sa propriété, essais dont les traces ont été religieusement conservées par ses descendants, Pierre-Paul de Riquet, seigneur de Bonrepos, d'une famille noble originaire de Provence, crut enfin avoir trouvé

---

[1] *Mémoires pour servir à l'histoire du Languedoc*, par feu M. de Basville, intendant de cette province. Amsterdam (*Marseille*), 1734. M. de Basville-Lamoignon a été intendant du Languedoc de 1685 à 1710.

ce moyen, et fit part de son projet à Colbert dans une lettre où respire une bonhomie charmante :

« Vous vous étonnerez, dit-il, que j'entreprenne de parler d'une chose qu'apparemment je ne connois pas, et qu'un homme de gabelle se mêle de nivelage. Mais vous excuserez mon entreprise lorsque vous saurez que c'est de l'ordre de Monseigneur l'archevêque de Toulouse que je vous écris [1]. »

Riquet raconte ensuite à Colbert que l'archevêque de Toulouse, l'évêque de Saint-Papoul et plusieurs autres personnes de condition sont allées sur les lieux avec lui; qu'ils en sont revenus persuadés de la vérité de ce qu'il leur avait dit sur la possibilité de faire le canal, et l'ont engagé à lui soumettre la relation qu'il envoie, « mais en assez mauvais ordre ; car n'entendant ni grec ni latin, et sachant à peine parler français, il ne peut pas s'expliquer sans bégayer. »

Quant au projet, la difficulté principale avait toujours été d'amener assez d'eau à un point de partage appelé les *Pierres Naurouse*, élevé de plus de cent toises au-dessus du niveau des deux mers, et d'où l'eau pût être dirigée de l'un ou de l'autre côté du canal avec assez d'abondance pour l'alimenter. Riquet trouva le moyen de ramasser plusieurs ruisseaux considérables, auxquels on n'avait pas même songé avant lui, à cause de leur éloignement, et de les utiliser, malgré des obstacles matériels, en apparence insurmontables, que présentaient les escarpements de la *Montagne Noire*, aux pieds de laquelle les Pierres de Naurouse étaient situées. Dès lors le succès de l'entreprise fut assuré. Bientôt après, l'archevêque de Toulouse présenta Riquet à Colbert. Cependant, plusieurs années se passèrent avant qu'on se mît à l'œuvre. Comme les États de Languedoc devaient contribuer à la dépense, ils nommèrent des commissaires pour vérifier le projet de Riquet, et il fut décidé que celui-ci ferait d'abord une rigole d'essai. Cet essai devait coû-

[1] *Histoire du canal de Languedoc*, par les descendants de Pierre-Paul Riquet de Bonrepos, 1 vol. in-8. Il existe une autre histoire du canal de Languedoc, par le général Andréossy qui attribue à un géomètre de ce nom, l'honneur d'avoir fait les études du canal; mais cette assertion est positivement contraire à toutes les pièces officielles, au témoignage de Vauban et à la correspondance de Colbert. Répondant sans doute à quelques prétentions contemporaines, M. de Basville dit aussi très-formellement à ce sujet que Riquet fut l'*inventeur*, l'*entrepreneur* et le *seul directeur* du canal des deux mers.

ter 200,000 livres. Plein de confiance dans son plan, Riquet n'hésita pas à faire cette dépense.

« Mais en ce cas, Monseigneur, écrivait-il à Colbert le 27 novembre 1664, mettant en risque mon bien et mon honneur, à défaut de réussite, il me semble raisonnable, par contre-coup, que j'acquière un peu de l'un et un peu de l'autre en cas que j'en sorte heureusement. J'espère être à Paris dans le mois de janvier prochain... Et ce sera alors, Monseigneur, que je me donnerai l'honneur de vous dire mieux de bouche mes sentiments à ce sujet. Vous les trouverez raisonnables, assurément; car j'affecterai de vous porter des propositions de justice, et, par conséquent, de votre goût; et en cela, je suivrai mon naturel franc et libre, et point chicannier [1]. »

Riquet vint donc à Paris, et, le 25 mai 1665, il obtint par lettres patentes le droit de travailler *aux rigoles nécessaires pour faire l'essai de la pente et de la conduite des eaux*. Deux mois après, cet essai touchait à son terme, et l'infatigable ingénieur écrivait à Colbert que bien des gens seraient surpris du peu de temps qu'il y aurait employé et de la faible dépense qui en résulterait; qu'au surplus la réussite était infaillible, mais d'une manière toute nouvelle et à laquelle ni lui ni personne n'avait songé jusqu'alors; car le chemin où il passait maintenant lui était toujours demeuré inconnu, quelque soin qu'il eût mis à le découvrir; que la pensée lui en était venue à Saint-Germain, et que sa rêverie s'était trouvée juste, le niveau ayant confirmé ce que son imagination lui avait dit à deux cents lieues de là. Colbert répondit le 14 août suivant à cette lettre qu'il était très-aise de voir l'espérance où était Riquet concernant le *grand dessein de la jonction des deux mers*, qu'outre la gloire qui en reviendrait à son auteur le roi lui en saurait beaucoup de gré, son intention étant de faire exécuter le canal par ses soins de préférence à tous autres; qu'ainsi, une fois la rigole d'essai achevée, il pourrait se mettre en route pour Paris, en ayant soin toutefois de bien discuter les moyens, que l'on aurait en main pour faire trouver au roi les fonds nécessaires, afin que, ces moyens étant bien digérés, on pût les lui proposer sans retard [2].

---

[1] *Histoire du canal de Languedoc*. Archives du canal.
[2] *Ibidem*.

Tout semblait donc marcher au gré de Riquet, mais de nouvelles épreuves lui étaient encore réservées. La dépense du canal avait d'abord été évaluée à 6 millions environ, et ni le roi ni Colbert ne voulaient y affecter une pareille somme. Cependant, vers la même époque, le roi dépensait en bâtiments, dans une seule année, 6,242,828 livres[1]. Le prince de Conti, gouverneur du Languedoc, fit alors un appel aux États et les excita à s'associer à l'exécution du canal, leur promettant que, « de son côté, Louis XIV retrancherait des dépenses nécessaires ailleurs, pour y contribuer de l'argent de son trésor royal. » Rendus défiants par l'expérience, et craignant que les sommes qu'ils auraient votées ne fussent appliquées à d'autres objets, les États déclarèrent, le 26 février 1666, qu'ils ne pouvaient, ni pour le présent ni pour l'avenir, participer à la dépense des ouvrages du canal. Heureusement, Riquet n'était pas à bout d'expédients. Il proposa de faire procéder à la construction du canal en donnant à l'entrepreneur la faculté de prendre toutes les terres nécessaires, lesquelles seraient payées par le roi, après estimation. Au moyen de ces acquisitions, on pourrait ériger un fief considérable, comprenant le canal, ses rigoles et chaussées, depuis la Garonne jusqu'à ses dégorgements dans la Méditerranée y compris le canal d'alimentation, depuis la Montagne Noire, où il prenait naissance, jusqu'aux Pierres de Naurouse. Les possesseurs de ce fief en jouiraient à perpétuité, et ils auraient, entre autres droits, le pouvoir exclusif de construire sur les bords du canal un château, des moulins, des magasins pour l'entrepôt des marchandises, etc., etc.

Avant de statuer sur la proposition de Riquet, une question d'une extrême importance, et qui s'est souvent représentée depuis, principalement dans ces dernières années, fut agitée dans le Conseil. Convenait-il aux intérêts de l'État que le roi gardât la propriété du canal pour le faire exploiter, soit en régie, soit en ferme, ou bien, était-il préférable de l'abandonner à des particuliers? A la suite d'une longue délibération sur les détails de laquelle les archives du canal de

---

[1] *Recherches sur les finances*, etc., État des dépenses de l'année 1670.

Languedoc ont conservé de précieux renseignements, la question fut résolue dans le dernier sens. La majorité du Conseil fut d'avis qu'un ouvrage qui exigeait une attention continuelle et des dépenses journalières ne pouvait être confié sans inconvénient à une régie publique, qu'il était bien plus avantageux et plus sûr d'en laisser la conduite à un particulier, de l'intéresser fortement à la prospérité de l'entreprise en lui en donnant la propriété, et *de mettre ainsi l'intérêt public sous la sauvegarde de l'intérêt personnel.* De cette manière, ni un embarras momentané dans les finances, ni les malheurs de l'État, si les circonstances devenaient contraires, ne pouvaient faire craindre d'interruption dans les travaux, et l'on assurait en même temps la solidité, l'entretien et l'amélioration du canal. Décision pleine de raison, de sagesse, dont Colbert fut sans doute l'âme, et sans laquelle le canal de Languedoc, vingt fois abandonné, repris, interrompu, n'eût peut-être été achevé qu'un siècle plus tard !

La proposition de Riquet fut donc acceptée et régularisée ensuite par un édit du mois d'octobre 1666. Riquet acheta le nouveau fief à condition qu'il n'en pourrait être dépossédé que moyennant remboursement de toutes les sommes dépensées par lui, et il s'engagea à employer le produit du fief à la construction du canal. En même temps, le roi fixa les droits qui seraient perçus pour le transport des marchandises sur le canal, et ordonna, pour subvenir aussi aux dépenses, la création d'un certain nombre d'offices de regrattiers et vendeurs de sel, ainsi que la vente de plusieurs autres petits droits. Les États seuls résistaient encore ; ils ne votèrent des fonds que lorsqu'ils virent l'œuvre en cours d'exécution, le succès assuré, et ces fonds furent principalement destinés à racheter les charges, très-onéreuses à la contrée, dont Colbert avait abandonné le produit à l'entrepreneur du canal.

Le génie et la persévérance de Riquet avaient donc enfin gain de cause. Dans l'espace de six ans, toute la partie du canal située entre le point de partage des Pierres de Naurouse et la Garonne fut achevée. Le protecteur de Riquet, celui qui l'avait adressé et présenté à Colbert, l'archevêque de Toulouse, s'embarqua un des premiers à Naurouse pour se rendre dans sa métropole. Cette consécration du succès fut une réponse éclatante à la calomnie et à l'envie qui depuis longtemps s'acharnaient contre Riquet. En effet, comment eût-on pardonné à un homme du pays d'avoir entrepris une œuvre semblable? Le vieux proverbe à l'adresse des localités haineuses et jalouses se vérifia donc encore une fois.

« Si vous voulez écouter les gens du pays, dit une relation contemporaine, vous n'en trouverez presque point qui ne vous soutiennent que l'entreprise du canal n'aura aucun succès. Car, outre les préjugés de l'ignorance, plusieurs en parlent par chagrin, peut-être parce que, pour faire le canal, on leur a pris quelque morceau de terre dont ils n'ont pas été dédommagés au double et au triple, selon qu'ils se l'étoient proposé. Il y a d'ailleurs des esprits bourrus qui vous diront la même chose parce qu'ils sont accoutumés à désapprouver tout ce qui s'entreprend d'extraordinaire. Il s'en trouve même d'assez mal tournés pour en parler mal, par l'envie et la jalousie qu'ils ont contre le mérite et le bonheur du sieur Riquet; et enfin, comme il y a peu de personnes dans cette province qui soient versées en ces sortes de matières et qui aient l'intelligence de ces travaux, plusieurs n'en parlent que comme ils en entendent parler aux autres, et, comme il y a toujours des mécontents, ces ouvrages ne manquent pas de contradicteurs. Après que l'on a vu que la rigole a porté les eaux de la Montagne-Noire au bassin de Naurouse, personne n'a plus douté de la possibilité de l'entreprise. Tout le venin s'est porté alors du côté des travaux, et on les a décriés de telle sorte que c'est merveille de trouver un homme qui ne soit pas prévenu de l'impression que cette entreprise ne réussira jamais [1]. »

Heureusement, les clameurs de l'envie ne troublèrent pas Riquet. Toujours absorbé par les divers ouvrages du canal, il modifiait, améliorait son premier plan, voulait tout voir, être partout, et, dans sa sollicitude, ne se croyait pas suffisamment remplacé par douze inspecteurs généraux qui dirigeaient et surveillaient les travaux sous ses ordres. Souvent douze mille

---

[1] *Lettre à M. Barillon* (intendant de Picardie), *contenant la relation des travaux qui se font en Languedoc pour la communication des deux mers*, par M. de Froidour. Toulouse, 1672. Cette brochure, qui est très-curieuse et dont l'*Histoire du canal de Languedoc* donne quelques extraits, se trouve à la Bibliothèque royale, Mss., dans le portefeuille Fontanieu, nos 717-718, *Commerce, canaux, manufactures*, etc. M. de Froidour, auteur de la relation dont il s'agit, était lieutenant général au bailliage de la Fère et commissaire-député en Languedoc pour la réformation générale des eaux et forêts. On trouve de nombreuses lettres de lui dans la correspondance adressée à Colbert.

hommes y étaient employés à la fois. Ils étaient divisés en plusieurs ateliers. Chaque atelier avait un chef, sous lequel étaient cinq brigadiers, et chaque brigadier conduisait cinquante travailleurs. Riquet était aussi secondé par son fils aîné, à qui Colbert témoigna de l'amitié. En même temps, il s'était chargé de grands travaux que le roi avait résolu de faire exécuter au port de Cette, où, par suite d'une modification du premier projet, le canal devait aboutir. Cependant, les fonds qu'on lui avait promis se faisaient souvent attendre; alors, pour ne pas interrompre les travaux, Riquet avançait tout son bien et empruntait de tous côtés. Puis, il écrivait que l'intendant de la province l'estimait bien malheureux d'avoir trouvé l'art de détourner les rivières et de ne savoir pas arracher tout l'argent nécessaire pour ses grands et importants travaux; mais que son entreprise était le plus cher de ses enfants, qu'il y recherchait la gloire et non le profit, souhaitant avant tout de leur laisser, non de grands biens, mais de l'honneur. Une autre fois, Riquet exprimait la même pensée dans des termes qui le révèlent tout entier et le font aimer. « Je regarde, disait-il à Colbert, mon ouvrage comme le plus cher de mes enfants : *ce qui est si vrai qu'ayant deux filles à établir, j'aime mieux les garder encore chez moi quelque temps, et employer aux frais de mes travaux ce que je leur avais destiné pour dot.* » On voit avec plaisir Colbert apprécier ce noble caractère comme il méritait de l'être. En 1672, Riquet fut gravement malade. Le ministre lui écrivit la lettre suivante empreinte d'une véritable affection pour l'illustre ingénieur.

« L'amitié que j'ai pour vous, les services que vous rendez au roi et à l'État dans la plupart des soins que vous prenez, et l'application tout entière que vous donnez au grand travail de la communication des mers, m'avoient donné beaucoup de douleur du mauvais état auquel votre maladie vous avoit réduit; mais j'en ai été bien soulagé par les lettres que je viens de recevoir de votre fils, du 23 de ce mois, qui m'apprennent que vous êtes entièrement hors de péril, et qu'il n'est plus question que de vous rétablir et de reprendre les forces qui vous sont nécessaires pour achever une si grande entreprise que celle où votre zèle pour le service du roi vous a fait engager ; et, quoique cette nouvelle m'ait donné beaucoup de joie, je ne laisserai pas d'être en inquiétude jusqu'à ce que je reçoive de votre main des assurances de votre bonne santé. Ne pensez qu'à la rétablir, et soyez bien persuadé de mon amitié et de l'envie que j'ai de procurer à vous et à votre famille des avantages proportionnés à la grandeur de votre entreprise. Je suis tout à vous.

« COLBERT. »

« Paris, ce 30 novembre 1672 [1]. »

Et, comme pour mieux marquer le vif intérêt qu'il portait à son père, Colbert écrivait à la même date au fils aîné de Riquet :

« J'ai reçu la lettre que vous m'avez escrit le 25 de ce mois, par laquelle vous me donnez advis de ce qui se passe dans la maladie de M. votre père. J'ay appris avec un plaisir extrême qu'il est hors de danger, et que sa santé va tous les jours de mieux en mieux ; il est bien important qu'il pense uniquement à se restablir, et que vous l'empeschiez de s'appliquer au travail jusqu'à ce qu'elle soit parfaite. Cependant je seray bien aise d'apprendre par vous ce qui se fera pour advancer les ouvrages du canal, et pour restablir le désordre qui est arrivé à la grande jettée du cap de Cette ; mais surtout faites-moi sçavoir soigneusement, par tous les ordinaires que vous aurez de m'escrire, l'estat de santé de M. votre père [2]. »

Le canal du Languedoc fut entièrement achevé en 1681, six mois après la mort de Riquet, arrivée le 1er octobre 1680. Sa longueur totale, de Cette à la Garonne, était de cinquante-quatre lieues, et il n'avait pas fallu moins de soixante-quinze écluses pour remédier aux inégalités du terrain. Suivant les *Comptes des bastiments du roy*, Louis XIV aurait contribué à la dépense pour 7,736,555 livres. Les archives du canal établissent que cette somme n'aurait pas été versée en entier.

---

[1] *Histoire du canal de Languedoc*, Archives du canal.

[2] Arch. de la mar., *Registres des despesches*, année 1672. La lettre précédente ne se trouve pas dans le *registre des despesches*, et l'*Histoire du canal de Languedoc* ne donne pas celle de Colbert au fils de Riquet. — Pendant la plus grande partie du règne de Louis XIV, le rêve des courtisans et des ingénieurs fut d'amener de l'eau à Versailles. On ne saurait croire à combien de projets ce caprice du roi donna lieu. Riquet lui-même proposa à Colbert de détourner une partie de la Loire et de la conduire sur la montagne de Satori d'où on l'aurait dirigée à volonté. Cette entreprise ne devait coûter, disait-il, que 2,400,000 livres, et le traité allait être signé, lorsque Perrault, commis à la surintendance des bâtiments, suggéra à Colbert l'idée de faire examiner auparavant par l'Académie des Sciences si l'entreprise était praticable. Colbert suivit ce conseil, et, sur l'avis de l'Académie qui fit faire le nivellement des terrains avec beaucoup de soin, ce projet fut abandonné. (*Mémoires de Charles Perrault*, livre III.)

Voici, d'après ces archives, la récapitulation de toutes les dépenses :

	l. s. d.	l. s. d.
Fourni par le roi.	7,484,051 » »	
— par les États du Languedoc.	5,807,831 16 6	15,249,399 16 6
— par Riquet.	1,957,517 » »	
A déduire pour les ouvrages du port de Cette et du canal de communication de l'étang de Thau à la mer, ouvrages que le roi se charge de faire perfectionner.	1,080,000 » »	
Dépense du canal suivant les arrêts de liquidation de 1677 et de 1682.	14,169,399 16 6	

Mais il faut ajouter à cette somme, outre 2,110,000 livres qui furent rejetées des travaux extraordinaires faits par Riquet, au delà de ses engagements, le prix de construction des magasins pour l'entrepôt des marchandises, celui des barques, hôtelleries et moulins, l'intérêt des sommes empruntées. Le prix total du canal de Languedoc s'est donc élevé à 17 millions environ.

Parmi les nombreuses pièces de vers qui furent faites pour célébrer le canal des deux mers, la suivante, de Pierre Corneille, est surtout remarquable par la pompe de l'expression et l'harmonie du rhythme. Il est fâcheux que Corneille ait substitué le Tarn à l'Aude, et que ni le nom de Riquet ni celui de Colbert n'aient trouvé place dans ses vers.

SUR LA JONCTION DES DEUX MERS.

> La Garonne et le Tarn en leurs grottes profondes
> Soupiroient de tout temps pour marier leurs ondes,
> Et faire ainsi couler, par un heureux penchant,
> Les trésors de l'aurore aux rives du couchant;
> Mais à des vœux si doux, à des flammes si belles,
> La nature, attachée à des lois éternelles,
> Pour invincible obstacle opposoit fièrement
> Des monts et des rochers l'affreux enchaînement.
> France, ton grand roi parle, et les rochers se fendent:
> La terre ouvre son sein, les plus hauts monts descendent:
> Tout cède, et l'eau qui suit les passages ouverts
> Le fait voir tout-puissant sur la terre et les mers. »

En 1684, après la mort de Riquet et de Colbert, Louis XIV

chargea Vauban de visiter le canal de Languedoc dans toute sa longueur, pour s'assurer s'il ne réclamait pas quelque amélioration. Arrivé à Naurouse, point de partage du canal, l'illustre ingénieur, qui avait fait prendre et construire tant de citadelles célèbres, examina dans le plus grand détail tous les travaux exécutés sur la Montagne Noire, et demeura surtout émerveillé à la vue de l'immense réservoir de Saint-Féréol, qui n'a pas moins de 7,200 pieds en longueur, 3,000 pieds en largeur et 120 pieds en profondeur [1]. Mais les difficultés que Riquet avait dû surmonter pour pratiquer sur les flancs de la Montagne Noire, malgré leur *affreux enchaînement*, les diverses rigoles qui alimentent le réservoir de Saint-Féréol, excitèrent surtout son étonnement. Vauban admira longtemps ces magnifiques travaux; puis, s'adressant aux personnes qui l'accompagnaient : « Il manque pourtant quelque chose ici, leur dit-il : c'est la statue de Riquet[2]. » Mais, à cette époque, l'auteur du canal de Languedoc n'était pas mort depuis assez longtemps pour avoir droit à une statue, et il fallait que la génération, qui avait douté de son génie, de sa persévérance et du succès de son œuvre, jusqu'au moment où le succès devint un fait, eût entièrement disparu avant que l'on songeât à décerner à Riquet un honneur qu'il avait si bien mérité.

Le canal d'Orléans, dont un édit du mois de mars 1679 confia l'exécution au frère du roi, moyennant la jouissance perpétuelle du droit de navigation, justice et seigneurie, était une œuvre d'une bien moindre portée, mais dont l'expérience a démontré l'utilité. Déjà, en 1606, Sully avait rendu un immense service aux bassins de la Loire et de la Seine en les mettant en relation régulière par le canal de Briare, qui communique d'un côté avec la Loire, de l'autre avec la rivière de Loing, et par celle-ci avec Moret, petit port sur la Seine, à deux lieues de Fontainebleau. Le canal de Briare, qui ne comptait pas moins de quarante et une écluses sur une lon-

---

[1] *Mémoires pour servir à l'histoire du Languedoc*, par M. de Basville.
[2] *Histoire du canal de Languedoc.*

gueur de vingt lieues, et qui était le premier essai de ce genre fait en France, avait prouvé l'importance et la fécondité de ces sortes de travaux. Plusieurs provinces, et parmi elles les plus productives du royaume en matières encombrantes et de première nécessité, le fer et la houille, trouvaient dans la capitale, au moyen de cette nouvelle voie de communication, des débouchés avantageux et assurés. Malheureusement, l'irrégularité de la navigation entre Orléans et Briare était extrême, et toute la Basse-Loire, dont les relations fluviales avec le bassin de la Seine étaient interrompues pendant plusieurs mois de l'année, se voyait obligée de recourir aux transports par terre, infiniment plus coûteux. Le canal d'Orléans eut pour objet de remédier à ce grave inconvénient. L'édit de concession portait que la navigation par la jonction des rivières ayant pour résultat de faire arriver facilement dans toutes les provinces ce que la nature a donné à chacune en particulier, le roi avait toujours approuvé ces sortes d'entreprises, principalement quand elles pouvaient accroître l'abondance en sa bonne ville de Paris, centre du commerce du royaume [1]. Le canal d'Orléans devait communiquer avec la Loire par le port Morand, à deux lieues au-dessus d'Orléans, traverser la forêt de ce nom et entrer dans le canal de Briare à Cepoy, près de Montargis. On estimait que les vins, eaux-de-vie et vinaigres d'Orléans, ainsi que les blés, les farines et les charbons de la Basse-Loire et d'autres marchandises venant de l'Océan pour le bassin de la Seine lui fourniraient des transports abondants, et cet espoir a été confirmé par les événements au delà de toutes les prévisions; mais il ne fut pas donné à Colbert de le voir se réaliser pendant son administration. Une compagnie à laquelle le duc d'Orléans avait cédé ses droits n'ayant pas, faute de fonds, rempli les conditions de son traité, il s'ensuivit une rétrocession, et, à cause du temps que ces difficultés firent perdre, le canal d'Orléans ne fut livré à la navigation

---

[1] *Collection des anciennes lois françaises*, etc. C'est par erreur que l'édit concernant ce canal y est intitulé *Edit pour la construction du canal de Loing*. Ce n'est qu'en 1720 que le duc d'Orléans fit faire le canal de Loing, parce que la rivière de ce nom était devenue impraticable de Montargis à la Seine.

que le 5 mars 1692, treize ans après l'édit de concession [1]. Grâce à l'énergie et aux ressources inépuisables de Riquet, la construction de réservoirs immenses, ces percements de montagnes, ces ouvrages d'art considérables, exécutés malgré des difficultés pécuniaires et des entraves de toutes sortes, cette multitude de ruisseaux ramassés de si loin et avec tant de peine, ce nombre prodigieux d'écluses, tant d'obstacles vaincus enfin, qui faisaient du canal de Languedoc une œuvre également admirable par la hardiesse de l'œuvre et la grandeur des résultats, tout cela avait été entrepris et achevé à peu près dans le même espace de temps qu'on en mit à creuser le canal d'Orléans.

[1] *Dictionnaire hydrographique de la France*, par Moithey, Paris, 1787.

CHAPITRE IX.

Système industriel de Colbert. — Organisation des jurandes et maîtrises avant son ministère. — Règlements sur les manufactures et sur les corporations (1666). — État florissant de l'industrie en France de 1480 à 1620. — Le système de Colbert jugé par ses contemporains. — Aggravation du tarif de 1664. — Opposition des manufacturiers aux règlements de Colbert. — Mesures répressives adoptées contre les délinquants.

La manufacture royale de tapisseries de Beauvais fut fondée par Colbert, en 1664; celle des Gobelins, en 1667 [1]. Cependant, même à partir de cette première époque, on pouvait déjà voir le système industriel de Colbert se dessiner chaque jour plus nettement. Ce système célèbre peut se formuler en peu de mots. Dans les idées de Colbert, pour que l'industrie occupât en France un rang proportionné à la population et à l'importance du royaume, il fallait trois choses :

1° Des corporations fortement organisées enveloppant dans leur réseau les travailleurs de tous les métiers;

2° Des règlements obligeant tous les fabricants et manufacturiers à se conformer, en ce qui concernait les largeur, longueur, teinture et qualité des étoffes de toute sorte, aux prescriptions que les hommes spéciaux de chaque état auraient reconnues nécessaires.

3° Un tarif de douanes qui repoussât du territoire tous les produits étrangers pouvant faire concurrence aux produits français [2].

Tel était le système dont Colbert poursuivit le succès avec une énergie extrême, comblant d'encouragements et de pri-

---

[1] *Collection des anciennes lois françaises*, etc.

[2] En ce qui regarde les douanes, voici comment Colbert avait lui-même formulé son système, dans un mémoire présenté au roi : « Réduire les droits à la sortie sur les denrées et sur les manufactures du royaume; diminuer aux entrées les droits sur tout ce qui sert aux fabriques; *repousser, par l'élévation des droits, les produits des manufactures étrangères*. » (*Recherches sur les Finances*, etc.) — Les deux premiers articles de ce programme sont inattaquables; on verra plus loin les funestes conséquences qu'entraîna le dernier, tel qu'il fut exécuté par Colbert.

vilèges de tout genre quiconque secondait ses vues, infligeant des peines excessives, inouïes, à ceux qui comprenaient leurs intérêts autrement que lui. C'est à ce système que les économistes italiens du XVIII⁰ siècle ont donné le nom de *Colbertisme*, et c'est derrière ce qui en est resté que se retranchent encore de nos jours, soit pour attaquer, soit pour se défendre, un grand nombre d'intérêts privés; car la Révolution elle-même ne l'a pas détrôné, et Napoléon, qui semble avoir pris à tâche de donner aux XIX⁰ siècle le spectacle des grandeurs et des fautes du règne de Louis XIV, reprit en partie l'œuvre de Colbert. Comme il s'agit ici d'une des parties les plus importantes, on peut même dire les plus populaires de son administration, il est indispensable d'entrer à ce sujet dans quelques détails.

Examinons d'abord les conséquences du système que Colbert adopta en ce qui concerne les corporations et les règlements sur les manufactures.

Un écrivain du siècle dernier, Forbonnais, a dit avec beaucoup de raison, en parlant de la France : « *Cette nation, taxée d'inconstance, est la plus opiniâtre à conserver les fausses mesures qu'elle a une fois embrassées.* » L'histoire du régime des corporations industrielles fournirait au besoin une nouvelle preuve de cette vérité. Utiles à un moment donné, du X⁰ au XIII⁰ siècle, pour permettre aux travailleurs de s'organiser contre l'oppression féodale, elles devinrent bientôt elles-mêmes un instrument d'oppression insupportable pour les travailleurs pauvres, en même temps qu'elles furent très-onéreuses aux consommateurs. Déjà, au XIII⁰ siècle, les ordonnances du pouvoir royal constatent ce double résultat de l'influence des corporations. En 1348, un édit avait permis à tous ceux *qui étaient habiles* d'exercer leur art sans être reçus maîtres; en 1358, un édit de Charles V relatif aux tailleurs porte que les règles des corporations « *sont faites plus en faveur et proufit de chaque métier que pour le bien commun*[1]. »

---

[1] *De l'Organisation industrielle de la France avant le ministère de Colbert*, par M. L. Wolowski; mémoire lu à l'Académie des Sciences morales et politiques, le 11 mars 1843, et inséré dans la *Revue de Législation et de Jurisprudence* de la même année.

Peu de temps après, les corporations ayant pris une part active dans la sédition des *Maillotins*, Charles VI annulle leurs privilèges, établit des visiteurs de métiers dépendant uniquement du prévôt de Paris, et interdit aux artisans de se réunir. Malheureusement, Louis XI eut besoin, dans sa lutte avec la féodalité, de s'appuyer sur les gens des métiers, et ils en profitèrent. Bientôt leurs exigences ne connurent plus de bornes. On imposa la condition des *chefs-d'œuvre*, et les droits de réception au profit de la communauté furent aggravés. En même temps, les métiers se subdivisèrent à l'infini et eurent chacun leurs statuts. On vit surgir alors les procès les plus ridicules, les plus absurdes. C'étaient les jurés-fruitiers qui plaidaient avec les épiciers et les pâtissiers, les cabaretiers et taverniers avec les boulangers et les charcutiers, les cordonniers avec les savetiers, les tailleurs avec les fripiers. Ces derniers ont été en procès depuis 1530 jusqu'en 1776 [1]. Le procès entre les poulaillers et les rôtisseurs ne dura que cent vingt ans, mais il ne fut pas moins sérieux. Il s'agissait de savoir si les rôtisseurs avaient le droit de vendre de la volaille et du gibier cuits. En 1509, les poulaillers le leur disputèrent. On remonta aux statuts de 1298, et, de procès en procès, on arriva jusqu'en 1628, où un arrêt du 19 juillet défendit aux rôtisseurs de faire noces et festins, leur permettant seulement de vendre chez eux, et non ailleurs, trois plats de viande

---

Apologie du système de Colbert ou Observations juridico-politiques sur les jurandes et maîtrises d'arts et métiers. Amsterdam, 1751 (Bibliothèque royale; F. 4480-6). Il y a à la fin du volume un *Extrait des principaux règlements intervenus sur le fait des arts et métiers, depuis 1539 jusqu'en 1767.*

1 « Il y a eu à ce sujet vingt ou trente mille jugements, avis des chambres et bureaux de commerce.... Combien de temps perdu, combien de frais, de factums, d'animosités, de haines et de querelles pour établir la démarcation entre un habit neuf et un vieil habit! » (*Rapport sur les jurandes et maîtrises*, par Vital Roux, p. 24, cité par M. Wolowski.) Les communautés de Paris, écrivait Forbonnais vers 1750, dépensent annuellement près d'un million en procès. — Autre inconvénient. De temps en temps, l'État aux abois créait des lettres de maîtrises et les mettait *en parti*, comme fit Colbert en 1673, au début de la guerre. Les fils de maîtres ne pouvant être reçus avant que la vente de ces lettres ne fût finie, les communautés empruntaient de l'argent pour les acheter. Puis, elles levaient des droits excessifs sur les récipiendaires, et sur les marchandises, soit pour rembourser, soit pour payer les intérêts. Il est telle communauté dans Paris, ajoutait Forbonnais, qui doit quatre à cinq cent mille livres, dont la rente est une charge sur le public, sur le commerce, et une occasion de rapines. (*Recherches sur les Finances*, année 1672.)

bouillie et trois de fricassée. « Cependant, dit gravement Delamarre dans son *Traité de la police*, cette mésintelligence causa beaucoup de trouble à l'ordre public : les volailles et le gibier s'en vendaient plus cher. »

Tels étaient les plus clairs résultats du régime des corporations. A plusieurs reprises, les ordonnances d'Orléans, de Moulins, de Blois, essayèrent d'atténuer les abus qui en résultaient. Un édit rendu par Henri III, au mois de décembre 1581, édit mal connu jusqu'à ces derniers temps, résume tous les griefs adressés aux corporations. On a accusé Henri III d'avoir proclamé dans cet édit que le travail était un *droit domanial et royal*. Valait-il donc mieux laisser ce droit aux corporations, et, s'il est nécessaire que les travailleurs contribuent en cette qualité aux charges publiques, n'est-ce pas dans les coffres du roi ou de l'État que cette contribution doit entrer? Quant à la tyrannie des corps de métiers, l'extrait suivant du préambule de l'édit de 1581 est on ne peut plus formel à ce sujet.

« .... A quoi désirant pourvoir... et donner ordre aussi aux *excessives dépenses que les pauvres artisans des villes-jurées* sont contraints de faire ordinairement pour obtenir le degré de maîtrise, *contre la teneur des anciennes ordonnances, étant quelquefois un an et davantage à faire un chef-d'œuvre tel qu'il plaît aux jurés, lequel enfin est par eux trouvé mauvais et rompu, s'il n'y est remédié par lesdits artisans, avec infinis présents et banquets,* qui recule beaucoup d'eux de parvenir au degré, et les contraint quitter les maîtres et besogner en chambres, èsquelles étant trouvés et tourmentés par lesdits jurés, ils sont contraints derechef besogner pour lesdits maîtres, *bien souvent moins capables qu'eux,* n'étant par lesdits jurés, reçus auxdites maîtrises, *que ceux qui ont plus d'argent et de moyens de faire des dons, présents et dépenses,* encore qu'ils soient incapables au regard de beaucoup d'autres qu'ils ne veulent recevoir, parce qu'ils n'ont lesdits moyens » [1].

Un semblable préambule aurait dû avoir pour conclusion la suppression des maîtrises, corporations et jurandes. Il n'en fut pas tout à fait ainsi. « Tout en reconnaissant, d'après les ter-

---

[1] *De l'Organisation industrielle avant Colbert*, etc. M. Wolowski a, le premier, restitué son vrai sens à l'édit de 1581, édit très-libéral relativement à ceux qui l'avaient précédé de même qu'à ceux qui suivirent, et sur la portée duquel on s'était mépris depuis un siècle, à la suite de Forbonnais.

mes mêmes de l'édit, que l'abondance des artisans rendait la marchandise à beaucoup meilleur prix au profit du peuple, » Henri III se borna à créer un certain nombre de *maîtres* en les dispensant du chef-d'œuvre, moyennant finance. En même temps, il dispensa aussi du chef-d'œuvre tous les artisans des villes où il n'y avait pas de jurande. Par le même édit, les maîtres des faubourgs furent autorisés à s'établir dans les villes; les ouvriers de Lyon purent faire leur apprentissage partout, dans le royaume ou au dehors, avec la faculté, une fois reçus maîtres à Lyon, de s'établir dans tout le ressort du Parlement de Paris, la capitale exceptée; les maîtres reçus à Paris furent libres d'exercer leur industrie dans tout l'intérieur du royaume, et cette dernière clause de l'édit fut cause que le Parlement de Rouen ne consentit à l'enregistrer qu'à la condition que les maîtres de Paris seraient exclus de son ressort.

Enfin, les frais de réception, qui s'élevaient précédemment, à Paris, suivant l'importance des métiers, depuis 60 jusqu'à 200 écus, somme énorme pour le temps, n'excédèrent, dans aucun cas, 30 écus, et descendirent dans les petites bourgades jusqu'à 1 écu.

L'édit de décembre 1581 constituait donc une amélioration immense au profit de la masse des travailleurs et des consommateurs, et nul doute que le régime des corporations n'en eût reçu une forte atteinte, si les intérêts particuliers ne s'étaient jetés à la traverse; mais, par malheur, cela ne tarda pas à arriver. A la sollicitation de *l'assemblée des notables*, tenue à Rouen en 1597, et composée, sans doute, en partie, des plus riches fabricants et manufacturiers du royaume, Henri IV rétablit les règlements sur les maîtrises, règlements dont les dernières guerres avaient partout compromis l'exécution. Toutefois, l'édit de 1597 reconnaît lui-même que, « beaucoup de compagnons, bons et excellents ouvriers, à défaut d'avoir fait leur apprentissage aux villes où ils sont demeurants, ne peuvent être reçus maîtres, *chose grandement considérable, vu que tant plus qu'il y aurait d'artisans et ouvriers maîtres, tant plus on auroit bon marché et meilleures conditions de leurs denrées, peines et vacations.* » Il y avait alors, à Paris, plusieurs lieux privilégiés où les artisans pouvaient s'établir sans avoir fait le chef-d'œuvre ni reçu le brevet de maîtrise : c'étaient l'enclos du Temple, le faubourg Saint-Antoine, le faubourg Saint-Marcel ; l'édit de 1597 y ajouta les galeries du Louvre. Quelques années plus tard, en 1604, un édit relatif à l'établissement de la manufacture des habits de drap d'or et de soie accorda le droit de lever boutique, sans l'obligation du chef-d'œuvre et des lettres de maîtrise, aux ouvriers qui auraient travaillé pendant trois ou six années dans cette manufacture. D'autres exceptions du même genre furent accordées par des édits postérieurs, et l'on remarque entre autres ceux de 1625, de 1628 et de 1644, par lesquels le droit de maîtrise est accordé gratuitement et sans condition de chef-d'œuvre aux Français qui auraient exercé leur industrie pendant six ans au moins dans les colonies. Tristes conséquences des lois humaines quand l'intérêt privé parvient à y prendre le masque de l'intérêt général ! C'était dans le Nouveau-Monde, on l'a fait observer avec raison, que les Français, trop pauvres pour se racheter de l'esclavage où les tenait la féodalité industrielle, étaient obligés d'aller conquérir le droit de travailler librement auprès de leur famille et de leurs concitoyens [1].

Cependant, une énergique protestation contre le régime des corporations et maîtrises était partie, dès 1614, du sein même des États généraux. Les États demandèrent formellement, à ce sujet, que toutes les maîtrises créées depuis 1576, époque de la réunion des États de Blois, fussent éteintes, qu'il n'en pût être rétabli d'autres, et que l'exercice des métiers fût *laissé libre à tous pauvres sujets du roi, sous visite de leurs ouvrages par experts et prud'hommes à ce commis par les juges de la police*; que tous les édits concernant les arts et métiers fussent révoqués, sans qu'à l'avenir il pût être octroyé aucunes lettres de maîtrise *ni fait aucun édit pour lever deniers à raison des arts et métiers;* que les marchands et artisans n'eussent rien à payer ni pour leur réception, ni pour *lèvement* de boutique,

---

[1] *De l'Organisation industrielle avant Colbert*, etc.

soit aux officiers de justice, soit aux maîtres-jurés et visiteurs de marchandises ; enfin, les États demandèrent que les marchands et artisans ne fussent astreints à aucune dépense pour banquets ou tous autres objets, sous peine de concussion de la part des officiers de justice et maîtres-jurés.

Mais les vœux si nettement formulés et si raisonnables des États de 1614 furent malheureusement laissés dans l'oubli, comme tant d'autres. Toutefois, à cette époque même, grâce à la tolérance du pouvoir et sans doute aussi aux bienveillantes dispositions de l'opinion, les règlements sur les maîtrises se trouvaient éludés sur beaucoup de points, ce qui n'empêchait pas, nous aurons occasion de le constater tout à l'heure, d'après un document authentique, que l'industrie française n'eût atteint dans le même temps un très-haut degré de prospérité.

Telles étaient donc les principales vicissitudes qu'avait éprouvées la législation sur les corporations avant Colbert. De la part de celles-ci, c'était un âpre et insatiable besoin de privilèges. La féodalité nobiliaire n'était nuisible ni au clergé ni aux habitants des villes, commerçants ou bourgeois, et sa lutte avec la royauté finit avec la Fronde ; la féodalité industrielle, au contraire, pesait sur tout le royaume, depuis le roi jusqu'au plus pauvre serf de la plus humble bourgade : sur les uns par le prix des marchandises qu'elle fixait à son gré ; sur les autres, tout à la fois par les prix et par le monopole dont elle était armée. On a vu comment, au moyen du chef-d'œuvre, du prix fixé pour la réception, et des banquets ruineux qui en étaient la suite, les corporations repoussaient de leur sein l'ouvrier prolétaire. Nul doute que les États généraux de 1614 n'aient été les interprètes de l'opinion du temps en frappant ce régime de réprobation. Enfin, la tendance du pouvoir royal à combattre ce privilège, à l'amoindrir, à préparer sa chute, résulte clairement de tous les édits qui ont été cités et de la tolérance dont le gouvernement lui-même usa envers les ouvriers, dans l'application des lois sur les corporations, pendant toute la première moitié du XVIIe siècle.

Voici maintenant ce que fit Colbert.

Il est évident que ce relâchement dans l'exécution des règlements devait, entre autres résultats, amener sur les marchés quelques marchandises d'une qualité médiocre. Était-ce un bien grand mal ? Il est permis d'en douter. D'ailleurs, l'expérience en aurait certainement corrigé la portée ; mais c'était un fait, et c'est sur ce fait que Colbert s'appuya pour revenir à l'ancienne législation des maîtrises en y ajoutant une série de dispositions qui en aggravèrent singulièrement la rigueur.

Le premier règlement de Colbert concernant les *manufactures et fabriques du royaume* date du 8 avril 1666. Depuis cette époque jusqu'en 1683, on ne compte pas moins de quarante-quatre règlements et instructions de ce ministre sur le même sujet [1]. Grâce au zèle des inspecteurs et commis des manufactures que Colbert avait créés, et qui voulurent prouver leur utilité, deux cent trente édits, arrêts et règlements furent rendus de 1683 à 1739, et cette manie de règlementer, de tourmenter l'industrie, sous prétexte de la diriger, ne cessa, malgré les efforts de Turgot, qu'à la Révolution.

L'erreur dans laquelle tomba Colbert provient d'une cause très-honorable sans doute et qui mérite d'autant plus d'être signalée. Ce ministre crut que, pour donner un nouvel essor à l'industrie française, pour parvenir à se passer des draps de l'Angleterre et de la Hollande, des tapisseries de la Flandre, des glaces et des soieries de l'Italie, il fallait s'entourer des plus habiles manufacturiers du royaume, écouter, suivre leurs conseils. Il arriva alors ce qui arrivera toutes les fois qu'un intérêt privé aura une voix prépondérante dans des délibérations où il est juge et partie : l'intérêt général lui fut sacrifié [2].

On sait quel prétexte fut invoqué. Un édit du 23 août 1666

---

[1] *Recueil des règlements généraux et particuliers concernant les manufactures et fabriques du royaume.* 4 vol. in-4o. — Imprimerie royale, 1730-1740. Ce recueil est exclusivement relatif aux états qui s'occupaient de la fabrication des étoffes. Les autres états, tels que les perruquiers, fondeurs, maçons, imprimeurs, limonadiers, menuisiers, lapidaires, etc., etc., avaient tous leurs statuts, et ces statuts différaient dans chaque ville. La Bibliothèque royale et celle de l'Arsenal en possèdent une grande partie.

[2] Il faut tout dire : Colbert ne fut pas toujours d'avis d'accorder aux commerçants une confiance sans limites ; le 28 juin 1669, il priait M. de Souzy, intendant à Lille, d'observer « qu'en matière de commerce, il était bien essentiel de ne pas accueillir trop facilement les propositions des marchands, lesquels ne tendent qu'à soulager le commerce particulier sans se soucier du général » (Biblioth. roy., Mss, *Registre des despesches*, etc., n° 204).

ne laisse à ce sujet aucun doute. Le préambule porte que les manufactures des serges d'Aumale se sont tellement relâchées depuis quelques années, *les ouvriers ayant eu une entière liberté de faire leurs étoffes de plusieurs grandeurs et largeurs, selon leur caprice, que le débit en a notablement diminué, à cause de leur défectuosité, au grand préjudice du général et particulier.* « Et attendu, dit l'article 1er, qu'il n'y a aucune maîtrise, ce qui a causé la confusion et désordre, il en sera establi une pour former un corps de mestiers, sous le bon plaisir de Sa Majesté [1]. » Un autre édit du mois d'août 1669 généralise le reproche et porte que « les ouvriers des manufactures d'or, d'argent, soye, laine, fil, et des teintures et blanchissages, s'estant beaucoup relâchés, et leurs ouvrages ne se trouvant plus de la *qualité requise*, des statuts et règlements ont été dressés pour les restablir dans leur plus grande perfection [2]. » On le voit donc : établir des maîtrises là où il n'en existait pas, donner à tous les corps de métiers des statuts, afin d'obtenir par ce moyen des qualités supérieures, des teintures solides, des longueurs et largeurs uniformes ; tel fut le système de Colbert. Par malheur, une fois le but fixé, tout parut permis pour y atteindre. Les privilégiés étaient en faveur et ils en profitèrent pour introduire dans les règlements qu'ils rédigeaient eux-mêmes les dispositions les plus hostiles à la liberté du travail. L'édit de Henri III, de 1581, autorisait les maîtres à former autant d'apprentis qu'ils voudraient. Les nouveaux édits n'accordèrent à chaque maître qu'un seul apprenti à la fois. Pour un bonnetier, et dans beaucoup d'états, la durée de l'apprentissage fut de cinq ans. L'apprentissage terminé, commençait le compagnonnage, pour lequel on payait d'abord un droit de 30 livres, et qui ne durait aussi pas moins de cinq ans. Passé ce temps, on était admis à faire le chef-d'œuvre. Il avait donc fallu dix ans pour être en droit de vendre un bonnet ! Le moindre inconvénient de semblables prescriptions était d'immobiliser l'industrie dans les mêmes

---

[1] *Recueil des règlements*, etc., t. II. p. 408. — *Statuts et règlements pour la manufacture des serges d'Aumale.*

[2] *Recueil*, etc., etc., t. I, p. 1.

familles et de restreindre le nombre des concurrents. C'est ce que voulaient les privilégiés. Les règlements faisaient bien, il est vrai, quelques exceptions; mais c'était en faveur des fils et filles de maîtres. Dans la draperie, les fils de maîtres pouvaient devenir maîtres à seize ans, après deux ans d'apprentissage. Dans quelques états, ils n'étaient assujettis ni à l'apprentissage ni au chef-d'œuvre; et, par la suite, cette dispense devint presque générale. Quant aux filles de maîtres, celles qui épousaient un compagnon, l'affranchissaient du temps qu'il eût encore été obligé de servir. Les filles de maîtres bonnetiers affranchissaient, en outre, leur mari de la moitié des droits de réception, etc., etc. [1].

Avec un pareil système, on le comprend sans peine, les amendes et les confiscations se multiplièrent à l'infini. On les partagea comme il suit : le roi en eut la moitié, les maîtres-jurés un quart, les pauvres l'autre quart. Les fabricants de Carcassonne auraient voulu que, si « aucun manufacturier ou autre abusait de la marque d'une autre ville ou faisait appliquer la sienne à un drap étranger, il fût mis au CARCAN PENDANT SIX HEURES *au milieu de la place publique, avec un écriteau portant la fausseté par luy commise.* » C'était en 1666, au commencement de l'application du système sur les manufactures; Colbert eut le bon esprit de substituer une amende de 100 livres à cette pénalité un peu sauvage; quatre ans plus tard, elle lui parut très-naturelle[2]. En 1669, les maires et échevins furent exclusivement chargés de juger les procès et différends concernant les manufactures. C'était une mesure excellente en ce sens qu'elle abrégeait beaucoup la durée et les frais de ces procès, dont le nombre augmentait avec celui des corps de métiers. A la même époque, parut l'ordonnance qui réglait les longueur, largeur et qualité des draps, serges et autres étoffes de laine et de fil. Cette ordon-

---

[1] *Recueil des règlements*, etc., *passim.* Voyez la table analytique, t. IV. — *Encyclopédie méthodique*, Finances : article *Maîtrises.* Cet article très-curieux est de Roland de la Platière, qui était lui-même inspecteur des manufactures et qui fut ministre pendant la Révolution.

[2] *Recueil des règlements*, etc., etc., t. III, p. 215 et suiv. *Statuts et règlements pour les manufactures de drap de Carcassonne*, etc.

nance, devenue célèbre, protégeait, emmaillottait si bien l'industrie française, que celle-ci eut besoin de toute sa vitalité pour ne pas étouffer. Elle assujettissait rigoureusement, sous peine d'amende ou de confiscation, toutes les étoffes quelconques, draps, serges, camelots, droguets, futaines, étamines, etc., à des largeurs, longueurs et qualités déterminées. L'article 32 accordait quatre mois aux manufacturiers pour s'y conformer. Passé ce temps, les anciens métiers devaient être *rompus*, et leurs propriétaires condamnés à 3 livres d'amende par métier [1]. D'autres ordonnances de même nature réglèrent la fabrication des draps de soie, des tapisseries, etc. Enfin, des instructions en trois cent dix-sept articles furent données aux teinturiers, qui formèrent deux corps de métiers, les uns *de grand et bon teint*, les autres *de petit teint*; toutes précautions très-louables et très-sages sans doute, si des menaces d'amende et de confiscation n'en avaient gâté les heureux effets, et s'il eût été loisible à tous d'y avoir égard ou de n'en tenir aucun compte, sous leur propre responsabilité! Je ne parle pas d'une multitude d'autres arrêts de ce genre concernant toute sorte d'états, et j'ose à peine citer ici un édit relatif à la corporation des barbiers-perruquiers-baigneurs-étuvistes. Le quatrième article de cet édit portait que les bassins pendant à leurs boutiques pour enseignes seraient blancs, pour les distinguer des chirurgiens, qui n'en mettaient que de jaunes. Le vingt-neuvième article autorisait lesdits barbiers-perruquiers à vendre des cheveux, et défendait à tous autres d'en faire le commerce, sinon en apportant *leurs propres cheveux au bureau des perruquiers*. Et de pareilles puérilités étaient discutées en Conseil le 14 mars 1674, et enregistrées au Parlement le 17 août suivant [2]!

Quand la plupart et les plus importants de ces règlements

---

[1] *Recueil des règlements*, etc., t. I, p. 265.

[2] *Dictionnaire portatif du Commerce*, contenant l'origine historique de toutes les communautés d'arts et métiers, l'abrégé de leurs statuts, etc. 1 vol. Paris, 1777. — Voir aussi dans la *Collection des anciennes lois françaises*, à la date du mois de mars 1673, un *édit portant que ceux qui font profession de commerce, denrées ou arts, qui ne sont d'aucune communauté et jurande, seront établis en corps, communauté, et qu'il leur sera accordé des statuts*.

eurent paru, Colbert créa des agents pour en surveiller l'exécution, et rédigea pour eux une instruction où sa pensée et son style se révèlent à chaque ligne. Il leur recommanda surtout d'empêcher que ceux qui n'étaient pas inscrits sur les registres des communautés et corps de métiers travaillassent comme maîtres, *afin de fermer par ce moyen la porte aux ignorants;* de faire assembler les maîtres là où il n'y aurait point de maîtrise constituée et de les obliger à choisir parmi eux des gardes ou maîtres-jurés, sous peine de 30 livres d'amende, à quoi il faudrait les contraindre promptement, *parce que les exemples de désobéissance sont de conséquence;* d'établir dans tous les Hôtels-de-Ville une *Chambre de communauté* qui devrait régler sur-le-champ les différends occasionnés par *les défectuosités des manufactures, tenir les jurés dans leur devoir et imprimer la crainte dans l'esprit des ouvriers et façonniers, dont la seule ressource était de bien travailler;* ce que faisant, leurs marchandises seraient plus dans le commerce que par le passé, *d'autant qu'il en viendrait moins des pays étrangers.* Enfin, les commis des manufactures avaient mission d'inviter les ouvriers à ne pas quitter entièrement la fabrique des draps, dont ils perdraient l'habitude, pour se livrer à celle des droguets, qui passeraient bientôt de mode. Au nombre des recommandations de Colbert à ses agents, se trouvait celle de bien prendre garde de troubler le commerce des foires *que peu de chose était capable d'interrompre, une prudence, une adresse et une vigilance excessives étant nécessaires pour ne pas en éloigner les vendeurs et acheteurs.* Puis, quelques lignes plus bas, Colbert chargeait ses agents d'insinuer aux marchands de ne plus acheter de marchandises étroites, attendu qu'elles leur seraient confisquées, et que, supposé qu'on leur donnât recours contre l'ouvrier, ils seraient toujours passibles d'une amende pour ne s'être pas conformés aux règlements [1].

Ainsi, la plus vive sollicitude aboutissait à la tyrannie, et, tout en reconnaissant que *peu de chose était capable d'interrompre le commerce,* Colbert se laissait entraîner aux mesures

---

[1] *Recueil des règlements,* etc. *Instruction aux commis des manufactures,* t. 1, p. 65.

les plus susceptibles d'en arrêter le cours. D'excellents esprits ont pensé que d'intelligentes largesses avaient corrigé les rigueurs de sa législation [1]. Grâce à elles, il est vrai, quelques-unes des manufactures qu'il a fondées ont jeté depuis sur son administration un vif éclat; mais l'on a déjà pu voir à quel prix [2]. D'ailleurs, ces largesses étaient principalement destinées à des manufactures qu'il s'agissait d'importer en France. Telles étaient celles de glaces, de bas de soie, de verres et cristaux, de tapisseries, de points de Venise et autres objets, pour l'achat desquels on estimait qu'il sortait tous les ans 12 millions du royaume [3]. Mais était-il donc impossible d'encourager les manufactures nouvelles tout en laissant aux anciennes, à celles qui existaient et prospéraient depuis longtemps, l'espèce de liberté dont elles avaient joui jusqu'alors?

Il ne faudrait pas croire, en effet, que l'industrie française date de Colbert, ni qu'elle fût entièrement ruinée à l'époque où ce ministre prit le pouvoir [4]. Vers le milieu du XVIII° siècle, un des plus sincères et des plus éclairés admirateurs de son administration, l'auteur des *Recherches et considérations*

---

[1] *Des anciens règlements et privilèges*, par M. Renouard; *Journal des Économistes*, t. VI. Août 1843. — Un grand nombre de ces largesses n'eurent, au surplus, que des résultats négatifs. En Bourgogne, par exemple, vainement les États alléguèrent que « la province estant propre à la culture des terres et au vignoble, il estoit plus utile pour elle d'avoir force laboureurs et vignerons que des artisans, et que l'établissement des manufactures, pour estre de grands frais, seroit difficile et sans utilité. » Colbert exigea à plusieurs reprises des allocations de 30 à 50,000 livres pour soutenir les nouvelles manufactures. (*Une Province sous Louis XIV*, p. 192 et 193.) On établit donc, là et ailleurs, à grands frais, des fabriques de draps, de serges, etc. Mais dès qu'on les abandonna à elles-mêmes, ces fabriques tombèrent, et il n'en fut bientôt plus question.

[2] De 1664 à 1710 seulement, les manufactures des Gobelins et de la Savonnerie ont coûté au trésor 3,945,643 livres. (Eckard, *État au vrai des dépenses de Louis XIV*.) Le même document porte à 1,707,148 livres les dépenses pour manufactures établies en plusieurs villes. Les encouragements au commerce et manufactures figurent pour 500,000 livres par an sur la plupart des budgets des dépenses qui se rattachent à l'administration de Colbert. (Forbonnais, *Recherches sur les finances*.) — Au surplus, Colbert ne se dissimulait pas le mauvais côté des encouragements. Voici ce qu'il disait à ce sujet. « Il faut observer que les marchands ne s'appliquent jamais à surmonter par leur propre industrie les difficultés qu'ils rencontrent dans le commerce, tant qu'ils espèrent trouver des moyens plus faciles par l'autorité du Roy, et c'est pour cela qu'ils y ont recours, pour tirer quelque avantage de toute manière, en faisant craindre le dépérissement entier de leur manufacture. » (Arch. de la mar., *Registre des despesches*, année 1671; lettre du 2 octobre à l'intendant du Languedoc.)

[3] *Œuvres de Louis XIV*. Mémoires historiques, année 1666, t. II.

[4] *Histoire de l'économie politique*, par M. Blanqui, t. I, chap. XXVI.

sur les finances, reconnaissait que cette industrie n'avait jamais été aussi brillante en France que de 1480 à 1620. Plus tard, au mois de janvier 1654, une déclaration du roi frappa les marchandises étrangères importées en France d'une augmentation de 2 sous par livre. A cette occasion, les six corps des marchands de la ville de Paris adressèrent à Louis XIV des remontrances où on lit que les étrangers, pouvant se passer de nos blés, et nos vins étant prohibés en Angleterre, la France n'avait, à dire vrai, que son commerce et ses manufactures pour attirer l'or et l'argent qui faisaient subsister les armées; qu'elle envoyait aux étrangers les toiles; les serges et étamines de Rheims et de Châlons, les futaines de Troyes et de Lyon, les bas de soie et de laine, d'estame[1], de fil, de coton et poil de chèvre qui se fabriquaient dans la Beauce, en Picardie, à Paris, Dourdan et Beauvais; toutes sortes de marchandises de bonneterie qui se débitaient en Espagne, en Italie, et jusqu'aux Indes; toutes sortes de pelleteries, de quincailleries, de couteaux et ciseaux; toutes sortes de merceries, comme rubans et dentelles de soie, or et argent, tant fin que faux, épingles, aiguilles, gants, et une infinité d'autres; les draps de soie, d'or et d'argent de Lyon et de Tours, les chapeaux de Paris et de Rouen, dont presque tous les peuples de l'Europe, même des Indes occidentales se servaient[2], etc., etc.

D'un autre côté, antérieurement à 1667, époque où eut lieu la révision du tarif de 1664, la France recevait, il est vrai, pour 8 *millions* de draps fins d'Angleterre; mais, après en avoir fait des assortiments avec les draps demi-fins et les draps grossiers de ses manufactures, elle en expédiait pour 30 *millions* en Turquie, en Espagne, en Portugal, en Italie, aux îles et échelles du Levant; ce qui portait le montant de son exportation, sur cet article seulement, à 22 *millions*[3]. De plus, un document contemporain constate qu'en 1658 les objets de

---

[1] L'*estame* est une laine tricotée à l'aiguille.
[2] *Très-humbles remontrances au Roi par les six corps des marchands de la ville de Paris sur le fait du commerce*, etc. (*Recherches sur les finances*, etc., année 1661.)
[3] Biblioth. roy., Mss. *Mémoires sur le commerce et les finances de la France, de l'Angleterre et de l'Espagne; Commerce d'Angleterre*. 1 vol. in-fol. suppl. franç. 1782.

fabrique française exportés pour l'Angleterre et la Hollande seulement s'élevaient à 80 millions de livres [1].

Enfin, Colbert avait fait graver ces mots sur une médaille destinée à servir de marque aux marchandises d'une qualité supérieure : *Louis XIV, restaurateur des arts et du commerce*. On reconnaissait donc alors que les manufactures françaises avaient autrefois prospéré : et même, il est permis de dire qu'elles n'étaient pas tombées si bas qu'on pourrait le croire en voyant la multitude de règlements qui furent faits pour les relever, ou plutôt pour ruiner, s'il était possible, celles des nations voisines, et tout au moins s'en passer.

Telle fut, en effet, l'idée fixe, dominante, de Colbert.

« IL CRUT, a dit l'abbé de Choisy avec un sens profond, il y a plus de cent trente ans, QUE LE ROYAUME DE FRANCE SE POURROIT SUFFIRE A LUI-MÊME; OUBLIANT SANS DOUTE QUE LE CRÉATEUR DE TOUTES CHOSES N'A PLACÉ LES DIFFÉRENTS BIENS DANS LES DIFFÉRENTES PARTIES DE L'UNIVERS QU'AFIN DE LIER UNE SOCIÉTÉ COMMUNE, ET D'OBLIGER LES HOMMES PAR LEURS INTÉRÊTS A SE COMMUNIQUER RÉCIPROQUEMENT LES TRÉSORS QUI SE TROUVEROIENT DANS CHAQUE PAYS. Il parla à des marchands, et leur demanda en ministre les secrets de leurs métiers qu'ils lui dissimulèrent en vieux négociants. Toujours magnifique en idées et presque toujours malheureux dans l'exécution, il croyoit pouvoir se passer des soies du Levant, des laines d'Espagne, des draps de Hollande, des tapisseries de Flandre, des chevaux d'Angleterre et de Barbarie. *Il établit toutes sortes de manufactures qui coûtoient plus qu'elles ne valoient;* il fit une Compagnie des Indes orientales sans avoir les fonds nécessaires, et, *ne sachant pas que les François, impatients de leur naturel*, et en cela bien différents des Hollandois, *ne pouvoient jamais avoir la constance de mettre de l'argent trente ans durant dans une affaire, sans en retirer aucun profit et sans se rebuter....* [2] »

Une anecdote significative trouve ici sa place.

---

[1] *Mémoires de Jean de Witt*, t. VI, p. 182, cités par M. Blanqui, *Histoire de l'économie politique*, t. I, chap. XXVI. — En 1646, on ne fabriquait en France que des draps très-grossiers. A cette époque, le roi accorda aux sieurs Binet et Marseilles un privilége de vingt ans pour fabriquer des draps fins. Ils s'établirent à Sedan, et à l'expiration de leur privilége, ils possédaient dans cette ville ou aux environs, cinq ou six cents métiers dont les produits rivalisaient dès lors avec les plus beaux draps de l'Angleterre et de la Hollande. En 1698, au contraire, le nombre des métiers de Sedan était réduit d'environ moitié (*État de la France*, par M. de Boulainvilliers. 3 vol. in-fol.; *Généralités de Paris et de Champagne*, article *Commerce*). Cet ouvrage est le résumé de tous les Mémoires qui avaient été demandés en 1698 aux intendants par le duc de Bourgogne, sur l'organisation administrative, ecclésiastique, judiciaire, sur les ressources et la population de leur province.

[2] *Mémoires de l'abbé de Choisy*, liv. II. — L'extrait suivant des *Soupirs de la France*

Colbert avait convoqué, on ne dit pas à quelle époque, les principaux marchands de Paris pour conférer avec eux sur le commerce. Comme aucun d'eux n'osait parler : « Messieurs, dit le ministre, êtes-vous muets ? — Non, Monseigneur, répondit un Orléanais nommé Hazon, mais nous craignons tous également d'offenser Votre Grandeur s'il nous échappe quelque parole qui lui déplaise. — Parlez librement, répliqua le ministre ; celui qui le fera avec le plus de franchise sera le meilleur serviteur du roi et mon meilleur ami. » Là-dessus Hazon prit la parole et dit : « Monseigneur, puisque vous nous le commandez et que vous nous promettez de trouver bon ce que nous aurons l'honneur de vous représenter, je vous dirai franchement que, lorsque vous êtes venu au ministère, vous avez trouvé le chariot renversé d'un côté, et que, depuis que vous y êtes, vous ne l'avez relevé que pour le renverser de l'autre. » A ce trait, Colbert prit feu et commanda aux autres de parler ; mais pas un ne voulut ouvrir la bouche, et la conférence finit [1].

---

esclave (Ier Mémoire) emprunte une grande force des réflexions si judicieuses de l'abbé de Choisy. Il est juste de rappeler toutefois que ce livre a été écrit, en 1698, dans un esprit essentiellement hostile au gouvernement. « Il n'y a point de rigueurs et de cruautés qui n'ayent été exercées par les fermiers des douanes sur les marchands ; mille friponneries pour trouver lieu de faire des confiscations ; des marchandises injustement arrêtées se perdent et se consument. *Outre cela, certains marchands par la faveur de la Cour mettent le commerce en monopole, et se font donner des priviléges pour en exclure tous les autres, ce qui ruine une infinité de gens. Et enfin, bien loin que la défense des marchandises étrangères ait bien tourné pour le commerce, c'est ce qui l'a ruiné. On ne pense pas que l'âme du commerce c'est l'argent, et que la vie de l'argent, c'est le mouvement. Le commerce ne s'entretient que par le mouvement qui se fait de l'argent d'un pays à l'autre. Nous envoyons aux étrangers nos blés, nos vins, nos manufactures, ils nous envoyent leurs poissons salés, leurs espiceries et leurs estoffes, et l'argent roule par ce moyen. Nous avons appris aux étrangers un secret dont ils se servent pour nous ruiner. Nous avons voulu nous passer de leurs estoffes de laine ; ils ont trouvé moyen d'établir des manufactures de soye et d'imiter nos estoffes ; ce qui est cause que ce commerce est entièrement ruiné, et que de sept ou huit mille métiers qui travailloient à Tours, il n'en reste pas aujourd'hui huit ou neuf cents.* Et tout cela par le pouvoir despotique et souverain qui se pique de faire tout à sa fantaisie, de donner à tout un nouveau train, et de réformer toutes choses par un pouvoir absolu. La persécution des Huguenots, autre effet de cette puissance tyrannique, a mis la dernière main à la ruine du commerce. Parce que ces gens étoient exclus des charges, ils s'étoient entièrement jetés dans le commerce des bleds, vins, manufactures ; la persécution qu'on a exercée contre eux les a obligés de se retirer, etc., etc. »

[1] *Mémoires historiques*, par Amelot de la Houssaye. « Cela m'a été conté, ajoute-t-il, par un maître des requêtes présent à l'assemblée. » Au surplus, le témoignage de cet écrivain ne saurait être suspect ; car voici le jugement qu'il porte de Colbert : « De tous les ministres de France ou étrangers à qui j'ai eu l'honneur de parler en ma vie, je n'en ai point connu qui fussent à beaucoup près aussi habiles ni aussi courageux que M. Colbert. C'est un témoignage que je dois à sa mémoire, malgré tout ce qu'on a dit ou écrit contre lui. »

Ainsi, ceux-là mêmes dont Colbert avait d'abord pris les avis, suivi les conseils, trouvèrent plus tard que le but avait été dépassé.

Quant aux modifications que le tarif de 1664 avait subies, peu de mots suffiront, quant à présent, pour en donner une idée. On se souvient que ce tarif avait été établi sur des bases modérées et suffisamment protectrices. Telle était du moins l'opinion de Colbert en 1664. Trois ans après, il n'en était plus de même, et le tarif fut à peu près doublé. Cette aggravation se fonda sur ce qu'on avait reconnu, depuis le tarif de 1664, que les droits qu'il imposait à l'entrée sur les marchandises principales de fabrique étrangère, et à la sortie sur quelques matières premières, étaient trop faibles. Dans le but de fermer l'entrée du royaume à ces produits des manufactures étrangères et d'y conserver les matières premières, une déclaration du 18 avril 1667 imposa des droits considérables sur un grand nombre de marchandises.

Ces marchandises étaient, à l'entrée : la draperie, la bonneterie, les tapisseries, les cuirs fabriqués, les toiles, les sucres, les huiles de poisson et de baleine, les dentelles, les glaces et le fer-blanc;

A la sortie : les cuirs et peaux en poil, et le poil de chèvre [1].

Voici, quant aux droits d'entrée, pour quelques-unes des marchandises surchargées, la différence entre les deux tarifs [2].

	1664.	1667.
Draps de Hollande et d'Angleterre, par pièce de 25 aunes.	40 liv.	80 liv.
Bonnets de laine, le cent pesant.	8	20
Tapisseries d'Oudenarde, le cent pesant.	60	100
— d'Anvers et de Bruxelles, le cent pesant.	120	200
Toiles de Hollande, batiste, Cambrai, etc.; la pièce de 15 aunes.	2	4
Sucre raffiné, en pain ou en poudre, le cent pesant.	15	22 10 s.
Dentelles de fil, points coupés, passement de Flandre, d'Angleterre et autres lieux, la livre pesant.	25	60

[1] *Mémoires concernant les impositions et droits en France*, par Moreau de Beaumont, t. III, p. 505.
[2] *Tarif général des droits de sorties et d'entrées du royaume*, 1664-1667.

Quoi qu'il en soit, le système de Colbert était désormais complet, et on allait le voir à l'œuvre. Les premières difficultés qu'il rencontra eurent pour cause la rigidité des règlements relatifs aux qualité, largeur et longueur des étoffes. Les registres de correspondance des années 1669, 1670, 1671 et 1672 renferment à ce sujet les documents les plus positifs. De toutes parts ce furent des plaintes et des réclamations très-vives. Troublés dans leurs habitudes, les fabricants et les ouvriers refusaient de se soumettre à ces malencontreux règlements, tandis que, de leur côté, les maires et échevins ne pouvaient se décider à les appliquer. A Aumale, à Amiens, à Beauvais, à Lyon et à Tours, dans le Languedoc, de toutes parts enfin on en demandait la réforme. A cela Colbert répondait « que l'uniformité des longueurs et largeurs de toutes les manufactures causait un très-grand bien dans le royaume, et qu'il fallait que tous les statuts et règlements fussent ponctuellement exécutés[1]. » Souvent, le même courrier portait la même assurance à tous ceux qui se plaignaient, afin de leur faire croire que leur ville ou leur province était la seule qui n'appréciât pas les avantages de l'uniformité des étoffes. Cependant, les ouvriers et marchands ne se rendaient pas à ces raisons, et Colbert était obligé de recommander la sévérité aux commis des manufactures, aux échevins, maires et intendants. Une de ses lettres, adressée à M. Barillon, intendant de Picardie, porte que « *partout*, avec un peu de soin et d'application, on a réduit les marchands et ouvriers à l'exécution des règlements sur les manufactures ; qu'à Amiens, au contraire, loin de tenir la main à l'exécution de ces règlements, les eschevins n'ont pas encore condamné un seul de ceux qui fabriquent des étoffes défectueuses ; mais que, si cela continue, il donnera ordre de confisquer dans tout le royaume les marchandises d'Amiens, et ainsy les ouvriers de cette ville recevront la punition de leur mauvaise foy[2]. » Enfin, Colbert avait établi une manufacture de points de France à Auxerre, et il mettait un intérêt particulier à la faire réussir, à cause d'une terre considérable qu'il possédait

---

[1] Arch. de la mar. *Registre des despesches*, etc. Lettre du 3 septembre 1670.
[2] *Ibidem*. Lettre du 29 août 1670.

près de cette ville, où l'un de ses frères était archevêque. Mais, loin de prospérer, cette manufacture allait en s'affaiblissant. Alors, Colbert de gourmander sévèrement les échevins, et de leur écrire que, *s'ils n'avoient pas tant d'égards pour leurs concitoyens; si, au contraire, ils les punissoient sévèrement en obligeant les filles à se rendre à la manufacture et récompensant celles qui feroient bien leur devoir, ils verroient périr une industrie dont plusieurs autres villes du royaume tiroient beaucoup de soulagement* [1].

Malgré ces menaces et ces exhortations, vers la fin de l'année 1670, la plupart des fabricants persistaient encore dans leur opposition aux règlements. C'est alors que l'intendant de Tours, M. Voisin de La Noiraye, eut l'ingénieuse idée, pour faire sa cour au ministre, de prendre un arrêté portant qu'à l'avenir toutes les pièces d'étoffes défectueuses seraient attachées à un poteau avec le nom des délinquants. Quelques jours après, Colbert félicitait l'intendant de Tours de l'expédient qu'il avait imaginé, « ne doutant pas, dit-il, que la honte ne contribuât beaucoup à faire observer les règlements, et l'engageant à tenir soigneusement la main à ce que les juges fissent exécuter cette peine pour toutes les contraventions qu'ils trouveroient [2]. » Puis, comme si ce n'était pas assez de mettre au poteau les pièces défectueuses, il se souvint de la pénalité autrefois réclamée par les manufacturiers de Carcassonne contre ceux qui se serviraient d'une fausse marque, circonstance bien autrement grave, et il résolut de faire attacher à ce poteau les fabricants qui ne voudraient pas se plier à ses règlements. L'arrêt suivant, rendu le 24 décembre 1670, quarante jours après la lettre de félicitation à M. Voisin de La Noiraye, est contre-signé par Colbert :

« Ouy le rapport du sieur Colbert, conseiller ordinaire au Conseil royal, contrôleur général des finances, Sa Majesté, estant en son Conseil royal de commerce, a ordonné et ordonne que *les étoffes manufacturées en France, qui seront défectueuses et non conformes aux*

---

[1] Arch. de la mar., *Registre des despesches*. Lettres du 8 août 1670 et du 24 avril 1671.
[2] *Ibidem*. Lettre du 13 novembre 1670.

règlements, seront exposées sur un poteau de la hauteur de neuf pieds, avec un écriteau contenant le nom et surnom du marchand ou de l'ouvrier trouvé en faute; lequel poteau, avec un carcan, sera pour cet effet incessamment posé, à la diligence des procureurs ou syndics des hôtels-de-ville, et autres juridictions sur le fait des manufactures, et aux frais des gardes et jurez des communautés des marchands et ouvriers, devant la principale porte où les manufactures doivent estre visitées et marquées, pour y demeurer, les marchandises jugées défectueuses, pendant deux fois vingt-quatre heures; lesquelles passées, elles seront ostées par celuy qui les y aura mises, *pour estre ensuite coupées, déchirées, bruslées ou confisquées*, suivant qu'il aura esté ordonné. En cas de récidive, le marchand ou l'ouvrier qui seront tombez pour la seconde fois en faute sujette à confiscation seront blasmez par les maistres et gardes ou jurez de la profession, en pleine assemblée du corps, outre l'exposition de leurs marchandises sur le poteau en la manière cy-dessus ordonnée : ET, POUR LA TROISIÈME FOIS, MIS ET ATTACHEZ AUDIT CARCAN, AVEC DES ÉCHANTILLONS DES MARCHANDISES SUR EUX CONFISQUÉES, PENDANT DEUX HEURES... Et sera ledit arrest lu, et affiché partout où il appartiendra, etc. [1]. »

Un tel arrêt, triste témoignage de l'entraînement des systèmes, devrait être toujours présent aux hommes investis d'une grande autorité pour les tenir en garde contre les excès où la passion même du bien peut jeter les ministres les plus honnêtes et les plus intelligents. Forbonnais a dit, au sujet de cet arrêt, qu'on le croirait traduit du *japonais* [2]. Reste à savoir si le Japon ne réclamerait pas contre ce jugement. L'arrêt dont il s'agit fut-il jamais exécuté en entier en ce qui regarde les personnes? Les marchands et ouvriers délinquants furent-ils mis *au carcan pendant deux heures?* C'est ce dont je n'ai trouvé de trace nulle part, et il est possible que la rigueur même de cette disposition ait soulevé contre elle les maires, échevins et juges chargés de l'appliquer. Quoi qu'il en soit, l'opposition aux règlements continua. Le 5 mai 1675, Colbert écrivait aux intendants des provinces que, quelques marchands et *autres mal-intentionnez* ayant publié qu'on avait révoqué les commis chargés de faire exécuter les règlements sur les manufactures,

---

[1] *Recueil des règlements*, etc. *Arrest qui ordonne des peines contre les marchands et ouvriers qui fabriquent et mettent en vente des marchandises défectueuses et non conformes aux règlements.* T. I, p. 524.

[2] *Recherches sur les finances*, année 1667.

il importait de détruire un tel bruit et de veiller plus que jamais à l'exécution de ces règlements [1]. En même temps, il n'épargnait rien pour fortifier les nouveaux établissements; chaque teinturerie recevait 1,200 livres d'encouragement; les ouvriers qui épousaient des filles de l'endroit où ils travaillaient touchaient 6 pistoles en se mariant et 2 pistoles à la naissance de leur premier enfant; on donnait aux apprentis, à la fin de leur apprentissage, 30 livres et des outils; enfin, les collecteurs avaient ordre de diminuer de 5 livres les tailles de ceux qui étaient employés à certaines manufactures plus particulièrement privilégiées [2]. Malheureusement, la législation draconienne de Colbert sur les qualité, teinture, largeur et longueur des étoffes neutralisait en partie l'effet de ces munificences coûteuses et un grand nombre de manufactures, établies artificiellement par lui sur toute la surface du territoire, ne lui survécurent pas [3]. Cette législation, en effet, ne frappait pas seulement une fraude à laquelle, du reste, les ouvriers étaient conviés par le public, qui aimait mieux avoir certaines marchandises un peu moins bonnes que d'être obligé de s'en passer; elle frappait aussi l'inexpérience, l'erreur involontaire. « Celui qui se défie de sa main et de son adresse, a dit Forbonnais à ce sujet, *ne peut lire un règlement de cette espèce sans frémir; sa première pensée est qu'on est plus heureux en ne travaillant pas qu'en travaillant* [4]. » Qu'on ajoute, aux mille entraves de ces règlements, la durée de l'apprentissage et du compagnonnage, les frais de réception, la rigueur intéressée des maîtres chargés de l'examen du chef-d'œuvre, les privilèges des fils de maîtres, et l'on aura une idée du singulier régime que l'administration de Colbert fit à l'industrie française, régime que

[1] Arch. de la mar. *Expéditions concernant le commerce de 1660 à 1683.*

[2] Arch. de la mar. *Registres des despesches*, etc. Lettres du 27 octobre 1671 et du 3 décembre 1672.

[3] Biblioth. roy., Mss. *Lettres adressées à Colbert*, année 1677. Les entrepreneurs de la manufacture de bouracan de La Ferté-sous-Jouarre se plaignent à Colbert de ne plus vendre leurs marchandises, bien qu'ils aient établi des magasins à Lyon, Rouen, Nismes, et que les prix soient tombés de 70 à 55 livres, ce qui fait qu'ils perdent 10 livres par pièce. En outre, les fonds qui leur avaient été promis, ne leur ayant pas été payés en entier, ils demandent de suspendre leur fabrication et de compter *de clerc à maître*, afin d'éviter leur ruine totale.

[4] *Recherches sur les finances*, etc., année 1667.

ses successeurs aggravèrent encore, la multitude de leurs règlements en fait foi, et qui, en outre, appauvrissait la nation de tous les procès, de toute la perte de temps, de tous les découragements dont il était cause. Puis enfin, car tout n'était pas là, il y avait les amendes, les confiscations, les bris de métiers, les destructions de marchandises reconnues *non conformes aux règlements.* Un seul exemple fera connaître suffisamment les vices du système de punitions qui avait été adopté. Les statuts et règlements de la manufacture d'Amiens, approuvés en Conseil, le 23 août 1666, portaient que, *si aucun fil estoit trouvé frais et moite pour frauder le poids, il seroit bruslé en plein marché suivant la coutume*[1]. Comme s'il n'y avait pas de moyen plus raisonnable de sécher le fil que de le brûler !

[1] *Recueil des règlements*, etc., t. II, p. 228.

CHAPITRE X.

Population de la France au dix-septième siècle. — Mesures prises par Colbert pour la développer (1666 et 1667). — Obligation imposée aux congrégations religieuses de solliciter, avant de s'établir, l'autorisation du gouvernement (1666). — Suppression de dix-sept fêtes (1666). — Ordonnance pour la réformation de la justice civile (1667). — Règlement général pour les eaux et forêts (1669). — Ordonnance criminelle (1670). — Ordonnance du commerce (1673). — Création d'un lieutenant de police à Paris (1667). — Ordonnances diverses concernant *les abus qui se commettaient dans les pèlerinages, les Bohémiens ou Égyptiens, les empoisonneurs, devins et autres* (1671 et 1682). — Colbert est chargé officiellement de l'administration de la marine (1669). — Consulats et commerce de la France dans le Levant. — Causes de la décadence de ce commerce. — Circulaire de Colbert aux consuls. — Produits de divers consulats vers 1666. — Diminution des droits perçus par les consuls. — Instructions données par Colbert à l'ambassadeur français à Constantinople pour relever le commerce du Levant. — Le port de Marseille est déclaré *port franc* par un édit de 1669. — Cet édit rencontre à Marseille une vive opposition. — Un nouveau traité avantageux pour la France est signé avec la Porte, en 1673.

Au nombre des questions qui ont le plus préoccupé les gouvernements européens, depuis la seconde moitié de dix-septième siècle, figure en première ligne celle qui se rattache au problème de la population. Longtemps la nature de ces préoccupations a été directement contraire à ce qu'elle est de nos jours. On croyait que la misère et les famines n'avaient d'autre cause que l'insuffisance de la population, et l'on agissait en conséquence. Colbert partagea avec son siècle ces généreuses illusions. A l'époque de son administration, on ignorait encore, même approximativement, le chiffre des habitants du royaume et sa contenance. Aucun cadastre, aucun recensement général n'avaient été faits, et les évaluations les plus contradictoires trouvaient des partisans. Les uns, d'après un passage des *commentaires* de César, qui portait la population des Gaules à trente-deux millions, l'estimaient à trente-sept et même à quarante-huit millions. Selon Puffendorf, sous Charles IX, la France comptait vingt millions d'habitants. En 1685, un des savants autrefois pensionnés par Colbert, le hollandais Isaac Vossius, évaluait cette population à cinq millions, ce qui prouve, à défaut d'autre mérite, que les faveurs de Louis XIV n'en avaient pas du moins fait un flatteur [1]. Enfin, en 1698, un dénombrement fut demandé aux intendants des provinces, et donna pour résultat une population de vingt millions d'habitants [2]. Des guerres presque continuelles ayant désolé le royaume depuis 1672, il est probable que la population du royaume s'élevait, vers 1660, à vingt-deux millions d'habitants. On a déjà vu que Colbert avait accordé quelques gratifications et des exemptions de tailles aux ouvriers qui se mariaient. Un édit du mois de novembre 1666 exempta pendant cinq ans de la con-

---

[1] Je ne voudrais pas médire d'Isaac Vossius, mais je dois constater que les pensions aux savants étrangers avaient été supprimées avant 1680.

[2] *Recherches et considérations sur la population en France*, par Moheau. 1 vol. Paris, 1778. — *La Dîme royale*, par Vauban. Collection des principaux économistes, t. I, p. 121, édition Guillaumin. — *De la Balance du Commerce et des Relations commerciales extérieures de la France à la fin du règne de Louis XIV et à la Révolution*; par Arnould. L'auteur de cet ouvrage donne à ce sujet quelques renseignements assez curieux, un peu hasardés, peut-être, dans certaines parties, et que je reproduis avec toute la réserve que commandent les travaux statistiques de ce genre.

	A la fin du XVIIe siècle.	A l'époque de la Révolution.
Population de la France, d'après les Mémoires des intendants................	20,093,000 hab.	24,677,000 hab.
Contributions (*non compris les sommes votées par les pays d'États pour leur administration intérieure*)..........	260,748,000 livr. *	568,000,000 livr.
Estimation du numéraire effectif de la France........................	800,000,000 »	2,000,000,000 »
Valeur du produit territorial et de l'industrie en France..................	1,984,500,000 »	3,400,000,000 »
Dépenses générales de la France........	304,670,000 »	633,213,000 »
Montant de la dette publique de la France.	4,500,000,000 »	4,152,000,000 »

En 1700, la contribution de chaque individu aux dépenses générales du royaume, en calculant cette contribution d'après la valeur de l'argent en 1790, était évaluée à 12 livr. 13 s. (environ 7 livres, *monnaie du temps*).

En 1790, cette contribution s'élevait à 22 livr. 15 s.

(*Balance du Commerce*, etc., t. III, tableau XV.)

Elle est aujourd'hui de 40 francs environ par individu.

* D'après la valeur de l'argent en 1790; c'est-à-dire que les sommes du temps ont été presque doublées : le marc d'argent ayant valu 30 livres en 1700 et 53 livres 10 sous en 1790. Même observation pour les autres sommes de cette colonne.

tribution aux tailles et aux autres charges publiques, tous ceux qui se seraient mariés avant leur vingtième année, et pendant quatre ans ceux qui se seraient mariés à vingt et un ans. La même exemption était accordée à ceux qui auraient dix enfants, « nés en loyal mariage, non prêtres, religieux ni religieuses, » en comptant dans le nombre les enfants morts sous les drapeaux. Enfin, ceux qui n'étaient pas mariés à vingt et un ans devaient être soumis à toutes les impositions publiques. Quant aux nobles, ceux d'entre eux qui auraient dix enfants, dans les conditions déterminées, recevraient une pension de 1,000 livres, et cette pension serait portée à 2,000 livres pour douze enfants[1]. Au mois de juillet 1667, la même faveur fut étendue à quiconque aurait dix ou douze enfants. Cependant, ces mesures donnèrent lieu dans l'application à quelques restrictions et à beaucoup d'abus. On voit dans une lettre de Colbert à un intendant « qu'à l'esgard des gentilshommes qui ont le nombre d'enfants porté par la déclaration du roy, il faut faire savoir ceux qui sont de la religion prétendue réformée, comme aussy ceux qui ne mettent pas leurs enfants *dans le service* quand ils sont en âge[2]. » D'un autre côté, beaucoup de nobles et de roturiers se faisaient comprendre abusivement dans la catégorie de ceux qui devaient être portés sur la liste des pensions ou exempts des tailles. Ce nouvel essai d'encouragements pécuniaires ne fut donc pas heureux, et en 1683, après une expérience de seize années, les deux édits en faveur des mariages furent révoqués.

Quelques écrivains ont attribué au même motif qui les avait dictés un édit du mois de décembre 1666, portant obligation, pour toutes les communautés religieuses qui voudraient s'établir d'en solliciter préalablement l'autorisation, et soumettant par effet rétroactif, à cette formalité, toutes celles qui ne dataient pas de plus de trente ans[3]. Rien, ni dans le préambule ni dans le corps de l'édit, ne justifie cette assertion ; mais on y lit que, « depuis les dernières guerres, le nombre des communautés religieuses s'était tellement accru qu'en beaucoup de lieux elles

---

[1] *Collection des anciennes lois françaises*, etc.
[2] Arch. de la mar., *Registre des despesches*, etc., lettre du 15 août 1671.
[3] *Recherches sur les finances*, année 1666.

possédaient la meilleure partie des terres tandis que, dans d'autres, elles subsistaient avec peine, n'ayant été suffisamment dotées, ce qui les forçait de poursuivre leurs créanciers, au grand scandale de l'Église et au préjudice des personnes qui, après y être entrées, retombaient ensuite à la charge de leurs familles. » L'édit de décembre 1666 avait donc tout à la fois un but fiscal en cherchant à maintenir sous le régime des tailles les terres que l'érection des nouvelles communautés en exemptait, et un but moral en empêchant celles qui n'étaient pas en mesure de se constituer sur des bases durables d'entraîner les familles dans des sacrifices sans résultat. Quant à la population, si Colbert s'en préoccupa à ce sujet, rien ne donne lieu de le soupçonner. Enfin, le même édit laissait aux archevêques et aux évêques la faculté d'établir dans leurs diocèses autant de séminaires qu'ils le trouveraient à propos [1].

Vers la même époque, Colbert fit supprimer en une seule fois dix-sept fêtes. C'était une mesure très-utile et très-morale en même temps. L'extrait suivant des *Instructions de Louis XIV au Dauphin* fait connaître les motifs qui déterminèrent le gouvernement à l'adopter.

« Le grand nombre des fêtes qui s'étoient, de temps en temps, augmentées dans l'Église, faisoit un préjudice considérable aux ouvriers, non-seulement en ce qu'ils ne gagnoient rien ces jours-là, mais en ce qu'ils dépensoient souvent plus qu'ils ne pouvoient gagner dans les autres; car enfin, c'étoit une chose manifeste, que ces jours, qui, suivant l'intention de ceux qui les avoient établis, auroient dû être employés en prières et en actions pieuses, ne servoient plus aux gens de cette qualité, que d'une occasion de débauche, dans laquelle ils consommoient incessamment tout le fruit de leur travail. C'est pourquoi je crus qu'il étoit tout ensemble, et du bien des particuliers, et de l'avantage du public, et du service de Dieu même, d'en diminuer le nombre autant qu'il se pourroit; et faisant entendre ma pensée à l'archevêque de Paris, je l'excitai comme pasteur de la capitale de mon royaume, à donner en cela l'exemple à ses confrères, de ce qu'il croiroit pouvoir être fait; ce qui fut par lui, bientôt après, exécuté de la manière que je l'avois jugé raisonnable [2]. »

---

[1] *Collection des anciennes lois françaises*, etc.
[2] *Œuvres de Louis XIV*, t. II, p. 258. — *Instructions pour le Dauphin*.

L'ordonnance pour la réformation de la justice civile parut peu de temps après. Cette ordonnance, qui a été le Code civil de la France pendant plus de cent trente ans, est un des plus beaux titres de gloire de Colbert; car c'est lui qui entreprit de substituer une loi générale, uniforme, à la bigarrure des coutumes locales; c'est lui qui fit nommer les conseillers d'État et les maîtres des requêtes chargés d'en jeter les fondements; et, quand ce travail fut achevé, il prit une part active aux conférences qui en précédèrent la promulgation. L'incohérence de la législation du royaume était en effet extrême à cette époque; aussi l'idée de mettre un peu d'ordre dans ce chaos n'était pas nouvelle; mais on avait toujours reculé jusqu'alors devant l'opposition de la routine et des préjugés locaux. Dans le nombre des provinces qui composaient le royaume, les unes étaient régies par des coutumes longtemps conservées traditionnellement, les autres par le droit romain, qu'on appelait le droit écrit. En Auvergne, la coutume et le droit romain se partageaient la province. Dans beaucoup de cas, la coutume générale de la province se modifiait par les usages locaux, et souvent, pour trancher la question, il fallait recourir, soit au droit romain, soit aux coutumes du pays voisin. Enfin, le désordre était tel que la jurisprudence, sur des questions très-importantes, changeait incessamment, et l'on voyait souvent la même question jugée d'une manière différente par les diverses chambres d'un même Parlement [1].

Suivant l'auteur de la *Vie de Lamoignon*, Colbert avait chargé le conseiller d'État Pussort de préparer un travail pour la réformation de la justice. Le projet de Colbert était, dit-il, de ne communiquer l'ordonnance à personne et de la publier comme émanant de la seule autorité du roi, après un enregistrement en lit de justice. Averti de ce dessein, M. de Lamoignon alla trouver Louis XIV, et lui proposa, pour illustrer son règne, de réformer la justice comme il avait réformé les finances. « *Colbert emploie actuellement M. Pussort à ce travail*, répondit le roi; *concertez-vous ensemble.* » Cet incident

---

[1] *Recueil des arrêtés de M. le P. P. d. Lamoignon*. Lettre de M. Auzannet, avocat, du 1er décembre 1669.—Cette lettre se trouve, comme appendice, à la fin du *Recueil des arrêtés*.

renversa les projets de Colbert. Alors, dit le biographe de M. de Lamoignon, commencèrent les conférences dont le procès-verbal imprimé a bien démontré la nécessité, car un grand nombre d'articles y furent modifiés.

Cependant, il se trouva dans le Parlement des voix qui s'élevèrent contre la réformation projetée. Déjà même, la cour s'en réjouissait, car elle avait toujours présents à l'esprit les empiétements de ce corps au temps de la Fronde, et elle désirait faire sur lui un coup d'autorité. Prévoyant ce projet, M. de Lamoignon usa de toute son influence pour calmer la chaleur d'une cinquième chambre des enquêtes qui se distinguait surtout par son opposition, et qu'on parlait de supprimer. Il paraît même qu'un émissaire de Colbert aurait offert 200,000 livres au premier président, à la seule condition qu'il laisserait aller les choses. Mais cette tentative fut inutile, et celui-ci, en faisant échouer les projets d'opposition qui s'étaient manifestés dans le Parlement, ôta à la cour le prétexte qu'elle attendait[1]. C'est un fait étrange que, près d'un siècle et demi plus tard, le même travail de codification, entrepris par Napoléon, ait rencontré les mêmes obstacles. Dans cette circonstance, Cambacérès essaya de rendre au Corps-Législatif et au Conseil des Cinq-Cents le service que M. de Lamoignon avait rendu au Parlement; mais ses efforts échouèrent contre les passions des uns et des autres, et les instruments d'opposition qui se formaient furent, sinon détruits, du moins singulièrement altérés par le nouveau pouvoir non moins absolu et beaucoup plus fort que celui qu'on venait à peine de briser.

La publication de l'ordonnance pour la réformation de la justice civile fut consacrée par une médaille. Elle représentait le roi tenant des balances en présence de la Justice, et portait cette inscription : JUSTITIAS JUDICANTI, *au juge des juges* [2].

Deux ans plus tard, au mois d'août 1669, une nouvelle ordonnance compléta celle de 1667. A la même époque, parut le célèbre *Edit portant règlement général pour les eaux et forêts*.

---

[1] *Recueil des arrêtés*, etc., t. I. *Vie de M. de Lamoignon.*
[2] Biblioth. roy., Mss. *Journal des bienfaits du Roy*, année 1667.

Puis, au mois d'août 1670 et au mois de mars 1673, furent publiées l'*Ordonnance criminelle* et l'*Ordonnance du commerce*, nouveaux et irrécusables témoignages de la passion pour le bien dont Colbert était animé, et de l'intelligence des hommes à qui fut confiée la rédaction de ces codes qui ont gouverné la France jusqu'au commencement de ce siècle [1]. On a reproché à l'Ordonnance criminelle un système de pénalité excessif; mais cette sévérité était conforme aux mœurs, aux idées du temps, et peut-être y eût-il eu danger pour la société à faire autrement. Au nombre des vastes travaux de cette époque, le règlement sur les eaux et forêts est encore apprécié aujourd'hui pour la sagesse de ses vues, et les modifications qui y ont été faites en 1827, du moins en ce qui concerne l'approvisionnement des bois pour la marine, trouvent de sévères censeurs. Médité et préparé pendant huit années par Colbert et par vingt et un commissaires choisis parmi les hommes spéciaux les plus habiles qu'il put réunir de tous les points du royaume, ce règlement seul eût illustré un ministre. Depuis Charlemagne, qui avait aussi organisé le service si important des eaux et forêts, une multitude de lois confuses, contradictoires, étant survenues, les préposés, sans direction et sans responsabilité, permettaient à la cupidité particulière les envahissements les plus préjudiciables au bien public. Le nouveau règlement réduisit le personnel surabondant des anciens fonctionnaires, fixa des attributions précises aux officiers maintenus, fonda l'unité du système dans toutes les provinces et l'uniformité de jurisprudence pour tous les délits; il fit constater avec exactitude la contenance et l'étendue des bois, détermina leur mode de conservation et d'aménagement, les précautions et les formalités relatives aux coupes et à la vente de leurs produits. C'est ainsi que Colbert arrêta le dépérissement des forêts et assura à la marine royale le choix dans toutes les propriétés, moyennant paiement, des arbres propres à la mâture et à la construction [2].

[1] *Collection des anciennes lois franç.*, etc. Ces diverses ordonnances s'y trouvent en entier.
[2] Rapport de M. Roy à la Chambre des Pairs sur le *Code forestier*, 1827. — *Notice historique sur la vie de Colbert*, par M. d'Audiffret.—*Hist. financière de la France*, etc., ann. 1669.

La création d'un lieutenant de police à Paris eut lieu au mois de mars 1667, en même temps que parut la première ordonnance pour la réformation de la justice. Déjà, au mois d'avril 1666, Colbert avait ordonné qu'il serait établi des lanternes dans Paris [1]. Au mois de décembre de la même année, il avait aussi rendu un édit concernant le nettoiement et la sûreté de Paris et autres villes du royaume. Avant la création du lieutenant de police, l'administration de la capitale appartenait de fait à un lieutenant civil du prévôt de Paris, qui avait en même temps des attributions de justice assez étendues. Ce lieutenant civil étant mort, Colbert pensa que *le soin d'assurer dans Paris le repos du public et des particuliers, de purger la ville de ce qui pouvait y causer des désordres, d'y procurer l'abondance, et faire vivre chacun selon sa condition et son devoir*, demandait un magistrat spécial, et il créa l'emploi de lieutenant de police. D'après l'édit de création, le nouveau magistrat devait connaître de tout ce qui regardait la sûreté de la ville, prévôté et vicomté de Paris, du port des armes prohibées, du nettoiement des rues, donner les ordres nécessaires en cas d'incendie ou d'inondation, veiller aux subsistances, régler les étaux des boucheries, visiter les halles, foires ou marchés, hôtelleries, auberges, maisons garnies, brelans, tabacs et lieux mal famés, avoir l'œil sur les assemblées illicites, tumultes, séditions et désordres, étalonner les poids et balances, faire exécuter les règlements sur les manufactures, punir les contraventions commises pour fait d'impression et vente de livres et libelles défendus. En même temps, le lieutenant de police était investi du droit de juger seul et sommairement tous les délinquants trouvés en flagrant délit pour fait de police, à moins qu'il n'y eût lieu d'appliquer des peines afflictives, auquel cas il devait faire son rapport au présidial. Enfin, un dernier article l'autorisait à exiger des *chirurgiens* qu'ils lui déclarassent le nom et

---

[1] Un premier essai avait été tenté en 1558 ; mais il paraît qu'il ne réussit pas. Voir à la Bibliothèque royale, Mss., un volume du fonds *Cinq cents de Colbert*, n° 252, p. 186. Il y est question de l'établissement des lanternes à Paris, le 14 novembre 1558, *au lieu des flambeaux qui ne s'allumaient précédemment que dans les cas de nécessité.*

la qualité des blessés qui auraient réclamé leurs soins[1].

Le premier lieutenant de police de Paris fut M. de La Reynie. De nombreuses lettres de lui existent dans la collection des correspondances manuscrites adressées à Colbert[2]. Ces lettres sont relatives à des publications de libelles, à des délits, arrestations ou meurtres qui se commettaient dans l'étendue de son ressort, mais principalement à l'approvisionnement de la capitale. Une de ces lettres informait Colbert que la plupart des filous, voleurs et mauvais garnements qui commettaient quelque délit, se retiraient dans l'enceinte du palais du Luxembourg, considéré alors comme lieu d'asile. Peu de temps après, le 8 juin 1671, Colbert écrivit au prévôt des marchands pour l'inviter à voir, de la part même du roi, Madame, à qui le Luxembourg appartenait, afin de lui faire connaître, « dans les termes les plus honnêtes qu'il se pourroit, que Sa Majesté désiroit qu'elle donnast les moyens de faire arrester ces filous, afin d'empescher un si grand désordre[3]. » Vers la même époque, on publia, *pour la répression des abus qui se commettaient dans les pèlerinages*, un édit de police qui intéressait tout le royaume. Le préambule de cet édit constatait les faits les plus fâcheux. C'étaient de soi-disant pèlerins qui abandonnaient leurs familles, leurs femmes, leurs enfants, pour aller vivre dans le libertinage ou en mendiant, et dont quelques-uns se mariaient en pays étranger, au mépris des liens qu'ils avaient formés en France. Dans l'intérêt et pour l'honneur même de la religion, l'édit du mois d'août 1671 assujettit tous les pèlerins à une double autorisation de déplacement, l'une de leur évêque, l'autre du lieutenant général de la province. En même temps, les peines du carcan, du fouet et des galères furent portées contre les délinquants[4].

Toutefois, la ville de Paris manquait encore d'un corps d'ordonnances qui fixât d'une manière positive les attributions de ses divers magistrats, et qui réglât les points de police, si impor-

---

[1] *Collection des anciennes lois françaises*, etc.
[2] Biblioth. roy., Mss, *Lettres adressées à Colbert.*
[3] Arch. de la mar., *Registre des despesches*, etc., 1671.
[4] *Collection des anciennes lois françaises*, etc.

tants et si nombreux, qui se rattachent à l'administration d'une grande cité. Cette ordonnance fut promulguée au mois de décembre 1672. Elle concernait surtout l'approvisionnement de Paris, et ses principales dispositions sont encore en vigueur [1].

Enfin, deux édits de police générale furent encore rendus pendant le ministère de Colbert. C'était au mois de juillet 1682. L'un fut dirigé contre les Bohémiens ou Égyptiens, qui reçurent de nouveau l'ordre de sortir immédiatement du royaume sous peine des galères. D'après l'édit, « ces *Bohêmes* avaient de tout temps trouvé et trouvaient encore protection auprès des gentilshommes et seigneurs justiciers qui leur donnaient retraite dans leurs châteaux et maisons, ce qui avait toujours rendu leur expulsion difficile, au grand dommage des particuliers. » Le second édit de police publié en 1682 regardait *les empoisonneurs, devins et autres*. On sait le scandale que causèrent à cette époque plusieurs procès pour fait d'empoisonnement. Le maréchal de Luxembourg, la duchesse de Bouillon et la comtesse de Soissons, toutes deux nièces du cardinal Mazarin, y figuraient comme accusés. L'un des présidents de la Chambre ardente, instituée spécialement pour juger ces affaires, était le lieutenant de police de Paris, M. de La Reynie. Un jour, il fut assez imprudent pour demander à la duchesse de Bouillon si elle avait vu le diable. « *Je le vois en ce moment*, répondit la spirituelle duchesse ; *il est fort laid, fort vilain, et déguisé en conseiller d'État.* » L'interrogatoire ne fut pas poussé plus loin, ajoute Voltaire, qui raconte le fait [2]. L'édit de 1682 chassait du royaume *toutes les personnes se mêlant de deviner*, et punissait de mort non-seulement quiconque aurait fait usage de *vénéfices et de poisons*, mais encore tous ceux qui auraient joint l'impiété et le sacrilége à la superstition [3].

Cependant, quelque assidus qu'ils dussent être, les soins que Colbert donnait aux diverses parties de l'administration du royaume, ainsi qu'aux embellissements de Paris et de Versailles,

---

[1] *Recueil des règlements de police*, par M. Peuchet. — *Collection des anciennes lois françaises*, etc.
[2] *Siècle de Louis XIV*, chap. XXVI.
[3] *Collection des anciennes lois françaises*, etc.

n'absorbaient pas encore tous ses instants. L'année 1669, cette année particulièrement féconde et bien remplie parmi toutes celles qu'il passa au pouvoir, fut marquée par une série de mesures ayant surtout pour but de relever le commerce du Levant et de Marseille, commerce autrefois très-considérable, mais singulièrement déchu depuis quelques années. Ce redoublement de ferveur pour la marine et le commerce s'explique. Jusqu'à cette époque, Colbert n'en avait pas eu la direction officielle. En 1667, il avait même représenté au roi que la charge de contrôleur général pouvant devenir plus difficile et requérir une plus grande application, il le suppliait de vouloir bien lui retirer la marine et le commerce, qui relevaient de M. de Lionne, secrétaire d'État ayant dans son département les affaires étrangères. Louis XIV n'avait eu garde de déférer à ce vœu ; seulement, il avait été décidé, pour régulariser ce changement d'attributions que « le sieur Colbert ferait les mémoires des ordres à expédier concernant le commerce tant de terre que de mer, colonies et compagnies, qu'il lirait ces mémoires à Sa Majesté, et après les avoir lus, les remettrait au sieur de Lionne pour en dresser les expéditions [1]. » Ce bizarre arrangement dura deux ans. Au mois de mars 1669, un nouveau règlement d'attributions eut lieu. Colbert fut nommé secrétaire d'État, et chargé officiellement de la marine et du commerce. On donna à M. de Lionne, en compensation, la Navarre, le Béarn, le Bigorre et le Berry, qui faisaient précédemment partie du département de Colbert ; plus une augmentation d'appointements de 4,000 livres, et une somme de 100,000 livres, une fois payée, que le garde du Trésor royal eut ordre de lui compter.

La nouvelle commission de Colbert portait « qu'il aurait dans son département la marine en toutes les provinces du royaume, sans exception, même dans la Bretagne, comme aussi les galères, les Compagnies des Indes orientales et occidentales et les pays de leurs concessions : le commerce, tant dedans que

[1] Arch. de la mar., *Registre des ordres du Roy.* — *Hist. de la mar.*, par M. Eugène Sue, pièces justif. — *Règlement du Roy qui conserve à M. Colbert, contrôleur général des finances, le détail et le soin qu'il avait déjà pour la marine, les galères, le commerce, etc., etc., et laisse à M. de Lionne les expéditions à faire en conséquence.*

dehors le royaume, et tout ce qui en dépend ; les consulats de la nation française dans les pays étrangers ; les manufactures et les haras, en quelque province qu'ils fussent établis [1].

A peine installé, le nouveau secrétaire d'Etat écrivit aux maires, prévôts des marchands, échevins, jurats, capitouls et consuls, des principales villes du royaume, pour les prévenir que, le roi lui ayant ordonné de faire sa principale application du commerce, ils eussent à lui donner particulièrement avis de tous les moyens qu'ils croiraient propres à pouvoir le conserver et l'augmenter [2]. Les mesures relatives aux consulats et au commerce du Levant suivirent immédiatement.

L'établissement des consuls français à l'étranger, et principalement dans le Levant, remonte à une époque très-ancienne, et pourtant, antérieurement à l'ordonnance de 1681 sur la marine, la condition de ces agents ne se trouvait déterminée dans aucun document officiel. Choisis pendant longtemps par les magistrats ou par les commerçants des villes où ils résidaient, ce n'est qu'en 1604 qu'une capitulation avec la Porte constate qu'ils étaient à la nomination royale. Quant à leurs attributions, un voyageur du XIVe siècle raconte que le consul de France à Alexandrie avait mission de protéger, non-seulement les Français, mais encore tous les étrangers dont la nation n'entretenait pas de consul. Enfin, un traité conclu avec la Porte ottomane, sous François Ier, porte que nos consuls étaient chargés de la protection du culte catholique dans le Levant [3].

Ainsi, la France avait eu, pendant un certain nombre d'années, le monopole exclusif du commerce du Levant, et en avait retiré des avantages considérables. Ce monopole constituait la clause la plus importante du traité conclu entre le sul-

---

[1] Arch. de la mar., *Registre des ordres du Roy*, 1669. — *Histoire de la marine*, etc. — *Règlement concernant les détails dont M. Colbert est chargé*, etc. — Voir, à la fin de ce volume, pièces justif., n° VIII.

[2] Biblioth. roy., Mss. *Registre des despesches*, etc., 1669, n° 204.

[3] *Collection des lois maritimes antérieures au XVIIIe siècle*, par M. Pardessus, t. IV, note de la page 356. — *Journal des Economistes*, t. II, 1842, p. 255 et suiv ; *Note sur les consulats*, par M. F. de Lesseps.

tan Soliman et François Ier, en 1535. Sous le bénéfice de ce traité, elle achetait les marchandises du Levant, y transportait celles de l'Europe, et elle attirait même, à travers les États du Grand-Seigneur, une partie des produits de la Perse et des Indes. Il est vrai que cet état de choses ne dura pas longtemps. D'abord, les autres nations chrétiennes firent le commerce du Levant sous son pavillon et reconnurent la juridiction de ses consuls. Mais bientôt les troubles intérieurs qui désolaient la France inspirèrent aux étrangers d'autres prétentions, et non-seulement les Vénitiens, les Anglais, les Hollandais firent avec la Porte des traités qui leur permirent d'y avoir des ambassadeurs, mais ils obtinrent, sur les droits de douanes, une diminution de 2 pour 100 qui nous fut refusée. En même temps, toutes les garanties qui avaient été accordées aux Français par les anciens traités furent ouvertement et impunément violées par les moindres employés du sultan [1].

Il n'en fallait pas davantage pour ruiner le commerce français dans le Levant, et, par malheur, ces causes de décadence n'étaient pas les seules. Une des plus pernicieuses avait sa source dans le mauvais choix et la cupidité des consuls. Un arrêt du 12 décembre 1664 fournit à cet égard les renseignements les plus concluants. Le préambule de l'arrêt porte que la ruine du commerce du Levant, qui était autrefois « le plus grand et le plus considérable du monde, et attirait au dedans du royaume l'abondance et la richesse, » devait être attribuée à cinq causes principales :

1° Les consuls nommés par le roi n'avaient pas rempli leurs charges en personne ;

2° Ces charges avaient été affermées par eux aux plus offrants, sans s'informer si ceux-ci étaient en état de les remplir ;

3° La plupart des fermiers n'ayant pas fourni de caution,

---

[1] Arch. de la mar., *Registre des despesches*, etc., etc., année 1670. « *Mémoire pour former l'instruction de M. Delahaye-Vantelet, s'en allant à Constantinople en qualité d'ambassadeur du roi vers le Grand-Seigneur.* » Ce mémoire, qui contient l'historique complet du commerce français dans le Levant antérieurement à 1660, est des plus curieux. Il est transcrit comme renseignement sur le registre de 1670 et ne porte pas de date. M. Delahaye était ambassadeur à Constantinople en 1660.

il n'est pas d'exactions que l'avarice et le désir de s'enrichir ne leur eussent inspirées;

4° Contrairement aux ordonnances et règlements, ils avaient fait le commerce pour leur compte, abusant de l'autorité dont ils étaient investis pour ruiner celui des autres ;

5° Enfin, sous prétexte de payer les amendes auxquelles les autorités turques soumettaient les Français, les consuls, dans des réunions composées de quelques marchands qui fréquentaient les échelles, avaient décrété des droits de 2 à 3000 piastres sur chaque navire.

La conclusion de cet arrêt fut que tous les consuls des échelles du Levant devraient renvoyer leurs titres à Colbert avant six mois, se rendre incessamment à leur poste à moins d'une autorisation spéciale, renoncer à faire le commerce, et ne lever aucun droit qui n'eût été réglé. Un an plus tard, Colbert révoqua d'une manière absolue et sans exception la faculté de faire exercer les charges de consuls par des commis. Puis, au mois de mars 1669, peu de jours après avoir été officiellement chargé de la marine et du commerce, il adressa à tous les consuls une circulaire dans laquelle il leur faisait connaître les services que le gouvernement attendait d'eux et sur quoi devaient porter principalement les renseignements qu'ils avaient mission de fournir. Cette circulaire abonde en vues utiles qui en rendront la lecture profitable et opportune de tout temps aux agents consulaires et aux ministres dont ils relèvent. Colbert y donnait ordre aux consuls d'observer soigneusement la forme du gouvernement des villes où ils faisaient leur résidence et des pays voisins, de s'enquérir des denrées qu'on y récoltait, des manufactures qui y étaient établies, des marchandises qu'on y apportait, soit par terre, soit par mer, de leur qualité, du nombre des navires employés à ce transport, et des bénéfices qu'on en tirait. Naturellement, les consuls devaient aussi faire connaître au gouvernement tout ce qui pouvait avoir quelque influence sur la paix ou la guerre. Enfin, une recommandation spéciale était faite aux consuls des échelles du Levant au sujet d'une exportation considérable de pièces de 5 sous qui passaient de France et d'Italie dans les États du Grand-Seigneur. Les pièces de 5 sous françaises ayant paru très-belles aux Turcs, ceux-ci en avaient donné jusqu'à 5 et 6 pour cent au-dessus de leur valeur. C'était une occasion tentante pour les faux monnayeurs. Ils ne la laissèrent pas échapper, et altérèrent le titre de ces pièces au point que la plupart de celles qu'on portait en Turquie perdaient un cinquième. On juge si cette fraude était de nature à rétablir le commerce du Levant. Colbert recommandait donc très-instamment aux consuls d'examiner avec grand soin cette matière et de l'informer des expédients qu'on pourrait prendre pour empêcher la continuation d'un désordre qui tirait tous les ans des sommes très-considérables du royaume et ruinait entièrement nos manufactures au profit de celles de la Hollande et de l'Angleterre [1].

Mais de quelque sagesse qu'elles fussent empreintes, les di-

---

[1] Biblioth. roy., Mss. *Registre des despesches*, etc., 1669, n° 204. « *Mémoire du Roy sur ce que les consuls de la nation françoise establis dans les pays estrangers doivent observer, pour en rendre compte à Sa Majesté par toutes les occasions.* » Ce mémoire a été reproduit par Forbonnais. Il y a au commencement du registre de 1669 plusieurs documents intéressants sur les consulats, entre autres un mémoire sur la valeur et le revenu de ceux du Levant. Ce qui suit en est extrait.

CONSTANTINOPLE. Il n'y a point de consul; c'est M. l'ambassadeur qui en fait les fonctions et en retire les émoluments, ce qui semble avilir la dignité de l'ambassadeur.

En marge du mémoire, de la main de Colbert : « Le sieur Robolly fera cette fonction en son absence, jusqu'à ce que l'on y aye pourveu. »

SMYRNE. Le prix de la charge de consul est évalué à 24,000 liv.
ALEP. id. id. 24,000 liv.
SEYDE. Affermé .... 2,400 fr. par an.
ALEXANDRIE. Affermé .... 12,000 fr. par an.
SATALIE. Affermé............ 12,000 fr. par an, etc., etc.

Avant 1669, le consul français à Livourne percevait les droits suivants :

Pour chaque tartane de 400 à 800 quintaux.........	10 liv.
Pour chaque barque de 800 à 1500 quint...........	15
Pour chaque polacre de 1500 à 3000 quint..........	30
Pour chaque navire de 3000 à 5000 quint..........	45
Au-dessus de 5000 quintaux........................	60
Droit de sceau...................................	1 10 s.

En 1669, Colbert réduisit ces droits comme il suit :

De toute sorte de tartanes........................	5
De toute sorte de barques	7 10
De toute sorte de polacres........................	10
De toute sorte de navires.........................	15
Droit de sceau...................................	1 10

C'était donc une diminution de moitié dans tous les cas, et quelquefois des deux tiers.

verses mesures adoptées par Colbert depuis 1664 n'étaient pas suffisantes pour réparer le mal. Il paraît, d'ailleurs, que l'ambassadeur français à Constantinople s'était assez mal pénétré des instructions qui lui avaient été données, car les plaintes arrivaient contre lui de toutes parts, et on l'accusait même d'avoir fait le commerce pour son compte [1]. En 1670, cet ambassadeur fut rappelé et remplacé par M. de Nointel. Les instructions que Colbert lui donna sont exactement semblables à celles qu'avait reçues son prédécesseur. Seulement, ce ministre insista particulièrement sur le préjudice que portait à la France « la mauvaise foy des Marseillois, qui altéroient toujours de plus en plus le titre des pièces de cinq sols, poussant cette altération jusques à cinquante ou soixante pour cent de proffit, quoique estant bien asseurez que la marque de France en feroit rejetter sur les François tout le mécontentement des officiers du Grand-Seigneur et toutes les avanies qui en pourroient arriver. » L'instruction donnée à M. de Nointel rappelait en outre, dans un tableau synoptique, les différentes causes auxquelles Colbert attribuait la diminution du commerce français et l'augmentation du commerce étranger dans le Levant. Voici ce tableau [2].

A L'ESGARD DES FRANÇOIS.	A L'ESGARD DES ANGLOIS, HOLLANDOIS ET AUTRES ESTRANGERS.
Les Turcs ont admis les autres nations au préjudice des premières capitulations.	Ils ont esté admis à ce commerce par les Turcs et ont fait des capitulations advantageuses.
Le royaume a esté longtemps agité de guerres civiles.	Ils ont esté presque toujours en paix au dedans de leurs Estats.
Les roys, prédécesseurs de Sa Majesté, n'ont eu aucune application au commerce.	Ils ont eu une très-grande application au commerce.
Les forces maritimes ont esté anéanties.	Les forces maritimes ont esté puissantes.
L'anéantissement des manufactures.	L'augmentation des leurs en bonté.

[1] Biblioth. roy., Mss. *Registre des despesches*, etc., année 1669. *Estat du commerce du Levant, contenant les raisons du mauvais estat auquel il est réduit et les remèdes que l'on pourroit y apporter.*

[2] Arch. de la mar. *Registre des despesches*, etc., année 1770.

Ont esté longtemps sans ambassadeurs à la Porte.	Ont eu toujours des ambassadeurs résidents à la Porte.
Ont payé 5 pour 100 de douane au Grand-Seigneur.	N'ont payé que 3 pour 100.
La mauvaise conduite des consuls a causé diverses avanies auxquelles ils sont mesmes accusez d'avoir participé.	La bonne conduite des consuls.
La mauvaise foy des Marseillois.	La bonne foy de leurs négociants.
Ont payé un droit de cottimo dans les eschelles, ou de 2 ou 3 pour 100. Un droit de cottimo fort grand à Marseille [1].	N'ont rien payé.
Ont esté contraints de faire leur commerce en argent.	Ont fait leur commerce en eschange de marchandises et de manufactures.

Telles furent les instructions données à M. de Nointel. En même temps, Colbert prit une autre détermination des plus importantes. Le port de Marseille avait été autrefois déclaré port franc; mais, par la suite, de nouveaux droits d'entrée et de sortie ayant été établis, le commerce du royaume en avait éprouvé le plus grand préjudice. Un édit du mois de mars 1669 rétablit entièrement la franchise de ce port. On voit par cet édit qu'il se levait alors à Marseille un droit de 1/2 pour 100 *pour la pension de l'ambassadeur à Constantinople*. Ce droit fut supprimé, ainsi que beaucoup d'autres, y compris celui de 50 sous par tonneau. Il en fut de même du droit d'aubaine, en vertu duquel le souverain recueillait la succession des étrangers non naturalisés. Un seul droit de 20 pour 100 fut maintenu sur les marchandises du Levant qui, bien qu'appartenant à des Français, seraient apportées par des navires étrangers [2]. Toutefois, il fallait continuer de payer le traite-

---

[1] C'était un droit perçu à Marseille et dans le Levant sur les navires faisant le commerce des échelles. Son nom lui vint sans doute du mot français *côte*, autrefois *cotte*. Ce droit ne figure pas dans le *Dictionnaire des finances*, de l'Encyclopédie méthodique.

[2] *Registre des despesches*, etc., 1669. — *Collection des anciennes lois françaises*, etc. — Une déclaration du mois de novembre 1662 avait accordé la franchise au port de Dunkerque. Bayonne était également port franc, mais cette franchise n'était pas aussi étendue qu'à Marseille et à Dunkerque.

ment de l'ambassadeur de Constantinople, fixé à 10,000 livres, rembourser les dettes contractées par les consuls français des échelles du Levant, dettes qui s'élevaient à plus de 500,000 livres pour Alexandrie et Alep seulement; il fallait en outre aviser à quelques dépenses locales, notamment au curage du port de Marseille. Un nouvel édit du mois de mars 1669 y pourvut en transférant à Arles et à Toulon les bureaux d'entrée des aluns, et en doublant un droit de pesage établi sur les marchandises grossières. On croira peut-être que ces diverses mesures furent accueillies avec reconnaissance par les Marseillais. Il en fut tout autrement. Le 30 mai 1669, Colbert écrivit à M. d'Oppède, premier président du Parlement de Provence, pour le féliciter d'avoir fait publier à Marseille l'édit sur l'affranchissement du port, malgré toutes les difficultés qu'il avait rencontrées. Colbert espérait que les Marseillais reconnaîtraient bientôt tous les avantages qui devaient leur en revenir. En attendant, il fallait donner à cet édit toute la publicité possible. Enfin, Colbert louait aussi beaucoup M. d'Oppède d'avoir décidé les échevins de Marseille à prendre sur le droit de cottimo, de préférence à tout autre, la somme de 25,000 livres indispensable pour le curage du port, et d'avoir obtenu que l'intendant des galères fut chargé de l'emploi de ces fonds.

« Il sera nécessaire, ajoutait Colbert, que l'intendant commence à faire travailler tout de bon les pontons destinés à ce curage, rien n'estant plus important, dans le dessein que le roi a de restablir le commerce du Levant, que de rendre le port capable de recevoir et contenir toute sorte de vaisseaux. Quant au droit de cottimo, il faudra, sur toutes choses, s'appliquer à mettre la ville de Marseille en état de le supprimer dans quelques années, afin que la franchise de tous droits y appelle les estrangers, et rende ce port *le plus fameux de toute la Méditerrannée*[1]. »

Cependant, après avoir sur l'invitation de Colbert, consulté

---

[1] Biblioth. roy., Mss. *Registre des despesches*, etc., année 1669. — *Marseille et les intérêts nationaux qui se rattachent à son port*, par M. S. Berteaut, t. Ier, p. 22. — Au lieu de cela, le droit de cottimo fut augmenté par la suite, et un arrêt du 25 septembre 1721 chargea la Chambre de commerce de Marseille de percevoir les droits de *cottimo* et de *consulat* sur les marchandises du Levant, afin de pourvoir aux appointements des consuls et aux dépenses extraordinaires des consulats de Smyrne, Tripoli, Le Caire, Alep, etc. (*Collection de décisions nouvelles relatives à la jurisprudence*, par Denisart. Paris, 1751.)

les commerçants de Paris, de Lyon, de Marseille, M. de Nointel s'était rendu à Constantinople; mais ses démarches n'eurent pas le résultat dont on s'était flatté. Non-seulement il n'obtint pas l'égalité de traitement avec les autres nations, mais, malgré sa présence, les Français continuèrent à souffrir, écrivait-il, « les mêmes avanies et vexations de la part des officiers du sultan. » Un peu plus tard, toutes ses réclamations étant restées inutiles, il informa le roi qu'il croyait nécessaire qu'on envoyât quelques vaisseaux pour le chercher, ajoutant qu'une démonstration de guerre pourrait seule inspirer d'autres sentiments au grand-visir, qui s'était refusé jusqu'alors à rien changer aux conditions en vigueur. Avant de rien décider, Louis XIV fit écrire par Colbert à M. d'Oppède de se rendre sans retard à Marseille, d'assembler les députés du commerce et les marchands les plus capables de la ville, de les consulter, et de lui faire connaître le résultat de leurs délibérations, en y ajoutant son avis particulier, « afin, disait Colbert, que le roy puisse prendre une résolution sur une matière aussi importante en parfaite connoissance de cause [1]. »

Peu de temps après, M. d'Oppède répondit que son avis, celui de l'intendant des galères et celui de la Compagnie du Levant étaient conformes au vœu de l'ambassadeur. Quant aux négociants de Marseille, ils avaient d'abord adopté le même sentiment; mais ensuite ils s'étaient divisés et n'avaient pas voulu signer leurs délibérations. Les uns prétendaient que la fermeté obligerait les Turcs à mieux traiter les Français et à renouveler les capitulations sur un meilleur pied; que, renouvelées de cette manière et par la menace de la guerre, elles seraient bien mieux exécutées qu'auparavant, et que, d'ailleurs, les mauvais traitements dont le commerce et l'ambassadeur avaient à se plaindre ne permettaient plus de délibérer. Le parti contraire objectait à cela que le commerce le plus considérable qui se fît en France étant celui du Levant, et ce commerce se trouvant, pour ainsi dire, le seul de Marseille et de la Méditerranée, il y avait lieu de craindre, si la guerre éclatait et

---

[1] Arch. de la mar., *Registre des despesches*, etc., année 1671. Lettre du 31 mai.

si les Français établis dans le Levant étaient obligés de s'éloigner, que les Anglais et les Hollandais ne missent tout en œuvre pour les empêcher d'y revenir, en sorte que les Français se seraient privés eux-mêmes, au bénéfice des étrangers, de leur commerce le plus avantageux. Enfin, les partisans de la paix ajoutaient qu'une fois l'ambassadeur français rappelé, la fierté des Turcs ne leur permettrait pas de renouer les négociations, et que le commerce avec le Levant serait ruiné sans retour.

On était alors en 1671, et l'on prévoyait bien à la cour de France qu'une guerre avec la Hollande ne tarderait pas à éclater. Cette éventualité dut donc exercer une grande influence sur la décision de Louis XIV. Entre les deux partis qu'on lui conseillait, il prit un moyen terme, et se contenta de rappeler M. de Nointel [1]. Mais cette manifestation suffit pour effrayer le Divan. Sur cette seule menace, l'ambassadeur fut invité à rester, avec promesse de recevoir bientôt toute satisfaction. En effet, des négociations furent entamées, et, le 5 juin 1673, de nouvelles capitulations signées à Andrinople confirmèrent toutes les prétentions de Colbert. Ces capitulations autorisaient les Français à exporter du Levant toutes sortes de marchandises, même celles dites prohibées, à naviguer sur des navires appartenant à des nations ennemies de la Porte, sans pouvoir, en cas de saisie, être faits esclaves, à n'être justiciables que de leurs ambassadeurs ou consuls, à jouir des mêmes immunités que les Vénitiens, qui étaient alors la nation la plus favorisée, à ne participer en rien aux impôts du pays, et à faire profiter du bénéfice de leur pavillon toutes les nations qui n'avaient pas de traité avec le divan. L'article 19 des capitulations consacrait la préséance de l'ambassadeur français à la Porte dans les termes les plus formels et les plus honorables pour notre diplomatie. Cet article était ainsi conçu :

« Et parce que ledit empereur de France est entre tous les rois et les princes chrétiens le plus noble de la Haute-Famille, et le plus parfait ami que nos aïeux aient acquis entre lesdits rois et princes de la croyance

[1] Arch. de la mar., *Registre des despesches*, etc., août 1671, p. 75 et suiv.

de Jésus, comme il a été dit ci-dessus et comme témoignent les effets de sa sincère amitié; en cette considération, nous voulons et commandons que son ambassadeur, qui réside à notre heureuse Porte, ait la préséance sur tous les ambassadeurs des autres rois et princes, soit à notre divan public, ou autres lieux où ils se pourront trouver. »

Enfin, plusieurs dispositions particulièrement relatives au commerce complétèrent, sous le titre d'*Articles nouveaux*, les capitulations principales, et le troisième de ces articles fixa à 3, au lieu de 5 p. 100, les droits que les Français auraient à payer dorénavant sur toutes les marchandises importées ou exportées par eux. C'était, on l'a vu plus haut, le point que Colbert avait le plus à cœur [1].

Bientôt, grâce aux avantages garantis par le traité de 1673, les relations commerciales de la France avec le Levant reprirent une partie de leur ancienne importance. Vers la fin du XVIIe siècle, le Languedoc seul y expédiait trente-deux mille pièces de drap, qui, à 30 livres la pièce, valaient 960,000 livres, et il en tirait quarante mille quintaux de laine évalués 400,000 livres [2]. Sans doute, aussi, toutes les autres provinces manufacturières du royaume s'associèrent à cet heureux mouvement, fruit des efforts et de l'activité de Colbert [3].

---

[1] *Recueil des traités de commerce et de navigation*, etc., t. II, p. 468 et suiv.

[2] *Mémoires pour servir à l'histoire du Languedoc*, par M. de Basville. — Cependant,
en 1716, les exportations de la France pour le Levant ne s'élevaient
encore qu'à .... 2,776,000 liv.
A la même époque, les importations étaient de 3,449,000
En 1788, les exportations s'élevaient à 19,639,000
Id. les importations à 38,936,000
Excédant, à cette dernière époque, des importations sur les exportations. 19,297,000

(*De la Balance du Commerce*, etc., t. III, tableau n° XI.)

[3] C'était en général et principalement par les draperies que la France payait ses achats de denrées du Levant. Châlons rivalisait avec les villes du Languedoc; Provins était renommée pour ses couvertures *; Reims pour ses toiles et ses serges; Paris et Saint-Denis avaient leurs fabriques et leurs dépôts de draperie, dont les assortiments entraient également dans les cargaisons pour les pays d'outre-mer, etc., etc. (*Histoire du Commerce entre le Levant et l'Europe, depuis les croisades jusqu'à la fondation des colonies d'Amérique*, par M. G.-B. Depping, t. I, p. 311.)

* Au XIVe siècle, Provins avait jusqu'à trois mille deux cents métiers en draperie. Voyez le règlement de Charles VI de l'an 1399. (*Ordonnances des rois de France*, t. VIII.)

CHAPITRE XI.

De la vénalité des offices. — Elle est approuvée par Montesquieu et par Forbonnais. — Colbert supprime un grand nombre d'offices inutiles. — Nombre, valeur et produit des offices pendant son administration. — Ce qu'il fit en faveur de l'agriculture. — Il diminue le taux légal de l'intérêt. — Fait travailler au cadastre et modifie l'assiette de l'impôt. — Édits qui défendent de saisir les bestiaux pour le paiement des tailles. — Rétablissement des haras. — Colbert reconnaît que les peuples n'avaient jamais été aussi chargés auparavant.

Au nombre des abus dont Colbert se préoccupa, il faut compter parmi les plus funestes la vénalité des offices. Cet abus, profondément entré dans les mœurs de l'ancienne société, et à la conservation duquel le sort d'un grand nombre de familles était lié, Colbert ne songea pas sans doute à le détruire tout entier; mais il eut au moins la gloire d'en atténuer considérablement les conséquences en réduisant autant qu'il lui fut possible, sauf pendant les crises financières de la guerre, le nombre des officiers publics.

La vénalité des offices remontait aux premiers siècles de notre histoire. Déjà, sous saint Louis, une ordonnance défendit de vendre les offices de *judicature*, ce qui n'empêcha pas Louis-le-Hutin et Philippe-le-Long, ses successeurs, de les mettre en ferme. Au contraire, Charles V, Charles VII, Louis XI et Charles VIII ordonnèrent qu'au moment de la vacation de quelque office de judicature les autres officiers du même tribunal désigneraient deux ou trois sujets des plus capables parmi lesquels le roi choisirait le plus digne, « voulant, disaient les édits, que ces offices fussent conférés gratuitement, afin que la justice fût administrée de même. » Louis XII se vit dans la nécessité de les vendre pour payer les dettes contractées par son prédécesseur dans les guerres d'Italie; mais son projet était d'en rembourser le montant dès que l'état des finances le lui permettrait. Au lieu d'obéir à ce vœu, François I*er* trafiqua de tous les emplois indistinctement. Sous les règnes suivants, les abus ne firent qu'augmenter. Bientôt un seul titulaire ne suffit plus pour la même charge, et presque tous les emplois de finances furent confiés à deux et quelquefois même à quatre agents, que l'on désignait comme il suit : *l'ordinaire, l'alternatif, le triennal* et *le quatriennal*. Une ordonnance de Henri II affecta 20,000 livres par an au trésorier de l'épargne qui serait en charge, et 10,000 livres à l'alternatif. La même ordonnance enjoignit de dresser le rôle de tous les emplois publics et de les mettre aux enchères, à l'exception de ceux qui ne rapportaient pas plus de 60 écus. Sur les observations de l'assemblée des notables, Henri IV avait d'abord décrété l'abolition de la vénalité au moyen d'une augmentation de traitement fixée à 10 pour 100 de la *finance payée*, augmentation qui cesserait au moment de la mort du titulaire. Par malheur, Henri IV ne persista pas dans ce système, et, en 1604, il rendit un édit portant qu'on pourrait conserver dans les familles la propriété de toute espèce d'offices en payant tous les ans aux *parties casuelles* le soixantième de ce qu'ils auraient coûté. Ce nouveau droit fut appelé *droit annuel*, mais principalement *la paulette*, du nom du traitant Paulet, qui en devint le fermier, moyennant 2,263,000 livres par an, avec un bail de 9 ans, toujours renouvelé depuis cette époque, malgré la promesse qu'Henri IV avait faite en l'établissant [1].

Deux hommes dont le nom a une grande autorité, bien qu'à des titres divers, Montesquieu et Forbonnais, ont approuvé la vénalité des offices. Suivant Montesquieu, « la vénalité est bonne dans les États monarchiques, parce qu'elle fait faire comme un métier de famille ce qu'on ne voudrait pas entreprendre pour la vertu; qu'elle destine chacun à son devoir et rend les ordres de l'État plus permanents. » Montesquieu ajoute que, si les charges ne se vendaient pas par un règle-

---

[1] Encyclopédie méthodique, *Finances*, art. *Offices*. — *Collection des édits et arrêts sur les parties casuelles*. 1 vol. in-4º. — *Œconomies royales*, par Sully.

ment public, l'indigence et l'avidité des courtisans les vendraient tout de même ; que le hasard donne de meilleurs choix que le choix du prince, et que la manière de s'avancer par les richesses inspire et entretient l'industrie, chose dont le gouvernement monarchique a grand besoin. Enfin, comme preuve à l'appui de son assertion, Montesquieu a fait remarquer l'extrême paresse de l'Espagne où l'État donnait tous les emplois [1].

Quant à Forbonnais, il alléguait que le haut prix des charges était, entre les mains du prince, un gage de la fidélité des titulaires : qu'en général les riches recevaient une meilleure éducation ; qu'ils avaient plus de dignité et de désintéressement, et que, d'ailleurs, la vénalité des charges était la source d'un impôt utile à l'État sans être onéreux au peuple. Enfin, Forbonnais pensait comme Montesquieu que, si les charges n'étaient pas vendues ostensiblement au profit de l'État, elles le seraient secrètement au profit des courtisans, et il paraît même que ce dernier motif détermina Sully à proposer l'édit de 1604, qui rétablit la vénalité des offices moyennant le payement du droit annuel [2].

On a pu voir la faiblesse des arguments de Montesquieu en faveur de la vénalité des offices. Ici, comme dans beaucoup de passages de son ouvrage, Montesquieu s'est trompé pour avoir voulu assigner des mobiles divers aux actions des hommes, suivant qu'ils font partie d'un État monarchique ou républicain. Le cœur de l'homme est le même partout, et partout on a toujours estimé à honneur de remplir les principales charges d'un État. Jamais, au contraire, et nulle part, on n'a cru s'abaisser en acceptant des emplois publics [3].

« Quoi ! dit Voltaire en commentant ce passage de l'*Esprit des Lois*, on ne trouverait point de conseillers pour juger dans les Parlements de France, si on leur donnait les charges gratuitement ! La fonction divine

---

[1] *Esprit des Lois*, liv. V, chap. xix.
[2] *Recherches sur les finances*, années 1614 et 1615.
[3] On lit dans le même chapitre qu'il ne faut point de Censeurs dans les monarchies, parce qu'elles sont fondées sur l'honneur et que la nature de l'honneur est d'avoir pour Censeur tout l'univers. Pourquoi craindre alors que *l'indigence et l'avidité des courtisans fissent trafic des emplois?* Tout cela est bien spécieux.

CHAPITRE XI. 261

de rendre justice, de disposer de la fortune et de la vie des hommes, un métier de famille! Plaignons Montesquieu d'avoir déshonoré son ouvrage par de tels paradoxes; mais pardonnons-lui. Son oncle avait acheté une charge de président en province, et il la lui laissa. On retrouve l'homme partout. Nul de nous n'est sans faiblesse. »

La paresse reprochée aux Espagnols par Montesquieu n'avait pas davantage la cause qu'il lui attribua, car elle provenait évidemment de la masse de numéraire qui leur arrivait des Indes. En Angleterre, en Hollande, la plupart des charges n'étaient pas vénales; elles s'y donnaient gratuitement comme en Espagne; pourtant, les populations n'y étaient pas inactives, et leur industrie faisait, au contraire, le désespoir de Colbert. Les motifs allégués par Forbonnais n'ont pas plus de fondement. Sous le système de la vénalité des charges, ce qui importait le plus à l'État, c'était, au moment de leur création, d'en toucher le prix; quant à la manière dont elles étaient ensuite remplies, dont la justice était rendue, le pays administré, il s'en préoccupait secondairement. On comprend que certains emplois doivent être confiés à des hommes riches; mais qui eût empêché de choisir de préférence les titulaires dans cette classe, ainsi que cela se pratique généralement aujourd'hui pour les fonctions judiciaires? Le prétexte d'un impôt utile sans être onéreux ne résiste pas davantage au raisonnement, car il eût fallu pour cela que l'acquéreur d'une charge consentît à n'en retirer que l'intérêt, ce qui n'avait pas lieu, de sorte que le peuple finissait toujours par payer, sous forme de gages, d'épices ou par tout autre expédient moins honnête, l'impôt dont on avait prétendu l'exonérer. Enfin, de ce que quelques courtisans besogneux auraient abusé de leur position pour rançonner les solliciteurs, ce n'était pas un motif suffisant pour que l'État renonçât à une de ses plus belles prérogatives. Il y avait en effet dans cette renonciation une atteinte profonde à la morale, à la raison, à un principe, et c'était vraiment aller trop loin de dire, comme Montesquieu, que le hasard donnait de meilleurs choix que le choix du prince. Le seul inconvénient que pût avoir l'abolition de la vénalité des offices, c'était de multiplier outre mesure le nombre des aspirants aux fonctions publiques ; mais cet inconvénient, il y avait un moyen d'en diminuer considérablement la gravité en établissant, pour condition d'admission aux emplois, des règles sévères, des examens, des entraves enfin, dont la rigueur aurait pu s'accroître en proportion du nombre des candidats, et qui, en définitive, eussent encore tourné au profit du bien général.

Quoi qu'il en soit des raisons par lesquelles la vénalité des offices pouvait être attaquée ou défendue, à l'époque où Colbert arriva au ministère, la seule chose possible, tant, je le répète, la société était profondément engagée dans cette voie, c'était de diminuer le nombre vraiment prodigieux des emplois inutiles que les embarras des années précédentes avaient fait créer. Un des successeurs de Colbert disait agréablement à Louis XIV : *Toutes les fois que Votre Majesté crée une charge, Dieu crée un sot pour l'acheter.* Quelle que fût cette charge, l'acheteur n'était pas un sot s'il en retirait de bons revenus ; aussi en trouvait-on pour les plus ridicules et les plus absurdes. En 1664, Colbert remboursa les titulaires d'un grand nombre d'offices superflus, entre autres tous les triennaux et quatriennaux. Il supprima aussi deux cent quinze charges de secrétaires de roi. En même temps, il fit faire un relevé de tous les offices de justice et de finance qui existaient alors dans le royaume. Ce relevé présente les résultats suivants.

La France se divisait alors en vingt-cinq grandes provinces ou *généralités*, et sa population était, comme on l'a vu, d'environ vingt à vingt-deux millions d'habitants.

Les recherches ordonnées par Colbert constatèrent que le nombre des officiers de justice et de finance s'élevait à 45,780.

Le prix courant de toutes ces charges réunies était de 459,630,842 livres ; cependant le gouvernement ne les avait vendues que 187,276,978 livres, et les titulaires n'étaient censés toucher que 8,546,847 livres pour leurs gages. Or, on laisse à deviner s'ils étaient hommes à ne pas même retirer l'intérêt de l'argent qu'ils avaient déboursé. Enfin, le droit annuel aurait dû rapporter 2,002,447 livres ; mais tous ceux qui avaient quelque protection se dispensaient de le payer, et ils n'en obtenaient pas moins, grâce à l'intervention des courtisans, la faculté de disposer de leurs charges comme ils l'entendaient [1].

Ainsi, une somme de 419 millions était soustraite au commerce et à l'agriculture, auxquels elle eût rendu de si grands services, et immobilisée entre les mains d'environ quarante-six mille familles, mortes par suite à toute activité, à toute ambition utile, et ne songeant qu'à exploiter leurs charges le plus fructueusement possible, en vue de leur intérêt, directement contraire à l'intérêt général. Ces fâcheuses conséquences du grand nombre et du prix excessif des charges publiques ne pouvaient échapper à Colbert. Une déclaration du 30 mai 1664 porte que, « parmi les abus et les désordres qui s'étaient glissés pendant les guerres et les troubles, l'augmentation des officiers inutiles et *supernuméraires* n'avait pas été le moindre [2]. » En 1665 et en 1669 il fit rendre un édit pour fixer le prix des offices de justice, l'âge et la capacité des juges. Enfin, d'autres édits furent aussi rendus plus tard dans le même but, et pendant toute la durée de son administration, il ne négligea aucune occasion de rembourser les titulaires des offices dont l'inutilité constatée causait à l'État, abstraction faite du point de vue moral de la question, le double dommage que j'ai essayé d'expliquer.

On a souvent répété, d'après quelques biographes du XVIIIe siècle, que Colbert, exclusivement préoccupé de l'accroissement de l'industrie manufacturière, avait été indifférent aux intérêts de l'agriculture. L'examen impartial et complet de tous les actes de son administration prouve que cette accusation n'est pas fondée. Ce qui est vrai, et l'on en trouvera la preuve plus loin, c'est que l'exclusion, par le moyen du doublement du tarif qui eut lieu en 1667, de tous les objets manufacturés fournis antérieurement à la France par les étrangers, en échange de ses denrées, et les entraves apportées par ce ministre à l'exportation des grains, mais principalement la mobilité de la législation qu'il adopta à cet égard, firent un mal immense à l'agriculture. Cette mobilité fut une faute

---

[1] *Recherches sur les finances*, année 1664.
[2] *Collection des anciennes lois françaises*, etc.—*Supernuméraires*, au-dessus du nombre.

énorme, la plus grande, peut-être, que l'on puisse reprocher à l'administration de Colbert; mais, quelque grave qu'elle soit, ce n'est qu'une faute où il eut pour complices les préjugés de son temps, tandis que l'indifférence dont on a voulu lui faire un crime, à l'égard du plus précieux et du plus respectable des intérêts, surtout en France, mériterait un nom plus sévère. La diminution du nombre des offices devait, on vient de le voir, exercer, bien que dans des proportions restreintes, une influence favorable à l'agriculture. Plusieurs édits relatifs au taux de l'intérêt eurent, en partie, le même but. Cette question de l'intérêt de l'argent est des plus délicates. Des hommes éminents et très-justement célèbres, des penseurs profonds qui ont consacré une vie noblement désintéressée à l'étude des plus grands problèmes sociaux, considérant, avec raison, l'or et l'argent comme une marchandise, voudraient qu'elle pût être vendue ou prêtée avec la liberté qui préside à toutes les autres transactions commerciales. Toutefois, il est permis de se demander si le *prêt* ne constitue pas une variété de transaction comportant d'autres lois que la vente ordinaire, et si pour empêcher que les hommes forcés d'emprunter ne soient impitoyablement rançonnés, la justice publique ne doit pas, d'accord avec la loi religieuse, établir certaines limites que les hommes cupides et sans entrailles ne puissent dépasser. Ne devrait-on pas, dans tous les cas, commencer par abolir la contrainte par corps, malheureux vestige de cette horrible loi romaine qui donnait droit au créancier de prendre un morceau de la chair du débiteur impuissant à se libérer? En effet, sans la contrainte par corps, juste épouvantail des familles, la race des usuriers se montrerait bien plus circonspecte, et une foule de jeunes gens ne seraient pas entraînés par elle dans le guêpier des emprunts. Enfin, cette loi fatale achève d'obérer la plupart des petits marchands qui n'ont pas réussi et les met dans l'impossibilité de travailler à se relever, en les condamnant à une inaction forcée pendant que, d'un autre côté, leurs affaires, qu'ils ne peuvent pas surveiller, périclitent de plus en plus.

Au surplus, à l'époque où Colbert fit publier ses édits relatifs au taux de l'intérêt, le droit que s'arrogeait le gouvernement d'intervenir sur cette question n'avait pas même encore été mis en doute. Déjà, plusieurs dispositions avaient été prises à ce sujet, notamment en 1601, où le maximum de l'intérêt fut fixé par Sully au denier 16 (6 et un quart pour 100), au lieu de 10 pour 100. Sully motiva cet arrêt sur des considérations puissantes. En premier lieu, par suite de l'élévation de l'intérêt, ni les nobles ni les propriétaires ne pouvaient plus trouver d'argent, soit pour racheter, soit pour exploiter leurs terres. Ensuite, portait l'édit, cet intérêt « *empêchait le trafic et commerce auparavant plus en vogue en France qu'en aucun autre État de l'Europe, et faisait négliger l'agriculture et manufacture, aimant mieux plusieurs sujets du roi, sous la facilité d'un gain à la fin trompeur, vivre de leur rente en oisiveté parmi les villes, qu'employer leur industrie avec quelque peine aux arts libéraux, ou à cultiver leurs héritages* [1]. » En 1634, le cardinal de Richelieu se fonda sur des motifs exactement semblables pour réduire l'intérêt au denier 18 (5 5/9 pour 100). Le Parlement refusa d'abord d'enregistrer cet édit, sans doute, a dit Forbonnais, « pour favoriser la paresse ou la vanité d'un petit nombre de rentiers, dont les trois quarts avaient oublié que si leurs pères n'eussent travaillé, ils n'auraient pas une famille honnête à citer. » Mais une lettre de jussion fit justice de ces prétentions [2]. Le premier édit que fit rendre Colbert sur le taux de l'intérêt date du mois de décembre 1665 [3]. Cet édit porte, en substance que le commerce, les manufactures et l'agriculture sont les moyens les plus prompts, les plus sûrs et les plus légitimes pour mettre l'abondance dans le royaume, mais qu'un grand nombre de sujets ont cessé de s'y adonner précisément à cause des gros intérêts que *le change et rechange de l'argent produit et des produits excessifs qu'apportent les constitutions de rentes;* d'un autre côté, la valeur de l'argent avait beaucoup diminué par suite de la quantité qui en était

---

[1] *Œconomies royales*, etc., par Sully.— *Recherches sur les finances*, etc., années 1601 et 1602.
[2] *Ibidem*, année 1634.
[3] *Ibidem*, année 1665.

venue des Indes. En conséquence, l'intérêt de l'argent fut fixé au denier 20 (5 pour 100). Plus tard, il est vrai, au moment où s'ouvrit la campagne de 1672, et quand le besoin des emprunts commença à se faire sentir, une ordonnance du mois de février fixa au denier 18 les intérêts des sommes prêtées au roi. Enfin, au mois de septembre 1679, un nouvel édit fixa au même taux l'intérêt de l'argent dans toute la France, *même pour change et rechange, si ce n'est à l'égard des marchands fréquentant la foire de Lyon* [1].

Mais la sollicitude de Colbert en faveur de l'agriculture ne s'arrêta pas là. On sait les abus auxquels donnait lieu à cette époque la répartition des tailles. Dans le plus grand nombre des provinces, la taille était *personnelle*, c'est-à-dire que la qualité, la fortune et l'état apparent des personnes y servaient seuls de base aux répartitions : dans d'autres, notamment dans les *pays d'États*, elle était établie approximativement d'après l'étendue et le revenu présumé des terres; elle s'appelait alors *taille réelle*, et c'était la moins arbitraire. Colbert forma le projet de faire cadastrer tout le royaume. Antérieurement, cette opération avait été tentée à diverses reprises sur plusieurs points du territoire. Grégoire de Tours parle d'un cadastre qui y aurait été fait à la fin du VI° siècle par les ordres de Childebert. A une époque beaucoup plus rapprochée, en 1471, l'inégalité des impositions était devenue telle en Provence qu'un cadastre fut jugé inévitable. On vit alors que la moitié des habitants était parvenue à s'exempter de l'impôt au détriment de l'autre moitié. Mais toutes ces tentatives n'eurent jamais de résultats durables ni généraux. Colbert fit commencer par la généralité de Montauban l'opération du cadastre, et en moins de trois ans, de 1666 à 1669, elle fut terminée. Par ses ordres, toutes les précautions avaient été prises pour empêcher les usurpateurs de noblesse et les personnes puissantes de se soustraire aux effets de cette grande mesure [2]. Mais, le croirait-on? cette

---

[1] *Collection des anciennes lois françaises*, etc.
[2] Dans le Dauphiné, province de taille réelle, les propriétés étaient évaluées à cinq mille feux, dont quinze cents étaient exempts des tailles : c'est près d'un tiers. (*Note de M. de Montyon. Particularités*, etc., etc.)

nouvelle forme de répartition souleva des réclamations assez vives dans le pays même qui devait en profiter. On se plaignit que les simples journaliers, c'est-à-dire ceux qui ne possédaient rien, fussent exempts de l'impôt[1]. Soit que cette opposition ait découragé Colbert, soit que d'autres soins l'aient préoccupé vers cette époque, la généralité de Montauban fut seule cadastrée, et l'opération en resta là sous son ministère[2]. Après lui, plusieurs pays d'Etats firent cadastrer, aux frais de la province, l'étendue de leur territoire, et, au moment de la Révolution, le bienfait de cette mesure était acquis au Languedoc, à la Provence, au Dauphiné, à la Guyenne, à la Bourgogne, à l'Alsace, à la Flandre, au Quercy et à l'Artois[3].

En même temps, Colbert remettait en vigueur les sages ordonnances de Sully, qui défendaient de saisir les bestiaux pour le paiement des tailles. Son édit date du mois d'avril 1667, et les effets en furent presque instantanés. En 1669, son frère, ambassadeur en Angleterre, lui ayant donné connaissance d'une proposition de quelques marchands anglais d'envoyer des salaisons d'Irlande dans nos colonies, Colbert lui répondit, à la date du 10 juin, que l'état du royaume et les diligences faites de toutes parts pour augmenter le nombre des bestiaux ne permettaient pas d'écouter ces propositions, et qu'on pourrait même vendre des salaisons aux Anglais, s'ils le souhaitaient[4]. L'année suivante, au mois de septembre, Colbert recommandait aux intendants d'examiner si le nombre des bestiaux augmentait et si les receveurs des tailles n'en faisaient point de saisie, contrairement aux intentions du roi. « *Cependant*, ajoutait-il, *il faut en exécuter quelquefois, mais à la dernière extrémité, et pour ef-*

---

[1] M. de Montyon fait toutefois au sujet de cette opération une observation fort juste. La généralité de Montauban était un *pays d'élection*. On nommait ainsi les pays qui n'avaient pas d'assemblée provinciale pour consentir ou discuter les impôts qu'il plaisait au roi d'y établir. A ce titre, elle se trouvait très-surchargée d'impôts, et l'établissement de la taille réelle, au moyen du cadastre, vint ajouter encore à ceux déjà fort lourds qu'elle avait peine à payer. M. de Montyon fait connaître aussi que Colbert avait demandé aux intendants des provinces de *taille réelle* un projet de reconstitution de cet impôt, projet qui allait être mis à exécution lorsque ce ministre mourut. Il n'en fut plus question depuis.

[2] *Recherches sur les finances*, année 1664.

[3] Encyclopédie méthodique : *Finances*, art. *Cadastre*.

[4] Biblioth. roy., Mss. *Registre des despeches*, etc., année 1669, n° 204. — *Recherches sur les finances*, année 1664.

frayer. » Il leur disait, en outre, de se défier des avis qu'on leur fournirait sur l'augmentation des bestiaux, *les donneurs d'avis étant persuadés de faire plaisir par des nouvelles d'augmentation.* Toutefois, les campagnes ne retiraient pas, à ce qu'il paraît, grand profit de ces augmentations, car elles se plaignaient de ne pas vendre leurs bestiaux. L'intendant de Tours transmit ces plaintes à Colbert, qui lui répondit, le 28 novembre 1670, que le peu de débit des bestiaux provenait assurément d'autre chose que de l'entrée de ceux d'Allemagne et de Flandres, *vu que, depuis l'augmentation des droits, il n'en venait presque plus dans le royaume* [1]. L'édit de 1667, qui affranchissait les bestiaux de la saisie, limitait cette faveur à quatre années. En 1671, Colbert le renouvela, « n'y ayant rien, porte le préambule du nouvel édit, qui contribue davantage à la fécondité de la terre que les bestiaux, et pareille grâce ayant produit le plus grand fruit dans le public [2]. » Dans le courant de la même année, on voit Colbert se préoccuper du soin de faire venir en France des béliers de Ségovie, « malgré la défense qu'il y a en Espagne d'en laisser sortir, » et des béliers d'Angleterre, « qui produisent les plus fines lai-« nes [3]. » Enfin, le 6 novembre 1683, un mois après la mort de Colbert, il parut une nouvelle déclaration portant défense de saisir les bestiaux, et nul doute qu'elle n'eût été préparée par ses soins [4].

La même remarque peut être faite pour un arrêt du Conseil concernant le *rétablissement des haras du royaume*, qui fut publié le 28 octobre 1683. Le 17 octobre 1665, un arrêt avait été rendu à ce sujet, et il portait que le roi voulait prendre dorénavant un soin particulier de rétablir les haras ruinés par les guerres et désordres passés, « même les augmenter de telle sorte que ses sujets ne fussent plus obligés de porter leurs deniers dans les pays étrangers pour achats de chevaux. » Par suite de cet arrêt, des étalons furent achetés en Frise, en Hol-

---

[1] Arch. de la mar. *Registre des despesches*, etc., année 1670.
[2] *Collection des anciennes lois françaises*, etc.
[3] Arch. de la mar., *Registre des despesches*, etc., année 1671. Lettre du 30 novembre.
[4] *Collection des anciennes lois françaises*, etc.

lande, en Danemark, en Barbarie, et répartis en une vingtaine de haras. L'arrêt du 28 octobre 1683 eut donc pour objet de donner une nouvelle vigueur à celui qui avait paru en 1665, pendant l'administration de Colbert [1].

Voilà quels furent en quelque sorte les adieux à l'agriculture de ce ministre qu'on a souvent représenté comme indifférent au sort de la population qui vit dans les campagnes, et qu'on a accusé de n'avoir rien fait pour elle. Son attention extrême et constante à réduire l'impôt des tailles que cette population acquittait en grande partie; la réduction du nombre des offices et du taux de l'intérêt; la défense de saisir les bestiaux pour le paiement des charges publiques; les soins donnés à l'accroissement, à l'amélioration du bétail, la diminution du prix du sel, le rétablissement des haras, tous ces faits prouvent, au contraire, que Colbert n'eut jamais la pensée de sacrifier l'agriculture à l'industrie, le travail de la terre à celui des manufactures [2]. Je l'ai déjà dit, Colbert aimait vé-

---

[1] *Collection des anciennes lois françaises*, etc. — On lit dans une lettre de Louis XIV à Colbert, du 7 mars 1669 : « Je fais état d'envoyer le sieur de Garsaut en Angleterre, non-seulement pour y acheter quelques chevaux pour moi, mais encore pour y observer tout ce qui se pratique dans les haras de ce royaume, etc., etc. » (*L'Ombre du grand Colbert*, par Lafont de Saint-Yonne, p. 100.)

[2] En 1663, le sel fut diminué d'un écu par minot (100 livres); en 1667, on exempta de l'impôt vingt-deux *greniers* (arrondissement comprenant plusieurs communes); en 1668, autre diminution; en 1674, augmentation de 30 sous à cause de la guerre; en 1678, diminution de ces 30 sous; en 1680, ordonnances sur le fait des gabelles qui remédièrent à un très-grand nombre d'abus, abrégèrent les procédures et firent cesser presque entièrement les procès tant en première instance que d'appel.

Quoi qu'il en soit, l'impôt du sel n'en était pas moins très-élevé, car il rapportait à cette époque près de 24 millions. En 1668, le prix du minot fut fixé à 30, 35, 37, 38, 40, 41 et 42 livres, suivant la position des greniers à sel, ce qui faisait de 6 à 8 sous la livre. Et il ne fallait pas songer à échapper à cet impôt, *même en se privant de sel;* car dans les pays dits de *grande gabelle*, qui comprenaient les neuf dixièmes de la France, la loi fixait la quantité que chaque individu devait en consommer! On lit dans un mémoire au roi, écrit de la main même de Colbert : « Si Sa Majesté se résolvoit de diminuer ses dépenses et qu'elle demandât sur quoi elle pourroit accorder des soulagements à ses peuples, mon sentiment seroit:

« De diminuer les tailles et de les mettre en trois ou quatre années à 25 millions;

« De diminuer d'un écu le minot de sel;

« Abolir la ferme du tabac et celle du papier timbré, qui sont préjudiciables au commerce du royaume;

« Diminuer le nombre des officiers autant qu'il sera possible, parce qu'ils sont à charge aux finances, aux peuples et à l'État, etc., etc. » (*Recherches sur les finances*, année 1683. — Encyclopédie méthodique, art. *Gabelles*.)

ritablement, sincèrement le peuple, et il fit au privilège, cette ruine du peuple, toute l'opposition que comportaient la forme du gouvernement et le caractère du roi. Comment donc eût-il été indifférent au sort de ces cultivateurs, source première de toute richesse, et dont la condition a d'autant plus de droits à l'intérêt du gouvernement que leurs travaux sont plus rudes, leurs privations plus grandes? On raconte qu'un jour, au milieu des champs, un de ses amis le surprit les larmes aux yeux, et l'entendit s'écrier : « Je voudrais pouvoir rendre ce pays heureux, et que, éloigné de la cour, sans appui, sans crédit, l'herbe crût jusque dans mes cours [1] ! » Un mémoire qu'il remit au roi vers 1680, *pour lui rendre compte de l'état de ses finances*, contient les paroles suivantes : « Nonobstant tout ce qui a été fait, il faut toujours avouer que les peuples sont fort chargés, et que, depuis le commencement de la monarchie, ils n'ont jamais porté la moitié des impositions qu'ils portent ; c'est-à-dire que les revenus de l'État n'ont jamais été à 40 millions, et qu'ils montent à présent à 80 et plus [2]. » Certes, il est impossible que le ministre qui a tracé ces lignes et dit ces vérités à Louis XIV ne se soit pas préoccupé du sort des campagnes. Au surplus, les faits justifient suffisamment ses intentions [3]. Par malheur, tant de soins et de sollicitude furent neutralisés par une sollicitude d'un autre genre, par un excès de précautions en ce qui touchait l'approvisionnement des grains nécessaires à la subsistance du royaume. Cette fatale question des grains, qui revient de temps en temps effrayer les

---

[1] *Notice sur la vie de Colbert*, par M. le marquis d'Audiffret.

[2] *Recherches sur les finances*, année 1683; *Mémoire au roi*.

[3] Voici ce qu'on lit à ce sujet dans l'*Histoire de l'Administration en France*, par M. Costaz, t. I, p. 62 : « Avant Colbert, la plupart des grandes routes étaient impraticables; après les avoir fait réparer, il en fit ouvrir de nouvelles. Ce n'est point lui qui a imaginé les corvées... Loir. de là il a manifesté plusieurs fois l'intention de les abolir aussitôt que les circonstances le permettraient... Bien que le canal de Bourgogne n'ait été commencé qu'après sa mort, on lui doit néanmoins l'idée de le construire. Il établit au Roule une pépinière pour les parcs et jardins des maisons royales. Des encouragements qu'il a accordés ont fait multiplier les mûriers. » A l'exception des grandes routes, je n'ai rien trouvé dans mes recherches qui soit relatif aux divers objets mentionnés par M. Costaz, sans indication des sources historiques où il a puisé; mais le champ de l'administration de Colbert est si vaste et les documents qui s'y rapportent sont si éparpillés, si nombreux, qu'il y aura longtemps encore à découvrir et à glaner.

populations et leur causer de vives paniques, au moment même où les préjugés qui l'ont si longtemps obscurcie paraissaient complètement détruits, fut l'écueil principal de Colbert. Il me tarde d'avoir examiné cette partie très-fâcheuse et très-ingrate de son administration. Heureusement, après cela, il n'y aura guère plus qu'à louer.

CHAPITRE XII.

Nouveaux détails sur la disette de 1662. — Mesures adoptées par le gouvernement. — Législation sur le commerce des grains avant Colbert. — Exposition de son système. — Comment il a été défendu et attaqué. — Prix moyen du blé pendant le XVIIe siècle. — Lettres de Colbert relatives au commerce du blé. — Résultats de son système. — Extrême détresse des provinces. — Curieuse lettre du duc de Lesdiguières. — Causes de l'erreur de Colbert touchant le commerce des grains. — Nécessité de combattre par l'enseignement les préjugés qui existent encore à ce sujet.

On se souvient que la première année du ministère de Colbert avait été marquée par une disette terrible, celle de 1662. Louis XIV raconte comme il suit, dans ses *Instructions au Dauphin*, les mesures qui furent adoptées pour en adoucir la rigueur :

« J'obligeai les provinces les plus abondantes à secourir les autres, les particuliers à ouvrir leurs magasins et *à exposer leurs denrées à un prix équitable*. J'envoyai en diligence des ordres de tous côtés pour faire venir par mer, de Dantzick et autres pays étrangers, le plus de blés qu'il me fut possible ; je les fis acheter de mon épargne ; j'en distribuai gratuitement la plus grande partie au petit peuple des meilleures villes, comme Paris, Rouen, Tours et autres. Je fis vendre le reste à ceux qui en pouvoient acheter, mais j'y mis un prix très-modique, et dont le profit, s'il y en avoit, étoit employé au soulagement des pauvres, qui tiroient des plus riches, par ce moyen, un secours volontaire, naturel et insensible. A la campagne, où les distributions de blé n'auroient pu se faire si promptement, je les fis en argent, dont chacun tâchoit ensuite de soulager sa nécessité[1]. »

Telles furent les mesures inspirées par Colbert. On a déjà

---

[1] *Œuvres de Louis XIV*, t. I, p. 150.

vu que ces précautions et ces aumônes ne remédièrent qu'à une très-faible partie du mal. Le souvenir de la disette de 1662 demeura gravé dans l'esprit de Colbert; et cette préoccupation, toute louable qu'elle fût dans son principe, devint la source d'une erreur qui exerça sur la condition économique du royaume les plus funestes conséquences[1].

Le 19 août 1661, le Parlement de Paris avait défendu aux marchands, *de contracter aucune société pour le commerce des grains et d'en faire aucun amas*. Trois semaines après, Colbert arrivait au pouvoir, et non-seulement l'arrêt du 19 août, cause principale de la disette de 1662, ne fut pas cassé, mais, tout en reconnaissant les avantages des exportations, ce ministre adopta un système qui, par sa mobilité, diminua leur importance d'année en année et aboutit à des disettes périodiques.

La législation sur le commerce des grains avait subi, en France, antérieurement à Colbert, des variations nombreuses. Là encore, c'est la liberté qui était ancienne; la prohibition, qui n'est qu'une forme du despotisme, était venue bien longtemps après. Depuis Charlemagne jusqu'à la fin du règne de Charles V, c'est-à-dire pendant près de cinq cents ans, l'exportation avait été de droit commun. Dans un édit très-détaillé, en date du 20 juin 1537, François Ier rétablit la liberté du commerce des grains que quelques-uns de ses prédécesseurs avaient parfois suspendue. Quant à l'administration de Sully, elle fut surtout célèbre par la protection que ce sage ministre accorda à l'agriculture, et par la liberté d'exporter les blés qui en était la conséquence. On sait ce qu'il écrivit à Henri IV au sujet d'un arrêt rendu par les magistrats de Saumur contre la sortie des blés : *Si chaque juge du royaume en fait autant, bientôt vos sujets seront sans argent, et, par conséquent, Votre Majesté*. En 1631, il est vrai, un édit de Louis XIII défendit l'exportation *sous peine de punition corporelle*; mais sous Louis XIV même, pendant l'administration de Fouquet, un arrêt du conseil, du 24 janvier 1657, accorda la permis-

---

[1] *Histoire de l'économie politique*, par M. le vicomte A. de Villeneuve-Bargemont; t. I, chap. XV, p. 418.

sion d'exporter les blés hors du royaume, sur ce motif digne d'attention *que les habitants des provinces, étant contraints de vendre le blé à vil prix, n'avaient pas de quoi payer leurs tailles et autres impositions* [1].

Le système de Colbert sur le commerce des grains a été, on le sait, l'objet des plus vives attaques de la part des économistes du XVIIIe siècle. Malheureusement, ces attaques n'étaient que trop fondées. On ne possède aucun des arrêts qui ont dû être publiés sur ce commerce, de 1661 à 1669; mais vingt-neuf arrêts, rendus depuis cette dernière époque jusqu'à la mort de Colbert, ont été recueillis et permettent d'apprécier, en toute connaissance de cause, cette partie si importante de son administration.

Dans cette période de quatorze ans, l'exportation a été prohibée pendant *cinquante-six mois*.

Huit arrêts l'ont autorisée en payant les 22 livres par muid fixées par le tarif de 1664 [2]; cinq en payant la moitié ou le quart de ces droits, et huit avec exemption de tous droits.

Huit autres arrêts sont prohibitifs.

Enfin, il est à remarquer que les autorisations d'exporter ne sont jamais accordées que pour trois ou six mois, et très-rarement pour un an.

Les défenseurs de Colbert ont fait observer, en s'appuyant sur ces arrêts mêmes, qu'un système moins variable eût sans doute produit de meilleurs résultats; mais qu'après tout, ce ministre ne fut pas, comme on l'en avait accusé, systématiquement hostile à l'exportation des grains, puisque, sur quatorze années, elle avait été permise pendant neuf ans; qu'il était d'ailleurs bien obligé d'attendre l'apparence des récoltes pour prendre une détermination; et qu'enfin il avait un puissant motif de ne pas autoriser trop facilement les exportations : c'était le grand nombre d'hommes que Louis XIV eut presque toujours sous les armes, et l'avantage que le gouver-

---

[1] *Lettre de M*** sur l'imputation faite à M. Colbert d'avoir interdit le commerce des grains*; Paris, 1763.—Cette lettre, curieuse par les recherches auxquelles l'auteur s'est livré, est signée *d'Éprémesnil*. Biblioth. roy., F. 4425 — D. 3.

[2] Contenance du muid : 18,72 hectol.

nement trouvait à les faire subsister à bon marché. En effet, presque tous les édits de prohibition sont motivés sur la nécessité « de maintenir l'abondance dans le royaume et *faire subsister avec plus de facilité les troupes pendant le quartier d'hiver* [1]. »

A cela, Boisguillebert, Forbonnais et, après eux, les économistes ont répondu victorieusement qu'en n'accordant des autorisations d'exportation que pour trois ou six mois, et en laissant sans cesse les propriétaires sous la menace d'une prohibition, basée tantôt sur les apparences de la récolte, tantôt sur la subsistance des troupes, tantôt enfin sur la nécessité d'empêcher que les ennemis ne vinssent chercher en France les blés qui leur étaient nécessaires, Colbert avait découragé les cultivateurs et rendu le commerce des grains presque nul; que, par suite, toutes les terres médiocres avaient été abandonnées, et qu'on n'avait plus exploité que celles de première qualité; que la diminution effectuée sur les tailles était un soulagement illusoire, si, tandis que les impôts de consommation avaient décuplé depuis 1661, le prix des produits de la terre, source génératrice de toute richesse, restait invariablement le même; qu'un système d'où il résultait que la France, avec sa population de vingt à vingt-deux millions d'habitants à nourrir, avait à craindre une disette tous les trois ans, était radicalement vicieux; et qu'enfin la preuve évidente que le sort des campagnes était plus misérable que jamais, c'est que le prix de la plupart des objets nécessaires à la vie avait triplé depuis 1600, tandis que le blé se vendait toujours au même prix. A ce sujet, Boisguillebert prouvait qu'une paire de souliers, qu'on pouvait se procurer pour 15 sous, au commencement du XVIIe siècle, valait cinq fois plus cent ans après. De son côté, Forbonnais démontrait les fâcheux effets du système de Colbert par la comparaison du prix des blés pendant un siècle. Voici les chiffres qu'il produisit à cette occasion :

---

[1] Biblioth. roy. Mss. *Lettres adressées à Colbert*, année 1677. — Édit du 6 octobre.

PRIX MOYEN DU SETIER DE BLÉ.
(1 hect. 56 cent.)

De 1596 à 1605.................	10 liv.
De 1606 à 1615.................	8
De 1616 à 1625.................	9
De 1626 à 1635.................	12
De 1636 à 1645.................	12
De 1646 à 1655.................	17
De 1656 à 1665 (*à cause de la disette de* 1662).	18
De 1666 à 1675.................	10
De 1676 à 1686.................	10

Dans cette dernière période, observe Forbonnais, il y eut, à la vérité, des années de disette où le prix du blé s'éleva à plus de 13 livres ; mais la moyenne du prix, pendant dix ans, n'en fut pas moins d'environ 10 livres le setier, c'est-à-dire 7 livres de moins que de 1626 à 1655.

Les arguments qui précèdent reposent sur des faits malheureusement incontestables et n'ont jamais été réfutés [1]. On

[1] Dans ses *Recherches et considérations sur les finances*, année 1662, Forbonnais avait d'abord nettement blâmé le système de Colbert sur les grains. Plus tard, ce système ayant été attaqué avec beaucoup de violence dans l'*Encyclopédie*, Forbonnais, sans revenir tout à fait sur sa première opinion, se montra beaucoup plus disposé à excuser l'erreur de Colbert. Voir ses *Principes et observations économiques*, IIIe partie. Dans cet ouvrage, Forbonnais abandonne ses propres chiffres sur le prix des blés, conteste absolument ceux de Boisguillebert, et adopte ceux donnés par Dupré de Saint-Maur dans son *Essai sur les monnaies*. Ces derniers sont en effet un peu moins défavorables à l'administration de Colbert. Postérieurement, l'auteur *de la Balance du Commerce* a relevé le prix du blé de première qualité, en s'appuyant, d'un côté, sur les chiffres de Dupré de Saint-Maur, de l'autre sur ceux de Messance, dans ses *Réflexions sur la valeur du blé en France*, qui font suite à ses *Recherches sur la population*, et il est arrivé aux résultats suivants. Le calcul a été fait par lui d'après la valeur du prix de l'argent en 1789, soit environ 54 livres le marc.

Prix moyen du blé de première qualité de 1643 à 1652		35 liv. 14 s.	1 d.
—	de 1653 à 1662	31	12	2
—	de 1663 à 1672	23	6	11
—	de 1673 à 1682	25	13	8
—	de 1683 à 1692	22	0	4
—	de 1693 à 1702	31	16	
—	de 1703 à 1712	23	17	1

(*Balance du Commerce*, etc., t. III, tableau XVI.)

Il ne sera pas inutile de rappeler à cette occasion que le prix du marc d'argent a été

de 1641 à 1678	de 26 liv. 10 s.
de 1679 à 1689	de 29 6 11 d.
de 1690 à 1714	de 30 10 11
de 1714 à 1772	de 31 18 3
de 1773 à 1794	de 53 9 5
de 1805 à 1834	de 53 fr. 57 cent.
de 1835 à 1845	de 53 84

(*Précis historique de la marine française*, par M. Chasseriau, t. I; pièces justificatives.)

peut ajouter que, relativement aux manufactures en vue desquelles, dit-on, Colbert fit tous ces efforts pour maintenir les grains au plus bas prix possible, son système eut des résultats également fâcheux ; car les productions de la terre n'allant plus à l'étranger et se vendant très-mal à l'intérieur, la consommation diminua en même temps que la culture ; et une grande partie des manufactures grossières, celles dont le débit importait le plus, tombèrent, faute de débouchés, lorsqu'on cessa de les soutenir par des encouragements.

La volumineuse correspondance de Colbert fournit peu de détails concernant les opérations sur les grains ; seulement, il est assez curieux que le petit nombre de lettres qui s'y rapportent soient la condamnation même de son système. Le 13 septembre 1669, ce ministre écrivit à M. de Pomponne, ambassadeur en Hollande, que, les blés n'ayant aucun débit, les propriétaires ne tiraient point de revenus de leurs biens, « *ce qui, par un enchaînement certain, empeschoit la consommation et diminuoit sensiblement le commerce.* » Quelques mois après, le 20 décembre 1669, il adressa la lettre suivante à l'intendant de Dijon.

« Ayant appris qu'il y a cette année une grande abondance de bleds en Bourgogne, et que la disette que les provinces de Languedoc, Provence et mesme d'Italie, en ont, les obligera de s'en pourvoir d'une quantité considérable en ladite province de Bourgogne, je vous prie de me faire sçavoir si l'on commence à en tirer et s'il n'y a aucun empeschement dans la voicture, soit à Lyon ou ailleurs, *et comme cela est fort important et que ce débit pourra apporter beaucoup d'argent*, vous me ferez plaisir de vous informer de tout ce qui ce passera sur cette traicte des bleds et de me faire part de tout ce que vous en apprendrez[1]. »

Une circulaire aux intendants, du mois d'août 1670, porte que le roi ayant autorisé le transport des blés hors du royaume, sans droits, du 18 mars au 1ᵉʳ septembre, et ce terme approchant, il importe de connaître si la récolte a été abondante, « afin que Sa Majesté puisse prendre la résolution qu'elle estimera la plus avantageuse à son service et au commerce de

---

[1] Biblioth. roy., Mss. *Registre des despesches*, etc., année 1669, nº 204.

ses sujets [1]. » Enfin, le 6 juillet 1675, un arrêt du conseil ayant défendu la sortie des blés, Colbert écrivit quelques jours après à l'intendant de Bordeaux pour lui dire d'en suspendre la publication. Celui-ci lui répondit, le 25 juillet 1675, qu'il avait pris sur lui de prévenir ses ordres, et que le beau temps qui continuait serait sans doute une nouvelle obligation pour le roi de laisser *à ces deux provinces la liberté de chercher de l'argent dans les pays étrangers par la vente des grains qu'elles avaient de trop.* L'intendant ajoutait « que ce secours devenait d'autant plus nécessaire que la campagne était entièrement épuisée d'argent, et que, nonobstant les contraintes exercées par les receveurs des tailles, la difficulté des recouvrements augmentait tous les jours par l'impuissance des redevables [2]. »

Je ne parle pas d'un grand nombre de lettres écrites, en 1677, à Colbert par le lieutenant de police La Reynie pour le tenir exactement au courant du prix des grains, lettres desquelles il résulte qu'on craignit encore une disette cette année, où l'exportation fut d'ailleurs défendue.

On vient de voir quel fut le système de Colbert relativement au commerce des grains. Cette erreur d'un ministre si remarquable sous tant d'autres rapports peut être considérée comme une calamité publique et les conséquences en furent désastreuses. Jamais, il est triste de le dire, la condition des habitants des campagnes n'a été aussi misérable que sous le règne de Louis XIV, même pendant l'administration de Colbert, c'est-à-dire dans la plus belle période de ce règne et au commencement de ces grandes et fatales guerres qui en assombrirent la majeure partie. Les lettres adressées à Colbert contiennent à ce sujet les révélations les plus désolantes. Le 29 mai 1675, le gouverneur du Poitou lui écrivait « qu'il avait trouvé les esprits du menu peuple pleins de chaleur et une très-grande pauvreté dans le pays. » A la même date, le duc de Lesdiguières, gouverneur du Dauphiné, donnait à Colbert les détails les plus affligeants sur l'état de cette province. Il faut reproduire en entier sa lettre, qui répand un jour curieux sur

[1] Arch. de la mar., *Registre des despesches*, etc., année 1670.
[2] Biblioth. roy., Mss. *Lettres adressées à Colbert*, année 1675.

cette époque, si brillante à la surface, mais où le peuple eut tant à souffrir de la guerre et des fausses mesures de l'administration.

« Monsieur, je ne puis plus différer de vous faire sçavoir la misère où je vois réduite cette province, le commerce y cesse absolument, et de toutes parts on me vient supplier de faire connoistre au roy l'impossibilité où l'on est de payer les charges. *Il est asseuré, Monsieur, et je vous parle pour en estre bien informé, que la plus grande partie des habitants de ladite province n'ont vescu pendant l'hyver que de pain de glands et de racines, et que présentement on les void manger l'herbe des prez et l'escorce des arbres.* Je me sens obligé de vous dire les choses comme elles sont pour y donner après cela l'ordre qu'il plaira à Sa Majesté, et je profitte de cette occasion pour vous asseurer de nouveau que personne au monde n'est plus véritablement que moy, Monsieur,

« Votre très-humble et très-obéissant serviteur,

« Le duc de Lesdiguières.

Grenoble, ce 29 may 1675 [1]. »

Voici, d'ailleurs, ce qu'on lit dans un mémoire remis par Colbert lui-même à Louis XIV, en 1681 :

« Ce qu'il y a de plus important, et sur quoi il y a plus de réflexion à faire, c'est *la misère très-grande des peuples.* Toutes les lettres qui viennent des provinces en parlent, soit des intendants, soit des receveurs généraux ou autres personnes, mesme des évêques [2]. »

Telle était donc, à cette époque du règne de Louis XIV, la situation de la Gascogne, du Poitou, du Dauphiné, et probablement de beaucoup d'autres provinces. En 1687, quand Colbert fut mort, la misère augmentant sans cesse, ses successeurs crurent y remédier en défendant d'une manière absolue, sous peine de confiscation et de 500 livres d'amende, l'exportation des grains et légumes de toutes sortes, des laines, chanvres et lins du crû; puis, en 1699, le commerce des grains de province à province, ce commerce que Colbert lui-même avait toujours respecté, fut prohibé [3]. Les courageux

---

[1] Biblioth. roy., Mss. *Lettres adressées à Colbert;* année 1675, à sa date.

[2] *Recherches sur les finances,* etc., année 1681.

[3] Cependant en Angleterre, vers la même époque, c'est-à-dire de 1689 à 1764, non-seulement la loi permit l'exportation des grains, mais elle accorda une prime d'exportation de 5 schillings par *quarter* (un peu moins de trois hectolitres). Voici comment un écrivain anglais contemporain, John Nichols, décrit les résultats de cette mesure : « Tant que l'Angle-

écrits et la disgrâce de Vauban et de Boisguillebert, celle de Racine, les remontrances de Fénelon et de Catinat font assez voir quel fut le résultat de ces diverses mesures, et à quel excès de détresse les neuf dixièmes du royaume furent alors réduits.

On sait enfin que, dans une appréciation devenue célèbre, Vauban estimait, en 1698, que près du dixième de la population était réduit à la mendicité; que des neuf autres parties cinq n'étaient pas en état de lui faire l'aumône; que trois autres étaient fort gênées, embarrassées de dettes et de procès; que dans la dernière, où figuraient les gens d'épée et de robe, le clergé, la noblesse, les gens en charge, les *bons* marchands et les rentiers, on ne pouvait pas compter cent mille familles; et qu'au total il n'y en avait pas dix mille qu'on pût dire fort à leur aise [1].....

Quant à Colbert, les préjugés de son temps en matière de subsistances, l'ignorance inévitable des principes, puisque les maîtres de la science ne les avaient pas encore fixés, le fantôme des accaparements, dont la concurrence aurait fait si bon marché, ce désir de tout diriger, de tout régler et d'intervenir partout, qui fut le défaut capital de son administration, le jetèrent dans les embarras qu'on vient de voir. En laissant, pour ainsi dire, aller les choses, Sully avait entretenu le royaume dans l'abondance; Colbert, en multipliant les arrêts relatifs au commerce des grains, en autorisant ou proscrivant ce commerce tous les trois mois, le ruina complétement, et entraîna dans cette ruine les propriétaires et les cultivateurs, c'est-à-dire tout le royaume, à l'exception de ceux qui occupaient des charges lucratives, et d'un certain nombre de manufacturiers ou de fabricants privilégiés. Encore

---

terre n'a songé à cultiver que pour sa propre subsistance, elle s'est trouvée souvent au-dessous de ses besoins, obligée d'acheter des blés étrangers; mais depuis qu'elle s'en est fait un objet de commerce, sa culture en a tellement augmenté qu'une bonne récolte peut la nourrir cinq ans. » (*Revue des deux mondes*, 1er décembre 1845; *Question des céréales*, par M. C. Coquelin.) Toutefois, cette exportation avec prime n'était autorisée, en Angleterre, que lorsque le prix des grains avait atteint un chiffre déterminé par la loi. (*Théorie du Commerce*, par Ustaritz, chap. xxviii.)

[1] Vauban, *la Dîme royale*, p. 34 et 35 des *Économistes financiers du XVIIIe siècle*; édition Guillaumin.

ceux-ci, à privilège égal, auraient eu tout à gagner à un système différent. Une sollicitude excessive, exagérée, avait dicté à Colbert ses règlements sur les corporations, sur les longueur, largeur et qualités des étoffes, règlements qui eurent de si fâcheuses conséquences. Ici encore, le même excès le fit dévier du but où il voulait atteindre. A force de se préoccuper de la famine, il amena les choses à ce point que, dans un pays qui peut nourrir près de quarante millions d'habitants, une partie des vingt à vingt-deux millions d'hommes qui le peuplaient alors était exposée, une année sur trois, à vivre d'herbes, de racines et d'écorce d'arbres, ou à mourir de faim. Sans doute, en agissant ainsi, Colbert ne fit que payer son tribut aux préjugés de l'époque. Et ces préjugés, il eut lui-même occasion de les combattre dans plus d'une circonstance. Une fois, entre autres, le Parlement de Provence ayant voulu s'opposer à l'exécution d'un édit du 31 décembre 1671, qui autorisait la sortie des grains pendant un an, Colbert fit ce qu'avait fait Sully en pareille occurrence; le 10 mai suivant, il cassa l'arrêt du Parlement de Provence et maintint ses premiers ordres [1]. Mais l'ensemble de son système fut véritablement désastreux. N'oublions pas, toutefois, que, cent ans après Colbert, un ministre non moins intègre, non moins ami du peuple, et beaucoup plus éclairé, fut renversé du pouvoir précisément pour avoir voulu faire respecter la liberté du commerce des grains. A la vérité, vivant à une époque où l'autorité était forte et respectée, Colbert n'aurait pas rencontré les mêmes obstacles que Turgot, si les conséquences de cette liberté se fussent clairement dessinées à son esprit, et s'il eût autorisé plus régulièrement l'exportation des grains ; malheureusement, il n'en fut point ainsi, et, faute des lumières nécessaires, on peut le dire, son administration a donné le triste et singulier spectacle d'un ministre qui, malgré sa préoccupation constante pour les intérêts du peuple et le plus ardent désir d'améliorer sa condition, lui a fait peut-être le plus de mal. Grande leçon pour ceux qui croiraient que

---

[1] *Lettre à M****, *sur l'imputation faite à M. Colbert*, etc., etc.

les bonnes intentions suffisent aux administrateurs, et que le gouvernement des intérêts matériels d'une nation ne constitue pas une science! Cette science, il est vrai, n'est pas moins nécessaire aux peuples qu'aux ministres. Le résultat de l'expérience tentée par Turgot est là pour le prouver.

CHAPITRE XIII.

Sur l'organisation du Conseil de commerce.— Création d'entrepôts de commerce. — Colbert fait de grands efforts pour que le transit des transports entre la Flandre et l'Espagne ait lieu par la France. — Édit portant que la noblesse peut faire le commerce de mer sans déroger (1669). — Établissement d'une *Chambre des assurances* à Marseille (1670.) — Ordonnance pour l'uniformité des poids et mesures dans les ports et arsenaux (1671). — Opérations sur les monnaies avant Colbert. — Réformes importantes qu'il introduisit dans cette administration. — Colbert défend l'exportation des métaux précieux. — Commerce de la France avec l'Espagne. — Évaluation du numéraire existant en France à diverses époques.

On a souvent fait honneur à Colbert de la création du Conseil de commerce; mais déjà une assemblée de ce genre avait été réunie par Henri IV en 1604, et, entre autres vœux, elle avait recommandé que le roi favorisât particulièrement la plantation des mûriers. On sait avec quelle faveur Henri IV accueillit ce vœu [1]. En 1626, le cardinal de Richelieu établit un Conseil de commerce permanent et en prit la direction. Quatre conseillers d'État et trois maîtres des requêtes en firent partie avec lui. Forbonnais observe que la qualité des personnes ne pouvant suppléer à l'expérience ni aux principes, cette nouvelle tentative n'eut pas plus de succès que la première. Plus tard, cependant, des hommes pratiques furent introduits dans ce Conseil; car le père de Fouquet, autrefois armateur et qui avait gagné une grande fortune dans le commerce des colonies, fut désigné pour y sié-

---

[1] *Arch. curieuses de l'hist. de France*, par MM. Cimber et Danjou, Ire série; t. XIV; Règne de Henri IV. — Voici le titre de la brochure qui renferme le procès-verbal très-sommaire de cette assemblée : *Recueil présenté au Roy de ce qui s'est passé en l'assemblée du commerce, au Palais, à Paris*; faict par Laffemas, controlleur général du dit commerce. Paris, 1604. — Il y a dans le même recueil plusieurs autres opuscules de Laffemas sur le commerce.

ger. Colbert ne fit donc que se servir d'une institution déjà ancienne, qu'il perfectionna sans doute, et à laquelle un édit de 1700, rendu sous le ministère de M. de Chamillart, donna une nouvelle organisation en y appelant, outre six membres nommés par le roi, douze marchands négociants, désignés *librement et sans brigue* par le corps de ville et par les marchands négociants de Paris, Rouen, Bordeaux, Lyon, Marseille, La Rochelle, Nantes, Saint-Malo, Lille, Bayonne et Dunkerque [1]. L'institution actuelle des trois Conseils du commerce, des manufactures et de l'agriculture, date de là.

La création d'entrepôts de commerce, les mesures prises pour encourager le transit des marchandises étrangères sur le territoire français, l'édit qui *déclare le commerce de mer ne point déroger à la noblesse*, la création d'une *Chambre des assurances* à Marseille, remontent encore à cette année 1669, la plus féconde en ordonnances, édits et règlements sur toute sorte de matières pendant l'administration de Colbert, et au commencement de l'année suivante. On se souvient que le tarif de 1664 avait isolé les provinces qui s'y étaient soumises au moyen d'une double chaîne de douanes qui les rendait complètement étrangères à celles qui ne l'avaient pas adopté. Cet état de choses, qui eût empêché tout commerce, avait été heureusement modifié en 1664 même par la création de onze entrepôts, situés circulairement dans l'étendue des cinq grosses fermes, et au moyen desquels les négociants qui réexportaient des marchandises provenant des provinces appelées étrangères rentraient dans l'intégralité des droits acquittés. Au mois de février 1670, le bienfait des entrepôts fut étendu à toutes les villes maritimes, dans le but, disait l'édit, « d'augmenter encore la commodité des négociants de quelque pays qu'ils fussent, en leur donnant la facilité de se servir des ports du royaume comme d'un entrepôt général, pour y tenir toute sorte de marchandises, soit pour les vendre en France, soit pour les transporter hors du royaume, moyennant la restitution des droits d'entrée qu'ils auraient payés. » Seulement, la restitution des droits d'entrée n'était pas possible d'un bail à l'autre, ce

---

[1] *Recherches sur les finances*, etc., années 1607, 1626 et 1700.

qui était un sujet d'embarras très-grand pour les négociants, et il peut paraître surprenant que Colbert n'ait pas cru devoir obvier à un aussi grave inconvénient en ne soumettant les marchandises à l'acquittement des droits qu'au moment de leur mise en consommation, quand il y avait lieu [1].

On sait que la France attache, aujourd'hui encore, une extrême importance à ce que les divers Etats auxquels elle confine empruntent son territoire pour le transport des marchandises qu'ils s'expédient, et sa position géographique autorise bien d'ailleurs les prétentions qu'elle a toujours eues de faire le commerce de transit d'une grande partie de l'Europe. Cette préoccupation fut peut-être plus vive que jamais en 1669, et l'on ne saurait croire combien de lettres écrivit Colbert pour engager les négociants de Lille et des autres villes récemment incorporées à la France à expédier par terre jusqu'au Havre les marchandises qu'ils envoyaient en Espagne, où ils entretenaient alors beaucoup de relations, soit parce que l'Espagne était leur ancienne métropole, soit plutôt à cause de son commerce des Indes. Il y avait, au surplus, dans ces démarches de Colbert, outre le but commercial et ostensible, un but politique très-sensé; car, en multipliant les intérêts des villes conquises avec la France, on espérait les habituer plus promptement et plus sûrement à sa domination. Colbert supprima d'abord tout droit de transit entre la Flandre et l'Espagne, et il paya un entrepreneur pour se charger du transport des marchandises de Lille au Havre à meilleur marché que ne le faisaient des Allemands, qui en avaient été chargés jusqu'alors. En même temps, il mit quelques bâtiments de l'Etat à la disposition des négociants, sans compter les escortes qu'il proposait de fournir à tous leurs convois, quel qu'en fût le nombre. Puis, poussant la sollicitude à l'extrême, il écrivait à l'intendant de la Flandre de bien faire valoir tous ces soins aux nouveaux sujets de Sa Majesté, en leur disant qu'elle les conviait à en profiter pour leur avantage, sans les y forcer. Une autre fois, toujours à l'occasion du transit, il se plaignait

---

[1] *Recherches sur les finances, etc.*, année 1670.

que les marchands de Lille et des villes conquises n'envoyassent pas assez de ballots par la voie des provinces françaises, et il recommandait à l'intendant de ne jamais rien décider à ce sujet sans avoir entendu les marchands et les fermiers, afin de maintenir la balance égale entre eux; *d'être plutôt un peu dupe des marchands que de gêner le commerce, parce que ce serait anéantir les produits*; enfin, d'objecter toujours la rigueur des ordonnances, pour que les peuples, sachant que la grâce leur venait du roi, fussent portés à lui en avoir toute la reconnaissance. Recommandations profondes, et qui dénotaient chez Colbert, non-seulement une grande habileté, mais aussi un véritable attachement pour les intérêts dont la direction était confiée à ses soins[1] !

L'édit qui permettait à la noblesse de se livrer au *commerce de mer* sans déroger date de la même époque. Montesquieu a dit : « Il est *contre l'esprit du commerce* que la noblesse le fasse dans une monarchie[2]. » C'est une erreur de plus à ajouter aux erreurs du célèbre publiciste. Déjà, en 1664, lors de la création des Compagnies des Indes orientales et occidentales, on avait permis à la noblesse de s'y associer sans perdre ses privilèges. L'édit du mois d'août 1669 généralisa ce droit. Le préambule portait que le commerce, particulièrement le commerce maritime, était la source féconde qui répandait l'abondance dans les États; qu'il n'existait pas de moyen plus légitime d'acquérir du bien; que celui-là avait été en grande considération parmi les nations les plus policées; que les lois et ordonnances n'avaient véritablement défendu aux gentilshommes que le trafic en détail, l'exercice des arts mécaniques et l'exploitation des fermes d'autrui, mais que, pourtant, c'était une opinion généralement accréditée que le commerce maritime était incompatible avec la noblesse. Tels sont les motifs sur lesquels se fonda Colbert. Si ses vues eussent été comprises, si une faible partie des capitaux que possédait la noblesse eût été affectée au commerce, non-seulement la richesse,

---

[1] Biblioth. roy., Mss. *Registre des despesches*, année 1669, no 204. — *Recherches sur les finances*, année 1669.

[2] *Esprit des Lois*, liv. XX, chap. xxi.

mais la puissance du royaume s'en fussent accrues, et, on peut le dire, les nobles qui se seraient livrés au commerce auraient servi leur pays, moins glorieusement sans doute, mais aussi utilement que d'autres pouvaient le faire sur les champs de bataille. Par malheur, d'un côté les préjugés de classe, de l'autre, la série de guerres où la France entra peu de temps après, ne permirent pas à l'édit de 1669 de porter les fruits que Colbert en avait espérés. Sous le même règne, en 1701, un nouvel édit permit aux nobles, la magistrature exceptée, de se livrer au commerce en gros[1]. Mais cette faculté ne fut pas plus recherchée que la première fois, et tandis qu'en Angleterre le grand commerce enrichissait le pays et doublait l'importance de ses ressources; en France, l'absence des capitaux et de tout esprit d'association ne permettait d'entreprendre aucune de ces grandes opérations qui faisaient la fortune de nos rivaux et les rendaient peu à peu maîtres de tous les marchés.

L'institution d'une *Chambre des assurances*, ce puissant levier commercial, eut lieu vers le même temps à Marseille, grâce aux soins de Colbert. Le 30 juin 1670, ce ministre écrivit à M. d'Oppède, premier président du Parlement de Provence, pour lui donner l'ordre de faire établir cette Chambre sur le modèle de celle qui existait à Paris, « afin, dit-il, de contribuer à rétablir dans Marseille le commerce qui s'y faisait autrefois[2]. »

Enfin, une mesure de détail qui a néanmoins son importance, se rattache à cette époque de la vie de Colbert. Le 21 août 1671, il fut publié une ordonnance *pour rendre uniformes les poids et mesures dans tous les ports et arsenaux de France*[3]. On ne saurait douter, d'après cela, que l'universel

---

[1] *Recherches sur les finances*, années 1669 et 1701. — *Collection des anciennes lois françaises*, etc.

[2] Arch. de la mar. *Registre des despesches*, année 1670. — On a dû trouver étrange de voir Colbert écrire à des premiers présidents, à des archevêques, à des évêques, pour des affaires purement commerciales. Ces renversements d'attributions se présentent très-fréquemment lorsqu'on parcourt sa volumineuse correspondance. Sans doute, Colbert choisissait dans chaque province, dans chaque localité, le fonctionnaire le plus intelligent, le plus dévoué, et c'est à lui qu'il s'adressait pour toutes les affaires, quelle qu'en fût la nature, au succès desquelles il portait un intérêt particulier.

[3] *Collection des anciennes lois françaises*, etc.

et infatigable ministre n'ait été frappé des inconvénients de toute sorte occasionnés par la diversité infinie des poids et mesures, et qu'il n'eût désiré établir un système uniforme dans toute la France. Mais les difficultés que cette amélioration a rencontrées de nos jours même font voir ce qu'elles eussent été il y a cent soixante ans, et tout porte à croire que la plupart des provinces, notamment les pays d'États, auraient cru leurs libertés et leurs privilèges à jamais compromis, si le gouvernement leur eût demandé, dans l'intérêt du commerce, le sacrifice des poids et mesures qu'ils avaient reçus de leurs aïeux.

C'est ici le lieu de signaler une très-habile opération de Colbert sur les monnaies, et les changements qu'il introduisit dans cette branche de l'administration, à laquelle, depuis son ministère, il n'a été apporté que des modifications de détail. La fabrication des monnaies avait donné lieu, antérieurement à Sully, aux plus inconcevables fraudes. Des rois de France, Philippe-le-Bel entre autres, avaient perfidement affaibli le poids des espèces, comme auraient pu le faire de faux-monnayeurs passibles du gibet. Il est vrai que c'était pour la raison d'État. L'administration de Sully lui-même donna lieu, sous ce rapport, à des plaintes unanimes très-fondées, et l'on reproche particulièrement à ce ministre un édit de 1609 qui non-seulement dépréciait les monnaies étrangères, en prohibait la circulation, mais encore défendait, sous peine de confiscation, d'amende et de prison, de transporter hors du royaume l'argent monnayé ou non monnayé. Heureusement, la Cour des monnaies, le Parlement, le peuple et le commerce firent une telle opposition à cet édit qu'il ne fut pas exécuté, du moins en ce qui concernait les monnaies étrangères, dont le commerce savait bien, au surplus, déterminer la véritable valeur.

Voici quelles étaient les règles adoptées pour la fabrication des monnaies avant 1666. Des orfévres, des banquiers ou d'autres entrepreneurs la prenaient à bail, comme une ferme, moyennant un bénéfice proportionné au nombre de marcs qui devait être frappé, ou pour une somme fixe indépendante de la quantité de marcs fabriqués. La Cour des monnaies surveillait si le titre et le poids étaient bien conformes au traité. En 1662, le bail comprenait la fabrication dans toute la France. Les principales clauses de ce bail donneront une juste idée des principes de l'époque sur ces matières. Le roi s'était engagé envers les fermiers à ne laisser sortir du royaume aucun ouvrage d'or ou d'argent, à interdire absolument le cours des monnaies étrangères, et même à défendre aux affineurs de fondre ces monnaies sans la permission du fermier. En outre, celui-ci avait le droit d'acheter, de préférence à tous autres, au prix du tarif, toutes les matières dont il aurait besoin.

Colbert, par malheur, approuvait bien une partie de ces entraves, mais il y en avait quelques-unes, particulièrement celles qui s'opposaient à l'exportation de l'orfévrerie française, dont il comprit tout l'inconvénient. Cependant, les règles en vigueur étaient si anciennes, le préjugé général les croyait tellement indispensables, que lorsqu'il s'agit, en 1666, de renouveler le bail des monnaies, Colbert ne trouva pas de fermier qui voulût s'en charger à d'autres conditions. Habile à profiter de l'occasion qui s'offrait à lui, il s'empressa d'adopter, pour la fabrication des espèces, une forme d'administration qui tenait tout à la fois de la régie et de l'entreprise. A partir de cette époque, les directeurs des divers hôtels des monnaies achetèrent, fabriquèrent, vendirent, avec les fonds et pour le compte de l'État, moyennant un prix fixe par marc, et sous la surveillance d'un directeur général des monnaies chargé de rendre compte au Conseil de la fabrication et des frais[1].

On sait quel prix les gouvernements ont attaché de tout temps à augmenter la masse du numéraire en circulation. L'opération principale de Colbert sur les monnaies témoigne de cette préoccupation. Il y avait alors en France une grande quantité de pistoles d'Espagne et d'écus d'or qui n'étaient pas de poids. On les décria ; mais, en même temps, on invita les particuliers à les porter aux hôtels des monnaies, où ils reçu-

---

[1] *Recherches sur les finances*, années 1673 à 1678. — *Histoire financière de la France*, par M. Bailly, année 1666.

rent un poids équivalent en monnaies françaises, sans déduction des droits dits de *seigneuriage* et de fabrication; expédient très-habile assurément, et qui, tout en attirant dans le royaume une grande quantité d'or et d'argent d'Espagne, eut sans doute aussi pour résultat d'accroître proportionnellement la masse des denrées ou des objets fabriqués que la France vendait à ce pays [1].

Quant au commerce de l'or et de l'argent, il ne paraît pas que Colbert se soit dégagé, à cet égard, des préjugés contemporains. Un écrivain des plus compétents, l'auteur de l'*Histoire financière de la France*, a dit que ce ministre « accorda aux négociants et banquiers la liberté de trafiquer des matières d'or et d'argent en barres, lingots ou monnaies étrangères, et de les transporter dans *toutes les parties du royaume*, ce qui jusqu'alors avait été interdit par les ordonnances[2]. » Quant à ce qui concerne l'exportation au dehors du royaume, deux lettres de Colbert lui-même établissent qu'elle fut au moins sujette à des restrictions. Dans la première, du 31 octobre 1670, ce ministre recommande à un sieur Derieu, à Lille, de ne pas laisser sortir d'argent des pays conquis sans un passeport. La deuxième, du 6 novembre suivant, est adressée à M. de Souzy, intendant à Lille, auquel Colbert envoie un arrêt *contre la sortie de l'argent en barres et en réaux*[3]. Enfin, deux autres lettres de la même année, relatives à l'importation des métaux précieux, constateraient de nouveau, s'il en était encore besoin, l'extrême sollicitude de Colbert pour le commerce.

« L'on m'a donné advis, écrivait-il à un de ses agents à Rouen, le 4 avril 1670, qu'il est arrivé au Hâvre de Grâce deux vaisseaux de Cadis qui ont apporté un million d'or et d'argent; j'ai esté un peu estonné de n'avoir pas receu cet advis par vous, veu que vous sçavez qu'il n'y a rien qui puisse estre plus agréable au roy que de semblables nouvelles. N'y manquez donc pas à l'advenir, et surtout de me mander le nombre et la quantité des marchandises qui auront esté chargées sur ces deux vaisseaux [4]. »

[1] *Recherches sur les finances*, années 1673 à 1678.
[2] *Histoire financière*, etc., année 1666.
[3] Arch. de la mar., *Registre des despesches*, etc., année 1670.
[4] *Ibidem*.

L'autre lettre, datée du 15 août, est adressée à l'intendant de Bretagne. Celui-ci lui avait transmis une plainte des négociants de Saint-Malo, qui assuraient qu'il viendrait une plus grande quantité d'argent dans le royaume s'il valait autant que dans les pays étrangers. A cela Colbert répondit qu'il « avouait n'avoir pu jusqu'à présent comprendre cette réclamation ; que, si les négociants de Saint-Malo voulaient lui en faire la démonstration, peut-être y trouverait-il quelque expédient ; mais qu'à dire vrai il croyait qu'ils auraient beaucoup de peine à lui persuader que les espèces valaient moins en France qu'en Angleterre et en Hollande [1]. »

On a pu voir en quelque sorte, à travers le temps, la joie que dut éprouver Colbert en apprenant l'arrivée de ces deux navires qui portaient 1 million au Havre. *Un million d'or et d'argent !* Dans leur concision énergique, ces mots résument toutes les illusions de l'époque relativement au rôle commercial des métaux précieux. Pour Colbert, en effet, c'était une satisfaction bien autrement vive de voir arriver ces navires avec une cargaison d'un million en espèces qu'en marchandises. Et pourtant, les marchandises sont aussi de l'argent, et, avant d'avoir atteint leur forme dernière, elles auront employé des milliers de bras, doublé, triplé de valeur. Mais c'était la grande erreur de l'époque. Toutes les nations voulaient faire leurs retours en numéraire, c'est-à-dire vendre sans acheter. C'est ce qui fut cause que le commerce avec l'Espagne fut alors si recherché ; c'est ce qui fit encore que ce malheureux pays, appauvri par l'émigration de tous les hommes d'énergie qui allaient chercher fortune en Amérique ; entouré, sollicité de tous côtés par la multitude des vendeurs, succomba bientôt sous sa richesse et par sa richesse même. Sans doute l'échange de nos denrées ou de nos marchandises contre de l'or était avantageux au royaume ; mais cet avantage eût été double si la France eût reçu, en retour, une valeur susceptible d'un nouveau travail, ou qui lui eût épargné un travail onéreux. Puis, une fois l'Espagne ruinée, épui-

---

[1] Arch. de la mar. *Registre des despesches*, année 1670.

sée, que devinrent nos bénéfices et ceux de tous les peuples qui commerçaient avec elle? Ils se réduisirent à rien. Voilà ce que l'on avait gagné en poursuivant la folle idée de vendre sans acheter, ou de vendre beaucoup et d'acheter peu [1]!

On a évalué comme il suit la quantité du numéraire existant en France à diverses époques :

En 1683.............	500,000,000 liv.
En 1708.............	800,000,000
En 1754.............	1,600,000,000
En 1780.............	2,000,000,000
En 1797.............	2,200,000,000
Sous l'Empire........	2,300,000,000
En 1828.............	2,713,000,000
En 1832.............	3,583,000,000
En 1841.............	4,000,000,000

Si ces évaluations étaient justes, le *budget central*, qui s'élevait à 114 millions en 1683, aurait absorbé un peu moins du cinquième du numéraire [2]. Aujourd'hui cette proportion serait beaucoup plus élevée, et le chiffre du budget formerait environ le tiers du capital circulant. Mais ces données sont-elles exactes? Cela est au moins douteux. En effet, l'administration de la monnaie n'a conservé pendant fort longtemps aucunes données officielles à ce sujet. Il importe donc de ne pas demander aux documents qui précèdent, ce qu'ils ne peuvent fournir, c'est-à-dire une conclusion.

---

[1] Voir, pour le commerce de la France avec l'Espagne, une instruction de Colbert, du 29 septembre 1681, à M. de Vauguyon, ambassadeur extraordinaire à Madrid. *Pièces justificatives*; pièce n° IX.

[2] Rien de plus variable, au surplus, que les évaluations de ce genre. Ainsi, dans la *Statistique de la France*, M. Moreau de Jonnès a estimé le numéraire actuel de la France à 2,860,000,000, dont un tiers en or, deux tiers en argent, et 52 millions de francs en cuivre. J'ai adopté le chiffre de 4 milliards, parce qu'il m'a paru se rapprocher davantage de la vérité. C'est Forbonnais qui a évalué le capital circulant de la France en 1683 à 500 millions. En 1690, le financier Courville l'estimait dans ses Mémoires à 400 millions seulement. Suivant lui, il y avait aussi à cette époque pour 100 millions de vaisselle et d'orfévrerie dans Paris et autant dans les provinces. Il paraît qu'anciennement, et même encore vers le milieu du XVII° siècle, la monnaie d'or était très-abondante relativement à celle d'argent. Un des articles de l'édit sur les *carrosses à cinq sols*, rendu en janvier 1662, invita le public à ne pas payer avec de l'or, afin de ne pas retarder le service par l'obligation de changer. Il est vrai que la pistole valait alors 11 livres et l'écu d'or 5 livres 14 sous. On lit en outre dans une lettre de l'ambassadeur de Hollande à Paris, du 3 avril 1663, à Jean de Witt : « Il y a ici une grande disette d'espèces, surtout de celles d'argent, *en sorte que l'on ne paie qu'en or*. » (*Lettres et négociations entre Jean de Witt*, etc.) On expliquait cette abondance par la faiblesse du titre de la monnaie d'or.

CHAPITRE XIV.

Détails sur la famille de Colbert. — Dot qu'il donna à ses filles. — Ses vues sur le marquis de Seignelay, son fils aîné.— Mémoires que Colbert écrivit pour lui. — Mémoires pour le voyage de Rochefort et pour le voyage d'Italie. — Instruction de Colbert à son fils pour l'initier aux devoirs de sa charge. — Rôle politique de Paris au xviie siècle. — Mémoire du marquis de Seignelay annoté par Colbert. — Le marquis de Seignelay obtient la survivance de la charge de son père et la signature, à l'âge de vingt-un ans. — Lettre de reproche que lui adresse Colbert.

Si jamais ministre eut quelque droit à faire participer les siens aux avantages de sa position, à les associer à sa fortune, ce fut Colbert. On a vu par sa lettre à Mazarin ce qu'il avait fait pour ses frères du vivant même du cardinal. L'un d'eux, Nicolas Colbert, fut nommé évêque de Luçon en 1661, puis d'Auxerre, où il mourut en 1676. Le marquis de Croissy, ambassadeur en Angleterre pendant plusieurs années, devint plus tard ministre des affaires étrangères. Son troisième frère, François Colbert, comte de Mauleuvrier, fut chargé d'un commandement important dans l'expédition de Candie. Je ne parle pas de son cousin Colbert du Terron, intendant de marine à Rochefort, et de plusieurs autres membres de sa famille auxquels il confia de hauts emplois. Quant à ses trois sœurs, l'une d'elles, Marie Colbert, mariée à Jean Desmarets, intendant de justice à Soissons, fut la mère de Nicolas Desmarets, dont il a déjà été question, et qui remplit la charge de contrôleur général des finances de 1708 à 1715. Les deux autres, Antoinette et Claire-Civile Colbert, embrassèrent la vie religieuse, et l'on trouve dans la collection des dépêches adressées à Colbert un grand nombre de leurs lettres qui témoignent en même temps de l'affection et de la déférence qu'elles avaient pour lui [1].

Vers 1650, à l'époque où le cardinal de Mazarin lui donnait les premiers témoignages de sa faveur, Colbert, conseiller d'État à vingt-neuf ans, avait épousé Marie Charon, fille du seigneur de Menars. Il eut de ce mariage neuf enfants, qui, par son crédit et par leurs alliances, parvinrent aux plus éminentes positions de l'administration, du clergé ou de l'armée. Quand il s'agit de perdre Fouquet, Colbert avait fait un grief au surintendant de s'être donné une importance extraordinaire, exorbitante, en mariant ses filles aux familles les plus puissantes et les plus titrées du royaume. Dix ans s'étaient à peine écoulés que ce ministre, au comble de la faveur, ne trouvait plus de parti trop élevé pour ses enfants. L'indication sommaire de leurs grades et de leurs alliances, vers 1680, donnera une juste idée de la puissance et du crédit de cette famille, inconnue en France trente ans auparavant.

Jean-Baptiste Colbert, marquis de Seignelay, né en 1651, nommé ministre secrétaire d'Etat de la marine en survivance, en 1671, mort en 1690;

Jacques-Nicolas Colbert, archevêque de Rouen, de l'Académie Française, mort en 1707;

Antoine-Martin Colbert, colonel du régiment de Champagne, blessé à Valcourt le 16 août 1689, mort de ses blessures le 2 septembre suivant [2];

Armand Colbert, tué à Hochstedt le 13 août 1704;

Louis Colbert, comte de Linières : d'abord abbé de Bonport et prieur de Nogent-le-Rotrou, il prit l'épée à la mort de son frère, Antoine-Martin Colbert, et lui succéda dans la charge de colonel du régiment de Champagne;

---

[1] *Dictionnaire de la noblesse.* — *Histoire de la Marine*, par M. Eugène Sue. — Biblioth. roy., Mss.

[2] C'est celui qui avait d'abord été chevalier de Malte, puis grand'croix de l'ordre et général des galères. Suivant Sandraz de Courtilz, « il aurait mal rempli les devoirs de cette dignité; car, un jour, ayant trouvé en calme trois vaisseaux de Tripoli, il n'osa les attaquer avec sept galères qu'il commandait; ce qui l'aurait perdu, si le crédit du marquis de Seignelay, son frère, ne l'eût tiré d'affaire. Il quitta depuis le service de mer et tâcha si bien de réparer cet affront qu'il se fit tuer à la tête du régiment de Champagne dont il était colonel. » (*Vie de J.-B. Colbert.*)

Charles Colbert, comte de Sceaux, blessé à Fleurus en 1690, mort de ses blessures ;

Joséphine-Marie-Thérèse, mariée au duc de Chevreuse le 2 février 1667 ;

Henriette-Louise, mariée à Paul de Beauvilliers, duc de Saint-Aignan, le 21 janvier 1671 ;

Marie-Anne, mariée à Louis de Rochechouart, duc de Mortemart, le 12 février 1679 [1].

Ainsi, pour être de nouvelle noblesse, la famille de Colbert n'en payait pas moins glorieusement sa dette à la patrie. Trois fils morts sur le champ de bataille attestent que le sang de l'ancien marchand de Reims n'était pas à coup sûr moins généreux que celui des plus anciennes familles du royaume dans lesquelles les trois filles de Colbert entrèrent par leur mariage. La dot donnée à chacune d'elles fut de 400,000 livres, ce qui, vu le nombre de ses enfants et l'époque du premier mariage, porte sa fortune à 10 millions environ, somme à laquelle Colbert lui-même l'estima plus tard [2].

Cependant, il ne suffisait pas d'avoir acquis une grande considération personnelle et des biens immenses. Colbert avait pu observer que l'anéantissement des familles les plus brillantes et des plus colossales fortunes suit de près leur éclat, si rien n'en soutient la splendeur et n'en alimente la source. Il avait même sous ses yeux un exemple des plus déplorables en ce genre, dans une famille aux affaires de laquelle il avait consacré, par reconnaissance, des soins nombreux, infinis, sans aboutir à rien, celle de Mazarin, où tout le monde semblait frappé de folie, et qui, faute du plus simple bon sens, était en train de dissiper une fortune de plus de 50 millions, fruit maudit en quelque sorte des rapines du cardinal. Il fallait donc, à l'imitation de ses collègues de Lionne et Le Tellier, se préparer un successeur parmi les siens, le faire élever en conséquence, obtenir du roi pour lui la survivance de ses

---

[1] *Dictionnaire de la noblesse* ; article *Colbert.*
[2] *Histoire de la Marine*, etc. — Biblioth. roy., Mss. *Inventaire fait après le décès de monseigneur Colbert.* Fonds dit *suite de Mortemart*, 34. — *Mémoires de l'abbé de Choisy* ; liv. II.

charges, tout au moins de la plus importante, et viser ainsi à soutenir, sinon à augmenter encore dans l'avenir le crédit et la position qu'il aurait laissé à ses autres enfants. Naturellement, ses vues se portèrent sur son fils aîné. On a déjà vu que cette éducation lui causa bien des chagrins, et que, désespérant d'en venir à bout par la douceur, il aurait, s'il faut en croire l'abbé de Choisy, administré plus d'une fois des corrections passablement violentes au jeune marquis de Seignelay, coupable de ne pas se prêter assez docilement et assez vite aux grands projets qu'on avait sur lui. Doué d'un tempérament impétueux, ardent, dont il fut la victime, à peine âgé de trente-neuf ans, celui-ci avait peine en effet à se plonger dans l'étude de toutes sortes de traités sur la législation, l'administration, la théologie, que son père faisait faire exprès pour lui par les hommes les plus remarquables du temps. Néanmoins, à mesure que les années arrivaient, cette riante perspective d'être secrétaire d'État de la marine à vingt ans produisit sur lui son effet inévitable, et, lorsqu'il eut atteint sa dix-huitième année, son éducation théorique étant à peu près terminée, Colbert résolut de la compléter par quelques voyages à Rochefort, en Angleterre, en Hollande et en Italie.

A cet effet, toutes les fois que le marquis de Seignelay était sur le point d'entreprendre un de ces voyages, Colbert, s'arrachant pour quelques heures au grand courant des affaires, écrivait pour lui une instruction détaillée, minutieuse, pour lui servir de guide, l'accompagner de loin en quelque sorte, et lui faire connaître les points à examiner plus particulièrement. Ces instructions, où la prévoyance de l'homme d'État se mêle à la sollicitude paternelle la plus ingénieuse et la plus vigilante, sont, avec le *Mémoire sur les finances pour servir à l'histoire*, les pièces les plus importantes qui nous soient restées de Colbert. On trouvera les plus essentielles reproduites en entier à la fin de ce volume [1]. Il est cependant indispensable d'en donner ici quelques extraits.

[1] Dans ses *Recherches sur les finances*, année 1670, Forbonnais a publié l'instruction pour le voyage de Rochefort et celle que le marquis de Seignelay rédigea pour lui-même avant d'entreprendre le voyage d'Angleterre et de Hollande. De son côté, M. Eugène Sue a publié,

CHAPITRE XIV.

MÉMOIRE POUR MON FILS SUR CE QU'IL DOIBT OBSERVER PENDANT LE VOYAGE QU'IL VA FAIRE A ROCHEFORT.

« Estant persuadé comme je le suis qu'il a pris une bonne et ferme résolution de se rendre autant honneste homme qu'il a besoin de l'estre, pour soutenir dignement, avec estime et réputation, mes emplois, il est surtout nécessaire qu'il fasse toujours réflection et s'applique avec soin au règlement de ses mœurs, et surtout qu'il considère que la principale et seule partie d'un honneste homme est de faire toujours bien son debvoir à l'égard de Dieu, d'autant que ce premier devoir tire nécessairement tous les autres après soi, et qu'il est impossible qu'il s'acquitte de tous les autres s'il manque à ce premier. Je crois lui avoir assez parlé à ce sujet en diverses occasions pour croire qu'il n'est pas nécessaire que je m'y estende davantage; il doibt seulement bien faire réflection que je lui ay cy-devant bien fait connoistre que ce premier debvoir envers Dieu se pouvoit accommoder fort bien avec les plaisirs et les divertissements d'un honneste homme en sa jeunesse.

« Après ce premier debvoir je désire qu'il fasse réflection à ses obligations envers moi, non-seulement pour sa naissance, qui m'est commune avec tous les pères, et qui est le plus sensible lien de la société humaine, mais mesme pour l'élévation dans laquelle je l'ai mis, et par la peine et le travail que j'ai pris et que je prends tous les jours pour son éducation, et qu'il pense que le seul moyen de s'acquitter de ce qu'il me doibt est de m'aider à parvenir à la fin que je souhaite, c'est-à-dire qu'il devienne autant et plus honneste homme que moi s'il est possible, et qu'en y travaillant comme je le souhaite il satisfasse en même temps à tous les debvoirs envers Dieu, envers moi et envers tout le monde, et se donne bien en même temps les moyens sûrs et infaillibles de passer une vie douce et commode, ce qui ne se peut jamais qu'avec estime, réputation et règlement de mœurs. »

Colbert insistait ensuite pour que son fils commençât la lecture de toutes les ordonnances sur la marine, visitât l'arsenal et tous les bâtiments dans le plus grand détail, se fît expliquer les fonctions de tous les officiers, s'assurât si l'on tenait un livre pour l'entrée et la sortie des matières, *chose indispensable pour le bon ordre*, etc., etc. Le mémoire se termine comme il suit :

dans son *Histoire de la Marine*, l'instruction de Colbert à son fils *pour bien faire la commission de sa charge*. L'*Instruction pour le voyage en Italie* est inédite. Elle se trouve à la Biblioth. roy., Mss. *Colbert et Seignelay*; cote 16, pièce 1, et aux Archives de la marine, *Registre des despesches*, etc., année 1671, t. I, p. 59 et suiv., à la date du 31 janvier. — Le mémoire pour le voyage de Rochefort est reproduit en entier aux pièces justificatives; pièce n° X.

« Après avoir dit tout ce que je crois nécessaire qu'il fasse pour son instruction, je finirai par deux points. Le premier est que toutes les peines que je me donne sont inutiles, si la volonté de mon fils n'est échauffée et qu'elle ne se porte d'elle-même à prendre plaisir à faire son debvoir; c'est ce qui le rendra lui-même capable de faire ses instructions, parce que c'est la volonté qui donne le plaisir à tout ce que l'on doibt faire et c'est le plaisir qui donne l'application. Il sait que c'est ce que je cherche depuis si longtemps. J'espère qu'à la fin je le trouveray et qu'il me le donnera, ou, pour mieux dire, qu'il se le donnera à lui-même, pour se donner du plaisir et de la satisfaction toute sa vie, et me payer avec usure de toute l'amitié que j'ai pour lui et dont je lui donne tant de marques.

« L'autre point est qu'il s'applique sur toutes choses à se faire aimer dans tous les lieux où il se trouvera et par toutes les personnes avec lesquelles il agira, soit supérieures, égales ou inférieures; qu'il agisse avec beaucoup de civilité et de douceur avec tout le monde, et qu'il fasse en sorte que ce voyage lui concilie l'estime et l'amitié de tout ce qu'il y a de gens de mer; en sorte que pendant toute sa vie ils se souviennent avec plaisir du voyage qu'il aura fait et exécutent avec amour et respect les ordres qu'il leur donnera dans toutes les fonctions de sa charge.

« Je désire que toutes les semaines il m'envoie, écrit de sa main, le mémoire de toutes les connoissances qu'il aura prises sur chacun des points contenus en cette instruction. »

Quelque temps après, le marquis de Seignelay fit un voyage en Angleterre et en Hollande, et rédigea pour lui-même, suivant le désir manifesté par Colbert, une instruction très-détaillée, concernant les points principaux sur lesquels ses observations devraient porter dans ces deux pays si intéressants à étudier pour lui, en raison des fonctions auxquelles on le destinait [1]. L'année suivante, en 1671, il visita l'Italie, et Colbert lui donna encore une instruction dans laquelle il l'invitait surtout à se mettre au courant de la forme des divers gouvernements de cette contrée, et des sujets de contestations qui pourraient exister entre eux [2].

[1] En même temps, Colbert lui remit un mémoire, dont l'original existe à la Bibliothèque royale. Il est intitulé : *Mémoire pour mon fils, à son arrivée en Angleterre.* Il se compose de 6 pages manuscrites, en entier de la main de Colbert. (*Colbert et Seignelay;* cote 16, pièce 6). Le mémoire, très-détaillé, contient l'énoncé de tous les différents points relatifs à la marine qui devaient fixer l'attention et l'examen de son fils, tant sur le personnel que sur le matériel.
[2] L'instruction pour le voyage en Italie est reproduite en entier aux pièces justificatives ; pièce n° XI.

« Dans tout ce voyage, ajoutait l'instruction, il observera surtout de se rendre civil, honneste et courtois à l'esgard de tout le monde, en faisant toutefois distinction des personnes; surtout il ne se mettra aucune prétention de traitement dans l'esprit et se défendra toujours d'en recevoir, et qu'il sçache certainement dans toute sa vie que tant plus il en refusera, tant plus on luy en voudra rendre. Il faut aussy qu'il prenne garde que sa conduite soit sage et modérée, n'y ayant rien qui puisse luy concilier tant l'estime de tous les Italiens que ce point, qui doibt estre le principal soin qu'il doibt prendre.

« Et, à l'esgard des ministres du roy, il faut bien qu'il prenne garde de ne point prendre la main chez les ambassadeurs, c'est-à-dire qu'il faut donner toujours la droite aux ambassadeurs chez eux, quelques instances pressantes qu'ils luy fassent du contraire, d'autant que le roy leur a deffendu de donner la droite à aucun de ses subjets, et qu'ainsy ce seroit offenser le roy, s'il en usoit autrement...

« S'il veut s'appliquer à former son goust sur l'architecture, la sculpture et la peinture, il faut qu'il observe d'en faire discourir devant luy, interroge souvent, se fasse expliquer les raisons pour lesquelles ce qui est beau et excellent est trouvé et estimé tel; qu'il parle peu et fasse beaucoup parler.

« C'est tout ce que je crois nécessaire de luy dire pour ce voyage. Je finirai priant Dieu qu'il l'assiste de ses saintes gardes et bénédictions, et qu'il retourne en aussy bonne santé et aussy honneste homme que je le souhaite. »

Lorsque le marquis de Seignelay fut de retour, Colbert jugea à propos de l'initier à la connaissance des affaires, et il en demanda l'autorisation au roi, qui la lui accorda. C'est alors que le grand ministre rédigea pour son fils une nouvelle instruction, pièce essentielle, par laquelle seulement on apprend à le bien connaître, et dont il importe de donner des extraits un peu plus étendus.

INSTRUCTION POUR MON FILS POUR BIEN FAIRE LA 1re COMMISSION DE MA CHARGE[1].

« Comme il n'y a que le plaisir que les hommes prennent à ce qu'ils font ou à ce qu'ils doibvent faire qui leur donne de l'application, et

---

[1] Colbert entendait par là les diverses fonctions dont il était chargé, celles de contrôleur général exceptées. On verra un peu plus loin en quoi elles consistaient. — Cette *instruction* appartient à la Bibliothèque royale; Mss.; *Colbert et Seignelay*, côte 16, pièce no 17. C'est un cahier de douze pages très-serrées, écrites en entier à mi-marge de la main de Colbert et d'une écriture extrêmement difficile à lire. M. Eugène Sue a donné cette pièce avec l'orthographe actuelle. Je rétablis ici textuellement l'orthographe du manuscrit. — Cette instruction est reproduite en entier aux pièces justificatives; pièce no XII.

qu'il n'y a que l'application qui fasse acquérir du mérite, d'où vient l'estime et la réputation qui est la seule chose nécessaire à un homme qui a de l'honneur, il est nécessaire que mon fils cherche en luy-mesme et au dehors tout ce qui peut luy donner du plaisir dans les fonctions de ma charge.

« Pour cet effect, il doibt bien penser et faire souvent réflection sur ce que sa naissance l'auroit fait estre sy Dieu n'avoit pas bény mon travail et sy ce travail n'avoit pas esté extrême. Il est donc nécessaire, pour se préparer une vie pleine de satisfaction, qu'il ayt toujours dans l'esprit et devant les yeux ces deux obligations sy essentielles et sy considérables, l'une envers Dieu et l'autre envers moy, affin qu'y satisfaisant par les marques d'une véritable reconnoissance, il puisse se préparer une satisfaction solide et essentielle pour toute sa vie, et ces deux debvoirs peuvent servir de fondement et de base de tout le plaisir qu'il se peut donner par son travail et par son application.

« Pour augmenter encore ce mesme plaisir, il doibt bien considérer qu'il sert le plus grand roy du monde et qu'il est destiné à le servir dans une charge la plus belle de toutes celles qu'un homme de ma condition puisse avoir et qui l'approche le plus près de sa personne; et ainsy il est certain que, s'il a du mérite et de l'application, il peut avoir le plus bel establissement qu'il puisse désirer, et, par conséquent, je l'ay mis en estat de n'avoir plus rien à souhaiter pendant toute sa vie.

« Mais encore que je sois persuadé qu'il ne soit pas nécessaire d'autre raison pour le porter à bien faire, il est pourtant bon qu'il considère bien particulièrement cette prodigieuse application que le roy donne à ses affaires, n'y ayant point de jour qu'il ne soit enfermé cinq à six heures pour y travailler; qu'il considère bien la prodigieuse prospérité que ce travail luy attire, la vénération et le respect que tous les estrangers ont pour luy, et qu'il connoisse par comparaison que, s'il veut se donner de l'estime et de la réputation dans sa condition, il faut qu'il imite et suive ce grand exemple qu'il a toujours devant luy.

« Il peut et doibt encore tirer une conséquence bien certaine, qui est qu'il est impossible de s'advancer dans les bonnes grâces d'un prince laborieux et appliqué, sy l'on n'est soy-mesme et laborieux et appliqué, et que comme le but et la fin qu'il doibt se proposer et poursuivre est de se mettre en estat d'obtenir de la bonté du roy de tenir ma charge, il est impossible qu'il puisse y parvenir qu'en faisant connoistre à Sa Majesté qu'il est capable de la faire, par son application et par son assiduité, qui seront les seules mesures ou du retardement ou de la proximité de cette grâce.

« Sur toutes ces raisons je ne sçaurois presque doubter qu'il ne prenne une bonne et forte résolution de s'appliquer tout de bon et faire connoistre par ce moyen au roy qu'il sera bientost capable de le bien servir.

« Pour luy bien faire connoistre ce qu'il doibt faire pour cela, il doibt sçavoir par cœur en quoy consiste le département de ma charge,

« Sçavoir :

« La maison du roy et tout ce qui en dépend ;

« Paris, l'Isle de France et tout le gouvernement d'Orléans ;

« Les affaires générales du clergé ;

« La marine, partout où elle s'estend ;

« Les galères ;

« Le commerce, tant au dedans qu'au dehors du royaume ;

« Les consulats ;

« Les Compagnies des Indes orientales et occidentales, et les pays de leurs concessions ;

« Le restablissement des haras dans tout le royaume.

« Pour bien s'acquitter de toutes ces fonctions, il faut s'appliquer à des choses générales et particulières....

« .... Après avoir parlé de tout ce qui concerne la maison du roy, il faut voir ce qui est à faire dans ma charge pour la ville de Paris.

« Paris estant la capitale du royaume et le séjour des roy, il est certain qu'elle donne le mouvement à tout le reste du royaume ; que toutes les affaires du dedans commencent par elle, c'est-à-dire que tous les édits, déclarations et autres grandes affaires commencent toujours par les Compagnies de Paris et sont ensuite envoyées dans toutes les autres du royaume, et que les mesmes grandes affaires finissent aussy par la mesme ville, d'autant que, dès lors que les volontés du roy y sont exécutées, il est certain qu'elles le sont partout, et que toutes les difficultés qui naissent dans leur exécution naissent toujours dans les Compagnies de Paris ; c'est ce qui doibt obliger mon fils à bien sçavoir l'ordre général de cette grande ville, n'y ayant presque aucun jour de Conseil où il ne soit nécessaire d'en parler et de faire paroistre si l'on sçait quelque chose ou non. »

Cette appréciation du rôle politique de Paris, vers la fin du XVIIe siècle, par un homme aussi bien initié que Colbert à toutes les difficultés du gouvernement, et si bien placé pour en démêler les causes, mérite d'être remarquée. Ainsi il y a bientôt deux cents ans, *dès lors que les volontés du roy étaient exécutées à Paris, elles l'étaient partout !* La toute-puissance, l'omnipotence actuelle de Paris ne sont donc, comme on affecte de le dire, ni un fait nouveau, ni, par conséquent, le résultat de la centralisation. Autrefois, comme aujourd'hui, toutes les difficultés sérieuses que rencontrait le gouvernement dans les moments de crise avaient aussi leur source à Paris. Seulement, au lieu de lui être suscitées par les Chambres ou par le peuple, elles venaient des *Compagnies*, c'est-à-dire du Parlement. Ce passage de l'instruction de Colbert prouve donc suffisamment que l'influence politique de Paris était déjà, de son temps, à peu près la même que de nos jours.

A l'esgard des affaires du clergé.

« Il est nécessaire d'estre fort instruit de ces grandes questions généralles qui arrivent si souvent dans le cours de la vie, de la différence des jurisdictions laïque et ecclésiastique ; qu'il lise avec soin les traités qui en ont été faits pour luy, et mesme il seroit bien nécessaire qu'il lust dans la suite des temps, et le plus tost qu'il seroit possible, les traités de feu M. de Marca [1], et des autres qui ont traité de ces matières, et même qu'il lust quelquefois quelques livres de l'histoire ecclésiastique, d'autant que de toutes ces sources il puisera une infinité de belles connoissances qui le feront paroistre habile en toutes occasions...

Pour la marine.

« Cette matière estant d'une très-vaste et très-grande estendue et nouvellement attachée à mon département, et qui donne plus de rapport au roy qu'aucun autre, il faut aussi plus d'application et de connoissance pour s'en bien acquitter ; et commencer, comme dans les autres matières, par les choses généralles avant que de descendre aux particulières.

« Si j'ay parlé de la lecture des ordonnances dans les autres matières, il n'y en a point où il soit sy nécessaire de les lire soigneusement que dans celle-cy...

« Il doibt sçavoir les noms des 120 vaisseaux de guerre que le roy veut avoir toujours dans sa marine, avec 30 frégates, 20 bruslots et 20 bastiments de charge ;

« Sçavoir exactement, et toujours par cœur, les lieux et arsenaux où ils sont distribués ;

« Lorsqu'ils seront en mer, avoir toujours dans sa pochette le nombre des escadres, les lieux où elles sont et les officiers qui les commandent ;

« Connoistre les officiers de marine, tant des arsenaux que de guerre, et examiner continuellement leur mérite et les actions qu'ils sont capables d'exécuter.....

« Examiner avec soin et application particulière toutes les consommations, et faire en sorte de bien connoistre tous les abus qui s'y peuvent commettre, pour trouver et mettre en pratique les moyens de les retrancher ;

« Observer qu'il y ait toujours une quantité de bois suffisante dans

---

[1] M. de Marca était un prélat très-savant, fort estimé de Colbert, qui le fit nommer de l'archevêché de Toulouse à celui de Paris, où il mourut peu de temps après.

chacun des arsenaux, non-seulement pour les radoubs de tous les vaisseaux, mais mesme pour en construire toujours huit ou dix-neufs, pour s'en pouvoir servir selon les occasions ;

Observer surtout, et tenir maxime de laquelle on ne se desparte jamais, de prendre dans le royaume toutes les marchandises nécessaires pour la marine, cultiver avec soin les establissements des manufactures qui en ont été faites, et s'appliquer à les perfectionner, en sorte qu'elles deviennent meilleures que dans les pays estrangers;

« Acheter tous les chanvres dans le royaume, au lieu qu'on les faisoit venir ci-devant de Riga, et prendre soin qu'il en soit semé dans tout le royaume, ce qui arrivera infailliblement, si l'on continue à n'en point acheter des estrangers;

« Cultiver avec soin la Compagnie des Pyrénées, et la mettre en estat, s'il est possible, de fournir tout ce à quoy elle s'est obligée, ce qui sera d'un grand avantage pour le royaume, vu que l'argent pour cette nature de marchandises ne se reportera point dans les pays estrangers ;

« Cultiver avec le mesme soin la recherche des masts dans le royaume, estant important de se passer pour cela des pays estrangers. Pour cet effet, il faut en faire toujours chercher, et prendre soin que ceux qui en cherchent en Auvergne, Dauphiné, Provence et les Pyrénées, soient protégés, et qu'ils reçoivent toutes les assistances qui leur sont nécessaires pour l'exécution de leurs marchés;

« Examiner avec le mesme soin et application toutes les autres marchandises et manufactures qui ne sont point encore establies dans le royaume, en cas qu'il y en ait, et chercher tous les moyens possibles pour les y establir... [1].

« Entre tous les moyens que son application et ses fréquents voyages, pourront luy suggérer, celuy de faire faire le marché de toutes les marchandises publiquement et en trois remises consécutives, la première au bout de huit jours, et les autres de quatre en quatre jours, en présence de tous les officiers, et après avoir mis deux ou trois mois aupa-

---

[1] C'est toujours la même préoccupation et la même erreur. Colbert voulait que la France produisît *absolument tout ce qui lui était nécessaire*, qu'elle n'eût besoin de personne. Rien de mieux sans doute pour les manufacturiers privilégiés. Mais que devenaient, à ce compte, les propriétaires, principalement ceux des pays de vignobles? Ils furent ruinés, et avec eux, par suite des représailles et de la guerre qui s'en suivit, la France entière. Il en est des peuples et des royaumes, comme des individus ; les uns et les autres ont leurs aptitudes, leurs facultés naturelles. Demander à *tout* peuple, indistinctement, qu'il suffise à *toutes* ses consommations, c'est vouloir en quelque sorte que *tout* homme puisse être également bon médecin, géomètre, statuaire, mécanicien, etc., etc., à volonté. En résumé, Colbert a sacrifié, sans le vouloir, les manufactures naturelles de la France, c'est-à-dire ses terres à blés et à vignes, à un certain nombre d'industries parasites, artificielles, dont l'acclimatation dans le royaume, à grand renfort de tarifs, fut cause que les États d'où nous tirions précédemment, avec des avantages réciproques, les produits de ces industries, ne voulurent plus ni de nos blés ni de nos vins, ou les frappèrent, à leur tour, de tarifs à peu près prohibitifs.

ravant des affiches publiques dans toutes les villes de commerce pour inviter les marchands à s'y trouver.

« Il y auroit un autre moyen à pratiquer pour faire fournir toutes les marchandises de marine, comme chanvre, gouldron, fer de toutes sortes, toiles à voiles, bois, masts, etc., etc.; ce seroit, tous les ans, après avoir examiné la juste valeur de toutes les marchandises, de fixer un prix de chacune, en sorte que les marchands y trouvassent quelque bénéfice, et faire sçavoir en suitte, par des affiches publiques dans toutes les villes du royaume, que ces marchandises seroient payées au prix fixé, en les fournissant de bonne qualité, dans les arsenaux.

« Il est de plus nécessaire de sçavoir toutes les fonctions des officiers qui seront dans les ports et arsenaux, leur faire des instructions bien claires sur tout ce qu'ils ont à faire, les redresser toutes les fois qu'ils manquent, faire des règlements sur tout ce qui se doibt faire dans lesdits arsenaux, et travailler incessamment à les bien policer.

« A l'esgard de la guerre de mer, encore que ce soit plustost le fait des vice-amiraux et autres officiers qui commandent les vaisseaux du roy, il est toutes fois bien nécessaire que le secrétaire d'Estat en soit bien informé, pour se rendre capable de faire tous les règlements et ordonnances nécessaires pour le bien du service du roy, et pour éviter tous les inconvénients qui peuvent arriver.

« Pour cet effet, il faut qu'il sçache bien toutes les manœuvres des vaisseaux lorsqu'ils sont en mer, les fonctions de tous les officiers qui sont préposez pour les commander, tous les ordres qui sont donnez par les officiers généraux et par les officiers particuliers de chaque vaisseau, ce qui s'observe pour la garde d'un vaisseau, et généralement toutes les fonctions de tous les officiers, matelots et soldats qui sont sur un vaisseau, dans les rades, en pleine mer, entrant dans une rivière ou dans un port, en paix, en guerre, et en tous lieux et occasions où un vaisseau peut se rencontrer.

« Sur toutes ces choses il faut faire toute sorte de diligences pour estre informé de ce qui se pratique par les officiers généraux et particuliers de marine, en Hollande et en Angleterre, et conférer continuellement avec nos meilleurs officiers de marine pour s'instruire toujours de plus en plus.

« Toutes les fois qu'il conviendra changer les commissaires de marine qui servent dans les ports, il faudra observer d'y mettre des gens fidèles et asseurés, d'autant que le secrétaire d'Estat doibt voir par leurs yeux tout ce qui se passe dans les ports, outre le rapport continuel qu'il doibt avoir avec les intendants....

« Tenir soigneusement et seurement la main à ce que les édits concernant les duels soient exécutés dans toutes les dépendances de la marine, n'y ayant rien en quoy l'on puisse rien faire qui soit plus agréable au roy....

CHAPITRE XIV.

Pour ce qui regarde sa conduite journalière.

« Il est nécessaire qu'il fasse estat de tenir le cabinet, soit le matin, soit le soir, cinq à six heures par jour, et, outre cela, donner un jour entier par semaine à expédier toutes les lettres et donner tous les ordres.

« Pour tout ce qui concerne ma charge, il faut premièrement qu'il pense à bien régler sa conduite particulière.

« Qu'il tienne pour maxime certaine et indubitable, et qui ne doibt jamais recevoir ni atteinte ni changement, pour quelque cause et soubz quelque prétexte que ce soit ou puisse estre, de ne jamais rien expédier qui n'ayt esté ordonné par le roy; c'est-à-dire qu'il faut faire des mémoires de tout ce qui sera demandé, les mettre sur ma table et attendre que j'aye pris les ordres de Sa Majesté, et que j'en aye donné la résolution par escrit; et lorsque, par son assiduité et par son travail, il pourra luy-mesme prendre les ordres du roy, il doibt observer religieusement pendant toute sa vie de ne jamais rien expédier qu'il n'en ayt pris l'ordre de Sa Majesté.

« Comme le souverain but qu'il doibt avoir est de se rendre agréable au roy, il doibt travailler avec grande application pendant toute sa vie à bien connoistre ce qui peut estre agréable à Sa Majesté, s'en faire une étude particulière, et, comme l'assiduité auprès de sa personne peut assurément beaucoup contribuer à ce dessein, il faut se captiver et faire en sorte de ne le jamais quitter, s'il est possible.

« Pour tout le reste de la cour, il faut estre toujours civil, honneste, et se rendre agréable à tout le monde, autant qu'il sera possible; mais il faut en mesme temps se tenir toujours extremement sur ses gardes pour ne point tomber dans aucun des inconvénients de jeu extraordinaire, d'amourettes et d'autres fautes qui flétrissent un homme pour toute sa vie.

« Il faut aymer surtout à faire plaisir quand l'occasion se trouve, sans préjudicier au service que l'on doibt au roy et à l'exécution de ses ordres, et le principal de ce point consiste à faire agréablement et promptement tout ce que le roy ordonne pour les particuliers. Pour cet effect, il faut se faire à soy-mesme une loy inviolable de travailler tous les soirs à expédier tous les ordres qui auront esté donnés pendant le jour, et à faire un extrait de tous les mémoires qui auront esté donnés, et le lendemain m'apporter de bonne heure, toutes les expéditions résolues, et les mémoires de ce qui est à résoudre, pour en parler au roy et ensuite expédier...

« Le roy m'ayant donné tous les vendredis après le midi pour luy rendre compte des affaires de la marine, et Sa Majesté ayant déjà eu la bonté d'agréer que mon fils y fust présent, il faut observer avec soin cet ordre.

« Aussitost que j'auray vu toutes les despesches à mesure qu'elles arriveront, je les enverray à mon fils pour les voir, en faire promptement et exactement l'extrait, lequel sera mis de sa main sur le dos de la lettre et remis en mesme temps sur ma table; je mettray un mot de ma main sur chaque article de l'extrait, contenant la réponse qu'il faudra faire; aussitost il faudra que mon fils fasse les responses de sa main, que je les voye ensuite et les corrige, et, quand le tout sera disposé, le vendredi, nous porterons au roy toutes ces lettres; nous luy en lirons les extraits et en mesme temps les responses; si Sa Majesté y ordonne quelque changement, il sera fait; sinon, les responses seront mises au net, signées et envoyées, et ainsy, en observant cet ordre régulier avec exactitude, sans s'en despartir jamais, il est certain que mon fils se mettra en estat d'acquérir de l'estime dans l'esprit du roy...

« Pour finir, il faut que mon fils se mette fortement dans l'esprit qu'il doibt faire en sorte que le roy retire des avantages proportionnez à la dépense qu'il fait pour la marine. Pour cela, il faut avoir toute l'application nécessaire pour faire sortir toutes les escadres des ports au jour précis que Sa Majesté aura donné; que les escadres demeurent en mer jusqu'au dernier jour de leurs vivres ou le plus près qu'il se pourra; donner par toutes sortes de moyens de l'émulation aux officiers pour faire quelque chose d'extraordinaire, les exciter par l'exemple des Anglois et des Hollandois, et généralement mettre en pratique tous les moyens imaginables pour donner de la réputation aux armes maritimes du roy et de la satisfaction à Sa Majesté.

« Je demande sur toutes choses à mon fils qu'il prenne plaisir et se donne de l'application, qu'il ayt de l'exactitude et de la ponctualité dans tout ce qu'il voudra et aura résolu de faire, et, comme il se peut faire que la longueur de ce mémoire l'estonnera, je ne prétends pas le contraindre ni le genner en aucune façon; qu'il voye dans tout ce mémoire ce qu'il croira et voudra faire. Comme il se peut facilement diviser en autant de parcelles qu'il voudra, il peut examiner et choisir; par exemple, dans toute la marine, il peut choisir un port ou un arsenal, comme Toulon et Rochefort, et ainsi du reste; pourvu qu'il soit exact et ponctuel sur ce qu'il aura résolu de faire, il suffit, et je me chargeray facilement du surplus. »

Telle est cette instruction dont je n'ai reproduit toutefois ici que les parties principales. C'est un des manuscrits les plus considérables que l'on ait de Colbert. En le lisant, en étudiant le sens de ces lignes si fines, si difficiles à déchiffrer, et qui renferment les conseils en même temps les plus paternels et les plus patriotiques, on éprouve une émotion involontaire. Le lecteur aura fait, à l'occasion de plusieurs passages de cet écrit, les réflexions qu'ils comportent, et il ne se sera nullement étonné, par exemple, que Colbert invitât son fils à rapporter toutes ses actions au roi, à ne rien faire qu'en vue d'être agréable au roi. A cette époque, on le sait de reste, le roi, c'était la personnification de la France, et il y aurait rigueur aujourd'hui à blâmer un de ses ministres d'avoir subi l'influence commune. Bien que l'instruction dont il s'agit ne soit pas datée, il est certain qu'elle est de 1671. Le marquis de Seignelay avait alors vingt ans. Il est curieux de connaître comment ce jeune homme, que la fortune prenait ainsi par la main, répondit aux desseins de son père. Le mémoire suivant jette sur ce point une vive lumière et prouve l'influence des grands exemples, lorsque cette influence est aidée toutefois par une éducation intelligente et par une heureuse nature. Ce mémoire fut écrit en entier par le marquis de Seignelay; les observations en marge sont de la main de Colbert. C'est une pièce des plus intéressantes, très-peu connue encore, et qui ne saurait être omise dans la biographie de ce ministre. On me saura gré de la reproduire ici textuellement.

MÉMOIRE DE CE QUE JE ME PROPOSE DE FAIRE TOUTES LES SEMAINES POUR EXÉCUTER LES ORDRES DE MON PÈRE ET ME RENDRE CAPABLE DE LE SOULAGER [1].

Premièrement.

Bon.

Le lundi sera employé

Aux reponces à faire à M. de Terron et aux lettres de l'ordinaire de La Rochelle et de Bordeaux [2];

Mais il ne faut rien oublier, et surtout que je le voie bien pour redresser ce qui ne sera pas bien fait, et prendre garde que rien ne s'oublie.

A se préparer pour le Conseil du soir et examiner ce qui sera à faire pour le bien remplir [3].

---

[1] Biblioth. roy., Mss. *Colbert et Seignelay*; cote 16, pièce 20. Ce mémoire a été aussi publié par M. Eugène Sue, mais avec l'orthographe actuelle. Quelques mots, très-difficiles à lire, avaient été mal rendus; je les ai rétablis conformément au manuscrit, sauf deux passages complètement illisibles (*Voir plus bas*).

[2] M. de Terron (Colbert de Terron) était cousin du ministre et intendant de marine à Rochefort.

[3] Il semble résulter de cette pièce que, postérieurement à l'instruction de Colbert, et dans l'intervalle du temps où elle fut rédigée à l'époque où fut fait le mémoire du marquis de Seignelay, le travail avec le roi pour les affaires qui concernaient la marine, aura eu lieu deux fois par semaine, le lundi et le vendredi.

Bon. Il faut lire, et ne jamais sortir ce jour-là.	Je m'appliqueray principalement à bien digérer les choses dont j'auray à parler au roy, à les bien relire, en rendre compte à mon père lorsqu'il aura le temps, et j'employray l'après-disner à bien lire et examiner la liasse du Conseil.
C'est là le principe de toute chose, et jamais ma charge ne se peut bien tenir sans cela. Il fallait cet article le premier.	Je me feray une loy indispensable ce jour-là, aussy bien que tous les autres de la semaine, excepté le vendredy, de recevoir tout le monde depuis onze heures du matin jusques à la messe du roy.
Bon.	J'envoiray voir dans la salle de mon père ceux qui pourroient avoir à lui parler touchant les affaires de la charge, et je tascheray de les attirer à moy par une prompte expédition.
Cela est très-bon, pourvu que cela s'exécute.	Pour cet effect, j'escriray les demandes de tous ceux qui me parleront, et j'en rendray compte à mon père dans la journée, ou je luy mettray un mémoire sur sa table affin qu'il mette ses ordres à costé.
Bon.	J'auray un commis qui tiendra, pendant que je donneray audience, les ordonnances et autres expéditions, et qui les délivrera à mesure qu'elles seront demandées.
Bon.	Le lundy, au retour du Conseil, je feray un mémoire de ce qui aura esté ordonné par le roy, et commencerai dès le soir mesme à expédier ce qui demandera de la diligence.
Bon.	Le mardy matin je me leveray à mon heure ordinaire; j'achèveray ce qui aura esté ordonné au Conseil.
Bon.	Je travailleray aux affaires courantes, et tascheray surtout de faire en sorte que toutes les affaires qui peuvent estre expédiées sur-le-champ ne soient pas différées au lendemain, et travailleray à mettre les affaires de discussion en estat d'en rendre bon compte à mon père et de recevoir ses ordres.
Bon. Il n'y a rien de mieux, mais il faut exécuter.	Je me feray représenter les enregistrements le mardy après le disner; je les coteray après les avoir leus, et marqueray à costé les minuttes de la main de mon père[1].

---

[1] Lorsqu'une lettre était écrite par Colbert lui-même, on l'indiquait sur les *Registres des despesches* par les mots en marge : *De la main de Monseigneur*. Tous ces registres portent également, en marge de chaque lettre, le visa de Colbert ou de son fils.

CHAPITRE XIV.

Bon.

Très-bon.

Bon.

Bon.

Il faut lire et faire l'extrait des principales lettres, et, à l'esgard des autres, l'extrait des principaux points.

Bon.

Il faut remettre ce travail au samedy. Dans le mercredy et le jeudy, on peut prendre les après-disners, et quelquefois les journées entières et le dimanche, et ainsy il ne faut point attacher à ces jours-là un travail nécessaire.

Bon.

Surtout je ne manqueray pas, lorsque j'auray quelque expédition à faire, de quelque nature qu'elle soit, de chercher dans les registres ce qui aura esté fait en pareille occasion, et je me donneray le temps de lire et examiner lesdits registres, affin de former mon stile sur celuy de mon père.

Je visiteray tous les soirs ma table et mes papiers, et j'expédieray, avant de me coucher, ce qui pourra l'estre, ou je mettray à part et envoiray à mes commis les affaires dont ils debvront me rendre compte, et j'observeray de marquer sur l'agenda, que je tiendray exactement sur ma table, les affaires que je leur auray renvoyées, affin de leur en demander compte en cas qu'il les différassent trop longtemps.

Je mettray sur ledit agenda toutes les affaires courantes, et je les rayeray à mesure que leur expédition sera achevée.

J'employray le mercredy à travailler aux affaires que je n'auray pu achever le mardy, et, en cas qu'il y eust quelques affaires pressées dont il fallust donner part dans les ports de Brest et de Rochefort, j'escriray par l'ordinaire qui part ce jour-là.

Je liray toutes les lettres à mesure qu'elles viendront, feray moi-mesme l'extrait des principales et envoiray les autres au commis qui a le soin des despesches.

Je prendray le mercredy après le disner pour examiner les portefeuilles, ranger les papiers suivant l'ordre mis à costé par mon père, y mettre les nouvelles expéditions qui auront esté faites et les maintenir toujours dans l'ordre prescrit par mon père.

Je feray le jeudy matin un mémoire des ordres à demander à mon père sur les despesches affin de commencer ensuite à travailler.

Bon.	Je travailleray le soir au Conseil, feray les extraits des affaires auxquelles il y aura quelques difficultés, affin d'estre en estat d'en rendre compte le lendemain matin à mon père.
	Je feray en sorte d'achever dans le vendredy toutes les affaires de l'ordinaire, en faisant les principales que je feray toutes de ma main;
Bon.	je mettray à costé les points desquels je dois parler dans le corps de la lettre, et tascheray de suivre le stile de mon père, affin de lui oster, s'il est possible, la peine de les corriger ou de les refaire mesme tout entières, ainsy qu'il arrive souvent.
Bon.	Le samedy matin sera employé à examiner et signer les lettres de l'ordinaire, à expédier le Conseil du vendredy et travailler aux affaires courantes.
Bon.	Le samedy après disner je travailleray sans faute à examiner l'agenda, à voir sur le registre des finances s'il n'y a point de nouveau fonds qui ayt esté omis sur le registre des ordres donnés au trésorier, si je n'ay point omis pendant la semaine à enregistrer ceux qui ont esté donnés, et je m'appliqueray à estre si exact dans la tenue dudit agenda que je n'aye pas besoin d'avoir recours au trésorier pour sçavoir les fonds qu'il a entre les mains.
Il faut faire ces enregistrements à mesure que les ordonnances s'expédient sans jamais les remettre [1].	J'enregistreray le samedy toutes les ordonnances sur le registre tenu par le sieur de Breteuil.
Bon.	Le dimanche matin sera employé à vérifier la feuille des lieux où sont les vaisseaux, et à travailler aux affaires qui seront à expédier.
Bon.	J'aurai toujours l'agenda des vaisseaux, des escadres et des officiers, dans ma poche.
La loy indispensable et la plus nécessaire est d'estre réglé dans ses mœurs et dans sa vie.	Je feray surtout en sorte d'exécuter ponctuellement tout ce qui est contenu dans le mémoire cy-dessus, en cas qu'il soit approuvé, par mon père, et de faire mesme plus sur

[1] Ce ne sont pas les mots textuels; mais il est impossible de rendre de cette phrase autre chose que le sens.

Manger à ma table très-souvent, sans trop s'y assujettir.

Voir le roy tous les jours, ou à son lever, ou à sa messe.

Travailler tous les soirs, et ne pas prendre pour une règle certaine de sortir tous les soirs sans y manquer [1].

L'on peut pourtant, une ou deux fois par semaine, aller faire sa cour chez la reine et ailleurs.

Il n'y a que le travail du soir et du matin qui puisse advancer les affaires.

cela que je ne lui promets.

Les dispositions si précoces et si remarquables du marquis de Seignelay, fécondées par l'émulation que Colbert avait habilement éveillée en son âme, ne tardèrent pas à obtenir la récompense que celui-ci ambitionnait par-dessus toutes choses. Le 23 mars 1672, il écrivit à son frère, ambassadeur en Angleterre : « Le roi m'a fait la grâce d'admettre mon fils à la signature et aux autres fonctions de ma charge [2]. » Le brevet de survivance était la conséquence de cette faveur. Cependant, il paraît que le jeune marquis de Seignelay ne tint pas exactement toutes ses promesses, et que l'âge et le sang reprirent souvent leurs droits. En effet, même à partir de cette époque, son père lui écrivit bien des fois encore pour lui rappeler, dans les termes les plus pressants, avec les plus fortes instances, la nécessité d'être plus appliqué et plus assidu aux affaires, s'il ne voulait pas se ruiner entièrement dans l'esprit du roi. L'extrait suivant d'une de ces lettres, datée de Saint-

---

[1] Même observation que pour la note précédente ; seulement, ici, le sens même n'est pas très-clair.
[2] Arch. de la mar. *Registre des despesches*, 1672.

Germain, le 17 avril 1672, renferme à ce sujet de curieux détails[1].

« Vos mémoires sont confus et les matières sont meslées l'une avec l'autre, et il y a mesme des fautes dans la diction... L'on void de plus aussi clairement, que vous ne faites point de minuttes de vos despesches ce qui entre nous est une chose honteuse et qui dénote une négligence et un deffaut d'application qui ne se peut excuser ny exprimer vu qu'il n'y a aucun de tous ceux qui servent le roy, en quelque fonction que ce soit qui ayant à escrire à Sa Majesté, ne fasse une minute de sa lettre, ne la relise, ne la corrige, ne la change quelquefois d'un bout à l'autre. Et cependant, vous qui n'avez que vingt ans faites des lettres au roy sans minuttes; il n'y a rien qui marque tant de négligence et si peu d'envie d'acquérir de l'estime dans l'esprit de son maistre; cela fait que sans aucune réflexion vous mettez toutes les matières suivant qu'elles vous viennent dans l'esprit, et outre la précipitation qui y paroist toujours en grand lustre; vostre paresse est telle qu'encore que vous reconnaissiez des fautes dans la construction, vous ne pouvez vous résoudre de les corriger crainte de brouiller vostre lettre et d'estre obligé de la refaire, et tout cela vient par le deffaut d'application, et pour ne point faire ce que je vous ay dit, redit et répété tant de fois. »

Colbert ajoutait que, sans cette précaution de faire des minutes, de bien diviser les matières, de prendre garde à la diction, à la construction, il était absolument impossible de réussir à remplir sa charge, et que, loin d'augmenter en estime dans l'esprit du roi, il fallait s'attendre à diminuer tous les jours et à se perdre infailliblement.

Quoi qu'il en soit, depuis cette époque, le marquis de Seignelay participa au travail de la marine, sous la direction et la surveillance de Colbert. Puis, onze ans après, quand celui-ci mourut, il lui succéda dans cette partie de ses fonctions, où il déploya, fidèle aux traditions paternelles, la plus remarquable activité.

---

[1] Biblioth. roy., Mss. *Colbert et Seigneldy*; cote 17, pièce 7. — Cette lettre n'est pas de la main même de Colbert; mais elle est signée de lui. — Il y a, dans la cote 17 et dans les suivantes, plusieurs autres lettres sur le même objet.

CHAPITRE XV.

Négociations commerciales avec l'Angleterre en 1655.—Réclamations de cette puissance au sujet de l'augmentation du tarif français en 1667. — En quoi consistait cette augmentation. — Prétentions de l'Angleterre concernant l'*empire des mers*.—Remarquable lettre écrite à ce sujet par Colbert à son frère, ambassadeur de France à Londres. — Singulières représailles exercées par les Anglais contre les marchands de vins et eaux-de-vie de France. — Reprise des négociations commerciales (1674). — Appréciation, d'après un mémoire manuscrit de 1710, de l'influence exercée par le système protecteur de Colbert. — Contradictions de Colbert sur les conséquences de ce système. — Un écrivain français propose, en 1623, d'établir *la liberté du commerce par tout le monde*. — Traité d'alliance et de commerce conclu entre la France et l'Angleterre, en 1677.

On a déjà vu avec quelle fermeté et avec quelle intelligence des intérêts nationaux Colbert avait résisté, en 1663, aux prétentions des Hollandais dans les négociations auxquelles donna lieu le droit de 50 sous par tonneau établi sur les navires étrangers qui fréquentaient nos ports. Postérieurement, d'autres négociations, pour le moins aussi importantes et beaucoup plus épineuses, notamment avec l'Angleterre, lui fournirent l'occasion de déployer la même sollicitude pour le développement de la marine et du commerce. Les négociations avec cette puissance, très-difficiles et très-délicates en tout temps, le furent plus que jamais, peut-être, pendant la première moitié du règne de Louis XIV. En 1650, à peine admis en quelque sorte dans l'intimité de Mazarin, Colbert, frappé du tort que causait à la France l'interruption de ses relations avec ce pays, avait fait pour le cardinal ministre un *Mémoire touchant le commerce avec l'Angleterre*[1].

---

[1] Manuscrit autographe de Colbert, cité en entier dans un travail intitulé *Cromwell et Mazarin*, par M. P. Grimblot; *Revue nouvelle*, numéro du 15 novembre 1845. — J'en reproduis ici les passages les plus importants.

L'extrait suivant de ce mémoire fera connaître quelles étaient alors ses idées sur la liberté des échanges :

« Bien que l'abondance, dont il a plu à Dieu de douer la plupart des provinces de ce royaume, semble le pouvoir mettre en état de se pouvoir suffire à lui-même, néanmoins la Providence a posé la France en telle situation que sa propre fertilité lui serait inutile et souvent à charge et incommode sans le bénéfice du commerce qui porte d'une province à l'autre et chez les étrangers ce dont les uns et les autres peuvent avoir besoin pour en attirer à soi toute l'utilité.

... « Pour la liberté du commerce, il y a deux choses à désirer : l'une, la décharge des impositions et de celles que les Anglais lèvent sur les marchands français, et où les Espagnols même ne sont sujets en vertu de leurs traités. Nous avons raison de demander pour le moins des conditions égales; le commerce de la France ayant toujours été plus utile à l'Angleterre, et l'entrée de ceux de notre nation n'y étant point si dangereuse que celle de ce peuple méridional, avare et ambitieux. L'autre, qui regarde particulièrement la province de Guyenne, La Rochelle et Nantes, est qu'ils laissent entrer les vins de France en Angleterre, en leur permettant l'entrée de leurs draps directement, suivant les traités faits avec leurs rois pour le commerce, au lieu que nous recevons tous les jours leurs draps par les Hollandais, qui leur portent aussi nos vins transvasés dans d'autres futailles. L'intérêt des fermes du roi est visible en cette permission réciproque; les douanes ne pouvant subsister si toutes les marchandises n'y sont reçues indifféremment avec liberté et n'en sortent de même... »

Au mois de novembre 1655, malgré la profonde et très-naturelle aversion d'Anne d'Autriche pour le protecteur, un traité d'alliance et de commerce fut conclu avec l'Angleterre à la sollicitation de Mazarin. Relativement au commerce, ce traité stipulait la liberté entière des relations entre les deux pays, la réciprocité complète sur tous les points, et la seule restriction qu'il contînt concernait les draperies anglaises, soumises, à l'entrée, aux vérifications ordinaires, en ce qui regardait leur bonté. Conformément aux clauses d'un traité de 1606 entre Henri IV et Jacques Ier, ces draperies devaient être reportées en Angleterre lorsqu'elles seraient reconnues *vicieuses et mal façonnées*, au lieu que les draps français déclarés tels étaient sujets à confiscation[1]. Mais cet état de cho-

---

[1] *Recueil des traités de commerce et de navigation*, etc., etc., par MM. de Hauterive et de Cussy, t. II; *France — Angleterre*, p. 9 et suiv.

ses ne dura pas longtemps. Il fallait une marine à la France, et le droit de 50 sous par tonneau sur les navires étrangers, établi par elle dans ce but, fut suivi, un an après, de l'Acte de navigation, auquel il servit aussi de prétexte. L'Angleterre, en effet, nourrissait déjà cette idée, que sa prospérité et son salut, peut-être, étaient attachés à la prééminence de sa marine sur celle de tous les autres États. Ces deux édits modifièrent sensiblement les relations commerciales des deux pays. Un peu plus tard, en 1664, la France augmenta son tarif sur plusieurs articles, et, trois ans après, une nouvelle augmentation donna lieu, de la part des Anglais comme des Hollandais, à des plaintes très-vives, suivies bientôt de représailles dont les provinces méridionales éprouvèrent le contre-coup. A l'appui de leurs réclamations, les fabricants anglais faisaient valoir que, depuis un petit nombre d'années, les droits de la plupart des marchandises qu'ils portaient à la France en échange de ses vins et eaux-de-vie avaient été triplés, et ils s'appuyaient à ce sujet sur cet extrait comparé de nos tarifs[1].

	Droits d'entrée avant 1664.	Tarif de 1664.	Tarif de 1667.
Bas de soye.	2 l. 7 s. 3 d.	» l. 15 s.	2 l.
Bas d'estame, la douzaine.	2 10 6	3 10	8
Draps demy d'Angleterre.	3 8 6	4 10	10
Draps d'Angleterre.	36 17 4	40 »	80
Bayette d'Angleterre.	4 14 »	5 »	10
Bayette double.	9 9 4	15 »	30
Molleton d'Angleterre.	4 15 »	6 »	12
Serge d'Écosse.	1 19 4	2 »	4

On comprend donc que les négociations relatives aux intérêts commerciaux des deux peuples dussent présenter de graves difficultés; mais celles-là n'étaient ni les seules ni les plus grandes, et il y avait aussi à régler une question d'amour-propre ou de vanité en apparence, question cependant très-positive au fond, quoique très-variable dans la forme, et qui, à ce moment, servait d'expression à la rivalité éternelle des deux nations.

---

[1] Arch. de la mar., *Registre des despesches*, etc., année 1672, p. 93 et suiv.

Il s'agissait de déterminer quelle était celle des deux qui devrait la première saluer l'autre lorsque leurs navires se rencontreraient en mer, et c'est ce qu'on appelait le *droit de pavillon*. L'Angleterre demandait à être saluée la première, non-seulement dans l'Océan, mais encore dans la Méditerranée, et l'on se figure si la cour de France était disposée à admettre ces étranges prétentions. L'ambassadeur de France en Angleterre était alors Colbert de Croissy, frère du contrôleur général. La correspondance du ministre et de l'ambassadeur, en 1669, révèle parfaitement les dispositions des deux cours, et contient à cet égard les plus curieux renseignements.

On se souvient que la France était liée à cette époque avec la Hollande par un traité d'alliance offensive et défensive, traité qu'elle se souciait fort peu d'exécuter, et qu'elle n'exécuta pas quand le moment fut venu, laissant, sous divers prétextes plus ou moins bien colorés, les flottes anglaise et hollandaise s'entre-détruire seules, à son profit. L'Angleterre avait donc alors un intérêt réel à ménager la France. Malgré cela, elle se montrait d'une susceptibilité extrême, soit sur le droit de pavillon, soit sur le développement de la marine française; enfin elle ne reculait devant aucun moyen pour percer le secret de nos projets, comme le prouve une lettre que Colbert écrivit le 5 avril 1669 à l'ambassadeur à Londres, pour lui dire qu'on était persuadé à Paris que toutes leurs dépêches étaient ouvertes en Angleterre, où l'on connaissait aussi leur chiffre, et pour l'engager à expédier les dépêches secrètes *par voie de marchand*. Dans une autre lettre du 27 avril, Colbert recommandait à son frère de faire en sorte que la méfiance naturelle des Anglais, en ce qui touchait l'accroissement de notre marine, n'augmentât pas. D'après cette lettre, toutes les fois qu'on parlerait des forces maritimes du roi, il faudrait les diminuer et bien faire connaître qu'il était impossible d'approcher de celles de l'Angleterre, la France n'ayant presque pas de vaisseaux marchands, « chose indispensable pour en pouvoir tirer les gens nécessaires aux armements des vaisseaux de guerre. »

Enfin, quatre ans auparavant, le 13 février 1666, l'ambassadeur hollandais, Van Beuningen, écrivait de Paris à Jean de

Witt : « Je ne manque point de faire usage de ce qu'a dit M. Downingh (ambassadeur de Londres à La Haye), *que les maximes de l'Angleterre ne vouloient pas que l'on souffrist que la France se rende puissante par mer*[1]. »

A l'égard des pavillons, la France proposait un moyen bien simple et qui devait couper court à toute difficulté : c'était de convenir que chaque gouvernement donnerait ordre à ses vaisseaux de guerre de n'exiger aucun salut, en cas de rencontre, de quelque rang et en quelque nombre qu'ils fussent. La lettre de Colbert qui proposait cet expédient est du 3 juillet 1669. Treize jours après, il écrivit à l'ambassadeur pour le féliciter de l'avoir fait approuver et pour l'inviter à se hâter de faire expédier les ordres en conséquence par le roi et le duc d'York, grand-maître de la marine. Cependant, il y avait eu malentendu, et l'Angleterre ne s'était pas engagée autant que l'avait d'abord pensé l'ambassadeur français. La lettre suivante renferme sur cette affaire des détails du plus grand intérêt. Le désappointement de Colbert, les reproches qu'il fait à son frère de s'être *laissé prendre un peu pour dupe,* les opinions qu'il exprime sur certaines prétentions de l'Angleterre, donnent à cette lettre une véritable importance, et la classent parmi les pièces diplomatiques dignes d'être recueillies par l'histoire. Ces mots écrits en marge du registre d'où elle est tirée : *De la main de Monseigneur,* constateraient au besoin, si la gravité du sujet ne l'indiquait de reste, qu'elle est bien l'expression de sa pensée. Enfin, on a vu que toutes les réponses concernant les affaires de la marine étaient lues au Conseil en présence du roi. Cette lettre peut donc être considérée comme la manifestation intime des opinions de Louis XIV et de Colbert relativement à la prépondérance maritime que l'Angleterre prétendait s'arroger alors.

« Paris, 21 juillet 1669.

« Je vous avoue que j'ay esté surpris de voir, par vostre lettre du 15 de ce mois, que vostre négociation auprès du roy d'Angleterre et de M. le duc d'Yorck, sur le sujet des saluts, n'ayt abouti qu'à donner les

---

[1] *Lettres et négociations entre J. de Witt,* etc., etc., t. III, p. 71.

ordres à tous les vaisseaux anglois de ne point demander de salut et de n'en point rendre dans la mer Méditerranée seulement, se réservant toujours leur chimérique prétention dans l'Océan. La grande facilité que vous y avez trouvée vient qu'assurément ils croyaient qu'il leur estoit assez advantageux de saluer dans la Méditerranée pourvu qu'ils exigeassent le mesme salut dans l'Océan; et comme vous leur avez demandé moins, ils vous l'ont accordé avec grande facilité; et je ne puis pas m'empescher de vous dire que vous vous estes un peu laissé prendre pour dupe en cette occasion, veu qu'il valloit beaucoup mieux demeurer en l'estat où nous estions que de nous contenter de cet ordre, d'autant que les Anglois ne peuvent jamais nous contester la mer Méditerranée; et à l'esgard de l'Océan, quoi qu'il soit les plus puissants, nous n'avons pas vu jusqu'à présent que leur souveraineté prétendue ayt esté reconnue; ainsi il auroit esté du bien commun des deux nations et de l'intérest des roys d'establir cette parité dans toutes les deux mers. Je vous doibs dire de plus que les ordres donnés en 1662 lorsque M. le duc de Beaufort mist en mer l'armée de Sa Majesté, et qu'il passa en Levant, par les deux roys, portoient d'éviter la rencontre, et, en cas qu'il ne se pust, de ne demander aucun salut de part ny d'austre. Je fais chercher les lettres de ce temps-là pour vous en envoyer des extraits; cependant vous ne debvez point tesmoigner d'empressement de faire envoyer l'ordre qui vous a esté offert, et vous debvez faire connoistre audit roi et au duc d'Yorck les grands inconvénients que l'exécution peut tirer après soy, dès lors que la mesme chose ne sera point également establie dans les deux mers, et employer toute votre industrie pour obtenir cette égalité partout, s'il est possible.

A l'esgard du traicté de commerce, les pensées de milord Arlington sont très-raisonnables, puisqu'elles tendent à établir un traitement réciproque entre les deux royaumes; c'est à vous à bien examiner toutes les différences de traictement qui se font, afin que vous en soyez bien instruict lorsque vous travaillerez à l'examen du projet qui vous sera dellivré.

« Je vous envoye une relation de ce qui s'est passé sur le vaisseau du capitaine Languillier, faite par son frère qui est à présent au Havre, et qui l'a accompagné jusqu'à Cadis; vous verrez qu'elle est bien différente de ce qui a esté dit en Angleterre. Vous pourrez vous en servir auprès du roy pour luy faire connoistre le caractère des esprits qui publient ces sortes de nouvelles [1].   COLBERT. »

Telles étaient les difficultés des négociations dirigées de Paris par Colbert sur la question des saluts. Celles relatives à

---

[1] Biblioth. roy., *Registre des despesches concernant le commerce*, année 1669, n° 263. Les autres lettres dont il est question un peu plus haut se trouvent dans le même registre, aux dates indiquées.

l'augmentation des tarifs ne rencontraient pas moins d'obstacles, et, comme il arrive souvent, elles se prolongèrent longtemps sans aboutir à rien. On a vu quelle avait été cette augmentation, et que des menaces de représailles ne s'étaient pas fait attendre. Elles étaient, il faut bien le dire, très-naturelles, très-logiques, et la plus ordinaire prudence commandait de les prévoir. Mais ce qu'il eût été impossible de supposer, ce qu'on a peine à croire aujourd'hui, c'est que l'Angleterre, tant son irritation contre le nouveau tarif était grande, imagina de donner à ses représailles un effet rétroactif. Une lettre de Colbert du 23 mai 1670 ne permet à ce sujet aucun doute. Cette lettre, adressée à l'ambassadeur, portait, en substance, qu'il était injuste de faire payer de nouveaux droits aux marchands français pour des eaux-de-vie envoyées en Angleterre et vendues depuis plusieurs années sur la valeur des droits alors existants.

« Je suis persuadé, ajoutait Colbert, qu'en faisant connoistre au roy d'Angleterre combien cette prétention est peu fondée sur la justice, peut-estre vous parviendrez à faire descharger les marchands françois qui ont envoyé leurs eaux-de-vie à leurs correspondants sur l'assurance de l'imposition qui existoit alors, et dans laquelle la foy du roy d'Angleterre estoit engagée [1]. »

Quoi qu'il en soit, les négociations relatives à un nouveau traité de commerce n'étaient pas abandonnées, et, en ce qui touchait les intérêts de l'agriculture française, de pareilles avanies en démontraient surabondamment l'urgence. Cependant, la question faisait peu de progrès. En 1671, notre ambassadeur à Londres soumit à Colbert un mémoire où il discutait quatre bases différentes, sur lesquelles le traité avec l'Angleterre pourrait être établi, au choix des parties contractantes. Ces bases étaient celles-ci :

1° Égalité complète de traitement;

2° Traitement des Anglais en France de la même manière que les Français seraient traités en Angleterre;

3° Maintien du *statu quo* en renouvelant les anciens traités;

4° Rétablissement des tarifs tels qu'ils étaient en 1664, et

[1] Arch. de la mar., *Registre des despesches*, etc., année 1670.

suppression du droit de 50 sous par tonneau, tout en conservant, pour tout le reste, le traitement en vigueur.

Colbert répondit à ce mémoire que la dernière base était inadmissible, le roi ne voulant, en aucune manière, renoncer à la liberté d'imposer, dans son royaume, tels droits qu'il lui conviendrait. Pour la troisième, on pourrait peut-être la discuter, mais alors seulement qu'il aurait été reconnu impossible de s'entendre sur les deux premières. Un de ses arguments était que l'avantage des deux peuples ne consistait pas à profiter l'un sur l'autre, à se disputer le peu de commerce qu'ils faisaient, mais à l'augmenter considérablement, en le retirant petit à petit des mains des Hollandais, qui l'avaient usurpé. Quant à la vérification des marchandises prétendues vicieuses, au sujet desquelles les Anglais revenaient toujours à la charge, Colbert se montrait inexorable. Il en était de même du droit de 50 sous par tonneau, et il faisait observer, avec beaucoup de raison, sur ce dernier article, que, l'impôt correspondant étant de 3 livres 10 sous en Angleterre, il y avait lieu de s'étonner qu'on demandât la suppression du droit perçu en France, suppression qu'il faudrait d'ailleurs accorder en même temps aux Flamands, aux Espagnols, aux Suédois, aux villes anséatiques, ce qui reviendrait à une abolition entière, et que, tout ce que l'on pouvait faire, c'était de stipuler l'exemption réciproque pour un nombre égal de navires des deux pays.

Enfin, un an plus tard, au moment où la France allait entreprendre sa campagne contre la Hollande et où il lui convenait de s'unir le plus étroitement possible avec l'Angleterre, Colbert jugea convenable de faire un dernier sacrifice. Répondant alors à une note relative au traité de commerce, note remise par les commissaires anglais à l'ambassadeur français, il autorisa ce dernier à concéder, s'il le fallait, le tarif tel qu'il existait avant 1664, c'est-à-dire une réduction des deux tiers environ sur celui de 1667, en recommandant néanmoins à l'ambassadeur « d'employer toute son industrie pour ne pas épuiser son pouvoir sur cet article-là [1]. »

---

[1] Arch. de la mar., *Registre des despesches*, année 1671, t. II, p. 50 et suiv., année 1672, t. I, p. 93 et suiv. *Mémoire du Roy servant de réponse au projet de traité de Commerce*

Voilà donc quelles furent, abstraction faite de cette dernière et très-importante concession motivée par les circonstances, les règles adoptées par Colbert en ce qui concernait les relations commerciales de la France avec l'Angleterre. Ce système, il est facile d'en juger par ce qui précède, n'aboutissait à rien moins qu'à sacrifier les produits de nos manufactures naturelles, dont il semble que la Providence ait voulu rendre une partie de l'Europe tributaire, à ceux de certaines manufactures encouragées et privilégiées, qui, outre le tort immense qu'elles causaient à l'agriculture et par conséquent à tout le royaume, élevaient arbitrairement le prix d'un grand nombre d'objets de consommation. Il y a déjà longtemps, vers 1710, la question de savoir si ce système a été utile ou nuisible à la France a été agitée dans les régions mêmes du gouvernement. Un mémoire manuscrit dont j'ai déjà parlé, discute en détail cette question, et renferme sur les commencements du commerce de l'Angleterre de curieux documents [1]. La fabrication des draps ne s'introduisit dans ce royaume qu'en 1485, et fit surtout de rapides progrès pendant le règne de la reine Elisabeth, qui profita habilement des troubles survenus dans les Pays-Bas pour attirer dans ses États un grand nombre d'ouvriers flamands. La découverte de la Floride par Sébastien Cabot, en 1496, celle de la Virginie un siècle plus tard, par Walter Raleigh, l'occupation des Bermudes en 1612, celle de la Jamaïque, d'Antigoa, des Barbades, d'une partie des îles Saint-Christophe et de la Guadeloupe, de la Caroline, de Maryland, etc., vers le milieu du même siècle, donnèrent à sa marine une importance considérable, qui lui permit de lutter avec celle des Hollandais, d'éclipser toutes les autres, et d'offrir avantageusement sur tous les marchés, notamment en France, les produits des fabriques anglaises. L'établissement du droit

---

entre la France et l'Angleterre, mis entre les mains du sieur Colbert, ambassadeur de Sa Majesté près du Roy de la Grande-Bretagne, par milord Arlington. — Éclaircissements sur les demandes faites par les commissaires du Roy de la Grande-Bretagne pour le traicté de commerce, du 4 avril 1672.

[1] Biblioth. roy., Mss. *Mémoires sur le commerce et les finances de la France, des Colonies, de l'Angleterre et de l'Espagne*. 1 vol. in-fol. suppl. fr., no 1792. — Voir, au sujet de ce manuscrit, la note 2 de la p. 136, chap. IV.

de 30 sous par tonneau porta un coup sensible à cette prospérité. « Cette nouveauté, dit le mémoire manuscrit de 1710, fut regardée en Angleterre comme le signal d'une interruption manifeste au cours ordinaire du commerce et une infraction aux traités conclus avec la France depuis plus de deux siècles, et servit de fondement au fameux Acte de navigation. » On a pourtant vu que la mesure dont il s'agit était impérieusement commandée à la France, sous peine de n'avoir jamais à opposer que quelques barques aux flottes chaque jour plus puissantes de l'Angleterre et de la Hollande. Les tarifs de 1664 et de 1667, mais principalement ce dernier, durent être beaucoup plus funestes à l'Angleterre. En effet, ce sont ces tarifs qui amenèrent les singulières représailles rétroactives dont il est question dans la correspondance de Colbert.

Quant aux conséquences du système de ce ministre à l'égard des manufactures, il est curieux, même aujourd'hui, de voir avec quelle hardiesse et quelle sûreté de vues elles furent appréciées, trente ans après sa mort, et du vivant même de Louis XIV, par un homme qui occupait, on n'en saurait douter d'après son langage et en pesant les renseignements qu'il a eus en sa possession, de hautes fonctions dans le gouvernement.

La question la plus importante débattue dans le mémoire sur le commerce avec l'Angleterre était celle-ci : *Le temps où les Anglais enlevaient nos denrées en échange de leurs draps était-il plus ou moins avantageux pour la France, que celui où, grâce au produit des manufactures nationales, elle n'achetait pas de draps aux étrangers, mais où elle avait cessé de leur vendre les produits de son sol ?*

Cette question, disait en commençant l'auteur du mémoire, paraissait encore indécise. En effet, d'un côté, beaucoup de fabriques s'étaient formées à Sedan, Carcassonne, Abbeville, Amiens, Lille, Elbeuf. Ces fabriques enrichissaient les villes où on les avait établies et occupaient beaucoup de monde. En outre, la prudence ne voulait-elle pas que l'on se dispensât de tirer de l'étranger tout ce que l'on pouvait fabriquer chez soi ? On ajoutait qu'à l'époque de la plus grande prospérité de notre commerce avec l'Angleterre, les Anglais étaient tous les ans nos débiteurs de 10 millions de livres, et qu'en raison du besoin extrême qu'ils avaient de nos toiles, de nos vins, de nos eaux-de-vie, de nos sels et de nos chapeaux, non-seulement il n'était pas à craindre que la surtaxe dont leurs draps avaient été frappés les empêchât de venir prendre ces divers objets chez nous, mais que, selon toutes les apparences, ils devraient laisser en France encore plus de numéraire qu'auparavant.

On ne saurait douter que ces raisons n'aient exercé une grande influence sur les décisions de Colbert, et il faut bien convenir qu'aujourd'hui encore les premières d'entre elles ont, dans les questions analogues, de nombreux et zélés partisans. Cependant, les objections que l'on y faisait dès 1710, avaient aussi une véritable importance, et comme la question est, pour ainsi dire, encore pendante, on me permettra de les exposer ici succinctement.

Parmi ces objections, les plus graves étaient au nombre de sept :

1° Il se fabriquait avant le tarif de 1667 trois sortes de draps : les fins, les médiocres, les grossiers. La France faisait une partie des médiocres et tous les grossiers ; en somme, elle exportait pour 30 millions de draps sur lesquels, on l'a déjà vu, ceux d'Angleterre ne figuraient que pour 8 millions, et permettaient de faire des assortiments recherchés par les marchands étrangers.

2° Les obstacles apportés à l'entrée des draps d'Angleterre avaient été cause que les négociants de ce pays s'étaient mis à fabriquer les draps médiocres et grossiers, avaient expédié directement aux étrangers les assortiments que nous étions en possession de leur fournir, et avaient ainsi fait baisser le débit de nos draps à l'étranger.

3° L'augmentation de nos tarifs avait porté le gouvernement anglais à élever le prix de nos vins, eaux-de-vie, vinaigres ; mais en même temps il avait laissé subsister les anciens droits sur les vins de Portugal, des bords du Rhin, des Canaries, et diminué considérablement, par ces représailles, le débit qui se faisait des vins français.

4° Les avantages procurés aux ouvriers des manufactures n'étaient pas comparables au tort fait à l'Etat en forçant les Anglais d'aller prendre chez les autres nations les eaux-de-vie qu'ils tiraient des provinces dont elles faisaient toute la richesse. Telles étaient la Champagne, la Bourgogne, la Provence, la Biscaye, la Guyenne, la Saintonge, le Languedoc, le Roussillon, la Haute-Bretagne, l'Anjou, la Lorraine, le Blaisois et l'Orléanais. Depuis que les vins et eaux-de-vie de ces provinces ne se vendaient plus, un malheureux vigneron qui possédait pour 800 livres de vins ne pouvait, faute de débouchés, payer une taille de 30 livres, ou bien, s'il vendait son vin, c'était à vil prix, les Anglais et les Hollandais n'étant plus là pour donner aux produits de ses terres, par la concurrence qu'ils se faisaient entre eux, leur ancienne et véritable valeur [1].

5° Il avait fallu tirer d'Espagne tous les ans pour 10 millions

---

[1] Relativement à cette conséquence naturelle et pour ainsi dire forcée de l'augmentation des droits, on trouve dans la correspondance de Colbert les assertions les plus contradictoires. Je me bornerai à en signaler quelques-unes.

Le 30 août 1669, Colbert écrit à l'intendant de Rochefort : « *Il ne faut pas estre trop exigeant avec les Anglais, au sujet des droits sur les marchandises. Il ne faut pas obliger les étrangers à chercher les moyens de se passer de nos vins.* »

Le 13 septembre 1669, à M. de Pomponne : « *La diminution du commerce dont se plaint M. de Witt est la même partout.* »

Le 19 décembre 1669, au même : « *Il s'est plus enlevé de vin que jamais dans le mois de novembre.* »

Le 27 décembre 1669, au même : « *A l'égard du commerce, je ne trouve point qu'il diminue en France, en sorte que je vois clairement la diminution de celui de Hollande, ce qui est une matière de consolation.* »

Le 19 mars 1671, au même : « *Les efforts des États pour se passer de nos vins et eaux-de-vie n'ont eu d'autre effet que de faire enchérir de 10 livres, depuis un mois, la barrique d'eau-de-vie, c'est-à-dire qu'avant leurs défenses on ne la vendait que 46 livres et qu'elle en vaut 56, et même il s'en charge beaucoup plus, avec cette différence que les vaisseaux sont anglois, danois ou hambourgeois.* »

Puis, huit jours après cette lettre, le 27 mars 1671, Colbert écrit à un de ses agents à Bordeaux : « *Pourvu que la diminution qu'il y a cette année de l'enlèvement des vins et eaux-de-vie ne provienne que de la stérilité de la dernière année, il y a lieu de s'en consoler... J'ai peine à croire que les Hollandois se puissent passer de nos vins et eaux-de-vie, ni puissent en diminuer l'achat.* » (Biblioth. roy. et Arch. de la mar., *Colbert et Seignelay*, cote 7, pièce 27; *Registre des despesches*, etc., années 1669 et 1671.) Convaincu de la bonté de son système, Colbert se débattait contre les faits qui le contrariaient, les attribuait à d'autres causes; à plus forte raison cherchait-il à faire prendre le change aux instruments de ses desseins, afin qu'ils le servissent mieux. On a déjà vu plusieurs preuves de cette tactique; ici, la contradiction est patente et résulte du texte même de sa correspondance. D'ailleurs, il est évident que l'élévation des droits d'entrée dont les draps de Hollande et d'Angleterre avaient été frappés en 1667 ne pouvait avoir pour résultat, comme il l'assurait à M. de Pomponne, d'augmenter le débit de nos eaux-de-vie et de nos vins.

de laine : aussi l'aune de drap fabriqué en France valait 16 livres, c'est-à-dire 2 livres de plus qu'on ne vendait auparavant les draps d'Angleterre.

6° La diminution du commerce avait causé une grande diminution dans le revenu des fermes publiques;

7° Enfin, malgré tous les encouragements qu'on leur avait accordés, les manufactures ne s'étaient pas multipliées; il ne s'y était point formé de grandes maisons ni de fortunes considérables, et ceux qui avaient eu l'entreprise de l'habillement des troupes s'étaient seuls enrichis.

En résumé, d'après le mémoire, le droit de 50 sous par tonneau devait être considéré comme la première source du mal; mais l'augmentation du droit sur les draperies étrangères, augmentation dont les fâcheuses conséquences étaient inévitables et pouvaient être prévues, l'avait considérablement aggravé.

La conclusion était qu'il fallait profiter de l'ouverture des négociations pour rétablir la liberté que les Anglais avaient eue autrefois de vendre leurs draperies en France, porter notre attention sur les laines que le royaume pouvait produire, en tirer d'Espagne le moins possible, et favoriser la contrebande qui se pratiquait entre Calais et l'Angleterre pour l'introduction des laines de ce pays qui nous étaient utiles. On ne pouvait se flatter, il est vrai, moyennant ces changements, de ramener le commerce français au point où il était en 1659, parce que le cours en avait été dérangé. A cette époque, en effet, l'Angleterre tirait tous ses chapeaux de Caudebec, et Lyon lui fournissait toutes ses étoffes de soie; elle avait depuis établi des manufactures de ces objets, sans compter celles des draps grossiers que nous faisions seuls auparavant. D'un autre côté, les Hollandais avaient débauché des ouvriers de nos papeteries; ils avaient appris à faire des toiles à voiles, et ils en approvisionnaient l'Angleterre. Mais on aurait au moins la perspective d'augmenter le débit de nos vins et eaux-de-vie, de nos toiles à voiles, meilleures que celles de la Hollande, et de nos sels, plus estimés que ceux du Portugal [1].

[1] Biblioth. roy. Mss. *Mémoires sur le commerce*, etc.

Telles étaient les idées que des esprits éclairés avaient déjà sur la liberté du commerce, il y a plus de cent trente ans[1]. On a vu plus haut par quels motifs ces propositions pouvaient être combattues avec succès en ce qui concernait l'établissement du droit de tonnage, mesure indispensable et sans laquelle, vu les ressources des marines hollandaise et anglaise, la France eût été éternellement condamnée, sous ce rapport, à une humiliante et dangereuse infériorité. Mais, ces réserves faites, il faut convenir que les résultats attribués à l'augmentation excessive des tarifs en 1667 n'étaient malheureusement que trop réels, et il est trop vrai encore qu'en se combinant avec la législation sur les grains, cette aggravation produisit dans les provinces, mais principalement dans les campagnes, l'horrible détresse dont les intendants, les évêques et les gouverneurs crurent devoir informer Colbert. Puis enfin, à la mort de ce ministre, l'exagération de son système sur le commerce des grains et sur les manufactures, compliquée, il est

---

[1] Ces idées de liberté dataient, au surplus, de beaucoup plus loin. On en jugera par le titre d'une brochure publiée, il y a plus de deux siècles, sous ce titre : *le Nouveau Cynée ou Discours des occasions et moyens d'establir une paix générale et la liberté du commerce par tout le monde.* Em. Cn, P. Paris, 1623. (Biblioth. roy., Mss.) Cette brochure, très-curieuse, se trouve dans le *Portefeuille Fontanieu*, n°⁵ 580 et 581. L'extrait suivant de la table des matières donnera une idée de la tournure d'esprit de l'auteur, dont l'abbé de Saint-Pierre n'a fait, en quelque sorte, que développer le thème principal.

« Assemblée générale de tous les souverains nécessaire pour maintenir la paix.

« Guerriers sont d'un naturel turbulent ; il est plus dangereux de les trop estimer que de les abaisser.

« Vanité de l'homme des armes reconnue enfin par ceux qui en font profession.

« *Justice vaut mieux que vaillance.*

« *Labourage est un mestier honorable*; idem, *Marchandise et trafic.*

« *Mariages doivent estre recommandez.*

« *Médecine et mathématiques plus nécessaires que toute autre science.*

« *Monnoye doit estre partout d'une mesme loy et poids.*

« Paix générale ne peut abastardir la valeur.

« Pauvres doivent estre nourris aux dépens du public.

« Punir les meschants ; appointer honorablement leurs parents.

« Religion gist principalement en la recognoissance d'un Dieu.

« Rois tyranniques ne peuvent estre attaqués légitimement par leurs subjects.

« Sauvages doivent estre tenus comme des bestes.

« Soldats se glorifient de peu de chose ; de tout temps ont esté plus estimez que le reste des hommes ; ne doivent estre trop honorez.

« *Tuer et nuire sont choses faciles.* »

Que l'on écarte quelques idées déraisonnables, absurdes, et l'on sera forcé de convenir qu'il y avait tout à la fois bien de la hardiesse et de la justesse dans ce penseur de 1623.

vrai, des conséquences d'une guerre désastreuse, réduisit le royaume à cet état dont Vauban a tracé le déplorable tableau.

Quoi qu'il en soit, les négociations entamées entre la France et l'Angleterre, en 1669, pour la conclusion d'un traité de commerce, ces négociations où Colbert, dominé par l'intérêt politique de la situation, abandonnait, non-seulement le tarif de 1667, mais celui de 1664, demeurèrent sans résultat. Les événements marchèrent plus vite qu'elles. En 1672, au commencement de la campagne de Hollande, les deux nations étaient unies, contrairement à l'intérêt évident de l'Angleterre et grâce aux séductions de toute sorte exercées sur Charles II à l'instigation de Louis XIV, habile à exploiter au profit de sa politique les passions de ce prince[1]. Peu de temps après, l'Angleterre força la main à son roi, et celui-ci dut faire cause commune avec la Hollande. Enfin, quelques années plus tard, le 24 février 1677, un traité de commerce fut signé à Saint-Germain entre la France et l'Angleterre ; mais ce traité semble avoir eu simplement pour objet de rétablir entre les deux pays les relations qui avaient été interrompues par la guerre, et il ne stipulait rien en ce qui concernait leurs tarifs réciproques[2]. Or, c'était le fond de la question, et, comme il arrive dans la plupart des conventions diplomatiques, crainte de ne pouvoir s'entendre de longtemps, on n'y toucha pas. D'un autre côté, il est certain, et le fait est constaté par un mémoire manuscrit de Colbert, qu'à la paix de Nimègue la France renonça, non

---

[1] *Histoire de la Marine*, par M. Eugène Sue, 1re édition en 5 volumes. Voir aux pièces justificatives, t. II, p. 264 et 265, le traité secret signé, à cette occasion, entre Louis XIV et Charles II par l'influence de Madame, sœur de Charles II, et de Mlle de Kerouel, une de ses demoiselles d'honneur, qui devint maîtresse de Charles II sous le titre de duchesse de Portsmouth. Par ce traité, signé à Douvres le 22 mai 1670, Louis XIV donnait à Charles II : 1° 2 millions de livres, et il s'engageait en outre à lui fournir six mille hommes de pied pour lui faciliter les moyens de *se réconcilier avec l'Église romaine aussitôt que le bien des affaires de son royaume le permettrait*: 2° 3 millions de livres pour faire la guerre à la Hollande avec au moins cinquante gros vaisseaux et dix brûlots, afin, dit l'article V du traité, *de mortifier l'orgueil des états généraux et d'abattre la puissance d'une nation qui s'est si souvent noircie d'une extrême ingratitude envers ses fondateurs, laquelle même a l'audace de se vouloir ériger en souverains arbitres et juges de tous les autres potentats*, etc., etc. Telles furent les principales conditions du traité secret de Douvres. En 1671, il y eut ce qu'on appelle un traité *simulé*, en tout conforme au traité de Douvres, sauf la clause dite de *Catholicité*, qui demeura secrète entre les deux rois, et dont ni leurs ambassadeurs, ni le Parlement anglais n'eurent connaissance.

[2] *Recueil des traités de commerce*, etc., t. II. *France-Angleterre*.

sans un vif déplaisir, à son tarif de 1667, et l'on a toujours dit que ce fut en faveur de la Hollande [1]. Pourtant, il n'est fait aucune mention d'une résolution aussi importante dans le traité de commerce et de navigation qu'elle signa avec cette puissance en 1678 [2]. La même faveur fut-elle accordée à l'Angleterre? Cette supposition n'a rien d'invraisemblable. Mais, ni les documents officiels, ni les travaux imprimés ou manuscrits sur le commerce de la France avec cette nation ne fournissent aucune indication à ce sujet.

[1] *Recherches sur les finances*, année 1683.
[2] *Recueil des traités de commerce*, etc., t. II ; *France-Hollande*.

CHAPITRE XVI.

Effets produits en Hollande par l'augmentation du tarif français en 1667. — La vérité sur les médailles frappées dans ce pays. — Causes réelles de l'invasion de la Hollande en 1672. — Correspondance de Van Beuningen relativement à l'élévation des droits d'entrée mis en France sur les marchandises étrangères. — La Hollande use de représailles. — Lettres de Colbert sur ce sujet. — Invasion de la Hollande et ses suites. — Clauses principales des traités d'alliance et de commerce conclus entre la France et la Hollande, en 1678, 1697 et 1713.

Cependant, en ce qui touchait la Hollande, l'augmentation du tarif français en 1667 avait dû produire dans ce pays une irritation extrême, s'il faut en juger par l'amertume de ses récriminations et par la vigueur des représailles où sa rancune l'entraîna. Cette puissance se trouvait alors dans une position très-critique et dont il importe de se rendre compte pour apprécier les graves événements qui suivirent. « Il est singulier et digne de remarque, a dit Voltaire au sujet de l'invasion de la Hollande en 1672, que, de tous les ennemis qui allaient fondre sur ce petit État, il n'y en eût pas un qui pût alléguer un prétexte de guerre[1]. » En effet, si les motifs ne manquaient pas, ni la France ni l'Angleterre, n'avaient, il faut l'avouer, aucun grief sérieux à lui reprocher, et cette absence de raisons à alléguer fut telle, qu'au moment où les préparatifs de Louis XIV se trouvèrent achevés, prise à l'improviste, atterrée, la Hollande lui fit demander si c'était bien contre elle qu'ils étaient dirigés.

On a souvent répété depuis bientôt deux siècles, que la Hollande s'était attiré la colère de Louis XIV par l'orgueil et

---

[1] *Siècle de Louis XIV*, chap. X.

la vanité de ses médailles. Cette explication, si elle était vraie, serait peu honorable pour la France, et témoignerait de la plus déplorable légèreté de la part du roi et de ses ministres. Mais les faits la contredisent complètement. A la vérité, les Hollandais avaient fait graver une médaille ainsi conçue : « *Assertis legibus; emendatis sacris; adjutis, defensis, conciliatis regibus; vindicata marium libertate; stabilita orbis Europæ quiete;* — *Les lois affermies; la religion épurée; les rois secourus, défendus et réunis; la liberté des mers vengée; l'Europe pacifiée.* » Mais cette médaille ayant éveillé la susceptibilité de Louis XIV, ils en firent briser le coin [1]. Il est vrai encore qu'on reprocha à l'ambassadeur Van Beuningen d'en avoir fait graver une dans laquelle, nouveau Josué, il commandait au soleil de s'arrêter : *Sta, sol*, ce qui eût été en même temps une allusion à la fameuse devise *Nec pluribus impar* et aux conquêtes du roi, suspendues en 1667 par le traité d'Aix-la-Chapelle, où Van Beuningen, négociateur principal de ce traité, n'avait pu obtenir toutefois qu'on donnât à la France la Franche-Comté au lieu de la Flandre espagnole. Mais cette accusation était une véritable calomnie, et, dès qu'il en fut informé, Van Beuningen écrivit à M. de Lionne pour démentir le bruit qu'on avait répandu, à quoi M. de Lionne répondit « qu'on était persuadé à la cour de la vérité de ce qu'il disait. » Il résulte même, d'une lettre de Van Beuningen, que la médaille dont il s'agit n'avait existé que dans l'imagination de ses ennemis [2].

L'invasion de la Hollande eut donc des causes plus sérieuses que celle-là. Une d'elles, on l'a déjà vu par l'extrait du traité

---

[1] *Siècle de Louis XIV*, chap. X.

[2] Biblioth. roy. Mss. *Lettre de M. Conrard Van Beuningen à M. de La Volpilière, docteur en théologie.* Après la campagne de 1672, ce dernier avait publié un recueil d'odes intitulé : *La Hollande aux pieds du Roi.* Voici le titre et le premier vers de la pièce qui ouvre le volume : *La Hollande aux pieds du Roi. Elle lui demande la paix, et, se confessant coupable, tâche de rentrer en grâce auprès de lui.*

Ce ministre orgueilleux qui m'attire la guerre, etc...

Ce ministre est Van Beuningen, qui fit peindre un soleil avec cette parole de Josué : *Sta, sol.* (*Note de La Volpilière.*) Le même poëte traitait Van Beuningen d'*orgueilleux Phaéton*, de *faux Josué*, de *faux devin*, etc. La lettre de celui-ci, dans laquelle respire d'un bout à l'autre une ironie froide, calme, et en quelque sorte diplomatique, réduit à leur juste valeur ces sottes accusations. (*Manuscrit des Blancs Manteaux*, n° 63; *Histoire de la marine*, par M. Eugène Sue; pièces justificatives.)

secret entre Louis XIV et Charles II, fut l'audace de ces républicains *de se vouloir ériger en souverains arbitres et juges de tous les autres protentats*, témoin le rôle qu'ils avaient joué lors du traité d'Aix-la-Chapelle; l'autre, et elle ne fut pas moins déterminante que la première, fut l'augmentation de droits dont les Etats généraux frappèrent les vins et eaux-de-vie de France, en représailles des droits énormes mis sur leurs draperies en 1667. Ainsi, ce que l'on croit avoir été principalement une guerre de médailles fut en grande partie une guerre de tarifs.

« Le germe de la guerre de 1672, dit à ce sujet l'*Encyclopédie*, fut dans le tarif de 1667. Sans ce tarif, qui aigrit les esprits et les porta à toute sorte de mauvais traitements contre la France, quel intérêt les Hollandais pouvaient-ils avoir à indisposer un roi tel que Louis XIV ?... Mais le nouveau tarif attaquait essentiellement leur commerce. C'était les blesser dans la partie la plus sensible de leur existence; dès lors, ils crurent ne devoir plus rien ménager [1]. »

On n'a pas oublié l'émotion que produisit en Hollande l'établissement du droit de 50 sous par tonneau sur tous les navires étrangers qui fréquenteraient nos ports. Un an après, l'Acte de navigation porta à la marine hollandaise un coup plus funeste encore. Puis, vint l'augmentation de notre tarif, suivie presque aussitôt d'une autre augmentation tellement forte qu'elle équivalait à une véritable prohibition. Et tout cela frappait la Hollande au moment même où elle venait d'atteindre au plus haut point de sa splendeur, coup sur coup, sans qu'elle eût en quelque sorte le temps d'aviser, de chercher d'autres débouchés ou de modifier sa fabrication. Certes, c'était là une situation funeste, qui a, de nos jours, par intervalles, des équivalents chez les nations, chez les villes exclusivement manufacturières, parce que le propre de l'industrie est de se développer dans des proportions pour ainsi dire géométriques, sans rapport certain avec les besoins, ou du moins avec la possibilité de les satisfaire, ce qui est cause qu'elle n'est jamais

---

[1] *Dictionnaire des finances*, article *Tarif*. Au surplus, je dois dire que l'*Encyclopédie* désapprouve les Hollandais d'avoir élevé les droits d'entrée sur nos vins et eaux-de-vie, alors que, de 1664 à 1667, Colbert avait presque triplé les droits sur leurs draps. — *Histoire de l'économie politique*, par M. Blanqui; t. II, chap. XVI.

si près d'une crise qu'au moment où elle occupe le plus de bras. On conçoit donc que cet état de choses ait arraché un long cri d'alarme à la Hollande, qu'elle se soit fortement débattue, malgré les intérêts politiques qui la poussaient vers la France, pour échapper aux liens dont celle-ci voulait l'enchaîner, et il est bien évident que, si Colbert avait pu ruiner ses manufactures sans déterminer un contre-coup fatal à l'agriculture française, son plan eût été inattaquable. Mais un pareil résultat était tout simplement impossible, et, par malheur, à défaut des enseignements de la science encore à naître, Colbert, homme de détails et d'action, n'avait ni le coup d'œil assez élevé, ni le génie nécessaire pour découvrir les vices du système où il s'était si résolument engagé.

Déjà, vers le commencement de 1667, on pouvait voir se former à l'horizon l'orage qui éclata cinq ans après. Le négociateur de l'alliance offensive et défensive de 1662, l'adversaire aussi habile qu'obstiné du droit de tonnage, Van Beuningen était de nouveau à Paris en qualité de ministre extraordinaire. « Ce Van Beuning, dit Voltaire, était un échevin d'Amsterdam qui avait la vivacité d'un Français et la fierté d'un Espagnol. Il se plaisait à choquer, dans toutes les occasions, la hauteur impérieuse du roi, et opposait une inflexibilité républicaine au ton de supériorité que les ministres de France commençaient à prendre. » On lui attribuait même, à ce sujet, quelques paroles assurément très-contestables. « *Ne vous fiez-vous pas à la parole du roi ?* lui demandait un jour M. de Lionne dans une conférence. — *J'ignore ce que veut le roi*, aurait répondu Van Beuningen, *je considère ce qu'il peut*[1]. » Il faut ajouter, à son honneur, qu'au témoignage de M. d'Estrades, ambassadeur de France en Hol-

---

[1] *Siècle de Louis XIV*, chap. IX. Voilà du moins ce que raconte Voltaire, et il date cette fière répartie du 2 mai 1668. On remarquera qu'une telle réponse n'eût pas été seulement impertinente, mais très-maladroite, surtout à la cour de France, avec le caractère que l'on connaissait au roi. Évidemment, un apprenti diplomate n'eût pas commis la faute reprochée à cet ambassadeur. Qui sait, au surplus, si, dès que la ruine de la Hollande fut résolue, on n'exagéra pas, pour faire sa cour au roi, l'*inflexibilité républicaine* qui l'avait choqué en lui ? Il suffit, d'ailleurs, de lire la correspondance de Van Beuningen pour se convaincre qu'il était incapable de la maladresse et de la grossièreté qu'on lui attribuait.

lande, les deux frères de Witt, Van Beuningen et Beverning, étaient alors les seuls membres des États généraux incapables de se laisser gagner[1].

Le 14 janvier 1667, Van Beuningen écrivit à La Haye qu'il ne s'occupait d'aucune affaire avec tant de zèle et d'application que des manufactures, attendu qu'il en connaissait toute l'importance. Plusieurs seigneurs de la cour goûtaient, disait-il, les raisons dont il se servait pour leur persuader qu'il n'était pas dans l'intérêt du royaume de *bander si fort cette corde*, et Colbert lui-même paraissait en sentir la force, mais pas assez pour l'engager à renoncer à son dessein d'établir des manufactures de draps, dont le succès lui semblait incertain tant que le commerce des draps de la Hollande serait libre. Il est à craindre, ajoutait Van Beuningen, que nous ne soyons obligés d'avoir recours aux voies de *rétorsion*; néanmoins, je crois que ce ne doit point être avant la paix[2].

Quelques jours après, le 20 janvier, Jean de Witt lui répondit de La Haye qu'on y était dans la même inquiétude, par rapport aux manufactures, mais que les moyens de rétorsion seraient impraticables, à cause de la diversité de conduite des Amirautés, dont l'une ne manquerait pas de relâcher plus que l'autre pour attirer le débit de son côté, comme cela se pratiquait tous les jours à l'égard des manufactures d'Angleterre qui étaient si expressément défendues. Cependant, Colbert poursuivait obstinément ses projets, et au mois d'août 1667 il modifia une partie du tarif. Alors, Van Beuningen écrivit qu'on s'était bien hâté dans la conjoncture présente, et avant la conclusion de la paix, de défendre les draps et plusieurs autres *manufactures* de la Hollande, que celui par les mains de qui ces choses se faisaient *agissait avec plus de fermeté que de circonspection*, mais que, puisque les Français repoussaient toutes les manufactures de la Hollande, il faudrait bien trouver un moyen, les plaintes étant inutiles, de les empêcher de *remplir ce pays des*

---

[1] Lettre de M. d'Estrades au roi, du 17 septembre 1665, citée dans l'*Hist. de la Mar.*, etc.
[2] *Lettres et négociations entre M. Jean de Witt*, etc., t. IV. — Voir, pour les trois lettres suivantes, le même volume aux dates indiquées.

leurs, et de lui tirer par là le plus clair de son argent comptant. A quoi Jean de Witt répondait, le 5 mai, par le retour du courrier : « Il ne reste plus que la voie de rétorsion à opposer aux nouveaux droits mis sur nos manufactures, ou plutôt à la défense indirecte qu'on en a faite. »

Mais ce n'étaient là que les préliminaires de la guerre de représailles dont on se menaçait, du reste, de part et d'autre. En 1668, Van Beuningen quitta Paris, où sa position était devenue très-difficile, soit à cause de son opposition au système dominant, soit encore pour la roideur et l'inflexibilité de ses formes. La correspondance de Colbert de l'année 1669 et des années suivantes fait voir quels souvenirs il y avait laissés, et témoigne d'une antipathie personnelle très-prononcée. « Malgré l'opiniastreté et la trop grande présomption du sieur Van Beuningue, écrivait Colbert le 29 mars 1669 à M. de Pomponne, au sujet de la prise d'un navire français par les Hollandais, il faut toujours faire les instances dans les formes prescrites, afin que nous puissions avoir de bonnes raisons quand le roi accordera des lettres de représailles [1]. »

Dans d'autres lettres des 31 mai, 21 juin et 25 novembre 1669, Colbert parle de *la chaleur, de l'emportement des imaginations du sieur Van Beuningue, qui causeront à son pays les plus grands préjudices qu'il ait reçus.* Puis, vers la même époque (2 août 1669), « il prie M. de Pomponne d'avoir l'œil sur la modération du péage des vins du Rhin, dont Van Beuningue les menace depuis si longtemps, et sur les moyens que celui-ci entend pratiquer pour empêcher l'enlèvement de nos vins et de nos autres denrées et marchandises. » A ce sujet, d'ailleurs, Colbert ne pensait pas que cette menace, à l'aide de laquelle les États généraux espéraient l'effrayer, dût causer un grand préjudice à la France, et voici sur quoi il se fondait. Suivant lui, trois ou quatre mille navires hollandais venaient tous les ans enlever nos vins dans la Garonne et la Charente; ils les portaient dans leurs pays, où ces vins payaient des droits d'entrée, et la

---

[1] Biblioth. roy.-Mss. *Registre des despesches*, etc., no 204. — Voir, pour les lettres suivantes, ce volume ou ceux des Archives de la marine, aux dates indiquées.

consommation locale en absorbait le tiers. Quant au reste, vers le mois de mars ou d'avril, lorsque la mer devenait libre, ils l'exportaient, soit en Allemagne, soit dans la Baltique, d'où ils revenaient chargés de bois, chanvre, fer, etc. Si donc les Hollandais augmentaient l'impôt sur nos vins, sans diminution pour ce qui devait être réexporté, ils s'exposaient à ce que les Anglais et les Français leur enlevassent ce commerce de transport, qui était toute leur puissance. Si, au contraire, ils ne surimposaient que les vins consommés en Hollande, ils ne pouvaient retrancher cent cinquante ou deux cents barriques de leur consommation sans retrancher en même temps la subsistance à vingt matelots[1]. Aussi Colbert disait-il qu'ils « ne pouvaient nous faire un petit mal sans qu'ils s'en fissent un grand, » et qu'ils avaient agi « comme celui qui joue avec 100,000 écus de fonds contre un autre qui n'a rien du tout, c'est-à-dire qu'ils n'avaient rien à gagner et que nous pouvions gagner beaucoup[2]. » Peut-être la comparaison n'était-elle pas fort juste. On comprend très-bien, en effet, que les trois ou quatre mille navires hollandais qui chargeaient précédemment nos vins dans la Garonne ou dans la Charente, venant à cesser, pour un motif quelconque, de fréquenter nos ports, la France devait en éprouver un dommage considérable. Mais il paraît que la chaleur, l'emportement et les imaginations imputés à Van Beuningen étaient communicatifs; car de nombreux passages de la correspondance de Colbert prouvent que, dans cette question, lui-même s'était mal préservé des défauts qu'il reprochait à l'ancien ambassadeur hollandais.

Voici maintenant les pièces qui constatent la part que prit Colbert à la déclaration de guerre de 1672. Les extraits suivants de sa correspondance paraîtront sans doute assez concluants.

« *5 avril 1669, à M. de Pomponne.* — Je trouve la conduite de Messieurs les Estats tirannique sur tout ce qui concerne le commerce, mais je doute fort que Sa Majesté soit résolue de la souffrir. »

Les représailles de la Hollande se firent attendre pendant

---

[1] Biblioth. roy. Mss. *Registre des despesches*, etc., année 1669. Lettre à M. de Pomponne, du 21 mars 1669.
[2] Biblioth. roy. et Arch. de la mar. Lettres au même du 25 nov. 1669 et du 30 janvier 1671.

quatre ans. Puis, au mois de novembre 1670, après avoir longtemps hésité et menacé sans rien obtenir, les Hollandais augmentèrent les droits d'entrée sur les vins et eaux-de-vie de France et sur d'autres articles de nos manufactures[1]. Aussitôt M. de Pomponne en informa Colbert qui lui répondit :

« *21 novembre 1670.* — Si cet avis est véritable, il y aura lieu d'examiner les moyens de leur rendre la pareille, à quoy nous n'aurons pas beaucoup de difficulté, d'autant qu'ils contreviennent directement au traité en donnant l'exclusion à nos eaux-de-vie; mais ils ont accoustumé en d'autres occasions, mesmes plus importantes, de ne pas faire grand cas des traités; le mal est pour eux que je ne vois pas le roy en résolution de le souffrir, comme par le passé, et j'espère que vous verrez dans peu qu'ils auront tout lieu de se repentir d'avoir commencé cette escarmouche. »

Quelque temps après, M. de Pomponne ayant confirmé la nouvelle relative à cette augmentation de droits, Colbert lui écrivit ce qui suit :

« *2 janvier 1671.* — Je puis vous assurer que c'est un pas bien hardi pour les Estats. Nous verrons par la suite du temps qui aura eu raison sur ce sujet, ou ceux qui ont prétendu donner de la crainte et faire du mal au royaume par ces moyens, ou ceux qui n'ont pas voulu prendre cette crainte ni appréhender ce mal. »

On comprend, à la lecture de ces lettres, qu'à l'époque où elles furent écrites l'invasion de la Hollande était déjà projetée, et que, loin de s'opposer à ce dessein, qui était le rêve de toute la cour, mais dans des vues diverses, Colbert dut le seconder de toute son influence. Enfin, à tous les motifs que l'on vient d'exposer, il est permis d'en ajouter un autre qui n'agissait

---

[1] Huit mois auparavant, le Parlement anglais avait augmenté les droits sur nos vins, et la Hollande s'en était réjouie en attendant qu'elle suivit cet exemple. Il est curieux de lire ce que Colbert écrivit à ce sujet à M. de Pomponne, le 28 mars 1670 : « La joie que l'on tesmoigne en Hollande des nouvelles impositions que le Parlement d'Angleterre a mis sur nos vins ne sera pas de longue durée, parce que tout ce qui en peut arriver est que, dans le commencement de cet establissement, il pourra causer quelque diminution dans la consommation qui s'en fait, mais il y a bien de l'apparence que dans la suitte elle sera considérablement augmentée, veu que nous trouvons partout que le vin ne se consomme avec tant d'abondance en aucun lieu qu'en ceux où il est *le plus cher*, estant d'ailleurs bien difficile, voire mesme impossible, que les Anglois se passent de boire nos vins; néanmoins, il faut laisser repaistre les Hollandois de ces apparences, tandis que nous jouissons en effect d'une augmentation considérable de commerce. » (Archiv. de la mar., *Registre*, etc. année 1670.)

pas moins fortement sur son esprit : c'était la prospérité toujours croissante de la Compagnie des Indes orientales de Hollande, comparée aux mécomptes de la Compagnie française, dont la situation, malgré des sacrifices et des soins incessants, empirait tous les jours.

On sait ce qui arriva. Au mois de mai 1672, Louis XIV entra en campagne à la tête d'une armée de cent trente mille hommes, la plus brillante que la France ait jamais vue sous les drapeaux, car toute la noblesse du royaume s'était disputé l'honneur d'en faire partie, et l'or et l'argent resplendissaient sur tous les uniformes. A la tête de cette armée, il y avait Condé, Turenne, Luxembourg, Vauban. Malheureusement Louvois y était aussi, Louvois administrateur sévère, actif, vigilant, mais bassement jaloux de Condé, de Turenne, et qui fit manquer plusieurs fois le but principal de la campagne en excitant Louis XIV, dont il dominait l'esprit, à repousser leurs plans. Jamais, d'ailleurs, plus faciles triomphes que ceux dont le commencement de cette campagne fut marqué. La plupart des villes se rendirent sans attendre qu'on en fît le siége, et celles qui auraient pu le mieux résister furent vendues pour quelque argent par les officiers chargés de les défendre. On connaît aujourd'hui la vérité sur ce fameux passage du Rhin, disputé seulement pour la forme par quatre à cinq cents cavaliers et deux régiments d'infanterie sans canon, tant la panique était grande et l'ennemi mal dirigé, à dessein, dit-on, par le prince d'Orange. Abandonné, trahi de tous côtés, Jean de Witt fit implorer la paix par quatre députés, et c'est alors que la malfaisante influence de Louvois fut surtout fatale à la France. Louvois fit revenir ces députés plusieurs fois avant de vouloir les écouter, il les reçut ensuite avec une insupportable fierté, mêla la raillerie à l'insulte, et, malgré les sages avis de M. de Pomponne, alors ministre des affaires étrangères, dont, à son instigation, les conseils furent écartés comme l'avaient été ceux de Turenne et de Condé, le roi repoussa durement les propositions des députés. Entre autres conditions dégradantes, Louvois voulait que la Hollande envoyât tous les ans à Louis XIV une médaille d'or portant qu'elle tenait sa liberté de ce prince. Ce fut le signal d'une révolution. Les chefs de ce qu'on appelait le parti de la paix, le parti français, Jean et Corneille de Witt, furent massacrés, le prince d'Orange, maître enfin, régla, exploita l'effervescence populaire. et un an après, il ne restait à la France, de sa conquête, que des médailles, un arc de triomphe et les germes d'une guerre qui dura quarante ans [1]. Puis, à la paix de Nimègue, elle fut obligée d'abandonner le tarif de 1667, principale cause de la guerre. Bien plus, l'article 7 du traité signé à Nimègue entre la France et les Provinces-Unies stipula qu'à l'avenir « *la liberté réciproque du commerce dans les deux pays ne pourrait être défendue, limitée ou restreinte par aucun privilège, octroi, ou aucune concession particulière, et sans qu'il fût permis à l'un ou à l'autre de concéder ou de faire à leurs sujets des immunités, bénéfices, dons gratuits ou autres avantages* [2]. » Ainsi, par cet article, le gouvernement français se voyait dépossédé du droit d'établir des Compagnies privilégiées, d'accorder des encouragements efficaces à certaines manufactures; et ces conditions durent paraître singulièrement humiliantes à Colbert. Heureusement, on ne le força pas à consentir à l'abolition du droit de 50 sous par tonneau en faveur des navires hollandais. Mais cette nouvelle concession, coup funeste porté à son système pour l'augmentation de nos forces maritimes, fut exigée de la France en 1697, à la paix de Ryswick; et plus tard, en 1713, la Hollande en obtint le renouvellement à Utrecht, par article séparé [3].

---

[1] *Siècle de Louis XIV,* chap. X et XI. — *Docum. inéd. sur l'histoire de France; Documents relatifs à la succession d'Espagne; Guerre et négociations de Hollande en 1672,* par M. Mignet, t. III. « Cet homme (Louvois) sans mesure et sans habileté, qui, malgré l'avis de Turenne et de Condé, avait fait commettre la faute militaire de disséminer l'armée et de ralentir l'invasion, fit alors commettre, malgré l'avis du ministre des affaires étrangères, la faute politique de refuser d'aussi belles offres et de compromettre cette fois, non plus le moyen, mais le résultat même de l'invasion. » — Une histoire de l'administration de Louvois écrite d'après les documents que possèdent sans doute les Archives du ministère de la guerre et d'après les ouvrages spéciaux, jetterait probablement beaucoup de jour sur un grand nombre de décisions importantes se rattachant à cette époque, et rectifierait peut-être sur quelques points les opinions émises sur le caractère de ce ministre, par le duc de Saint-Simon, appréciateur souvent très-partial et très-passionné.

[2] *Recueil des traités de commerce,* etc., t. II. *France-Hollande.*

[3] *Ibidem.*

CHAPITRE XVII.

Budget des dépenses de l'année 1672. — Mesures financières et affaires extraordinaires nécessitées par la guerre. — Énormes bénéfices des traitants dans ces sortes d'affaires. — Création de nouveaux offices nuisibles à l'agriculture et à l'industrie. — Colbert force tous les corps d'états à s'organiser en communautés, moyennant une taxe. — Il met pour la première fois les postes en ferme et fait adopter un nouveau tarif. — L'État s'empare du monopole du tabac. — Émission de nouvelles rentes. — Opinion de Colbert, de Louvois et de M. de Lamoignon sur les emprunts. — Création de la caisse dite *Caisse d'emprunt*. — Au retour de la paix, Colbert s'empresse de rembourser les rentes émises à un taux onéreux. — Résumé des opérations financières de son administration. — Projet qu'il avait de régler toujours les dépenses sur les recettes.

Le budget des dépenses ordinaires de 1672 avait été réglé à 71,329,020 livres. Huit mois auparavant le roi lui-même en avait arrêté le détail comme il suit :

PROJET DES DÉPENSES DE L'ÉTAT POUR L'ANNÉE 1672 [1].

Maisons royales...........................	8,500,000 liv.
Extraordinaire à cause de l'équipage d'armée	500,000
Etapes...................................	2,000,000
Traités en Allemagne......................	2,468,000
[2] Angleterre............................	3,000,000
Suède....................................	1,200,000
Ambassades	400,000
Comptant ès mains du roy	800,000
[3] Bâtiments.............................	2,200,000
Menus dons et voyages...................	500,000
Dépenses extraordinaires	2,000,000
La Bastille................................	100,000
A reporter.....	23,468,000 liv.

[1] *Recherches sur les finances*, etc., année 1672.

[2] Ces trois sommes étaient le prix de l'appui que nous prêtaient plusieurs princes d'Allemagne, l'Angleterre et la Suède. Tant que Louis XIV eut des alliés, il les paya, et fort cher.

[3] Dix ans après, en 1682, ces dépenses avaient plus que doublé. Voici les chiffres :

Comptant ès mains du roi........................	2,217,000 liv.
Ordonnances de comptant pour gratifications	1,972,147
Affaires secrètes................................	2,267,787
Bâtiments......................................	5,957,926
Récompenses...................................	137,613

Report.....	23,468,000 liv.
Marine......	7,000,000
Galères......	1,500,000
Fortifications du dedans du royaume......	800,000
Ligues suisses......	200,000
Commerce et manufactures......	150,000
Canal de jonction des deux mers......	500,000
Ouvrages publics......	100,000
Pavé de Paris......	100,000
Remboursements......	200,000
Extraordinaire des guerres, artillerie et fortifications	33,321,020
Gratifications aux officiers d'armée......	200,000
Pain de munition......	4,000,000
Total [1]......	71,539,020

Ainsi, la liste civile du roi s'élevait alors, en y comprenant l'allocation pour les maisons royales, le *comptant*, les menus dons et voyages, les dépenses extraordinaires, les bâtiments et les gratifications aux officiers, à 14,200,000 liv., c'est-à-dire au cinquième du budget de l'Etat. Mais il ne faut pas oublier, je le répète, que ni les frais d'administration des provinces, ni les frais de perception de l'impôt, ni les gages des officiers publics ne figuraient à cette époque dans le budget.

Telle fut la dépense *projetée* pour 1672. La dépense effective fut de 87,928,561 livres [2]. En 1670, pendant la paix, la dépense projetée avait été d'environ 70 millions, et la dépense effective de 77 millions. Les crédits supplémentaires datent, on le voit, d'aussi loin que les budgets. Pendant les années suivan-

---

[1] Colbert aurait désiré pouvoir affecter à quelques parties de ce budget des allocations plus importantes. Les observations qui suivent font connaître ses vues à ce sujet : « Pour la marine, 10 millions... Pour soutenir la Compagnie des Indes orientales, il faut dépenser 8 millions (sans doute en quelques années); elle ne peut subsister sans des secours d'argent et sans une escadre dans les Indes; ainsi, il convient de destiner au commerce 500,000 livres... Il n'y a plus que le roi en France qui fasse travailler les sculpteurs, peintres et autres ouvriers habiles. Si Sa Majesté ne les occupe, ils iront chercher ailleurs de quoi gagner leur vie. Il faut mettre le Louvre en état de ne pas périr, fermer les Tuileries, couvrir l'Observatoire. » (*Recherches sur les finances*, année 1672.) Ces dernières observations prouveraient que Colbert n'a pas toujours apporté des obstacles à la passion de Louis XIV pour les bâtiments.

[2] D'après Voltaire, la campagne de 1672 avait coûté 50 millions, *monnaie de son temps*, soit environ 28 millions, en tenant compte du prix du marc d'argent aux deux époques. Cependant, on voit, d'après ces chiffres, extraits des documents officiels, que la différence entre le projet de dépense et la dépense réelle n'aurait été que de 18,500,000 livres, *monnaie du temps*. Il est vrai que l'on doit comprendre dans les dépenses de la guerre les 6,668,000 livres payées cette année à l'Allemagne, à l'Angleterre, à la Suède. Enfin, on peut croire qu'il y eut aussi quelques virements de fonds; dans tous les cas, le chiffre donné par Voltaire n'a rien d'exagéré.

tes, la continuation de la guerre enfla de plus en plus le chiffre des dépenses, qui furent liquidées à 131 millions pour 1679. Enfin, la nécessité de solder les dépenses arriérées porta ce chiffre à 141 millions en 1681, et à 200 millions en 1682. Il fut réglé à 115 millions en 1683, année où mourut Colbert[1].

Pour faire face à cet accroissement de charges, Colbert fut obligé d'avoir recours à ce qu'on appelait alors les *affaires extraordinaires*. Dans le nombre de ces affaires, la création d'offices jouait d'ordinaire un grand rôle, et, comme rien n'était plus facile, c'est par là que l'on commençait toujours. C'était pourtant un expédient détestable qui aggravait un mal déjà grand ; mais, cette fois encore, il fallut le subir. Colbert augmenta d'abord le prix des charges de secrétaires du roi, trésoriers de France, notaires, procureurs ; et ceux-ci durent verser au Trésor, moyennant une élévation de gages correspondante, le montant de l'augmentation à laquelle ils avaient été taxés.

En même temps, on créa pour 900,000 livres de rente, on établit des taxes sur les maisons bâties à Paris en dehors des limites tracées en 1638, on vendit les matériaux de la halle aux draps et aux toiles, et de toutes les échoppes appartenant au roi dans la nouvelle enceinte de la capitale, expédient nécessairement impopulaire, qui suscita contre Colbert une irritation extrême. Ces diverses affaires et quelques autres devaient rapporter 14,320,000 livres ; mais l'habitude de tout mettre en ferme, et sans doute aussi l'urgence des besoins, furent cause qu'on s'adressa à ces *traitants* si durement rançonnés, il y avait à peine dix ans, par la Chambre de justice. Se souvenant du passé et pleins de précautions pour l'avenir, ceux-ci exigèrent une remise d'un sixième, pour laquelle on leur délivra une ordonnance de comptant de 2,333,333 livres, qui les mettait à l'abri de toute poursuite ultérieure. Quant aux autres bénéfices attachés à l'affaire, ils furent évalués par Colbert lui-même à 1,320,000 livres. Sur un impôt de 14,320,000 livres l'État toucha donc 11,666,667 livres. Il est vrai que les

---

[1] Arch. du roy. carton K, 125. *Estat par abrégé des receptes, dépenses et maniement des finances pendant que MM. Colbert, Le Peletier et Ponchartrain ont esté controlleurs généraux des finances.*

traitants consentirent à lui donner 3 millions comptant, et le surplus en dix paiements échelonnés de trois en trois mois, à dater de l'enregistrement de l'édit [1].

Ainsi, le gouvernement était entraîné de nouveau dans ces *affaires extraordinaires*, épouvantail des populations pendant tant d'années, et qui leur rendaient les noms des traitants et de leurs commis si justement odieux. Malheureusement, tout ne se borna pas là, et les suites de cette fatale campagne de 1672 provoquèrent un grand nombre d'autres affaires de ce genre. Parmi les offices créés à cette époque, il faut citer, comme autant d'entraves apportées au développement de l'agriculture et de l'industrie, les vendeurs de veaux, cochons de lait et volailles, cuirs et marées, les jaugeurs et courtiers de toute sorte de liqueurs, les mesureurs de grains, mouleurs de bois, courtiers de foin, etc., etc. Les exemptions de tailles accordées à divers officiers, moyennant finance, rapportèrent 3 millions; les taxes sur les étrangers naturalisés, 500,000 livres. Enfin, le montant des affaires extraordinaires pendant cette période du règne de Louis XIV s'éleva à 150 millions, sur lesquels les traitants prélevèrent un sixième pour leur remise, sans compter leurs autres profits. Il n'est pas jusqu'à l'industrie qui n'eût à souffrir dans son organisation même de cette gêne du Trésor; car cet édit, dont il a déjà été question, portant que *ceux qui font profession de commerce, denrées ou arts, qui ne sont d'aucune communauté, seront établis en corps, communautés et jurandes, et qu'il leur sera accordé des statuts*, date du mois de mars 1673. Cette affaire, dit Forbonnais, produisit 300,000 livres, et il ajoute avec raison : « Cela valait-il la peine de mettre des hommes si utiles à la merci des traitants, et de donner un exemple qui devint si pernicieux sous le ministère suivant [2] ? »

Une mesure véritablement utile, et qui n'eut aucun de ces inconvénients, fut la création d'une ferme spéciale pour les postes comprises jusqu'alors dans le bail des aides pour une

---

[1] *Recherches sur les finances*, etc., années 1672 à 1678.

[2] *Recherches*, etc. « A la même époque, dit Forbonnais, on défendit de teindre ni de fabriquer aucun demi-castor, renonçant ainsi à en vendre à ceux qui veulent en porter. »

somme insignifiante. Instituées par Louis XI, en 1464, dans un but purement politique, « *estant moult nécessaire et important à ses affaires et son Estat,* porte l'ordonnance, *de sçavoir diligemment nouvelles de tous costés, et y faire, quand bon luy semblera, sçavoir des siennes,* » les postes n'avaient pas tardé, par la force des choses, à devenir un établissement d'une utilité générale; mais, mal surveillées pendant longtemps, livrées en quelque sorte, en ce qui concernait la fixation des taxes, au bon plaisir de ceux qui s'en appliquaient le produit, elles ne rapportaient, même pendant la première moitié de l'administration de Colbert, que 100,000 livres à l'État, et les commis seuls y faisaient fortune. On trouve dans les *Très-Humbles Remontrances* adressées au roi, en 1654, par les Six corps des marchands de Paris, que des exactions intolérables avaient lieu, contrairement aux règlements sur le port dû pour les lettres, « exactions dont il ne fallait point d'autres preuves, disaient les marchands, que le prompt enrichissement de ceux qui s'en mêlaient, lesquels, de petits commis et distributeurs de lettres, se trouvaient dans peu de temps, en état de devenir maîtres et d'acheter des charges considérables. » Colbert sépara les postes du bail des aides, et adopta un nouveau tarif très-libéral dont on s'est bien écarté depuis. D'après ce tarif, qui ne comptait que quatre taxes (de 2 à 5 sous), les lettres, pour des distances de vingt-cinq lieues, ne payèrent que 2 sous, et celles pour les plus grandes distances 5 sous, qui s'augmentaient de 1 sou seulement, pour chaque zone, quand la lettre était double. Colbert mit donc le produit des postes en ferme, et l'État retira 1,200,000 livres du premier bail [1]. En

---

[1] *De l'Origine des Postes chez les anciens et chez les modernes,* par Lequien de La Neuville. — C'est un recueil, incomplet toutefois, même dans la période qu'il embrasse, des édits et arrêts qui ont paru sur les postes. Il en existe deux éditions, l'une de 1708, l'autre de 1730. — *Recherches sur les finances,* etc., année 1654. — *Histoire financière de la France,* etc., année 672. — *Dictionnaire du Commerce et des Marchandises,* publié par Guillaumin, article *Postes,* par M. Dubost. — Voici un échantillon des conséquences fiscales du tarif de Colbert et du tarif actuel, comparés, il est vrai, à leur point de dissemblance le plus élevé.

	Tarif de Colbert.	Tarif en vigueur depuis 1827.
Prix d'une lettre simple de Dunkerque à Marseille.	5 s.	1 fr. 20 c.
Prix de la même lettre pesant 10 grammes	6 s.	2 40
Prix de la même lettre pesant 30 grammes	10 s.	4 80

même temps, il obtint environ 500,000 livres de la ferme du tabac, dont la culture, libre jusqu'alors, fut restreinte à quelques localités. Au retour de la paix, Colbert aurait bien voulu revenir au régime de la liberté. On lit à ce sujet, dans un de ses mémoires sur les finances : « Il faut abolir la ferme du tabac et celle du papier timbré, qui sont préjudiciables au commerce du royaume. » Mais il n'était plus temps ; car, de 500,000 livres la ferme du tabac s'était bientôt élevée à 1,600,000 livres, et non-seulement ses successeurs se gardèrent bien de donner suite à ses vues, mais, pour réprimer la contrebande si aisée à faire, si séduisante, à cause des facilités que présentait la culture de cette plante à laquelle le climat de la France convenait si bien, ils imitèrent la rigueur qu'il avait portée dans ses règlements sur les manufactures, et prononcèrent la peine du carcan contre tous ceux qui auraient cultivé le tabac sans autorisation [1].

Enfin, un grand nombre de petites propriétés dépendant du domaine furent aliénées, et des droits qui causèrent une émotion extraordinaire dans tout le royaume, principalement dans les provinces de Bretagne et de Guyenne, furent établis, en 1674, sur la vaisselle d'étain et le papier timbré. On trouvera dans le chapitre suivant des détails relatifs aux troubles graves qui éclatèrent à cette occasion.

Cependant, toutes ces ressources étant insuffisantes pour subvenir aux besoins de la guerre, force fut de recourir aux emprunts et de créer des rentes. Colbert ne s'y décida et ne s'y laissa contraindre en quelque sorte qu'à la dernière extrémité. Il avait pour cet expédient financier, le plus simple et le plus facilement praticable, mais par cela même le plus dangereux, une répugnance instinctive des plus énergiques, et ce qui se passa après sa mort a prouvé combien ses craintes étaient fondées. Suivant lui, ce qu'il y avait de plus ruineux pour un État, c'était le crédit ou l'abus du crédit, si voisins l'un de l'autre, et plutôt que d'y avoir recours il eût préféré des affaires extraordinaires plus impopulaires encore que le

---

[1] *Recherches sur les finances*, etc., année 1683. — *Histoire financière*, etc., année 1674.

bail des échoppes et les droits établis sur la vaisselle d'étain ou sur le papier timbré. Un de ses contemporains a dit, et l'on a répété après lui, qu'à l'époque où la Chambre de justice sévissait contre les financiers, révolté, indigné des gaspillages qui s'étaient commis, Colbert avait fait rendre un édit portant peine de mort contre quiconque prêterait de l'argent au roi [1]. Mais aucun recueil ne fait mention d'un pareil édit. Quoi qu'il en soit, la répulsion de Colbert pour les emprunts est constante, et il n'est pas moins certain qu'il dut emprunter à des conditions exorbitantes, malgré la sage précaution qu'il avait prise, en 1673, d'admettre les étrangers à acquérir des rentes sur l'Hôtel-de-Ville, avec la faculté d'en disposer comme les Français [2]. Cette seule mesure prouverait au besoin que Colbert comprenait fort bien l'emploi, la puissance du crédit, et c'est même parce qu'il trouvait cette arme trop puissante qu'il craignait d'y accoutumer un roi dont il savait les dispositions à en abuser. M. de Lamoignon raconte que Louvois redoutait les impôts parce qu'ils auraient fait décrier la guerre, et qu'il préférait les emprunts. Par le même motif, Colbert préférait l'impôt à l'emprunt. Mais le crédit de Louvois était alors tout-puissant, et le vent soufflait à la guerre. Il fallut donc prendre un parti. Avant de se déterminer entre une augmentation d'impôts ou un emprunt, Louis XIV consulta M. de Lamoignon, qui ne fut pas de l'avis de Colbert. On se souvient du portrait que le premier président a fait de ce ministre et des motifs d'antipathie qui existaient entre eux. A l'issue de cette conférence Colbert dit à M. de Lamoignon : « Vous triomphez, vous pensez avoir fait l'action d'un homme de bien ; eh ! ne savais-je pas comme vous que le roi trouverait de l'argent à emprunter? Mais je me gardais avec soin de le dire. Voilà donc la voie des emprunts ouverte ! Quel moyen restera-t-il désormais d'arrêter le roi dans ses dépenses? Après les emprunts il faudra les impôts pour les payer, et si les em-

---

[1] *Mémoires de Gourville*, t. LII de la collection Petitot ; p. 529. — *Particularités sur les ministres des finances*, etc.

[2] *Collection des anciennes lois*, etc., arrêt de décembre 1673. Forbonnais blâme cette disposition que M. Bailly approuve au contraire très-fortement et avec beaucoup de raison.

prunts n'ont point de bornes, les impôts n'en auront pas davantage [1]. »

On emprunta donc, mais je le répète, à des conditions très-onéreuses, malgré l'appel fait aux étrangers. En 1665, Colbert avait réduit l'intérêt au denier 20; au mois de février 1672 l'intérêt des sommes prêtées au roi fut élevé exceptionnellement au denier 18; mais ce taux fut de beaucoup dépassé, et l'intérêt commun des emprunts fut au denier 16 et 14, de 7 à 7 1/2 pour 100 et souvent davantage. En un mot, dit Forbonnais, dans la plupart des emprunts faits de 1672 à 1679, l'Etat toucha 75 et 70 pour 100. En même temps, Colbert établit ce qu'on appela alors la *caisse d'emprunt*. Cette caisse, qui rendit de grands services pendant la guerre, recevait en dépôt les sommes que le public y portait, et qu'elle remboursait à bureau ouvert avec un intérêt de 5 pour 100, genre d'opération que la Banque de France fait aujourd'hui à raison de 2 pour 100 d'intérêt.

Aussitôt que la paix fut signée, le premier soin de Colbert fut de rétablir l'équilibre dans ce budget où il avait eu jadis tant de peine à mettre un peu d'ordre. Pour cela, il fit un premier remboursement de rentes au moyen d'un emprunt que le retour de la paix avait permis d'opérer au denier 20. Les circonstances de ce remboursement méritent d'être signalées. Quand Colbert vit que le nouvel emprunt réussissait, il annonça que le Trésor rembourserait les anciennes rentes à bureau ouvert, en échange des titres, sur le taux de la création des emprunts faits pendant la guerre, et au denier 15 pour les emprunts d'une époque antérieure. Naturellement, les rentiers se firent prier. Alors Colbert ordonna que le remboursement se ferait chaque année en commençant par les constitutions les plus anciennes, et il déclara irrévocablement déchus de tous droits les rentiers qui n'auraient pas produit leurs titres au 31 décembre 1683. C'est ainsi que plusieurs emprunts de 1

---

[1] *Recueil des arrêtés de M. le président de Lamoignon*, t. I, p. xxxix de la vie de M. de Lamoignon. Après les mots que j'ai cités M. de Montyon ajoute ceux-ci : « *Vous en répondrez à la nation et à la postérité,* » que l'on rappelle toujours après lui. Cette phrase n'est pas dans la *Vie de M. de Lamoignon*.

million de rentes chacun au denier 20, lui permirent d'éteindre les engagements consentis à un taux plus onéreux. On vit alors encore une fois, sous l'administration de Colbert, ce que peuvent l'amour de l'ordre, la fermeté, la prévoyance pour les intérêts sacrés de l'avenir, au milieu des situations en apparence les plus désespérées. Cinq ans après la paix de Nimègue, la plupart des aliénations étaient dégagées et les offices inutiles, créés pendant la guerre, remboursés; les anticipations n'étaient plus que de 7 millions; la caisse des emprunts ne devait que 27 millions; enfin, la dette publique constituée était réduite à 8 millions de rentes, chiffre auquel Colbert l'avait ramenée une première fois avant la guerre, et qu'il avait la prétention de ne vouloir jamais dépasser en temps de paix [1].

Résumons ici les conséquences financières de l'administration de Colbert.

En 1661, ce ministre trouva les impôts à 84 millions, desquels il fallait déduire, pour le service des rentes et des gages ou traitements, un peu plus de 52 millions. Il restait donc au Trésor un revenu net de près de 32 millions, et ses dépenses ordinaires étaient de 60 millions. Déficit annuel, 28 millions.

En 1683, époque où mourut Colbert, le produit des impôts était de 112 millions, sur lesquels il y avait à déduire, pour rentes et gages, 23 millions. Le revenu du Trésor étant de 89 millions et ses dépenses ordinaires de 96 millions, il y avait donc 7 millions seulement d'anticipations, et l'on peut se figurer quelle eût été la situation des finances à cette époque sans la guerre, désastreuse pour elles, que l'on venait de traverser.

Ainsi, Colbert, malgré une réduction de 22 millions sur les tailles, avait augmenté le produit général des impositions de 28 millions, et diminué les rentes et gages de 29 millions, ce qui représentait en réalité pour l'État un bénéfice net de 57 millions [2].

Il n'y a rien à ajouter à de tels chiffres. Certes, la plupart des *affaires extraordinaires* auxquelles consentit ce ministre,

---

[1] *Recherches sur les finances*, etc. — *Histoire financière*, année 1682.

[2] *Recherches*, etc. — *Comptes de Mallet*. — *Histoire financière*, etc., année 1682.

notamment l'obligation pour les métiers libres de se constituer en communautés, et la création d'une multitude d'offices onéreux à l'agriculture, étaient de fâcheux expédients, et il eût beaucoup mieux valu, pour n'en pas venir là, émettre 2 ou 3 millions de nouvelles rentes. Sans doute encore, il eût été bien préférable, au lieu d'affermer à des traitants les douanes, les postes, la vente du tabac, du papier timbré, etc., de confier l'exploitation de ces produits à autant de régies; ce qui aurait eu le double avantage de délivrer les contribuables des vexations des traitants et de faire rentrer au Trésor les énormes bénéfices que ceux-ci réalisaient[1]. Mais cette part faite aux vices de son système et aux habitudes de son temps, on ne saurait assez louer la double préoccupation que Colbert eut toujours et qui perce dans tous ses actes : 1° d'égaliser autant que possible le fardeau des charges publiques, au moyen de l'impôt sur les consommations, puisque celui sur la taille ne comportait pas alors cette égalisation; 2° de régler les dépenses sur les recettes.

Heureuse la France si, dans les crises qu'elle traversa depuis, la Providence lui eût envoyé des ministres qui eussent apporté dans l'administration des finances publiques la même sévérité, la même économie, les mêmes principes! Au contraire, à la mort de Colbert, le parti de la guerre se lança, libre de tout frein, dans la voie si périlleuse des emprunts; et trente-deux ans après, en 1715, la dette publique était montée d'environ 160 millions à 2 milliards[2].

---

[1] *Particularités sur les ministres des finances*, p. 35. — Voici ce que Colbert répondait, le 26 octobre 1669, aux échevins de Lille, qui lui avaient adressé une réclamation à ce sujet : « Les maximes des finances ne permettent pas de laisser aucun droit en régie. » Bibl. roy., Mss. *Registre des despesches*, etc. n° 204. En 1698, quinze ans après la mort de Colbert, on mit les postes en régie; mais il paraît que cet essai ne fut pas heureux, car on revint bientôt au système des fermes.

[2] *Recherches sur les finances*, etc., année 1715. — *Histoire financière*, etc., année 1715.

CHAPITRE XVIII.

Des Parlements et des Etats généraux des provinces pendant l'administration de Colbert. — Opposition du Parlement et des Etats de Bourgogne. — Détails sur les *dons gratuits*.—Dix membres des Etats de Provence sont exilés en Normandie et en Bretagne.—Le Parlement de Paris.—Colbert propose au roi de donner des gratifications à ceux de la Compagnie qui ont *bien servi*.— Réponse de Louis XIV à ce sujet. — Un président de Chambre du Parlement de Toulouse est exilé. — Lettre de Louis XIV relative à l'impôt sur le papier timbré rétabli depuis la guerre. — Révolte de Bordeaux en 1548. — Nouvelle révolte au sujet d'une marque établie sur la vaisselle d'étain. — Curieux détails fournis par un commis du receveur général de Bordeaux. — Lettre de l'intendant de Guyenne à Colbert. — L'agitation gagne les provinces limitrophes. — Une nouvelle tentative d'insurrection est sévèrement réprimée à Bordeaux. — Troubles en Bretagne. — Lettres de M. de Chaulnes, gouverneur de la province, de M. de Lavardin, lieutenant général, de Mme de Sévigné. — Opposition et exil du Parlement. — Punition et *penderie* des révoltés.

On se figure sans peine que l'établissement de cette multitude de droits, dont il a été parlé, n'eut pas lieu sans une vive opposition. Cette opposition, je l'ai déjà dit, fut surtout des plus violentes en Guyenne et en Bretagne, où les révoltés prirent les armes et tinrent pendant quelque temps le gouvernement en échec. Il est nécessaire, pour donner une idée de l'état des esprits et de l'attitude du pouvoir dans ces circonstances, d'entrer à ce sujet dans quelques détails.

Mais auparavant il convient d'exposer succinctement quelle fut, pendant l'administration de Colbert, la nature des relations du pouvoir central avec les Parlements et les États généraux des provinces ; car, dans plus d'une occasion, et notamment en Bretagne, ce fut l'hostilité sourde de ces assemblées qui servit de point d'appui aux révoltes dont l'autorité royale eut à poursuivre la répression.

On connaît les excès de pouvoir des Parlements sous la minorité de Louis XIV et la réaction qui en fut la suite, réaction moins fatale encore à ces Compagnies qu'à Louis XIV lui-même, dont tous les malheurs eurent précisément pour cause le développement excessif et sans contre-poids de son autorité. Cependant, cet abaissement des Parlements ne fut pas tel que, par intervalles, il ne se manifestât dans leurs rangs quelques essais de résistance, principalement lorsqu'il s'agissait de questions où leurs intérêts pouvaient être compromis. On a déjà vu l'opposition que celui de Bourgogne avait faite aux mesures concernant les dettes des communes et les usurpations de noblesse. En 1663, le roi ayant décidé qu'à l'avenir les procureurs seraient à sa nomination et non à celle des Parlements, ce qui avait eu lieu jusqu'alors, les procureurs de celui de Bourgogne cessèrent d'exercer, abandonnèrent les audiences, et retirèrent leurs sacs des mains des avocats, qui suivirent eux-mêmes leur exemple, de sorte que le palais se trouva désert. Doublement irrité, soit de la portée de cet arrêt qui lui enlevait un vieux droit, soit de la manière inusitée dont il lui avait été signifié, le Parlement appuya hautement les procureurs, refusa d'interdire les assemblées, et le premier président écrivit à Colbert « qu'il y avait en tout cela du feu, de la chaleur, mais qu'assurément elle venait de plus loin. » Colbert répondit à cette lettre :

« Je dois vous dire avec vérité que la conduite de vostre Compagnie, au sujet des procureurs, a esté extremement désagréable au Roy, et, entre vous et moy, je ne feindray pas de vous faire sçavoir qu'il s'est expliqué, que, Dieu mercy, la constitution présente de ses affaires et l'établissement de son autorité sont dans un estat différent de celuy où ils se trouvoient dans le temps de la minorité et des mouvements de 49, 50 et 51. Je vois Sa Majesté dans la résolution de ne pas souffrir l'interruption de la justice par la cabale des procureurs et d'y mettre elle-mesme la main, si d'ailleurs on ne remédie pas promptement à ce désordre. »

Malgré cela, le Parlement persista dans son opposition ; mais une lettre de jussion le réduisit au silence, et l'arrêt relatif aux procureurs eut son cours[1].

De leur côté, les États généraux des provinces fomentaient

Une Province sous Louis XIV, etc. *Le Parlement*, p. 370 et suiv.

incessamment des germes de résistance en discutant avec une extrême parcimonie le chiffre du *don gratuit* qu'ils étaient obligés d'offrir au roi pour subvenir aux dépenses générales du royaume. Sous l'ancienne monarchie, cette fiction des dons gratuits présentait, dans toutes les provinces et à chaque réunion des États, des particularités très-piquantes, en raison de leur périodicité. En effet, chaque fois, le roi demandait un don gratuit très-élevé pour en avoir environ les deux tiers, et toujours les États offraient environ moitié. L'extrait suivant d'une lettre écrite le 15 mai 1671, au marquis Phelipeaux de Châteauneuf, secrétaire d'État, par le premier président Brulart, donne sur cette singulière manœuvre de curieux renseignements.

« Nos Estats commencèrent à délibérer sur l'affaire du Roy dès le lundi 11, et envoyèrent offrir dès le matin du même jour 700,000 livres pour le don gratuit extraordinaire contre leur coutume de ne présenter d'abord qu'une somme de 3 ou 400,000 livres au plus..... Cette somme n'ayant pas esté reçue par M. le duc, ils l'augmentèrent l'après-disnée. Mais leur ayant fait entendre qu'elle n'approchoit pas encore de ce qui estoit porté par l'instruction du Roy, ils offrirent mercredy 900,000 livres. Alors M. le duc leur respondit qu'ils avoient encore quelques pas à faire avant que de pouvoir leur dire la somme dont Sa Majesté pourroit estre satisfaite [1]. »

Quelquefois pourtant certaines provinces étaient moins faciles à se plier aux exigences du roi. C'est ce qui eut lieu aux États de Provence de 1671. Le roi avait décidé que le don gratuit de la Provence pour 1672 serait de 500,000 livres, mais rien de moins. Cette somme ayant paru exorbitante, vu la détresse du pays, les députés des États résistèrent aux prétentions de la cour, et l'assemblée traîna en longueur. Impatienté de ces retards, Colbert écrivit le 11 décembre à M. de Grignan, alors gouverneur de Provence, une lettre pleine de colère dans laquelle il lui annonça que le roi était très-cour-

---

[1] *Une Province*, etc. *Les États généraux*, p. 37 et suiv. Dans une autre lettre du premier président sur le don gratuit, en date du 13 janvier 1668, on lit ce qui suit : « Assurément la pauvreté est grande, et le vil prix du blé et du vin, qui sont les seules ressources d'argent de cette province, met les Estats en peine de pouvoir exécuter ce qu'ils promettront. » *Le vil prix du blé et du vin !* tristes conséquences des mesures de Colbert sur les grains et de l'augmentation du tarif !

roucé contre *l'assemblée des députés* à cause des retards qu'elle mettait à lui accorder les 500,000 livres de don gratuit; qu'il était décidé à ne rien rabattre de cette somme, vu les grandes dépenses de l'État et le montant des dons accordés depuis longtemps par les autres provinces; qu'il était las d'une aussi mauvaise conduite, et que, si les députés se montraient assez *malintentionnés* pour persister dans leur opposition, il saurait bien prendre d'autres moyens pour tirer de la Provence une contribution raisonnable. Colbert ajoutait que, suivant la réponse à sa lettre, le roi donnerait des ordres pour licencier l'assemblée, et que de longtemps elle ne serait réunie; en attendant, il priait M. de Grignan de lui envoyer les noms de tous les députés qui la composaient. Mais ces menaces mêmes ne produisirent pas leur effet ordinaire, tant la misère de la Provence était grande! L'extrait suivant d'une lettre de M. de Grignan à Colbert donnera une idée de cette misère et des embarras du gouverneur [1].

« Lambesc, 22 décembre 1671.

« ..... Je vous supplie, au cas que je découvre ceux qui soutiennent par des intérêts particuliers la cabale des opiniastres, de me donner l'authorité de les punir, car il y va de celle du Roy, et les menaces que je suis obligé de faire ne suffisent pas pour les ramener dans leur devoir sy elles ne sont suivies d'aucun effet. Je suis encore obligé de vous dire, Monsieur, par l'engagement que j'ay à ne vous rien déguiser, qu'il y a beaucoup de députés qui n'ont résisté d'abord que dans la seule veuë des misères de cette province; elles sont effectivement très-grandes, mais quand les affaires du Roy ne permettent pas d'y avoir égard, il est juste que Sa Majesté soit obéie.... »

Le 25 décembre, Colbert écrivit de nouveau à M. de Grignan que, le roi n'étant pas disposé à souffrir plus longtemps la mauvaise conduite de l'assemblée *des communautés*, il fallait la licencier. En même temps, le ministre expédia à M. de Grignan dix lettres de cachet, avec ordre de la part du roi, d'envoyer autant de députés, *des plus malintentionnés*, à Grandville, Cherbourg, Saint-Malo, Morlaix et Concarneau. Mais, dans l'intervalle, l'assemblée avait proposé 450,000 li-

---

[1] Biblioth. roy. Mss. *Lettres adressées à Colbert*, année 1671. — Les États de Provence se tenaient dans la petite ville de Lambesc.

vres, et l'on voit, par une lettre de Colbert du 31 décembre, que le roi accepta cette offre, en persistant néanmoins dans l'ordre qu'il avait donné « d'envoyer en Normandie et en Bretagne les dix députés qui avaient témoigné le plus de mauvaise volonté pour le bien de son service... Quant à réunir encore cette assemblée, disait Colbert en terminant, il n'est pas probable que le roy s'y décide de longtemps [1]. »

Au surplus, de pareils tiraillements étaient inévitables, par suite de l'incertitude laissée, lors de l'annexion des pays d'États à la couronne, sur l'autorité réciproque des deux pouvoirs, et l'on s'explique fort bien que, se retranchant derrière leur constitution, ces pays eussent la prétention de discuter le chiffre du *don gratuit* qu'ils devaient donner. D'un autre côté, le roi, seul juge compétent des besoins généraux de l'État, pouvait-il laisser chaque province libre de fixer à son gré la somme de ses contributions, lui reconnaître en quelque sorte le droit d'empêcher une guerre nécessaire, de s'opposer à une agression injuste? On comprend donc mieux encore les exigences du pouvoir central; seulement, le gouvernement aurait dû se montrer moins despotique envers des hommes consciencieux, mus, dans leur opposition, par le spectacle de la profonde misère de leurs concitoyens, et qui n'avaient, en réalité, d'autre tort que d'user, ou, si l'on veut, d'abuser de leur droit.

En ce qui concernait le Parlement de Paris, sans parler de la fameuse séance où Louis XIV était accouru de Vincennes, botté, éperonné, la cravache à la main, pour lui intimer l'ordre d'enregistrer quelques édits bursaux, les occasions n'avaient pas manqué de le rappeler à l'obéissance passive à laquelle on voulait le réduire. Au mois de février 1656, dit une correspondance contemporaine, le roi manda au Louvre le premier président ainsi que les autres présidents à mortier, et leur fit dire, en sa présence, qu'il n'entendait pas que les Chambres se réunissent dorénavant pour aucune affaire d'État, ni de finance, « et que, si elles le faisaient, il était résolu de

---

[1] Arch. de la mar., *Registre des despesches*, etc., année 1671.

leur marquer son ressentiment plus qu'il n'avait jamais fait, et d'une manière que la postérité aurait de la peine à le croire. » Puis, le roi lui-même ajouta : « *Messieurs, on vous l'a dit; faites-en votre profit*[1]. » On a déjà vu comment s'y prit Fouquet, d'après le conseil du financier Gourville, pour amortir l'opposition du Parlement, et l'on sait quelle intimidation Louis XIV exerça sur la Chambre de justice dans le cours du procès fait au surintendant. Mais ce qui paraît étrange, c'est que Colbert lui-même jugea à propos de mettre en pratique le système de gratifications dont son prédécesseur avait reconnu les heureux effets. La lettre suivante, qu'il écrivit au roi le 5 mai 1672, est très-explicite à cet égard.

Paris, 5 mai 1672.

« Le Parlement registra vendredi les deux édits de l'aliénation des domaines pour 400,000 livres de rentes. Cela s'est passé ainsi que Votre Majesté pouvoit le désirer. Le procureur général a servi à son ordinaire; le premier président et les autres présidents de même..... Je ne sais si Votre Majesté estimeroit du bien de son service de donner quelques gratifications aux rapporteurs de ces édits et à quelques-uns des plus anciens conseillers, et à ceux qui ont le mieux servi. Peut-être 12 ou 15,000 livres distribuées ainsi feroient un bon effet pour les autres affaires qui se pourront faire à l'avenir. »

La réponse de Louis XIV à la proposition de Colbert est surtout curieuse et mérite d'être rapportée.

« Je suis très-aise que les édits soient vérifiés et que chacun ait fait son devoir. Vous en pouvez témoigner ma satisfaction à chacun en particulier, quand l'occasion s'en présentera. Je vous permets de faire ce que vous jugerez bon pour mon service, à l'égard des gratifications; prenez garde seulement que cela ne tire à conséquence pour les suites [2]. »

Déjà Louis XIV avait décidé qu'on substituerait à la qualification orgueilleuse de *Cours et Compagnies souveraines* que

---

[1] *Lettres et négociations entre Jean de Witt*, etc., etc., lettre du 13 février 1656. La lettre ajoute qu'un avocat du roi au Parlement, M. Bignon, fut vivement réprimandé de ce que, cette défense du roi ayant été rapportée au Parlement, et son avis demandé, il avait dit « qu'il fallait faire comme le père Jacob, qui, luttant avec Dieu, quoique blessé à la hanche, ne laissa point pourtant de combattre toujours, jusqu'à ce qu'il eût obtenu la victoire et la bénédiction de Dieu même. »

[2] *Œuvres de Louis XIV*, t. V, p. 495 et 496.

prenaient les Parlements le titre plus modeste de *Compagnies supérieures* [1]. Le système des gratifications, auquel Colbert paraissait tout à fait converti, pouvant en effet *tirer à conséquence*, en même temps qu'il avait sans doute aux yeux du roi l'inconvénient très-grave de sembler mettre en question son autorité souveraine, au mois de février 1673, il fut ordonné aux Cours supérieures d'enregistrer les édits, déclarations et lettres patentes concernant les affaires publiques de justice et de finances, sauf à faire des remontrances, mais après avoir prouvé leur soumission par l'enregistrement préalable. A cette occasion, le Parlement de Paris essaya des remontrances qui furent regardées alors, a dit d'Aguesseau, *comme le dernier cri de la liberté mourante* [2]... Quels que fussent les torts des Parlements, leur étroit égoïsme et la vénalité constatée de la plupart de leurs membres, l'édit de 1673, qui les réduisait à n'être plus que des Cours de justice, fit un mal irréparable à Louis XIV lui-même, dont l'omnipotence ne connut plus dès lors ni bornes ni mesures, et qui, libre de toute entrave, s'engagea dans cette série de fautes à la fin desquelles le Parlement cassa ses dernières volontés et redevint en un jour plus influent, plus puissant que jamais. Je n'ai pas parlé d'un président de Chambre du Parlement de Toulouse qui fut exilé comme coupable d'avoir fait rendre un édit contraire à la perception d'un droit récemment établi sur le contrôle des exploits, tandis que le premier président de cette Cour reçut une pension de 2,000 livres pour avoir forcé en quelque sorte les Chambres assemblées à casser cet édit [3]. Enfin, quant à l'opposition du Parlement de Bretagne, on verra un peu plus loin ce qui l'avait surtout déterminée, et comment il en fut puni.

Il n'est donc pas surprenant que, les dispositions équivoques des Parlements et des États généraux étant connues, des troubles graves aient éclaté sur plusieurs points du royaume au sujet de la multitude de ces malheureuses affaires extraordinaires auxquelles la guerre de 1672 donna lieu.

[1] *Une Province sous Louis XIV*, etc. *Le Parlement*, p. 376.
[2] *Collection des anciennes lois françaises*, etc. Note.
[3] *Testament politique de M. Colbert*, chap. IV.

Les premiers eurent lieu à Bordeaux, au mois de mars 1675, à cause d'un impôt véritablement odieux qu'on avait eu le fâcheux esprit de mettre sur la vaisselle d'étain, c'est-à-dire sur la vaisselle du peuple, et ils se renouvelèrent quelques mois après au sujet du papier timbré. Ce dernier impôt n'était pas moins impopulaire ; car l'obligation imposée aux procureurs de ne mettre dans chaque page de papier timbré qu'un nombre de lignes limité augmentait considérablement les frais de procédure que Colbert avait semblé jusqu'alors avoir à cœur de réduire le plus possible. Aussi les procureurs, qui éprouvaient le contre-coup de cette augmentation, ayant réclamé de tous côtés, le droit avait été porté sur la fabrication du papier et du parchemin timbré. « Mais, dit Forbonnais, le coup porté à cette industrie fut si rude qu'en 1674 il fallut modérer les droits et revenir au papier et au parchemin timbrés [1]. » La lettre suivante de Louis XIV à Colbert fait connaître une partie des embarras que cette affaire suscita au gouvernement.

« Au camp de Besançon, le 18 mai 1674.

« J'ay lu avec application la lettre que vous m'avez escrite sur la marque du papier et sur les formules. Je trouve des inconvénients à quelque party qu'on puisse prendre ; mais comme je me fie entièrement à vous, et que vous connoissez mieux que personne ce qui sera le plus à propos, je me remets à vous et je vous ordonne de faire ce que vous croiés qui sera le plus avantageux.

« Il me paroist qu'il est important de ne pas témoigner la moindre foiblesse, et que les changements dans un temps comme celuy-cy sont fascheux et qu'il faut prendre soing de les éviter. Si on pouvait prendre quelque tempérament, c'est-à-dire diminuer les deux tiers de l'imposition du papier, sous quelque prétexte qui seroit naturel, et restablir les formules en mettant un prix moindre qu'il n'a esté par le passé. Je vous dis ce que je pense et ce qui paroistroit le meilleur ; mais, après tout, je finis comme j'ai commencé, en me remettant tout à fait à vous, estant asseuré que vous ferez ce qui sera le plus avantageux pour mon service.... Il ne me reste qu'à vous assurer que je suis très-satisfait de vous et de la manière dont votre fils se conduit.

« LOUIS.

« A M. Colbert, saicrétaire d'Estat [2]. »

---

[1] *Vie de J. B. Colbert*, etc. — *Recherches sur les finances*, années 1672 à 1678.
[2] *Documents inédits sur l'histoire de France*, etc., par M. Champollion-Figeac, t. III.

Quoi qu'il en soit, les droits sur le papier timbré furent rétablis ; en même temps, on promulgua les édits portant création de plusieurs nouveaux droits, entre autres celui qui soumettait la vaisselle d'étain à un poinçonnage, comme cela se pratiquait pour les matières d'or et d'argent. Seulement, la mise à exécution de ce dernier édit semble avoir été retardée, au moins dans la province de Guyenne, jusqu'au mois de mars 1675. J'ai dit qu'il y avait causé des troubles considérables. La lettre suivante, écrite au receveur général de Bordeaux, qui était à Paris quand les désordres éclatèrent, par un de ses commis, sous l'impression même des événements qu'il raconte, en fait connaître toute la portée, et révèle en outre de curieux détails d'histoire locale. Il n'est pas jusqu'au ton qui y règne, et au singulier abus du mot *canaille* appliqué aux rebelles de Bordeaux, qui ne soient aussi des révélations, car ils indiquent quels étaient les sentiments des financiers et receveurs du temps à l'égard du peuple. Déjà, en 1548, celui de Bordeaux s'était révolté au sujet d'une augmentation sur le sel, et après une victoire facile, souillée par quelques meurtres, il avait été réduit à la raison par le connétable de Montmorency, qui marcha sur la ville à la tête de dix mille hommes, y entra par une brèche faite à ses remparts, et fit exécuter plus de cent personnes, au nombre desquelles figuraient les principaux magistrats et bourgeois de la cité [1]. Ce souvenir n'arrêta pas les Bordelais. Le 28 mars 1675, à l'occasion de la marque de l'étain, ils se soulevèrent de nouveau, trouvèrent l'autorité désarmée, et pendant quelques mois firent la loi à Colbert. Mais laissons parler le commis du receveur général de Bordeaux. Quelle que soit l'étendue de sa lettre, on la

---

[1] *Abrégé chronologique de l'histoire de France*, par Mézerai, t. III, p. 109. Il y eut quelque chose de sauvage dans la manière dont le connétable de Montmorency remplit sa mission. Ce connétable, connu d'ailleurs par son caractère violent, et parent d'un lieutenant du gouverneur de la province qui avait été massacré par les révoltés, désarma la ville, la condamna à une forte amende, suspendit le Parlement pour un an, et força les *jurats*, assistés de cent notables bourgeois, *à déterrer avec leurs ongles le corps de son parent*. Plus de cinq mille bourgeois durent se trouver, cierge à la main, à la translation de ce corps dans l'église Saint-André, et, arrivés devant la porte du connétable, s'y arrêtèrent en criant miséricorde et confessant qu'ils avaient mérité une plus rude punition. Le connétable avait en outre ordonné que l'hôtel-de-ville serait rasé et que l'on élèverait à sa place une chapelle expiatoire ; mais Henri II épargna ces dernières humiliations aux Bordelais.

lira, je crois, avec intérêt, non-seulement à cause des faits curieux qu'elle renferme, mais aussi pour la manière tout à la fois naturelle et dramatique dont ils y sont exposés [1].

« Bourdeaux, 30 mars 1675, au chasteau Trompette.

« Je vous escris celle-cy de ce lieu où j'ay esté obligé de me reffugier avec ma femme, pour me sauver des menaces et de la furie de la populace la plus enragée qu'il y eust jamais, dans la plus grande sédition qui soit arrivée dans Bourdeaux depuis celle de M. le connestable de Montmorency. Les avis en ont déjà esté donnés à la cour par M. le mareschal qui a fait partir des extraordinaires [2]. Mais il n'a pu donner avis que des préliminaires de cette action, qui, dans son commencement, a esté aussi furieuse que peu préveue, et dont les suites tragiques et sanglantes font preuve de la plus grande insolence dont un peuple soit capable; et quoy que cette action n'ayt pour personnages que des gens de néant, des femmes et des enfants, leur conduite et leurs discours fera juger à la cour si cette action peut venir seulement de l'esprit d'une populace mutinée, sans le secours de quelque conseil plus entendu.

« Pour entrer dans le récit fidèle de ce qui s'est passé, je vous dois dire que Bourdeaux sembloit estre aussy calme qu'il ait jamais esté jusques à mercredy dernier, 28e de ce mois, que le traitant de la marque de l'estain et du tabac, s'estant mis en devoir de voulloir faire marquer la vaisselle chez les potiers d'estain, ceux qu'il avoit préposez pour faire cette marque, sur quelques petites difficultez qu'ils avoient déjà trouvées et qui néanmoins paroissoient accomodées, demandèrent la présence d'un jurat et l'escorte de quelques archers de ville pour exécuter leur commission [3]. Ils avoient marqué dans la boutique d'un pintier nommé Taudin, qui demeure dans la rue Neuve, qui souffrit la marque.

---

[1] Biblioth. roy. Mss. *Lettres adressées à Colbert*, année 1675. — Le receveur général dont il s'agit s'appelait Lemaigre et son commis Fevrant. Aussitôt après avoir reçu cette lettre, M. Lemaigre dut s'empresser d'en donner une copie à Colbert, et c'est ce qui explique la présence de ce document au milieu des dépêches adressées au ministre. — Cette pièce est inédite. Qu'il me soit permis de faire remarquer à ce sujet que, jusqu'à présent, aucun des biographes de Colbert n'avait constaté l'opposition que ses édits financiers rencontrèrent à Bordeaux.

[2] M. le maréchal d'Albret, gouverneur de la Guyenne. Il était malade au moment où la révolte éclata. On lit dans une autre relation : « Monseigneur le mareschal a forcé son indisposition, au hasard de sa personne. Malheureusement il avoit été attaqué, le jour d'auparavant, d'une espèce de paralysie ou goutte remontée dans la teste, laquelle par violence de l'humeur l'empeschoit de parler aysément et lui faisoit tourner la bouche et un œil. » (*Lettre du 30 mars 1675, des maires et jurats gouverneurs de Bordeaux à Colbert*, signée *Dubosq*.)

[3] Les *jurats* remplissaient alors les fonctions déléguées aujourd'hui aux adjoints des mairies.

De là ils furent dans une autre boutique qui est dans la rue du Loup, où commença le bruit. Cette rue est, comme vous savez, remplie d'artisans; les hommes qui virent entrer les marqueurs et le jurat dans cette boutique, où l'on avoit déjà refusé la marque, commencèrent à crier que c'estoit une gabelle, et tout d'un coup le jurat et les marqueurs se virent environnez d'une infinité de canailles qui accoururent au bruit, du marché assez voisin de cette rue; le jurat et les marqueurs se virent chargez de coups de pierre; le jurat fit ce qu'il put par discours et par exhortations, quand il se vit attaqué de cette sorte, pour apaiser le désordre, et empescha qu'on ne luy arrachast des mains les deux marqueurs que le peuple vouloit assommer. Mais voyant qu'il n'en pouvoit venir à bout, il fut contraint de changer de style et obligé de dire à ce peuple qu'il alloit mettre les marqueurs dans la maison de ville; et de fait, luy estant venu quelques archers de renfort avec le capitaine Calle, le jurat se mit en chemin de l'Hostel-de-Ville. Mais ce ne fut pas sans bien de la peine, et, dans cette action, le capitaine Calle, qui soutenoit contre cette populace, fut obligé de tuer un charpentier de barriques qui vouloit, à ce qu'il prétend, le charger, et de faire tirer quelques coups qui donnèrent le temps au jurat et aux marqueurs de gagner l'Hostel-de-Ville. Le charpentier, blessé d'un coup d'espée au travers du corps, s'en fut expirer dans la rue d'Arnaud-Miqueau. Cette mort et ces coups tirez ne firent autre effet que d'aigrir davantage cette canaille, qui commença à se deschaisner dans toutes les rues et à crier qu'il falloit assommer les gabelleurs : *Vive le roy sans gabelle!* Cela arriva mercredy, sur les trois à quatre heures après midy. Dans un moment le bruit de cette sédition fut porté au quartier Saint-Michel, et d'abord l'on ferma les boutiques, et toute cette canaille se mit en trouppes armées de bastons, d'espées, de cousteaux et de fusils, courant les rues; et estant près la porte de Grave, ils rencontrèrent un pauvre malheureux bourgeois qu'ils soubçonnèrent d'estre un gabelleur, et, sans autre enqueste, ils le massacrèrent sur-le-champ, attachèrent son corps par les pieds et le promenèrent tambour battant dans toute la ville[1]. De la porte de la Grave ils enfilèrent la grande rue du Fossé des Tanneurs, posèrent le cadavre devant la maison et sous les fenestres de M. le premier président d'Aulède, vinrent repasser par le Poisson-Salé et enfilèrent la rue Sainte-Catherine jusques à Saint-Maixent, et de là ils enfilèrent la rue Margaux. Cela se fit quasy en moins de rien; j'estois dans ma maison, où, tout ce que je pus faire, ce fut, comme tous les autres du quartier, de fermer ma porte. Je ne vous diray point qu'en passant cette canaille marqua ma porte et y heurta; mais, graces à Dieu, ils ne s'y arrestèrent point et ils passèrent dans la rue Castillon;

---

[1] Une autre relation rapporte que la foule voulut le forcer à crier *Vive le roi sans gabelle* Sur son refus, il fut massacré.

de là ils furent à la place de Puy-Paulin, et, devant la porte de M. l'intendant, ils donnèrent encore cent coups à ce pauvre cadavre. De la place Puy-Paulin ils s'en furent droit à la maison de M. Viney, où là ils l'attachèrent. Le pauvre M. Viney n'eut que le temps de se mettre dans le carosse de M. le comte de Montaigu, qui passa heureusement devant sa porte un moment devant que cette canaille y fust arrivée et le mena a chasteau. Sa femme n'eut pas le temps de faire la mesme chose, mais elle se sauva d'un autre costé. Pour moy je crus, lorsque cette canaille eut une fois passé ma porte, que ce n'étoit qu'un feu de paille. Cependant un moment après je fus averty qu'ils pilloient la maison de M. Viney et celle du bureau du domaine qui estoit vis-à-vis; et de fait ils ont non-seulement pillé et saccagé tout ce qui estoit dans sa maison et celle du domaine, où logeoit le secrétaire de M. l'intendant, ce qui fut fait en moins de deux heures, avec des cris et des hurlements, et avec une rage qui ne se peut exprimer. Dans le même temps la mesme canaille avoit détaché une partie de sa troupe, qui fut dans la rue Neuve chez le nommé Taudin, pintier, où l'on pilla toute sa vaisselle et généralement tous ses meubles parce qu'il avoit souffert la marque [1]. Mais ces pillages se sont faits d'une manière tout extraordinaire, car le peuple l'a fait avec une telle rage qu'ils n'ont voulu proffiter de rien. Deux magasins de vaisselle furent chargés en des charettes par cette canaille et jetés dans la rivière sans vouloir en proffiter, et chez M. Viney il se fit un grand feu dans la basse cour, où toute la nuit cette canaille acharnée s'occupa à brusler tout et à démolir la maison.

« M. le maréchal, qui estoit chez madame la première présidente lorsque cette canaille y passa, et qui estoit malade, se retira chez lui pour voir ce qu'il y auroit à faire; mais s'estant trouvé fort incommodé et la nuit estant survenue, tous les officiers de la ville bien embarrassez dans un si grand désordre, les bons bourgeois tous estonnez, chacun se deffiant de son voisin, n'osant parler, chacun se renfermoit chez soi et la canaille estoit en liberté de piller et saccager tout, sans que personne se présentast pour l'empescher de la part de la ville, ni qu'on fust en estat de le faire.

« M. le comte de Montaigu, qui avoit esté informé du désordre, s'estant retiré dans le chasteau, fit mettre toute la garnison sous les armes; mais, comme elle est extremement foible, il eut quelque peine à en faire sortir un party pour tascher d'empescher ce désordre. Néantmoins il en prit la résolution. Il commanda donc deux compagnies qui sortirent sur les huit heures du soir et se présentèrent en bataille tout le long de la rue du Chapeau-Rouge. Cette canaille, qui estoit acharnée à ce pillage, les attendit insolemment sans s'esmouvoir et tout de mesme que

---

[1] Le dommage occasionné chez ce Taudin fut évalué à 40,000 livres dont l'intendant de la province demanda, quelque temps après, le remboursement à Colbert.

si ces deux compagnies eussent marché à eux pour les soutenir. Et quoy qu'ils fussent en confusion et sans ordre, mal armez, un d'entre eux eut l'effronterie de tirer un coup de fusil ou de mousquet sur celuy qui estoit à la teste de ces deux compagnies, dont il fut blessé de deux balles au-dessous de son hausse-col et fort dangereusement. Les deux compagnies s'approchèrent nonobstant jusqu'à la maison de M. Viney et celle du domaine, firent leur décharge sur cette canaille et furent à eux l'espée à la main. De cette descharge et des coups d'espée et de hallebarde qui furent donnez dans ce choq ou dans ces deux maisons, il fut tué sept à huit de ces coquins, plusieurs blessés qui se mirent à fuir, et environ sept à huit qui furent pris dans le pillage et menez prisonniers dans le chasteau. Et pendant que tout cecy s'exécutoit il pleuvoit si fort que ces deux compagnies, croyant avoir tout dissipé cette canaille, se retirèrent dans le chasteau avec les prisonniers. Mais tout avoit esté pillé et bruslé, ou il ne restoit que les quatre murailles dans la maison dudit sieur Viney et celle du domaine. Je dois vous dire en cet endroit que je dois premièrement au bon Dieu le salut de ma personne, celuy de ma femme et de mes enfants, dans cette occasion, car je suis certain que cette canaille n'estoit entrée dans la rue Margaux que dans la pensée d'y piller mon bureau, croyant y trouver de l'argent, et je ne sçais pas ce qu'ils auroient fait de ma personne s'ils avoient pu m'attraper. Dieu mercy, je suis hors de leurs mains; mais devant que pouvoir me rendre en ce lieu de reffuge, j'ay bien passé de meschants quarts d'heure. Toute la nuit du mercredy l'on n'entendoit autre chose par les rues que les cris de cette canaille qui crioit incessamment : *Vive le roy sans gabelle!* et tous les petits enfants ne chantoient autre chose; mais revenons à notre relation.

« Les compagnies rentrèrent dans le chasteau le mercredy au soir. Le jeudy matin, M. le mareschal s'estant trouvé plus incommodé que le jour précédent, il fut obligé de demeurer au lit; mais M. le comte de Montaigu sortit et se rendit au palais, où le Parlement s'estoit assemblé; il y fut conduit par la compagnie des gardes de M. le mareschal, par ce qu'il y avoit de gentilshommes dans la ville et par deux compagnies de la garnison. Mais vous allez apprendre une insolence extrême. Comme il marchoit avec toute cette escorte, il voulut passer devant la maison du sieur Viney, où cette canaille estoit toujours attachée et sans s'émouvoir. Il vit que devant luy et devant cette escorte cette canaille démolissoit cette maison. Il y envoya des mousquetaires pour les chasser; quand ils sortoient par une porte ils rentroient par l'autre. Enfin, Monsieur, il fut contraint de les laisser faire et a continué son chemin au palais. Il n'y fut pas rentré que le palais fut aussitost remply de cette canaille criant: *Vive le roy sans gabelle!* et demandant insolemment leurs prisonniers, menaçant le Parlement que, s'il ne les rendoit pas, et si l'on n'abolissoit pas la marque de l'estain, le droit de tabac, les 5 sols par boisseau sur le bled, le controle des exploits et le papier timbré, mesme les 5 sols sur chaque agneau que l'on tue aux boucheries, qui sont des droits establis depuis trois ou quatre ans pour le paiement des debtes de la ville, ils alloient saccager tout, et qu'enfin ils vouloient qu'on commençast par leur rendre leurs prisonniers. Le Parlement, qui s'estoit assemblé pour faire quelque exemple sur cette canaille emprisonnée, jugea, après avoir sérieusement réfléchi sur l'estat de toutes choses et pris l'avis de M. le comte de Montaigu, qu'il n'estoit pas à propos de rien entreprendre que cette canaille ne fust entièrement désarmée, et l'on résolut seulement un arrest portant deffense à toutes personnes de s'attrouper; que cependant des commissaires du Parlement qui furent nommez se transporteroient en tous les quartiers de la ville pour tascher de restablir la tranquillité dans les esprits mutinez, et après cette résolution prise, l'assemblée s'estant séparée, plusieurs de Messieurs du Parlement furent conduits dans leurs maisons par cette canaille, les menaçant que, si leurs prisonniers n'estoient rendus, ils feroient main-basse sur tout le monde. L'après-disnée ils rencontrèrent le pauvre M. Tarneau, conseiller au Parlement, dans la rue, qui se retiroit chez luy, auquel ils demandèrent leurs prisonniers, et sur ce qu'il ne leur répondit pas à leur fantaisie et qu'il se mit en devoir d'entrer chez luy, estant proche de sa maison, ils lui tirèrent un coup de fusil dont il tomba. Sa femme, qui vit l'action, courut au devant de luy, et, comme elle le releva de terre, ils le massacrèrent entre ses bras de plusieurs coups de poignard et d'espée, et luy donnèrent mille coups après sa mort. Cette pauvre femme reçut aussy divers coups, mais ils se contentèrent de la frapper sans la tuer. De là ils prirent prisonniers MM. le président de Lalanne, Marboutin et Dandrault, conseillers au Parlement en ostage, et mandèrent fort bien à M. le mareschal et à M. de Montaigu, par un jurat qu'ils prirent aussy et qu'ils envoyèrent avec deux ou trois cents de ces mutinez, que si on ne leur rendoit pas leurs prisonniers, la vie de ces messieurs en répondroit et qu'ils ne donnoient de temps pour deslibérer à cela que celuy du retour du jurat: de sorte qu'il fut jugé à propos de rendre les prisonniers, ce qui fut exécuté sur-le-champ; mesme ils demandoient qu'on leur deslivrast Calle, capitaine du guet, que l'on dit avoir tué le charpentier, mais cet article leur fut dénié, et néantmoins ils remirent ces messieurs en liberté. Voilà ce qui se passa le jendy.

« Le vendredy, M. le mareschal se trouva un peu mieux ; il voulut sortir et parler à cette canaille, et, comme il fut adverty d'une grande consternation dans l'esprit de tous ceux que l'on peut trouver estre bons bourgeois, sur l'avis qui luy fut donné que ces mutins s'estoient armez et retranchez dans le quartier Saint-Michel, il prit résolution d'y aller vendredy matin en personne, assisté de toute la noblesse, qui est icy au nombre de cent ou cent vingt personnes au plus, d'un détachement d'environ cent hommes de cette garnison, pour parler à cette canaille et voir ce qu'elle demandoit pour se désarmer; enfin, il fut en cet équipage, et quand il y arriva, il les trouva en très-bon ordre en bataille dans le cimetière de Sainte-Croix et sur le boulevard, au nombre de plus de huit cents hommes. Comme il fut à vingt pas d'eux, un *pelloustre* [1] d'entre eux tout vestu de guenilles, qui estoit à leur teste, se détacha et s'en vint le sabre haut, à trois pas de la teste du cheval de M. le mareschal, et là, M. le mareschal, qui le vit venir, luy demanda : « Eh bien, mon ami, à qui en veux-tu ? As-tu dessein de me parler ? » Ce misérable sans s'estonner luy respondit : « Ouy, dit-il, je suis député des gens de Saint-Miquau [2] pour bous dire qu'ils sont bons serbitours d'au Rey, mais qu'ils ne bollent point de gabelles, ny de marque d'estain, ny de tabac, ny de papier timbré, ni de controlle d'exploits, ny de cinq sols sur boisseau de bled, ni de greffes d'arbitrage. » A cela, M. le mareschal luy respondit fort doucement : « Eh bien, mon amy, puisque tu m'assures que les gens de Saint-Michel sont bons serviteurs du roy, je suis ici pour les assurer que je les viens prendre sous ma protection, pourvu qu'ils se désarment et qu'ils se remettent dans leur devoir, et leur promets que je me rendray leur intercesseur auprès du roy. — Eh bien, reprit le pelloustre, si cella est, donnez-nous un arrest du Parlement pour cella, et nous seront contents; à la charge aussy que vous nous obtiendrez une amnistie pour tout ce que nous venons de faire; sans quoy nous vous déclarons que nous allons faire main-basse sur tout et que nous sommes résolus de périr plustôt que de souffrir davantage. » M. le mareschal leur respondit, ne voyant pas pouvoir mieux faire, qu'il s'en alloit de ce pas au Parlement pour leur faire donner la satisfaction qu'ils demandoient; et de fait l'on fut au Parlement, où tout le peuple armé suivit, et là l'on donna l'arrest dont vous trouverez copie cy-joint.

« Depuis cet arrest et en attendant l'amnistie que M. le mareschal leur a promise, ils se sont séparez, mais il est très-seur que, si le courrier qui l'est allé demander ne la rapporte pas, ils se remettront sous les armes et feront pis que jamais. Voilà, Monsieur, la vérité de tout ce qui s'est passé, suivant que je l'ai pu recueillir jusqu'à ce jour d'huy, 30 mars, à trois heures après midy.

« Je ne puis oublier de vous dire que j'ay une très-grande obligation à M. le comte de Montaigu, qui m'a receu dans le chasteau très-honnestement, et que vous luy en devez un remerciment; et demandez pour moy et pour tous les vostres la continuation de sa protection, car j'ay bien peur que cette retraite nous soit nécessaire encore pour quelques jours, et que, jusques à l'arrivée du courrier de M. le mareschal,

---

[1] Je suppose que cela veut dire : *un pouilleux*.
[2] *Saint-Michel.* On voit que le narrateur a voulu reproduire le patois bordelais.

party dès ce matin, il n'y a aucune seureté dans Bourdeaux pour tous ceux qui font les affaires du roy. Je n'ay ny vie ny biens que je ne voulusse très-volontiers sacrifier pour son service, mais je crois que l'estat des choses vous fera approuver la précaution que j'ay prise de me mettre en seureté, puisque personne ne croyoit y estre dans Bourdeaux, et que Mme la mareschale et Mme l'intendante ont creu n'en pouvoir trouver que dans ce lieu; or vous pouvez croire qu'il y en avoit beaucoup moins pour moy que pour elles. Je crois assurément qu'il est de polit que d'approuver ce qui a esté fait, mais j'ay bien peur qu'à la cour on ne soit pas de ce sentiment et que l'exemple de Bourdeaux attire après soy du désordre dans tout le reste de la province. »

Ce ne fut là, il est vrai, que le premier acte de cette émeute, une des plus fâcheuses pour le pouvoir central dont l'histoire ait conservé le souvenir. Malgré les craintes exprimées à la fin de sa lettre par le commis du receveur général, la cour accorda l'amnistie qui lui avait été demandée, et approuva également les exemptions d'impôts auxquelles le Parlement avait consenti. On peut se figurer combien cet acquiescement à des conditions imposées par la révolte, dut coûter à Louis XIV et à Colbert. Sans doute ils savaient bien tous les deux que cette faiblesse, commandée par les circonstances, serait essentiellement temporaire, et que l'occasion se présenterait bientôt de reprendre avec usure, à l'aide de la force et de l'autorité combinées, les droits que la force seule avait usurpés. Ils cédèrent donc, mais de mauvaise grâce et avec une apparence de contrainte assez marquée pour que les révoltés n'en augurassent rien de bon. C'est ce que la lettre suivante, adressée à Colbert par M. de Sève, intendant de Guyenne, le 24 avril 1675, fait comprendre à merveille. Cette lettre, de laquelle il résulte que les procureurs, les négociants, la classe moyenne, les étrangers et les religionnaires faisaient cause commune avec les artisans et le peuple de Bordeaux, prouve à quel point l'irritation avait été portée par les nouveaux édits, et les assertions qu'elle contient tirent surtout une grande autorité de la qualité même du fonctionnaire qui les a formulées. Il faut en effet que la position fût bien alarmante pour que l'intendant de Guyenne osât écrire à Colbert, auteur principal et ministre responsable des nouveaux édits, *que, si le roy d'Angleterre voulloit proffiter des dispo-*

sitions de la province, il donneroit dans la conjoncture beaucoup de peine. Voici donc cette lettre très-caractéristique, et que je reproduis sans en supprimer un seul mot, quoi qu'il en puisse coûter à l'amour-propre national.

« Monsieur,

« Les esprits des artisans de Bordeaux paroissoient la semaine passée dans un assez grand calme; j'y vois présentement un peu plus d'agitation; après en avoir cherché la cause avec soin et entretenu en particulier quelques-uns des chefs de party, je ne doute plus que les procureurs, les huissiers et les notaires ne travaillent tous les jours à entretenir le feu. Nous avions doucement fait confirmer au peuple que, pour s'assurer l'exemption des droits qui se levoient sur le bled, sur le lard et sur les agneaux, et la suppression de ceux du tabac et de l'estain, il devoit de luy-mesme demander le restablissement du papier timbré, du controlle et des greffes des arbitrages, qui ne regardent en aucune façon la populace; les bayles et sindics des mestiers, et ceux des artisans qui avoient paru les plus échauffez dans les derniers désordres, y estoient disposez, et presque tout le peuple estoit dans les mesmes sentiments, c'eust esté un grand coup pour empescher le reste de la province de demander la suppression des mesmes édicts; mais en une nuit ces bonnes dispositions ont changé, et les notaires, procureurs et huissiers ont tant fait par l'intrigue de leurs émissaires et par eux-mesmes que la populace est résolue à ne souffrir aucun changement à l'arrest que le Parlement lui accorda pour appaiser la sédition. Ce que je trouve, Monsieur, de plus fascheux est que la bourgeoisie n'est guère mieux intentionnée que le peuple; les marchands qui trafiquent en tabac, et qui en outre de la cessation de leur commerce se voyoient chargés de beaucoup de marchandises de cette nature que les fermiers refusoient d'achepter, et qu'il ne leur estoit pas permis de vendre aux particuliers, sont bien aises que le bruit continue pour continuer avec liberté le débit de leur tabac; les autres négociants s'estoient laissé persuader ou du moins avoient feint de l'estre que, du tabac, on vouloit passer aux autres marchandises; les estrangers habitués icy fomentent de leur costé le désordre, et je ne croy pas, Monsieur, vous devoir taire qu'il s'est tenu des discours très-insolents sur l'ancienne domination des Anglois, et si le roy d'Angleterre voulloit profiter de ces dispositions et faire une descente en Guyenne, où le party des religionnaires est très-fort, il donneroit dans la conjoncture présente beaucoup de peine. Jusqu'icy, Monsieur, le Parlement de Bordeaux a fait en corps, et chaque officier en particulier, tout ce qu'on pouvoit souhaiter du zèle de cette Compagnie, mais vous cognoissez l'inconstance des Bordelois, et d'ailleurs ils témoignent publiquement la douleur qu'ils ont que le roy ne leur ayt pas voulu marquer par une lettre la satisfaction que Sa Majesté a de leur conduite.

« Après vous avoir rendu compte de l'estat de la ville de Bordeaux, je suis obligé, Monsieur, de vous dire qu'à Périgueux le peuple commence à menacer ceux qui sont employés aux affaires du roy, et le commis à la recette des tailles n'est pas exempt de la peur. En plusieurs lieux du Périgord ceux qui s'estoient chargés du controlle des exploits ont renoncé à ces fonctions pour ne pas s'exposer à la haine du peuple, et l'on aura peine à trouver des gens qui veulent prendre leurs places. On me mande en mesme temps de Bergerac que les habitants demandent hautement de jouir des mesmes exemptions qu'on a accordées à ceux de Bordeaux après la première sédition. Cependant, Monsieur, jusqu'icy il n'y a que du mouvement, mais il peut arriver du désordre, et je crains que l'exemple de Bordeaux ne soit suivi dans quelqu'une des villes de la province.

« La nouvelle de celuy de Rennes, qui se respandit hier dans Bordeaux, y fait un très-méchant effet. Je vous informeray soigneusement de tout ce qui se passera et ne quitteray point cette ville à moins que le service du roy ne m'oblige absolument d'aller d'un autre costé.

« DE SÈVE [1]. »

Ainsi l'agitation gagnait chaque jour du terrain et se répandait de Bordeaux sur les différents points de la province, d'où elle passait, de proche en proche, aux provinces limitrophes. Le 27 avril, M. de Sève écrivait à Colbert : « A Pau, on tire des coups de fusil aux environs de la maison où le bureau de papier timbré est établi. » Quelque temps après, le 10 du mois de juin, le bureau du papier timbré de Monségur fut brûlé par le peuple, et une insurrection éclata pour le même sujet à La Réole. Mais déjà l'autorité, revenue de sa première frayeur, s'était en quelque sorte reconstituée, et les révoltés n'avaient plus le champ libre comme à Bordeaux, dans les trois dernières journées du mois de mars. A La Réole, on fit

---

[1] Biblioth. roy., Mss. *Lettres adressées à Colbert*, année 1675. — Tous les extraits de lettres qui suivent sont aussi tirés de cette précieuse collection, qui renferme sur la seule révolte de Bordeaux une centaine de pièces où les écrivains désireux de connaître les détails de cette affaire trouveraient une foule de particularités curieuses et de documents du plus grand prix. La collection des lettres adressées à Colbert est véritablement une des mines historiques les plus riches qu'il y ait en France, et je ne sais pas de province qui ne soit intéressée à ce que ces richesses soient mieux connues. La société fondée pour la publication des *Documents inédits sur l'histoire de France* rendrait un immense service aux saines études en chargeant un de ses membres d'enrichir cette collection déjà si remarquable d'un résumé analytique de toutes les lettres adressées à Colbert qui offrent un intérêt réel.

onze prisonniers, parmi lesquels se trouvaient quatre femmes, et cette fois on les garda. Le temps des représailles était venu. Un peu avant, on avait saisi dans les rues de Bordeaux un crocheteur et un porteur de chaises qui faisaient quelque bruit. On les jugea, et, au grand étonnement de la population, qui n'avait pas paru prendre cette affaire au sérieux, tant l'accusation était hasardée, ils furent condamnés aux galères comme séditieux. A ce sujet, le premier président du Parlement de Bordeaux, M. d'Aulède, écrivit à Colbert, le 15 mai 1675, une étrange lettre où on lit ce qui suit : *Il y avoit bien de quoi faire moins, mais non de quoi faire plus... Je vous dis cecy, Monsieur, affin de vous faire, s'il vous plaist, connoistre que je n'y ai rien négligé.* » Pendant que le procès des onze prisonniers de La Réole s'instruisait, M. de Sève reçut une lettre anonyme assez curieuse dont il envoya une copie à Colbert. Dans cette lettre, le *quartier Saint-Michel* lui donnait avis de ne point fâcher le pauvre peuple de La Réole, et de ne point faire comme aux misérables catholiques de Bergerac, « pour de l'argent et pour favoriser les huguenots. »

« Si en cecy vous donnez quelque chose à nostre désir, ajoutait le quartier Saint-Michel, la reconnoissance vous en sera asseurée aux applaudissements de nostre part, et si, au contraire, vous méprisez nostre souhait, tenez-vous pour asseuré qu'il vous en sentira malgré avant peu de temps.... Si vous estes sage, mesnagez bien les intérêts du roy *par quelque autre voye plus honneste que celle des partisans;* et pour l'amour de Dieu, de vous et de nous, vivons et mourons en paix.

« *Sancte Michel, ora pro nobis,* ce 17 juin et le reste de nos jours [1]. »

En adressant cette lettre à Colbert, M. de Sève lui manda que l'amitié de Messieurs de Saint-Michel ne le ferait pas manquer à son devoir, et que leurs menaces n'auraient pas plus de pouvoir sur son esprit. Peu de temps après, le peuple de Bordeaux sut à quoi s'en tenir sur les dispositions de cet intendant. Malgré le désir de repos que semblait indiquer la lettre anonyme du quartier Saint-Michel, le 17 août 1675, de nouveaux troubles y éclatèrent au sujet du papier timbré, dont on annonçait le rétablissement. Depuis les fâ-

---

[1] Biblioth. roy., Mss. *Lettres adressées à Colbert;* à sa date.

cheux désordres du mois de mars, la cour n'attendait qu'une occasion favorable pour prendre sa revanche. Cette fois, comme on le pense bien, le peuple eut le dessous; on tira sur lui, et quelques hommes furent tués. C'était désormais au quartier Saint-Michel à demander grâce, et c'est ce qu'il fit, le curé en tête. On répondit à cette démarche par une quarantaine d'arrestations. Quelques jours après, le 21 août, le maréchal d'Albret mandait à Colbert : « Hier on commença d'en pendre deux dans la place Saint-Michel, et aujourd'huy on continuera, ainsi que le reste de la semaine, de donner au public tous ces exemples de sévérité. » Et pourtant, le lendemain même, M. de Sève écrivait de son côté à Colbert : « Le peuple est ici dans une grande consternation, mais la crainte de la potence n'a pas déraciné de leur cœur l'esprit de révolte, et la plupart des bourgeois ne sont guère mieux disposés. » En effet, neuf jours plus tard, malgré tous ces exemples, un nouveau soulèvement éclatait à La Bastide, où l'un des principaux agents de la sédition fut fait prisonnier, condamné à être roué et exécuté. Cependant, malgré les appréhensions de l'intendant, l'esprit de révolte se calma peu à peu. A partir du mois de septembre 1675, la correspondance de Colbert ne fait plus mention d'aucune révolte en Guyenne. Sans doute tous les droits dont, au mois de mars précédent, le Parlement de Bordeaux avait accordé l'exemption à cette ville, sur la demande des plénipotentiaires du quartier Saint-Michel, ne tardèrent pas à être rétablis et furent dès lors perçus sans opposition.

Pendant que cela se passait à Bordeaux et dans la province de Guyenne, la ville de Rennes et la Bretagne entière s'étaient soulevées contre les édits financiers dont la guerre avait fait une nécessité à Colbert, notamment contre ceux concernant le papier timbré et le tabac. On a vu, par la lettre de M. de Sève, le *méchant effet* que la révolte de Rennes avait produit à Bordeaux; celle de la Guyenne réagit à son tour sur les populations de la Bretagne, et bientôt une grande partie de cette province fut sous les armes. C'est à Rennes même, le 18 avril 1675, que les désordres commencèrent par le pillage des bureaux où l'on vendait le papier timbré et le tabac. Il faut convenir, au surplus, que le mécontentement de la Bretagne était excusable. Au commencement de 1674, on avait révoqué tous les édits qui *étranglaient* la province, suivant la piquante expression de Mme de Sévigné, et les États avaient dû prouver la reconnaissance que leur inspirait un pareil bienfait par une contribution volontaire de 2,600,000 livres, augmentée d'un *don gratuit* d'égale somme; en tout 5,200,000 livres. Or, un an après, les mêmes édits furent rétablis. M. le duc de Chaulnes était alors gouverneur et M. de Lavardin lieutenant général en Bretagne. Le premier crut qu'il viendrait à bout de ce mouvement avec les forces dont il disposait habituellement; mais il n'en fut rien, et le peuple le repoussa chez lui à coups de pierres. Quelque temps après, « le 18 juillet à midi, dit une relation contemporaine, certains particuliers inconnus entrèrent tumultuairement sous les voûtes du palais, enfoncèrent les portes des bureaux du papier timbré, emportèrent tout ce qu'il y avait de papiers, brisèrent les timbres.. Les habitants ayant pris les armes, et s'étant promptement transportés sur la place du palais, firent une décharge sur les tumultueux, l'un desquels tomba sur la place [1]. » On vit alors que les ressources ordinaires ne suffiraient pas, et on fit marcher cinq mille hommes sur la province. C'était depuis quelque temps l'avis de M. de Lavardin qui écrivait à Colbert dès le mois de juin, *sans autre date* :

« Les troupes seroient plus nécessaires dans la Basse-Bretagne qu'au Mans. C'est un pays rude et farouche qui produit des habitants qui lui ressemblent. *Ils entendent médiocrement le françois et guère mieux la raison.* A l'esgard de ce pays-là, il est à souhaiter que l'autorité y soit soutenue par des forces convenables [2]. »

Une autre lettre de M. de Lavardin, du 29 juin, portait « qu'il y avait encore quelque tumulte dans la Basse-Bretagne, bien que les attroupements eussent cessé en partie; que c'était un pays farouche, dur et rude, où les rayons du soleil n'arrivaient

---

[1] Biblioth. roy., Mss. *Abrégé des registres secrets de la Cour de Bretagne, de* 1659 *à* 1679. Suppl. F, n° 1597.—La lettre de Mme de Sévigné citée plus haut est du 1er janvier 1674.
[2] Biblioth. roy., Mss. *Lettres adressées à Colbert.*

que dans un grand éloignement, et que cette extrémité du monde et du royaume avait besoin de la *justice du prince* si elle ne se rendait promptement digne de sa bonté. » M. de Lavardin ajoutait que trois choses lui semblaient devoir contribuer à l'affermissement de la tranquillité: le *changement du Parlement*, dont un nouveau semestre allait entrer en service; l'approche de la récolte des blés qui occuperait les paysans « en éloignant ces rustres des autres pensées où l'oisiveté et l'ivrognerie les jetoient; » enfin, la réunion des États, où l'on trouverait peut-être quelques remèdes aux maux de la province, *dont la misère étoit plus grande qu'on ne croyoit, le commerce n'allant point*.

De son côté, le duc de Chaulnes mandait à Colbert, le 12 juin 1675, que le seul moyen de prévenir les soulèvements à Rennes était de ruiner entièrement les faubourgs. « Il est un peu violent, mais c'est l'unique, » disait le gouverneur. Dans la même lettre, il attribuait tout le mal aux mauvaises dispositions du Parlement et proposait de le transférer à Dinan. Trois jours après, en rendant compte à Colbert d'une nouvelle émeute qui venait d'avoir lieu à Rennes, le duc de Chaulnes ajoutait dans un post-scriptum en chiffres :

« Ce qui est très-vray est que le Parlement conduit toute cette révolte; le calme est à l'extérieur estably, mais l'on conseille au peuple de ne pas quitter les armes tout à fait, qu'il faut qu'il vienne au Parlement pour demander la révocation des édits, et particulièrement du papier timbré, et depuis les procureurs jusques aux présidents à mortier, le plus grand nombre va à combattre l'autorité du roy; c'est la pure vérité, et il ne faut pas estre icy fort éclairé pour la connoistre[1]. »

C'étaient, on le voit, les mêmes motifs de résistance, les mêmes mobiles qu'à Bordeaux, avec cette différence qu'à Rennes le Parlement était accusé de prendre ouvertement le parti des procureurs dont l'impôt du papier timbré devait en effet amoindrir considérablement les bénéfices, par suite de l'augmentation des frais de procédure. Le 26 janvier 1675, M. de Chaulnes informa Colbert que l'agitation était grande dans l'évêché de Cornouailles, même contre les curés,

---

[1] Biblioth. roy., Mss. *Lettres adressées à Colbert;* année 1675, à sa date.

que les paysans accusaient de trahison, et que, d'ailleurs, la misère était telle qu'on devait tout craindre de leur rage et de leur brutalité. Une lettre du 30 juin portait que dans l'évêché de Quimper les paysans s'attroupaient tous les jours, et que leur rage s'était maintenant tournée contre les gentilshommes dont ils avaient reçu de mauvais traitements, « les ayant blessés, pillé leurs maisons et même brûlé quelques-unes. » Enfin, une lettre de M. de Chaulnes, du 13 juillet 1675, faisait connaître à Colbert qu'un Père Jésuite qu'il avait envoyé vers les paysans de l'évêché de Quimper venait de lui rapporter que de leur propre aveu, « beaucoup d'entre eux croyaient estre ensorcelés et transportés d'une fureur diabolique, qu'ils connaissaient bien leur faute, mais que la misère les avait provoqués à s'armer, et que les exactions et mauvais traitements de leurs seigneurs, qui les faisaient travailler continuellement à leurs terres, n'ayant pour eux non plus de considération que pour des chevaux, tout cela joint à l'establissement de la gabelle et à la publication de l'édit sur le tabac dont il leur était impossible de se passer, avait fait qu'ils n'avaient pu s'empêcher de secouer le joug. »

Les dispositions de la province étaient, comme on voit, très-peu rassurantes. Depuis le commencement des troubles, le duc de Chaulnes demandait des renforts de troupe. L'émeute qui eut lieu à Rennes, le 18 juillet, leva tous les obstacles, et il parut sans doute au gouvernement que le moment d'agir avec vigueur et sans miséricorde était arrivé, à moins de s'exposer, par suite de cette impunité, à voir l'agitation gagner tout le royaume. Ici les documents administratifs se taisent, et peut-être n'ont-ils pas été classés à dessein parmi les dépêches adressées à Colbert; mais les lettres de Mme de Sévigné contiennent de nombreux et tristes détails sur les suites de cette campagne de M. de Chaulnes contre « ces pauvres Bas-Bretons qui s'attroupaient quarante, cinquante par les champs, et dès qu'ils voyaient des soldats, se jetaient à genoux en disant *mea culpa*, le seul mot *français* qu'ils savaient[1]. » Le 27 octobre

---

[1] Lettre du 24 septembre 1675.

suivant, Mme de Sévigné écrivait encore : « On a pris à l'aventure vingt-cinq ou trente bourgeois que l'on va pendre. » Enfin, sa lettre du 30 octobre 1675 résume énergiquement les scènes de désolation qui furent la terrible conséquence du pillage de quelques bureaux de papier timbré.

« Voulez-vous savoir des nouvelles de Rennes? Il y a présentement cinq mille hommes, car il en est encore venu de Nantes. On a fait une taxe de 100,000 écus sur les bourgeois, et, si on ne trouve pas cette somme dans vingt-quatre heures, elle sera doublée et exigible par les soldats. On a chassé et banni toute une grande rue et défendu de les recueillir sous peine de la vie; de sorte qu'on voyoit tous ces misérables, femmes accouchées, vieillards, enfants, errer et pleurer au sortir de cette ville, sans savoir où aller, sans avoir de nourriture ni de quoy se coucher. Avant hier on roua un violon qui avait commencé la danse et la pillerie du papier timbré; il a esté écartelé après sa mort et ses quartiers exposés aux quatre coins de la ville. *Il dit, en mourant, que c'étoient les fermiers du papier timbré qui luy avoient donné 25 écus pour commencer la sédition, et jamais on n'a pu en tirer autre chose.* On a pris soixante bourgeois, on commence demain à pendre. Cette province est un bel exemple pour les autres, et surtout de respecter les gouverneurs et les gouvernantes, de ne point leur dire d'injures et de ne point jeter de pierres dans leur jardin[1]. »

Puis enfin, le 3 novembre, Mme de Sévigné écrit : « Les rigueurs s'adoucissent; *à force d'avoir pendu, on ne pendra plus.* »

Quant au Parlement de Bretagne, il fut transféré à Vannes pendant quelque temps; double punition qui frappait à la fois les membres de cette Compagnie et la ville de Rennes, « car, disait encore Mme de Sévigné, Rennes sans Parlement ne vaut pas Vitré. »

On aura remarqué que ce malheureux violon qui fut roué

---

[1] « M. de Chaulnes n'oublie pas toutes les injures qu'on lui a dites, dont la plus douce et la plus familière était *gros cochon*. » (Lettre de Mme de Sévigné du 16 octobre.) — On trouve dans les *Lettres adressées à Colbert* un grand nombre d'autres pièces relatives au soulèvement de la Bretagne; je me suis borné à donner quelques extraits des plus importantes. Il y avait eu aussi au Mans, à la même époque, un commencement de révolte. Aussitôt, on écrasa la ville au moyen d'une garnison considérable qui fut logée chez les habitants et nourrie par eux. A ce sujet, l'évêque du Mans écrivit à Colbert vingt lettres des plus pressantes pour se plaindre de ce qu'on avait exagéré ce mouvement et pour lui exposer l'état de détresse où se trouvait la ville par suite des mesures de rigueur qu'on avait prises contre elle. Mais ces lettres demeurèrent pendant longtemps sans résultat. (Biblioth. roy., Mss.)

à Rennes avoua qu'il avait reçu 25 écus des fermiers du papier timbré *pour commencer la sédition.* Ces fermiers avaient-ils fait une affaire onéreuse, et désiraient-ils que leur bail fût résilié? Qui sait? Ce qui fut constaté, c'est que beaucoup de receveurs, s'attendant à être pillés, déclaraient des sommes plus fortes qu'ils n'avaient en réalité dans leurs caisses; ce qui est certain encore, c'est qu'un receveur de Nantes ayant accusé 250,000 livres, et sa caisse ayant été mieux gardée qu'il ne l'espérait, on n'y trouva, vérification faite, que 64,000 livres. Il est fâcheux que M. de Lavardin, qui signala ce fait à Colbert dans sa lettre du *mois* de juin 1675, n'ait pas fait connaître en même temps si cet honnête receveur avait été roué ou pendu; et, en vérité, il faut convenir que celui-là le méritait bien.

Telles furent ces terribles *penderies* de Guyenne et de Bretagne. Il est aisé de comprendre, d'après ce qui se passa dans ces deux provinces, que l'exécution des édits sur le papier timbré, sur la vente du tabac, sur la marque de l'étain, etc., dut rencontrer dans tout le royaume une opposition sourde, mal comprimée, et d'autant plus excusable que le défaut des débouchés des produits du sol, joint aux charges de la guerre et à l'anéantissement du commerce qui en résultait, rendaient les nouveaux impôts véritablement très-difficiles à acquitter.

CHAPITRE XIX.

État déplorable de la marine française à la fin du seizième siècle. — Elle est organisée par le cardinal de Richelieu. — Son dépérissement pendant la minorité de Louis XIV. — Situation dans laquelle la trouve Colbert. — Premier essai du régime des classes. — Recensement de la population maritime du royaume à diverses époques. — Matériel de la flotte en 1661, en 1678, en 1683, etc. — Prétentions de la France à l'égard des puissances maritimes d'un ordre inférieur. — Lettre de Colbert relative au caractère de Duquesne. — *La vieille et la nouvelle marine.* — Lettre de Colbert sur un rapport de M. d'Estrades concernant la bataille navale de Solsbay en 1672. — Colbert félicite Duquesne d'un avantage signalé que celui-ci a remporté sur l'amiral hollandais Ruyter. — Ordonnance de la marine de 1681. — Lettre de Colbert constatant la part qu'il prit à cette ordonnance. — Principes de Colbert sur les principales questions de l'administration maritime.

Le premier essai d'organisation de la marine royale eut lieu, en France, sous le ministère du cardinal de Richelieu. Auparavant, la Hollande, l'Angleterre, l'Espagne, la Turquie, Gênes et Venise avaient une marine puissante; malgré son admirable position, « *flanquée de deux mers quasi tout de son long,* » écrivait en 1596 le cardinal d'Ossat au secrétaire d'Etat Villeroy, la France seule comptait à peine quelques vaisseaux mal équipés. Pourtant, à la même époque, d'après ce cardinal, les plus petits princes d'Italie, « encores que la pluspart d'eux n'eussent qu'un poulce de mer chacun, avaient néantmoins chacun des galères en son arsenal naval. » Quatre ans après, le cardinal d'Ossat écrivait au même ministre qu'il faudrait, « entre autres choses, soliciter et diligenter la construction des galères dont on avoit parlé et escrit tant de fois, lesquelles ne seroient jamais si tost faites comme la seureté, commodité, authorité et réputation de la France le requéroient, à fautes desquelles il en falloit mendier d'unes et d'autres, à l'occasion du passage de la royne. » Enfin, le cardinal insistait de nouveau, en 1601, dans la prévision de la paix, sur la nécessité « d'employer à la confection d'un bon nombre de galères, à Marseille et à Toulon, la somme que le roy auroit dépendu en un, deux ou trois mois de guerre, ce qui seroit une chose de grande seureté, commodité, ornement et réputation à la couronne de France, *et mettroit fin à la honte que c'est un si grand royaume flanqué de deux mers de n'avoir de quoy se deffendre par mer contre les pirates et corsaires, tant s'en faut contre les princes* [1]. »

Voilà dans quel état de détresse se trouvait la marine française lorsque le cardinal de Richelieu revint pour la seconde fois au pouvoir. Tandis que la ville de La Rochelle, alors en pleine révolte, avait une flotte de soixante-dix voiles, Louis XIII se trouvait réduit à emprunter à l'Angleterre quelques bâtiments dont les équipages refusèrent de combattre leurs coreligionnaires. Mais cet état de choses ne dura pas longtemps, et bientôt après le roi comptait cinquante-six bâtiments en mer. Quoique privée de marine, la France avait alors plusieurs amiraux, investis chacun, d'une autorité très-étendue, source perpétuelle de conflits. Richelieu fit supprimer la charge d'amiral, et fut nommé grand-maître et surintendant général de la navigation et du commerce. Deux ans après, en 1628, le code *Michaud*, qui renfermait cent trente-deux articles relatifs à l'armée de terre, et trente et un à la marine, fut publié. En même temps, Richelieu faisait inspecter le littoral de l'Océan et de la Méditerranée, améliorait les anciens ports, en créait de nouveaux, établissait un Conseil du commerce, favorisait la navigation. Déjà, depuis longtemps, mieux éclairé sur le but de sa noble mission, le clergé tendait à s'y livrer exclusivement; la dernière phase de sa transformation s'accomplit vers le milieu du XVIIe siècle. Un archevêque de Bordeaux, doué tout à la fois d'une grande bravoure et d'une extrême modestie, Henri d'Escoubleau de Sourdis, fut cependant

---

[1] *Lettres du cardinal d'Ossat*, p. 202, 560 et 617, citées dans le *Précis hist. de la marine française*, par M. Chassériau.

enlevé par le premier ministre à son diocèse, nommé lieutenant général de l'armée navale, et remporta sur les flottes de l'Espagne, toujours supérieures en nombre, des avantages signalés. En 1640, quelques démonstrations opportunes et des négociations habilement conduites par de Sourdis assurèrent la prépondérance maritime de la France dans la Méditerranée. Ainsi, grâce à la *main puissante* de l'illustre ministre dont Colbert ne parlait qu'avec respect, dans l'espace de dix-huit années, le littoral du royaume s'était agrandi par l'incorporation du Roussillon, les premiers règlements sur la marine avaient été promulgués, les arsenaux approvisionnés, les colonies lointaines fondées; enfin, le pavillon français pouvait se montrer sur toutes les mers avec des forces suffisantes pour y être respecté [1].

Par malheur, les troubles de la Fronde ne permirent pas de maintenir la marine sur le pied où le cardinal de Richelieu l'avait laissée. Fouquet aurait bien voulu, à la vérité, lui faire une part plus grande dans les dépenses de l'Etat; mais des intérêts plus urgents, plus immédiats, absorbaient Mazarin, et, quand Colbert arriva au ministère, la France était loin d'avoir en mer les cinquante-six bâtiments de guerre improvisés en quelque sorte par Richelieu, et avec lesquels il avait réduit La Rochelle et repoussé les Anglais.

En 1643, à la suite de quelques avantages remportés sur la flotte d'Espagne par la flotte française, Mazarin avait fait frapper une médaille sur laquelle on grava ces mots: *Omen imperii maritimi — présage de l'empire des mers.* Ce qui fera à jamais la gloire de Louis XIV et de Colbert, ce qui fut de la part de tous deux un trait de génie, c'est d'avoir compris que la France devait, sous peine de déchoir et de compromettre jusqu'à son indépendance, devenir une puissance maritime du premier ordre, exercer sur les mers une influence morale et matérielle égale à celle de l'Angleterre et de la Hollande, et ne jamais reconnaître, ainsi que l'écrivait, en 1671, le ministre à l'ambassadeur de France à Londres, *la prétendue*

---

[1] *Précis histor. de la marine*, etc.

souveraineté des Anglais, non-seulement dans la Méditerranée, mais encore dans l'Océan.

Pour parvenir à ce but, il fallait avant tout encourager la marine marchande, afin de la mettre en mesure d'exister et de lutter avec celle des Hollandais. C'est pour cela que Colbert soutint avec tant d'énergie l'impôt de 50 sous par tonneau. En second lieu, il était nécessaire de s'assurer une réserve de marins expérimentés qui, sans rien coûter à l'État, fussent tenus de le servir à la première réquisition. Antérieurement à Colbert, on recrutait des marins pour les bâtiments du roi de la même manière qu'en Angleterre au moyen de *la presse*, c'est-à-dire en fermant tous les ports et en s'emparant du nombre de marins nécessaires pour les armements. Par une première ordonnance du 17 septembre 1665, Colbert appliqua le régime des *classes* dans les gouvernements de La Rochelle, de Brouage et de la Saintonge. Ce n'était alors qu'un essai dont la surveillance était particulièrement confiée à l'intendant de Rochefort, parent de Colbert, qui entretint avec lui une active correspondance à ce sujet. Une ordonnance du 22 septembre 1668 étendit la mesure à tout le royaume ; mais la Bretagne et la Province ne s'y soumirent pas sans peine. Une lettre de Colbert au duc de Guiche constate aussi que, dans la Navarre et le Béarn, l'enrôlement des matelots donna lieu à quelques troubles, d'ailleurs bientôt réprimés [1]. Cinq ans après, un nouvel édit régla d'une manière définitive *l'enrôlement des matelots dans toutes les provinces maritimes du royaume.* L'édit portait que les précédents essais ayant obtenu tout le succès que l'on pouvait espérer, l'enrôlement général des pilotes, maîtres et contre-maîtres, canonniers, charpentiers, calfats et autres officiers mariniers, matelots et gens de mer, serait fait dorénavant par des commissaires nommés à cet effet. Les rôles contiendraient les noms de tous ceux qui devaient y figurer, leur âge, leur taille, *poil et autres signes*, leur demeure et profession. Enfin, l'édit prononçait des peines très-sévères contre les capitaines de navire qui auraient engagé des

---

[1] Arch. de la mar., *Registre des despesches*, etc., janvier 1671.

marins sans l'autorisation du commissaire de l'enrôlement, ou qui auraient employé à leur bord ceux qui ne seraient pas munis de leur certificat d'inscription [1].

Par suite de ces dispositions, le chiffre de la population maritime du royaume s'éleva bientôt dans des proportions considérables. Le premier recensement, qui date de 1670, et dans lequel les matelots seuls étaient compris, donna pour résultat 36,000 inscriptions.

Au second recensement, fait en 1683, année où mourut Colbert, le chiffre des inscriptions s'éleva à 77,852. Il est vrai que les maîtres et patrons, les officiers mariniers et matelots, novices et mousses, y figuraient. Le recensement de 1690 ne donna que 53,441 inscriptions; mais, en 1704, il s'éleva à 79,535, pour retomber à 72,056 en 1710 [2].

On a vu que le cardinal de Richelieu avait mis en mer, dans l'espace de quelques années, cinquante-six bâtiments; mais, en 1661, lorsque Colbert fut nommé ministre, la flotte ne se composait que de trente bâtiments de guerre, parmi lesquels trois vaisseaux du premier rang, de 60 à 70 canons, huit du deuxième rang, sept du troisième, quatre flûtes et huit brûlots [3].

A la paix de Nimègue, en 1678, la France possédait déjà cent vingt bâtiments de guerre, dont douze du premier, vingt-six du deuxième, et quarante du troisième rang.

Le tableau suivant de ses richesses navales, en 1683, suf-

---

[1] *Collection des anciennes lois françaises*, etc. — *Code maritime, ou Lois de la marine marchande*, par Baussant, t. I, p. 27 et 28.

[2] *Précis histor. de la marine française*, etc., annexes, p. 637. Voici, d'après le même ouvrage, le tableau de la population maritime du royaume à diverses époques :

En 1793......	95,716	En 1830......	74,917
En 1818......	74,436	En 1840......	87,545
En 1826......	76,257	En 1845......	101,106

Le développement des armements de l'État et du commerce, ainsi que le système de la levée permanente, explique la différence qui existe entre les deux derniers chiffres.

(*Note de M. Chasseriau.*)

[3] *Histoire de la marine française*, par M. E. Sue. — *Lettres de négociations entre J. de Witt*, etc. On lit dans une lettre de Van Beuningen à J. de Witt, du 30 janvier 1665 : « Tout ce que je puis apprendre des forces marines de ce royaume et de ses armements, c'est que la couronne a trente-deux vaisseaux de guerre, parmi lesquels il n'y en a point au-delà de cinquante pièces de canon... L'intention du roi est de les porter jusqu'à cinquante, *soit en louant*, soit en faisant bâtir... »

firait au besoin pour donner une idée de la passion et du génie que déploya Colbert dans l'accomplissement de son œuvre.

```
Vaisseaux du 1er rang de 76 à 120 canons. . . . . . . .  12
          du 2e   —   de 64 à  74   —    . . . . . . . .  20
          du 3e   —   de 50 à  60   —    . . . . . . . .  29
          du 4e   —   de 40 à  50   —    . . . . . . . .  25
          du 5e   —   de 24 à  30   —    . . . . . . . .  21
          du 6e   —   de  6 à  24   —    . . . . . . . .  25
Brûlots de 100 à 300 tonneaux. . . . . . . . . . . . . .   7
Flûtes et bâtiments de charge de 30 à 600 tonneaux. . .  20
Barques longues. . . . . . . . . . . . . . . . . . . . . 17
                Total des bâtiments à la mer. . . . . . 176
```

Enfin, en comptant trente-deux galères et soixante-huit bâtiments de tout rang en construction, la France avait à cette époque deux cent soixante-seize bâtiments en mer ou sur les chantiers [1].

En même temps, Colbert dirigeait, d'après les inspirations de Louis XIV, les nombreuses et importantes affaires qui se

---

[1] *Histoire de la marine*, etc., etc. — *Précis histor. de la marine*, etc. L'auteur du *Précis* donne aussi le tableau numérique des bâtiments de la marine royale aux principales époques, depuis 1671 jusqu'en 1845. Ce qui suit en est extrait :

ANNÉES.	VAISSEAUX.	FRÉGATES.	AUTRES BATIMENTS.	TOTAL.	OBSERVATIONS.
1671	119	22	55	196	Guerre maritime et continentale.
1678	113	29	69	211	Paix de Nimègue.
1685	121	23	50	194	Soumission de Gênes soutenue par l'Espagne.
1692	131	133	101	265	Bataille de La Hougue.
1741	51	15	35	101	Guerre de la succession autrichienne.
1779	68	69	117	264	Guerre d'Amérique.
1793	78	101	551	730	Dont 276 bateaux de flottille.
1805	49	34	424	507	Plus 15 vaisseaux et 11 frégates en construction, non compris la flottille.
1811	57	39	922	1018	Y compris la flottille, plus 26 vaisseaux et frégates en construction.
1815	55	31	306	392	Plus 25 vaisseaux et frégates en construction.
1830	33	40	213	286	
1845	23	30	246	299	

Enfin, dans la séance de la Chambre des Députés du 3 janvier 1846, M. le ministre de la marine a demandé un crédit de 135 millions pour porter, en sept années, à partir du 1er janvier 1847, le chiffre de nos bâtiments à voiles à 270, dont 40 vaisseaux et 80 frégates, et celui des bâtiments à vapeur à 100, dont 30 de première classe (*de 400 à 600 chevaux*) et 70 de seconde classe (*de 90 à 300 chevaux*); total 370 bâtiments.

rattachaient à la marine : c'étaient les secours envoyés à Candie, les expéditions contre les États barbaresques, les guerres de 1672 à 1678, l'occupation de Messine si cruellement abandonnée plus tard à la vengeance de ses anciens maîtres dont on avait tout fait pour la détacher, les négociations relatives aux saluts des pavillons. On se souvient de la lettre de Colbert à son frère au sujet des prétentions des Anglais. Par une contradiction au moins étrange, la France qui refusait à bon droit de reconnaître la souveraineté de cette nation et de saluer la première son pavillon, voulut exiger cette déférence des Hollandais. Vainement ceux-ci objectaient-ils que, si les Français considéraient comme une bassesse de baisser leur pavillon devant celui d'une nation étrangère, ils ne devaient pas y contraindre la Hollande [1]. Louis XIV persista dans ses tyranniques exigences. En 1681, le duc de Mortemart rencontra devant Livourne un convoi de neuf navires hollandais, escortés par un contre-amiral. Comme celui-ci refusait de saluer sa frégate, le duc de Mortemart se mettait déjà en devoir de brûler le convoi, lorsque le capitaine du port de Livourne accourut dans une felouque pour l'informer que les Hollandais consentaient à le saluer de neuf coups de canon, à condition qu'on leur en rendrait deux [2]. Et la Hollande n'était pas la seule nation à laquelle on imposait cette humiliation, d'autant moins justifiable qu'on ne voulait point la subir. Déjà, en 1680, Louis XIV avait ordonné à ses amiraux d'exiger, en toute rencontre, que le pavillon espagnol s'abaissât devant le pavillon français [3]. Fatal orgueil qui attira bientôt à la France des ennemis irréconciliables, et qu'elle expia durement quand le jour des coalitions et des revers fut venu !

Mais ce n'était pas tout d'approvisionner les arsenaux, de créer l'inscription maritime, d'improviser des flottes, il fallait encore gouverner les caractères, former des chefs habiles, calmer les jalousies si promptes à s'éveiller et toujours si funestes sous les drapeaux. Les lettres suivantes, extraites de la volu-

---

[1] *Lettres et négociations entre Jean de Witt*, etc.
[2] *Vie de J.-B. Colbert*, etc., année 1681.
[3] *Précis histor. de la marine*, etc., p. 108.

mineuse correspondance de Colbert, mettront à jour quelques-unes des difficultés que ce ministre eut à surmonter pour que la marine française, née de la veille en quelque sorte, pût tenir son rang auprès des forces navales de la Hollande et de l'Angleterre, se mesurer avec elles, et obtenir, en plusieurs rencontres, des avantages signalés. Le nom de Duquesne est justement illustre; mais cet officier, d'un caractère entier, absolu, fut toujours très-difficile à utiliser. Ce fait est constaté vingt fois dans les lettres de Colbert. Le 25 octobre 1669, il écrivait à l'intendant de marine de Rochefort : « M. Duquesne a fait à son ordinaire; il ne faut pas attendre un grand service de cet homme [1]. » Une lettre que Colbert adressa, le 18 janvier 1671, au vice-amiral d'Estrées, commandant la flotte française, est encore plus explicite :

« Je vois bien que vous n'avez pas sujet d'être satisfait des sieurs Duquesne et Desardens, mais vous savez bien que ce sont les deux plus anciens officiers de la marine que nous ayons, au moins pour le premier, et mesme qu'il a toujours été reconnu pour un très-habile navigateur et fort capable en tout ce qui regarde la marine. Je conviens avec vous que son esprit est difficile et son humeur incommode; mais, dans la disette que nous avons d'habiles gens en cette science, qui a été si longtemps inconnue en France, je crois qu'il est du service du roy et même de votre gloire particulière que vous travailliez à surmonter la difficulté de cet esprit et à le rendre sociable, pour en tirer toutes les connoissances et avantages que vous pourrez, et j'estime qu'il est impossible qu'avec votre adresse et votre douceur vous n'en tiriez facilement en peu de temps tout ce qu'il pourra avoir de bon, et ce qui vous pourra servir, et mesme qu'avec cette douceur vous ne puissiez peut-être le réduire à servir à votre mode, c'est-à-dire utilement pour le service du roy [2]. »

[1] Biblioth. roy., Mss. *Colbert et Seignelay*; cote 7, pièce 41.
[2] Arch. de la mar., *Extrait des despesches et ordres du Roy concernant la marine sous le ministère de M. Colbert depuis l'année 1767 jusques et y compris l'année 1683*. 1 vol. in-fol., p. 573. — La pièce originale est à la Bibliothèque royale; Mss. *Colbert et Seignelay*. Cote 3°, pièce 25. — Au sujet de l'inexpérience de la plupart des officiers de marine à cette époque, Colbert écrivait, le 19 décembre 1669, à M. de Pomponne, ambassadeur en Hollande : « Comme notre marine est à présent plus puissante en nombre de vaisseaux qu'en expérience de nos capitaines, en ce qui regarde les grandes manœuvres, il faudrait voir si l'on pourrait tirer de Ruyter ou de quelqu'un des principaux officiers des armées navales, pendant la guerre avec les Anglais, tous les ordres de bataille qui ont été observés, avec les figures et les noms des vaisseaux. » La même recommandation fut faite à l'ambassadeur en Angleterre. (Biblioth. roy., Mss. *Registre des despesches*, n° 204.)

Le 4 mars suivant, au sujet de quelques exigences de ce qu'il appelait *la vieille marine*, l'illustre ministre écrivait à l'intendant de Rochefort qu'il ne fallait pas tenir moins ferme à l'égard *de la nouvelle*, et qu'à dire le vrai il trouvait extraordinaire que le chevalier de la Vrillière se fâchât de faire deux ou trois voyages de capitaine en second. Il en était de même de quelques autres, qui trouvaient mauvais de faire trois voyages en qualité d'enseignes. « *Si le roy*, ajoutait Colbert, *avoit égard à leur impatience, nous verrions bientôt des jeunes gens de vingt ans vouloir être capitaines, ce qui seroit perdre entièrement notre marine*[1]. »

Trois mois après, le 7 juin 1672, Ruyter surprit à l'ancre, devant Solsbay, les flottes anglaise et française et leur livra bataille. Les pertes furent immenses, principalement du côté des Anglais et des Hollandais; mais Ruyter sauva sa patrie en prévenant un débarquement. Aussitôt, la dissension éclata dans la flotte française. En même temps, les Anglais lui reprochèrent de s'être tenue à l'écart pendant qu'ils soutenaient seuls le feu des Hollandais. La lettre qu'on va lire, écrite, le 29 juin 1672, par Colbert à son frère, ambassadeur à Londres, renferme, sur ces diverses récriminations, des documents historiques du plus haut intérêt[2].

« Je receus hier vostre lettre du 23 de ce mois, par laquelle j'apprends la disposition que vous avez trouvé dans tous les esprits de la flotte, la désunion de M. le vice-admiral avec le sieur Duquesne et tout ce que vous avez fait pour oster cette division et les réunir. Pour vous dire le vray, je trouve que les François ont agi à leur ordinaire, c'est-à-dire que les passions particulières de hayne ou d'autres mouvements ont empesché que l'on ne relevast l'action qui s'est passée comme elle le devoit estre, et, pour vous dire la vérité, je n'ay jamais vu une rela-

---

[1] Arch. de la mar., *Extraits des despesches*, etc., etc.
[2] *Précis histor. de la marine*, etc. — *Histoire de la marine.* M. Eugène Sue pense qu'en effet le comte d'Estrées avait ordre d'exposer ses vaisseaux le moins possible, afin que les marines anglaise et hollandaise fissent seules les frais de la journée, et il publie quelques pièces qui semblent justifier ces opinions. Malgré ses dénégations, la lettre de Colbert lui-même laisse du doute dans l'esprit. Cette lettre de Colbert est aussi inédite. (Arch. de la mar. *Registre des despesches*, etc., année 1672, p. 198 et 199.) A travers le vague de certaines expressions on croit voir que le comte d'Estrées avait reçu de ces ordres *qu'on n'écrit pas*, et que l'ambassadeur ignorait sans doute, par le même motif qu'on avait eu à lui cacher l'alliance secrète négociée par Madame entre Louis XIV et Charles II.

tion ni plus sèche ni plus froide que celle de M. le vice-amiral ; et cependant il y avoit lieu de la relever beaucoup par une infinité de circonstances. La modestie est bonne quand un particulier parle de luy ; mais, quand un général parle des armes du roy, cette vertu devient un défaut très-blasmable ; c'est en quoy M. le vice-admiral a beaucoup manqué ; il debvoit considérer que l'escadre de France a eu l'advantage de descouvrir la première les ennemis, de s'estre trouvée la première soubz voiles et débarrassée de ses ancres, et qu'encore qu'elle fust entièrement soubz le vent des ennemis, sans pouvoir leur gagner le vent, parce que les Anglois estoient sur la ligne où elle pouvoit faire ses bordées, jamais les quarante-trois vaisseaux zélandais n'ont osé l'enfoncer. M. le vice-admiral avec quelques autres vaisseaux ont esté plus heureux que les autres de s'estre trouvé à portée des ennemis, mais les autres n'ont pas manqué de bonne volonté. C'est ainsy qu'il faut parler en toutes occasions pareilles, sauf à dire au roy ce qui s'est passé de plus particulier ; mais, pour vous dire vray, je ne crois pas qu'en cette occasion l'on puisse accuser les officiers des vaisseaux qui ne se sont pas trouvés à portée des ennemis d'aucune mauvaise manœuvre ni de manque de cœur. »

Cependant, Duquesne avait obtenu le commandement d'une escadre, et l'on espérait que, maître de tous ses mouvements, libre de ce frein de l'obéissance immédiate auquel son caractère n'avait jamais pu s'assujettir, il ne tarderait pas à illustrer la marine française par quelques affaires d'éclat. Cet heureux pressentiment de Colbert se réalisa bientôt. Le 8 janvier 1676, Duquesne rencontra, en vue de Messine, la flotte hollandaise, commandée par Ruyter. Cette flotte se composait de trente vaisseaux, dont douze du premier rang, douze de moyenne force, quatre brûlots, deux flûtes et neuf galères. La flotte française, au contraire, ne comptait que vingt vaisseaux et six brûlots. Malgré cette disproportion, malgré l'auréole qui entourait le nom de Ruyter, Duquesne livra bataille à cet amiral et remporta sur lui une victoire éclatante. On lira, j'en suis sûr, avec le plus vif intérêt, la lettre que Colbert lui écrivit le 25 février 1676, pour le féliciter [1].

« La lettre que le roy veut bien vous escrire de sa main vous fera mieux connoistre que je ne le pourrois faire la satisfaction que Sa Ma-

---

[1] *Précis histor. de la marine*, etc., p. 103. — Arch. de la mar., *Extraits des despesches*, etc., etc., p. 138. Cette lettre est inédite.

jesté a reçue de ce qui s'est passé dans la dernière bataille que vous avez donnée contre les Hollandois; tout ce que vous avez fait est si glorieux et vous avez donné des marques si avantageuses de votre valeur, de votre capacité et de votre expérience consommée dans le métier de la mer, qu'il ne se peut rien ajouter à la gloire que vous avez acquise. Sa Majesté a enfin eu la satisfaction de voir remporter une victoire contre les Hollandois, qui ont été jusqu'à présent presque toujours supérieurs sur mer à ceux qu'ils ont combattus, et elle a connu par tout ce que vous avez fait qu'elle a en vous un capitaine à opposer à Ruyter pour le courage et la capacité.

« Je vous avoue qu'il y a bien longtemps que je n'ai écrit de lettre avec tant de plaisir que celle-cy, puisque c'est pour vous féliciter du premier combat naval que les forces du roy ont donné contre les Hollandois, et vous ne pouvez pas douter que le roy n'ayt fort remarqué qu'ayant à faire au plus habile matelot, et peut-estre au plus grand et au plus ferme capitaine de mer qu'il y ayt au monde, vous n'avez pas laissé de prendre sur luy les avantages de la manœuvre de votre vaisseau, ayant regagné pendant la nuit le vent qu'il avait sur vous le soir précédent, et celuy de la fermeté l'ayant obligé de plier deux fois devant vous. Une si belle action nous donne ici des assurances certaines de toutes celles que vous ferez à l'avenir, lorsque les occasions s'en présenteront, et vous devez estre asseuré de la part que j'y prendrai toujours. »

Comment ne pas aimer et admirer en même temps l'illustre ministre qui s'associait ainsi à la gloire de la France, et qui se réjouissait avec cette effusion des victoires que son intelligente et infatigable administration avait préparées? *Il y a bien longtemps que je n'ai écrit de lettre avec tant de plaisir que celle-ci,* » disait Colbert à Duquêsne. Ces seuls mots, s'adressant à un chef d'escadre victorieux, louent mieux le noble cœur qui les a dictés que ne pourraient le faire les éloges les plus éloquents.

Quant aux préoccupations de Colbert sur l'administration de tout temps si importante et si difficile du matériel maritime, quelques courtes citations suffiront pour en donner une idée.

« Vous ne sauriez vous imaginer, écrivait ce ministre à l'intendant de Rochefort, ce que j'apprends de villenies des capitaines de l'armée de Candie... Préparez-vous à montrer vos comptes et à faire un inventaire général pour la fin de l'année...

« Il faut travailler à l'avenir à appeler des gens de qualité dans la marine...

« Le principal point est d'établir dans la marine d'honnestes gens et gens de bien ; en chercher... [1] »

En même temps, Colbert songeait à doter la marine des règlements et ordonnances qui lui manquaient, et que l'état de splendeur où il l'avait portée rendaient de jour en jour plus nécessaires. On trouve dans ses papiers un mémoire original *sur le règlement à faire pour la police générale des arsenaux de marine*, ainsi qu'un autre *Mémoire sur le règlement de police des ports et garde des arsenaux* [2]. Ce dernier est divisé en trois parties relatives à la garde des ports et arsenaux, à la construction des vaisseaux, aux peines. La lettre suivante que Colbert écrivit le 4 mars 1671 à l'intendant de Rochefort, son collaborateur dans ces sortes de travaux, montrera le soin extrême qu'il mettait à l'élaboration et à la rédaction de ses règlements [3].

« J'ai lu et examiné autant que j'ai pu votre règlement de police de marine, et comme c'est un travail d'une très-grande conséquence, je crois que nous ne pouvons assez le retoucher pour le rendre aussi parfait qu'il se pourra.

« Je vous envoye le premier cahier presque tout corrigé de ma main, et j'ai observé de faire transcrire les corrections afin que vous puissiez les lire avec facilité. Vous verrez que j'ay abrégé beaucoup de termes, retranché presque partout les raisons que vous donnez quelquefois de la disposition de chaque article, ôté partout *en*, dont vous vous servez trop souvent, de même ces autres termes : *s'il se peut, s'il est possible, autant qu'il se pourra*, et autres de même nature, qui ne peuvent convenir aux règlements que le roy fait, dans lesquels il doit parler absolument. Quoique j'aye fait, je n'en suis pas encore satisfait et je vous l'envoye pour le revoir encore et y retoucher. Surtout il faut que vous vous appliquiez à la diction, à la rendre correcte, intelligible, pour tous les termes ; n'en point mettre d'inutiles, et retrancher les superflus et toutes les répétitions.

« Il me semble que bien souvent vous entrez dans un certain détail qui ne convient pas à la dignité du roy ; c'est ce que vous devez examiner. Comme j'ai beaucoup retranché, ne retranchez plus rien d'essentiel sans m'en donner avis...

« Le terme *chose*, qui est souvent répété, doit être ôté partout. »

---

[1] Biblioth. roy., Mss. *Colbert et Seignelay*, t. IV, cote 11e, pièces 9 et 10.
[2] *Ibidem.*, cote 1re, pièces 5 et 10, sans date.
[3] Arch. de la mar, *Extrait des despesches*, etc., p. 613.

Enfin, au mois d'août 1681, Colbert publia la célèbre ordonnance sur la marine, qui mit le comble à sa gloire, et à laquelle son administration doit surtout l'éclat dont elle brille encore aujourd'hui. Les commentateurs de cette ordonnance en ont attribué le principal mérite à une commission dont ils regrettaient que les membres n'eussent pas été signalés à la reconnaissance publique. Suivant eux, la rédaction de l'ordonnance sur la marine fut confiée à deux maîtres des requêtes, MM. Le Vayer de Boutigny et Lambert d'Herbigny[1]. Le 1er janvier 1671, ce dernier reçut en effet une mission pour les ports et havres du Ponant (de Dunkerque à La Rochelle), avec ordre de s'informer, entre autres objets, « de tout ce qui concernait la justice de l'amirauté, pour régler et en retrancher les abus, et composer ensuite un corps d'ordonnances pour en établir la jurisprudence, en sorte que les navigateurs et négociants sur mer pussent être assurés que la justice leur serait exactement rendue[2]. » On lit à ce sujet dans l'instruction originale de Colbert à son fils, *pour bien faire la commission de sa charge*, instruction qui date de la même année que la mission donnée à M. d'Herbigny :

« Comme toutes ces pièces (les règlements et ordonnances sur la marine) sont estrangères, le roy a résolu de faire un corps d'ordonnances en son nom pour régler toute la jurisprudence de la marine. Pour cet effect, il a envoyé dans tous les ports du royaume M. d'Herbigny, maistre des requestes, pour examiner tout ce qui concerne cette justice, la réformer, et composer ensuite sur toutes les connoissances qu'il prendra un corps d'ordonnances; et, pour y parvenir avec d'autant plus de pré-

---

[1] *Commentaire sur l'ordonnance du mois d'août* 1681, par Valin ; nouvelle édition avec des notes, par Bécane, t. I, p. XII et XIII. — *Collection des lois maritimes antérieures au XVIIIe siècle*, par M. Pardessus, t. IV, chap. XXVI, p. 245 et 246.

[2] Arch. de la mar. *Registres des despesches*, etc., année 1671, t. I, p. 15 et suiv. — Enfin, dans un Mémoire original de Colbert sur la marine, mémoire non daté, mais qui doit être des derniers mois de 1670, ce ministre proposait au roi « de commettre le sieur d'Herbigny pour faire la visite de tous les ports, et de nommer trois avocats, les sieurs de Gamont, Billain et Foucault, qui s'assembleraient toutes les semaines afin de conférer sur les rapports de M. d'Herbigny, et former ensuite un corps d'ordonnances de marine. » (Biblioth. roy. *Colbert et Seignelay*, cote 1re, pièce 10.) — Il y a, en outre, dans les *Registres des despesches* de 1671 et 1672 un grand nombre de lettres de Colbert à M. d'Herbigny, et dans le nombre on en trouve quelques-unes de très-sévères, desquelles il résulte que M. d'Herbigny avait outre passé ses pouvoirs et mal compris les intentions de Colbert, qui le menaçait de le rappeler s'il ne se pénétrait mieux du sens de ses instructions.

CHAPITRE XIX.   387

caution, Sa Majesté a establi des commissaires à Paris, dont le chef est M. de Morangis, pour recevoir et délibérer sur tous les mémoires qui seront envoyés par ledit sieur d'Herbigny, et commencer à composer ledit corps d'ordonnances. Il seroit nécessaire, pour bien faire les fonctions de ma charge, de recevoir les lettres et mémoires du sieur d'Herbigny, en faire les extraits et assister à toutes les assemblées qui se tiendront chez M. de Morangis, et tenir la main à ce que le corps d'ordonnances sur cette matière fust expédié le plus promptement qu'il seroit possible[1]. »

On a vu comment Colbert avait remanié le règlement de marine de l'intendant de Rochefort. Sans doute, le travail de M. d'Herbigny et des commissaires chargés de discuter ses propositions, lui fut d'une grande utilité; mais, s'il faut en juger par les modifications qu'il avait apportées, dès 1671, au règlement de l'intendant de Rochefort, et par l'espace de dix années qui s'écoula entre la mission de M. d'Herbigny et la promulgation de la grande ordonnance sur la marine, il est permis de croire que cette ordonnance, fondue et refondue bien des fois, porta surtout l'empreinte de l'expérience personnelle du ministre, parvenue à cette époque, après vingt ans de la pratique la plus active, à son complet développement.

Un des commentateurs les plus estimés de l'ordonnance de 1681 a dit que, par la beauté et la sagesse de sa distribution, par l'exactitude de ses décisions, ce corps de doctrines suivi, précis, lumineux, fit l'admiration universelle. Bientôt, en effet, la plupart des nations mêmes qui avaient le plus souffert de l'orgueil de Louis XIV rendirent à l'ordonnance de Colbert le plus significatif, le plus flatteur de tous les hommages, et l'adoptèrent à l'envi[2].

L'instruction de Colbert au marquis de Seignelay pour l'initier aux devoirs de sa charge, a fait connaître les principes généraux qu'il portait dans l'administration de la marine. L'extrait de sa correspondance a aussi mis en saillie les règles principales qu'il avait adoptées et à l'aide desquelles il obtint en si peu de temps de si merveilleux résultats. J'ai indiqué ces règles et ces principes dans les lignes

[1] *Instruction à mon fils*, etc. Voir aux pièces justificatives; pièce numéro XII.
[2] *Commentaires de Valin*, etc., p. VIII et suiv.

suivantes, analyse rapide d'un manuscrit de sept cents pages qui n'est lui-même qu'un résumé[1].

« *Bâtiments et fortifications.* — Colbert fit construire une salle d'armes à Rochefort, un lazaret à Toulon ; il projetait la construction d'un entrepôt pour la marine à Belle-Ile, et d'un port à Port-Vendres.

« *Munitions et marchandises.* — Colbert voulait toujours en avoir dans les magasins pour trente à quarante vaisseaux au besoin.

« *Bois.* — Colbert fit ordonner que tous ceux situés à deux lieues de la mer ou des rivières ne fussent point coupés sans la permission du roi.

« *Constructions et radoubs.* — Il travailla à former des constructeurs en excitant l'émulation par des récompenses et en donnant des prix aux plus habiles.

« *Machines.* — Il faisait volontiers l'épreuve de nouvelles machines et il se prêta à un grand nombre d'expériences pour vérifier la proposition qui lui fut renouvelée bien souvent de dessaler l'eau de la mer.

« *Officiers.* — Colbert voulait nommer officiers de la marine royale des capitaines marchands habiles, afin de donner de l'émulation aux uns, et d'exciter les autres à s'instruire. Il ne faisait aucun cas de ceux qui n'avaient pas d'émulation. Il tenait essentiellement à la subordination et ne recevait pas les plaintes, même fondées, des inférieurs contre les supérieurs. Les grâces et les avancements étaient accordés par lui bien plus souvent aux actions qu'à l'ancienneté.

« *Troupes.* — Colbert ne faisait aucun cas des troupes de terre pour servir à la mer.

---

[1] Ce qui suit est extrait des *Principes de M. Colbert sur la marine.* Biblioth. roy., Mss. Ce manuscrit a été publié par M. Eugène Sue. Il se trouve également aux Archives de la marine. L'exemplaire de la Bibliothèque royale a appartenu à Mme de Pompadour, dont les armoiries ont été découpées sur la reliure, à l'époque de la Révolution. Les *Principes de M. Colbert sur la marine* ont été résumés d'une manière très-intelligente d'après l'*Extrait des despesches et ordres du Roy concernant la marine sous le ministère de M. Colbert*, 1 vol. in-fol., extrait fait aussi avec beaucoup de soin par un marin, et qui renvoie, pour chaque assertion, aux registres spéciaux dont toutes les dépêches sont tirées. Le même travail a été fait pour l'administration du marquis de Seignelay.

« *Classes.* — Comme contrôleur général des finances, il augmentait les tailles des paroisses qui ne se prêtaient pas à la levée des matelots et ne fournissaient pas leur contingent.

« *Police et discipline.* — Colbert blâmait souvent les intendants de ne pas soutenir assez les *écrivains* contre les capitaines, qui, disait-il, voudraient en faire leurs valets si l'on n'y tenait la main. Il ne faisait pas grâce aux officiers du premier grade et de la plus grande réputation qui voulaient se soustraire aux règles établies pour la discipline du service. Il défendait tout commerce aux îles de la part des capitaines, et il approuva l'intendant de Brest d'en avoir fait arrêter un qui avait rapporté deux cents barriques de sucre ; il lui donna ordre de les confisquer, d'interdire le capitaine et de lui supprimer ses appointements. Il fit défendre à tous officiers, marins et matelots, d'aller servir hors du royaume sous peine des galères.

« *Saluts, honneurs, rang et commandement.* — La question des saluts occasionna, comme on sait, de longues discussions et négociations pendant le règne de Louis XIV. Les Anglais étaient les seuls avec qui l'on fût convenu de ne se rien demander de part et d'autre. Ils prétendaient se faire saluer les premiers dans les mers qu'ils appelaient de leur domination, et qu'ils étendaient depuis le Nord jusqu'au cap Saint-Vincent ; mais la France s'y refusa toujours, tout en donnant ordre aux capitaines d'éviter la rencontre des vaisseaux anglais. Quant aux troupes de marine, le roi avait décidé que, lorsqu'elles mettraient pied à terre, elles seraient commandées par les officiers de terre, et que celles de terre qui s'embarqueraient obéiraient à des officiers de marine.

« *Artillerie.* — Colbert établit l'école des canonniers, le prix de la butte, et il écoutait toutes les propositions qui tendaient à perfectionner l'artillerie.

« *Armements.* — Il attachait beaucoup d'importance, tant pour la gloire du roi que pour le bien du commerce, à ce qu'il parût des vaisseaux de guerre français dans toutes les mers, en temps de paix comme en temps de guerre. Il regardait la lenteur et l'incertitude comme le pire de tous les inconvénients, aimant mieux que l'on s'exposât à prendre un mauvais parti que de trop hésiter... Il fit combattre le scrupule qui existait encore de partir les vendredis... Il trouva que l'on donnait trop d'équipage aux vaisseaux français en temps de paix. Ennemi des superfluités à la mer, il pensait en outre, avec les Anglais et les Hollandais, que les capitaines devaient être traités comme les matelots.

« *Cartes et plans*. — Colbert se proposait de faire lever secrètement les plans de tous les ports, côtes et rades, non-seulement du royaume, mais de tous les points où les escadres françaises abordaient, et de mettre pour cet effet un ingénieur habile sur chaque escadre. »

Maintenant, si des principes l'on arrive aux résultats, on voit la marine marchande se développer tout à coup, grâce au double encouragement du droit de tonnage et des primes[1], le régime régulier des classes substitué aux violences de la presse, une caisse de secours fondée en faveur des gens de mer invalides, des écoles d'hydrographie et d'artillerie créées, les ports du Havre et de Dunkerque fortifiés; puis enfin, comme couronnement de cette œuvre où l'activité et le soin des détails s'élevèrent jusqu'au génie, une ordonnance mémorable, la première de ce genre et le modèle de toutes celles qui l'ont suivie; une flotte de deux cent soixante-seize bâtiments dans un pays qui en comptait trente à peine vingt ans auparavant, et pour les commander le comte d'Estrées, Tourville, Duquesne, après lesquels on peut nommer encore le maréchal de Vivonne, brillant marin qui fit de Messine une nouvelle Capoue; le comte de Châteaurenault; le marquis de Martel, renommé par la hardiesse de ses coups de main; le chevalier de Valbelle enfin, un des plus intrépides lieutenants de Duquesne, dans cette bataille du 8 janvier 1676, où il défit Ruyter, et qui lui valut

---

[1] On voit dans le *Registre des despesches* de l'année 1670, que Colbert accorda 4 livres et jusqu'à 6 livres d'indemnité par tonneau, à plusieurs armateurs de Marseille, La Rochelle, Bordeaux, Saint-Malo, Nantes, *pour navires construits à leurs frais.* — La même année, Colbert donna une indemnité d'un écu par baril de bœuf transporté dans les îles.

l'admirable lettre de Colbert que j'ai citée [1]. Voilà quels nobles exemples, quel patriotique héritage, ce ministre légua à son successeur, à son fils. Les destinées de la France eussent été trop belles si ceux qui la gouvernaient à cette époque n'avaient pas abusé d'une si grande puissance pour porter atteinte à l'indépendance des autres nations, et si, au lieu de se borner à faire respecter son droit sur toutes les mers par ce déploiement de forces imposantes, ils n'avaient pas, entre autres griefs, violenté l'Espagne et la Hollande au sujet de ces honneurs maritimes qu'ils trouvaient humiliant de rendre à l'Angleterre ! Mais c'est, par malheur, le propre de la force d'incliner à la violence, et il semble qu'il soit plus difficile encore aux gouvernements qu'aux individus d'être à la fois puissants et modérés.

[1] *Précis histor. de la marine*, etc.

CHAPITRE XXe ET DERNIER.

Nouveaux détails sur le caractère de Colbert. — Sa tolérance à l'égard des manufacturiers protestants. — Son despotisme dans le Conseil. — Il fait arrêter et juger deux fabricants de Lyon qui voulaient s'établir à Florence. — Lettre de Colbert relative aux *Gazettes à la main*. — Il veut faire fermer le jardin des Tuileries au public. — Il destitue un receveur général, son ancien camarade. — Etrange lettre qu'il écrit au sujet d'un procès qu'un de ses amis avait à Bordeaux. — Disgrâce de M. de Pomponne. — Il est remplacé par Colbert de Croissy, frère du ministre. — Colbert au Jardin des Plantes. — Le roi lui adresse une réprimande sévère. — Louanges prodiguées à Louis XIV par ses ministres. — Lettre de Colbert pour le féliciter de la prise de Maestricht. — Louis XIV et l'Etat. — Colbert est menacé de disgrâce. — Louis XIV lui reproche en termes fort durs le prix excessif de la grande grille de Versailles. — Colbert tombe malade et meurt. — Lettre de madame de Maintenon sur les circonstances de sa mort. — La haine que lui portait le peuple de Paris était telle qu'on est obligé de l'enterrer sans pompe et dans la nuit. — Vers que l'on fait contre lui après sa mort. — Sully, Richelieu, Mazarin, Colbert et Turgot ont été impopulaires. — Parallèle entre Sully et Colbert, par Thomas. — Titres de Colbert à la reconnaissance publique.

Le caractère de Colbert, on a pu en juger par le portrait qu'en a laissé le premier président de Lamoignon, était des plus absolus, et supportait difficilement toute contradiction. « Insensible à la satire, a dit Lemontey, sourd à la menace, incapable de peur et de pitié, cachant sous le flegme un naturel colère et impatient; si, avant de résoudre, il consultait avec soin et bonne foi, il exécutait ensuite despotiquement, et brisait les oppositions [1]. » La seule question sur laquelle, résistant au flot de la cour, Colbert ait montré de la tolérance, fut la question religieuse. *M. Colbert ne pense qu'à ses finances et presque jamais à la religion*, écrivait à ce sujet

---

[1] *Œuvres*, t. V. *Notice sur Colbert.*

Mme de Maintenon. On a vu pourtant, dans ses instructions au marquis de Seignelay, si Colbert pouvait être taxé d'indifférence en matière de foi; mais prévoyant les excès de la réaction qui fermentait autour de lui dans les esprits, et convaincu qu'elle serait funeste à l'industrie, au commerce, ses préoccupations dominantes, il devait, en effet, mal seconder l'impatience de quelques-uns de ses collègues, notamment de Le Tellier et de Louvois, son fils, tout dévoués à Mme de Maintenon. On se souvient qu'il avait écrit en faveur des juifs établis à la Martinique. Le manufacturier hollandais et protestant Van Robais, qu'il avait attiré à Abbeville, s'étant plaint à lui de quelques tracasseries qu'il éprouvait à cause de sa religion, le 16 octobre 1671 Colbert adressa la lettre suivante à l'évêque d'Amiens :

« J'apprends que les entrepreneurs de la manufacture d'Abeville ont congédié leur ministre par déférence qu'ils ont eue à la remontrance que je leur fis en ladite ville. Cependant ils se plaignent fort que le Père Marcel, Capucin, continue à les presser par trop. Je suis bien aise de vous en donner advis, affin qu'il vous plaise de modérer le zèle de ce bon religieux, et qu'il se contente d'agir à l'esgard de ces gens-là ainsi que tous les religieux du royaume agissent à l'esgard des huguenots [1]. »

A peine entré dans le Conseil, Colbert avait voulu y être le maître. Un jour le roi y assistait, et le jeune Brienne rapportait une affaire concernant l'évêque de Genève qui réclamait des magistrats de cette ville une rente de 3 ou 4,000 livres, payée jusqu'alors à ses prédécesseurs. Tout à coup, Colbert l'interrompit en disant *avec chaleur et hauteur* que le roi ne voulait point fâcher Messieurs de Genève, et qu'il aimait mieux donner une gratification à l'évêque. « *Vous voyez sur quel ton le prend le sieur Colbert,* dit à l'issue du conseil Le Tellier au *bonhomme Brienne,* présent à la séance et furieux de ce que son fils eût été ainsi interrompu devant le roi; *il faudra compter avec lui* [2]. »

On peut se figurer, d'après cela, quel devait être le despo-

---

[1] Arch. de la mar., *Registre des despesches*, etc., 1671.
[2] *Mémoires pour servir à l'histoire de Louis XIV,* par l'abbé de Choisy, liv. II.

tisme administratif de Colbert lorsque l'application de son système rencontrait des entraves. Quelques-uns de ses actes en donneront encore mieux l'idée. Il y avait à Lyon, en 1670, deux fabricants de velours épinglé qui projetaient d'aller s'établir à Florence. Colbert en fut informé, et écrivit le 8 novembre 1670 à l'archevêque de Lyon de les faire arrêter. Un M. de Silvecane fut chargé de les juger. D'après quel pouvoir et à quel titre ? C'est ce qu'il serait difficile de préciser. Ne sachant quelle peine leur appliquer, il exposa son embarras à Colbert; mais celui-ci n'était pas homme à se laisser arrêter pour si peu, et, le 12 décembre, il lui répondit que, « n'y ayant rien dans les ordonnances sur un fait de cette qualité, cette peine devait être à l'arbitrage des juges; qu'en cas d'appel il aurait soin de faire confirmer le jugement à Paris, mais que, de toute manière, il fallait bien prendre garde que ces gens-là ne sortissent du royaume. » Puis, à un mois de là, le 9 janvier 1671, Colbert félicite M. de Silvecane « sur le jugement qu'il a rendu dans l'affaire des deux particuliers qui voulaient transporter leurs manufactures à Florence [1]. » Dans la même année, le 12 juin 1671, il écrivit à l'ambassadeur de France en Portugal pour l'inviter à faire dire à un Français, dont le projet était d'établir une manufacture de draps à Lisbonne, que cela ne serait pas agréable au roi et *pourrait nuire à sa famille*. « Peut-être, ajoutait Colbert, cela l'obligerait-il à rentrer en France. » On croira sans peine que, sous ce régime, et avec de pareils penchants pour l'arbitraire, les moindres écarts de la presse fussent rigoureusement châtiés. Du vivant du cardinal Mazarin, c'était l'abbé Fouquet, frère du surintendant, qui était par-

[1] Arch. de la mar., *Registre des despesches*, etc., années 1670 et 1671. — M. de Silvecane était sans doute un des commis que Colbert avait établis dans toutes les villes manufacturières pour surveiller l'exécution de ses règlements et juger les contestations auxquelles ils donnaient lieu. Dans sa lettre du 9 janvier, Colbert lui mande en outre « qu'il est bien aise d'apprendre que l'*archevêque de Lyon* se soit chargé de commencer les manufactures des organsins dans sa terre de Neufville. » — J'ai cherché à la Bibliothèque royale, dans la collection des *Lettres adressées à Colbert*, celle par laquelle son commis de Lyon lui fit connaître la peine prononcée contre les deux manufacturiers si arbitrairement arrêtés et jugés; elle ne s'y trouve pas; mais tout fait supposer que les instructions qu'il avait reçues portèrent leurs fruits, et que ces fabricants, coupables d'avoir conçu l'espoir de gagner plus d'argent à Florence qu'à Lyon, où ils se ruinaient peut-être, furent sévèrement punis.

ticulièrement chargé de dépister les libellistes de Paris et de les envoyer à la Bastille. Colbert lui-même ne dédaigna pas ce soin, et, à la mort du premier ministre, il pria l'ambassadeur de Hollande à Paris d'insinuer aux États que le roi verrait avec plaisir qu'ils avisassent aux moyens d'empêcher la publication de libelles contre la mémoire du cardinal[1]. En 1667, la création du lieutenant de police débarrassa Colbert de cette surveillance. Cependant, ce magistrat lui rendait compte exactement de tous les délits, de toutes les arrestations, et des jugements qui en étaient la suite. La recommandation suivante lui fut adressée par Colbert le 25 avril 1670.

« J'ay rendu compte au roy de la lettre que vous m'avez écrite sur le sujet des *Gazettes à la main*. Sa Majesté désire que vous continuïez à faire une recherche exacte de ces sortes de gens et que vous fassiez punir très-sévèrement ceux que vous avez fait arrester, estant très-important pour le bien de l'Etat d'empescher à l'avenir la continuation de pareils libelles[2]. »

Ici, sans doute, la sévérité avait son excuse ; mais, à coup sûr, on n'en peut dire autant d'un édit du mois de juin 1670, qui « ordonnait aux carriers de Saint-Leu, Montmartre, etc., de travailler dans les carrières, et leur faisait défense d'aller aux foins, blés et vendanges, afin de ne pas retarder les bâtiments du roi, permettant seulement à ceux qui étaient propriétaires d'héritages d'aller recueillir leurs fruits, sans pouvoir emmener avec eux aucun desdits carriers, sous peine d'emprisonnement et de punition corporelle en cas de récidive[3]. »

---

[1] *Lettres et négociations*, etc., t. II, lettre du 8 mai 1661.

[2] Arch. du roy., E, 3356 ; *Registres du secrétariat*, année 1670. — En 1675, un libraire de Rouen, le sieur Gonet, qui avait publié un pamphlet intitulé : *L'Évêque de Cour*, fut condamné à faire amende honorable devant le principal portail de l'église cathédrale de cette ville « tenant à la main une torche ardente du poids de trois livres, et là, demander pardon à Dieu, au Roy et à justice, ce faict, les livres estre brûlez par l'exécuteur des sentences criminelles, et ensuite estre banny pour l'espace de neuf ans, hors de l'Isle-de-France et province de Normandie, enjoint de garder son ban à peine de la vie. » (Biblioth. roy., Mss. *Lettres adressées à Colbert*, année 1675.) — Quelque temps après, un libraire d'Auxerre, le sieur Gamin, fut condamné à la même peine pour avoir imprimé un autre pamphlet intitulé : *La Liberté de l'Église, suite de l'Évêque de Cour*.

[3] Arch. du roy., *Registres du secrétariat*, année 1670, p. 236. — C'était là, dira-t-on, l'esprit du temps ; sans doute : mais c'était aussi le devoir du ministre d'examiner si ces exigences étaient justes, et de ne pas suivre aveuglément les précédents. A la vérité, on avait fait pis encore ;

Quelques anecdotes compléteront ce que j'ai déjà dit du caractère de Colbert. Avant lui, le jardin des Tuileries était séparé du palais par une rue. Il la fit disparaître. L'ancien jardin fut bouleversé, et, sur les dessins de Le Nôtre, on le disposa, à quelques modifications de détail près, comme il est encore aujourd'hui. Quand tous ces changements furent terminés, Colbert dit à Charles Perrault, son premier commis à la surintendance des bâtiments : « *Allons aux Tuileries en condamner les portes : il faut conserver ce jardin au roi, et ne pas le laisser ruiner par le peuple, qui, en moins de rien, l'aura gâté entièrement.* » C'eût été pour les Parisiens, habitués depuis longtemps à jouir de la promenade dans ce jardin, une privation des plus fâcheuses et qui aurait excité un mécontentement général. Charles Perrault le comprit, et, arrivé dans la grande allée, dit à Colbert qu'on ne saurait croire le respect que tout le monde, jusqu'aux plus petits bourgeois, avait pour ce jardin ; que non-seulement les femmes et les petits enfants ne s'avisaient jamais d'y cueillir aucune fleur, mais même d'y toucher ; qu'au surplus les jardiniers pouvaient lui en rendre compte, et que ce serait une affliction publique de ne pouvoir plus venir s'y promener. « *Il n'y a que des fainéants qui viennent ici,* » dit Colbert. Perrault lui répondit qu'il y venait encore des personnes qui relevaient de maladie ; qu'on y parlait d'affaires, de mariages et de toutes choses qui se traitaient plus convenablement dans un jardin que dans une église, où il faudrait, à l'avenir, se donner rendez-vous. Enfin, il se hasarda à faire la remarque que les jardins des rois n'étaient sans doute si spacieux qu'afin que tous leurs enfants pussent s'y promener. A ce trait Colbert sourit, et les jardiniers lui ayant dit que le peuple n'y faisait en effet aucun dégât, se contentant de se promener et de regarder, il ne parla plus de fermer les Tuileries. On devine la satisfaction de l'excellent Perrault [1].

le 6 novembre 1660, avant l'administration de Colbert. A cette époque, il fut question d'achever le Louvre, et le roi publia un édit faisant défense à toutes personnes de Paris *d'élever aucun bâtiment sans sa permission expresse, sous peine de* 10,000 *livres d'amende, et à tous ouvriers de s'y employer, sous peine de prison pour la première fois et des galères pour la seconde.* (*Histoire de Paris,* par Félibien, t. II, 473.)

[1] *Mémoires de Charles Perrault,* liv. IV.

Par malheur pour lui, les plaidoyers du charmant auteur des *Contes de fées* ne furent pas toujours couronnés du même succès. Perrault avait un frère receveur général des finances à Paris, le même qui avait travaillé avec Colbert, alors son subalterne, chez un trésorier des Parties casuelles. De 1654 à 1664, époque où le frère de Perrault exerça cette charge, les recettes furent, comme on l'a vu, extrêmement difficiles, et le roi se trouva obligé de remettre au peuple tout ce qui restait dû sur les tailles de ces dix années, « libéralité admirable, dit Charles Perrault, si elle n'eût point été faite aux dépens des receveurs généraux qui avaient avancé ces fonds, et qui ont été presque tous ruinés, faute d'en avoir pu faire le recouvrement. » Son frère se trouva dans ce cas, et, en 1664, tourmenté, persécuté par ses créanciers, il crut pouvoir prendre quelques fonds sur la recette courante pour payer ses dettes les plus criardes. Colbert l'apprit et le fit appeler; mais, craignant les poursuites de quelques personnes qui parlaient déjà de le faire incarcérer, Perrault s'était caché. Que pouvait faire Colbert? Il donna ordre que sa charge fût vendue au profit du Trésor. Vainement, Charles Perrault intercéda souvent en sa faveur. Un jour Colbert lui dit : « *Votre frère s'est fié sur mon amitié, et il a cru qu'il pouvait impunément jouer le tour qu'il m'a fait.* » Là-dessus Perrault se récria, exposa de nouveau les causes premières de la gêne de son frère; quoi qu'il en soit, il dut se résigner ou se retirer. Suivant lui, la réputation que Colbert voulait se faire auprès du roi d'un homme parfaitement intègre l'aurait porté à traiter un ancien ami avec une dureté qu'il n'aurait pas témoignée pour tout autre. Mais ici le jugement de Perrault est suspect, et l'injustice de ce reproche paraît évidente, lorsqu'on se rappelle l'inflexible sévérité du ministre dans le cours des opérations de la Chambre de justice. Tout porte à croire, au contraire, que Colbert pensait réellement ce qu'il disait un jour à Charles Perrault, qui le sollicitait à ce sujet : « *Je voudrais qu'il m'en eût coûté 10,000 écus de mon argent, et que cela ne fût pas arrivé*[1]. »

---

[1] *Mémoires de Charles Perrault*, liv. IV.

L'intégrité ordinaire de Colbert lui fit pourtant défaut une fois dans une circonstance très-importante, où son intérêt personnel était fortement engagé. En 1671, le marquis de Seignelay avait vingt ans, et Colbert songeait à le marier à une riche héritière, la marquise d'Alègre, dont un des oncles, le marquis d'Urfé, avait un grand procès à Bordeaux contre le marquis de Mailly, son neveu, au sujet de la succession de la duchesse de Croüy [1]. A l'occasion de ce procès, Colbert écrivit, le 4 juillet 1671, l'étrange lettre qu'on va lire, au sieur Lombard, un de ses agents à Bordeaux.

« M. le marquis d'Urfé, qui est de mes amis particuliers, ayant un procès sur le point d'estre jugé au Parlement de Bordeaux, ne manquez pas de solliciter en mon nom tous les juges et de faire toutes les diligences dont il aura besoin pour la décision heureuse de cette affaire, estant bien aise de luy marquer en ce rencontre et en tout autre l'intérest que je prends à tout ce qui le regarde [2]. »

Le sieur Lombard s'acquitta sans doute exactement de sa commission ; mais sa démarche ne réussit pas également auprès de tous les conseillers du Parlement de Bordeaux. Le marquis de Mailly avait parmi eux des amis ; ils l'informèrent de ce qui se passait, et il s'en plaignit lui-même très-vivement à Colbert [3].

Enfin, on a reproché à ce ministre de n'avoir pas prévenu, comme il aurait pu le faire, la disgrâce de M. de Pomponne, ministre secrétaire d'État des affaires étrangères, qui garda pendant trois jours une lettre de l'ambassadeur de France à Munich, relative au mariage de la Dauphine. Cet ambassadeur était le marquis de Croissy, frère de Colbert. Quand il reçut sa lettre, M. de Pomponne, allait partir pour Livry, où des invités l'attendaient ; il commit la faute, inexcusable sans doute, de sacrifier son devoir à ses plaisirs, et partit en recommandant au courrier de ne pas se montrer de quelques jours. Mais, en même temps que lui, Colbert avait reçu une lettre de son frère, et il

---

[1] *Vie de J.-B. Colbert.*

[2] Arch. de la mar., *Registre des despesches*, etc., année 1671.

[3] Biblioth. roy., Mss. *Lettres adressées à Colbert,* année 1672.

en parla au roi, dont l'impatience fut bientôt portée au dernier point. Cependant, M. de Pomponne ne paraissait pas. Il ne fallait que trois heures pour le prévenir de la peine où était le roi. Personne n'y songea. Quand il revint, il n'était plus ministre. Le frère de Colbert l'avait remplacé [1].

On lira avec plus de plaisir l'anecdote suivante.

Colbert avait fait apporter de grandes améliorations au Jardin du Roi. Un jour, en visitant ce jardin, il s'aperçut qu'une portion de terrain destinée aux cultures botaniques avait été plantée de vignes pour l'usage des administrateurs de l'établissement. A cette vue, sa colère éclate et il ordonne que la vigne soit arrachée à l'instant. En même temps, impatient de voir cesser un abus aussi scandaleux, il demande une pioche, et, transporté d'une patriotique indignation, il arrache lui-même la vigne, objet de son courroux [2].

Le 23 janvier 1670, Colbert écrivit à un ingénieur qui travaillait au port de Dunkerque : « Il n'est pas question de savoir si vous estes courtisan ou flatteur, et il n'a jamais esté nécessaire d'avoir l'une ou l'autre de ces mauvaises qualitez près de moi. » Dans une autre circonstance, il ne craignit pas de faire entendre un langage sévère au duc de Mazarin, celui qui désirait avoir des procès sur tous les biens provenant de la succession du cardinal, et qui brisa lui-même à coups de marteau, sous prétexte de nudité, les plus belles statues de sa galerie. Le duc de Mazarin avait été nommé gouverneur d'Alsace; mais, au lieu de s'en tenir à ses attributions, il voulut empiéter sur celles de l'intendant, et se mêler aussi de la justice, de la police, des finances. Après une première lettre du 28 septembre 1672, qui ne le corrigea pas, Colbert, fatigué des embarras incessants que le duc de Mazarin causait à tout le monde, lui écrivit, le 11 novembre suivant, une lettre des plus énergiques, dont j'extrais ce qui suit :

---

[1] *Mémoires de Gourville.* — Dans les dernières années de la vie de Colbert, Gourville était devenu de ses amis et il le voyait sur le pied d'une assez grande intimité. On se rappelle ce qu'il en a dit : «J'ai toujours pensé qu'il n'y avait que lui au monde qui eût pu mettre un si grand ordre dans le gouvernement des finances en si peu de temps.»

[2] *Paradisus Londinensis*, par Salisbury, botaniste anglais, t. II; cité par Lemontey.

« Vous ne devriez permettre que ces sortes de prétentions parussent aux yeux de Sa Majesté... Au nom de Dieu, laissez faire aux autres ce qu'ils doibvent faire, et faites bien ce que vous estes obligé de faire pour le service du roy... Vous sçavez de quelle estendue est le royaume, et vous sçavez que feu Monseigneur le cardinal, et auparavant luy M. le comte d'Harcourt ont esté grands baillifs comme vous ; et jamais le roy n'a entendu parler d'aucune difficulté sur ces matières, et il n'en est jamais arrivé aucune entre les gouverneurs et les intendants dans tout le royaume. Je ne sçais par quel malheur il faut que le roy voye incessamment des difficultés que vous faites naistre où les autres n'en trouvent aucune [1]. »

On a déjà vu qu'à partir de 1670 l'influence de Colbert, bien que très-puissante encore, avait rencontré une influence rivale et souvent supérieure dans celle de Louvois. Pourtant, même à dater de cette époque, Louis XIV témoignait encore de l'amitié à Colbert et ne lui cachait pas le prix qu'il attachait à ses services. La lettre suivante, qu'il lui adressa de Versailles, le 25 avril 1671, porte un cachet de vérité précieux et fait connaître au juste la nature de l'ascendant que ce roi conservait sur ceux-là même de ses ministres dont, à son insu, il recevait l'impulsion.

« Mme Colbert m'a dit que vostre santé n'est pas très-bonne et que la diligence avec laquelle vous prétendés revenir vous peut estre préjudiciable. Je vous escris ce billet pour vous ordonner de ne rien faire qui vous mette hors d'estat de me servir, en arrivant à tous les emplois que je vous confie. Enfin, vostre santé m'est nécessaire ; je veux que vous la conserviez, et que vous croyiés que c'est la confiance et l'amitié que j'ai en vous et pour vous qui me font parler comme je fais [2].

« Pour Colbert. »

Mais Colbert, on va le voir, ne suivit pas le conseil véri-

---

[1] Arch. de la mar., *Registre des despesches*, etc., année 1672.

[2] *Documents inédits sur l'histoire de France*, par M. Champollion-Figeac, t. III. — On trouve dans une lettre de Colbert, du 31 décembre 1672, à son frère ambassadeur à Londres, quelques détails pleins d'intérêt sur la famille du ministre. J'en extrais ce qui suit : « Je ne puis m'empescher de vous dire que je ne suis pas tout à fait content de ma belle-sœur, veu qu'il me semble qu'elle doibt estre persuadée que les consultations que je ferois faire ici seroient aussy bonnes pour le moins que celles qui passent par d'autres canaux. J'espère qu'elle aura un peu plus de confiance en l'advenir aux soins que je pourrois prendre de faire les consultations moy-mesme de votre mal, soit de les faire faire par mon lieutenant, c'est-à-dire par ma femme qui en prendroit autant de soin que moy. » Arch. de la mar., *Registre des despesches*, etc., année 1672.

tablement affectueux que lui donnait le roi, et rejoignit la cour presque immédiatement. Neuf jours après la lettre qui précède, Louis XIV lui en écrivit une autre, mais cette fois sur un ton singulièrement différent. Que s'était-il passé dans l'intervalle? Sans doute quelque querelle d'attributions en plein Conseil, au sujet de cette prépondérance chaque jour croissante du jeune secrétaire d'État de la guerre. Qui sait? Trompé par les expressions si bienveillantes de la lettre qu'il venait de recevoir, Colbert prit peut-être, dans ses récriminations, un ton hautain, absolu, qui déplut surtout au roi. Sans soulever entièrement le voile qui couvre cette affaire, les lettres suivantes en disent assez pour fixer les situations, dessiner les caractères, et, sous ce double rapport, elles présentent un puissant intérêt.

« A Chantilly, ce 24 avril 1671.

« Je fus assez maistre de moy avant ier pour vous cacher la peine que j'avois d'entendre un homme que j'ai comblé de bienfais comme vous, me parler de la manière que vous faisiez. J'ai eu beaucoup d'amitié pour vous, il y paroist par ce que j'ai fait; j'en ay encore présentement, et je croys vous en donner une assez grande marque en vous disant que je me suis contraint un seul moment pour vous, et que je n'ay pas voulu vous dire moi-mesme ce que je vous escris, pour ne pas vous comettre à me déplaire davantage. C'est la mémoire des services que vous m'avez rendus et mon amitié qui me donne ce sentiment; profités-en et n'asardés plus de me fascher encore, car après que j'aurai entendu vos raisons, et celles de vos confrères et que j'aurai prononcé sur touttes vos prétentions, je ne veux plus jamais en entendre parler. Voiés si la marine ne vous convient pas, si vous ne l'avez à vostre mode, si vous aimeriez mieux autre chose; parlez librement; mais, après la décision que je donnerai je ne veux pas une seule réplique. Je vons dis ce que je pense pour que vous travailliés sur un fondement asseuré et pour que vous ne preniés pas de fausses mesures[1]. »

« A. COLBERT. »

Le coup était rude, et ce qui en rendait surtout les suites redoutables, c'est qu'il avait été porté de sang-froid et après mûre réflexion. Quand Louis XIV prétend que la crainte de pousser Colbert à se commettre davantage l'a seule arrêté, il est permis d'hésiter à le croire. Il est plus probable que l'ancien

[1] *Documents inédits*, etc.

ascendant de son ministre le retint, et que, tout en désirant fortement de modifier ses relations avec Colbert et de s'opposer à certaines licences, il n'en avait le courage que de loin. Quoi qu'il en soit, cette lettre remplissait le but qu'il voulait atteindre. Colbert essaya sans doute de se justifier, de pallier les torts qui lui étaient reprochés. On n'a pas sa réponse ; mais celle que lui adressa le roi permet d'en déterminer le sens.

« A Liancourt, 26 avril 1671.

« Ne croiés pas que mon amitié diminue, vos services continuant, cela ne se peut; mais il me les faut rendre comme je le désire, et croire que je fais tout pour le mieux. La préférence que vous craignés que je donne aux autres ne vous doit faire aucune peine. Je veux seulement ne pas faire d'injustice et travailler au bien de mon service. C'est ce que je ferai quand vous serés tous auprès de moy. Croyés, en attendant, que je ne suis point changé pour vous, et que je suis dans les sentiments que vous pouvés désirer [1]. »

On a souvent fait un crime aux hommes de lettres de la seconde moitié du XVIIe siècle, à Corneille, à Racine, à Boileau, à Molière, des louanges véritablement excessives qu'ils prodiguèrent à Louis XIV. Pour être juste, il faudrait reconnaître que, loin de communiquer, sur ce point, l'impulsion à leur époque, ils se bornèrent à suivre celle que leur donnait la cour. Qui ne connaît les excentricités en ce genre du duc de Lafeuillade, dont le projet avait été, c'est lui-même qui s'en vantait, d'acheter un caveau à l'église des Petits-Pères, d'y pratiquer un souterrain qui aurait abouti à la place des Victoires, sous la statue du roi qu'il y avait élevée à ses frais, et de se faire enterrer immédiatement au-dessous? Le duc de Saint-Simon a caractérisé cette fièvre d'adulation, que la vanité bien connue de Louis XIV rendait contagieuse, en disant, dans son langage hyperbolique, que si ce prince l'eût voulu, il se fût fait adorer [2]. Il est curieux de voir aujourd'hui comment les libellistes contemporains qualifiaient ce travers. « Le roi, disait l'un d'eux en 1689, a le plus grand amour-propre et le plus vaste orgueil

---

[1] *Documents inédits*, etc.
[1] *Mémoires*, etc., t. XIV.

qui fut jamais. Il s'est fait donner plus de faux encens que tous les demi-dieux des païens n'en ont eu de véritable. Jamais homme n'a aimé les louanges et la vaine gloire au point que ce prince l'a recherchée. Voilà à quoi se réduit la gloire de Louis XIV: *C'est un amour-propre d'une grandeur immense*[1]. » Enfin, Colbert lui-même, le grave et austère Colbert dut payer son tribut à cette passion effrénée de louanges qu'il avait, comme tant d'autres, contribué à développer. Les historiens spéciaux ont réduit à leur valeur réelle les talents militaires, l'influence personnelle de Louis XIV dans les campagnes auxquelles ce prince assista[2]. La lettre suivante que Colbert lui écrivit, le 4 juillet 1673, après la prise de Maëstricht, où ce prince se trouvait, donnera donc une idée du ton sur lequel les ministres du temps se croyaient sans doute obligés de louer le roi pour se maintenir dans ses bonnes grâces.

SIRE,

« Toutes les campagnes de Votre Majesté ont un caractère de surprise et d'estonnement qui saisit les esprits et leur donne seulement la liberté d'admirer, sans jouir du plaisir de pouvoir trouver quelque exemple ;

La première, de 1667, douze ou quinze places fortes avec une bonne partie de trois provinces ;

« En douze jours de l'hiver de 1668, une province entière ;

« En 1672, trois provinces et quarante-cinq places fortes.

« Mais, Sire, toutes ces grandes et extraordinaires actions cèdent à ce que Votre Majesté vient de faire. Forcer six mille hommes dans une des meilleures places de l'Europe, avec vingt mille hommes de pied, les attaquer par un seul endroit, et ne pas employer toutes ses forces pour donner plus de matière à la vertu de Votre Majesté; il faut avouer qu'un moyen aussi extraordinaire d'acquérir de la gloire, n'a jamais été pensé que par Votre Majesté. Nous n'avons qu'à prier Dieu pour la conservation de Votre Majesté. Pour le surplus, sa volonté sera la seule règle de son pouvoir.

« Jamais Paris n'a témoigné tant de joie. Dès dimanche au soir, les bourgeois, de leur propre mouvement, sans ordre, ont fait partout des feux de joie, qui seront recommencés ce soir après le *Te Deum*[3].

---

[1] *Soupirs de la France esclave*, etc. XIe mémoire.
[2] *Œuvres de Louis XIV*, passim t. III, p. 412.—On comprend après cela que Louis XIV ait pu dire le mot célèbre qui lui a été si souvent reproché : *l'État, c'est moi*. Voici, au surplus, sur cette personnification absolue, exclusive, de l'État dans la Royauté, à cette époque, un nouveau et très-curieux passage des *Soupirs de la France esclave :* « Autre-
[3] *Ibidem.*

L'anecdote suivante donne à la lettre qu'on vient de lire une singulière signification, et montre quels durent être les écueils de la position de Colbert, à partir de 1672. La guerre traînant en longueur et exigeant sans cesse de nouveaux efforts, le roi avait dit un jour à ce ministre qu'il lui faudrait 60 millions de plus pour l'*extraordinaire des guerres*. Effrayé par ce chiffre, Colbert répondit tout d'abord qu'il ne croyait pas pouvoir fournir à cette dépense. « *Songez-y*, reprit Louis XIV, *il se présente quelqu'un qui entreprendrait d'y suffire, si vous ne voulez pas vous y engager.* » Colbert resta longtemps sans retourner chez le roi, et ses commis le virent occupé à remuer tous ses papiers, ignorant ce qu'il faisait, *encore moins ce qu'il pensait*. Enfin, le roi lui fit dire d'aller à Versailles. Il y alla, et les choses reprirent leur train ordinaire. On prétend, dit Charles Perrault après avoir raconté ce fait, que la difficulté de faire face à un pareil surcroît de dépenses l'avait engagé à se retirer ; mais que sa famille lui persuada de ne point quitter la partie, *et que c'était un piège qu'on lui tendait pour le perdre en l'éloignant des affaires.* Colbert resta donc ministre ; « mais, ajoute Perrault, tandis qu'auparavant on le voyait se mettre au travail en se frottant les mains de joie, depuis cet événement, il ne travailla plus qu'avec un air chagrin et même en soupirant. De facile et aisé qu'il était, il devint difficultueux, et l'on n'expédia plus, à beaucoup près, autant d'affaires que dans les premières années de son administration [1].

Ainsi, par un singulier retour de fortune, l'accusateur, le

---

fois l'*État* entroit partout ; on ne parloit que des intérêts de l'*État*, de la conservation de l'*État*, du service de l'*État*. Aujourd'huy parler ainsi seroit au pied de la lettre un crime de lèze-majesté. Le Roi a pris la place de l'État. C'est le service du *Roi*, c'est l'intérêt du *Roi*. C'est la conservation des provinces et des biens du *Roi*. Et ce ne sont pas seulement des paroles et des termes, ce sont des réalitez. On ne connoist plus à la cour de France d'autre intérêt que l'intérêt personnel du Roi, c'est-à-dire, sa grandeur et sa gloire. C'est l'idole à laquelle on sacrifie les princes, les grands, les petits, les maisons, les provinces, les villes, les finances et généralement tout. Ce n'est donc pas pour le bien de l'État que se font ces horribles exactions, car d'*État* il n'y en a plus. Ce n'est pas non plus pour les besoins de l'*État*. Car jamais la France n'en a eu moins excepté depuis quelques mois. *Depuis trente ans, elle n'a eu d'ennemis que ceux qu'elle s'est faits de gayeté de cœur* (XI*e Mémoire*).

[1] *Mémoires de Charles Perrault*, liv. IV.

remplaçant de Fouquet en était venu au point, vers la fin de sa vie, de craindre un piège dont les auteurs, s'ils eussent réussi, ne lui auraient pas seulement ôté le pouvoir. Aveuglé par ce vertige de la faveur auquel si peu d'hommes savent résister, comme Fouquet, à qui lui-même, vingt ans auparavant, reprochait l'orgueil de ses alliances, il avait, de la même manière, cherché des appuis dans les plus puissantes familles du royaume, et le même reproche venait l'atteindre. Ses ennemis craignaient ou feignaient de craindre son insatiable ambition et lui prêtaient de coupables projets [1]. Une lettre de Mme de Maintenon elle-même montrera, tout à l'heure, qu'ils l'accusaient de tramer *des desseins pernicieux.* Quels étaient ces desseins? Peut-être d'usurper le rôle du cardinal de Richelieu, de Mazarin, de devenir comme eux premier ministre et ministre dirigeant. Il est certain qu'avec un prince moins altier, moins absolu que Louis XIV, Colbert aurait atteint ce but : « Je crois, a dit Gourville, que son ambition était plus grande que le monde et lui-même n'en jugeaient ; mais quand il a voulu faire quelques démarches pour excéder sa place, il a bientôt pu voir que le roi ne s'en accommoderait pas. » On comprend en effet que, jaloux comme il l'était du pouvoir, et surtout de l'apparence du pouvoir, Louis XIV n'eût jamais souffert une pareille usurpation, mais Colbert devait le savoir mieux que personne. Les bruits répandus contre lui, les *desseins pernicieux* qu'on lui attribuait, étaient donc, sans aucun doute, inventés et colportés par le *parti de la guerre,* pour le forcer à sortir du Conseil.

La mort se chargea de ce soin, et, par malheur pour la France, au moment où ses services lui eussent été le plus nécessaires. On était en 1683. A cette époque, dit-on, Colbert, plus que jamais en butte à la malveillance de la faction Louvois, cherchait à captiver les faveurs incertaines de

---

[1] On me permettra de rappeler ces vers du sonnet que le poëte Hénault lui avait adressé après la condamnation de Fouquet :

> Sa chute quelque jour te peut être commune ;
> Crains ton poste, ton rang, la cour et la fortune ;
> *Nul ne tombe innocent d'où l'on te voit monté...*

Louis XIV par un dernier effort plus digne d'un courtisan que d'un grand ministre. Il projetait de faire construire sur le terrain de l'hôtel de Soissons, où la Halle aux Blés a été bâtie depuis, un vaste bassin au milieu duquel se serait élevé un immense rocher portant à ses angles quatre statues colossales de fleuves, et dominé par Louis XIV terrassant la Discorde et l'Hérésie. Déjà, un artiste célèbre, le statuaire Girardon, avait fait le plan de cette montagne de marbre et de bronze; mais, à la mort du ministre qui en avait eu l'idée, ce projet fut abandonné, et son successeur eut le bon esprit d'épargner à la France les frais de cette nouvelle adulation [1].

Colbert était alors âgé de soixante-quatre ans. Depuis plusieurs années, sa santé, altérée par un travail opiniâtre, lui commandait les plus grands ménagements. Le 19 novembre 1672, il écrivait à son frère, ambassadeur à Londres, qu'il avait l'estomac mauvais et qu'il suivait un régime fort réglé, mangeant en son particulier, à dîner, un seul poulet avec du potage, et, soir et matin, un morceau de pain avec un bouillon ou choses équivalentes. Du reste, Colbert ajoutait qu'il se trouvait très-bien de ce régime, qu'il commençait à reprendre sa santé et à dormir mieux qu'auparavant [2]. Vers 1680, ayant accompagné le roi dans un voyage aux Pays-Bas, il eut une fièvre maligne extrêmement violente, dont les accès étaient de quinze heures. Un médecin anglais l'en guérit avec du quinquina, ce qui mit ce remède à la mode [3]. Il y a donc lieu de croire que ce ministre, déjà fortement éprouvé par plusieurs maladies considérables, succomba à une nouvelle attaque, compliquée cette fois d'une pierre qui s'était formée dans les reins. Cependant, d'après quelques-uns de ses biographes, le chagrin que lui causa une injuste réprimande du roi aurait avancé sa mort. On raconte même à ce sujet les détails suivants.

Louvois surveillait avec une attention extrême les dépenses

---

[1] *Œuvres de Lemontey*, t. V: *Notice sur Colbert*. Lemontey est le seul auteur qui parle de ce plan, et il n'indique pas son autorité.
[2] Arch. de la mar. *Registre des despesches*, etc., année 1772.
[3] *Vie de J.-B. Colbert*, etc., année 1680. — La Fontaine, *poëme sur le quinquina*.

même les plus minimes de son département[1]. Ayant cru découvrir qu'en sa qualité de surintendant des bâtiments, Colbert avait passé quelques marchés onéreux au Trésor, notamment pour la grille qui ferme la grande cour du château de Versailles, il en donna avis au roi. A quelque temps de là, Colbert rendit compte de cette dépense à Louis XIV qui reçut fort mal ses explications. Après plusieurs choses très-désagréables, le roi lui dit : « *Il y a là de la friponnerie. — Sire*, répondit Colbert, *je me flatte au moins que ce mot-là ne s'étend pas jusqu'à moi. — Non*, dit le roi, *mais il fallait y avoir plus d'attention.* » Et il ajouta : « *Si vous voulez savoir ce que c'est que l'économie, allez en Flandre; vous verrez combien les fortifications des places conquises ont peu coûté*[2]. »

Ce mot, cette comparaison, firent, dit-on, l'effet d'un coup de foudre. Colbert tomba malade de la maladie dont il mourut, et ses dernières paroles furent, en parlant du roi : « *Si j'avais fait pour Dieu ce que j'ai fait pour cet homme-là, je serais sauvé deux fois, et je ne sais ce que je vais devenir.* » En apprenant sa maladie, le roi lui envoya un gentilhomme et lui écrivit. Colbert reçut ce gentilhomme dans sa chambre, mais en feignant de dormir, afin d'être dispensé de lui parler. Quant à la lettre, il refusa de la lire en disant : « *Je ne veux plus entendre parler du roi ; qu'au moins à présent il me laisse tranquille.* » Pour l'excuser de ce manque de respect, sa famille fut obligée de prétexter qu'il n'avait plus voulu penser qu'à son salut.

Tous ces détails sont-ils bien exacts? Suivant son biographe contemporain, « la joie qu'éprouva Colbert des succès que Duquesne venait de remporter sur les Algériens, et la jalousie

---

[1] M. Montyon donne pour preuve de cette sévérité de Louvois la lettre suivante que ce ministre écrivit à M. de Ménars, beau-frère de Colbert et intendant de Paris : « Je vois, par votre dernière lettre, que les fusils de la milice ont coûté 18 francs; faites mettre en prison celui qui les a vendus, car ils n'en valent que 15. » (*Particularités sur les ministres des finances*, etc.) Cette lettre dénote en effet un administrateur intègre et sévère ; mais n'y avait-il pas là-dessous quelque rancune contre Colbert?

[2] *Particularités sur les ministres*, etc., article *Colbert*. Il est vraiment fâcheux que M. Montyon n'ait pas indiqué à quelle source il avait recueilli ces curieux détails, ainsi que ceux qui suivent, sur les derniers moments de Colbert.

qu'il avait depuis longtemps contre Louvois lui firent faire de si grands efforts pour bien remplir les devoirs de toutes ses charges, que sa santé succomba enfin sous un travail si continuel. » Le même écrivain ajoute qu'il se *forma une pierre dans ses reins*, et qu'il mourut le 6 septembre 1683, après avoir reçu les secours spirituels d'un vicaire de Saint-Eustache et du père Bourdaloue[1]. Colbert avait fait son testament le 5 septembre[2]. En l'absence de documents plus explicites, la lettre suivante, écrite le 10 septembre 1683 par Mme de Maintenon à Mme de Saint-Géran, constate plusieurs faits intéressants et semble confirmer, jusqu'à un certain point, l'ingratitude dont on prétend que Colbert accusa Louis XIV au moment de mourir.

« Le roi se porte bien et ne sent plus qu'une légère douleur. La mort de M. Colbert l'a affligé, et bien des gens se sont réjouis de cette affliction. C'est un sot discours que les desseins pernicieux qu'il avait, et le roi lui a pardonné de très-bon cœur *d'avoir voulu mourir sans lire sa lettre pour mieux penser à Dieu*... M. de Seignelay a voulu envahir tous ses emplois et n'en a obtenu aucun ; il a de l'esprit, mais peu de conduite. Ses plaisirs passent toujours devant ses devoirs. Il a si fort exagéré les qualités et les services de son père qu'il a convaincu tout le monde qu'il n'était ni digne ni capable de le remplacer[3]. »

Ainsi mourut, dans son hôtel de la rue Neuve-des-Petits-Champs, un des plus grands ministres qui aient honoré l'administration française. Il mourut, on le voit, haï de ses collègues, du roi peut-être, et à coup sûr du peuple, qui le regardait comme le promoteur d'une multitude d'odieux impôts établis depuis 1672, du peuple de Paris surtout qui ne pouvait lui pardonner d'avoir donné à bail les échoppes des halles, dont il avait joui gratuitement jusqu'alors[4]. La haine de ce peuple fut telle qu'on n'osa faire enterrer de jour le corps de celui

---

1 *Vie de J.-B. Colbert*, etc., année 1683.

2 Biblioth. roy., Mss. *Inventaire fait après le décedz de monseigneur Colbert.*

3 *Lettres de Mme de Maintenon*, t. II, p. 388. — De toutes les charges de son père, le marquis de Seignelay n'eut que la marine, dont la survivance lui avait été donnée dès 1672, et c'était assez. Louvois obtint la surintendance des bâtiments, et Le Pelletier fut nommé contrôleur général des finances.

4 *Vie de J.-B. Colbert*, etc., année 1669. — *Testament politique de M. Colbert*, etc., chap. IV.

qui en était l'objet. Son convoi n'eut lieu que la nuit ; encore fallut-il, dans la crainte d'un plus grand scandale, le faire escorter par des archers du guet, de son hôtel à l'église Saint-Eustache, où sa famille lui fit construire ensuite un magnifique mausolée[1]. Puis, à peine la nouvelle de sa mort s'est-elle répandue, que déjà les couplets, les épigrammes, les satires, sur sa dureté et son avarice circulent de toutes parts. « Riche par les seuls bienfaits du roi, qu'il ne dissipait pas, a dit un de ses contemporains, prévoyant assez et le disant à ses amis particuliers, la prodigalité de son fils aîné, il envoya au roi, avant de mourir, le mémoire de son bien, qui montait à plus de 10 millions, et fit voir clairement que les appointements de ses charges et les gratifications extraordinaires avaient pu, en vingt-deux ans, produire légitimement une somme aussi considérable que celle-là[2]. » Mais le peuple, cela se conçoit, ne calculait pas ainsi. En comparant la misère générale, principalement dans les campagnes, à l'opulence de celui à qui, en raison de son titre et de son pouvoir, que l'on croyait sans bornes, il faisait remonter la responsabilité des édits financiers qui le ruinaient, l'idée qu'il avait perdu dans Colbert le défenseur le plus zélé, le plus dévoué, ne lui venait pas même à l'esprit. Au contraire, il donnait aveuglément carrière à sa rancune, à sa haine, à ses plus mauvais instincts. Comme toujours, il se trouva dans le nombre des mécontents, d'honnêtes rimeurs qui, renchérissant sur le tout, se chargèrent de buriner, dans un langage bien digne des sentiments qui les inspiraient, ces invectives de carrefours. Je me garderai bien d'en reproduire ici la dixième partie, mais il importe que l'on en connaisse quelques-unes. Il y a dans ces écarts de l'opinion populaire, à l'égard d'un ministre à jamais illustre et digne de l'être, non-seulement pour le bien qu'il avait rêvé, mais aussi pour tout ce qu'il a fait de grand et de beau, une utile et salutaire leçon pour tous les temps. Les quatrains qu'on va lire sont extraits d'un petit libelle ayant pour titre : *la Beste insatiable ou le Serpent crevé*. Cette bête ou ce

---

[1] L'exaspération du peuple de Paris contre les restes de Colbert est constatée dans la not d'une épitaphe de ce ministre, insérée au *Recueil Maurepas*. (Voir, plus loin, p. 411, note I.
[2] *Mémoires*, etc., par l'abbé de Choisy, etc., liv. II.

serpent, c'est Colbert. Le titre promet. On va voir qu'il ne promet rien de trop[1].

> « Lorsque je vois Colbert dans la bière estendu,
> Et qu'on fait sur son corps des solennels services,
>   Tous ces honneurs sont mes supplices,
>   Car je le voudrois voir pendu..... »

> « Ce grand Colbert est mort; pleurez gens de finance,
> Pleurez gros partisans, pleurez donneurs d'avis;
> Son sublime sçavoir, qui vous a tant servis,
> Ne sauroit plus troubler le repos de la France.... »

> « Il aimoit tant l'escorcherie,
> Pour avoir l'argent à monceau,
> Qu'il fist de sa maison de Seau
> La source de la boucherie[2]. »

> « Vous l'avez fait mourir, ignorants médecins,
> Ce ministre fameux, cet homme d'importance;
> Vous croyez qu'il avoit la pierre dans les reins :
> Il l'avoit dans le cœur, au malheur de la France... »

---

[1] Ce libelle, de 65 pages in-32, est probablement fort rare. Il appartient à la Bibliothèque de l'Arsenal. Il a pour second titre : *le Catéchisme des partisans, composé par M. Colbert, ministre de France, avec des vers sur la mort du mesme ministre* ; à Cologne, chez Pierre du Marteau.—Il ne porte ni date ni nom d'auteur, et ne paraît pas avoir été imprimé à Cologne; il est plus probable qu'il sortit d'une imprimerie clandestine de Paris. Au *Catéchisme* succède le *Pater noster de M. Colbert*. Les deux versets suivants en donneront une idée :

> « Grand Dieu, je confesse mon crime,
> Je sçais qu'il faut le condamner,
> Qu'il mérite le noir abysme
> Et je n'ose plus vous nommer
>   *Pater noster...*
> . . . .
> « Et quoique le bien des provinces
> Remplissait tous mes coffres d'or,
> Jamais je ne voyois mon prince
> Sans dire : il me faudrait encor
>   *Regnum tuum...* »

On a vu, au chapitre 1er, p. 78, note 2, la description d'une caricature ornée de quatrains et représentant Colbert occupé à compter *ses thrésors*. Enfin, si l'on était, par hasard, bien aise de connaître la plupart des épigrammes qui ont été faites contre ce ministre, on les trouverait réunies dans un recueil d'anecdotes ayant pour titre : *Nouveau Siècle de Louis XIV*, par Sautreau de Marsy, 4 vol. in-8o, article *Colbert*. Il existe un autre ouvrage en apparence relatif à Colbert et intitulé : *Entretiens de M. Colbert, ministre secrétaire d'Estat, avec Bouin, fameux partisan, sur plusieurs affaires curieuses, entr'autres sur le partage de la succession d'Espagne, fait par le roy d'Angleterre et les Hollandois.* 1 vol. in-8o, Cologne, 1701, chez Pierre Marteau. Je n'y ai absolument rien trouvé concernant l'administration de Colbert.

[2] Colbert possédait à Sceaux une maison de campagne où il eut l'honneur de recevoir Louis XIV.

« Enfin Colbert n'est plus, et c'est vous faire entendre
Que la France est réduite au plus bas de son sort,
Car s'il restoit encore quelque chose à lui prendre,
Le voleur ne seroit pas mort[1]... »

En lisant ces grossières injures, une douloureuse réflexion se présente à l'esprit : au nombre des ministres français dont le nom jette le plus d'éclat dans nos annales, et qui, à des titres divers, sont aujourd'hui les plus populaires, il faut placer au premier rang Sully, Richelieu, Mazarin, Colbert et Turgot. Et pourtant, quel a été le jugement des contemporains sur chacun d'eux ? En haine de Sully, le peuple arrache ou décapite les arbres que ce ministre avait fait planter sur les grands chemins[2]; Richelieu fut détesté du peuple lui-même, qu'il délivra du joug immédiat de ses mille maîtres

---

[1] On trouve aussi plusieurs épitaphes de Colbert dans le *Recueil de chansons, vaudevilles, sonnets, épigrammes, épitaphes et autres vers satiriques et historiques, avec des remarques curieuses, depuis 1389 jusqu'en 1747*; 35 vol. in-4o. Biblioth. roy., Mss. — Ce recueil, histoire galante de la cour de France pendant près de quatre siècles, ne comporte nullement l'impression ; mais il renferme, sur la plupart des anciennes familles, une foule de particularités quelquefois très-piquantes. Il est désigné habituellement sous le titre de *Recueil de Maurepas*, du nom de l'ancien ministre de Louis XV et de Louis XVI, qui en eut l'idée, le fit copier à grands frais, et se chargea sans doute lui-même des notes explicatives et rectificatives jointes à chacune des pièces qui le composent. — Je citerai l'épitaphe suivante de Colbert, à cause des notes qui l'accompagnent.

ÉPITAPHE DE COLBERT.

Cy gist qui peu dormit et beaucoup travailla *
Pendant son fâcheux ministère **;
Que ne fit-il tout le contraire,
Et que ne dormit-il tout le temps qu'il veilla ?

[2] « C'est un Sully, faisons-en un Biron, » disaient les paysans à ce sujet (*Journal de l'Estoile*). Le même auteur parle de plusieurs caricatures qui furent faites contre Sully lorsqu'il tomba en disgrâce après la mort de Henri IV, et ajoute que « cette disgrâce fut plainte de peu de personnes. »

* M. Colbert étoit l'homme du monde le plus laborieux (Note du Recueil Maurepas).

** Le ministère de M. Colbert fut très-fâcheux pour la réforme qu'il fut obligé de faire dans les finances, attendu le mauvais estat des affaires du Roy qui estoient obérées lorsqu'il en prit connoissance; car sans parler de la Chambre de justice qu'il fit establir pour juger M. Fouquet, et qui ruina aussi un grand nombre de particuliers, il obligea Sa Majesté à faire banqueroute à tous ses créanciers qui luy avoient presté de l'argent de bonne foi dans les désordres et les pressantes nécessitez de l'État. Il fut l'auteur de l'imputation, c'est-à-dire que le Roy à qui on avoit presté de l'argent à un denier plus haut que le denier vingt imputoit sur le capital ce qu'il avoit payé d'interest plus haut que le denier 20. Il fit faire une déclaration qui portoit que le Roy seroit toujours le premier créancier partout où il auroit interest. Il créa un grand nombre de nouveaux droits, augmenta les anciens, et se rendit ainsy l'exécration du royaume au point que, lorsqu'on le porta enterrer à Saint-Eustache, sa paroisse, où l'on voit son tombeau, le peuple de Paris l'auroit déchiré en pièces si l'on n'eût eu la précaution d'assembler tous les archers de la ville pour garder son corps. Au surplus, il étoit laborieux, pénétrant, hardy, vif, clairvoyant, et le meilleur serviteur et le plus fidelle qui ait jamais esté..... (Note du Recueil Maurepas).

pour ne lui en donner qu'un seul, moins exigeant et plus éloigné ; Mazarin, grand et habile ministre, malgré sa rapacité, fit éclore une bibliothèque de libelles et fut exilé deux fois. On vient de voir comment le peuple jugea Colbert, et le respect qu'il eut pour ses dépouilles mortelles. Enfin, près d'un siècle plus tard, par une étrange et singulière anomalie, Turgot tomba aux applaudissements simultanés du peuple et de la cour. La justice serait-elle donc impossible aux contemporains, même des plus grands et des plus habiles, des plus dévoués et des plus intègres ministres? Cette erreur d'une époque entière au sujet des hommes investis du gouvernement, est en quelque sorte une calamité publique, car elle habitue tous les ministres, même les plus incapables et les plus mauvais, à croire, non sans motifs, il faut l'avouer, que leur influence ne pourra être sainement appréciée que par la génération qui les suivra. *Le peuple*, a dit un duc de Sforze de l'école de Machiavel, *ressemble aux enfants : il crie quand on le torche*. Triste maxime dont la vérité a déjà éclaté en France beaucoup trop souvent! Mais, soyons justes envers le peuple. Comme Sully lui-même, comme Mazarin, quoique à un bien moindre degré, Colbert manqua, par malheur, de désintéressement, vertu essentielle, surtout aux yeux de la multitude, plus apte à la comprendre que toutes les autres. L'immense fortune laissée par ce ministre et la détresse du royaume pendant la seconde moitié de son administration, mais surtout, la nature même des devoirs que lui imposaient ses fonctions de contrôleur général, expliquent donc, jusqu'à un certain point, sans la justifier toutefois, l'impopularité dont il fut l'objet.

Un écrivain du XVIIIe siècle, trop exalté peut-être dans son temps, trop déprécié à coup sûr par le nôtre, Thomas, de l'Académie Française, a tracé un parallèle extrêmement remarquable à beaucoup d'égards, même au point de vue économique, de l'influence exercée par l'administration de Sully et de Colbert. On me saura gré d'en reproduire, avant de terminer, les traits principaux :

« Colbert et Sully, destinés tous deux à de grandes choses, furent élevés au ministère à peu près dans les mêmes circonstances. Sully parut après les horribles déprédations des favoris et les désordres de la Ligue ; Colbert eut à réparer les maux qu'avaient causés le règne orageux et faible de Louis XIII, les opérations brillantes, mais forcées, de Richelieu, les querelles de la Fronde, l'anarchie des finances sous Mazarin. Tous deux trouvèrent le peuple accablé d'impôts et le roi privé de la plus grande partie de ses revenus ; tous deux eurent le bonheur de rencontrer deux princes qui avaient le génie du gouvernement, capables de vouloir le bien, assez courageux pour l'entreprendre, assez fermes pour le soutenir, désireux de faire de grandes choses, l'un pour la France, l'autre pour lui-même ; tous deux commencèrent par liquider les dettes de l'Etat, et les mêmes besoins firent naître les mêmes opérations ; tous deux travaillèrent ensuite à accroître la fortune publique ; ils surent également combiner la nature des divers impôts ; mais Sully ne sut pas en tirer tout le parti possible ; Colbert perfectionna l'art d'établir entre eux de justes proportions ; tous deux diminuèrent les frais énormes de la perception, bannirent le trafic honteux des emplois qui enrichissait et avilissait la cour, ôtèrent aux courtisans tout intérêt dans les fermes ; tous deux firent cesser la confusion qui régnait dans les recettes et les gains immenses que faisaient les receveurs ; mais, dans toutes ces parties, Colbert n'eut que la gloire d'imiter Sully, et de faire revivre les anciennes ordonnances de ce grand homme. Le ministre de Louis XIV, à l'exemple de celui de Henri IV, assura des fonds pour chaque dépense ; à son exemple, il réduisit l'intérêt de l'argent. Tous deux travaillèrent à faciliter les communications ; mais Colbert fit exécuter le canal de Languedoc, dont Sully n'avait eu que le projet. Ils connurent tous deux l'art de faire tomber sur les riches et sur les habitants des villes les remises accordées aux campagnes ; mais on leur reproche à tous deux d'avoir gêné l'industrie par des taxes. Le crédit, cette partie importante des richesses publiques, qui fait circuler celles qu'on a, qui supplée à celles qu'on n'a pas, paraît n'avoir pas été assez connu par Sully, pas assez ménagé par Colbert [1]. Les monnaies attirèrent leur attention ; mais Sully n'aperçut pas les maux ou ne trouva que des remèdes dan-

---

[1] Cec est une grave erreur de Thomas. Non-seulement on ne peut reprocher à Colbert de n'avoir pas assez *ménagé* le crédit, c'est-à-dire d'en avoir abusé, mais ce ministre tomba dans l'excès contraire. Forbonnais, M. Bailly, M. d'Audiffret, tous les écrivains financiers sont d'accord à ce sujet. Si, pendant les nécessités de la guerre, au lieu d'établir, comme on l'a vu, des impôts odieux, Colbert eût emprunté quelques millions de plus, il se fût épargné, il le savait très-bien, les malédictions que ces déplorables expédients lui attirèrent. Ce qui le retint, sans doute, c'est la crainte que, de la part de Louis XIV, la facilité de se procurer des ressources momentanées par la voie beaucoup plus facile, mais ruineuse des emprunts, ne dégénérât en habitude. On peut désapprouver la marche que Colbert a suivie, mais on ne saurait disconvenir que les deux milliards de dette laissés par Louis XIV n'aient que trop bien justifié ses appréhensions. Dans tous les cas, le reproche fait par Thomas à ce ministre porte complètement à faux.

géreux; Colbert porta dans cette partie une supériorité de lumières qu'il dut à son siècle autant qu'à lui-même. On leur doit à tous deux l'éloge d'avoir vu que la réforme du barreau pouvait influer sur l'aisance nationale; mais l'avantage des temps fit que Colbert exécuta ce que Sully ne put que désirer : l'un, dans un temps d'orage et sous un roi soldat, annonça seulement à une nation guerrière qu'elle devait estimer les sciences; l'autre, ministre d'un roi qui portait la grandeur jusque dans les plaisirs de l'esprit, donna au monde l'exemple, trop oublié peut-être, d'honorer, d'enrichir et de développer tous les talents. Sully entrevit le premier l'utilité d'une marine : c'était beaucoup en sortant de la barbarie; nous nous souvenons que Colbert eut la gloire d'en créer une. Le commerce fut protégé par les deux ministres; mais l'un voulait le tirer presque entier des produits des terres, l'autre des manufactures. Sully préférait, avec raison, celui qui, étant attaché au sol, ne peut être ni partagé ni envahi, et qui met les étrangers dans une dépendance nécessaire, Colbert ne s'aperçut pas que l'autre n'est fondé que sur des besoins de caprice ou de goût, et qu'il peut passer avec les artistes dans tous les pays du monde. Sully fut donc supérieur à Colbert dans la connaissance des véritables sources du commerce; mais Colbert l'emporta sur lui du côté des soins, de l'activité et des calculs politiques : dans cette partie, il l'emporta par son attention à diminuer les droits intérieurs du royaume, que Sully augmenta quelquefois, par son habileté à combiner les droits d'entrée et de sortie, opération qui est peut-être un des plus savants ouvrages d'un législateur [1]..... Sully, peut-être, saisit mieux la masse entière du gouvernement; Colbert en développa mieux les détails : l'un avait plus de cette politique qui calcule, l'autre de cette politique des anciens législateurs qui voyaient tout dans un grand principe. Le plan de Colbert était une machine vaste et compliquée, où il fallait sans cesse remonter de nouvelles roues; le plan de Sully était simple et uniforme comme la nature. Colbert attendait plus des hommes, Sully attendait plus des choses : l'un créa des ressources inconnues à la France, l'autre employa mieux les ressources qu'elle avait. La réputation de Colbert dut avoir plus d'éclat, et celle de Sully dut acquérir plus de solidité [2]. »

On a pu voir, en ce qui concerne Colbert, si cette appréciation des principes qu'il porta dans l'administration est fondée. Je crois que les faits l'ont démontré : une passion ex-

---

[1] Il ne faut pas oublier, pour être dans le vrai, la funeste augmentation du tarif en 1667, augmentation qui ruina l'agriculture française et fut une des causes principales de la guerre de 1672.

[2] Œuvres de Thomas; Éloge de Sully, cité dans l'Histoire de Colbert, par M. A. de Servez.

trême pour le bien public et pour la gloire de la France, un ardent désir d'alléger et d'égaliser le fardeau des charges publiques, une probité sévère, irréprochable, la haine innée du désordre, un profond sentiment de l'autorité, enfin une activité prodigieuse, infatigable, tels furent les principaux mérites de ce ministre; voilà les ressorts énergiques qui le portèrent au pouvoir et qui lui valurent pendant longtemps une si grande, une si juste influence. « M. Colbert, a dit Charles Perrault, ne connaissait guère d'autre repos que celui qui consiste à changer de travail ou à passer d'un travail difficile à un autre qui l'est un peu moins. » L'abbé de Choisy a dit, de son côté, que c'était « un esprit solide, mais pesant, né principalement pour les calculs.[1] » Peut-être cette organisation explique-t-elle les grandes qualités et les erreurs de Colbert. On lui a reproché de n'avoir pas su prendre une grande résolution et sortir du Conseil quand il vit l'impossibilité de subvenir par les voies ordinaires aux frais d'une guerre dont il désapprouvait la continuation[2]. Effectuée dans des circonstances pareilles, sa retraite aurait sans doute exercé une utile influence, et tout porte à croire que les embarras de son successeur l'auraient bientôt fait rappeler. Malheureusement, on vivait alors dans un temps où les ministres ne quittaient le pouvoir que disgraciés, et Colbert était trop ambitieux, trop jaloux de ne pas laisser amoindrir la position de sa famille, pour faire un aussi grand sacrifice à ses convictions. Il resta donc, mais à quelles conditions? Plus on relit la lettre de Mme de Maintenon, plus on redoute qu'il n'ait en effet prononcé les paroles de désespoir qu'on lui attribue, et qu'il ne soit mort sous l'impression de quelque perfidie de ses ennemis. Ainsi finit donc, selon toutes les apparences, cette noble vie. Tant de glorieux travaux, tant de veilles, tant de rêves pour la prospérité de la France, méritaient-ils en même temps l'ingratitude du roi et les outrages du peuple? La postérité s'est chargée de répondre. J'ai essayé de faire connaître exactement les conséquences des erreurs de Colbert. Mais,

---

[1] *Mémoires*, etc., liv. II.
[2] *Œuvres de Lemontey*, t. V: *Notice sur Colbert.*

de quelques résultats qu'elles aient été suivies, ces erreurs ne doivent pas faire oublier les éminentes qualités de l'illustre ministre et les immenses services qu'il a rendus à la France. Restaurateur des finances, réformateur de tous les codes, créateur de la marine française, protecteur des arts et des lettres, Colbert possède certes encore assez de titres au respect et à l'admiration de ses concitoyens.

FIN DE L'HISTOIRE DE COLBERT.

PIÈCES JUSTIFICATIVES.

MÉMOIRES, INSTRUCTIONS, LETTRES

ET

DOCUMENTS DIVERS.

PIÈCE N° I.

ADMINISTRATION DE COLBERT.

ÉDITS, ORDONNANCES, DÉCLARATIONS, ARRÊTS, LETTRES-PATENTES,

CONCERNANT

LES FINANCES, LE COMMERCE, LA MARINE, LA JUSTICE, ETC., ETC.,
RENDUS DEPUIS 1660 JUSQU'EN 1683 [1].

27 NOVEMBRE 1660. — Déclaration contre le luxe des habits, carrosses et ornements.

8 FÉVRIER 1661. — Déclaration pour la recherche et punition des usurpateurs de titres de noblesse.

8 JUILLET 1661. — Arrêt du Conseil d'en haut faisant injonction aux Parlements, Grand-Conseil, Chambre des comptes, Cours des aides, et à toutes autres Compagnies souveraines de se soumettre aux arrêts du Conseil.

JANVIER 1662. — Édit portant établissement de carrosses à Paris [2].

JUIN 1662. — Édit portant qu'il sera établi un hôpital en chaque ville et bourg du royaume pour les pauvres malades, mendiants et orphelins.

NOVEMBRE 1662. — Déclaration qui maintient la ville de Dunkerque dans ses libertés et franchises, en fait un port franc, et accorde le droit de neutralité, sans lettres ni finances, aux étrangers qui s'y habitueront [3].

---

[1] Extrait des volumes 17, 18 et 19 du *Recueil général des anciennes lois françaises* (*), par MM. Isambert, Decrusy et Taillandier. Cette collection donne le préambule et les dispositions des édits ou arrêtés les plus importants. Quant aux autres, elle renvoie avec toutes les indications nécessaires, soit aux Archives du royaume, soit aux divers recueils spéciaux. — Un grand nombre d'autres édits, notamment en ce qui concerne la marine, furent rendus pendant l'administration de Colbert et sont mentionnés dans la *Collection des anciennes lois françaises*. J'ai seulement indiqué ici les principaux.

[2] Autrement dits les carrosses à cinq sols. Leur organisation était la même que celle de nos omnibus, sauf la fréquence des départs. M. de Monmerqué a publié, chez M. Firmin Didot, une brochure curieuse sur l'établissement de ces carrosses.

[3] La ville de Dunkerque fut rachetée des Anglais par traité des 17 et 27 octobre 1662, moyennant 4,674,000 fr. Voir, quant au chiffre du rachat, qui est communément porté à cinq millions, aux *Archives du royaume*, carton K. 123.

(*) C'est par erreur que, dans le cours de ce volume, cet ouvrage a été désigné sous le titre de *Collection des anciennes lois françaises*.

31 Janvier 1663. — Règlement pour la levée des droits de péage par eau et par terre, et pour la répression des abus y relatifs.

12 février 1663. — Règlement général pour le fait des tailles [1].

16 mai 1663. — Déclaration portant qu'il sera fait information de l'état des haras.

18 juin 1663. — Ordonnances faisant de nouveau défense de porter des passements d'or et d'argent, vrais ou faux.

6 juillet 1663. — Arrêt du Parlement, contenant règlement général sur les prisons, en 46 articles.

Décembre 1663. — Édit portant établissement de l'Académie des inscriptions et belles-lettres, et de celle de peinture et de sculpture, et statuts y annexés.

9 janvier 1664. — Déclaration sur le fait et négoce des lettres de change.

28 mai 1664. — Édit portant établissement de la Compagnie des Indes occidentales.

30 mai 1664. — Déclaration portant réduction des officiers de la maison du roi.

22 juin 1664. — Déclaration sur l'édit du 8 février 1661, contenant règlement contre les usurpateurs du titre de noblesse.

Aout 1664. — Édit pour l'établissement de la Compagnie des Indes orientales.

Aout 1664. — Édit pour l'établissement d'une manufacture de tapisseries à Beauvais.

Septembre 1664. — Édit portant révocation des lettres de noblesse accordées depuis 1634.

Septembre 1664. — Édit portant réduction et diminution des droits des sorties et des entrées, avec la suppression de plusieurs droits [2].

17 octobre 1665. — Arrêt du Conseil portant rétablissement des haras dans le royaume.

7 décembre 1665. — Arrêt du Conseil qui fixe le prix auquel les monnaies auront cours au 1er janvier 1666.

Décembre 1665. — Édit portant fixation du prix des offices des Cours supérieures.

---

[1] Il parut postérieurement, sous l'administration de Colbert, plusieurs autres règlements concernant les tailles.

[2] Cet édit, un des plus importants rendus pendant l'administration de Colbert, ne fait pas partie de la *Collection des anciennes lois françaises*. On le trouve en entier dans les *Recherches sur les finances*, par Forbonnais, et dans l'*Histoire du tarif de 1664*, par Dufresne de Francheville.

Décembre 1665. — Édit portant réduction des constitutions de rentes du denier dix-huit au denier vingt.

22 mars 1666. — Arrêt du Conseil portant règlement général pour la recherche des usurpateurs des titres de noblesse et ordonnant (article 17) qu'il sera fait un catalogue contenant les noms, surnoms, armes et demeures des véritables gentilshommes pour être registré en chaque bailliage.

Avril 1666. — Édit sur l'établissement des lanternes à Paris.

12 octobre 1666. — Déclaration portant défenses de vendre des points de fil étrangers.

Novembre 1666. — Édit portant concession de privilèges et exemptions à ceux qui se marient avant ou pendant leur vingtième année jusqu'à 25 ans, et aux pères de famille ayant dix à douze enfants [1].

Décembre 1666. — Édit qui confirme le règlement sur le nettoiement des boues, la sûreté de Paris et autres villes.

Décembre 1666. — Édit sur l'établissement des maisons religieuses et autres communautés.

Mars 1667. — Édit portant création d'un lieutenant de police à Paris.

Avril 1667. — Ordonnance civile touchant la réformation de la justice [2].

Avril 1667. — Déclaration portant défense de saisir les bestiaux. (Voir une *déclaration* du 25 janvier 1671 où il est fait mention de celle-ci.)

Novembre 1667. — Édit pour l'établissement de la manufacture des Gobelins.

---

[1] Cet édit, au bénéfice duquel les protestants ne participèrent pas, fut révoqué en 1685. Le même édit accordait en outre mille livres de pension aux gentilshommes qui auraient dix enfants nés en loyal mariage, non prestres, religieux et religieuses; » deux mille livres à ceux qui en auraient douze, et moitié somme aux habitants des villes franches, bourgeois non taillables ou à leurs femmes.

[2] Cette ordonnance, dit le président Hénault, fut préparée et discutée dans un conseil composé comme il suit : Le chancelier Séguier, le maréchal de Villeroi, Colbert, d'Aligre, d'Ormesson, de Lézeau, de Machault, de Sève, Menardeau, de Morangis, Poncet, Boucherat, de La Marguerie, Pussort, Voisin, Hotman, et Marin. Les séances commencèrent le jeudi 28 octobre 1666 et continuèrent toutes les semaines, quelquefois plusieurs jours, jusqu'au 10 février suivant.

Le 24 janvier 1667, Louis XIV écrivit au premier président et au procureur général, avec ordre au premier président et aux autres présidents, à quatre conseillers de la grand'chambre et aux cinq anciens présidents de chambres des requêtes, avec les doyens des mêmes chambres, à l'ancien président des requêtes du palais, au doyen de la première chambre et aux avocats et procureurs généraux de s'assembler incessamment chez le premier président pour conférer avec lui et les commissaires du Conseil sur les articles préparés par ces commissaires.

Les conférences s'ouvrirent le 26 janvier 1667, et se terminèrent le 17 mars suivant après avoir occupé quinze séances.

L'ordonnance civile de 1667 a été en vigueur jusqu'à la promulgation du code de procédure actuel.

21 novembre 1667. — Déclaration qui défend de porter des étoffes et passements d'or et d'argent, et des dentelles de fil venant de l'étranger.

30 janvier 1668. — Ordonnances portant défenses aux capitaines de quitter leurs vaisseaux, quand ils sont en rade, pour aller coucher à terre.

22 septembre 1668. — Ordonnances pour l'enrôlement des matelots par classes.

Septembre 1668. — Déclaration portant règlement général des gabelles.

29 mars 1669. — Arrêt du Conseil de Commerce concernant les consuls français en pays étrangers.

Mars 1669. — Édit sur la franchise du port de Marseille.

Juin 1669. — Édit pour l'établissement d'une Compagnie pour le commerce du Nord.

Aout 1669. — Édit portant que les gentilshommes pourront faire le commerce sans déroger.

Aout 1669. — Édit portant règlement général pour les eaux et forêts [1].

Aout 1669. — Édit qui attribue aux maires et échevins des villes la connaissance des procès concernant les manufactures.

Aout 1669. — Édit portant fixation du prix des offices de judicature, l'âge et la capacité des officiers.

Aout 1669. — Édit portant règlement touchant l'hypothèque du roi sur les biens des officiers comptables, et la procédure à suivre dans les Cours des aides pour la vente et la distribution du prix des offices.

Aout 1669. — Ordonnance pour la réformation de la justice, faisant la continuation de celle du mois d'avril 1667.

Aout 1669. — Édit qui attribue aux maires et échevins la connaissance en première instance des procès entre les ouvriers des manufactures, ou entre les ouvriers et les marchands, à raison d'icelles.

Aout 1669. — Édit portant défenses, sous peine de confiscation de corps et de biens, de prendre du service et de s'habituer à l'étranger.

Aout 1669. — Lettres-patentes sur le règlement général des teintures des manufactures de laine et de fil, précédées desdits statuts et règlements.

---

[1] Cette ordonnance, a dit M. Roy, dans son rapport à la chambre des Pairs sur le code forestier (1827), fut modifiée et préparée pendant huit années par Colbert et par les hommes les plus habiles que l'on put réunir dans toutes les parties du royaume.

PIÈCES JUSTIFICATIVES. — N° 1.   423

25 février 1670. — Déclaration du roi pour l'étape générale (entrepôt) dans les villes maritimes [1].

Juin 1670. — Édit pour l'établissement de l'hôpital des Enfants-Trouvés à Paris, et règlement y relatif.

Juin 1670. — Règlement portant défense aux bâtiments étrangers d'aborder dans les ports des colonies, et aux habitants desdites colonies de les recevoir à peine de confiscation.

Aout 1670. — Ordonnance criminelle [2].

25 janvier 1671. — Déclaration portant défense de saisir les bestiaux, si ce n'est pour fermages [3].

21 août 1671. — Ordonnance pour rendre uniformes les poids et mesures dans tous les ports et arsenaux de la marine.

Aout 1671. — Édit pour la répression des abus qui se commettent dans les pèlerinages.

4 novembre 1671. — Ordonnance qui défend de transporter des bœufs, lards, toiles et autres marchandises étrangères des pays étrangers dans les îles.

Février 1672. — Ordonnance qui fixe au denier 18 les intérêts des sommes prêtées au roi.

23 mars 1672. — Édit portant que les offices de notaires, procureurs, huissiers, sergents et archers seront héréditaires.

Mars 1672. — Édit pour l'établissement de l'Académie royale de musique de Paris.

24 mars 1672. — Ordonnance pour la modération des tables des officiers généraux et majors et autres servant dans les armées [4].

---

[1] Cette déclaration ne se trouve pas dans la *Collection des anciennes lois françaises*. Voir Forbonnais, *Recherches sur les finances*, année 1670.

[2] Les commissaires du Conseil et les députés du Parlement qui prirent part à cette ordonnance, sont : le chancelier Séguier, d'Aligre, de Morangis, d'Estampes, de Sève, Poncet, Pussort, Voisin et Hotman, conseillers d'État; le premier président de Lamoignon et les présidents de Maisons, de Novion, de Mesmes, de Coigneux, de Bailleul, Molé de Champlâtreux, de Nesmond; les conseillers de la grand'chambre de Catinat, de Brillat, Fayer, de Refuges, Paris, Roujault; les députés des enquêtes, Potier de Blanc-Mesnil, de Bragelogne, de Fourcy, Lepelletier, Maupeou et Charton; les conseillers de Bermond, Mandat, Faure, Levasseur, Malo et Leboult; Talon, premier avocat général; de Harlai, procureur général, et Bignon, second avocat général.

[3] Le préambule de cette déclaration porte que la même défense avait été faite par édit du mois d'avril 1667 « laquelle grâce avait produit un grand fruit dans le public. » Cet édit n'est pas cité dans la *Collection des lois anciennes*. La même déclaration fut renouvelée le 6 novembre 1683, quinze jours après la mort de Colbert, et sans contredit d'après des ordres qu'il avait lui-même donnés.

[4] Cet édit portait que les généraux, lieutenants généraux, maréchaux de camp, intendants et autres officiers, même volontaires, de quelque condition et qualité qu'ils fussent, ne pour-

DÉCEMBRE 1672. — Édit portant confirmation des priviléges, ordonnances et règlements sur la police de l'Hôtel-de-Ville de Paris, et règlement sur la juridiction des prévôts et échevins.

24 FÉVRIER 1673. — Lettre patente portant règlement sur l'enregistrement dans les Cours supérieures des édits, déclarations et lettres patentes relatives aux affaires publiques de justice et de finances, émanées du propre mouvement du roi [1].

MARS 1673. — Édit portant établissement de greffes pour l'enregistrement des oppositions des créanciers hypothécaires [2].

MARS 1673. — Édit portant que ceux qui font profession de commerce, denrées ou arts qui ne sont d'aucune communauté, seront établis en corps, communautés et jurandes, et qu'il leur sera accordé des statuts.

MARS 1673. — Ordonnance du commerce.

28 AVRIL 1673. — Arrêt du Parlement portant défenses aux juges de rendre la justice, sous les porches des églises, dans les cimetières et dans les cabarets.

AOUT 1673. — Édit pour l'enrôlement des matelots dans toutes les provinces maritimes du royaume.

DÉCEMBRE 1673. — Arrêt du Conseil qui permet aux étrangers d'acquérir des rentes sur l'Hôtel-de-Ville, et d'en disposer comme les Français.

9 FÉVRIER 1674. — Déclaration pour la marque de la vaisselle d'étain.

28 AVRIL 1674. — Arrêt du Conseil portant fixation des bornes pour la nouvelle enceinte de Paris, avec défenses de bâtir au delà, à peine de démolition et de fouet contre les entrepreneurs et ouvriers.

AVRIL 1674. — Édit portant établissement de l'hôtel des Invalides.

4 JUIN 1674. — Déclaration portant révocation des permissions générales d'imprimer.

---

raient avoir plus de deux services de viandes et un de fruits qui feraient trois services en tout; qu il n'y aurait nulles assiettes volantes, que les plats d'un même service seraient de pareille grandeur et qu'il n'y aurait en aucun d'iceux, soit de viande ou de fruits, des mets différents, mais seulement d'une même sorte, à la réserve des plats de rôts où il pourrait être mis différentes espèces de viandes, pourvu qu'il n'y en eût point qui fussent l'une sur l'autre. — Ainsi, au ministère de la guerre, comme dans toutes les autres branches de l'administration, la manie des règlements était la même, et on la retrouvait jusque dans les détails qui semblaient le plus devoir y échapper.

[1] Cette déclaration, dit d'Aguesseau (*Œuvres*, t. 14, p. 148 et 155), réduisit les Parlements à ne pouvoir faire éclater leur zèle par leurs remontrances, qu'après avoir prouvé leur soumission par l'enregistrement pur et simple des lois qui leur seraient adressées.

Les remontrances que le Parlement essaya à cette occasion furent regardées alors, dit d'Aguesseau, comme *le dernier cri de la liberté mourante...*

[2] Cet édit fut révoqué au mois d'avril 1674.

PIÈCES JUSTIFICATIVES. — N° 1.

17 SEPTEMBRE 1674. — Déclaration pour la vente et distribution du tabac dans le royaume.

DÉCEMBRE 1674. — Édit portant création d'un million de rentes et d'augmentation de gages.

DÉCEMBRE 1674. — Édit portant suppression de la Compagnie des Indes occidentales, et confirmation du contrat relatif à la Compagnie du Sénégal.

13 SEPTEMBRE 1675. — Règlement pour la Compagnie des Indes orientales.

30 JUILLET 1677. — Règlement pour la recherche des mines d'or, d'argent et autres métaux dans l'Auvergne, le Bourbonnais, le Forez et le Vivarais.

AOUT 1678. — Traité de Nimègue conclu le 10 août, entre le roi et les Etats-Généraux des Provinces Unies, suivi du traité de commerce, navigation et marine.

13 NOVEMBRE 1678. — Règlement sur les comptes des comptables en demeure, et la forme à suivre pour opérer la décharge en leur débit.

MARS 1679. — Édit pour la construction du canal d'Orléans.

28 MARS 1679. — Déclaration portant règlement général sur les monnaies.

MAI 1679. — Édit pour la constitution d'un nouveau million de rentes.

JUIN 1679. — Nouvel édit pour la constitution d'un million de rentes.

JUIN 1679. — Lettres patentes portant confirmation de la Compagnie du Sénégal et de ses privilèges.

SEPTEMBRE 1679. — Édit qui règle pour toute la France l'intérêt au denier 18, déclare nulles les promesses portant un intérêt plus élevé, même celles de change et rechange, si ce n'est à l'égard des marchands fréquentant les foires de Lyon, pour cause de marchandises, sans fraude ni déguisement.

23 MARS 1680. — Règlement général pour l'administration de l'hôpital général de Paris.

JUIN 1680. — Ordonnance portant règlement général sur le fait des entrées, aides et autres droits pour le ressort de la cour de Paris, suivie d'un tarif des droits d'entrée à Paris pour les bois ouvrés, fer, papier, etc., etc.

JUIN 1680. — Ordonnances sur le fait des aides de Normandie.

JUILLET 1681. — Ordonnance contenant règlement sur les droits des fermes sur le tabac, les droits de marque sur l'or et l'argent, sur les octrois, papier timbré, etc., etc.

Juillet 1681. — Lettres patentes portant confirmation de la nouvelle Compagnie du Sénégal et côtes d'Afrique, et de ses privilèges.

Aout 1681. — Ordonnance de la marine.

21 octobre 1681. — Lettres patentes qui permettent l'établissement d'une manufacture de draps, façon de Hollande et d'Angleterre, en la ville de Louviers.

21 octobre 1681. — Règlement portant défenses aux sujets du roi de prêter leurs noms aux étrangers et d'acheter d'eux aucuns vaisseaux pour les faire naviguer sous pavillon français, à peine de confiscation, de 1000 livres d'amende et de punition corporelle.

6 janvier 1682. — Arrêt du Conseil qui permet à tous particuliers de faire le commerce aux Indes orientales, à condition qu'ils se serviront, pour leur passage et celui de leurs marchandises, des vaisseaux de la Compagnie des Indes orientales.

11 juillet 1682. — Déclaration contre les Bohémiens ou Egyptiens.

Juillet 1682. — Edit pour la punition des empoisonneurs, devins et autres.

Avril 1683. — Edit portant règlement pour les dettes des communautés.

Avril 1683. — Edit concernant les droits de propriété sur les îles, atterrissements, passages, bacs, ponts, moulins et autres droits sur les rivières navigables.

25 aout 1683. — Règlements sur les précautions à prendre pour empêcher l'introduction de la peste.

28 octobre 1683. — Arrêt du Conseil pour le rétablissement des haras du royaume.

6 novembre 1683. — Déclaration portant défense de saisir les bestiaux.

PIÈCE N° II. — INÉDITE.

MÉMOIRES

SUR LES AFFAIRES DES FINANCES DE FRANCE POUR SERVIR A L'HISTOIRE [1].

C'est une maxime constante et reconnue génerallement dans tous les estats du monde que les finances en sont la plus importante et la plus essentielle partie ; c'est une matière qui entre en toutes les affaires soit qu'elles regardent la subsistance de l'estat en son dedans, soit qu'elles regardent son accroissement et sa puissance au dehors, par les différents effets qu'elle produit dans les esprits des peuples pour le dedans et des princes et estats estrangers pour le dehors.

Il est presque certain que chaque estat à proportion de sa grandeur et de son estendue est suffisamment pourvu de moyens pour subsister en son dedans pourveu que ces moyens soient bien et fidellement administrés, mais pour s'accroistre il n'y a que les deux couronnes de France et d'Espagne qui ayent paru jusqu'à présent dans l'Europe avoir assez de force et assez d'abondance dans les finances pour entreprendre des guerres et des conquestes au dehors.

Il est vray que la Hollande par son industrie et par son application au commerce et la Suède par la *fertilité* de son terroir, le courage et la bravoure de ses peuples, et la hardiesse de ses deux derniers roys, ont suppléé au défaut de bras et de finances, mais ce sont des exemples qui sont uniques et qui examinés en destail et pénétrés jusques dans le fond, se trouveroient fondés bien plus sur les assistances de la France

---

[1] Biblioth. roy., Mss. *Collection de Genée de Brochot;* 5e carton. — Mémoire *original* de Colbert, contenant 14 feuillets, grand papier, écrits en entier de sa main, à mi-marge, au recto et au verso. Ce mémoire est écrit extrêmement serré, par abréviations, d'une écriture très-difficile à lire, et l'on n'y avance en quelque sorte que mot par mot. C'est avec une peine infinie que je suis parvenu à en reproduire les extraits qui suivent, non sans être obligé de laisser, par intervalles, quelques lacunes qu'il m'a été impossible de combler. — J'ai eu soin, d'ailleurs, de faire imprimer en *italique* les mots douteux ou remplacés par d'autres, et d'indiquer par quelques points les membres de phrase qui ont été omis. Ce mémoire a dû être écrit par Colbert pour Louis XIV. C'est le manuscrit le plus considérable de ce ministre et son premier jet, ainsi que l'indiquent quelques ratures et des renvois en marge. Il comprend l'histoire des finances et de l'administration depuis 1648 jusqu'au commencement de 1663; mais il renferme surtout des renseignements très-étendus sur les opérations financières et les réformes administratives, effectuées dans les années 1660, 1661, 1662 et 1663.

et sur les guerres des deux premières couronnes de l'Europe que sur leur industrie ou sur aucune bonne qualité de leurs roys ou de leurs peuples.

Il est donc question d'examiner quels effets produisent dans les estats ou la disette ou l'abondance dans les finances. Nous n'avons dans notre royaume qu'un seul exemple d'abondance qui eut lieu dans les dernières années du règne d'Henry IVe; mais nous en avons une infinité de disettes et de nécessités. Au contraire, dans celuy d'Espagne, nous voyons les règnes de Charles-Quint, Philippe second, troisième et mesme Philippe IVe dans une si prodigieuse abondance d'argent par la découverte des Indes que toute l'Europe a veu cette maison d'un simple archiduc d'Autriche sans aucune considération dans le monde monter dans l'espace de 60 ou 80 années à la souveraineté de tous les estats et maisons de Bourgogne, d'Arragon, Castille, Portugal, Naples, Milan, joindre à ce dernier estat la couronne d'Angleterre et d'Irlande par le mariage de Philippe second avec Marie, rendre l'empire presque héréditaire à ses princes, contester la prééminence à la couronne de nos roys, mettre par ses pratiques et par ses armes notre royaume en un péril imminent de passer en main étrangère, et enfin aspirer à l'empire de toute l'Europe, c'est-à-dire de tout le monde.

Puisque depuis la mort d'Henry IVe, nous n'avons que des exemples de disette et de nécessité dans nos finances, il sera bon d'examiner d'où peut provenir que depuis un si long temps l'on a pu voir sinon l'abondance au moins quelque........ de quelque facilité! L'on ne peut attribuer ce désordre qu'à deux vices principaux : ou à l'establissement de l'autorité qui régit cette nature d'affaires, ou aux maximes qui servent à la conduite, lesquelles peuvent estre vitieuses en soy, et par conséquent estre le principe et la principalle cause de tout ce désordre.

(Ici Colbert fait l'historique détaillé de l'administration des finances depuis 1648. En 1653, le surintendant de La Vieuville mourut et le cardinal Mazarin proposa au roi de partager les soins de la surintendance entre MM. Servien et Fouquet. Après avoir fait connaître les titres de Servien, Colbert examine ceux de Fouquet.)

..... Pour le second (Fouquet) les assistances que le dit sieur Cardinal avoit reçues du Sr abbé Foucquet pendant le temps de son éloignement de la cour fust la principalle raison de son choix; car quoiqu'il le connust pour homme d'esprit, qu'il l'eust mesme employé en qualité de maistre des requestes dans les armées et à la suitte du roy pendant les années 1649 et 1650, qu'il luy eust fait accorder la permission de traiter de la charge de procureur général au Parlement de Paris, néantmoins le connoissant homme à caballer et d'intrigue et dont les mœurs mesme n'estoient pas assez réglées pour une charge de ce poids, sans la première raison de la considération de son frère, il n'auroit pas jetté les yeux sur luy.

S'estant desterminé le lendemain à son retour qui fut le 7 février 1653, le roy les nomma surintendants.

Pendant les deux premières années quoyque diverses rencontres fissent assez remarquer l'humeur incompatible des deux surintendants, néantmoins l'abondance et la facilité des affaires firent que l'autorité demeura presque entière au Sr Servien; mais s'estant fait connoistre porté à refuser toutes choses justes ou injustes et par une résolution invincible presque en toutes affaires, ces deux mauvaises qualités luy attirèrent la hayne des courtisans et des gens d'affaires sur le crédit desquels toute la subsistance de l'estat estoit fondée, et comme le Sr Foucquet avoit toujours l'*oreille* ouverte pour proffiter de tout ce qui pouvoit nuire au Sr Servien, il ne manqua pas de se servir des qualités contraires pour s'attirer l'amitié des courtisans et le crédit des gens d'affaires.....

Par ce moyen s'estant rendu le maistre absolu des finances, il ne s'appliqua à autre chose qu'à en faire une entière dissipation pour satisfaire à toutes ses passions déréglées.

Il laissa assouvir l'avidité de tous les partisans parce qu'il estoit leur complice en sorte qu'à la honte de toute la nation pendant le temps que les armées n'estoient pas payées, l'on a entendu publiquement un secrétaire du procureur général se vanter d'avoir..... 2, 3, 4 et 500 mille livres en un exercice, un autre 10, 12 et 24 mille livres, et un trésorier de l'espargne de mesme se vanter d'avoir gagné 500 mille livres en une année d'exercice.

On l'a veu jouer en une nuict 20 à 30 mille pistoles *sans parler* des dépenses en bastimens, en eaux, en meubles, en femmes, des dépenses ordinaires de la maison, portant le luxe et le faste en un point que bien des gens de bien en concevoient de l'humeur.

A cet esgard, on a veu sa dépense en bastimens par ses maisons de Vaux et de Saint-Mandé, mais ce qui est surprenant est que dès lors que sa maison de Vaux qui avoit cousté 18 *millions*, fust bastie [1]; il s'en dégousta et commença de faire bastir dans Saint-Mandé et dans Belle-Isle, en sorte que son insatiable avidité et son ambition déréglée luy donnant toujours des pensées..... luy faisoit mépriser ce qu'il avoit autrefois estimé. C'est ce dégoût..... qui luy fit offrir cette maison à M. le Cardinal lorsqu'il y coucha en 1659 en partant pour ses voyages avant la paix et ensuitte en 1661, comme il l'a voullu dire [2].

Cette mesme dépense prodigieuse a paru en ses meubles, en ses acquisitions de toutes parts; en son jeu, en sa table et en toutes au-

---

[1] Peut-être n'y a-t-il que 8 millions. Le chiffre est très-douteux. Dans son réquisitoire, le procureur-général Talon, porta les dépenses faites à Vaux à 9 millions

[2] Voir, à ce sujet, les justifications de Fouquet; p. 56 de ce volume.

tres *manies* et publiques et secrètes, en sorte que l'on a veu par les registres de ses commis qui ont paru, des 20 et 30 millions de livres qui ont passé par leurs mains en peu d'années pour ses dépenses particulières. Mais s'il s'estoit contenté de tout ce qui le pouvoit concerner l'estat auroit-il pu souffrir cet..... Il a porté son avidité bien plus loin. Il a voulu remplir de biens immenses ses frères, ses parents, ses amis, ses commis. Il a voulu mettre ses créatures dans toutes les charges de la cour et de la robe, et pour cet effect il a donné une part du prix de toutes celles qui ont esté vendues et qui n'estoient pas remplies de gens à luy; il a voulu gagner toutes les personnes un peu considérables qui approchoient le Roy, les Reines et feu M. le Cardinal. Il a voulu estre adverti de tout, et pour cet effect avoir des espions, pouvoir acheter des personnes seures, et pour parvenir à tous ses desseins..... Il n'y a pas de profusion qu'il n'aye fait; et comme il falloit que les finances du Roy fournissent à tous ces désordres, il ne faut pas s'estonner si Sa Majesté les a trouvées en mauvais estat lorsquelle a voulu en prendre la connoissance; mais comme il est impossible de concevoir à quel point ce désordre estoit porté, il sera bon de représenter succinctement les dépenses par comptant qui pour des raisons diverses sont cachées aux officiers de la Chambre des Comptes, et passées dans ceux de l'espargne..... lesquelles en 1630 montant ordinairement à 10 millions de livres ou environ se sont trouvées monter :

En 1656 à............	51,196,698
En 1657 à............	66,922,349
En 1658 à............	105,527,613
En 1659 à............	96,741,508
	320,388,168

En sorte qu'en ces quatre années seulement il s'est trouvé III^c XX^{ions} de livres consommés passés en comptants soubz le prétexte de soutenir toutes les affaires du Roy.

..... Quoique cette prodigieuse dissipation ne fust pas si clairement connue, néantmoins la notoriété en estoit si publique, les désordres et les malversations si extrêmes qu'en une infinité de fois, M. le cardinal Mazarini y auroit apporté le seul remède qui lui restoit après avoir tenté inutilement ceux de la douceur, son esprit plein de bonté et d'humanité ne pouvant se résoudre à en venir au plus violent qu'à la dernière extrémité; aussy une infinité de fois lui avoit-il fait connoistré ses désordres et ses profusions, luy avoit-il fait connoistre clairement qu'il ne pouvoit soutenir une si mauvaise conduitte et l'aurcit fortement excité à la changer. Souvent le dit Foucquet comme s'il vouloit proffitter de sa bonté naturelle, luy avoit avoué une partie de la vérité, luy avoit fait des protestations de changer entièrement de conduitte, en avoit mesme donné quelques marques extérieures, mais les sentimens au mal estant invincibles, ses rechcutes estoient si promptes qu'elles faisoient connoistre qu'il n'avoit jamais eu intention de changer.

La mort du Sr Servien estant survenue en 1659, feu M. le Cardinal examina longtemps quel remède il apporteroit aux finances, parce que l'inutilité du dit Sr Servien ayant fait passer toute l'autorité de cette fonction audit Foucquet, la mort du premier donnoit un prétexte spécieux pour mettre un autre surintendant, soit pour estre premier et au-dessus du sieur Foucquet, soit pour estre en second ; ledit sieur Cardinal trouvant beaucoup de difficulté au choix qu'il devoit faire, prit la résolution de se réserver la signature pour tenir perpétuellement en bride et servir luy-mesme de controlle aux fonctions de la surintendance; après s'en estre déclaré avant que d'en venir à l'exécution, ayant fait diverses réflections qu'il ne pourroit jamais retenir l'horrible corruption du surintendant, que son esprit consommé et fertile en expédiens pour continuer sa mauvaise conduitte et sa dissipation auroit toujours *abusé* des nécessités de l'estat pour luy faire passer tout ce qu'il auroit résolu.

Que sa signature autoriseroit les malversations présentes et mesme les passées.

Et enfin la meilleure et la plus forte qui le fit déterminer à luy donner toute l'autorité en le laissant seul surintendant fust qu'ayant commencé les négociations de la paix de laquelle il avoit des espérances presque certaines, en donnant cette marque de confiance au surintendant après avoir inutilement tenté tous les autres espédients peut-estre celuy-ci pourroit-il réussir. En tout cas,.... il pourroit, aussitôt après la conclusion de la paix, donner une partie de son temps à la réformation de tous ces désordres [1].

Après s'estre déclaré de cette résolution, il partit au mois de juin de la mesme année 1659 pour se rendre sur la frontière d'Espagne pour signer le traité de la paix et celuy du mariage du Roy avec Dom Louis de Haro, mais les diverses difficultés que les Espagnols firent naistre sur quelques points dont les deux ministres s'estoient réservé la décision ayant retardé cette signature beaucoup plus longtemps qu'il ne croyoit voyant que l'année 1660 alloit commencer et qu'elle seroit en mesme temps consommée sans avoir apporté aucun changement à l'administration des finances il se résolut de faire venir auprès de luy le dit sieur Foucquet où estant arrivé et l'y ayant tenu près de trois mois il luy descouvrit encore tout ce qu'il savoit de sa mauvaise conduitte, luy fit voir sa perte asseurée s'il ne la changeoit, et après une infinité de protestations et d'asseurances de changement, lui ayant expliqué ses instructions sur ce qui estoit à faire pour commencer la réformation

---

[1] Si les choses se passèrent exactement comme le dit Colbert, il faut avouer que l'intrigue fut ourdie de main de maître. Il est curieux de lire, après ce passage, le texte même de la nomination de Fouquet. Voir p. 4 et 5 de ce volume.

qu'il s'estoit proposée, le mariage du roy ayant esté remis au printemps de l'année 1660 et l'obligeant de demeurer pendant l'hiver dans les provinces de Languedoc et Provence, il le congédia satisfait d'avoir fait cette dernière tentative, quoyque sans espérance d'en voir aucun effect [1].

Aussitôt que ledit surintendant fust arrivé à Paris,..... et qu'il crust avoir bien persuadé ledit sieur Cardinal, il ne s'appliqua à autre chose qu'à luy donner de belles apparences en continuant les effects de sa mauvaise conduitte; pour cet effect, dans le renouvellement des fonds qu'il eust ordre de faire à cause de la paix il fit voir de grandes augmentations qui se trouvèrent presque toutes imaginées par la suitte, attendu que les grandes indemnités nouvelles qu'il donna *au fermier des aides couvrirent* toutes ces prétendues augmentations. Après avoir donné cette apparence, persuadé qu'elle suffisoit et qu'il pouvoit, soubz cette couleur, continuer sa conduitte passée, non-seulement il la continua pour remises, pour intérests, et généralement pour toutes les mesures qu'il avoit pratiquées, mais ce qui surprit tout le monde ce fut qu'au lieu que pendant la paix l'on croyoit voir réduire insensiblement toutes les prodigieuses alliénations qui avoient été faites soubz prétexte des nécessités de la guerre, on vit au contraire diverses nouvelles alliénations des plus clairs revenus de l'estat, sçavoir 1200 mille livres de rentes sur l'hostel de ville de Paris alliénées sur les tailles.

1660.

Ces alliénations nouvelles faites dans un temps de paix firent connoistre à toute la France que l'estat couroit grand risque de se perdre par les finances s'il n'y estoit promptement remédié, et M. le cardinal Mazarini qui le premier connoissoit cette nécessité, se résolut d'y apporter le remède aussitost qu'il seroit de retour à Paris, mais la maladie dont il est mort l'ayant pris à Fontainebleau le 4ᵉ juillet, s'estant rendu à Vincennes et ensuitte à Paris; quoique sa maladie luy laissast des *intervalles* assez considérables, elle ne luy en laissa jamais assez pour pouvoir donner l'application à une matière si importante; ce fut le seul déplaisir important qu'il tesmoigna avoir pendant toute sa maladie, ayant répété beaucoup de fois à diverses personnes considérables qu'il mourroit content s'il avoit plu à Dieu luy donner quinze jours de santé et de force pour mettre ordre à cette nature d'affaires qui estoit la plus importante de l'Estat et laquelle il

---

[1] La lettre que Mazarin écrivit à Colbert à cette occasion ne dit rien de tout cela. (Voir page 14 de ce volume.) Il est très-important d'opposer cette lettre, dont l'original existe à la Bibliothèque royale, à la version de Colbert. Ces deux pièces se contrôlant l'une par l'autre, et la lettre de Mazarin méritant plus de confiance que le mémoire de Colbert, il s'en suivrait qu'il y a beaucoup de passion et d'animosité dans les assertions de ce dernier en tout ce qui concerne Fouquet.

laissoit dans la dernière confusion. Trois jours avant sa mort, il consulta son confesseur et deux de ses plus proches serviteurs, s'il estoit obligé de donner avis au Roy des désordres du Sr Foucquet; mais luy ayant esté représenté que ses caballes et ses intrigues, tous les amis qu'il avoit gagnés dans la cour, dans les places, dans les Compagnies souveraines, par le moyen des deniers du Roy et des alliénations de toutes sortes qu'il leur avoit distribués, la place de Belle-Isle que l'on estimoit estre imprenable avec une bonne garnison qu'il y entretenoit, quelques autres places sur les costes de Bretagne, estoient capables dans l'incertitude de la résolution qu'elles prendroient pour la conduitte de ses affaires et dans la foiblesse de l'administration nouvelle de donner de furieux mouvements à l'Estat, il prit la résolution de déclarer au Roy le détail de la mauvaise conduitte du dit Foucquet et de luy conseiller en mesme temps de prendre de grandes précautions contre luy, de le veiller de près, de luy déclarer tous ses crimes et luy faire connoistre que s'il changeoit de conduitte il ne laisseroit pas de se servir de luy.

La mort du Sr Cardinal estant arrivée le 9 mars 1661, le Roy ayant tesmoigné toute la douleur imaginable de la perte d'un si grand ministre prit dès le lendemain le soin de la conduitte de ses Estats et commença à régler les séances de ses Conseils auxquels il s'appliqua de telle sorte que pour première vertu il fist connoistre clairement à toute l'Europe qu'il avoit sacrifié cette passion prédominante de gloire, et cet esprit d'application aux affaires qui est capable seul d'eslever les moindres hommes aux plus hautes dignités, qu'il avoit, dis-je, sacrifié toutes ces grandes qualités à la reconnoissance des grands services qui luy avoient esté rendus par ce grand ministre pendant sa minorité, les troubles et la division qui auroient fait courir risque à ses Estats sans la sagesse et l'habileté d'un si grand homme auquel il avoit abandonné pour cette raison presque toute son autorité.

Tous les esprits ne furent pas persuadés que cette conduitte qui paroissoit si belle pust estre longtemps soutenue; ils consideroient qu'il estoit impossible qu'un Roy à l'âge de 23 ans, admirablement bien faict de sa personne, d'une santé forte et vigoureuse, pust avoir assez de force pour préférer longtemps ses affaires à ses plaisirs, et dans cette pensée chacun avoit les yeux ouverts pour voir sur qui tomberoit son choix parmi les personnes de sa confidence.

Les choses estant en cet estat, le Roy commença à exécuter le conseil de feu M. le Cardinal sur le sujet des finances. Le surintendant demeura d'accord d'une partie de ses désordres, promit de changer de conduitte et accepta les précautions que le Roy voulut prendre, se persuadant avec assez de vraisemblance qu'après avoir trompé tant de fois M. le Cardinal, il trouveroit assez moyen de faire la mesme chose à l'esgard du Roy; mais Sa Majesté ayant vu le retardement qu'il apporta à donner l'estat des finances dans lequel tous les revenus de l'année 1661 et partie de 1662 se trouvoient consommés, en sorte qu'il avoit assez d'audace pour dire tous les jours à Sa Majesté que l'Estat ne subsistoit que sur son crédit;

Qu'il continua à faire des aliénations considérables...

Qu'au lieu de faire gouster au peuple les fruits de la paix par la diminution des impositions... on augmentoit les impôts en Bourgogne, Alsace, Roussillon, etc.

Qu'au lieu que l'application du dit Foucquet debvoit avoir pour seul objet les finances, et plutôt leur conservation que leur dissipation, il ne pensoit qu'à se rendre maistre du Parlement et de toutes les Compagnies par le moyen des grandes grâces qu'il faisoit, de toutes les charges principalles et plus importantes, en les faisant acheter par ses créatures et leur donnant la meilleure partie du prix, qu'il acquéroi... par les mesmes moyens les principaux officiers de Sa Majesté et des Reynes, gagnant mesmes tous leurs domestiques pour estre adverti de tout ce qui se passoit et de tout ce qui se disoit.

Enfin, Sa Majesté lassée de toute cette mauvaise conduitte et voyant clairement qu'il n'y avoit point de remède qu'en luy ostant cette administration, elle en prit la résolution le 4e may en la mesme année 1661.

Mais comme l'exécution en estoit difficile, que les liaisons et les attachements que le surintendant avoit dans la cour, dans les Compagnies, dans les provinces, dans les places et partout estoient grandes, que la place de Belle-Isle estoit en réputation d'estre imprenable, Sa Majesté délibéra sur la manière de l'oster et aux moyens de l'arrester seurement, pendant tout le mois de may.

Comme cette action est la plus importante sur laquelle le Roy aye pu donner des marques publiques de son esprit; il est bien nécessaire de l'examiner dans toutes ses circonstances parce qu'elle peut donner lieu de faire un pronostique juste et certain de tout ce qui peust arriver pendant son règne.

C'estoit un jeune prince de l'aage de 23 ans, d'une forte et vigoureuse santé, et par conséquent plein du feu et de la chaleur que cet aage donne, qui n'avoit pas pris jusqu'à la mort de son Ier ministre un administrateur... de ses affaires, et par conséquent qui n'avoit pas toute l'expérience nécessaire pour la conduitte d'une grande affaire. Il avoit à perdre un homme esclairé qui avoit eu la disposition entière de ses finances huit années durant, qui par la dissipation qu'il en avoit faict s'estoit acquis une place imprenable, qui avoit dans son entière dépendance des places, des Compagnies souveraines, les principaux de la cour et une infinité d'autres, et lequel convaincu de ses crimes s'estoit préparé de longue main et avoit pris toutes ses précautions contre le plus habile, le plus esclairé et le plus pénétrant homme qui fust jamais.

Le Roy connoissant toutes ces choses, après avoir luy seul examiné tous les moyens dont il se pouvoit servir pour l'intérest de ses desseins, voyant que l'oster de la surintendance ou l'en chasser produiroit assurément de grands embarras pour les raisons cy-dessus dites, résolut enfin de le faire arrester, et ensuitte de luy faire faire son procès.

Pour cela il estoit nécessaire d'examiner quatre points importants.

Le p^{ier}, la subsistance de l'Estat.

Le second, le lieu de l'exécution.

Le troisième, le temps.

Et le 4e, les suittes.

Sur le premier, Sa Majesté considérant que pendant les mois de may, juin, juillet et aoust les peuples ne payent rien dans les provinces parce qu'ils sont occupez aux récoltes et les finances ne produisent presque rien par la mesme raison;

Qu'il n'y avoit aucuns deniers dans les espargnes;

Que les gens d'affaires n'auroient garde de rien fournir quand ils verroient leur chef arresté pour divers crimes dont ils estoient les complices; ces raisons faisoient clairement connoistre qu'en l'arrestant dans le mois de may, l'on ne pourroit fournir aux dépenses de l'Estat, ce qui attireroit de très-facheux inconvéniens.

Pour ce qui *regardoit* l'exécution et le temps, l'un et l'autre vouloient que ce fust promptement et au lieu où il se trouvoit alors, le secret qu'il falloit garder en cette affaire requérant une grande diligence.

Les raisons cy-dessus invitoient à l'exécution présente, et à l'esgard du lieu, il y avoit à craindre que ses amis ne jettassent du monde dans Belle-Isle et les autres places et qu'ils ne causassent une affaire considérable dans l'Estat; à l'esgard des suittes, pour les *conséquences* du procès, sa charge de procureur général au Parlement estoit un obstacle presque insurmontable.

Pour remédier à tous ces inconvénients, le Roy résolut de remettre au mois de septembre de l'arrester et *pensa* que le secret pourroit estre gardé n'estant seû que de deux ou trois personnes asseurées;

Que pendant tout ce temps il le traiteroit si bien qu'il pourroit parvenir à toutes ses mesmes fins;

Qu'il se serviroit du prétexte de la tenue des Estats de Bretagne, de n'avoir pas encore veu cette province et prendroit une assistance considérable pour y aller; qu'estant proche de Belle-Isle il pourroit *se servir* des compagnies de ses gardes et remédier par sa présence à tous les inconvénients qui pourroient arriver; qu'en ce temps les peuples ayan fait leurs récoltes seroient en estat de payer et de fournir les moyens de subsistance, et qu'il se serviroit de toutes les rencontres favorables pour luy tesmoigner que Sa Majesté seroit bien aise d'avoir quelque somme un peu considérable dans la citadelle de Vincennes pour pouvoir subvenir aux dépenses pressées.

Et outre ce qu'elle pourroit tirer par ce moyen dudit Foucquet, Sa Majesté s'asseureroit encore par le moyen de trois ou quatre personnes de 4 ou 5 cent mille livres pour s'en pouvoir servir en cas de nécessité;

Que le plus difficile estant de l'obliger de se deffaire de sa charge, il ne laisseroit pas de le tenter luy disant dans quelque occasion importante que Sa Majesté voulant agir fortement non-seulement pour empêcher les entreprises du Parlement mais mesmes pour remettre cette Compagnie au mesme estat et en la mesme disposition qu'elle estoit du temps du feu Roy, il seroit impossible d'y pouvoir parvenir sans faire beaucoup d'actions de force et de vigueur contre cette Compagnie et qu'ayant sa principalle confiance en luy pour toutes les résolutions qui estoient à prendre, il seroit bien difficile qu'il pust garder cette charge, de sorte qu'estant dans un poste si élevé que le sien, il luy sembloit qu'elle luy estoit fort inutile et qu'elle serviroit toujours de prétexte au Parlement de luy donner de la peine.....

Quoyque ce projet fust d'un succès presque infaillible, Dieu voulut pourtant le rendre encore plus facile au Roy par le moyen mesme du sieur Foucquet [1].

Dans les estats de Bretagne, la coustume est que l'évesque diocésain du lieu où ils se tiennent y préside. Le maréchal de la Meilleraie s'estoit engagé envers l'évesque de Vannes de les faire tenir à Henneben, petite ville de son diocèse assez proche de la mer et de Belle-Isle pour l'y faire présider. Le sieur Foucquet qui ne croyoit pas l'évesque de Vannes de ses amis se mit dans l'esprit qu'il se serviroit de cette occasion pour parler publiquement et exagérer les fortifications et les prodigieuses dépenses qu'il faisoit à Belle-Isle, et comme c'estoit la chose du monde qu'il craignoit le plus, après avoir fait tous ses efforts pour obliger le maréchal de la Meilleraie à changer ce lieu et l'ayant trouvé ferme, il crut ne pouvoir remédier à ce mal qu'il croyoit presque inévitable que de proposer lui-mesme au Roy d'aller en Bretagne.....

Cette proposition ayant esté par lui faicte, elle fust acceptée.

Pour la charge, le bon traitement que le Roy lui fist en sa propre vanité luy persuadant que la charge de chancelier de France venant à vaquer, ce qui pouvoit arriver assez promptement veu que le chancelier avoit 75 ans, elle ne luy pouvoit manquer, et que si le Roy le trouvoit en cette occasion revestu de la charge de procureur général, il la donneroit asseurément à quelque autre à quoy il ne pourroit pas s'opposer, en sorte qu'il valloit beaucoup mieux s'en deffaire pour mettre une somme considérable dans sa famille, et comme ce raisonnement luy fist prendre résolution de demander au Roy de s'en deffaire, Sa Majesté luy accordant luy parla du million à mettre à Vincennes, ce qu'il promit de faire et l'exécuta *sur le champ.*

---

[1] Quelque bienfaisants que dussent être les résultats de la chûte de Foucquet, il n'en est pas moins étrange de voir Colbert faire intervenir le doigt de Dieu pour le succès de l'intrigue à laquelle des raisons d'État obligèrent d'avoir recours.

Toutes les choses estant ainsi heureusement disposées, il partit pour Nantes, le roy estant confirmé dans l'opinion de sa mauvaise conduitte par diverses choses qui arrivèrent pendant cet esté et particulièrement sur ce qui se passa dans l'achapt de la charge de général des gallères pour le marquis de Créquy son intime amy, dans laquelle Sa Majesté vit clairement que l'on se servoit de ses deniers pour en payer 15 ou 16 *mille livres* sous prétexte de différentes prétentions..... et sur le repas royal, magnifique et superbe qu'il donna à Sa Majesté en sa maison de Vaux.

Sur l'envoy de deux ministres de sa part en Angleterre et à Rome pour avoir des correspondants à ses ordres et sur une infinité d'autres preuves trop claires et trop évidentes de ses intentions [1].

Deux jours après son arrivée à Nantes, le 5e septembre de la mesme année, le Roy qui pendant la vie de feu M. le Cardinal avoit peu parlé d'affaires, et qui depuis sa mort, par la sage dissimulation avec laquelle il avoit agi avec le sieur Foucquet n'avoit pu encore faire connoistre l'estendue de son esprit, le jour et l'heure qu'il avoit pris pour l'exécution estant venue, en un instant il donna ses ordres pour le faire arrester et fist toutes les choses qui estoient nécessaires pour le conduire seurement au chasteau d'Angers; il fist partir sa compagnie des gardes pour se saisir de Belle-Isle.

Quelques heures auparavant, il fist partir 2 brigades de ses mousquetaires pour empescher le passage des courriers qui prendroient *des moyens* pour en donner advis.

Il envoya et fist accompagner la dame Foucquet à Limoges; fist arrester en mesme temps Pellisson son commis et fit sceller tous ses papiers.

Il expédia aussytost un courrier à la reyne-mère pour luy en donner part; un autre au Chancelier affin qu'il fist sceller dans les maisons de la surintendance de Fontainebleau, de Vaux et de Saint-Mandé.

A Paris au lieutenant civil, à la Compagnie du guet et au lieutenant criminel de robe courte pour se saisir des sieurs Bruant et Bernard ses commis et de sceller dans leurs maisons et dans celles du sieur Foucquet.

Tous ces ordres aynsi donnés et cette affaire entièrement exécutée, le Roy voulut avant que de partir estre informé de la résolution..... que le commandant dans Belle-Isle prendroit, et aussy tost qu'il eust appris qu'il remettroit cette place sur l'ordre de Sa Majesté, elle partit et revint en poste à Fontainebleau.

Il estoit alors question de prendre une grande résolution pour l'establissement qui estoit à faire. Il falloit pour le bien faire trouver divers expédients de remédier à de grands abus....

---

[1] On accusa en effet Fouquet d'avoir entretenu des agents secrets dans les principales cours de l'Europe. L'envoyé à Rome dont il est ici question, était l'abbé de Maucroix, ami de La Fontaine.

L'establissement de l'autorité souveraine et entière des finances en une seule personne ou deux ; *mais ces* advis furent trouvés vitieux.

Les maximes qui avoient esté suivies depuis si longtemps avoient attiré la ruine, la confusion et le désordre.

Il falloit desbrouiller une machine que les plus habiles gens du royaume qui s'en estoient meslés depuis 40 ans avoient embrouillée pour en faire une science qu'eux seuls connussent pour se rendre par ce moyen nécessaires. Cependant tant de choses sy difficiles à résoudre qui auroient servy de matière aux plus grands, aux plus puissants et aux plus expérimentés ministres, ce qui auroit donné lieu à des Conseils de plusieurs jours et à des dissertations difficiles et très-importantes, se trouva desbrouillé et développé au plus haut point de perfection qui se puisse imaginer par les seules lumières naturelles de ce prince, et par la résolution qu'il avoit prise de donner tout son temps à la conduitte de ses affaires, au bien de ses peuples et à sa propre gloire.

Il déclara doncques qu'il supprimoit la charge de surintendant et qu'il signeroit généralement toutes les expéditions soit pour la recepte, soit pour la dépense.

Il composa en mesme temps un Conseil de cinq personnes qu'il appela le Conseil royal des finances lequel il présida en personne trois fois la semaine, etc., etc., etc...

(Peu de jours après, il fut question dans le Conseil de l'establissement d'une Chambre de justice. Pour éviter qu'on en vinst à cette extrémité, les gens d'affaires offraient de donner vingt millions, et la majorité du Conseil étoit d'avis qu'on les acceptât.)

.... Le Roy prenant la parole dit qu'il connoissoit bien que cette proposition luy seroit plus advantageuse mais qu'il ne pouvoit pas s'empescher d'entendre la voix de ses peuples qui luy demandoient justice de toutes les violences, exactions et concussions qui avoient esté commises contre eux, qu'il sacrifioit volontiers l'advantage des 20 millions offerts à la satisfaction qu'il recevroit de voir une fois par la punition des coupables ses sujets *vengés* des violences qu'ils avoient souffertes, et de plus qu'ayant bien considéré tous les désordres et dissipations qui avoient esté commises dans les finances, il falloit *agir par des punitions*..... affin qu'il fust asseuré que non seulement pendant son règne mais mesme cent ans après les gens des finances se contentassent des gains honnestes et légitimes qu'ils pourroient faire, en sorte qu'elle espéroit par son application remédier à tous les *maux* que l'on avoit remarquez.

Ces raisons si puissantes et si dignes d'un grand Roy furent approuvées de tout le Conseil.

..... Ensuitte tout le monde attendant quelque action un peu importante pour juger de quelle qualité seroit la conduitte du Roy dans les fonctions du surintendant, sy elle seroit rigoureuse ou foible, il se présenta une occasion favorable pour décider cette question. L'on avoit fait l'année précédente le retranchement *d'un quartier* de toutes les rentes sur l'hostel de ville de Paris et de toutes les aliénations faictes les six dernières années. Le sieur Foucquet n'avoit osé toucher une augmentation de gages des Compagnies souveraines; souvent il les en avoit menacées, mais le remords de sa conscience qui luy donnoit de la crainte, l'avoit toujours obligé d'en retarder l'exécution. Le Roy s'estant fait représenter cette affaire, prit la résolution de faire ce retranchement et le fist exécuter malgré toutes les remontrances et publiques et secrètes et mesmes quelques menées sourdes, en sorte qu'il fust facile après ce coup d'essay de décider de quelle qualité seroit la conduitte de Sa Majesté.

Non seulement Sa Majesté soustient fortement ce retranchement mais mesme celuy de tous les fonds et droits aliénés, ce que le sieur Foucquet n'avoit pas faict par les mesmes raisons, quoyqu'il y eust une déclaration expédiée dès 1660 pour cet effet...

... La caballe des amis du sieur Foucquet ayant commencé de faire agir leurs pratiques, les esprits se divisèrent en sorte que la foiblesse du chef (de la Chambre de justice) qui se laissa emporter par une infinité de petites considérations et qui ne pust avoir la force de suivre les véritables maximes de sévérité des Chambres de justice quoyqu'il fust fortement appuyé par le Roy, divers petits intérêts particuliers qui entraînèrent les principaux et rendirent les bien intentionnez les plus foibles, furent cause que le Roy fust obligé de faire agir ceux de son Conseil pour pousser les affaires et pour démesler avec diligence tous les petits moyens dont se servoient ceux qui avoient trop de relaschement dans l'esprit contre les bien intentionnez pour faire passer les affaires par leurs advis; et pour bien faire connoistre les difficultés que Sa Majesté eust à surmonter, il est bon d'en faire la description [1].

Le premier président fort homme de bien, incapable de caballes, d'intrigues et de se départir jamais du bien du service du roy et du public ne se laissa pas... de croire qu'il debvoit avoir beaucoup de part aux affaires, et sur ce fondement, il voulut *avant* de s'engager à servir dans la Chambre de justice, que l'on adjoustast aux commissaires qui avoient esté choisis par le Roy les sieurs Bernard Rezé et d'Ormesson, maistres des requestes, de Fayet et Renard, commissaires de la Grand Chambre du parlement de Paris pour se fortifier dans cette chambre

---

[1] Le chef naturel de la Chambre de justice était M. de Lamoignon, en sa qualité de premier président du parlement de Paris; mais bientôt, il cessa d'y aller, et toutes les affaires importantes, notamment celle de Fouquet, furent dirigées par le chancelier Séguier. Il est curieux de comparer le portrait du premier président fait par Colbert à celui que M. de Lamoignon a laissé de ce ministre. Voir, page 151 de ce volume, *Histoire de Colbert*, chap. V. De son côté, le *Journal d'Ormesson*, accuse durement M. de Lamoignon d'un excès de faiblesse à l'égard de Colbert.

afin que ses advis prévalussent toujours, ce qui luy fust facilement accordé par Sa Majesté qui avoit tout sujet de croire qu'il seroit le plus ferme appui de la justice et de la sévérité de cette Chambre comme effectivement il en avoit alors la volonté; ensuitte n'ayant pas esté satisfait de la part qu'il avoit prestendu avoir dans les affaires de l'administration de l'Estat, il commença à se plaindre presque publiquement des personnes dont le Roy se servoit dans les affaires de finance leur attribuant la cause entière de ce déplaisir.

D'ailleurs, M. de Turenne qui avoit creu que le dit sieur Foucquet l'empeschoit d'avoir la meilleure et la plus considérable part aux affaires et en la confiance du Roy et qui après sa perte s'estoit laissé fortement flatter de cette pensée, le bon traittement qu'il recevoit de Sa Majesté et mesmes ses advis qu'elle luy demandoit en toutes affaires importantes ne le satisfaisant pas parce qu'il n'estoit pas appellé par Sa Majesté dans les Conseils ordinaires quoy qu'elle eust bien tesmoigné depuis ce temps-là qu'elle seule conduisoit toute cette machine et qu'elle eust mesmes de très-puissantes raisons pour en user ainsi, ne laissa pourtant pas d'attribuer cette privation à ceux qui avoient l'honneur de servir Sa Majesté, et comme la matière des finances est toujours la plus susceptible de mauvaises impressions, l'ancienne amitié qu'il avoit avec le p^{ier} président, les mesmes intérêts et le même déplaisir en ce rencontre, leur donnèrent les mêmes sentiments dans lesquels ils furent fortement maintenus par le sieur Boucherat qui estant amy commun des deux avoit servy leurs veues et se trouvoit dans les mêmes sentiments parce que ne croyant pas qu'il y eust un homme de robe dans le royaume qui pust plus dignement que luy remplir la place de Chancelier de France ou la principalle administration des finances, il y pourroit facilement parvenir sy M. de Turenne et le p^{ier} président bien unis pouvoient avoir une part considérable dans la confiance du Roy.

A cette principalle et plus importante disposition se joignirent diverses autres raisons.

Le p^{ier} président se persuada que son mérite et ses services debvoient luy faire accorder tout ce qu'il demandoit soubz prétexte de l'accréditer dans sa Compagnie. Il demanda avec grandes instances que l'on ne restranchast point le 5e quartier des augmentations de gages des Compagnies souveraines, que l'on deschargeast les greffiers de la taxe qui leur estoit demandée et que l'on restablist l'hérédité des procureurs postulants qui avoit esté révoquée. Le refus que le Roy fis de toutes les grâces luy donna beaucoup de déplaisir...

Mais ce qui acheva de le changer tout à fait fust que ses amis intimes qui estoient hors de la Chambre se trouvèrent tous unis dans de mesmes sentiments pour empescher tout ce qui pouvoit estre de la satisfaction du Roy et du public.

Le sieur Boucherat, pour les intérets cy-dessus expliqués.

Le sieur Bernard Rezé pour un esprit de contrarièté qui luy estoit naturel n'ayant jamais manqué de se porter contre la conduitte génèralle des affaires.

Le sieur de Brillac avoit receu du sieur Foucquet, en gratifications *diverses augmentations* en sa baronnie de Janzay en Poitou.

Le sieur Renard 6,000 liv. de rentes sur les tailles.

Ces 4 hommes estant toujours auprès de luy il ne faut pas s'estonner s'il ne pust revenir à ses 1ères bonnes intentions.

Le premier effect que cette mauvaise disposition produisit fust une prodigieuse langueur en toutes affaires. Le p^{ier} président n'alla jamais qu'à onze heures et demie à la Chambre, en sortant à midi, n'y retournant qu'entre trois et quatre heures et en sortant entre cinq et six heures, joint à cela diverses autres démonstrations et publiques et secrètes qu'il fist...

(Le reste du mémoire contient de nouveaux détails sur les opérations financières, sur celles de la Chambre de justice, sur les mesures prises en 1662 par le gouvernement pour soulager les horreurs de la disette, enfin, sur toutes les parties de l'administration pendant la courte période qu'il embrasse.)

PIÈCE N° II BIS. — INÉDITE.

LE CID ENRAGÉ [1].
COMÉDIE.

M. COLBERT parle seul.

Percé jusques au fond du cœur
D'une atteinte imprévue aussy bien que mortelle,
Autheur d'une entreprise insolente et cruelle
Dont le honteux succez irrite ma fureur,
Je demeure immobile, et mon ame abattue
    Cedde au coup qui me tue.
Si près de voir Fouquet sur l'échaffault,
    O Dieux! l'étrange peine!
Après avoir payé l'arrêt plus qu'il ne vault
    Pour rendre sa mort plus certaine,
    N'en remporter rien que la haine!

    Que je sens de rudes combats!
    Que ma raison est opprimée!
J'ay perdu mon argent, je perds ma renommée
    Pour n'avoir peu mettre une teste à bas.
    O grand doyen des scélérats!
    Dont l'injustice consommée
    Regardoit déjà son trépas
    Comme une proye accoustumée;
    Séguier, escueil des innocens,
    Qui, pour complaire au ministère,
    Par de honteux abaissemens
Ne trouves rien de trop indigne à faire,
    Faut-il que tes arrêts

---

[1] Biblioth. roy.; département des imprimés. *Chambre de justice de 1661.* F. 2,953. B, sous chiffre.—Cette curieuse parodie des stances du *Cid* est manuscrite. Elle est intercalée entre des pièces imprimées. Je ne pense pas qu'elle ait jamais été publiée. Le P. Le'ong, dans sa *Bibliothèque historique*, l'indique comme existant en manuscrit dans une bibliothèque particulière de Dijon, sous le titre de *Colbert enragé.* J'en ai supprimé cinq stances tout à fait insignifiantes.

PIÈCES JUSTIFICATIVES. — N° 11 BIS.

Qui tant de fois ont fait périr des misérables,
    Et pour de bien moindres subjects,
Sur la fin de tes jours, malgré tant de projets,
    Tant d'intrigues détestables,
Malgré moy, malgré toy, deviennent équitables
    Après tous les maux qu'ils ont faicts?....
. . . .

    Talon, le ciel a donc permis
    Que pour toute la récompense
De ta mortelle haine et de ton arrogance,
Tu n'ayes remporté que haine et que mépris;
    Et qu'un pédant que j'avois pris
    Pour réparer ta négligence,
    M'ayt fait tomber de mal en pis
    Par l'excès de son ignorance [1].

Ce rapporteur, que j'ay duppé sy galamment,
    Pour une pompeuse espérance
    D'estre le chef [2] d'un parlement,
    Et qui croyoit sauver sa conscience
    En me vendant bien chèrement
    Une si lâche complaisance,
    Aura donc prôné vainement,
    Et pour tous fruits de son ouvrage;
Je ne remporteray que le seul avantage
    D'avoir peu tromper un Normand.....
. . . .

    Quoi! notre emphaticque Pussort
    Après avoir fait un effort
    De son éloquence bourgeoise
Et prouvé clairement qu'il méritoit la mort
Pour n'avoir pas couvert tout Saint-Mandé d'ardoise;
Après avoir tronqué tant de diverses lois,
    Plutôt pour mon service
Que pour celui du plus humain des rois,
N'a pû forcer la chambre à faire une injustice
    Ny gagner une seule voix.
. . . .

    Voisin, ce scélérat si consciencieux,
Ce traître proctecteur de la cause publique,
    Sur qui j'avois jetté les yeux

---

[1] Vers le milieu du procès, M. de Chamillart avait remplacé M. Talon, que l'on accusait de ne pas pousser l'affaire assez vivement.

[2] Sainte-Hélène, qui espérait être nommé premier président du parlement de Rouen.

Pour empêcher par son intrigue
Des dévots la sourde pratique
Et le zèle séditieux,
S'en est acquitté de son mieux ;
Mais que me sert toute ma politique
Sy je n'en suis pas plus heureux.

. . . .

Et toy, cher confident de ma secrette rage,
   Qui dedans les concussions
    Fais ton apprentissage
   Par les plus noires actions,
Mon cher Berrier, sur qui je fondois davantage
   Le succez de mes passions,
   Car je sçay tes inventions,
   Tes détours et ta fourberie ;
   Que dois-je te dire aujourd'huy,
   Puisqu'enfin malgré ton appuy,
   Ton mensonge et ta calomnie,
   Le peuple voit la vérité,
Au mesme endroit dont tu l'avois bannie,
   Triompher de la fausseté ?

Dans le premier abord d'une faveur naissante
Dont le moindre revers peut nous précipiter,
   Je voy mes desseins avortés
   Par une conduite imprudente ;
   Je voy l'Afrique triomphante
D'un roy que jusqu'ici rien n'avoit pu dompter ;
   Je voy, pour comble de misère,
Mon rival échapper des traits de ma colère,
   Et ces deux projets si fameux
   Qui me faisoient déjà prétendre
   Au premier rang d'après les dieux,
   Sont autant de degrés honteux
   Par où je suis prest de descendre.

   Mais pourquoy m'alarmer sy fort,
   Sy cette rigueur non commune
   Qu'excite contre moy le sort
   Ne change rien à ma fortune :
Je suis toujours Colbert, je suis toujours puissant ;
   J'ay toujours la mesme avarice,
   Je fais toujours mesme injustice.
Si j'ay manqué de perdre un innocent,
   N'ay-je pas retranché les rentes ?

Et, grâce à ce moyen, réduit au désespoir
　　Mille familles languissantes.
　　Est-ce là manquer de pouvoir?

Le Roy m'aime toujours et j'ay sa confidence,
Que faut-il donc de plus à mon ambition?
Sortez de mon esprit vains désirs de vengeance,
Je me veux libérer de votre impertinence
Et goûter le bonheur de ma condition.
Ouy, je veux vivre heureux, quoique Fouquet respire,
　　Puisqu'une éternelle prison
　　Luy va ravir le moyen de me nuire.

Il s'en va, puis il revient tout d'un coup.

　　Vivre sans tirer ma raison!
Observer un arrest si fatal à ma gloire!
Endurer que la France impulte à ma mémoire
De ne m'estre vengé que par une prison!
Conserver une vie où mon ame égarée
　　Voit ma perte assurée!
N'escoutons plus ce penser trop humain
　　Qui ne peut assouvir ma hâine.
Allons, Berrier, par un coup de ta main,
　　Délivre-moy de cette peine.

Ouy, c'est le plus grand de mes maux,
　　Et pourveu que Fouquet périsse,
Qu'il meure par prison ou qu'il meure en justice,
C'est là le seul moyen de me mettre en repos.
Je m'accuse déjà de trop de négligence,
　　Courons à la vengeance;
Je suis avare et dur, n'importe, cher Berrier,
Je veux y consommer trois ou quatre pistolles
　　Pour achepter un cuisinier
　　Qui l'empoisonne à Pignerolles.

PIÈCE N° III. — INÉDITE [1].

VERSION DU 118ᵉ PSEAUME DE DAVID

Dans lequel ce grand Roy exhorte tout le monde à publier les bontés de Dieu, explique les effets qu'il en a ressenty et prophétise la venüe de Nostre Seigneur.

Ce pseaume a beaucoup de rapport avec l'estat de mes affaires et à l'issüe que j'en espère par la miséricorde de Dieu [2].

> Venez, accourez tous, peuples de lunivers,
> Confessés un seul Dieu, venés luy rendre hommage.
> Annoncés et loués en langages divers
> La bonté de celuy dont vous estes limage.

---

[1] Biblioth. roy., Mss. Mélanges du cabinet du Saint-Esprit. Notes et pièces concernant Foucquet, prisonnier d'État. — Ces pièces proviennent d'un registre in-folio, ayant appartenu à la bibliothèque de l'ordre du Saint-Esprit. Leur pagination dans ce registre était de 2,169 à 2,191. Elles renferment :

1° *La copie figurée de l'escrit trouvé dans le cabinet appelé secret de la maison de Monsieur Foucquet, à Saint-Mandé*, écrit que j'ai donné en entier dans l'étude sur Fouquet.

2° Un monitoire lu dans toutes les églises de Paris, après la condamnation de Fouquet pour inviter les fidèles à dénoncer *tous ceux qui retiennent et dissimulent des biens* qui lui appartenaient. — C'est une pièce originale et signée.

3° L'analyse sommaire, manuscrite, des *Ordres du Roy et lettres de M. Louvois à M. de Saint-Mars concernant la prison de M. Fouquet dans la citadelle de Pignerol*. — Ces ordres et ces lettres dont j'ai donné quelques extraits existent aux Archives du royaume, section historique, carton K, 129, et ils ont été publiés postérieurement par M. Delort, dans son *Histoire de la détention des philosophes et des gens de lettres, précédée de celle de Fouquet, de Pélisson et de Lauzun*.

4° Enfin, le psaume de David, traduit par Fouquet, que je donne *textuellement*. Cette pièce, de trois pages in-4°, est écrite en entier de sa main. Seulement, on lit dans la marge gauche de la 1ʳᵉ page, ces mots d'une autre main et d'une écriture plus récente : « Par M. Fouquet, surintendant des finances, prisonnier à Pignerol où il mourut. » Il y a, en regard de chaque verset, dans la marge gauche du manuscrit, également de la main de Fouquet, le texte latin que je n'ai pas cru nécessaire de reproduire en entier.

[2] On lit en regard du titre, à droite, de la main de Fouquet :

« J'ay mis isy quelques nottes pour ceux qui n'entendent pas le latin auquel je me suis assujetty, réduisant chaque verset latin du pseaume à 4 vers sans mesloigner du sens du prophète.

« Dans les 1ᵉʳˢ versets il exhorte tout le monde à louer la miséricorde de Dieu, et comme il repète la pluspart des mesmes mots, j'ay creü au moins debvoir répéter le mot de bonté.

« Il convie dans le 1ᵉʳ verset indifferemment tout le monde.

« Dans le 2ᵉ il descend en particulier au peuple dIsrael qui estoit la fin de leglise et comprend tous les chrestiens.

« Dans le 3ᵉ il passe aux prestres et gens deglise exprimés par la famille d'Aaron.

« Dans le 4ᵉ il excite ceux qui font profession plus particulière de la perfection à louer la bonté divine. »

Vous peuple bien aimé dont il a faict le choix
Par un sensible effect de sa miséricorde
Expliqués ses bontés distes à haulte voix
Et les maux qu'il empesche et les biens qu'il accorde.

Vous qu'il a séparés du reste des mortels
Destinés isy bas à l'office des anges
Prestres qu'il a chargés du soing de ses autels
Chantés de sa bonté les divines louanges.

Et vous qui languissés de célestes ardeurs
Elevés vers le ciel vos amoureuses plaintes
Justes qui le craignés respectés ses grandeurs
Publiés ses bontés et moderés vos craintes.

Triste accablé de nnuicts et pressé de douleurs
J'invoque mon seigneur; jy mets mon espérance
Touché de ma misère, et sensible à mes pleurs
Il mescoutte, il mexauce, il me donne assistance.

Il se rend à ma voix, je le trouve en tout lieu
Je l'appelle, il me tend une main secourable
Quai je à craindre appuyé des forces de mon Dieu
Mortel qui que tu sois tu n'es plus redoutable [1].

Il vient à mon secours contre mes ennemis
Contre eux en ma faveur sa puissance est armée
Je les mespriseray, je les verray soumis
Leurs injustes efforts s'en iront en fumée.

Qu'il est seur, qu'il est bon d'avoir aveuglement
Sa confiance en Dieu plutost que sur les hommes
Qui trompeurs ou trompés toujours égallement
Nous font connoistre enfin trop tard ce que nous sommes [2].

Heureux qui sçait placer son espérance en luy
Heureux celuy qui suit la loy de ses promesses
Princes vostre parole est un fragile appuy
Vos honneurs peü certains et vaines vos caresses [3].

---

[1] Voici le texte latin de ce verset : *Dominus mihi adjutor, non timebo quid faciat mihi homo.*

[2] Texte latin : *Meliùs est confidere in Domino quàm confidere in principe.*

[3] Texte latin : *Meliùs est sperare in Domino quàm sperare in principibus.*

Tout le monde s'estoit à ma perte engagé
Mes ennemis trop fiers avoyent cru me surprendre
Mais au nom de mon Dieu je suis assés vangé
Jay veü leurs trahisons et jay sceu m'en deffendre [1].

Dans un triste séjour honteusement logé
Ils m'ont de touttes parts entouré de milice
Mais au nom de mon Dieu je suis assés vangé
Leur conduitte paroist on cognoist leur malice.

Bruyants comme un essain autour de moy rangé
Ils pétillent d'ardeur ainsi qu'un feu despines
Mais au nom de mon Dieu je suis assés vangé
Jay détruyct leurs picquants, jay dissipé leurs mines [2].

Poussé par eux, Seigneur, et prest à succomber
Vous mavés soustenu contre leur violence
Vous mavés affermy, je ne puis plus tomber
Et vous me maintiendrés contre leur insolence.

Mon Seigneur est ma force, il est tout mon honneur
Il soppose à leurs coups, je ne suis plus leur proye
Il sest faict mon salut, il sest fait mon bonheur
Jen fais tout mon plaisir, jen fais toutte ma joye.

Cest luy qui de la cheute a sceü me garantir
Cest luy qui de mon cœur a banny la tristesse
Justes qui le servés, faittes en retentir
Dans vos sacrés concerts mille chants d'allegresse.

La dextre du Seigneur a fait voir sa vertu
La dextre du seigneur a lancé son tonnerre
La dextre du Seigneur tient l'orgueil abbatu
La dextre du Seigneur me releve de terre.

Non je ne mourray pas mon Dieu ma préservé
Et de trop de perils et par trop de merveilles
Non je ne mourray pas mon Dieu ma reservé
Pour vivre et publier ses grandeurs nompareilles [3].

---

[1] Note marginale de la main de Fouquet: « Je me suis assujetty à répéter le mesme vers dans les deux versets suivants pour imiter le latin ou ces mesmes termes sont aussy répétés trois fois. »

[2] Note marginale de Fouquet : « Ces deux comparaisons des mouches et du feu despine estant dans le latin, on n'a pas pu les supprimer. »

[3] Le texte latin est beaucoup plus sobre de mots : *Non moriar, sed vivam et narrabo opera Domini.*

Comme un maistre puissant mon Dieu ma chastié
Dune juste rigueur mon offense est suivie
Mais me voiant soumis, contrit, humilié
Comme un père à son fils il ma donné la vie.

Vous qui gardés son temple ouvrés moy promptement
Ouvrés sans differer son temple de justice
Entrés justes, entrés et sans perdre un moment
Confessons sa clemence à nos maux si propice.

Ouy je confesseray que vous m'avés sauvé
Que vous avés Seigneur exaucé ma prierre
Que j'estois criminel et qu'en vous jay trouvé
La puissance dun maistre et la bonté d'un pere.

Vos ennemis Seigneur sestoient bien abusés
En mettant au rebut pour nen scavoir que faire
La pierre que vous mesme aujourdhuy vous posés
En vostre bastiment pour la pierre angulaire [1],

Cest une chose rare un chef dœuvre des cyeux
Cest un digne sujet deternelle mémoire
Un ouvrage parfaict admirable à nos yeux
Cest lœuvre de vos mains, Seigneur cest votre gloire.

Je prevoy que bientost viendra cet heureux jour
Jour longtemps attendu, jour de rejouissance
Jour qua faict le Seigneur par un excès damour
Jour illustre à jamais pour nostre délivrance.

Seigneur délivrés moy terminés ma langueur
Adorable Seigneur que tout *vous* soit prospere
Et bény soit qui vient au nom de mon Seigneur
Me tirer de mes fers et finir ma misere [2].

Déja je m'aperçois de ma félicité
Je vous veux faire part de ces bonnes nouvelles
Deja jay veü paroistre un rayon de clarté
Cest mon Dieu, mon Sauveur, je vous lapprends fidelles.

---

[1] Note marginale de Fouquet : « On n'a pu changer cet endroit sans oster le sceau de la prophétie de la venue de Nostre Seigneur qui est la pierre angulaire de l'Église. — Tous les versets sentendent de luy. »

[2] Texte latin : « *O Domine salvum me fac, ô Domine bene prosperare : Benedictus qui venit in nomine Domini.* » Il est probable que Fouquet s'est trompé en copiant et qu'il a mis : *vous soit prospère*, au lieu de : *me soit prospere*.

Establissés un jour, mais un jour solennel
Rendés graces à Dieu, que le temple sappreste
Qu'il soit orné de fleurs, remply jusquà lautel
Et que chacun celebre à lenvy cette feste.

Vous seul estes mon Dieu, je vous confesseray
Je diray sans cesser vostre grandeur supresme
Vous seul estes mon Dieu, je vous exalteray
Je chanteray partout vostre clémence extrême

Ouy je confesseray que vous mavés sauvé
Que vous avés Seigneur exaucé ma prierre
Que jestois criminel et quen vous jay trouvé
La puissance d'un maistre et la bonté d'un pere [1].

Venés, accourés tous peuples de lunivers
Confessés un seul Dieu, venés luy rendre hommage
Annoncés et loués en langages divers
La bonté de celuy dont vous estes louvrage.

FIN.

[1] Note de Fouquet : Ce verset et le suivant sont repetés comme dans le latin.

PIÈCE N° IV.

VERS LATINS

ATTRIBUÉS A FOUQUET [1].

Il y a quelques années, un des membres de l'*Académie Delphinale*, M. Auzias, étant allé visiter le monastère de la Trappe d'Aiguebelle, un frère trappiste, qui s'occupe de recherches archéologiques et historiques, lui communiqua une pièce de vers latins découverte dans un registre de la cure de Réauville, petit village très-rapproché de la terre de Grignan où Mme de Sévigné a passé, comme on sait, plusieurs années auprès de sa fille.

Ces vers, on va le voir, ne peuvent se rapporter à un autre qu'à Fouquet après sa condamnation. Il est très-probable qu'ils furent apportés dans le pays par l'amie dévouée du prisonnier de Pignerol, et inscrits, en raison de leur mérite qui est incontestable, par le curé de Réauville, sur le registre de sa paroisse. Cette supposition est d'autant plus fondée que Mme de Sévigné connaissait parfaitement le latin. Enfin, les vers français qui précèdent et la tournure des idées de Fouquet ajoutent un nouveau poids à cette opinion. Seulement, ceux qu'on va lire leur sont de beaucoup supérieurs. « On y trouve, dit le *Bulletin de l'Académie Delphinale*, ses sentiments religieux, ses regrets sur la privation de son épouse, de ses enfants, de sa liberté, de sa fortune, de ses honneurs, et de la bonne grâce du grand roi; il se plaint de voir mettre en doute sa fidélité; de ce qu'on lui a enlevé tous ses moyens de défense, ses registres, ses comptes; de ce qu'il ne lui reste pas un des amis qui, chaque matin, lui formaient une si nombreuse cour de clients; il apprend que les uns, effrayés de sa chute, se sont tournés vers de plus fortunés que lui; que les autres enveniment les accusations qui l'accablent, et que, s'il en est resté de fidèles, les gardes, les fossés et les remparts de la prison les empêchent de pouvoir venir jusqu'à lui; les longs ennuis de la prison excitent son imagination et l'exposent à des maux qu'il se crée lui-même; il voit sa mère qui le baigne de larmes, ses frères exilés, ses enfants privés de leur père, et sa femme frappée de chagrins si peu mérités. Enfin,

---

[1] Ces vers m'ont été adressés de Grenoble. — La personne qui a bien voulu me faire cette intéressante communication ne s'étant pas nommée, je la prie de recevoir ici mes remerciements bien sincères pour sa bienveillante attention.

il termine par deux vers d'une admirable sensibilité et d'une heureuse expression. »

Voici ces vers :

Sidereæ regina plagæ qua vindice surgens
Naufragus iratis emergit salvus ab undis,
Et laceram reficit peregrino in littore puppim;
Numinis intemerata parens à numine summo,
Altera spes, humanumque salus, quæ vota gementum
Suscipis et fractis præstas solatia rebus;
Da mihi te facilem paulumque adverte querenti.

Ille ego qui quondam, summa ad fastigia vectus,
Francigenum moderabar opes, quem longa clientum
Mane salutabat spatiosa per atria turba,
Ille ego tot procerum socius, quem tota colebat
Gallia, quem populi toties dixere beatum,
Nunc miser indigno clausus sub carcere, vitam
In tenebris luctuque traho, nunc miles inermem
Obsidet armatus, pilisque minacibus instat.
Mens concussa malis, varioque agitata dolore,
Hæret et incerta est quid primum defleat; uno
Cuncta mihi suut rapta die : dulcissima conjux,
Pignora chara thori, libertas, census, honores,
Prædia, rura, domus et magni gratia regis;
Nec mihi de tantis superest, nisi futilis umbra.
Hæc equidem cruciant animum; tamen acrius illud
Pungit, et ardenti transigit viscera telo,
Quod regni pro laude labor susceptus et ingens
Curarum series patriæ consumpta luendæ,
Vana cadit, tristesque refert pro munere pœnas;
Quin etiam illa fides omni quæ carior auro,
Quæque prior mihi luce fuit, vexata, malignæ
Vocibus invidiæ, media mordetur in aula.
His tamen insistit rigidus quæsitor et ansam
Hinc rapit unde reus capitali crimine dicar.
Scriniaque et pluteas digestaque computa fisci,
Unde laboranti possim succurrere causæ,
Accipio periisse mihi, casuve dolove,
Nosse tuum est Virgo, puris quæ cuncta pererras
Luminibus, cæcique vides penetralia cordis.
Has inter latebras tanto in caligine rerum,
Qui me consiliis prudentive adjuvet arte ?
Nullus amicus adest; horum nisi rumor inanis
Nuntia falsa tulit, pars nostro territa casu,

Majorique inhians fortunæ, turpia vertit
Terga; mihi pars impositum mihi crimen acerbat,
Insultatque malis. Quæ pars mihi fida remansit,
Arma per elatis circumdata mœnia fossis,
Huc penetrare nequit, crebris stationibus omnes
Quippe aditus tenet infaustæ custodia turris.
Sic premor assidue, regis modo territat irà,
Aversæque aures et quæ mihi fronte procaci,
Improperat qui nostra tulit stipendia testis,
Qui conviva meæ consumpsit fercula mensæ.
Nunc mala me febris, nunc longi tœdia torquent
Carceris; ipse novos etiam mihi suscito luctus,
Ingenio fingente, subit nam prævia mater,
Sæpe mihi largis profundens fletibus ora;
Extorresque domo fratres, prolesque parente
Orba suo, et sponsæ non digna ferentis imago.
Tristior ire dies, nox longior esse videtur,
Apparentque animo majora pericula veris.

(Bulletin de l'*Académie Delphinale*, t. I, p. 262 et suiv.)

PIÈCE N° V.

NOTE

COMMUNIQUÉE A M. EUGÈNE SUE PAR LA FAMILLE DE COLBERT,
EN 1839.

La famille de Colbert possède les pièces suivantes :

1° L'acte de naissance de Colbert, du 29 août 1619 ;
2° Les preuves de noblesse pour l'ordre de Malte de Gabriel Colbert de Saint-Pouange, du 18 septembre 1647 ;
3° Les preuves pour le même ordre du propre fils de M. Colbert, du 1er août 1667.

La première de ces pièces énonce que *Jehan Colbert* (Jean-Baptiste) est fils de *Nicolas* et de *Marie Pussort*. Le parrain est messire *Charles Colbert* conseiller au siége présidial de Vermandois ; la marraine, *Marie Bachelier*, veuve de feu messire Jehan Colbert.

Il n'y a rien dans cet acte qui puisse porter à croire que le père du grand Colbert ni aucune des personnes qui y sont nommées fussent des marchands.

La marraine, aïeule du baptisé, avait été mariée, par contrat du 2 janvier 1585, à *Jehan Colbert*, seigneur du Terron, nommé contrôleur-général des gabelles de Bourgogne et de Picardie, le 7 juin 1595, pour avoir contribué à la soumission de Rheims à Henri IV. Marie Bachelier lui avait porté en dot la terre de Saint-Mars en Champagne, qui passa à son second fils, *Charles Colbert*; parrain du grand Colbert, et qui plus tard, fut président et lieutenant-général au bailliage de Vermandois, en 1663. Quant à *Marie Pussort*, mariée le 24 septembre 1614, à *Nicolas Colbert*, seigneur de Vendière, elle était sœur de Henri Pussort, seigneur de Cernay, qui fut depuis doyen des conseillers d'État. Colbert n'avait que sept ans lorsque son père fut nommé capitaine de la ville et de la tour de Fismes. Appelé à Paris par son beau-frère *Henri Pussort*, en 1630, Colbert, *Nicolas*, fut maître d'hôtel du roi en 1650, et conseiller d'État en 1652.

La seconde pièce (1647) justifie, qu'antérieurement au crédit du grand Colbert, sa famille était non-seulement réputée noble, mais même qu'elle jouissait de la notoriété d'une noblesse ancienne, puisque la preuve pour l'ordre de Malte de *Gabriel Colbert, de Saint-*

Pouange remonte à Gérard Colbert, écuyer, seigneur de Crèvecœur, né en 1500, auteur de la branche de Villacerf, et frère puîné d'*Hector Colbert.*

Cet Hector Colbert, écuyer, seigneur de Magneux, marié en 1532 avec *Jeanne Cauchon*, dite de Condé, fille de Jacques Cauchon, écuyer, seigneur de Condé et de Vendière (cette dernière possédée par Jean-Baptiste Colbert, du chef de cette dame, sa trisaïeule) est celui par lequel commence la preuve faite à Malte en 1667, par Antoine-Martin Colbert, troisième fils du grand *Colbert*, et c'est cette preuve qui forme la troisième pièce.

PIÈCE N° VI.

GÉNÉALOGIE DE LA FAMILLE DE COLBERT [1].

Dans ses *mémoires sur les Troyens célèbres*, à l'article COLBERT, P. G. Grosley raconte très en détail qu'il a eu en sa possession une liasse de papiers de sept à huit livres relatifs à des affaires de commerce et embrassant, un intervalle de 45 ans, de 1590 à 1635. C'étaient des lettres concernant le commerce de la draperie, des étamines, toiles, soies, blés, chapelets, etc. Il y était aussi question d'opérations de banque. Elles avaient été adressées de Reims, de Paris, de Lyon, de Marseille, de Milan, de Venise à Odart Colbert, de Troyes [2]. Odart Colbert avait plusieurs associés, c'étaient *Paolo Mascrani* et *Gio. Andrea Lumagna* [3] à Paris et à Lyon, Polaillon à Marseille, Lorenzi à Milan; il était en outre le patron d'une foule de frères, de neveux, de cousins, et c'était chez lui, à Troyes, que les divers intéressés de la maison se donnaient rendez-vous. Les lettres adressées à Odart Colbert présentaient, dit P. G. Grosley, l'histoire suivie de plusieurs branches de commerce, entr'autres du vin de Champagne, des révolutions que ce commerce avait subies et de la variation des prix, année par année, de 1590 à 1635. Marie Bachelier, veuve de Jean Colbert [4], faisait à Reims, pour le compte d'Odart, des achats considérables d'étamines des manufactures de cette ville. On voit par ses lettres combien Odart était attentif aux moindres gains, sensible aux pertes, impitoyable sur ses droits, dur, mais au fond secourable. Lumagna tenait la maison de Paris et,

---

[1] Cette pièce, après la lecture de laquelle toute incertitude sur la profession des ascendants de J.-B. Colbert, doit cesser, est extraite, presque littéralement, des *œuvres inédites de P.-J. Grosley, de Troyes*, vol. 1er, p. 258 et suiv. — J'ai déjà cité plusieurs pièces de vers faites par des contemporains de Colbert, dans lesquelles ce ministre est désigné comme appartenant à une famille de marchands. Il y a dans le *Recueil manuscrit de chansons, vaudevilles, sonnets, épitaphes*, etc. (*Recueil Maurepas*, Biblioth. roy., Mss. 35 vol. in-4°), d'autres pièces qui confirment cette opinion. Dans l'une d'elles on invite le marquis de Seignelay, très-connu par son faste, à porter *de ses pères la bure;* vers auquel correspond la note suivante : « J.-B. Colbert était fils d'un payeur des rentes de l'hostel-de-ville de Paris et petit-fils d'un marchand de Reims. » On lit en outre dans une chanson de 1681, faisant partie du même recueil, que les filles, de Colbert les duchesses de Chevreuse et de Saint-Aignan avaient fait faire le tabouret qu'elles avaient chez la reine, *chez leur cousin le tapissier.*

[2] Odart, prononciation vicieuse d'Édouard (Note de P.-J. Grosley).

[3] Des Mascrani et des Lumagna furent plus tard employés par J.-B. Colbert. (Voir *les registres concernant le commerce, de 1669 à 1672*, Bibliothèque du Roi et Archives de la marine).

[4] C'était la marraine de J.-B. Colbert. (Voir la pièce précédente.)

il était en outre banquier de la cour. Lors du meurtre du maréchal d'Ancre, il fut soupçonné d'avoir fait payer pour lui des fonds considérables en Italie et ses livres furent enlevés. Lumagna fut depuis banquier de Mazarin. Crosley pense que le cardinal reçut de ses mains Jean-Baptiste Colbert, petit-neveu d'Odart, le chargea de l'intendance de sa maison et de celle de ses finances; mais il ne fait pas connaître sur quoi se fonde son opinion. A en juger par la correspondance de Lumagna, Colbert ne pouvait avoir été formé à meilleure école. L'ordre dans les vues, la précision dans les idées, la netteté dans les détails caractérisent toutes ses lettres. L'heureuse facilité de son style le rend comparable à celui des meilleurs écrivains de la cour de Louis XIV.

La famille de Colbert se composait donc alors de différentes branches, les unes riches, les autres tombées.

Dans une lettre du 24 octobre 1604, un Simon Colbert de Reims écrivait à Odard de lui avancer l'argent nécessaire pour les frais de ses vendanges. « Il venait, disait-il dans la même lettre, de rencontrer Largentier, » et il ajoutait : « *Je l'ai trouvé bien insolent depuis qu'il est secrétaire du roi, quoiqu'il n'ait pas plus de noblesse que nous*[1] »

COLBERTS DE PARIS. — Le plus connu, au commencement du dix-septième siècle, était un M. Colbert de Treslon qui épousa une Brulart, et fit fortune dans la robe. Le 6 août 1609, la veuve de Jean Colbert (Marie Bachelier) écrivait de Reims à Odard Colbert : « La fille de M. de Treslon est mariée à un conseiller du grand conseil. C'est un bien grand mariage, cela fait beaucoup de bruit de deçà... On lui donne quarante mille livres en mariage, ce qui n'est pas grand'chose eu égard à celui qui la prend. Je crois que l'honneur qu'elle a d'être nièce de M. le chancelier (Brulard de Sillery) en est la cause. »

Girard Colbert, était établi à Paris, rue des Arcis, *à la clef d'argent*. En 1601, il s'associa avec Camus, dont le fils, Nicolas Camus, épousa Marie Colbert, fille de Girard Colbert. Camus était de Troyes. De la branche de sa famille restée à Troyes sortait Nicolas Camus à qui Jean-Baptiste Colbert procura plus tard le travail sur Térence *ad usum Delphini*, et qui fit sur Térence un commentaire des plus estimés.

Nicolas Camus eut de Marie Colbert quatre filles et six fils. L'aînée

---

[1] Ce Largentier était de Troyes et appartenait à une ancienne famille de négociants. En 1594, il s'était prononcé fortement pour Henri IV, l'avait suivi à Paris et s'était mis dans les fermes où il avait fait fortune. Sully raconte de lui un mot d'une rare impertinence qui donna lieu plus tard à une très-piquante et spirituelle remarque de Henri IV. Un jour Largentier dit au roi qu'un voyage à Fontainebleau lui avait coûté 10,000 écus. — Ventre-saint-gris ! s'écria le roi — Oui, Sire, mais c'est que j'ai fait prendre le modèle des frontispices de votre maison pour en faire de pareils à une des miennes que j'ai en Champagne. Peu de temps après, Largentier fut arrêté, pour quelque opération de finance un peu trop irrégulière sans doute, et on l'envoya au Châtelet. « Comment, dit le Roi, à cette nouvelle, est-ce qu'il veut prendre aussi le modèle des frontispices du Châtelet ? »

des filles épousa M. d'Emery, surintendant des finances pendant la régence d'Anne d'Autriche.

L'aîné des fils fut M. Lecamus, conseiller d'Etat, père de M. le premier, président de la cour des aides, de *M. le lieutenant civil*, et de l'évêque de Grenoble.

Le deuxième, autrefois président des comptes, et depuis conseiller d'Etat, surintendant de justice dans l'Isle de France, et contrôleur des finances [1].

Dans leurs voyages à Paris, les Colberts de Reims et de Troyes descendaient chez Nicolas Camus. En 1604, celui-ci avait pris avec son frère Guillaume, la ferme des droits sur les vins à Reims.

COLBERTS DE REIMS. — Jean Colbert, établi à Reims, y avait épousé Marie Bachelier. Il mourut jeune et sa veuve continua la société qu'il avait avec Odart.... En 1633, Jean Bachelier avait formé une maison à Lyon avec Jean et Nicolas Colbert. Les Bachelier eurent part à la fortune de Jean-Baptiste Colbert lorsqu'il fut devenu contrôleur-général. Au surplus, Simon Bachelier était déjà, en 1606, receveur général des finances d'Orléans.

En 1634, la mère de Jean et de Nicolas Colbert ayant renouvelé sa société avec Odart, y fit entrer ses deux fils, auparavant associés avec Jean Bachelier. Les fonds de cette société étaient de cent mille livres.

En 1635, l'archevêque de Reims, seigneur de Taisy, concéda à Jean Colbert, possesseur, à titre d'achats ou de succession de domaines situés à Taisy, LE DROIT *d'élever un colombier à pied et de faire boire ses canaux dans la rivière de Taisy, et ce, en considération des bons et loyaux services que le sieur de Terron a rendus à l'archevêché.*

Le contrôleur général, son neveu, le fit pourvoir de la charge de premier président au parlement de Metz, où il se fixa et mourut en 1670...

La qualité de *noble homme*, prise par Jean Colbert, dans les actes relatifs à ce domaine, était assortie au surnom de du Terron qu'il s'était donné, le bâtissant en château qu'il avait construit sur ce domaine, et aux missions dont l'honorait le ministre de la guerre.

En effet, dans une lettre écrite par le cardinal de la Valette au cardinal de Richelieu, le 10 mars 1639, on lit ce qui suit : « Aussitôt que nous aurons l'avis de l'acceptation des lettres de change tirées pour les fortifications du pont d'Esture, nous y ferons travailler. J'enverrai, dans deux jours à Votre Éminence, le marché qu'en a fait le sieur Colbert (Jean Colbert) lequel entend fort bien ces choses-là. »

Dans une autre lettre, le ministre de la guerre, M. Desnoyers, dit :

---

[1] On trouve dans *les lettres adressées à Colbert*, un grand nombre de lettres de M. Lecamus, chargé de la police de Paris, conjointement avec M. La Reynie, et sous ses ordres. (Bibliothèque du Roi, Mss.) Il est probable qu'elles sont de ce dernier.

« Le roi envoie un honnête homme, qui a été à moi, nommé le sieur Colbert, pour acheter du canon où il en trouvera, suivant vos bons avis. »

Le nom de Colbert n'était donc pas nouveau à la cour et dans les bureaux des ministres lorsque Jean, son neveu, y fut introduit par le cardinal Mazarin.

COLBERTS DE TROYES. — Odart, frère de tous les Colberts de Reims, né en 1560, exerçait le commerce à Troyes dès l'année 1584. Il épousa Maria Fouret, dont le frère faisait l'épicerie... A mesure que sa fortune s'élevait, Odart en réalisait une partie en achetant des terres. Il acquit d'abord des Marguenat, celle de Villacerf. Il fut longtemps en marché pour celle de Bossancourt, et joignit celle de Saint-Pouange et de Turgis à ses acquisitions. Ayant eu des contestations avec le corps municipal pour la contribution aux charges publiques, et ne se trouvant pas assez garanti par les privilèges concédés par Henri IV aux Mascrani et Lumagna, pour l'encouragement de leurs manufactures, privilèges qui lui furent attribués en qualité d'associé de ces négociants, il traita vers 1612 d'une charge de secrétaire du roi... Cependant, il continua et étendit son commerce, n'épargna rien pour l'éducation de ses fils, les pourvut de charges au grand conseil, facilite leur établissement avec des familles riches et considérées, mourut enfin à l'âge de 80 ans et fut inhumé dans une chapelle adhérente au sanctuaire de l'église des Cordeliers, sous une grande tombe de marbre noir avec cette inscription :

CY-GIST
ODARD COLBERT,
SEIGNEUR DE VILLACERF, SAINT-POUANGE ET TURGIS,
CONSEILLER SECRÉTAIRE DU ROY, MAISON ET COURONNE DE FRANCE,
LEQUEL DÉCÉDA LE 14 JANVIER 1640,
EN LA QUATRE-VINGTIÈME ANNÉE DE SON AGE.
PRIEZ DIEU POUR SON AME.

Jean Baptiste Colbert, fils d'Odard Colbert dont il vient d'être question (Colbert de Saint-Pouange), épousa en 1628, par les secours de Lumagna, Claude Le Tellier, sœur de Michel Le Tellier, conseiller au Parlement, et depuis chancelier de France, et il dut à cette alliance l'illustration et les biens qui entrèrent dans sa branche. De la Chambre des comptes il passa au conseil d'État et mourut en 1663, intendant de Lorraine. Son fils Edouard dut au crédit de Colbert et de Le Tellier, dont il était parent, la place importante d'inspecteur général des bâtiments du roi.

PIÈCE N° VII. — INÉDITE.

ÉDIT

PORTANT NOMINATION D'UNE COMPAGNIE DE COMMERCE POUR LE NORD [1].

« LOUIS, etc., etc. — Comme le commerce est le moyen le plus propre pour concilier les différentes nations et entretenir les esprits les plus opposez dans une bonne et mutuelle correspondance, qu'il rapporte et respand l'abondance par les voyes les plus innocentes, rend les peuples heureux et les Estats plus florissans; aussy n'avons-nous rien obmis de ce qui a despendu de nostre authorité et de nos soins pour obliger nos sujets de s'y appliquer et le porter jusques aux nations les plus esloignées, et d'autant que celuy du nord peut produire réciproquement de grands advantages, nous avons estimé à propos d'exciter nos sujets de s'associer pour l'entreprendre et de leur accorder à cet effet des grâces et privilèges considérables; à ces causes, nous avons establi une Compagnie qui sera appelée du Nord, etc., etc., etc. »

Voici en quoi consistaient les nombreux privilèges accordés à la Compagnie du Nord.

A partir du 1er juillet 1669, la Compagnie était autorisée à faire le commerce en toute liberté en Zélande, Hollande, côtes d'Allemagne, Danemarck, mer Baltique, Suède, Norwège, Moscovie, etc., etc.

Tous les Français et étrangers pouvaient s'y associer pendant un an, sans pouvoir y apporter moins de 2,000 fr. Les gentilshommes ne dérogeaient pas en y entrant.

Les règlements étaient dressés par la Compagnie elle-même et approuvés par le Roi.

« *Et pour d'autant plus favoriser ledit establissement,* » le Roi lui accordait 3 fr. pour chaque barrique d'eau-de-vie transportée hors du royaume et 4 livres par tonneau pour les autres marchandises également transportées hors de France ou reçues dans les retours, en déduction des droits qu'elles auraient dû payer.

La Compagnie n'aurait en outre rien à payer pour les munitions et vivres nécessaires à l'équipement et nourriture de ses navires. Elle

---

[1] Biblioth. roy., Mss. *Registres concernant le commerce*, année 1669, no 204.

était dispensée de tous droits de transit et d'emprunter l'intermédiaire des courtiers.

« Et attendu, porte l'édit, que le commerce ne se fait ordinairement dans le pays du nord que par eschange de marchandises et que ladite Compagnie pourroit se trouver surchargée, faute du prompt débit, de celle qu'elle auroit apportée par ses retours, *nous promettons de faire prendre et recevoir dans les magasins de nos arsenaux de marine, toutes les marchandises propres pour la construction, radoub, armement et équipement de nos vaisseaux, fournitures et provisions de nos armées navales, par les intendants et commissaires généraux qui en feront les marchez* avec un profit raisonnable, tel qu'il sera convenu entre lesdits intendans et directeurs de la Compagnie. »

Les matelots étrangers devaient acquérir *le droict de naturalité* après avoir servi pendant six ans sur les navires de la Compagnie du Nord.

Les directeurs seraient exempts du logement des gens de guerre, guet, corvées, etc.

Les ouvriers et charpentiers étrangers travaillant pour la Compagnie auraient les mêmes exemptions et privilèges que les ouvriers français.

« Les officiers qui entreront en ladite Compagnie pour vingt mil livres seront dispensez de la résidence. »

« Les actions seront transmissibles.

« Et pour faire connoistre la satisfaction que nous nous promettons de l'establissement de ladite Compagnie et la protection que nous entendons luy donner non-seulement par nostre authorité, mais encore de nos deniers, *nous voulons, consentons et nous plaist mettre de nos deniers le tiers du fonds capital qui sera fait par tous ceux qui y prendront intérest* et que toutes les pertes qui pourront arriver à la dite Compagnie pendant les six premières années de son establissement soient portés à la descharge des intéressez en icelle sur lesdits fonds que nous entendons mettre à ladite Compagnie. »

« *Promettons à la Compagnie de la protéger et deffendre envers et contre tous, mesme d'employer nos armes en toutes occasions* pour la maintenir dans l'entière liberté de son commerce et navigation et lui faire faire raison de toutes injures et mauvais traitemens qui luy pourraient estre faits par les nations qui voudroient entreprendre contre ladite Compagnie ; de faire escorter ses envois et retours à nos frais et despens par tel nombre de vaisseaux de guerre qu'il sera nécessaire et partout où besoin sera. Si donnons en mandement, etc.

Signé : LOUIS.

Par le Roy : COLBERT.

Saint-Germain, au mois de juin 1669.

PIÈCE N° VIII.

RÈGLEMENT

CONCERNANT LES DÉTAILS DONT M. COLBERT EST CHARGÉ, COMME CONTRÔLEUR-GÉNÉRAL ET SECRÉTAIRE D'ÉTAT AYANT LE DÉPARTEMENT DE LA MARINE.

Le Roi, ayant considéré la connexité du commerce avec la marine et les grands avantages que son service et celui du public en recevraient si ces deux emplois étaient confiés à une même personne, Sa Majesté, étant d'ailleurs bien informée que pendant que le sieur de Colbert, à présent secrétaire d'État, a pris soin du commerce en qualité de contrôleur-général des finances, il s'est notablement augmenté dans le royaume, elle a jugé à propos de mettre dans le département de la charge de secrétaire d'État dudit sieur Colbert, le commerce avec la marine, les démembrant de la charge du sieur de Lionne, aussi secrétaire d'État, de laquelle le sieur marquis de Berny, son fils, est pourvu à sa survivance, en leur donnant d'autre part un dédommagement proportionné à la diminution qu'ils souffriront dans leur emploi : pour cet effet, Sa Majesté, du consentement desdits sieurs de Lionne et de Berny et dudit sieur Colbert, a résolu le présent règlement de la manière qui suit :

Premièrement, que ledit sieur Colbert aura dans son département la marine en toutes les provinces du royaume, sans exception, même dans la Bretagne, comme aussi les galères, les Compagnies des Indes orientales et occidentales, et les pays de leurs concessions; le commerce, tant dedans que dehors le royaume, et tout ce qui en dépend; les consulats de la nation française dans les pays étrangers; les manufactures et les haras, en quelque province du royaume qu'ils soient établis;

Que lesdits sieurs de Lionne et de Berny auront dans leur département la Navarre, le Béarn, le Bigorre et le Berry, qui étaient de l'ancien département de la charge dudit sieur Colbert;

Que les appointemens attribués à la charge desdits sieurs de Lionne et de Berny seront augmentés de la somme de 4,000 livres, pour et au lieu de pareille somme que ledit sieur de Lionne touchait tous les ans sur les états de la marine, laquelle somme serait dorénavant employée dans les états sous le nom dudit sieur Colbert, et qu'en outre pour dédommager lesdits sieurs de Lionne et de Berny de la diminution de leur dit emploi, il sera payé comptant audit sieur de Berny, du consentement dudit sieur de Lionne, des deniers du Trésor Royal, la somme de 100,000 livres.

Signé : LOUIS.

Et plus bas : Le-Tellier.

Fait à Paris, le 7 mars 1669.

(*Archives de la marine, Registres des ordres du Roy.*)

COMMERCE DE LA FRANCE AVEC L'ESPAGNE
EN 1681.

INSTRUCTION POUR LE COMTE DE VAUGUYON,
AMBASSADEUR EXTRAORDINAIRE EN ESPAGNE [1].

Fontainebleau, 29 septembre 1681.

« Le roy envoyant le Sʳ comte de Vauguyon en Espagne, Sa Majesté a bien voulu lui faire savoir ses intentions sur tout ce qui concerne le commerce que ses sujets font en Espagne, afin qu'il puisse tenir la main à ce que les traités de paix puissent être ponctuellement exécutés à cet égard, et, qu'en tout ce qui concerne ledit commerce, les sujets de Sa Majesté soient aussi favorablement traitez qu'aucun autre dans toute l'estendue des pays de la domination des rois catholiques, conformément au traité des Pyrénées, articles 6 et 7, confirmés par ceux d'Aix-la-Chapelle et de Nimègue.

Il doit estre informé que le commerce de toutes les nations, en Espagne ne se fait presque point par échange de marchandises, mais pour de l'argent comptant qui vient en Espagne du Pérou; ce commerce est d'autant plus considérable que c'est par son moyen que l'argent se répand dans tous les autres États de l'Europe, et que, plus chaque État a de commerce avec les Espagnols, plus il a abondance d'argent; c'est pourquoi il est nécessaire, et Sa Majesté veut que ledit sieur de Vauguyon ait une application toute particulière à maintenir et augmenter ce commerce par tous les moyens que les marchands pourront luy suggérer, et qu'il emploie toujours le nom et les instances de Sa Majesté pour luy donner toute la protection dont ils pourront avoir besoin. Et afin qu'il sache en quoy les sujets de Sa Majesté peuvent avoir besoin de la protection et assistance qu'il doit leur donner, il doit savoir que le

---

[1] Arch. de la mar. *Extrait des despesches et ordres du Roy concernant la marine, sous le ministère de M. Colbert, depuis l'année 1669 jusques et y compris l'année 1683,* 1 vol. in-folio, manuscrit, p. 424 et suiv. — Le 20 septembre 1669, Colbert avait donné à l'évêque de Béziers, nommé ambassadeur à Madrid, une *Instruction sur le fait de commerce.* Cette instruction est beaucoup moins complète que celle-ci. On la trouve, à sa date, dans *le Registre des despesches,* de 1669, et dans les *Recherches sur les finances,* par Forbonnais, année 1669.

commerce des François se fait, en Espagne, de trois manières différentes : la première, par les ouvriers et artisans françois des frontières des provinces d'Auvergne, de Limousin et autres qui y passent tous les ans et qui, après y avoir travaillé quelque espace de temps, repassent en France et rapportent dans leurs provinces ce qu'ils ont pu gagner, et comme ces ouvriers artisans se répandent dans toutes les provinces d'Espagne, il sera bon que ledit sieur comte de Vauguyon soit informé autant que possible de leur nombre, des difficultés et facilités qu'ils trouveront à repasser en France avec l'argent qu'ils ont gagné par leur travail, et qu'il leur donne les assistances dont ils pourront avoir besoin, en quoy il est nécessaire qu'il agisse avec quelque adresse et secret, n'étant pas à propos que les Espagnols ni les François même sachent qu'il veuille être informé de leur nombre.

La seconde manière de ce commerce consiste en un grand nombre de mulets, et de marchandises manufacturées en France de toute sorte qui passent en Espagne, et qui servent à la consommation du pays, et sur ce commerce il suffit de luy dire qu'il doit donner facilitez auprès de luy à tous les marchands françois et à tous leurs correspondants de Madrid et des autres villes principales d'Espagne et leur donner toute l'assistance et la protection dont ils auront besoin ; il doit même appeler quelquefois auprès de luy ceux auxquels il aura reconnu plus d'esprit et de conduite et s'informer d'eux de tout ce qui pourra être fait, soit pour leur donner plus de liberté dans le commerce, soit pour augmenter et donner plus de cours aux manufactures de France.

La troisième manière, plus importante et plus considérable que les deux autres, consiste en toutes les marchandises et manufactures de France qui sont portées à Cadix, Sainte-Marie, Saint-Luc et autres ports d'Espagne pour être chargés sur les galions et sur les flottes qui partent d'Espagne pour toutes les Indes occidentales, et au chargement des marchandises fines, ou en argent monnoyé et en barres qui se fait sur les frégates de Saint-Malo, Rouen et autres ports de France, lors du retour des galions et flottes, et c'est à rendre ce commerce sûr et facile que le sieur comte de Vauguyon doit donner toute son application.

Il doit considérer pour cela que les Espagnols ne s'appliquant à aucunes manufactures, il est d'une nécessité absolue que toutes les marchandises nécessaires pour tous les grands pays qu'ils possèdent dans l'Amérique septentrionale et méridionale leur soient fournies par les étrangers, lesquels, par ce moyen, profitent d'une bonne partie des richesses qui tirent des mines de ce pays-là ; c'est ce qui oblige les marchands de toutes les nations de l'Europe, François, Anglois, Hollandois, Génois, Vénitiens, villes anséatiques et autres de travailler à l'envi à qui fournira un plus grand nombre de ces marchandises pour en retirer plus de profit et d'avantage ; mais les François ont un si grand avantage sur les autres nations, par la fertilité de la terre, la grande quantité de chanvres et de lins qu'elle produit, et par leur industrie qui produit les plus belles et les meilleures manufactures, que pourvu qu'ils soient assistez et protégez en sorte qu'ils soient, ou mieux traitez que les étrangers ou au moins aussi bien, il n'y a pas de doute qu'ils attireront la plus grande partie de ces richesses au-dedans du royaume.

Pour cet effet, ledit sieur comte de Vauguyon sait que, par les traités des Pyrénées, Aix-la-Chapelle, de Nimègue, les François doivent être traitez aussi favorablement qu'aucuns autres étrangers, et ainsy pour bien connoitre l'étendue du bon traitement qui doit être fait aux François, il faut qu'il lise exactement les traités faits entre l'Espagne et l'Angleterre et particulièrement celui de 1667, et les traités faits avec l'Espagne, les Hollandois, les villes anséatiques, les Danois, Suédois, Génois et autres.

Il doit même observer avec soin dans tous ces traités et particulièrement dans celui d'Angleterre, la liberté qui leur est donnée d'aborder quelquefois, et pour de certaines considérations, dans les ports des Indes occidentales, non pas pour demander la même chose par un article exprès, mais seulement pour s'en servir dans les occasions qui se pourront présenter; et sur ce sujet, Sa Majesté fait joindre à cette instruction la copie d'une ordonnance que la Reine Catholique fit expédier et délivrer à M. le cardinal de Bouzy, lors archevêque de Toulouse, ambassadeur de Sa Majesté en Espagne, portant ordre à tous les gouverneurs des places du roy catholique, et à ses officiers de faire jouir les François des mêmes grâces et privilèges dont jouissent les Anglois et les villes anséatiques, et Sa Majesté estime bien nécessaire que le comte de Vauguyon demande le renouvellement de la même ordonnance, et même en termes plus forts et plus précis, s'il est possible.

Pour bien connaître de quelle sorte et en quelle occasion il doit se servir de ce traitement qui doit être fait aux François aussi favorable qu'à tous les étrangers, il doit savoir qu'il est enjoint par les lois et ordonnances d'Espagne, d'enregistrer tout l'argent et les effets qui sont embarqués dans les ports des Indes occidentales sur les galions et vaisseaux de la flotte, et ce, à peine de confiscation de tout ce qui n'est pas enregistré, et qu'il est défendu par les mêmes lois et ordonnances de sortir d'Espagne aucun argent, monnoyé ni en barre, et par ces deux lois les Espagnols ont prétendu conserver au-dedans de leur État toutes les immenses richesses de leur Nouveau Monde; mais comme ils ne travaillent à aucune des marchandises et manufactures nécessaires pour l'entretien de ce grand pays, la nécessité absolue d'en tirer des pays étrangers a produit partie par industrie, partie par tolérance et partie par intérêt que ces deux lois ont été rendues vaines et inutiles, et ainsi les capitaines de ces galions et vaisseaux favorisent ces fraudes par rapport à leur intérêt et au gain qu'ils y font, que les juges et officiers contribuent presque toujours à cacher; mais comme ils sont en droit de faire valoir la rigueur de ces ordonnances, c'est souvent à quoy ils s'appliquent à l'égard des François pour leur ôter tout ou la meilleure partie de ce commerce, ne se souciant pas de le faire passer aux étrangers, de la puissance desquels ils ne croyent pas avoir tant à craindre que de celle des François; et c'est pour cela qu'il faut que ledit sieur comte de Vauguyon ait une application particulière à faire jouir les François des mêmes avantages et facilités que les autres étrangers.

Ces facilités consistent en ce que pour éluder ou rendre inutiles ces lois et ordonnances, les étrangers font venir leurs vaisseaux chargés de marchandises lors du départ des galions et flottes dans les rades de Cadix, et pendant les nuits, de concert avec les capitaines desdits galions et flottes qui y sont intéressés, ils embarquent les marchandises sans être enregistrées, et au retour ils chargent de même les marchandises fines, argent monnoyé et en barre qui leur appartiennent en échange de leurs marchandises qui ont été vendues dans les Indes.

Et pour se délivrer indirectement de la rigueur de la loi, les Anglois et les villes anséatiques ont obtenu, par leur traité, une dispense de visite pour leurs vaisseaux, magasins et marchandises, en sorte que le chargement des marchandises lors du départ, et des marchandises fines et en barre lors du retour, se faisant de nuit, et n'étant pas visitées de jour, ils font ce commerce en toute liberté.

Et par les mêmes raisons de tolérance et de nécessité, lorsque par le retardement du départ et de l'arrivée des galions, les navires sont obligés de recharger les marchandises dans la ville de Cadix, ou dans les autres villes maritimes, les marchands de ces villes, correspondants ou associez des François et les officiers donnent les facilités nécessaires pour frauder les douanes, en faisant passer ou par-dessus les murailles ou par des endroits obliques, les marchandises pour être embarquées sur lesdits galions et vaisseaux lors de leur départ.

Et par ces différents moyens, et autres qui se pratiquent sur les lieux, et que l'industrie, la nécessité et l'intérêt inventent et souffrent suivant les besoins, ce grand et considérable commerce se fait; mais comme tous ces moyens sont indirects, lorsque les Espagnols veulent bien maltraiter ces nations, ils se servent de la rigueur de leurs lois et ordonnances pour la confiscation de leurs marchandises ou effets en jugeant qu'ils y ont contrevenu, ou en leur accordant ce qu'ils appellent indulte, moyennant des sommes d'argent considérables qu'ils exigent, et c'est sur ce point que ledit comte de Vauguyon doit appliquer toute la force des instances et de la protection de Sa Majesté. »

PIÈCE N° X.

MÉMOIRE

POUR MON FILS SUR CE QU'IL DOIBT OBSERVER PENDANT LE VOYAGE QU'IL VA FAIRE A ROCHEFORT [1].

Estant persuadé comme je le suis qu'il a pris une bonne et ferme résolution de se rendre autant honneste homme qu'il a besoin de l'estre, pour soutenir dignement, avec estime et réputation, mes emplois, il est surtout nécessaire qu'il fasse toujours réflection et s'applique avec soin au règlement de ses mœurs, et surtout qu'il considère que la principale et seule partie d'un honneste homme est de faire toujours bien son debvoir à l'égard de Dieu, d'autant que ce premier devoir tire nécessairement tous les autres après soi, et qu'il est impossible qu'il s'acquitte de tous les autres s'il manque à ce premier. Je crois lui avoir assez parlé sur ce sujet en diverses occasions pour croire qu'il n'est pas nécessaire que je m'y estende davantage; il doibt seulement bien faire réflection que je lui ay cy-devant bien fait connoistre que ce premier debvoir envers Dieu se pouvoit accommoder fort bien avec les plaisirs et les divertissements d'un honneste homme en sa jeunesse.

Après ce premier debvoir je désire qu'il fasse souvent réflection à ses obligations envers moi, non-seulement pour sa naissance, qui m'est commune avec tous les pères, et qui est le plus sensible lien de la société humaine, mais mesme pour l'élévation dans laquelle je l'ai mis, et par la peine et le travail que j'ai pris et que je prends tous les jours pour son éducation, et qu'il pense que le seul moyen de s'acquitter de ce qu'il me doibt est de m'aider à parvenir à la fin que je souhaiste, c'est-à-dire qu'il devienne autant et plus honneste homme que moi s'il est possible, et qu'en y travaillant comme je le souhaiste il satisfasse en même temps à tous ses debvoirs envers Dieu, envers moi et envers tout le monde, et se donne en même temps les moyens sûrs et infaillibles de passer une vie douce et commode, ce qui ne se peut jamais qu'avec estime, réputation et règlement de mœurs.

Après ces deux premiers points, et pour descendre aux détails de ce qu'il doibt faire pendant son voyage, je désire qu'il commence incessamment la lecture des ordonnances de marine, qu'il trouvera dans

---

[1] Ce mémoire a été publié par Forbonnais, avec l'orthographe de son époque, dans ses *Recherches et considérations sur les finances de France*, année 1670. — J'ai donné quelques extraits de ce mémoire, p. 297 et 298.

Fontanon, Conférence des ordonnances et ordonnances de 1629; qu'il emporte avec lui les traités de Clairac, et lise promptement celui des termes maritimes; et que dans le voyage il s'instruise toujours de la marine avec M. de Terron, affin qu'il ne soit pas tout à fait neuf en cette matière lorsqu'il arrivera à Rochefort; et je désire que, pendant le séjour qu'il y fera, il emploie toujours trois heures du matin à l'étude, c'est-à-dire à la lecture dans son cabinet de tout ce qui concerne la marine; et même quelquefois, pour changer de matière, qu'il poursuive la lecture des traités que je lui ai fait faire sur toutes les plus importantes et plus agréables matières de l'Estat.

Aussitost qu'il sera arrivé, il doibt faire une visite généralle de tous les vaisseaux et de tous les bâtiments de l'arsenal; qu'il voie et s'instruise soigneusement de l'ordre général qui s'observe pour faire mouvoir une si grande machine.

Qu'il interroge avec application sur tout ce qu'il verra, affin qu'il puisse acquérir les connaissances générales, pour descendre ensuite aux particulières.

Qu'il se fasse montrer le plan général de toute l'estendue de l'arsenal, tant des ouvrages faits que de ceux qui sont à faire, et sache la destination de chaque pièce différente, en voye la forme et la figure, et en sçache donner les raisons; qu'il écrive de sa main les noms de tous les vaisseaux bâtis, et de ceux qui sont encore sur les chantiers, et l'estat auquel il les trouvera, et en même temps une description de tout l'arsenal contenant le nombre des différentes pièces et de leur usage particulier.

Ensuitte il fera la liste des officiers qui servent dans le port, depuis l'intendant jusqu'au moindre officier, et s'en fera expliquer les moindres fonctions dont il fera le mémoire.

Après avoir pris ces connaissances généralles, il descendra au particulier. Pour cet effect, il commencera par la visite du magasin général, laquelle il fera avec le garde magasin et le controlleur; verra l'inventaire général et en fera s'il est possible un recollement; c'est-à-dire qu'il se fera représenter toutes les marchandises et munitions qui y sont contenues pour voir sy elles sont en la quantité et de la qualité nécessaires, sur quoi il se fera toujours informer. Il pourra mesme juger si le garde-magasin et le controlleur font bien leur debvoir, en voyant si le magasin est propre et bien rangé, et si tout est en bon ordre, et s'il se tient un livre d'entrées et issues, qui est absolument nécessaire pour le bon ordre.

Après avoir veu et examiné le magasin général, il visitera le magasin particulier des vaisseaux, dont il se fera représenter l'inventaire, les examinera et en fera le recollement comme ci-dessus; et par ce moyen pourra bien connoistre la quantité et qualité des marchandises nécessaires dans le magasin général pour l'armement d'un aussi grand nombre de vaisseaux que celui que le Roy a en mer, et pareillement tout ce qui est nécessaire pour mettre en mer un seul vaisseau.

Ensuitte il visitera tous les atteliers des cordages, de l'estuve, des voiles, des charpenteries, des tonnelleries, des calfateries, la fonderie, le magasin à poudre, et généralement tous les ouvrages qui servent aux constructions, agrès et apparaux des vaisseaux; examinera de quelle sorte se font tous ces ouvrages, et les différences des bonnes ou mauvaises manufactures, et ce qui est à observer sur chacune pour les rendre bonnes et en état de bien servir.

Dans le magasin général sont compris toute l'artillerie, tant de fonte que de fer, les armes, mousquets, piques et autres de toutes sortes, ensemble toutes les munitions de guerre.

Il examinera ensuite les fonctions de tous les officiers du port, verra leurs instructions et fera de sa main un mémoire de tout ce que chacun officier doibt faire pour se bien acquitter de son debvoir, et prendra le soin de les voir et les faire agir chacun selon sa fonction, pendant tout le temps qu'il séjournera audit lieu de Rochefort.

Il s'appliquera ensuite à voir et examiner la construction entière d'un vaisseau, en verra toutes les pièces depuis la quille jusqu'au dernier baston de pavillon, en écrira lui-même les noms, et fera faire un petit modèle de vaisseau qu'il m'enverra avec les noms de toutes les pièces escrits de sa main.

Après avoir veu, examiné la construction entière d'un vaisseau, et avoir seu les noms de toutes ses parties, il examinera encore l'esconomie entière de tous les dedans, et l'usage de toutes les pièces qui y sont pratiquées.

Il verra placer toutes les denrées, marchandises, armes, artillerie, agrès et apparaux nécessaires pour mettre un vaisseau en mer, en fera lui-même le détail, l'escrira de sa main et prendra le soin d'en faire charger et le mettre en cet état, et pour cet effet, s'il arrive assez à temps, il pourra prendre un des vaisseaux que M. le vice-admiral doit commander; sinon il prendra le *Breton* qui doit estre préparé pour le voyage des Grandes-Indes.

Et en même temps qu'il s'appliquera à connoistre les noms de toutes les parties qui servent à la construction d'un vaisseau, et de toutes celles qui sont nécessaires pour le mettre en mer, il se fera informer de l'usage de chacune pièce, et de toute la manœuvre d'un vaisseau, et de tout ce qui sert au commandement et à la dite manœuvre. Pour cet effect, il pourra la faire faire devant lui, soit dans le port, soit en montant sur les vaisseaux et allant deux ou trois lieues en mer pour voir le tout; et en un mot fera en sorte par son application qu'il puisse sçavoir le mestier de tous les officiers de marine, tant en mer qu'en terre, pendant le séjour qu'il fera au dit lieu de Rochefort; en sorte que non-seulement il puisse en bien parler, mais même qu'il puisse s'en souvenir pendant toute sa vie, et apprendre à donner bien ses ordres à tous les officiers qui auront à agir.

Pour parvenir à cette fin, il ne faut pas se contenter de voir et examiner une seule fois ce que je viens de dire, mais il faut le répéter et faire souvent la même chose, parce qu'il n'y a que cette répétition fréquente, mesme avec une grande application, qui puisse imprimer les espèces dans l'esprit et dans la mémoire, ensorte qu'elle se les représente fidellement toutes les fois que l'on en a besoin.

Il doit encore s'informer et savoir parfaitement toutes les fonctions des officiers d'un vaisseau, lorsqu'il est en mer, sçavoir du capitaine, du lieutenant, de l'enseigne, du maistre, du contre-maistre, pilote, maistre-charpentier, maistre-voilier, maistre-calfat et maistre-canonnier; et combien d'hommes chacun d'eux commande et quelles sont leurs fonctions; et génerallement de tout ce qui s'observe pour la conduite d'un vaisseau, soit dans un voyage, soit dans un combat.

Il lira avec soin tous les règlements et les ordonnances qui ont été faites et données dans la marine depuis que j'y travaille, ensemble mes lettres et les réponses; affin qu'il tire par tous ces moyens la connaissance parfaite et profonde qu'il est nécessaire d'avoir pour se bien acquitter de sa charge; et pour le faire avec la satisfaction du Roy et le bien et l'advantage du royaume.

Il sera en même temps nécessaire qu'il apprenne l'hydrographie et le pilottage, affin qu'il sçache les moyens de dresser la route d'un vaisseau, et qu'il estudie aussi la carte marine.

Après avoir dit tout ce que je crois nécessaire qu'il fasse pour son instruction, je finirai par deux points. Le premier est que toutes les peines que je me donne sont inutiles, si la volonté de mon fils n'est eschauffée et qu'elle ne se porte d'elle-même à prendre plaisir à faire son debvoir; c'est ce qui le rendra lui-même capable de faire ses instructions, parce que c'est la volonté qui donne le plaisir à tout ce que l'on doibt faire et c'est le plaisir qui donne l'application. Il sait que c'est ce que je cherche depuis si longtemps. J'espère qu'à la fin je le trouveray et qu'il me le donnera, ou, pour mieux dire, qu'il se le donnera à luimesme, pour se donner du plaisir et de la satisfaction toute sa vie, et me payer avec usure de toute l'amitié que j'ai pour lui et dont je lui donne tant de marques.

L'autre point est qu'il s'applique sur toutes choses à se faire aimer dans tous les lieux où il se trouvera et par toutes les personnes avec lesquelles il agira, soit supérieures, égales ou inférieures; qu'il agisse avec beaucoup de civilité et de douceur avec tout le monde, et qu'il fasse en sorte que ce voyage lui concilie l'estime et l'amitié de tout ce qu'il y a de gens de mer; en sorte que pendant toute sa vie ils se souviennent avec plaisir du voyage qu'il aura fait et exécutent avec amour et respect les ordres qu'il leur donnera dans toutes les fonctions de sa charge.

Je désire que toutes les semaines il m'envoye, escrit de sa main, le mémoire de toutes les connoissances qu'il aura prises sur chacun des points contenus en cette instruction.

PIÈCE N° XI. — INÉDITE.

INSTRUCTION

POUR M. LE MARQUIS DE SEIGNELAY S'EN ALLANT EN ITALIE [1].

Les deux points principaux sur lesquels ce voyage doibt estre conduit sont la diligence et l'application.

La diligence, pour se mettre promptement en estat de venir servir auprès du Roy dans les fonctions de ma charge; l'application, pour tirer du proffit de ce voyage et s'en servir advantageusement pour, par la connoissance des différentes cours des princes et Estats qui dominent dans une partie du monde aussy considérable qu'est l'Italie, ensemble des différents gouvernemens, coustumes et usages qui s'y rencontrent; se former le jugement et se rendre d'autant plus capable de servir le Roy dans toutes les occasions importantes qui se peuvent rencontrer dans tout le cours de sa vie.

Pour cet effect, il faut qu'il dispose toutes choses pour partir de Toulon aussitost que les deux personnes que je lui envoye l'auront joinct avec ses habits et tout ce qu'on luy envoye.

Il verra s'il estimera à propos de voir les places de Provence qui sont sur la coste et la place de Monaco; mais il se rendra à Gênes avec diligence, en laquelle ville il commencera à prendre toutes les connoissances qu'il doibt prendre en chacun des Estats et des villes où il passera.

Il verra premièrement la ville, sa situation, sa force, le nombre de ses peuples, la grandeur de l'Estat, le nombre et les noms des villes et bourgades qui le composent.

La quantité des peuples dont le tout est composé.

La forme du gouvernement de l'Estat et comme il est aristocratique.

Il s'informera des noms et de la quantité des familles nobles qui ont ou peuvent avoir part au gouvernement de la république.

Distinguera l'ancienne d'avec la nouvelle noblesse.

De toutes les dignitez de la République.

Leurs différentes fonctions.

---

[1] Biblioth. roy., Mss. *Colbert et Seignelay*, t. IV, cote 16, pièce I. — La même pièce se trouve aux Archives de la marine, *Registres concernant le commerce*, année 1671, vol. Ier, p. 59 et suiv. — J'ai donné quelques extraits de cette pièce, p. 299 de ce volume.

Leurs conseils, tant généraux que particuliers.

Celuy qui représente l'Estat, dans lequel le pouvoir souverain réside et qui resoud la paix ou la guerre, qui peut faire des loix, etc., etc.

Les nombre, et noms de tous ceux qui ont droict d'y entrer.

Par qui et de quelle façon les propositions en sont faites, les suffrages recueillis et les résolutions prises et prononcées.

Les Conseils particuliers pour la milice, pour l'admirauté, pour la justice, tant pour la ville que pour le reste de l'Estat.

Les loix et les coutumes sous lesquelles ils vivent.

En quoy consistent les milices destinées pour la garde de leurs places. Idem des forces maritimes.

Visiter tous les ouvrages publics maritimes et terrasses ensemble les palais, maisons publiques et généralement tout ce qui peut estre remarquable en ladite ville et dans tout son Estat.

Comme toutes ces connoissances peuvent être prises en deux cu trois jours de temps au plus, il ne faut pas y rester davantage, et ensuite passer ou à Livourne par mer ou à Parme par les montagnes, suivant qu'il estimera plus à propos pour la diligence de son voyage.

Il s'informera aussy des Estats qui confinent tous ceux qu'il verra, et sçaura s'il y aura entre eux quelque contestation ou différend, soit pour les limites, soit pour autres causes, et s'instruira des raisons de part et d'autre, comme par exemple du différend qui a esté depuis peu entre M. le duc de Savoye et la république de Genes, qui a esté accommodé par l'entremise du Roy par l'abbé Servient.

Il faut de plus qu'il s'informe de la puissance des Papes en chacun Estat, et comment s'accordent la puissance régulière avec l'ecclésiastique, et en quoy elles ont ou peuvent avoir des contestations.

Il s'informera de plus de tous les différents Estats qui sont en Italie, en fera un dénombrement exact, les distinguera par leurs dignitez et sçaura par quelles maisons ils sont possédez et quelles alliances elles ont entre elles.

S'instruira quels Estats sont entièrement indépendans, et quels sont tenus en fief ou du Pape ou de l'Empire, et à quelles servitudes ceux-cy sont sujets.

Il sçaura aussy la grandeur et la puissance de chacun Estat et quelles en sont les coustumes.

Dans tout ce voyage, il observera surtout de se rendre civil, honneste et courtois à l'esgard de tout le monde, en faisant toutefois distinction des personnes; surtout il ne se mettra aucune prétention de traitement dans l'esprit et se défendra toujours d'en recevoir, et qu'il sçache certainement dans toute sa vie que tant plus il en refusera, tant plus on luy en voudra rendre. Il faut aussy qu'il prenne garde que sa conduite soit sage et modérée, n'y ayant rien qui puisse luy concilier tant l'estime de tous les Italiens que ce point, qui doibt estre le principal soin qu'il doibt prendre.

Il s'appliquera particulièrement à bien examiner les forces maritimes de tous les Estats où il passera, et tout ce qui s'observe pour les maintenir; ensemble tous les ouvrages qui se font contre la mer, cela estant de la fonction qu'il doibt faire pendant toute sa vie.

Après avoir vu l'Estat de Genes, Il passera dans celuy de Florence, dans lequel se trouve Livourne et Pise, et s'instruira de cet Estat suivant qu'il est dit de celui de Genes, en observant la différence qu'en celuy-cy il y a un prince souverain.

Si la république de Genes donne ordre à quelqu'un de ses gentilshommes de le loger et de le desfrayer, Il ne le refusera pas, mais Il ne doibt pas faire aucune visite publique, et Il doit faire des présens, honnestes sans superfluité, partout où Il recevra quelques traittemens extraordinaires.

Si les princes souverains l'envoyent prendre dans leurs carrosses pour le loger dans leurs palais, Il s'y laissera conduire et en témoignera toujours sa reconnoissance.

A l'esgard des traictemens, Il n'en demandera aucuns, mais Il recevra ceux qui lui seront offerts par les princes où il passera.

Mr de Lionne croit que Mr le Grand Duc ou ne se couvrira point, ou il le fera couvrir, et mesme qu'il prendra ce dernier party, en ce cas après quelques refus honnestes, Il fera ce qu'il ordonnera, et en cas qu'il voulut le faire asseoir, Il fera la mesme chose.

Ensuite, dans cet ordre Il fera ce que les autres princes luy ordonneront.

Et, à l'esgard des ministres du roy, il faut bien qu'il prenne garde de ne point prendre la main chez les ambassadeurs, c'est-à-dire qu'il faut donner toujours la droite aux ambassadeurs chez eux, quelques instances pressantes qu'ils luy fassent du contraire, d'autant que le Roy leur a deffendu de donner la droite à aucun de ses subjets, et qu'ainsy ce seroit offenser le Roy, s'il en usoit autrement.

A l'esgard de l'abbé de Bourlemont à Rome, mon fils doibt luy donner la main en lieu tiers, et Il doibt bien prendre garde d'exécuter ces deux poincts sans s'en relascher pour quelque cause et soubz quelque prétexte que ce soit.

I. rendra à M. le Grand Duc la lettre du Roy et à Mme la Grande Duchesse celle de la main de Sa Majesté.

Pour le séjour qu'il fera, il suffira de deux jours à Genes, deux jours à Florence, huict jours à Rome, trois ou quatre jours à Naples et ez environs; au retour à Rome huict autres jours, et il faut faire en sorte que ce dernier séjour se trouve dans la semaine sainte, en partir le lundy de Pasques pour Lorette, et de là voir les principales villes de la Romagne, Ravenne, Faence, Rimini et autres; une demye journée dans chacune de ces villes suffira; à Venise deux ou trois jours; dans les autres villes de l'Estat de Venise une demye journée à chacune, à Milan une ou deux journées, à Mantoue et Turin une ou deux journées.

Il trouvera inclus deux lettres de la main de la Reyne au vice-roy de Naples et au gouverneur de Milan, qui le recevront asseurement suivant le respect particulier que tous les grands d'Espagne ont pour Sa Majesté. Il sera nécessaire qu'il proportionne ses présens suivant la réception qu'ilz luy feront.

Si Mr le cardinal Antoine luy offre et le presse de le loger dans son palais et se servir de ses carrosses et de sa livrée, Il pourra le faire, mais sans cela, comme Il doibt estre incognito, et que son séjour ne doibt estre que de huict jours chaque fois, Il s'accommodera de ceux de Mr de Bourlemont. A Rome, il doibt visiter le pape, le cardinal Nepveu, les parens de Sa Sainteté et les cardinaux de la faction de la France qui s'y trouveront.

Il visitera pareillement l'Académie du Roy qui est à Rome, et le cavalier Bernin, verra la statue qu'il fait, et s'appliquera particulièrement pendant tout le cours de son voyage à apprendre l'architecture et à prendre le goust de la sculpture et peinture pour se rendre s'il est possible un jour capable de faire ma charge de surintendant des bastimens qui luy donnera divers advantages auprès du Roy.

S'il y prend un véritable goust et qu'il veuille avoir quelque peintre pour dessigner ce qu'il trouvera de beau dans son voyage, j'escris au Sr Errard de luy en donner un qui l'accompagnera jusques à Turin, et puis s'en retournera à Rome.

S'il veut s'appliquer à former son goust sur l'architecture, la sculpture et la peinture, il faut qu'il observe d'en faire discourir devant luy, interroge souvent, se fasse expliquer les raisons pour lesquelles ce qui est beau et excellent est trouvé et estimé tel; qu'il parle peu et fasse beaucoup parler.

C'est tout ce que je crois nécessaire de luy dire pour ce voyage. Je finirai priant Dieu qu'il l'assiste de ses saintes gardes et bénédictions, et qu'il retourne en aussy bonne santé et aussy honneste homme que je le souhaite.

Je luy recommande surtout de se souvenir toujours de son debvoir envers Dieu et de faire ses dévotions à Lorette [1].

A Paris, le 31 janvier 1671.

---

[1] Cette dernière phrase a été ajoutée *de la main de Colbert* sur la copie de l'instruction qui fut envoyée à son fils et qui appartient à la Bibliothèque royale. Elle ne se trouve pas sur la copie qui existe aux Archives de la marine.

PIÈCE N° XII.

INSTRUCTION POUR MON FILS
POUR BIEN FAIRE LA PREMIÈRE COMMISSION DE MA CHARGE [1].

Comme il n'y a que le plaisir que les hommes prennent à ce qu'ils font ou à ce qu'ils doibvent faire qui leur donne de l'application, et qu'il n'y a que l'application qui fasse acquérir du mérite, d'où vient l'estime et la réputation qui est la seule chose nécessaire à un homme qui a de l'honneur, il est nécessaire que mon fils cherche en luy-mesme et au dehors tout ce qui peut luy donner du plaisir dans les fonctions de ma charge.

Pour cet effect, il doibt bien penser et faire souvent réflection sur ce que sa naissance l'auroit fait estre sy Dieu n'avoit pas bény mon travail et sy ce travail n'avoit pas esté extrême. Il est donc nécessaire, pour se préparer une vie pleine de satisfaction, qu'il ayt toujours dans l'esprit et devant les yeux ces deux obligations sy essentielles et sy considérables, l'une envers Dieu et l'autre envers moy, affin qu'y satisfaisant par les marques d'une véritable reconnoissance, il puisse se préparer une satisfaction solide et essentielle pour toute sa vie, et ces deux debvoirs peuvent servir de fondement et de base de tout le plaisir qu'il se peut donner par son travail et par son application.

Pour augmenter encore ce mesme plaisir, il doibt bien considérer qu'il sert le plus grand roy du monde et qu'il est destiné à le servir dans une charge la plus belle de toutes celles qu'un homme de ma condition puisse avoir et qui l'approche le plus près de sa personne ; et ainsy il est certain que, s'il a du mérite et de l'application, il peut avoir le plus bel establissement qu'il puisse désirer, et, par conséquent, je l'ay mis en estat de n'avoir plus rien à souhaiter pendant toute sa vie.

Mais encore que je sois persuadé qu'il ne soit pas nécessaire d'autre raison pour le porter à bien faire, il est pourtant bon qu'il considère bien particulièrement cette prodigieuse application que le Roy donne à

---

[1] Biblioth. roy., Mss. *Colbert et Seignelay*, t. IV, cote 10, pièce n° 17. — J'ai donné, dans le corps de l'ouvrage (chap. XIV et XIX, page 299 et 386), des extraits assez étendus de cette instruction ; mais en raison de son importance, et afin de montrer la filiation et l'ensemble des idées de Colbert, je crois devoir reproduire ici en entier ce remarquable document.

ses affaires, n'y ayant point de jour qu'il ne soit enfermé cinq à six heures pour y travailler; qu'il considère bien la prodigieuse prospérité que ce travail luy attire, la vénération et le respect que tous les estrangers ont pour luy, et qu'il connoisse par comparaison que, s'il veut se donner de l'estime et de la réputation dans sa condition, il faut qu'il imite et suive ce grand exemple qu'il a toujours devant luy.

Il peut et doibt encore tirer une conséquence bien certaine, qui est qu'il est impossible de s'advancer dans les bonnes grâces d'un prince laborieux et appliqué, sy l'on n'est soy-mesme et laborieux et appliqué, et que comme le but et la fin qu'il doibt se proposer et poursuivre est de se mettre en estat d'obtenir de la bonté du roy de tenir ma charge, il est impossible qu'il puisse y parvenir qu'en faisant connoistre à Sa Majesté qu'il est capable de la faire, par son application et par son assiduité, qui seront les seules mesures ou du retardement ou de la proximité de cette grâce.

Sur toutes ces raisons je ne sçaurois presque doubter qu'il ne prenne une bonne et forte résolution de s'appliquer tout de bon et faire connoistre par ce moyen au roy qu'il sera bientost capable de le bien servir.

Pour luy bien faire connoistre ce qu'il doibt faire pour cela, il doibt sçavoir par cœur en quoy consiste le département de ma charge,

   Sçavoir :

La maison du Roy et tout ce qui en dépend;

Paris, l'Isle de France et tout le gouvernement d'Orléans;

Les affaires générales du clergé;

La marine, partout où elle s'estend;

Les galères;

Le commerce, tant au dedans qu'au dehors du royaume;

Les consulats;

Les Compagnies des Indes orientales et occidentales, et les pays de leurs concessions;

Le restablissement des haras dans tout le royaume.

Pour bien s'acquitter de toutes ces fonctions, il faut s'appliquer à des choses générales et à des particulières.

Les générales sont :

Qu'il faut sçavoir à fond tout ce qui concerne les estats des maisons royales lesquelles il faut lire souvent.

Sçavoir le nombre et la qualité de tous les officiers qui prestent serment entre les mains du Roy.

De tous les officiers quy prestent serment entre les mains des grands officiers comme : grand maistre, grand écuyer, grand chambellan, gentilhomme de la chambre, grand maistre de la garde robe, capitaines des gardes du corps, grand mareschal des logis, capitaine des Cent-Suisses, capitaine de la porte et grand prevost.

De tous les officiers qui dépendent de ces grandes charges, c'est-à-dire, dont les provisions sont expédiées sur les certificats qu'ils donnent.

Connoistre et sçavoir la différence qu'il y a entre un officier qui reçoit le serment des divers officiers qui sont soubz sa charge et qui toutes fois ne donnent point de certificats, les charges dépendants du Roy et point de luy, et ceux qui donnent des certificats, auxquels les charges appartiennent quand elles vacquent.

Au grand maistre de la maison appartiennent les charges des sept officiers et leurs provisions sont expédiées sur ses certificats.

Les officiers de la bouche et du gobelet appartiennent au Roy et aucun n'a droit de donner des certificats.

Il faut apprendre toutes ces différences dans la pratique, en faire des observations et les mettre dans les registres de ma charge pour y avoir recours en toute occasion.

Il faut lire avec soin tous les règlements faits par le Roy et par ses prédécesseurs sur les fonctions de toutes les grandes charges, afin d'en paroistre sçavant et informé dans toutes les rencontres.

Il est bon aussy et bien nécessaire de s'informer pareillement, et avec prudence et retenue, de toutes les fonctions particulières des officiers de la maison, d'autant qu'il y en a une infinité qui ne sont point contenues dans les règlements, comme aussy des différends que les officiers ont quelques fois entre eux, qui sont ordinairement terminés par ordre verbal du Roy; faire des mémoires de tout dans mes registres pour y avoir recours et comme il n'y a eu jusquici personne qui ayt fait de ces observations, ou qui les ayt rédigée par escrit, il est certain qu'en le faisant il se présentera un million d'occasions dans les cours de la vie de mon fils dans lesquelles ces observations, qui sont du fait de sa charge, lui donneront de l'estime et de la réputation.

Sur ce même sujet, s'il veut quelque fois rendre visite à M. le mareschal de Villeroy qui est informé de toutes ces choses mieux que personne ne l'a jamais esté, il en tirera assurément beaucoup de connoissances dont, en ce cas, il faudroit faire des mémoires, à mesure qu'il apprendroit quelque chose pour les mettre dans mes registres, ainsi qu'il est dit cy-dessus.

Après avoir parlé de tout ce qui concerne la maison du Roy, il faut voir ce qui est à faire dans ma charge pour la ville de Paris et dans le Soissonnois, et l'Orléanois qui sont les seules provinces de mon département.

Paris estant la capitale du royaume et le séjour des roys, il est certain qu'elle donne le mouvement à tout le reste du royaume; que toutes les affaires du dedans commencent par elle, c'est-à-dire que tous les édits, déclarations et autres grandes affaires commencent toujours par les Compagnies de Paris et sont ensuite envoyées dans toutes les autres du royaume, et que les mesmes grandes affaires finissent aussy par la mesme ville, d'autant que, dès lors que les volontés du Roy y sont exécutées, il est certain qu'elles le sont partout, et que toutes les difficultés qui se rencontrent dans leur exécution naissent toujours dans les Compagnies de Paris ; c'est ce qui doibt obliger mon fils à bien sçavoir l'ordre général de cette grande ville, n'y ayant presque aucun jour de Conseil où il ne soit nécessaire d'en parler et de faire paroistre si l'on sçait quelque chose ou non.

Pour cet effect, il est nécessaire que mon fils repasse quelquefois sur l'étude du droit et des ordonnances qu'il a faites, et particulièrement ces dernières. Il faut que toute sa vie il les étudie en toute rencontre et qu'il paroisse en toute occasion qu'il les sçache parfaitement, qu'il revoye et relise avec soin tous les traités particuliers qui ont esté faits pour lui par les plus habiles avocats du Parlement, qu'il les assemble tous, qu'il les fasse relier ensemble et qu'il considère ces ouvrages, comme ils sont très-excellents, et dans lesquels il peut assurément puiser beaucoup de belles connoissances qui peuvent contribuer à luy donner de l'estime et de la réputation ; pour cet effect il est nécessaire qu'il s'applique à les relire avec plus d'attention qu'il n'a pas encore fait et qu'il y ayt recours en toutes occasions.

Il faut de plus qu'il sçache parfaitement tout ce qui concerne l'administration de la justice dans cette grande ville, les différents degrés de juridiction, les différents officiers pour leur exercice, la compétence d'iceux et mesme quelque chose de la jurisprudence. Pour commencer par l'administration de la justice, il doit sçavoir :

Qu'il y a beaucoup de sièges particuliers qui ont droit de justice foncière dans Paris, comme l'Archevêché, le Chapitre, Sainte-Geneviève, Saint-Victor, Saint-Marcel, Saint-Martin, le Temple, Saint-Germain, Saint-Magloire et autres dont il est assez nécessaire de savoir les noms, la situation et l'étendue de leur juridiction.

La justice royale consiste au bailliage et siège présidial du Châtelet et bailliage du Palais.

Il faut aussy sçavoir l'estendue de leur jurisdiction ; si ces justices particulières foncières y ressortisssent ou non, et si la Royale a quelque prétention ou non dans leur estendue, si l'appel des justices royalles va au Parlement de Paris.

Il faut sçavoir de quelles affaires le dit Parlement connoist en première instance, et des quels il connoist par appel ; et ensuite successivement il sera nécessaire de savoir tout ce qui concerne la discipline intérieure de cette Compagnie, les prétentions qu'elle a eu sur l'autorité royale, toutes les fautes qu'elle a commises sur ce point, les troubles qu'elle a causé dans l'Estat, et les remèdes que les rois y ont apporté. Quoyque ce soit une matière vaste et estendue, j'ai estimé nécessaire d'en mettre ce mot dans cette instruction, pour toujours faire connoistre à mon fils les matières qu'il doibt savoir pour être instruit à fond de tout ce qui peut tomber dans les fonctions de ma charge.

Outre ces différents sièges de justice et degrés de juridiction, il est encore nécessaire qu'il sçache ;

Les fonctions de la Chambre des comptes, du Grand Conseil et de la

Cour des aides, des trésoriers de France, des différents Conseils du Roi, et avec le temps, toutes les difficultés qui arrivent entre ces Compagnies, qu. doivent être toujours réglées par le Conseil du Roy.

Qu'il sçache de mesme le nombre des officiers de la compagnie du chevalier du guet et leurs fonctions;

Du lieutenant criminel de robe courte;

Du prévost de l'isle;

Des augmentations qui ont esté faites dans la première et dernière de ces compagnies pour la garde et la sûreté de Paris, et qu'il prenne la conduite de cette garde.

Qu'il sçache tout ce qui se fait pour la police de Paris, pour tenir la main, pendant toute sa vie à ce qu'elle se maintienne et s'augmente.

Il faut faire une liste de toutes les villes de mon département et de toutes les charges dont les provisions doivent estre signées par moi.

Il faut tenir une correspondance réglée et ordinaire avec tous les officiers de la ville de Paris et autres villes de mon département, et de toutes les compagnies, sur tout ce qui doibt venir à la connaissance du Roy, de tout ce qui se passe dans les dites villes.

Examiner s'il ne serait pas à propos de leur écrire à tous afin qu'ils commençassent à tenir cette correspondance.

A l'esgard des affaires du clergé.

Il est nécessaire d'estre fort instruit de ces grandes questions généralles qui arrivent si souvent dans le cours de la vie, de la différence des jurisdictions laïque et ecclésiastique; qu'il lise avec soin les traités qui en ont été faits pour luy, et mesme il seroit bien nécessaire qu'il lust dans la suite des temps, et le plus tost qu'il seroit possible, les traités de feu M. Marca, et des autres qui ont traité de ces matières, et même qu'il lust quelquefois quelques livres de l'histoire ecclésiastique, d'autant que de toutes ces sources il puisera une infinité de belles connoissances qui le feront paroistre habile en toutes occasions.

Outre ces connoissances générales, il est nécessaire qu'il sçache l'origine et les causes des assemblées du clergé, comment elles sont composées, de quelles matières elles ont droit de traiter;

Quelle différence il y a entre les grandes et les petites assemblées;

Du nombre des prélats dont chacunes sont composées;

De leurs agens et du tour des provinces qui les doibvent nommer;

De quelle sorte les agens sont élus dans les assemblées des diocèses;

De l'origine des rentes de l'Hôtel-de-Ville; des prétentions que les prevôts des marchands et eschevins de Paris ont contre le clergé sur cette matière et des défenses du clergé; ensemble des contrats qui se sont passés dans toutes les grandes assemblées pour raison des dites rentes;

Du contrat général qui est passé dans toutes les assemblées générales et particulières entre les commissaires du Roi et le clergé, des principales conditions d'iceux, et des principales demandes que le clergé fait dans toutes les assemblées, et des raisons des commissaires, soit pour leur accorder, soit pour leur refuser.

Pour la marine.

Cette matière estant d'une très-vaste et très-grande estendue et nouvellement attachée à mon département, et qui donne plus de rapport au Roy qu'aucune autre, il faut aussi plus d'application et de connoissance pour s'en bien acquitter; et commencer, comme dans les autres matières, par les choses génerralles avant que de descendre aux particulières.

Si j'ay parlé de la lecture des ordonnances dans les autres matières, il n'y en a point où il soit sy nécessaire de les lire soigneusement que dans celle-cy. Pour cela, il faut sçavoir:

Que de la charge d'admiral de France qui est une portion de la royauté, il émane deux droits, l'un de la justice et l'autre de la guerre. La justice de l'admiral s'estend sur tout ce qui se passe en mer entre les sujets du Roy dans toute l'estendue des costes maritimes, et partout où le flot de mars s'estend, et sur toutes les causes maritimes. Cette justice se rend par les officiers des siéges de l'Admirauté, qui sont establis sur toutes les costes du royaume, de distance en distance; l'appel de ces justices va aux Chambres de l'admirauté, establies dans tous les Parlemens, et l'appel de ces chambres va au Parlement; en sorte que ce sont les trois degrés de jurisdiction. Examiner ces trois degrés.

Il faut avoir la liste de tous les siéges de l'Admirauté, et de toutes les Chambres près les Parlemens, et du nombre des officiers dont ils sont composés.

A l'égard de la jurisprudence pour les causes maritimes, nos rois n'ont guère fait d'ordonnances sur cette matière; il est nécessaire avec soin néanmoins de lire tout ce qui a été fait, mais il faut sçavoir en même temps que les juges en ces matières se règlent sur le droit escrit, sur les jugemens d'Olléron, et sur les ordonnances qui sont appelées de Wisby et celles de la Hanse teutonique.

Comme toutes ces pièces sont estrangères, le Roy a résolu de faire un corps d'ordonnances en son nom, pour régler toute la jurisprudence de la marine; pour cet effect, il a envoyé dans tous les ports du royaume M. d'Herbigny, maistre des Requestes, pour examiner tout ce qui concerne cette justice, la réformer, et composer ensuite, sur toutes les connoissances qu'il prendra un corps d'ordonnances, et pour y parvenir avec d'autant plus de précaution, Sa Majesté a establi des commissaires à Paris, dont le chef est M. de Morangis, pour recevoir et délibérer sur tous les mémoires qui seront envoyés par le dit sieur d'Herbigny, et commencer à composer le dit corps d'ordonnances; il seroit nécessaire pour bien faire les fonctions de ma charge, de recevoir les lettres et mémoires du sieur d'Herbigny, en faire les extraits et assister à toutes les assemblées qui se tiendront chez M. de Morangis. et tenir la main à ce que le corps d'ordonnances sur cette matière fust expédié le plus promptement qu'il seroit possible.

A l'égard de la guerre qui est despendante de la charge d'admiral de France, elle consiste en deux choses principales : l'une en tout ce qui est à faire pour mettre les vaisseaux en mer, l'autre en tout ce qui se fait lorsqu'ils y sont.

La première se fait par les intendants et commissaires-généraux de marine, officiers des ports, commissaires particuliers, conservateurs-généraux et garde-magasins, et la seconde par les vice-admiraux, lieutenants-généraux, chefs d'escadre, capitaines de marine et autres officiers particuliers.

La première doit estre particulièrement le soin du secrétaire d'Estat ayant la marine en son département. Pour cet effect :

Il doibt sçavoir les noms des 120 vaisseaux de guerre que le Roy veut avoir toujours dans sa marine, avec 30 frégates, 20 bruslots et 20 bastiments de charge;

Sçavoir exactement, et toujours par cœur, les lieux et arsenaux de marine où ils sont distribués;

Lorsqu'ils seront en mer, avoir toujours dans sa pochette le nombre des escadres, les lieux où elles sont et les officiers qui les commandent;

Connoistre les officiers de marine, tant des arsenaux que de guerre, et examiner continuellement leur mérite et les actions qu'ils sont capables d'exécuter.

Avoir toujours presents dans l'esprit les inventaires de tous les magasins, prendre soin que les magasins particuliers soient toujours remplis de toutes les marchandises nécessaires pour l'armement de tous les vaisseaux et les rechanges, et que dans le magasin général il y ayt toujours les mesmes quantités de marchandises et de munitions pour les armer et équiper une seconde fois.

Examiner avec soin et application particulière toutes les consommations, et faire en sorte de bien connoistre tous les abus qui s'y peuvent commettre, pour trouver et mettre en pratique les moyens de les retrancher;

Observer qu'il y ayt toujours une quantité de bois suffisante dans chacun des arsenaux, non-seulement pour les radoubs de tous les vaisseaux, mais mesme pour en construire toujours huit ou dix neufs, pour s'en pouvoir servir selon les occasions ;

Observer surtout, et tenir maxime de laquelle on ne se desparte jamais, de prendre dans le royaume toutes les marchandises nécessaires pour la marine, cultiver avec soin les establissements des manufactures qui en ont esté faites, et s'appliquer à les perfectionner, en sorte qu'elles deviennent meilleures que dans tous les pays estrangers;

Ces manufactures principales sont le goldron, establi dans le Médoc, Provence et Dauphiné.

Tous les fers de toutes mesures et qualités pour la marine, establis en Nivernois, Périgord et Bretagne; les gros ancres establis à Rochefort, Toulon, Dauphiné, Brest et Nivernois.

Les mousquets et autres armes en Nivernois et Forestz.

Les canons de fer en Nivernois, Bourgogne et Périgord.

La fonte des canons de cuivre à Toulon, Rochefort et Lion.

Les toiles à voilles, en Bretagne et Dauphiné.

Le fer blanc et noir, en Nivernois.

Tous les ustensiles de pilote et autres, à La Rochelle, Dieppe et autres lieux.

Acheter tous les chanvres dans le royaume, au lieu qu'on les faisoit venir ci-devant de Riga, et prendre soin qu'il en soit semé dans tout le royaume, ce qui arrivera infailliblement, si l'on continue à n'en point acheter dans les pays estrangers.

Cultiver avec soin la Compagnie des Pyrénées, et la mettre en estat, s'il est possible, de fournir tout ce à quoy elle s'est obligée, ce qui sera d'un grand advantage pour le royaume, vu que l'argent pour cette nature de marchandises ne se portera point dans les pays estrangers.

Cultiver avec le mesme soin la recherche des masts dans le royaume, estant important de se passer pour cela des pays estrangers. Pour cet effet, il faut en faire toujours chercher, et prendre soin que ceux qui en cherchent en Auvergne, Dauphiné, Provence et les Pyrénées, soient protégés, et qu'ils reçoivent toutes les assistances qui leur seront nécessaires pour l'exécution de leurs marchés.

Examiner avec le mesme soin et application toutes les autres marchandises et manufactures qui ne sont point encore establies dans le royaume, en cas qu'il y en ait, et chercher tous les moyens possibles pour les y establir.

N'y ayant rien dans toute la marine de plus important que la conservation des vaisseaux, il n'y a rien aussy à quoy l'on doibve donner plus d'application. Pour cet effet, il faut donner des ordres précis et tenir la main à ce qu'ils soient tenus extraordinairement propres, tant dedans que dehors, depuis la quille jusques au baston de pavillon.

Observer avec soin la différence qu'il y a entre les vaisseaux du Roy et ceux de Hollande sur ce point de la propreté des vaisseaux; s'informer de tout ce qui se passe en Hollande, et de tout ce qui se fait pour les maintenir en cet estat, et faire observer les mesmes choses en France, et quelque chose de plus s'il est possible.

Il faut considérer cette propreté comme l'âme de la marine, sans laquelle il est impossible qu'elle puisse subsister; et il faut s'y appliquer comme à ce qui est plus important et plus nécessaire pour esgaller et mesmes surpasser les estrangers.

De cette propreté despend encore l'arrangement parfait dans tous les magasins et arsenaux de marine, sur quoy il faut voir en destail chaque chose pour les pouvoir reduire au degré de perfection qu'il est nécessaire.

Il faut de plus examiner avec le plus grand soin le véritable prix de toutes les marchandises et manufactures, et chercher tous les moyens possibles pour les réduire au meilleur prix qu'il pourra ; pour cet effect, il faut estre informé de ce que chaque nature de marchandises couste en Hollande et en Angleterre, comme :

Les chanvres, le fer, les toilles royalles, les ancres, etc.

Il faut de plus s'informer particulièrement de l'économie qu'ils observent en toutes choses, les travaux qu'ils font faire à journées, et ceux qu'ils font faire à prix faits, la discipline et police qu'ils observent dans leurs arsenaux, et enfin tout ce qui peut contribuer au bon ménage et économie des deniers du roy, et tenir pour une maxime certaine sur ce sujet que celuy qui fait la guerre à meilleur marché est certainement supérieur à l'autre.

A l'esgard des marchandises qui seront fournies dans les magasins, il faut qu'il soit toujours en garde et qu'il prenne si bien ses mesures que les officiers des ports n'en tirent aucun advantage indirect ; et, par les visites fréquentes qu'il fera dans les ports, il faut qu'il y establisse une telle fidélité qu'il soit asseuré que le Roy y sera toujours bien servi.

Entre tous les moyens que son application et ses fréquents voyages, pourront luy suggérer, celuy de faire faire le marché de toutes les marchandises publiquement et en trois remises consécutives, la première au bout de huit jours, et les autres de quatre en quatre jours, en présence de tous les officiers, et après avoir mis deux ou trois mois auparavant des affiches publiques dans toutes les villes de commerce pour inviter tous les marchands à s'y trouver.

Il y auroit un autre moyen à pratiquer pour faire fournir toutes les marchandises de marine, comme chanvre, goldron, fer de toutes sortes, toiles à voiles, bois, masts, etc., etc. ; ce seroit, tous les ans, après avoir examiné la juste valeur de toutes les marchandises, de fixer un prix de chacune, en sorte que les marchands y trouvassent quelque bénéfice, et faire sçavoir en suitte, par des affiches publiques dans toutes les villes du royaume, que ces marchandises seroient payées au prix fixé, en les fournissant de bonne qualité, dans les arsenaux.

Il est de plus nécessaire de sçavoir toutes les fonctions des officiers qui servent dans les ports et arsenaux, leur faire des instructions bien claires sur tout ce qu'ils ont à faire, les redresser toutes les fois qu'ils manquent, faire des règlements sur tout ce qui se doibt faire dans lesdits arsenaux, et travailler incessamment à les bien policer.

A l'esgard de la guerre de mer, encore que ce soit plustost le fait des vice-admiraux et autres officiers qui commandent les vaisseaux du

Roy, il est toutesfois bien nécessaire que le secretaire d'Estat en soit bien informé, pour se rendre capable de faire tous les règlements et ordonnances nécessaires pour le bien du service du Roy, et pour éviter tous les inconvénients qui peuvent arriver.

Pour cet effect, il faut qu'il sçache bien toutes les manœuvres des vaisseaux lorsqu'ils sont en mer, les fonctions de tous les officiers qui sont préposez pour les commander, tous les ordres qui sont donnez par les officiers généraux et par les officiers particuliers de chaque vaisseau, ce qui s'observe pour la garde d'un vaisseau, et généralement toutes les fonctions de tous les officiers, matelots et soldats qui sont sur un vaisseau, dans les rades, en pleine mer, entrant dans une rivière ou dans un port, en paix, en guerre, et en tous lieux et occasions où un vaisseau de guerre se peut rencontrer.

Sur toutes ces choses il faut faire toute sorte de diligences pour estre informé de ce qui se pratique par les officiers généraux et particuliers de marine, en Hollande et en Angleterre, et conférer continuellement avec nos meilleurs officiers de marine pour s'instruire toujours de plus en plus.

Toutes les fois qu'il conviendra changer les commissaires de marine qui servent dans les ports, il faudra observer d'y mettre des gens fidèles et asseurés, d'autant que le secretaire d'Estat doibt voir par leurs yeux tout ce qui se passe dans les ports, outre le rapport continuel qu'il doibt avoir avec les intendants.

Il doibt estre de mesme des garde-magasins et commissaires-généraux.

Il faut s'informer soigneusement de tout ce qui se passe entre toutes les nations pour le fait des saluts, voir les règlements qui ont esté faits par Sa Majesté sur ce sujet; en connoistre toutes les difficultés et toutes les différences avec les estrangers, pour y donner tous les ordres et toutes les explications nécessaires pour eviter tous les inconvéniens et soutenir la dignité du Roy.

Il faut travailler à establir dans tous les ports des écoles d'hydrographie ou de pilotage et de canonniers. Cette dernière école particulièrement est d'une telle conséquence que, sy le Roy estoit chargé d'une guerre dans laquelle, il eust besoin de mettre en mer la moitié ou les deux tiers de ses vaisseaux, il manqueroit assurément de canonniers. C'est pourquoy il faut s'appliquer à en multiplier le nombre par le moyen de ces écoles.

Tenir la main pour faire faire les revues de tous les équipages des vaisseaux, lorsqu'ils sont mis en mer, et dans tous les lieux où ils se rencontrent; establir pour cet effet un commissaire de marine sur toutes les escadres, avec ordre exprès de faire ces revues dans tous les calmes, et en envoyer les extraits pour en informer le Roy.

Examiner tout ce qui s'est fait pour l'établissement d'un munitionnaire dans la marine, en examiner le traité; voir qu'il satisfasse ponctuellement aux conditions y contenues; qu'il soit protégé, et tous ses commis, tant dans les ports que sur les vaisseaux, et faire punir en quelque sorte avec sévérité les capitaines qui maltraisteront ou laisseront maltraister les commis dudit munitionnaire qui seroient sur leur bord.

Examiner la différence de cette fourniture à celle qui se faisait autrefois par les capitaines des vaisseaux et les advantages que les équipages y trouvent, pour, sur cette connoissance, travailler incessamment à maintenir et perfectionner cet establissement.

Examiner pareillement toutes les déclarations et ordonnances qui ont esté données, et généralement tout ce qui s'est fait pour l'enrollement général des matelots en Bretagne, Provence, Poitou, pays d'Aunis, Saintonge et Guyenne, en bien connoistre les advantages, maintenir et perfectionner cet establissement et le continuer dans les autres provinces du royaume où il n'a point esté fait, sçavoir : en Languedoc, Normandie, Picardie et pays reconquis.

Les intendants, commissaires-généraux et particuliers estant les principaux officiers qui doibvent faire agir cette grande machine, il faut avoir continuellement l'œil sur leur conduite, les redresser, quand ils manquent, leur donner des ordres bien clairs, et les leur faire bien exécuter, en un mot il faut travailler par tous les moyens possibles à remplir cette place de gens habiles, sages et d'une fidélité esprouvée.

Il faut pareillement bien connoistre tout ce qui concerne la compagnie des gardes de la marine, tenir la main à ce qu'elle soit toujours complette et garnie de bons hommes, que les revues en soient envoyées tous les mois, et n'ordonner le payement qu'après avoir rendu compte au Roy des revues.

Voir les ordres qui ont esté donnés par le Roy pour la levée des soldats, pour les équipages des vaisseaux; tenir la main à ce qu'ils soient bien exécutés et que ces soldats soient bons, bien habillés et bien armés.

Tenir la main à ce que la revue des officiers de marine qui servent dans les ports soit faite continuellement, en rendre compte au Roy et envoyer les fonds pour leur payement.

Prendre soin d'establir des fonctions aux dits officiers pendant le temps qu'ils demeurent dans les ports, soit aux radoubs, carènes, soit pour la garde des vaisseaux, et conférer pour en faire un règlement avec les vice-admiraux et les intendants et commissaires-généraux de la marine, pour leur donner de l'occupation et éviter les maux que l'oysiveté tire après soy.

Tenir soigneusement et seurement la main à ce que les édits concernant les duels soient exécutés dans toutes les dépendances de la marine, n'y ayant rien en quoy l'on puisse rien faire qui soit plus agréable au Roy.

Examiner ce qui est à faire pour establir la justice marine dans les ports.

Pour ce qui concerne les gallères :

Il faut lire toutes les ordonnances qui ont esté faites concernant les galères, en bien examiner la différence ; et, pour le surplus, ce qui est dit sur le sujet des vaisseaux servira pour ce corps.

Pour les Compagnies des Indes orientalles et occidentalles, le commerce du royaume et le restablissement des haras, dans la suite du temps, mon fils s'instruira de toutes ces choses et se rendra capable de les conduire.

Avant que d'entamer les choses particulières que mon fils doibt faire, c'est-à-dire ce qui peut regarder sa conduitte journalière, je luy diray que je sçais bien et ne m'attends pas qu'il puisse entamer toutes ces matières générales et en faire des études particulières de chacune pour consommer tout son temps et l'appliquer à un travail continuel. Mon intention seroit seulement pour le rendre habile, qu'il lust une fois le mois cette instruction, et qu'il travaillast à s'instruire pendant ce mois de quelques points y contenus, qu'il m'en parlast quelquefois et que je luy expliquasse tout ce qui peut servir à son instruction sur chacun de ces points.

Pour ce qui regarde sa conduite journalière.

Il est nécessaire qu'il fasse estat de tenir le cabinet, soit le matin, soit le soir, cinq à six heures par jour, et, outre cela, donner un jour entier par semaine à expédier toutes les lettres et donner tous les ordres.

Pour tout ce qui concerne ma charge, il faut premièrement qu'il pense à bien régler sa conduite particulière.

Qu'il tienne pour maxime certaine et indubitable, et qui ne doibt jamais recevoir ni atteinte ni changement, pour quelque cause et soubz quelque prétexte que ce soit ou puisse estre, de ne jamais rien expédier qui n'ayt esté ordonné par le Roy ; c'est-à-dire qu'il faut faire des mémoires de tout ce qui sera demandé, les mettre sur ma table et attendre que j'aye pris les ordres de Sa Majesté, et que j'en aye donné la résolution par escrit ; et lorsque, par son assiduité et par son travail, il pourra luy-mesme prendre les ordres du Roy, il doibt observer religieusement pendant toute sa vie cette maxime de ne jamais rien expédier qu'il n'en ayt pris l'ordre de Sa Majesté.

Comme le souverain but qu'il doibt avoir est de se rendre agréable au Roy, il doibt travailler avec grande application pendant toute sa vie à bien connoistre ce qui peut estre agréable à Sa Majesté, s'en faire une étude particulière, et, comme l'assiduité auprès de sa personne peut assurément beaucoup contribuer à ce dessein, il faut se captiver et faire en sorte de ne le jamais quitter, s'il est possible.

Pour tout le reste de la cour, il faut estre toujours civil, honneste, et se rendre agréable à tout le monde, autant qu'il sera possible ; mais il faut en mesme temps se tenir toujours extremement sur ses gardes pour ne point tomber dans aucun des inconvénients de jeu extraordinaire, d'amourettes et d'autres fautes qui flétrissent un homme pour toute sa vie.

Il faut aymer surtout à faire plaisir quand l'occasion se trouve, sans préjudicier au service que l'on doibt au Roy et à l'exécution de ses ordres, et le principal de ce point consiste à faire agréablement et promptement tout ce que le Roy ordonne pour les particuliers. Pour cet effect, il faut se faire à soy-mesme une loy inviolable de travailler tous les soirs à expédier tous les ordres qui auront esté donnés pendant le jour, et à faire un extrait de tous les mémoires qui auront esté donnés, et le lendemain matin m'apporter de bonne heure, toutes les expéditions résolues, et les mémoires de ce qui est à résoudre, pour en parler au Roy et ensuite expédier.

Il ne faut non plus manquer à faire enregistrer toutes les ordonnances et expéditions et n'en délivrer jamais aucune que mon fils n'en ayt vu et cotté l'enregistrement.

Toutes les expéditions qu'il fera doibvent être examinées, et voir sur quelles ordonnances elles sont fondées, où elles ont rapport; ce qui luy donnera une grande et parfaite connoissance de tout ce qui se passera jamais par ses mains.

Pour se rendre capable et bien faire toutes sortes d'expéditions, il faut qu'il lise avec soin toutes celles que j'ai fait recueillir dans mes registres, et en fasse même des tables en différentes manières; et, en cas qu'il trouve ce travail trop long, il pourra s'en faire soulager, donner ordre de les faire; mais il faut qu'il dirige ce travail, qu'il le voye et le corrige.

Comme la marine est asseurément la plus belle et la plus importante partie de mon département, il faut aussy donner plus de soins, plus de temps et plus d'application pour la bien conduire. Pour cet effect, il faut que mon fils lise luy-mesme avec soin et application tous les ordres qui ont été expédiés pour la marine depuis trois ou quatre ans, qu'il en fasse luy-mesme des tables contenant la substance des ordonnances, afin qu'ils luy servent de principe et de fondement sur tous ceux qui seront à donner à l'avenir.

Il est nécessaire qu'il se fasse un travail réglé et ordinaire de la lecture de ces ordres et lettres enregistrées et des dites tables, d'une et deux heures par jour, y ayant apparence qu'en un mois ou six semaines de temps il en pourra venir à bout.

Outre cette lecture, il faut faire estat toutes les semaines de tenir une correspondance de lettres réglée avec tous les officiers de marine, sçavoir :

A Toulon, avec le sieur Matharel;

Le commissaire et quelquefois les officiers du port;

Avec le sieur Brodard, commissaire-général départy pour l'enrollement général des matelots;

A Arles, avec le commissaire Julien pour la voicture et réception des bois;

En Bourgogne, avec le sieur Dugay, premier président de la Chambre des comptes, pour l'achapt, le débit et la voicture des bois;

En Dauphiné et Lyonnois, avec le sieur de la Tour Dalliès, pour toutes les manufactures dont il prend soin, savoir:

Bois, fer, masts, toilles à voilles, mousquets et autres armes, en Forest, Dauphiné et Nivernois;

Gros ancres, en Dauphiné, Bourgogne et Nivernois;

Canons de fer, etc.;

Crics;

Masts;

En Bourgogne, avec le sieur Besch, Suédois, entrepreneur de canons de fer;

En Nivernois, avec le sieur Legoux, commis du sieur Dalliès;

A Rochefort, avec M. de Terron;

A La Rochelle, avec les directeurs de la Compagnie du Nord;

A Nantes, avec Valleton, qui reçoit toutes les marchandises pour la marine, et les fait charger pour les porter à Rochefort et à Brest;

A Brest, avec le sieur De Seuil;

En Bretagne, avec le sieur Sachi Séjourné, commissaire de marine, députe pour l'enrollement des matelots dans l'esveché de Nantes, et avec le sieur de Narp, commissaire de marine, départy à Saint-Malo pour le même enrollement;

Au Havre, avec le sieur Huber;

A Dunkerque, avec le sieur Gravier;

A Lisbonne, avec le commissaire de marine qui y est, nommé Desgranges;

Avec les ambassadeurs du Roy, en Espagne, Portugal, Angleterre, Hollande, Danemarck et Suède, sur toutes les mesmes affaires de la marine.

Le Roy m'ayant donné tous les vendredis après le midi pour luy rendre compte des affaires de la marine, et Sa Majesté ayant déjà eu la bonté d'agréer que mon fils y fust présent, il faut observer avec soin cet ordre.

Aussitost que j'auray vu toutes les despesches à mesure qu'elles arriveront, je les enverray à mon fils pour les voir, en faire promptement et exactement l'extrait, lequel sera mis de sa main sur le dos de la lettre et remis en mesme temps sur ma table; je mettray un mot de ma main sur chaque article de l'extrait, contenant la réponse qu'il faudra faire; aussitost il faudra que mon fils fasse les responses de sa main, que je les voye ensuite et les corrige, et quand le tout sera disposé, le vendredi, nous porterons au Roy toutes ces lettres; nous luy en lirons les extraits et en mesme temps les responses; si Sa Majesté y ordonne quelque changement, il sera fait; sinon, les responses seront mises au net, signées et envoyées, et ainsy, en observant cet ordre régulier avec exactitude, sans s'en despartir jamais, il est certain que mon fils se mettra en estat d'acquérir de l'estime dans l'esprit du Roy.

A l'esgard des gallères, il faut faire la mesme chose.

Pour finir, il faut que mon fils se mette fortement dans l'esprit qu'il doibt faire en sorte que le Roy retire des avantages proportionnez à la dépense qu'il fait pour la marine. Pour cela, il faut avoir toute l'application nécessaire pour faire sortir toutes les escadres des ports au jour précis que Sa Majesté aura donné; que les escadres demeurent en mer jusqu'au dernier jour de leurs vivres ou le plus près qu'il se pourra; donner par toutes sortes de moyens de l'émulation aux officiers pour faire quelque chose d'extraordinaire, les exciter par l'exemple des Anglois et des Hollandois, et généralement mettre en pratique tous les moyens imaginables pour donner de la réputation aux armes maritimes du Roy et de la satisfaction à Sa Majesté.

Je demande sur toutes choses à mon fils qu'il prenne plaisir et se donne de l'application, qu'il ayt de l'exactitude et de la ponctualité dans tout ce qu'il voudra et aura résolu de faire, et, comme il se peut faire que la longueur de ce mémoire l'estonnera, je ne prétends pas le contraindre ni le genner en aucune façon; qu'il voye dans tout ce mémoire ce qu'il croira et voudra faire. Comme il se peut facilement diviser en autant de parcelles qu'il voudra, il peut examiner et choisir; par exemple, dans toute la marine, il peut se réserver un port ou un arsenal, comme Toulon et Rochefort, et ainsi du reste; pourvu qu'il soit exact et ponctuel sur ce qu'il aura résolu de faire, il suffit, et je me chargeray facilement du surplus.

DISPOSITION DE MA CHARGE DE SECRESTAIRE D'ESTAT [1].

Mon fils doibt faire ma première commission, c'est-à-dire se charger de tout le travail, minuter toutes les despêches et expéditions du Roy et de moy, faire les extraits de toutes les lettres que je reçois, et y respondre; en un mot, faire tout ce qui despend de ma charge, que je luy renverray avec soin.

Sous luy, il peut faire travailler M. Isarn à l'aider dans toutes les expéditions de ma charge, hors la marine, et prendre soin de l'expédition de tout ce qui concerne la commission de M. d'Herbigny. Lire soigneusement toutes les ordonnances, traités de marine et autres ordonnances, pour aider mon fils à les trouver toutes les fois qu'il en aura besoin.

Le sieur de Breteuil peut estre chargé de dresser et écrire toutes les ordonnances.

---

[1] Biblioth. roy., Mss. *Colbert et Seignelay*, t. IV, cote 16. — Cette pièce a été publiée par M. Eugène Sue.

Un autre, de les transcrire dans un registre, sur quoy il faut que mon fils prenne un grand soin de vérifier tous ces enregistremens, les cotter de sa main en marge, et en teste des ordonnances, et vérifier souvent qu'il n'en manque aucune dans son registre.

Il faut estre surtout exact et diligent pour l'expédition de toutes les affaires, et ne se coucher jamais que toutes celles qui doibvent estre expédiées ne le soient.

Belochcau fera la mesme chose qu'il fait soubz moy. Il transcrit toutes mes minutes et toutes despêches de marine, et quelquefois quand je suis pressé, je lui permets de faire quelques-unes des plus petites despesches; mon fils n'en doibt pas user ainsy, parce qu'il faut qu'il minute tout.

Il peut faire tou'es les tables des vaisseaux, des escadres, des officiers, les estats de tous les armemens, c'est-à-dire quand tout aura esté minuté par mon fils.

Il peut prendre soin de tous les enregistremens, mais il faut que mon fils les cotte tous de sa main [1].

Il a tous les inventaires des magasins, les mémoires de tous les prix des marchandises par tout, les traités de toutes les marchandises, ceux des Compagnies du Nord et des Pyrénées; en un mot, tous mes papiers de marine dont il me rend assez bon compte.

---

[1] Colbert attachait une grande importance à la fidèle transcription de ses dépêches. Les *Registres des despesches concernant le commerce pendant les années* 1669, 1670, 1671, 1672, portent en regard de chaque lettre, un *vu* de sa main.

PIÈCE N° XIII.

LETTRES INÉDITES DE COLBERT,

SUR LA MARINE, LE COMMERCE ET LES MANUFACTURES [1].

A M. DE SOUZY,

Intendant à Lille.

Saint-Germain, 24 janvier 1670.

« Monsieur, j'ai receu la lettre que vous avez pris la peine de m'écrire le 15 de ce mois, sur le sujet des plaintes que les marchands de l'Isle font de la diminution de leur commerce, sur lesquelles vous travaillez à un mémoire que vous promettez de m'envoyer. Je vous diray sur ce poinct que cette matière est très-difficile à pénétrer, d'autant que tous les esclaircissements que vous prendrez par les marchands seront meslez de leurs petits interestz particuliers qui ne tendent point, ny au bien général du commerce, ny à celui de l'Estat, et néantmoins quand indépendamment de leurs mémoires et de leurs plaintes l'on scait chercher et démesler la vérité, il est quelquefois assez facile de la trouver, et pour cela, sans vous arrester à tout ce que lesdits marchands vous diront, il est nécessaire que vous recherchiez de vous-mesme et à leur insceu s'il y a quelques droits à payer sur toutes les marchandises, ou si l'on met quelque marque aux ballots qui entrent et sortent de cette ville-là; il se pourroit faire aussy qu'il y auroit quelques emballeurs publics qui prendroient quelques droits pour les emballages, et par ces moyens généraux, vous pourrez avoir une connaissance certaine du nombre des ballots d'entrée ou d'issue, ou qui ont payé les droicts ou qui ont été marquez, ou qui ont esté emballez pendant les 3, 4, 5 ou

---

[1] Les lettres qui suivent sont tirées des Archives de la marine. Celles de l'année 1670, des *Registres des despesches concernant le commerce*; celles des années 1672, 1673 et 1680, des *Extraits des despesches et ordres du Roy concernant la marine sous le ministère de M. Colbert, depuis l'année* 1667 *jusques et y compris l'année* 1683; celle de l'année 1679, des *Expéditions concernant le commerce, de* 1669 *jusqu'à* 1683.

6 derniers mois, et en comparant cette quantité avec celle des années passées, vous pourriez juger seurement s'il y a de la diminution dans le commerce, ou non, estant les seuls et véritables moyens de la connoistre. Je scay bien qu'il faut une grande application en destail pour ces sortes de recherches, mais les advantages qu'on en retire sont aussy fort considérables, et pour vous faire connoistre dans un plus grand exemple la conduite que j'y tiens, je vous diray que lorsque je m'informe de tous les marchands du Royaume de l'estat du commerce, ils soutiennent tous qu'il est entièrement ruiné, mais quand je viens à considérer que le Roy a diminué d'un tiers les entrées et sorties du royaume, qu'il a augmenté les fermes de ces droits d'un tiers et plus, et que les fermiers, nonseulement ne demandent aucune diminution, mais mesme demeurent d'accord qu'ils gagnent, j'en tire une preuve démonstrative et qui ne peut estre contredite que le commerce augmente considérablement en France nonobstant tout ce que les marchands peuvent dire de contraire, et vous voyez bien que si sans prévention vous examiniez cette matière suivant ces principes, il est impossible que vous vous trompiez....

Vous ne debvez nullement vous mettre en peine des plaintes que les députés de l'Isle pourroient faire contre vous, car outre qu'ici l'on n'adjoute pas foy si facilement aux choses qui pourroient estre advancées, il ne se passera rien dont vous ne soyez informé. »

AU MAIRE ET AUX ESCHEVINS D'ORLÉANS.

21 février 1670.

« J'ay vu, par le placet qui m'a esté présenté de vostre part, la peine où vous estes de satisfaire aux ordres que vous avez receus de la part du Roy pour l'exécution des statuts et règlements qui vous ont esté adressez sur le fait des manufactures, n'y ayant point de jurande à Orléans pour la drapperie et teintures, chacun ayant travaillé jusques à présent sans maîtrise. Mais comme il a esté pourvu à ce défaut par le 35e article du règlement de ladite drapperie, et le 5e de celui des teintures ; vous pouvez sans aucune difficulté vous y conformer et faire exécuter ponctuellement les premiers articles du règlement des teintures, et le 24e de celuy de la drapperie lesquels ont suppléé à tous les inconvénients qui se pourroient rencontrer ; à quoy je ne fais pas de doubte que vous ne satisfassiez soigneusement.

A M. BARILLON,

Intendant à Amiens.

Paris, 7 mars 1670.

« J'ai vu et examiné soigneusement le procès-verbal que les maires et eschevins de la ville d'Amiens m'ont envoyé, sur le sujet de la longueur et largeur des étoffes qui se fabriquent en cette ville, ensemble votre advis qui y estoit attaché, sur quoy je vous diray que le seul moyen de rendre les manufactures parfaites et d'establir un bon ordre dans le commerce consistant à les rendre toutes uniformes, il est nécessaire de faire exécuter ponctuellement le règlement général de l'année 1669, d'autant plus qu'il est facile d'y obéir, et que dans la suite les ouvriers y trouveront leur advantages. Pour cet effet, j'estime donc qu'ils doibvent travailler dans le courant de ce mois à la réformation de leurs mestiers, atin qu'ils mettent le nombre de fils et de portée convenables à la largeur, force et bonté des estoffes, et que les marchandises qui seront marquées pendant le présent mois seulement d'une marque particulière, laquelle sera rompue en votre présence, lorsqu'il sera expiré auront leur débit. C'est à quoy je vous prie de tenir la main, en sorte que toutes les manufactures du royaume puissent estre d'une longueur et largeur égales, et que le public en puisse retirer le fruict que le Roy s'en est promis. »

AUX MAIRES ET ESCHEVINS
DES PRINCIPALES VILLES MARITIMES ET DU DEDANS DU ROYAUME.

18 mars 1670.

« L'amour que le Roi a pour ses sujets obligeant Sa Majesté de penser continuellement aux moyens d'augmenter leur commerce, et de leur faire gouster les fruicts de son application, elle a esté bien aise de leur en donner une nouvelle marque par la déclaration que vous trouverez ci-jointe, par laquelle vous verrez qu'outre l'établissement du transit, et de l'entrepôt qui a esté accordé pour la facilité du commerce, Sa dite Majesté permet à tous négociants, tant François qu'étrangers de se servir de tous les ports du royaume comme d'une estape [1] générale, pour y tenir toute sorte de marchandises, afin de les vendre ou transporter, ainsi qu'ils l'estimeront à propos, en faisant mesme rendre les droits d'entrée qui auront esté payez, et comme les marchands de votre ville comprendront facilement les advantages qu'ils peuvent retirer de cette déclaration ; je crois qu'il suffit que vous la rendiez publique, afin qu'ils soient conviez par leur propre intérest de profiter des bontés et des soins de Sa Majesté. »

---

[1] Entrepôt.

A M. DE POMPONNE,
Ambassadeur en Hollande.

21 mars 1670.

« ... Sur l'advis que vous me donnez de la destruction presque entière des manufactures de Leyde, si vous pouviez faire entendre secrètement à quelques-uns des chefs de ces manufactures que s'ils vouloient s'habituer en France, on leur y feroit trouver toutes sortes de commoditez, cela pourroit être fort avantageux au royaume, mais on ne pourroit pas se servir de l'Isle et des autres villes conquises pour cet effect, d'autant que ceux de Leyde étant tous calvinistes, et cette religion n'estant pas permise dans lesdites villes, il seroit bien difficile de les y attirer, de sorte que s'ils vouloient choisir l'une des villes du Royaume pour y porter leurs manufactures, le Roy leur accorderoit de si grands advantages qu'ils auroient lieu de s'y bien establir et de se louer des bontés de Sa Majesté. »

A M. DE POMPONNE.

4 juillet 1670.

« J'ay receu les deux lettres que vous avez pris la peine de m'escrire le 19 et 26 du mois passé. Je vous avoue que j'ai esté surpris de voir la prodigieuse quantité de marchandises que la Compagnie des Indes orientales de Hollande a fait venir cette année. Je ne fais aucun doute que ce ne soit un des premiers effects de la jalousie qu'ils ont de l'establissement de nostre Compagnie, voulant hazarder de donner toutes les marchandises à un très-bas prix pour la ruiner, mais pour vostre consolation, je vous puis assurer que la puissante protection du Roy, et les grandes assistances que Sa Majesté veut bien donner à ladite Compagnie françoise nous met hors d'estat de rien craindre, et vous verrez que dans la suite nous leur ferons au moins autant de mal qu'ils nous en pourront faire; Il faut laisser agir leur malignité et prendre nos précautions pour nous en garentir. Je vous prie de continuer à me faire sçavoir tout ce qui se passera sur cette matière, et sur toutes les autres qui concernent le commerce.

A l'égard du particulier qui prétend avoir le secret de désaller l'eau de la mer, je vous diray que tant de gens m'ont desjà fait cette proposition et que j'en ai fait faire ici tant d'espreuves qui réussissent bien en petit, mais qui ne peuvent jamais produire d'advantage dans un long voyage, que je suis résolu de n'en faire plus d'expérience que sur les vaisseaux mesme, et si celuy qui vous a fait cette proposition veut aller à Rochefort, et faire cette expérience sur les premiers vaisseaux du Roy qui seront mis en mer, en cas qu'il ayt véritablement ce secret et qu'il puisse estre util, il doibt estre assuré qu'il en recevra une bonne récompense. »

AU Sr DE LARSON,
Capitaine de vaisseau.

11 juillet 1670.

« J'ay receu les lettres et les mémoires que vous m'avez envoyé sur tout ce qui s'est passé dans vos voyages du Levant, et sur le commerce, sur quoy je vous diray en peu de mots qu'un capitaine de marine qui a l'honneur de commander un vaisseau du Roy pour l'escorte des vaisseaux marchands ne doibt penser à autre chose sinon qu'à se bien acquitter de cet ordre, sans raisonner sur un mestier de marchandises et de commerce qu'il ne doibt pas faire, et qui n'est point de son fait, en sorte que vous pouvez vous dispenser à l'advenir de m'envoyer aucun mémoire sur cette matière, et vous contenter de bien faire votre debvoir, sur quoy je dois vous dire que le principal fruict que le Roy prétend de la dépense que Sa Majesté fait pour l'armement du vaisseau que vous commandez est de satisfaire les marchands et les convier par là à augmenter leur commerce ; au lieu de cela, elle trouve que les marchands se plaignent fort de vous et particulièrement le consul de Smirne, duquel vous n'aviez aucun droit d'examiner la conduite, et beaucoup moins d'entendre ses ennemis et leur donner beaucoup de protection, vous n'avez pas deub non plus visiter avec l'autorité que vous avez fait le vaisseau François de la Cieutat, commandé par le capitaine Antoine Carbonnel, ny retirer de son bord les mariniers français comme s'ils estoient estrangers, et toute votre conduite est tellement contraire aux intentions de Sa Majesté qu'elle a esté en résolution de vous faire arrester, mais sur l'assurance que je luy ai donné que vous la changeriez, elle a bien voulu surseoir de le faire ; c'est à vous à prendre garde que l'assurance que j'ai donné ne soit point mal fondée, en changeant vostre conduite à l'avenir, en la rendant plus agréable aux marchands et par conséquent plus agréable à Sa Majesté. »

AUX MAYEUR ET ESCHEVINS D'ABBEVILLE.

15 décembre 1670.

« Je vous ai écrit tant de fois que le Roy n'a rien plus à cœur que de voir augmenter et perfectionner les nouvelles manufactures et que vous ne pouvez rien faire de plus agréable que donner vos soins pour le succès d'un si louable dessein, que j'estime superflu de vous escrire davantage à ce sujet. Néanmoins, je suis bien aise de vous dire encore que vous devez vous appliquer plus que jamais aux moyens qui peuvent fortifier les fabriques de votre ville, particulièrement celles des draps façon d'Espagne et de Hollande et mettre en pratique toute sorte de bons traitements pour engager le sieur Van Robais, entrepreneur, à porter les ouvrages d'icelle en une entière perfection, mesme luy donner et à ses ouvriers toutes les assistances qui dépendront de vous dans les rencontres. C'est à quoy je vous convie très-particulièrement et je suis, messieurs, votre très-affectionné à vous servir. »

A M. COLBERT DU TERRON,
Intendant de marine à Rochefort.

Paris, 22 avril 1672.

« Je vous avoue que je suis un peu surpris des mesures qui ont été si mal prises pour former les équipages des vaisseaux du Roy dans une occasion aussi importante que celle-cy, et même du peu d'expédients que vous m'ouvrez pour y remédier à l'avenir. Je ne puis m'empêcher de vous dire que je ne vois point par vos lettres que cela vous touche au point que vous devriez l'être; toute la gloire du Roy, le bien de l'Etat et un million de choses grandes et considérables dépendant de cet armement, il y a huit mois entiers que je vous escris toutes les semaines trois fois; que je vous ouvre de ma part tous les expédients qui me peuvent tomber dans l'esprit pour éviter ce mal, et cependant je trouve que quand nous sommes à la conclusion, il nous manque encore de sept à huit cents hommes, et vous savez qu'en des matières de cette conséquence, il n'y a point d'excuse envers le maître, particulièrement quand on ne l'a pas averti par avance de ce défaut et que l'on n'a pas eu recours à son autorité pour l'empêcher, et je ne puis vous dire sur ce sujet que ce que je vous ai répété tant de fois, qui est que j'attendrai ce que vous aurez à me proposer pour empêcher que cela n'arrive plus. »

A M. LE DUC DE SAINT-AIGNAN [1].

21 juin 1675.

« J'ai reçu la lettre que vous avez pris la peine de m'écrire le 17 de

---

[1] Note de l'*Extrait des despesches*. — « Cette lettre n'a été transcrite que pour faire voir avec quelle force et quel ménagement en même temps, M. Colbert écrivait aux plus grands seigneurs, et à ceux même qui étaient le plus en faveur auprès du Roy. »

ce mois sur le sujet des équipages des 7 bâtiments qui doivent partir du Hâvre pour aller joindre l'armée navale, et quoique je voye bien le nombre d'hommes qui ont été tirés du gouvernement du Hâvre, et les raisons qu'il y auroit de descharger l'estendue de votre gouvernement de fournir ces équipages, et de rejeter cette charge sur ceux de Dieppe et d'Honfleur qui n'ont fait jusqu'à présent aucun devoir pour cela, je crois qu'il suffit de vous dire en quatre mots l'état des armées navales du Roy pour être persuadé que vous ne vous arrêterez point à toutes ces raisons, et que vous ferez l'impossible pour faire partir ces vaisseaux. Je vous prie donc, Monsieur, de considérer que tous les officiers de l'armée navale ont fait des merveilles dans les deux combats qui se sont donnés et que ces deux combats ont consommé tous les boulets et toutes les poudres qui étaient sur les vaisseaux du Roy, en sorte que l'armée qui est à présent retirée dans la Tamise avec celle d'Angleterre, ne se peut plus remettre en mer si elle ne reçoit promptement les 134 milliers de poudre et tous les boulets qui sont au Hâvre, et que si l'armée ne les reçoit avec une diligence incroyable, nous courons risque que la flotte hollandaise, commandée par Ruyter, qui est assurément le plus grand capitaine qui ait été en mer, profite du vent et des marées pour venir combattre l'armée navale, ou pour fermer la Tamise, en un mot, pour prendre tous les avantages qui peuvent donner un très-grand mouvement à toutes les affaires du Roy, n'y ayant rien qui puisse être si contraire au service de Sa Majesté, ni tant éloigner la paix et tous les avantages que le Roy peut retirer, qu'un favorable événement pour les Hollandois sur mer qui leur remettroit le cœur et rétabliroit leur commerce, et par conséquent leur donneroit de l'argent, et je ne puis assez vous exprimer l'importance de ce moment dans la conjoncture présente, et je crois qu'il n'en falloit pas tant dire pour échauffer votre zèle et vous faire faire l'impossible. Sur ce que vous dites que les gouverneurs de Dieppe et d'Honfleur ne font rien, je vous dirai seulement qu'il y a de certains momens dans lesquels il n'est pas permis de raisonner sur la faute d'autruy et que ces gouvernemens n'ont pas M. le duc de Saint-Aignan pour gouverneur, qui joint avec sa dignité et la principale charge de la maison et de la personne de Sa Majesté, un zèle très-passionné pour son service et pour sa gloire ; il y va de tout dans cette conjoncture et je crois que c'est assez vous dire pour être persuadé qu'à l'instant que vous recevrez cette lettre que je vous envoye par un courrier exprès, vous ferez fermer toutes les portes du Hâvre et irez et envoyerez de maison en maison prendre tous les hommes qui ont monté en mer, et que vous ferez ensuite la même chose dans tous les bourgs et villages de la côte et ferez partir ces vaisseaux 24 heures après, et pour vous donner des moyens de bien faire connoistre à toute l'estendue de votre gouvernement de quelle importance et de quelle conséquence il est de mettre lesdits batimens en mer, j'envoye une ordonnance au Sr Brodart pour être publiée dans le siége de l'amirauté, portant que, faute par les habitants du gouvernement du Hàvre d'avoir fourni les équipages de ces vaisseaux, non-seulement les ports seront fermés, mais mesme que tous les capitaines des vaisseaux du Roy ont ordre de prendre en mer tous les vaisseaux appartenant aux habitants de ladite ville et de toute la côte ; et quoique je ne doute point que cette ordonnance ne devienne inutile, je vous dirai néanmoins que si ces bâtiments ne pouvaient être mis en mer dans une conjoncture aussi importante et aussi pressée que celle-ci, et dans laquelle il est question du tout, je ne fais nul doute que Sa Majesté ne prist quelque résolution aussi désavantageuse pour les habitants du Hàvre que tout ce qui a été fait jusqu'à présent en cette ville leur a apporté d'avantages..... »

A M. TUBEUF,

à Tours [1].

Le Sr Brillon, marchand de Paris, estant prez de tomber et le Roy voulant toujours donner secours aux marchands en qui il paroist de la bonne foy, j'ai fait assembler ses créanciers de Paris par ordre de Sa Majesté qui ont en conséquence passé un contract duquel je vous envoye copie, mais comme ses créanciers ne montent qu'à 148 m et qu'il doit 580 m dans la ville de Tours, Sa Majesté n'a pas voulu jusques à présent homologuer son contract pour estre exécuté à l'esgard de tous les autres créanciers parce que pour donner ce secours aux marchands, elle a toujours observé qu'il se trouve deux choses, c'est-à-dire de la bonne foy et que les trois quarts des créanciers consentent aux arrests de surséance, mais Sa Majesté m'a ordonné en même temps de vous escrire qu'elle veut que vous fassiez assembler tous ceux qui composent en la ville de Tours les 580 m liv. qu'il y doibt à la diligence de celui qui vous portera cette lettre et que vous leur fassiez connoistre *que tous ses livres ayant esté examinez par ordre du Roy et trouvés en bonne forme et que le deffaut de payement de ses debtes* ne provenant que des désordres d'Angre, il seroit de l'interest de tous les créanciers de consentir à l'homologation du contract, parce que si les procédures de justice commencent à se mettre dans toutes leurs affaires, ils causeront bien la ruine du Sr Brillon, mais aussy leurs debtes courreront beaucoup plus de risques.

---

[1] Arch. de la mar. — Cette lettre, écrite en entier de la main de Colbert, fut sans doute recopiée à cause de quelques surcharges qu'il y avait faites. Le manuscrit original a été intercalé dans les registres des *Expéditions concernant le commerce*, de 1669 jusqu'à 1683, t. II.

En cas que vous ne soyez point à Tours et que vous ne puissiez exécuter vous-même cette affaire, je vous prie d'en addresser vos ordres à un officier qui soit bien intentionné pour la faire réussir.

 Je suis, Monsieur,
    Votre très-humble et très-
    affectionné serviteur,

      COLBERT.

A Saint-Germain, le 4 janvier 1679.

PIÈCE N° XIV.

INVENTAIRE

FAIT APRÈS LE DECEDZ DE MONSEIGNEUR COLBERT [1].

ESTIMATION DE DIVERS OBJETS.

11 chevaux de carrosses, 2,000 livres.
2 chevaux de selle, 300 liv.
4 chevaux de fourgon, 400 liv.
3 carrosses, 1,350 liv. les trois.
1 tenture de tapisserie des Gobelins, rehaussée d'or, 24,000 liv.
1 tenture, 7,000 liv.
1 tenture, 1,500 liv.
20 autres tentures, depuis 100 jusqu'à 200 liv.
2 tapis de Turquie, à fonds d'or, 100 liv. chaque, etc., etc.
Chambre des laquais, 6 couchettes de bois de hestre, etc., etc.
4 bois de lits dans la chambre des malades.
13 autres lits pour valets de chambre, escuyers, rôtisseurs, porteurs de chaises, etc.

2 Paul Veronèse, 600 liv. chaque; 1 l'Albane, 600 liv.; 1 Carrache, 3,000 liv.; 2 Le Brun, 2,400 liv., 1 Raphael, 3,000 liv., etc.

Le portrait du Roy, par Nanteuil, 110 liv.; de la Reyne, par Beaubrun, 10 liv.

2 petits portraits du Roy, par Mignard; ensemble, avec cadre doré, 80 liv.

(*L'estimation de tous les tableaux fut faite par Le Brun.*)

Bronzes, pendules, bureaux, etc.

2 clavecins, façon de Flandre, 200 liv. chaque.

1 grand miroir de Venise, de 46 pouces de haut sur 26 de large, avec une bordure d'argent pesant 252 marcs 2 onces, à raison de 31 liv. le

---

[1] Biblioth. roy., Mss. Fonds dit *Suite de Mortemart*, no 34. Gros volume in-folio. — Ce volume, à l'aide duquel on pourrait reconstruire en quelque sorte l'hôtel de Colbert, contient l'inventaire général et estimatif de tous les objets qui s'y trouvaient au moment de sa mort, depuis les plus précieux jusqu'aux plus insignifiants. Je me suis borné à en transcrire ici quelques articles.

marc. — La bordure, 7,819 liv. 10 sols; la glace, 200 liv.; total : 8,019 liv. 10 sols.

Vases, flambeaux, services, etc. 9,800 liv.

Orangers, mirthes, lauriers-roses, jasmins, 2,823 liv.

Perles, pierreries, croix.....

Inventaire des pièces, titres, papiers, etc., etc.

Extraits de mariage, portant que Colbert a donné à ses filles, en les mariant, 400,000 liv., etc., etc.

PIÈCE N° XV.

INDICATION

DES MANUSCRITS ET OUVRAGES IMPRIMÉS

QUI ONT ÉTÉ CONSULTÉS

POUR L'ÉTUDE SUR FOUQUET ET L'HISTOIRE DE COLBERT [1].

MANUSCRITS.

Procez-verbal de la levée du sellé apposé par MM. Payet et Dalbertas, conseillers du Roy en ses Conseils sur un coffre trouvé dans la maison de Vaux, avec inventaire et description faicte des papiers trouvez en icelui par MM. Poncet et Delafosse, commissaires à ce depputez. — Biblioth. roy. R. B. n° 3, 184 (*voir*, p. 30, note 1).

Journal de M. d'Ormesson sur le procès de Fouquet et les opérations de la Chambre de justice; 1 vol. in-folio. — Biblioth. roy. Supplément français, n° 216.

Discours sommaire de ce qui s'est passé, et a été inventorié à Saint-Mandé. — Biblioth. roy. Suppl. franç., n° 1,096.

Recueil de pièces curieuses concernant Fouquet. — Biblioth. roy., Mss. Suppl. franç., n° 4. (Il y a dans ce recueil un portrait de Fouquet, gravé en 1660.)

Inventaire et estimation de la bibliothèque de Saint-Mandé. — Biblioth. roy. Suppl. franç., n° 2,611.

Procès Fouquet; Collection de pièces, ordres, inventaires, réquisitoires, rapports, significations relatifs à cette affaire, 8 vol. in-folio. — Biblioth. roy. Suppl. franç., n° 56.

---

[1] J'ai renvoyé aux notes pour les manuscrits et ouvrages imprimés au sujet desquels il y a eu lieu de donner quelques indications particulières. — Les ouvrages imprimés et recueils sans noms d'auteurs ont été classés d'après l'ordre alphabétique.

Registres de la Chambre de justice, avec les armes de Colbert. *Procès Fouquet*, 3 vol. in-folio. C'est le procès-verbal officiel du procès. — Biblioth. roy., nos 235, 236 et 237.

Correspondance de Louvois et de Le Tellier avec le capitaine Saint-Mars, commandant de Pignerol, relative à Fouquet. — Archives du royaume; section d'Histoire, carton K, 120.

Traduction du 118e psaume de David, par Fouquet; copié et annoté de sa main. — Biblioth. roy. *Mélanges du cabinet du Saint-Esprit* (voir p. 446, note 1).

Colbert et Seignelay. — 1669 à 1677. — Collection de 403 pièces *originales* sur la marine, émanées de Colbert et du Mis de Seignelay, de 1669 à 1677. — 6 vol. in-folio.

TABLE DES COTES[1].

1re. — 11 pièces. — Règlements et projets de règlements sur la marine, ordres et instructions, établissements de marine, de 1669, 1670 et 1671.

2e. — 13 p. — Règlements et projets sur les pavillons et autres marques de commandement et sur les saluts; 1669.

3e. — 27 p. — Créations de charges et formations de corps pour la marine; nominations; personnel; 1699, 1670 et 1671.

4e. — 74 p. — Pièces relatives au secours porté à Candie; 1669.

5e. — 26 p. — Ordres divers et correspondance pour la marine du Levant. Matériel. Flottes qui partent et naviguent dans la Méditerranée; achats de vaisseaux; 1669.

6e. — 10 p. — Correspondance et ordres divers pour la marine du Levant; 1670, 1671.

7e. — 71 p. — Correspondance et ordres divers pour la marine de Ponant. Matériel, flottes qui partent et naviguent sur l'Océan; 1669.

8e et 9e. — 26 p. — Correspondance et ordres divers pour la marine de Ponant; 1670 et 1671.

10e. — 4 p. — Lettres diverses.

11e, 12e et 13e. — 23 p. — Expéditions contre les corsaires; 1669, 1670 et 1671. Lettres et ordres divers.

14e. — 50 p. — Indes orientales et occidentales. Lettres, instructions et ordres divers; 1669 et 1670.

15e. — 12 p. — Correspondance relative à M. de Seignelay, consistant en lettres, instructions et mémoires écrits à son sujet, à lui adressés par son père ou émanés de lui; 1670.

---

[1] Je crois devoir, en raison de l'importance historique de cette précieuse collection, donner la table des cotes dont elle se compose.

16e à 22e. — 76 p. — Lettres, ordres, rapports et mémoires divers de Colbert et du marquis de Seignelay, sur des objets relatifs à la marine, de 1671 à 1677.

Lettres de Colbert à Mazarin, avec les réponses du Cardinal en marge. — Biblioth. roy. Baluze, Arm. VI (*voir* p. 83, note 2) [1].

Lettres originales adressées à Colbert de 1660 *à* 1677. (*Collection verte.*) Cette collection comprend de 2 à 4 volumes par année. — Biblioth. roy. (*voir l'avertissement,* p. III).

Mémoires sur les affaires des finances de France, pour servir à l'histoire, par Colbert. Biblioth. roy. Mss. *Collection de Genée de Brochot,* 5e carton (*voir* p. 427, note 1).

Registre des despesches concernant le commerce (lettres de Colbert sur le commerce) *pendant les années* 1669, 1670, 1671 et 1672. — Biblioth. roy. et Arch. de la marine (*voir l'avertissement,* p. IV.)

Expéditions concernant le commerce de 1669 à 1683. — Arch. de la mar. (*voir l'avertissement,* p. IV).

Extraits des despesches et ordres du Roy concernant la marine sous le ministère de M. Colbert, depuis l'année 1667 *jusques et y compris l'année* 1683; — 1 vol. grand in-folio de 700 pages.— Arch. de la mar. (*voir l'avertissement,* p. VI).

Journal des bienfaits du Roy. — Biblioth. roy. Mss. Suppl. franç. n° 579 (*voir* p. 74, note 2).

Registre de l'hôtel de ville de Paris; année 1661. — Archives du royaume (*voir* p. 108, note 1).

Estat par abrégé des receptes, dépenses et maniement des finances pendant que MM. Colbert, Le Peltier et Pontchartrain ont esté controlleurs généraux des finances. — Arch. du roy. (*voir* p. 126, note 1).

Ordonnances de comptant. Etats originaux ordonnancés par Louis XIV, avec des reçus de Colbert, Racine, Boileau, etc., etc. — Arch. du roy., carton K, 119.

Registres du secrétariat, année 1670. — In-folio. — Arch. du roy. E. 3336.

---

[1] C'est par erreur que ces lettres sont indiquées *Arm. XI,* dans la note 1 de la page 91 de ce volume.

Mémoires sur le commerce et les finances de la France, des Colonies, de l'Angleterre et de l'Espagne. 1 vol. in-folio. — Biblioth. roy. Suppl. franç. n° 1792 (*voir* p. 156, note 2).

Abrégé des registres secrets de la cour de Bretagne, de 1639 *à* 1679. — Biblioth. roy. Mss. Suppl. franç. n° 1597.

Inventaire fait après le décedz de monseigneur Colbert.—Biblioth. roy.; *Suite de Mortemart*, 34.

Taxes des gens d'affaire vivants ou de la succession des morts faite par Sa Majesté en la Chambre de justice ès années 1662 *et* 1663. — Biblioth. roy. Imprimés (*voir* p. 97, note 1, et p. 105).

Principes de M. Colbert sur la marine. — Biblioth. roy. Mss. (*voir* p. 388, note 1).

Le Cid enragé, parodie des stances du *Cid*, contre Colbert (*voir* p. 97, note 1, et aux *Pièces justificatives*, pièce n° II bis).

Recueil de chansons, vaudevilles, sonnets, épigrammes, épitaphes, et autres vers satiriques et historiques, avec des remarques curieuses, depuis 1389 *jusqu'en* 1747, 35 vol. in-4°. — Biblioth. roy. Mss. (*voir* p. 411, note 1).

OUVRAGES IMPRIMÉS.

A

AMELOT DE LA HOUSSAYE. — *Mémoires historiques*; 2 vol. in-12.
ANDRÉOSSY. — *Histoire du canal de Languedoc*; 1 vol. in-8° (*voir* p. 204, note 1).
ARNOULD. — *De la balance du commerce et des relations commerciales de la France dans toutes les parties du globe, particulièrement à la fin du règne de Louis XIV et au moment de la révolution*; 3 vol. dont 1 de tableaux, Paris, 1791.
AUDIFFRET (Marquis d') — *Système financier de la France*; 2 vol. in-8° (T. II, *Notice historique sur la vie de Colbert*).

B

BAILLY. — *Histoire financière de la France depuis l'origine de la monarchie jusqu'en* 1786; 2 vol. in-8°.
BASVILLE (LAMOIGNON de). — *Mémoires pour servir à l'histoire du Languedoc*; 1 vol. in-18 (*voir* p. 203, note 1).
BAUSSANT. — *Code maritime ou lois de la marine marchande*; 2 vol. in-8°.

Bécane (*voir* Valin).

Berteaut. — *Marseille et les intérêts nationaux qui se rattachent à son port* ; Ier vol. [1].

Blanqui.— *Histoire de l'économie politique en Europe depuis les anciens jusqu'à nos jours* ; 2 vol. in-8°.

Boileau. — *OEuvres* ; avec les notes de Brossette, etc., 2. vol. in-8°.

Boisguillebert. — *Détail et factum de la France* (voir Collection des principaux économistes).

Boulainvilliers. — *État de la France* ; 3 vol. in-fol. (*voir* p. 229, note 1).

Bourgoin. — *La Chasse aux larrons* ; Paris, 1616 (*voir* p. 97, note 1).

Brienne *(Loménie de)*. — *Mémoires inédits*, publiés par M. F^s Barrière ; 2 vol. in-8°.

Brunet. — *Tableau du ministère de Colbert* ; 1 vol. in-8° (*voir* p. 92, note 1).

C

Catéchisme (Le) *des partisans, composé par M. Colbert, ministre de France, avec des vers sur la mort du mesme ministre* (voir p. 410, note 1).

Chambre de justice de 1661 ; 3 vol. in-4° (*voir* p. 97, note 1).

Champollion-Figeac. — *Documents inédits sur l'histoire de France* ; 3 vol. in-4°.

Chaptal (comte). *De l'Industrie française* ; 2 vol. in-8°.

Charpentier. — *Discours d'un fidèle sujet pour l'établissement de la nouvelle Compagnie des Indes orientales* (voir p. 174, note 1).

Charpentier. — *Bastille dévoilée* (La) ; 1 vol. in-8° (*voir* p. 53, note 2).

Chasseriau (De). — *Précis historique de la marine française ; son organisation et ses lois* ; 2 vol. grand in-8°.

Choisy (Abbé de). — *Mémoires pour servir à l'histoire de Louis XIV* ; 1 vol. in-8° (t. LIII de la collection Petitot).

Cimber et Danjou. — *Archives curieuses de l'histoire de France* ; Ire et IIe série, 27 vol. in-8°.

Collection des principaux économistes ; contenant les œuvres de Vauban, Boisguillebert, Law, Turgot, etc. Guillaumin, éditeur.

Coquelin (C.). — *Question des céréales* (voir p. 279, note 3, et la Revue des Deux-Mondes du 1er décembre 1845).

Costaz. — *Histoire de l'administration en France* ; 2 vol. in-8° (voir p. 270, note 2).

Cussy (de) (*voir* d'Hauterive).

---

[1] Il y aura deux volumes. Le second n'a pas encore paru.

D

Danjou. — (*voir* Cimber).

Decrusy. — (*voir* Isambert).

Delort (J.). — *Histoire de la détention des philosophes et des gens de lettres à la Bastille et à Vincennes, précédée de celle de Foucquet, Pellisson et Lauzun*; 2 vol. in-8º (*voir* p. 66, note 1).

Le Masque de fer, par le même; 1 vol. in-8º.

Mes voyages aux environs de Paris, par le même; 2 vol. in-8º (*voir* p. 190, note 1).

Denisart. — *Collection de décisions nouvelles relatives à la jurisprudence*; 2 vol. in-8º.

Depping (G. B.). — *Histoire du commerce entre le Levant et l'Europe, depuis les croisades jusqu'à la fondation des colonies d'Amérique*; 2 vol. in-8º.

Dictionnaire de la noblesse, contenant la généalogie, l'histoire et la chronologie des familles nobles de France, etc.; 14 vol. in-4º, dont 2 de supplément.

Dictionnaire des finances — (*Encyclopédie méthodique*). 3 vol. in-4º.

Dictionnaire du commerce et des marchandises; Guillaumin, éditeur.

Dictionnaire portatif du commerce, contenant l'origine historique de toutes les communautés d'arts et métiers, l'abrégé de leurs statuts, etc.; 1 vol. in-12, sans nom d'auteur.

Discours chrétien sur l'établissement du bureau des pauvres de Beauvais (*voir* p. 116, note 1).

Dubost (voir *Dictionnaire du commerce et des marchandises*, publié par Guillaumin). — Article *Postes*.

Dufresne de Francheville. — *Histoire du tarif de 1664*; 2 vol. in-4º.

Histoire de la Compagnie des Indes; par le même; 1 vol. in-4º (*voir* p. 167, note 1).

Du Mont. — *Corps universel diplomatique du droit des gens, contenant un recueil des traitez d'alliance, de paix, de trêve, de neutralité, de commerce*, etc., *depuis Charlemagne jusqu'en 1731*; 8 vol. in-folio.

Dupont et Marrast. — *Fastes de la Révolution française*; 1 vol. in-8º (*voir* p. 198, note 1).

Dupré de Saint-Maur. — *Essai sur les monnaies*; 1 vol. in-4º.

E

Eckard. — *États au vrai de toutes les sommes employées par Louis XIV à Versailles, Marly et dépendances; au Louvre, Tui-*

leries, canal de Languedoc, secours aux manufactures, pensions aux gens de lettres, depuis 1661 jusqu'en 1710; 1 vol. in-8°, Versailles (voir p. 194, note 3).

Entretiens de M. Colbert, ministre secrétaire d'Estat, avec Bouin, fameux partisan, sur plusieurs affaires curieuses, entr'autres sur le partage de la succession d'Espagne (voir p. 410, note 1).

ÉPRÉMESNIL (D'). — *Lettre à M*** sur l'imputation faite à M. Colbert d'avoir interdit le commerce des grains;* Paris, 1765 (voir p. 274, note 1).

ESTRADES (Comte d'). — *Lettres, Mémoires et négociations, depuis 1663 jusqu'en 1668;* 5 vol. in-12.

F

FÉLIBIEN (Dom Michel). — *Histoire de Paris;* 5 vol. in-fol.

FORBONNAIS (Véron de). — *Recherches et considérations sur les finances de France;* 2 vol. in-4°.

Principes et observations économiques; par le même. 2 vol. in-18.

FOUQUET. — *Défenses de M. Fouquet sur tous les points de son procès;* 15 vol. in-18, édition à la sphère, 1665.

FROIDOUR (De). — *Lettre à M. Barillon, contenant la relation des travaux qui se font en Languedoc, pour la communication des deux mers;* Toulouse, 1672 (voir p. 208, note 1).

G

Gazette de France, année 1667 (voir p. 193, note 1).

GOURVILLE. — *Mémoires* (t. LII de la *Collection Petitot*).

GOZLAN (Léon). — *Les Châteaux historiques;* 2 vol. in-8° [1].

GRIMBLOT (P.). — *Cromwell et Mazarin* (voir p. 514 de l'ouvrage et la Revue nouvelle, numéro du 15 novembre 1845).

GROSLEY, de Troyes. — *OEuvres inédites;* 2 vol. in-8° (voir aux *pièces justificatives*, pièce n° V).

H

HAUTERIVE (D') et de CUSSY. — *Recueil des traités de commerce et de navigation de la France avec les puissances étrangères, depuis la paix de Westphalie;* 8 vol. in-8°.

HÉNAULT. — Poète contemporain de Colbert (voir p. 49, note 1).

HÉNAULT (Le président). — *Abrégé chronologique de l'histoire de France;* 1 vol. in-4°.

---

[1] J'ai omis de citer cet ouvrage dans les trois premières pages de l'*Étude sur Fouquet*. M. Gozlan a recueilli dans les romans de mademoiselle de Scudéry de curieux détails sur la fête de Vaux, et c'est d'après lui que j'ai reproduit une partie des particularités qui se rattachent à cette fête.

I

Isambert, Decrusy et Taillandier. — *Recueil général des anciennes lois françaises depuis l'an 420 jusqu'à la Révolution de* 1789; 29 vol. in-8°.

J

Jacob (le Bibliophile). — *Le Masque de fer;* 1 vol. in-8°.
Journal des Économistes (voir p. 227, note 1, et p. 248, note 3).
Jurieu. — *Soupirs de la France esclave qui aspire après sa liberté;* (*voir* p. 161, note 1).

L

Laffemas. — *Recueil présenté au Roy, de ce qui s'est passé en l'assemblée du commerce au Palais, à Paris; faict par Laffemas, controlleur général du dit commerce;* Paris, 1604 (*voir* p. 283, note 1).
La Fontaine. — *OEuvres.*
Lafont de Saint-Yonne. — *L'ombre du grand Colbert;* 1 vol. in-12; Paris, 1752 [1].
Lamoignon *(Arrêtés du président de).*—(*Voir* p. 49, note 3.)
Leblanc. — *Traité des Monnoies.*
Lelong (Le père). — *Bibliothèque historique de la France;* 5 vol. in-folio.
Lequien de la Neuville. — *Origine des Postes chez les anciens et les modernes;* 1 vol. in-18 (*voir* p. 343, note 1).
Lesseps (de). — *Note sur les Consulats* (*voir* p. 248, note 3).
Leteinois. — *Apologie du système de Colbert, ou Observations juridico-politiques sur les jurandes et maîtrises d'arts et métiers;* 1 vol. in-18 (*voir* p. 216, note 1) [2].
Levassor. — (Voir *Jurieu*).
Louis XIV. — *OEuvres;* 5 vol. in-8°.

M

Maintenon (Lettres de Mme de); 9 vol. in-12.
Marrast. — (*Voir* Dupont.)
Mazarin. — *Lettres du cardinal Mazarin à la reine, à la princesse Palatine, etc., etc., écrites pendant sa retraite hors de France, en* 1651 *et* 1652; *publiées par M. Ravenel;* 1 vol in-8°.

---

[1] Le titre de l'ouvrage ne porte pas le nom de l'auteur.

[2] Ce volume ne porte pas de nom d'auteur; il est attribué à Lethinois par M. Blanqui, dans sa *Bibliographie des principaux ouvrages d'économie politique* (*Hist. de l'Économie politique*, t. II).

PIÈCES JUSTIFICATIVES. — N° XV.   511

MESSANCE. — *Recherches sur la population de la France;* 1 vol. in-4°
(*voir* p. 276, note 1).

MÉZERAI. — *Abrégé chronologique de l'histoire de France;* 4 vol.
in-4°.

MIGNET. — *Documents inédits sur l'histoire de France; négociations
relatives à la succession d'Espagne.*

MIGT ou MIGH. — *La Richesse de la Hollande;* 2 vol. in-8° (*voir*
p. 133, note 2).

MIRABEAU. — *Neuvième lettre à mes commettants* (*voir* p. 194, note 1).

MOLIÈRE. — *OEuvres* (Prologue des *Fâcheux*).

Moniteur Universel du 4 janvier 1846 (*voir* p. 379, note 1).

MONTESQUIEU. — *Esprit des lois, avec des notes de Voltaire, Mably,
Laharpe, etc., etc.*

MONTYON (De). — *Vies des surintendants des finances et des contrôleurs généraux;* 3 vol. in-12; Paris, 1790.
Particularités sur les ministres des finances célèbres; par le même.
1 vol. in-8°; Paris, 1812 (*voir* p. 190, note 1) [1].

MOREAU DE BEAUMONT. — *Mémoires concernant les impositions et
droits;* 4 vol. in-4° (*voir* p. 165, note 1).

MOREAU DE JONNÈS. — *Statistique de la France.*

MOTTEVILLE (Mme de). — *Mémoires* (t. XXXIX de la *collection Petitot*).

N

NECKER. — *Observations sur l'avant-propos du livre rouge;* brochure de 31 pages.

*Nouveau Cynée (Le) ou discours des occasions et moyens d'esta-
blir une paix générale et la liberté du commerce par tout le
monde.* — Em. Cr. P.; 1 vol. in-18; Paris, 1623 (*voir* p. 326,
note 1).

O

Ordonnances des rois de France de la 3e race; 20 vol. in-folio, publiés par divers auteurs.

OSSAT (Cardinal d'). — *Lettres;* 2 vol. in-4°.

P

PARDESSUS. — *Collection des lois maritimes antérieures, au XVIIIe siècle;* 4 vol. in-8°.

PARIS (PAULIN). — *Catalogue raisonné des manuscrits françois de la
bibliothèque du Roi.*

---

[1] Ces deux ouvrages ne portent pas le nom de l'auteur.

Patin (Guy). — *Lettres choisies depuis 1645 jusqu'en 1672; 3 vol. in-12.*

Peignot (Gabriel). — *Documents authentiques et détails curieux sur les dépenses de Louis XIV; 1 vol. in-8°* (voir p. 186, note 1).

Pelissery. — *Éloge politique de Colbert; 1 vol. in-8°; Paris, 1775.*

Pellisson. — *OEuvres choisies,* avec une notice par Desessarts; 2 vol. in-18.

Perrault (Charles). — *Mémoires;* 1 vol. in-18.

Peuchet. — *Collection des ordonnances et règlements de police;* 8 vol. in-8°.

Poussin (Guillaume-Tell). — *De la puissance américaine;* 2 vol. in-8°.

R

Raynal. — *Histoire philosophique et politique des établissements et du commerce des Européens dans les deux Indes;* 4 vol. in-8°.

Recueil de pièces sur l'hôpital général de Paris; 1 vol. in-4° (voir p. 113, note 2).

Recueil des règlements généraux et particuliers concernant les manufactures et fabriques du royaume; 4 vol. in-4° (voir p. 222, note 1).

Renouard. — *Des anciens règlements et privilèges* (voir p. 227, note 1).

Riquet de Bonrepos. — *Histoire du canal de Languedoc,* par les descendants de Pierre-Paul Riquet de Bonrepos; 1 vol. in-8° (voir p. 204, note 1).

Roux (Vital). — *Rapport sur les jurandes et maîtrises* (voir p. 217, note 1).

Roy. — *Rapport à la Chambre des pairs sur le Code forestier;* 1827.

S

Saint-Simon (Marquis de). — *Mémoires;* 21 vol. in-8°.

Salisbury. — *Paradisus londinensis;* t. II.

Sandras de Courtilz. — *Vie de Jean-Baptiste Colbert, ministre d'État sous Louis XIV, roy de France;* 1 vol. in-18, Cologne (voir p. 78, note 2).

Testament politique de J.-B. Colbert, où l'on voit tout ce qui s'est passé sous le règne de Louis-le-Grand jusqu'en 1683; par le même; La Haye, 1694 (voir p. 78, note 2).

Sautreau de Marsy. — *Nouveau siècle de Louis XIV;* recueil d'anecdotes; 4 vol. in-8° (voir p. 410, note 1).

Serviez (Alfred de). — *Histoire de Colbert;* 1 vol. in-18.

Sévigné (Madame de). — *Lettres de madame de Sévigné, de sa famille et de ses amis;* 10 vol. in-8°.

PIÈCES JUSTIFICATIVES. — N° XV.

Sue (Eugène). — *Histoire de la marine française au XVII° siècle;* 1re édition, 5 vol. grand in-8°.

Sully. — *Mémoires ou OEconomies royales d'Estat, domestiques, politiques et militaires de Henri-le-Grand,* par Maximilian de Béthune duc de Sully; 3 vol. in-folio, Paris, 1652.

T

Taillandier. — (*Voir* Isambert.)

Thiers. — *Histoire du Consulat et de l'Empire,* t. Ier.

Thomas. — *OEuvres; Éloge de Sully.*

Thomas (Alexandre). — *Une Province sous Louis XIV; Situation politique et administrative de la Bourgogne de 1661 à 1715, d'après les manuscrits et les documents inédits du temps;* 1 vol. in-8° (*voir* p. 154, note 2).

U

Ustariz. — *Théorie et pratique du commerce,* traduction de l'espagnol, par Forbonnais; 1 vol. in-4°.

V

Valin. — *Commentaire sur l'ordonnance du mois d'août 1681,* par Valin, nouvelle édition avec notes par Bécane; 2 vol. in-8°.

Vauban. — *La Dîme royale* (*voir* Collection des principaux économistes).

Villeneuve-Bargemont (vicomte Alban de). — *Histoire de l'économie politique, ou Études historiques, philosophiques et religieuses sur l'économie politique des peuples anciens et modernes;* 2 vol. in-8°.

Villette (marquis de). — *Mémoires,* 1 vol. in-8°; publiés par la Société de l'histoire de France.

Volney. — *Leçons d'histoire prononcées à l'école normale en l'an III* (*voir* p. 194, note 2).

W

Walckenaer (baron de). — *Histoire de la vie et des ouvrages de La Fontaine;* 1 vol. in-8°.
Mémoires touchant la vie et les écrits de madame de Sévigné; par le même; in-18 : Trois volumes ont paru.

Witt (Jean de). — *Lettres et négociations entre Jean de Witt, conseiller pensionnaire et garde des sceaux des provinces de Hollande et de West-Frise, et messieurs les plénipotentiaires des Provinces-Unies des Pays-Bas, aux cours de France, d'Angleterre, de Suède, de Danemark, de Pologne, etc., depuis l'année 1652 jusqu'en l'an 1669.* Amsterdam, 1725; 4 vol. in-12.

Wolowski (L.). — *De l'organisation industrielle de la France avant le ministère de Colbert* (*voir* p. 216, note, 1 et la *Revue de Législation et de Jurisprudence;* mars 1843.)

FIN DES PIÈCES JUSTIFICATIVES.

ERRATUM.

Étude sur Fouquet, page 32, ligne 11 : « On se figure aisément la « colère de Louis XIV quand il sut que sa personne avait été l'objet de « pareilles précautions. » *Supprimer le reste de cette phrase qui a été conservé par erreur.*

TABLE DES MATIÈRES.

AVERTISSEMENT..................................
NICOLAS FOUQUET, surintendant des finances........

HISTOIRE
DE LA VIE ET DE L'ADMINISTRATION DE COLBERT.

CHAPITRE PREMIER.

Causes de l'élévation de Colbert et de l'influence qu'il a exercée pendant son ministère. — Origine plébéienne de ce ministre (1619). — Il est employé successivement dans une maison de commerce de Lyon, chez un trésorier des parties casuelles à Paris, et chez le ministre Le Tellier d'où il entre chez Mazarin (1648). — Sa correspondance avec ce ministre. — Lettre de remercîments qu'il lui adresse et qu'il fait imprimer (1655). — Il est envoyé en mission en Italie (1659). — Conseil qu'il donne à Mazarin au sujet de sa fortune. — Résolution de Louis XIV de gouverner par lui même...

CHAPITRE II.

Premières réformes de Colbert. — Diminution des tailles (1661). — Création et composition d'une Chambre de justice. — Des invitations de dénoncer les concussionnaires sont lues dans toutes les églises du royaume. — Amendes prononcées par la Chambre de justice. — Réduction des rentes. — Fermentation que cette mesure cause dans Paris. — Remontrances faites au roi par le conseil de l'Hôtel-de-Ville (1662). — Comment elles furent accueillies. — Résultats financiers des opérations de la Chambre de justice... 96

CHAPITRE III.

Disette de 1662. — Fausses mesures contre les marchands de grains prises par Fouquet et approuvées par Colbert. — Détails sur la création de l'Hôpital général de Paris (1656). — Difficultés que rencontra l'exécution des dispositions relatives à la mendicité. — Création d'un *Bureau des pauvres* ou maison de travail à Beauvais (1652). — Misère des campagnes constatée par les documents contemporains (1662). — Colbert fait venir des blés à Paris malgré l'opposition des provinces. — Réformes financières de ce ministre (1662). — *Ordonnances de comptant*. — Pots de vin, reçus et distribués par Louis XIV. — Gratifications données à Vauban, Pélisson, Despréaux, Racine, madame de Montespan, etc. — Traitement et gratifications de Colbert... 111

CHAPITRE IV.

Négociations avec la Hollande, au sujet du droit de 50 sous par tonneau, établi en France sur les navires étrangers. — Causes de la prospérité commerciale de la Hollande vers le milieu du XVII° siècle.—Bénéfices de la compagnie des Indes orientales de ce pays. — Motifs qu'avait eus Fouquet en rétablissant le droit de tonnage. — L'ambassadeur Van Beuningen vient à Paris pour diriger les négociations. — Ses prétentions sont combattues par Colbert. — Il obtient des concessions importantes. — Une compagnie du Nord, formée par Fouquet et soutenue par Colbert, est obligée de liquider. — Le droit de tonnage et *l'Acte de navigation*. — Opinions d'Adam Smith et de Buchanan sur les mesures de ce genre. — Sans le droit de tonnage, la création d'une marine en France eût été impossible. — ●●●●●●● de Colbert à ce sujet. — Il travaille seize heures par jour ●●●●●● la durée de son administration.................. 132

CHAPITRE V.

Portrait et caractère de Colbert d'après Guy-Patin, Mme de Sévigné, M. de Lamoignon, etc., etc.— Il devient le confident intime de Louis XIV (1663). — Lettre de ce roi à Colbert au sujet de M. de Montespan. — Colbert poursuit ses réformes. — Réduction des dettes communales. — Abus commis par les maires et échevins. — Troubles en Bourgogne au sujet de la réduction des dettes (1664). — Usurpation et vente des titres de noblesse. — Mesures prises par Colbert pour réprimer ces abus. — Modification du tarif des douanes (1664). — Colbert aurait voulu soumettre la France entière à un tarif uniforme. — Résistances qu'il éprouve. — La *douane de Valence*. — Promulgation du *tarif de* 1664. — Organisation douanière du royaume par suite de l'adoption de ce tarif...................... 149

CHAPITRE VI.

●●●ert organise les Compagnies des Indes occidentales et orientales (1664). ●●oins qu'il apporte à leur formation. — Appel au public rédigé par un ●●●émicien. — Les Parlements et les Villes sont invités à souscrire. — D●●●se de la Compagnie. — Sacrifices faits en sa faveur par le gouvernement. — Causes du peu de succès qu'elle obtient. — Curieux mémoire de Colbert concernant la Compagnie des Indes occidentales. — Huit ans après sa formation, cette Compagnie est forcée de liquider. — Les Compagnies du Sénégal, du Levant, des Pyrénées et une nouvelle Compagnie du Nord ne réussissent pas davantage. — La Compagnie des Indes orientales est obligée de demander que les particuliers puissent faire le commerce dans tous les pays de sa concession.............................. 170

CHAPITRE VII.

Pensions accordées aux gens de lettres français et étrangers (1663). — Lettre de Colbert à un savant étranger. — But politique de ces pensions. — La Fontaine ne reçut jamais aucune faveur de Colbert. — Création des Académies des Inscriptions et Belles-Lettres, des Sciences, de Sculpture et de Peinture (1663, 1665, 1666). — Colbert est reçu membre de l'Académie Française et prononce un discours de réception (1667). — Il institue les jetons de présence. — Dépenses de Louis XIV en bâtiments. — Colonnade du Louvre. — Le Bernin à Paris (1665). — Observations de Colbert à Louis XIV au sujet des dépenses faites à Versailles. — Total des dépenses pour constructions sous le règne de Louis XIV.......... 186

CHAPITRE VIII.

Canal de Languedoc. — Motifs qui en faisaient solliciter l'ouverture. — Proposition faite à Colbert par Riquet (1663). — Difficultés à surmonter. — Le gouvernement discute la question de savoir si le canal doit être fait par l'État ou par un particulier. — Raisons qui font adopter ce dernier parti. —

TABLE DES MATIÈRES.

Riquet est en butte à l'envie et au dénigrement de ses concitoyens. — Colbert lui témoigne une véritable amitié. — Dépense totale du canal. — Vers de Corneille à ce sujet. — Canal d'Orléans 202

CHAPITRE IX.

Système industriel de Colbert. — Organisation des jurandes et maîtrises avant son ministère. — Règlements sur les manufactures et sur les corporations (1666). — État florissant de l'industrie en France de 1480 à 1620. — Le système de Colbert jugé par ses contemporains. — du tarif de 1664. — Opposition des manufacturiers au Colbert. — Mesures répressives adoptées contre les déli

CHAPITRE X.

Population de la France au dix-septième siècle. — Mesures prises par Colbert pour la développer (1666 et 1667). — Obligation imposée aux congrégations religieuses de solliciter, avant de s'établir, l'autorisation du gouvernement (1666). — Suppression de dix-sept fêtes (1666). — Ordonnance pour la réformation de la justice civile (1667). — Règlement général pour les eaux et forêts (1669). — Ordonnance criminelle (1670). — Ordonnance du commerce (1673). — Création d'un lieutenant de police à Paris (1667). — Ordonnances diverses concernant *les abus qui se commettaient dans les pèlerinages, les Bohémiens ou Égyptiens, les empoisonneurs, devins et autres* (1671 et 1682). — Colbert est chargé officiellement de l'administration de la marine (1669). — Consulats et commerce de la France dans le Levant. — Causes de la décadence de ce commerce. — Circulaire de Colbert aux consuls. — Produits de divers sulats vers 1666. — Diminution des droits perçus par les consuls. structions données par Colbert à l'ambassadeur français à Constan pour relever le commerce du Levant. — Le port de Marseille est déclaré *port franc* par un édit de 1669. — Cet édit rencontre à Marseille une vive opposition. — Un nouveau traité avantageux pour la France est signé avec la Porte, en 1673...................... 237

CHAPITRE XI.

De la vénalité des offices. — Elle est approuvée par Montesquieu et par Forbonnais. — Colbert supprime un grand nombre d'offices inutiles. — Nombre, valeur et produit des offices pendant son administration. — Ce qu'il fit en faveur de l'agriculture. — Il diminue le taux légal de l'intérêt. — Fait travailler au cadastre et modifie l'assiette de l'impôt. — Édits qui défendent de saisir les bestiaux pour le paiement des tailles. — Rétablissement des haras. — Colbert reconnaît que les peuples n'avaient jamais été aussi chargés auparavant.................... 258

CHAPITRE XII.

Nouveaux détails sur la disette de 1662. — Mesures adoptées par le gouvernement. — Législation sur le commerce des grains avant Colbert. — Exposition de son système. — Comment il a été défendu et attaqué. — Prix moyen du blé pendant le XVIIe siècle. — Lettres de Colbert relatives au commerce du blé. — Résultats de son système. — Extrême détresse des provinces. — Curieuse lettre du duc de Lesdiguières. — Causes de l'erreur de Colbert touchant le commerce des grains. — Nécessité de combattre par l'enseignement les préjugés qui existent encore à ce sujet.................................. 272

CHAPITRE XIII.

Sur l'organisation du Conseil de commerce.— Création d'entrepôts de commerce. — Colbert fait de grands efforts pour que le transit des transports entre la Flandre et l'Espagne ait lieu par la France. — Édit portant que la noblesse peut faire le commerce de mer sans déroger (1669). — Établissement d'une *Chambre des assurances* à Marseille (1670.) — Ordonnance pour l'uniformité des poids et mesures dans les ports et arsenaux (1671). — [...] sur les monnaies avant Colbert. — Réformes importantes qu'il [...] dans cette administration. — Colbert défend l'exportation des [...]. — Commerce de la France avec l'Espagne. — Évaluation du numéraire existant en France à diverses époques.............. 283

CHAPITRE XIV.

Détails sur la famille de Colbert. — Dot qu'il donna à ses filles. — Ses vues sur le marquis de Seignelay, son fils aîné.— Mémoires que Colbert écrivit pour lui. — Mémoires pour le voyage de Rochefort et pour le voyage d'Italie. — Instruction de Colbert à son fils pour l'initier aux devoirs de sa charge. — Rôle politique de Paris au XVIIᵉ siècle. — Mémoire du marquis de Seignelay annoté par Colbert. — Le marquis de Seignelay obtient la survivance de la charge de son père et la signature, à l'âge de vingt-un ans. — Lettre de reproche que lui adresse Colbert.............. 293

CHAPITRE XV.

Négociations commerciales avec l'Angleterre en 1655.—Réclamations de cette puissance au sujet de l'augmentation du tarif français en 1667. — En quoi consistait cette augmentation. — Prétentions de l'Angleterre concernant *l'empire des mers*.—Remarquable lettre écrite à ce sujet par Colbert à son frère, ambassadeur de France à Londres. — Singulières représailles exercées par les Anglais contre les marchands de vins et eaux-de-vie de France. — Reprise des négociations commerciales (1671). — Appréciation, d'après un mémoire manuscrit de 1710, de l'influence exercée par le système protecteur de Colbert. — Contradictions de Colbert sur les conséquences de ce système. — Un écrivain français propose, en 1623, d'établir *la liberté du commerce par tout le monde*. — Traité d'alliance et de commerce conclu entre la France et l'Angleterre, en 1677.,............. 313

CHAPITRE XVI.

Effets produits en Hollande par l'augmentation du tarif français en 1667. — La vérité sur les médailles frappées dans ce pays. — Causes réelles de l'invasion de la Hollande en 1672. — Correspondance de Van Beuningen relativement à l'élévation des droits d'entrée mis en France sur les marchandises étrangères. — La Hollande use de représailles. — Lettres de Colbert sur ce sujet. — Invasion de la Hollande et ses suites. — Clauses principales des traités d'alliance et de commerce conclus entre la France et la Hollande, en 1678, 1697 et 1713..................... 329

CHAPITRE XVII.

Budget des dépenses de l'année 1672. — Mesures financières et affaires extraordinaires nécessitées par la guerre. — Énormes bénéfices des traitants dans ces sortes d'affaires. — Création de nouveaux offices nuisibles à l'agriculture et à l'industrie. — Colbert force tous les corps d'états à s'organiser en communautés, moyennant une taxe. — Il met pour la première fois les postes en ferme et fait adopter un nouveau tarif. — L'État s'empare

TABLE DES MATIÈRES.   519

du monopole du tabac. — Émission de nouvelles rentes. — Opinion de Colbert, de Louvois et de M. de Lamoignon sur les emprunts. — Création de la caisse dite *Caisse d'emprunt*. — Au retour de la paix, Colbert s'empresse de rembourser les rentes émises à un taux onéreux. — Résumé des opérations financières de son administration. — Projet qu'il avait de régler toujours les dépenses sur les recettes................ 339

CHAPITRE XVIII.

Des Parlements et des Etats généraux des provinces pendant l'administration de Colbert. — Opposition du Parlement et des Etats de Bourgogne. — Détails sur les *dons gratuits*. — Dix membres des Etats de Provence sont exilés en Normandie et en Bretagne. — Le Parlement de Paris. — Colbert propose au roi de donner des gratifications à ceux de la Compagnie qui ont *bien servi*. — Réponse de Louis XIV à ce sujet. — Un président de Chambre du Parlement de Toulouse est exilé. — Lettre de Louis XIV relative à l'impôt sur le papier timbré rétabli depuis la guerre. — Révolte de Bordeaux en 1548. — Nouvelle révolte au sujet d'une marque établie sur la vaisselle d'étain. — Curieux détails fournis par un commis du receveur général de Bordeaux. — Lettre de l'intendant de Guyenne à Colbert. — L'agitation gagne les provinces limitrophes. — Une nouvelle tentative d'insurrection est sévèrement réprimée à Bordeaux. — Troubles en Bretagne. — Lettres de M. de Chaulnes, gouverneur de la province, de M. de Lavardin, lieutenant général, de Mme de Sévigné. — Opposition et exil du Parlement. — Punition et *penderie* des révoltés............ 349

CHAPITRE XIX.

État déplorable de la marine française à la fin du XVIe siècle. — Elle est organisée par le cardinal de Richelieu. — Son dépérissement pendant la minorité de Louis XIV. — Situation dans laquelle la trouve Colbert. — Premier essai du régime des classes. — Recensement de la population maritime du royaume à diverses époques. — Matériel de la flotte en 1661, en 1678, en 1683, etc. — Prétentions de la France à l'égard des puissances maritimes d'un ordre inférieur. — Lettre de Colbert relative au caractère de Duquesne. — *La vieille et la nouvelle marine*. — Lettre de Colbert sur un rapport de M. d'Estrades concernant la bataille navale de Solsbay en 1672. — Colbert félicite Duquesne d'un avantage signalé que celui-ci a remporté sur l'amiral hollandais Ruyter. — Ordonnance de la marine de 1681. — Par qui elle fut élaborée. — Principes de Colbert sur les principales questions de l'administration maritime.................... 374

CHAPITRE XXe ET DERNIER.

Nouveaux détails sur le caractère de Colbert. — Sa tolérance à l'égard des manufacturiers protestants. — Son despotisme dans le Conseil. — Il fait arrêter et juger deux fabricants de Lyon qui voulaient s'établir à Florence. — Lettre de Colbert relative aux *Gazettes à la main*. — Il veut faire fermer le jardin des Tuileries au public. — Il destitue un receveur général, son ancien camarade. — Etrange lettre qu'il écrit au sujet d'un procès qu'un de ses amis avait à Bordeaux. — Disgrâce de M. de Pomponne. — Il est remplacé par Colbert de Croissy, frère du ministre. — Colbert au Jardin des Plantes. — Le roi lui adresse une réprimande sévère. — Louanges prodiguées à Louis XIV par ses ministres. — Lettre de Colbert pour le féliciter de la prise de Maestricht. — Louis XIV et l'Etat. — Colbert est menacé de disgrâce. — Louis XIV lui reproche en termes fort durs le prix excessif de la grande grille de Versailles. — Colbert tombe malade et meurt. — Lettre de madame de Maintenon sur les circonstances de sa mort. — La haine que lui portait le peuple de Paris était telle qu'on est obligé de l'enterrer sans pompe et dans la nuit. — Vers que l'on fait contre lui après sa mort. — Sully, Richelieu, Mazarin, Colbert et Turgot ont été impopulaires. — Parallèle entre Sully et Colbert, par Thomas. — Titres de Colbert à la reconnaissance publique.................... 392

PIÈCES JUSTIFICATIVES.

MÉMOIRES, INSTRUCTIONS, LETTRES ET DOCUMENTS DIVERS.

Pages.

Édits, ordonnances, déclarations, arrêts, lettres patentes, concernant les finances, le commerce, la marine, la justice, etc., rendus depuis 1660 jusqu'en 1683 (*Administration de Colbert*). — Pièce n° I...... 419
MÉMOIRES SUR LES AFFAIRES DES FINANCES DE FRANCE POUR SERVIR A L'HISTOIRE (*manuscrit original de Colbert*). — Pièce n° II. — *Inédite*. 427
LE CID ENRAGÉ, comédie. — Pièce n° II bis. — *Inédite*............... 442
VERSION DU 118° PSEAUME DE DAVID. — (*Manuscrit original de Fouquet*). — Pièce n° III. — *Inédite*............................. 446
Vers latins attribués à Fouquet. — Pièce n° IV................... 451
Note communiquée à M. Eugène Sue par la famille de Colbert — Pièce n° V.. 454
Généalogie de la famille de Colbert. — Pièce n° VI.............. 456
ÉDIT PORTANT NOMINATION D'UNE COMPAGNIE DE COMMERCE POUR LE NORD. — Pièce n° VII. — *Inédite*................................... 460
RÈGLEMENT CONCERNANT LES DÉTAILS DONT M. COLBERT EST CHARGÉ COMME CONTROLEUR GÉNÉRAL ET SECRÉTAIRE D'ETAT, *ayant le département de la marine*. — Pièce n° VIII........................... 462
COMMERCE DE LA FRANCE AVEC L'ESPAGNE. — *Instruction pour le comte de Vauguyon, ambassadeur extraordinaire en Espagne*. — Pièce n° IX. — *Inédite*.. 464
MÉMOIRE POUR MON FILS, SUR CE QU'IL DOIBT OBSERVER PENDANT LE VOYAGE QU'IL VA FAIRE A ROCHEFORT. — Pièce n° X..................... 468
INSTRUCTION POUR LE MARQUIS DE SEIGNELAY S'EN ALLANT EN ITALIE. — Pièce n° XI. — *Inédite*..................................... 472
INSTRUCTION POUR BIEN FAIRE LA 1re COMMISSION DE MA CHARGE. — Pièce n° XII.. 476
Lettres *Inédites* de Colbert sur la marine, le commerce et les manufactures. — N° XIII.. 492
INVENTAIRE FAIT APRÈS LE DECEDZ DE MONSEIGNEUR COLBERT. — Pièce n° XIV. — *Inédite*.. 501
Indication des manuscrits et ouvrages imprimés qui ont été consultés pour *l'Étude sur Fouquet*, et *l'Histoire de Colbert*. — Pièce n° XV... 503

FIN DE LA TABLE.

www.ingramcontent.com/pod-product-compliance
Lightning Source LLC
Chambersburg PA
CBHW051359230426
43669CB00011B/1704